Führungsdenken in europäischen
und nordamerikanischen Streitkräften
im 19. und 20. Jahrhundert

Vorträge zur Militärgeschichte

Band 19

Herausgegeben vom
Militärgeschichtlichen Forschungsamt

Führungsdenken in europäischen und nordamerikanischen Streitkräften im 19. und 20. Jahrhundert

Im Auftrag des
Militärgeschichtlichen Forschungsamtes
herausgegeben von
Gerhard P. Groß

Seit 1789

Verlag E.S. Mittler & Sohn · Hamburg · Berlin · Bonn

Die Umschlagabbildung zeigt Moltke in der Schlacht von Königgrätz am 3. Juli 1866 (Süddeutscher Verlag) sowie eine Teilansicht eines Kontrollraums des North American Aerospace Defense Command NORAD in Colorado Springs (Phalanx Fotoagentur).

Die Deutsche Bibliothek - CIP-Einheitsaufnahme

Führungsdenken in europäischen und nordamerikanischen Streitkräften im 19. und 20. Jahrhundert / im Auftr. des Militärgeschichtlichen Forschungsamtes hrsg. von Gerhard P. Groß. - Hamburg ; Berlin ; Bonn : Mittler, 2001
(Vorträge zur Militärgeschichte ; Bd. 19)
ISBN 3-8132-0762-5

ISBN 3-8132-0762-5

© Verlag E.S. Mittler & Sohn · Hamburg · Berlin · Bonn 2001

Satz: Militärgeschichtliches Forschungamt, Potsdam
Grafiken: Harald Wolf, Hannover, und Bernd Nogli, Zeichen- und Kartenstelle des Militärgeschichtlichen Forschungsamtes, Potsdam
Gesamtherstellung: Druckerei Runge GmbH, Cloppenburg

Printed in Germany

Inhalt

Widmung

Das Militärgeschichtliche Forschungsamt (MGFA) widmet diesen Band Herrn Oberst i.G. Friedhelm Klein M.A. aus Anlaß der Beendigung seiner aktiven Dienstzeit.

Oberst i.G. Klein war Amtschef des MGFA vom 25. September 1997 bis 23. März 2001. In diesen dreieinhalb Jahren waren vor allem zwei große Aufgaben fortzuführen bzw. zu beendigen.

Zum einen war die von seinem Vorgänger im Amt, Kapitän zur See a.D. Dr. Werner Rahn, begonnene Konsolidierungsphase des Amtes nach der Verlegung von Freiburg nach Potsdam abzuschließen. Dies bedeutete in erster Linie, die Arbeitsfähigkeit des MGFA am neuen Standort wiederherzustellen und die hierfür notwendigen Infrastrukturmaßnahmen für die »Villa Ingenheim« voranzutreiben. Darüber hinaus waren die Mitarbeiterinnen und Mitarbeiter aus Ost und West unter einem gemeinsamen neuen Dach zusammenzuführen. Die Baumaßnahmen wurden in den letzten drei Jahren weitestgehend abgeschlossen, die planerischen Vorarbeiten für den notwendigen Umbau der Bibliothek beendet und das Personal so zusammengeführt, daß bei all seinen Unterschieden in Herkunft, Ausbildung und Verdienst die dem Amt gestellten Aufträge erfüllt werden können. Daß dies weitgehend reibungslos gelingen konnte, ist nicht zuletzt der Art und Weise zu verdanken, mit der Oberst Klein ihm unterstelltes ziviles und militärisches Personal geführt hat: Stets gesprächsbereit, den Anliegen seiner Mitarbeiterinnen und Mitarbeiter gegenüber aufgeschlossen und vor Entscheidungen die im Amt vorhandene fachliche Kompetenz einholend, waren die von ihm getroffenen Maßnahmen transparent und nachvollziehbar. Hierdurch wurde ein Klima geschaffen, welches sich sehr positiv auf die Konsolidierung nach innen auswirkte.

Durch die Verlegung von Freiburg nach Potsdam in den Jahren 1994/95 hatte die wissenschaftliche Arbeit des MGFA gelitten, insbesondere führte sie zu Verzögerungen in der Weiterführung des vom MGFA herausgegebenen, auf zehn Bände angelegten Grundlagenwerks »Das Deutsche Reich und der Zweite Weltkrieg«. Durch Umgliederung der restlichen Bände, durch Neuvergabe der Themen sowie durch Einstellen von zusätzlichem Personal ist es dem MGFA gelungen, das »Weltkriegswerk« fortzusetzen, mit dem Imprimatur von Oberst Klein seit Ende 1997 rund zwei Dutzend Buch- und Zeitschriftenpublikationen herauszugeben, zukünftige Forschungsprojekte zu definieren und ihre Verwirk-

lichung sicherzustellen. Gleichzeitig wurden auch die für ihre Durchführung
notwendigen verbesserten Arbeitsbedingungen für Wissenschaftler des Amtes
beim – in Freiburg verbliebenen – Bundesarchiv/Militärarchiv herbeigeführt.
Durch diese Maßnahmen, an denen Oberst Klein als Amtschef maßgeblichen
Anteil hatte, konnte das MGFA seine frühere Leistungsfähigkeit wiederherstel-
len.

Die zweite große Aufgabe, die Oberst i.G. Klein zu bewältigen hatte, war die
Etablierung des MGFA am neuen Standort in Potsdam sowie seine Einbindung
in die Wissenschaftslandschaft Berlin-Brandenburgs. Die Ausgangsvorausset-
zungen hierfür waren sehr gut, denn sowohl die Stadt Potsdam als auch das
Land Brandenburg nahmen das Amt mit offenen Armen auf und erleichterten
ihm seinen Neubeginn. Sehr früh, Ende 1994, bot sich die Gelegenheit, das
MGFA schneller als erwartet als Forschungsinstitut in Potsdam zu integrieren
und – so wie früher in Freiburg – zu beiderseitigem Nutzen näher an die Universität zu binden. Auf Initiative von Professor Dr. Manfred Görtemaker,
Ordinarius und Direktor des Historischen Instituts, wurde zwischen der Universität und dem Bundesministerium der Verteidigung (BMVg) eine Vereinba-
rung getroffen, welche zur Einrichtung einer »Stiftungsprofessur« für Militärgeschichte führen sollte. Professor Dr. Görtemaker, seit 2000 Vorsitzender des
Wissenschaftlichen Beirats des MGFA, erinnert sich:

> »Ich selbst habe Sie [Oberst Klein] Mitte der neunziger Jahre kennengelernt, als Sie
> Leiter des Referats ›Innere Führung‹ im BMVg waren. Dort haben Sie nicht nur da-
> für gesorgt, daß das nach dem Umzug von Freiburg nach Potsdam etwas in Schlin-
> gern geratene MGFA die dringend erforderliche politische Rückendeckung behielt,
> sondern Sie haben auch maßgeblich dazu beigetragen, daß es gelang, an der Univer-
> sität Potsdam eine Stiftungsprofessur für Militärgeschichte einzurichten.[1].«

Wie fruchtbar und unkompliziert sich die Beziehungen zwischen Amt und Universität seit der Einrichtung der »Stiftungsprofessur« am 20. Januar 1996 und
die Besetzung dieses in Deutschland einzigartigen Lehrstuhls für Militärgeschichte durch den ehemaligen Mitarbeiter des MGFA, Professor Dr. Bernhard R. Kroener, entwickelt haben, erläutert Professor Dr. Wolfgang Loschelder, Rektor der Universität Potsdam:

> »Angehörige des Militärgeschichtlichen Forschungsamtes nehmen Lehraufträge an
> der Universität wahr. Am Lehrstuhl für Militärgeschichte werden Habilitationen und
> Dissertationen auch durch Mitarbeiter des Militärgeschichtlichen Forschungsamtes
> betreut. Die Angehörigen des Amtes beteiligen sich an Kolloquien der Universität,
> und Wissenschaftler der Universität sind in Veranstaltungen des Forschungsamtes
> eingebunden. Nicht zuletzt steht die Bibliothek des Militärgeschichtlichen For-

---

[1] Grußwort von Prof. Dr. Görtemaker am 2.11.2000 anläßlich des 60. Geburtstages von
     Oberst Klein.

schungsamtes als wertvolle Hilfe den Wissenschaftlern und Studierenden der Universität offen[2].«

Durch die enge Zusammenarbeit mit der Universität Potsdam sowie mit anderen wissenschaftlichen Einrichtungen wie dem Moses Mendelssohn Zentrum, Potsdam, dem Centrum Judaicum, Berlin, oder der Gedenkstätte Deutscher Widerstand, Berlin, hat das MGFA in erstaunlich kurzer Zeit seinen Platz in der neuen Heimat gefunden.

In einem Brief zum 60. Geburtstag von Oberst Klein würdigte der Ministerpräsident des Landes Brandenburg, Dr. Manfred Stolpe, dessen Beitrag zur heutigen Stellung des MGFA:

»Wie Ihre Vorgänger setzen Sie sich durch unermüdliche Kontaktpflege zu den akademischen Einrichtungen, zu Behörden und gesellschaftlichen Gruppen des Landes dafür ein, die Stellung des Militärgeschichtlichen Forschungsamtes zu festigen. In den fünf Jahren seines Wirkens in Potsdam ist das Amt somit zu einem nicht mehr wegzudenkenden Teil der Wissenschaftslandschaft Berlin-Brandenburg geworden[3].«

Oberst i.G. Friedhelm Klein M.A. hat fast zwanzig Jahre seiner Dienstzeit als Historiker, Abteilungsleiter und als Amtschef im MGFA verbracht. In diesen Dienststellungen, als Referatsleiter »Innere Führung« im BMVg, als Präsident der Deutschen Kommission für Militärgeschichte und als Präsident der European Military Press Association hatte er wesentlichen Anteil an der Ausformung der Militärgeschichtsschreibung in Deutschland und an der Verbreitung der Historischen Bildung in den Streitkräften. Er hat sich damit um das Militärgeschichtliche Forschungsamt verdient gemacht.

Die Mitarbeiterinnen und Mitarbeiter des MGFA danken ihm dafür und wünschen ihm auch im Ruhestand weiterhin Schaffenskraft, Gesundheit und Zufriedenheit!

Dr. Jörg Duppler
Kapitän z. See

---

2 Grußwort Prof. Dr. Loschelder, ebd.
3 Brief Ministerpräsident Dr. Stolpe an Oberst Klein vom 27.10.2000.

Oberst i.G.
Friedhelm Klein M.A.

Amtschef des
Militärgeschichtlichen Foschungsamtes
1997 bis 2001

29.10.1940	geboren in München
1959	Abitur am Humanistischen Karl-Friedrich-Gymnasium in Mannheim
	Grundwehrdienst im Hammelburg, zuletzt als Leutnant der Reserve
1960 bis 1965	Studium der Geschichtswissenschaften und Politischen Wissenschaften an der Universität Heidelberg, Magister-Examen.
1966	Wiedereintritt in die Bundeswehr
1966 bis 1970	Verwendung u. a. als Kompaniechef
1970 bis 1973	Historikerstabsoffizier im Militärgeschichtlichen Forschungsamt (MGFA), Freiburg
1973 bis 1977	Lehrgangsteilnehmer, danach Dozent für Wehrgeschichte an der Führungsakademie der Bundeswehr, Hamburg
1977 bis 1987	Generalstabsoffizier z.b.V., dann Leiter der Abteilung Ausbildung, Information und Fachstudien im MGFA, Freiburg
1987 bis 1997	Referatsleiter im Bundesministerium der Verteidigung, Bonn, Führungsstab der Streitkräfte, zuletzt des Referats »Innere Führung«
25.09.1997 bis 23.03.2001	Amtschef Militärgeschichtliches Forschungsamt, Potsdam

Gerhard P. Groß

Einführung

Soweit wir in die Geschichte von Herrschaften, später auch von Staaten zurückblicken können, ist diese nachhaltig durch militärische Konflikte geprägt. Daher haben sich in allen Kulturkreisen Philosophen und Strategen mit der Theorie des Krieges auseinandergesetzt. Meist stand dabei die Frage im Vordergrund, wie man Soldaten am effektivsten in der Kriegführung einsetzen könne. Aus diesen Überlegungen entwickelten sich im Laufe der Jahrhunderte Konzeptionen, Strategien, Regeln und Verfahren für verschiedene Stufen der Kriegführung, wobei nicht nur die vordergründig rein militärischen Führungsebenen – strategisch, operativ, taktisch – im Mittelpunkt standen, sondern diese in den Zusammenhang unterschiedlicher Einflüsse gestellt wurden.

Als mitbestimmende Faktoren wurden u.a. berücksichtigt: die geographische Lage, die Gesellschaftsform, der technische Fortschritt, das Menschenbild, ideologische Vorgaben, Mentalitäten und nicht zuletzt die vorhandenen materiellen und personellen Ressourcen. Bei der Vielfalt von Bestimmungsgrößen drängt sich zugleich die Frage nach einer Gewichtung dieser Faktoren auf, also ob etwa die geographische Lage bestimmender gewesen ist als z.B. Gesellschaftsverfassungen. Einigermaßen verbindliche Antworten auf diese und ähnliche Fragen lassen sich nur in einem vergleichenden Zugriff finden, der das in unterschiedlichen Staaten und Staatsformen entwickelte Führungsdenken einbeziehen muß.

Um zu verdeutlichen, welch unterschiedliche Denkmodelle es in bezug auf militärische Führung sogar bei langjährigen und traditionell guten Verbündeten gibt, wird im folgenden der Blick auch auf operatives und taktisches Führungsdenken in deutschen, französischen und angelsächsischen Streitkräften im Zeitalter der Weltkriege gelenkt.

»Operative Führung« gehört heute zu den Kernbegriffen bei der Analyse moderner militärischer Konflikte. Der Begriff hat sich erst im Laufe des 19. Jahrhunderts allmählich durchgesetzt. Clausewitz unterschied in seiner Theorie vom Kriege zwischen Strategie als der »Lehre vom Gebrauch der Gefechte zum Zweck des Krieges« und Taktik als der »Lehre vom Gebrauch der Streitkräfte im Gefecht«[1]. Operative Führung und damit auch operatives Den-

---

1   Vom Kriege. Hinterlassenes Werk des Generals Carl von Clausewitz, hrsg. von Werner Hahlweg, 18. Aufl., Bonn 1973, S. 271.

ken hatte zwischen diesen beiden Begriffen anscheinend keinen Raum. Auch der ältere Moltke, der als einer der Väter der operativen Führung gelten kann, hat auf eine eigene Bestimmung dieses Begriffs verzichtet. Für den Chef des Großen Generalstabes war sie weniger das Produkt einer gründlichen theoretischen Analyse, sondern vielmehr das Ergebnis einer aus praktischer Erfahrung abgeleiteten Hierarchisierung der Kriegführung. Die operative Führung ist demnach zwischen politisch-strategischer Leitung und taktischer Führung angesiedelt. Wenn man dieser unscharfen Abgrenzung folgt, kann unter operativer Führung die Anordnung und Verknüpfung von Gefechten zum Erreichen des Kriegszieles auf einem Kriegsschauplatz verstanden werden. Operative Führung ist also ein Mittel der Strategie, so wie die Taktik zum Mittel der operativen Führung wird[2].

Seit Moltke stand die operative Führung im Mittelpunkt des deutschen militärischen Führungsdenkens. Die Arbeit des Generalstabes war auf die Planung einer möglichst schnell zu erzwingenden Entscheidungsschlacht fixiert, um einen langwierigen, für das Reich nicht gewinnbaren Zweifrontenkrieg zu verhindern. J. Wallach spricht in diesem Zusammenhang vom »Dogma der Vernichtungsschlacht«[3]. Gemäß diesen Vorstellungen entwickelten Schlieffen 1905 seinen Angriffsplan gegen Frankreich und Manstein den »Sichelschnitt«-plan des Jahres 1940. Auch den deutschen Operationen der Jahre 1941/42 in Rußland lag diese Prämisse zugrunde.

Im Führungsdenken der US-Streitkräfte behielt die operative Führung demgegenüber einen instrumentellen Charakter, der den besonderen militärischen Erfahrungen der Vereinigten Staaten seit dem amerikanischen Bürgerkrieg Rechnung trug. Die Kriegführung auf der operativen Ebene wurde primär als ein Abringen der Kräfte gesehen, d.h. der operative Erfolg wurde in erster Linie mit der Anwendung überlegener Ressourcen herbeigeführt. Die operative Aufgabe der US-Streitkräfte bestand demnach zwangsläufig darin, die überlegenen strategischen Ressourcen der Vereinigten Staaten zur Wirkung zu bringen. Der Verlauf des Zweiten Weltkrieges bestätigte diese Auffassung und verstärkte zudem die Tendenz, insbesondere durch materiell-technologische Überlegenheit eine operative Entscheidung zu erzwingen. Die Operation »Overlord«, die erfolgreiche Landung in der Normandie am 6. Juni 1944, kann als ein Beispiel hierfür gelten. Im Vietnamkrieg brachten die Vereinigten Staaten dann unübersehbar nicht nur quantitativ, sondern auch technisch deutlich überlegene Streitkräfte zum Einsatz. Die Begrenzung des Krieges durch die politische Führung wurde dort allerdings zum Haupthindernis eines durchschlagenden operativen

---

2   Siehe dazu Operatives Denken und Handeln in deutschen Streitkräften im 19. und
    20. Jahrhundert, Herford, Bonn 1988, S. 225–261; Kai Rohrschneider, Perspektiven
    operativer Führung – Wesen und Wandel operativer Führung seit dem Ersten Weltkrieg
    (Lehrgangsarbeit FüAkBw), Hamburg 1998, S. 1–4.
3   Jehuda Wallach, Das Dogma der Vernichtungsschlacht, Frankfurt a.M. 1967.

Erfolges der US-Streitkräfte. Die politische Beschränkung der operativen Nutzung strategischer Ressourcen ist seit dem Vietnamkrieg in unterschiedlichen Konflikten deutlich geworden. Zuletzt haben sich im Zweiten Golfkrieg und im Kosovokrieg die operativen Probleme hochtechnisierter westlicher Streitkräfte gezeigt, wenn diese mit politisch eng begrenzten Mitteln ihre militärische Ziele erreichen sollten[4].

Auf weitere Unterschiede in der deutschen und der US-amerikanischen Führungskonzeption hat Martin van Creveld in seiner vergleichenden Studie der US Army und der Wehrmacht hingewiesen[5]. Während in den preußisch-deutschen Streitkräften mit der »Auftragstaktik« das unabhängige Handeln der Unterführer eine lange militärische Tradition hatte, wurde in der Armee der Vereinigten Staaten die Handlungsfreiheit durch detaillierte Anweisungen lange Zeit eingeschränkt. Daher kann es nicht verwundern, daß die amerikanische Führungsvorschrift FM 100-5, obwohl sie ganze Sätze aus der deutschen H.Dv. 300 zitiert, einen anderen Geist erkennen läßt als ihr deutsches Pendant. Nach dem Zweiten Weltkrieg beauftragte die Historical Division der US-Streitkräfte eine Gruppe deutscher Offiziere um Generaloberst Halder, zur Neufassung der amerikanischen Vorschrift Stellung zu nehmen. Eine ganze Reihe wesentlicher Punkte wurden von deutscher Seite kritisiert:

1. Sie enthält die Tendenz, unvorhersehbare Situationen durch detaillierte Verhaltensweisen zu erfassen;
2. der Bedeutung des einzelnen Soldaten im Bewegungskrieg wird nicht Rechnung getragen;
3. angesichts der historischen materiellen Überlegenheit werden Faktoren wie Überraschung, Beweglichkeit der Truppen, Improvisationskunst der Führung unterschätzt;
4. infolge des Versuchs, jede Situation vorherzusehen, wirkt die Vorschrift schablonenhaft;
5. die Bedeutung psychologischer und physischer Faktoren im Krieg wird nicht hinreichend berücksichtigt.

Halder schlug deshalb vor, die Vorschrift um einen Zusatz zu ergänzen: »Im Kriege sind die charakterlichen Eigenschaften wichtiger als die des Intellekts[6].«

Obwohl Großbritannien ab Dezember 1941 den Zweiten Weltkrieg an der Seite der Vereinigten Staaten als kleinerer Bündnispartner führte, unterschied sich das operative Denken nicht unerheblich von dem des großen Alliierten. Die britische Kriegführung war nicht zuletzt durch die traumatische Erfahrung

---

4   Siehe dazu Gerhard Elser, Kriegsbild und Mechanisierung im US-Heer 1920–1940, in: Militärgeschichtliche Beiträge, 10 (1996), S. 34–40; Rohrschneider, Perspektiven (wie Anm. 2), S. 36–38; Martin Blumenson, Die Landung in Frankreich, in: Invasion 1944, hrsg. von Hans Umbreit, Hamburg, Berlin, Bonn 1998, S. 17–25.
5   Martin van Creveld, Kampfkraft. Miliärische Organisation und militärische Leistung 1939–1945, Freiburg 1982, S. 38–50.
6   Ebd., S. 49.

von 900 000 Gefallenen im Ersten Weltkrieg geprägt und bemühte sich um eine Minimierung der personellen Verluste. Zudem hatte die wirtschaftliche Erschöpfung des Empire nach 1918 die politische Führung für die langfristigen ökonomischen Folgen eines industrialisierten Krieges sensibilisiert. Beide Bedingungen setzten dem Einsatz der strategischen Ressourcen – im Gegensatz zu den Vereinigten Staaten – enge Grenzen. Die Koalitionskriegführung an der Seite Amerikas und Sowjetrußlands kam den beiden Prämissen durchaus entgegen und erlaubte es Großbritannien, mit den eigenen Ressourcen hauszuhalten. Dennoch erforderte die gleichzeitige Kriegführung in Europa gegen das Deutsche Reich und im Fernen Osten gegen Japan eine erhebliche Kraftanstrengung, wenn man das Empire erhalten und maßgeblich an den politischen Entscheidungen der Zukunft teilhaben wollte[7].

Vor diesem Hintergrund versuchte Großbritannien im Zweiten Weltkrieg seine Seeherrschaft für Operationen auf der äußeren Linie zu nutzen. Auf diese Weise sollten die britischen Streitkräfte Erfolge gegen Schwachstellen des deutschen Herrschaftsraumes herbeiführen. Am Beispiel der Seekriegsoperationen des Ersten und Zweiten Weltkrieges lassen sich im übrigen sehr deutlich die für jede Seite charakteristischen »Strategien des Krieges« ableiten: zum einen die maritim unterlegene deutsche, mit der »defensiven Strategie« des Kampfes gegen die Seeverbindungswege, zum anderen die maritim überlegene angelsächsische, mit der »offensiven Strategie« des Kampfes um die Seeherrschaft.

Die Heeresoperationen selbst wurden nach den Regeln des mechanisierten Krieges geführt, deren theoretisches Fundament in der Zwischenkriegszeit von englischen Vertretern entscheidend beeinflußt worden war. Fuller und Liddell Hart gehörten bekanntlich neben deutschen Offizieren zu den Vordenkern des modernen Bewegungskrieges mechanisierter Kräfte[8]. Die britischen Streitkräfte strebten somit ebenso wie ihre deutschen Gegner danach, die Initiative als entscheidende Voraussetzung des Erfolges zu erringen. Die britische Kriegführung zeitigte nach anfänglichen schweren Rückschlägen – Dünkirchen sei hier als Beispiel genannt – letztendlich Erfolge im Hinblick auf das eigentliche Kriegsziel, die Niederwerfung Deutschlands und Japans. Denn – im Gegensatz zur deutschen Seite – war die britische Kriegführung in ein strategisches Konzept der Kriegskoalition eingebettet. Hierfür läßt sich der nordafrikanische Kriegsschauplatz als Beleg anführen, wo es den britischen Streitkräften gelang, die deutschen und italienischen Truppen abzunutzen, um sie dann gemeinsam mit den Amerikanern zur Kapitulation zu zwingen. In der Folge gerieten die rumänischen Erdölfelder, die Hauptquelle der deutschen Betriebsstoffversorgung, in die Reichweite der alliierten Bomber. Als weitere strategische Folge brach Italien nach den alliierten Landungen in Sizilien und auf dem italienischen Festland

---

7   Siehe dazu Rohrschneider, Perspektiven (wie Anm. 2), S. 34–36.
8   Siehe dazu Jehuda Wallach, Kriegstheorien. Ihre Entwicklung im 19. und 20. Jahrhundert, Frankfurt a.M. 1972, S. 195–248.

aus der Achse Berlin – Rom aus und erklärte Deutschland den Krieg. Die Bedrohung durch amphibische Operationen auf der äußeren Linie zwang den
deutschen Gegner zudem, starke Kräfte in Norwegen vorzuhalten, wodurch die
strategische Abnutzung des Deutschen Reiches beschleunigt wurde. Gleichzeitig konnte Großbritannien die Hauptlast des Landkrieges der Sowjetunion im
Osten überlassen und damit eine Überbeanspruchung der eigenen Ressourcen
verhindern[9].

Mit dem Eintritt der Vereinigten Staaten in den Krieg waren die Briten gezwungen, sich auf die differierenden operativen und strategischen Vorstellungen
des großen Verbündeten einzustellen. Mit der Operation »Overlord« setzten die
Amerikaner ihre Planungen weitgehend durch. Nach der Invasionsschlacht in
der Normandie traten zwischen Briten und Amerikanern die unterschiedlichen
Vorstellungen über die Weiterführung der Operationen unter den Schlagworten
»broad front« oder »single trust« (»einzelner Stoß«) offen zutage. Statt wie bisher
eigene Kräfte schonend einzusetzen, wollte Feldmarschall Montgomery mit
mechanisierten Verbänden einen schnell vorgetragenen Angriff tief nach
Deutschland hinein führen, um den Krieg zügig zu beendigen. Das schwache
deutsche Westheer schien nach seiner Überzeugung nicht in der Lage, diesen
Angriff abzuwehren. In Großbritannien fürchtete man durch die Verlängerung
des Krieges zum einen eine Stärkung des sowjetischen Einflusses, zum anderen
durch den dauerhaften Wegfall strategischer Ressourcen den Verlust an politischem Gewicht. Montgomery konnte sich allerdings mit den britischen Vorstellungen nicht gegen Eisenhower durchsetzen[10].

Das französische Führungsdenken blieb nach dem Ersten Weltkrieg im
Vergleich mit Großbritannien und Deutschland stärker den erfolgreichen defensiven Erfahrungen des Stellungskrieges von 1914 bis 1918 verhaftet. Verdun
wurde zum Synonym für eine erfolgreiche Verteidigungsoperation. Nicht die
aus diesem Denken resultierende Maginotlinie, sondern das weit verbreitete
»Maginotdenken« sollte sich 1940 für Frankreich verhängnisvoll erweisen.
Durch die Befestigungsanlagen an der französischen Ostgrenze wurden Truppen frei, die für eine aktive Operationsführung hätten genutzt werden können.
Die Franzosen schienen aber eine offene Feldschlacht vermeiden zu wollen,
während die Deutschen einen mechanisierten Bewegungskrieg anstrebten. Die
französische Armee hielt an der Doktrin der »linearen Verteidigung« fest und
vergab die Möglichkeit, die militärische Initiative zu ergreifen. Auf den Aufbau

---

9   Siehe dazu Reinhard Stumpf, Der Feldzug nach El Alamein. Operative Grundlagen der
Entscheidung in Nordafrika im Sommer und Herbst 1942, in: Die Operative Idee und
ihre Grundlagen, Herford, Bonn 1989, S. 119–154.

10   Christian Greiner, Die Abwehr der deutschen Ardennen-Offensive. Ein Beispiel anglo-
amerikanischer Operationsführung im Zweiten Weltkrieg, in: Die Operative Idee und ihre Grundlagen (wie Anm. 9), S. 155–192; Rohrschneider, Perspektiven (wie Anm. 2),
S. 35 f.

einer eigenständig operierenden Panzerwaffe hatten die französischen Streitkräfte ohnehin weitgehend verzichtet[11].

Zu den schärfsten Kritikern dieser Entwicklung in der Zwischenkriegszeit
gehörte Charles de Gaulle. Dieser wollte die Passivität des »Maginotdenkens«
überwinden und ein vorwiegend aus frei operierenden Panzerverbänden beste-
hendes Berufsheer aufstellen. Die Modernisten um de Gaulle konnten sich
jedoch in den dreißiger Jahren nicht durchsetzen. In Frankreich hielt man an
dem Gedanken fest, daß die Panzer – ebenso wie im »Großen Krieg« – als In-
fanteriebegleitwaffe eingesetzt werden sollten. Erst 1939/40 wurden als Antwort auf die deutsche Bedrohung in der französischen Armee selbständige Panzerdivisionen aufgestellt. Bezeichnenderweise war es die 4. Panzerdivision unter
dem Kommando de Gaulles, die im Mai 1940 bei Laon und Abbeville als einzi-
ger Verband Abwehrerfolge durch eine bewegliche Gefechtsführung erzielen
konnte[12]. In Frankreich hatte man in der Zwischenkriegszeit den Anschluß an
die moderne Entwicklung der Panzerwaffe verloren und war so weder geistig
noch materiell in der Lage, dem deutschen Angriff standzuhalten.

In der Zeit nach dem Zweiten Weltkrieg trafen in der NATO auf strategischer Ebene das kontinentaleuropäische Raumdenken mit dem angelsächsischen maritimen Denken aufeinander. Zudem stand im Zeitalter der Nuklearwaffen nicht die siegreiche Kriegführung, sondern die Kriegsverhinderung im
Vordergrund des militärischen Denkens. Erst im Falle des Versagens der Abschreckung sollte die Aggression durch Waffengewalt gestoppt und der Frieden
wiederhergestellt werden. Diese politischen Vorgaben führten zur Entwicklung
verschiedener operativer Vorstellungen und angesichts der Herausforderung der
neuen Waffensysteme zu einer Modernisierung der operativen Ideen. Sie gip-
felten letztlich für Mitteleuropa im Konzept der beweglich geführten Vorne-
verteidigung, in der Nuklearwaffen im Sinne der Abschreckung und im Rahmen
des taktisch-operativen Einsatzes eingeplant werden. Vor diesem Hintergrund
kam es zwar zu Annäherungen im Führungsdenken der NATO-Staaten. Bei
den ursprünglichen, seit Jahrzehnten entwickelten nationalen Führungskonzeptionen auf taktischem und teilweise operativem Gebiet gingen die Anpassungen
jedoch nur langsam vonstatten; und so führt die Bundeswehr noch heute als
einzige Armee in der NATO aus Überzeugung nach der Auftragstaktik.

Die politischen Veränderungen am Ende des 20. Jahrhunderts brachten
neue Herausforderungen für die deutschen Streitkräfte. Moderne Krisenbewältigung ist nur noch auf der Grundlage multinationaler Zusammenarbeit möglich. Deutsche Soldaten werden daher nicht nur im Rahmen des NATO-
Auftrages und der Landesverteidigung mit nordamerikanischen und westeuro-

---

[11] Karl-Heinz Frieser, Blitzkrieg-Legende. Der Westfeldzug 1940, 2. Aufl., München 1996,
      S. 404–406.
[12] Nico Hülshoff, Charles de Gaulles Vorstellungen zur Deutschland- und Militärpolitik der
      Zwischenkriegszeit, in: Militärgeschichte, 10 (2000), Nr. 1, S. 2–8.

päischen Verbündeten, sondern im Verein multinationaler Verbände in »joint and combined operations« außerhalb des bisherigen Terrains eingesetzt. Täglich stoßen während dieser Einsätze unterschiedliche Führungskonzeptionen aufeinander, die nicht zuletzt das Ergebnis differierender kultureller und historischer Faktoren sind. Zum besseren Verständnis von Führung und zur Verständigung vor Ort erscheint es daher notwendig, die nationale Perspektive zu verlassen und die historischen Entwicklungen unterschiedlicher Führungsvorstellungen in europäischen und nordamerikanischen Streitkräften vergleichend unter kulturellen und historischen Fragestellungen zu thematisieren.

Das Militärgeschichtliche Forschungsamt hat sich im Rahmen seiner internationalen Jahrestagungen für Militärgeschichte schon mehrfach mit Fragen des militärischen Führungsdenkens befaßt. Neben Fragen der Logistik und der Menschenführung wurden in den achtziger Jahren besonders Themen der operativen Führung deutscher Streitkräfte und des Verhältnisses zwischen Militär und Politik in Deutschland im 19. und 20. Jahrhundert diskutiert.

Mit seiner jüngsten, der 42. Internationalen Tagung wandte sich das Militärgeschichtliche Forschungsamt nun dem »Führungsdenken in europäischen und nordamerikanischen Streitkräften im 19. und 20. Jahrhundert« und damit einem von der internationalen militärhistorischen Forschung bisher vernachlässigten Thema zu. Keine Tagung kann es leisten, die globalen Entwicklungen zu beschreiben oder gegenseitige Einflüsse nachzuweisen, so daß sich die 42. Tagung thematisch bewußt auf den europäischen Kontinent und nordamerikanischen Halbkontinent beschränkte.

Inhaltlich behandelte die Tagung vier eng miteinander verbundene Themenkomplexe:
- die Vorstellungen vom Krieg in Abhängigkeit von wirtschaftlichen, gesellschaftlichen und politischen Entwicklungen;
- militärische Führung in Abhängigkeit von wechselnden Kriegsbildern;
- die Auswirkungen unterschiedlicher Menschenbilder auf militärische Führung;
- militärische Führung auf dem Gefechtsfeld an ausgewählten Beispielen.

Die Beiträge der in- und ausländischen Referenten veröffentlicht das Militärgeschichtliche Forschungsamt mit dem vorliegenden Band, der sich thematisch – angelehnt an den Ablauf der Tagung – in diese vier Themenkreise gliedert. Einige Tagungsbeiträge vertreten strittige Thesen, die schon während der Tagung den Widerspruch des Auditoriums hervorriefen und zu regen Diskussionen Anlaß boten.

Wissenschaftlich eingeleitet wurde die Tagung durch einen öffentlichen Festvortrag des Potsdamer Historikers Manfred Görtemaker zum Thema »Helmuth von Moltke und das militärische Führungsdenken im 19. Jahrhundert«.

Im ersten Themenkreis des Tagungsbandes wird die Entstehung von Kriegsbildern in Abhängigkeit von wirtschaftlichen, gesellschaftlichen und politischen Entwicklungen behandelt. Hier wird deutlich, wie reale oder vermeintliche wirtschaftliche Zwänge militärische Führung und Kriegsvorbereitungen beeinflussen, wie Ideologien und technische Innovationen die Barbarisierung der Kriegführung im Zweiten Weltkrieg bedingten und gleichzeitig die militärische Führungskunst gegenüber der Bündelung aller personellen, wirtschaftlichen und ideologischen Ressourcen in den Hintergrund trat. Die Rezeption militärischer Führungskonzeptionen durch kleinere Armeen wird ebenso thematisiert wie heutige, moderne Konzepte der Kriegführung am Beispiel von »low intensity conflicts« und »information warfare«. Erfahrungen polnischer Streitkräfte mit unterschiedlichen Führungskonzeptionen runden diesen Abschnitt ab.

Militärische Führung am Beispiel wechselnder Kriegsbilder ist das Leitthema des zweiten Themenkreises. Hier geht es um die Frage, wie sich die Einführung neuer, moderner Waffensysteme in den Heeren, Luftwaffen und Marinen der Streitkräfte in Europa und Nordamerika auf das Führungsdenken im 20. Jahrhundert auswirkte. Dabei werden nationale, geographische und kulturelle Besonderheiten angesprochen, die zu jeweils eigenständigen Entwicklungen führten. Entstehung und Bedeutung der Auftragstaktik in deutschen Streitkräften in der Vergangenheit und für die heutigen deutschen Streitkräfte wird ebenso dargestellt wie der Einfluß der marxistisch-leninistischen Ideologie auf das Führungsdenken der russisch-sowjetrussischen militärischen Führung. Am Beispiel des Indochinakrieges der Jahre 1946 bis 1954 wird die Konfrontation europäischen Führungsdenkens mit der Realität des für die französischen Truppen ungewohnten Guerillakrieges behandelt. Dem Partisanenkrieg in Indochina der fünfziger Jahre als Krieg des »kleinen Mannes« wird die Führungskonzeption einer Weltmacht in Gestalt der amerikanischen Planungen für den Einsatz taktischer Nuklearwaffen auf dem Gefechtsfeld Mitteleuropa gegenübergestellt.

Die Auswirkungen unterschiedlicher Menschenbilder auf militärische Führung stehen im Mittelpunkt des dritten Themenkreises. Dabei werden sowohl spezifisch britische Erfahrungen einer Berufsarmee in der Demokratie als auch schweizerische Erfahrungen mit dem Milizsystem thematisiert. Die Brüche, aber auch die Kontinuitäten des preußisch-deutschen Führungsdenkens in Abhängigkeit vom Menschenbild bilden einen weiteren Beitrag zu diesem sehr aktuellen Themenfeld.

Der vierte Themenkreis steht unter der Überschrift »Führung auf dem Gefechtsfeld an ausgewählten Beispielen«. An zwei Beispielen – Landung in der Normandie 1944 und Unternehmen »Desert Storm« – werden die Auswirkungen von »joint and combined operations« auf das Führungsdenken der alliierten Streitkräfte thematisiert. Dabei werden zum einen die Komplexität und zum anderen die Führungsprobleme von »joint and combined operations« deutlich.

Die 42. Internationale Tagung für Militärgeschichte diente in erster Linie der militärgeschichtlichen Weiterbildung der Streitkräfte. Sie fand aus diesem Grund an der Führungsakademie der Bundeswehr in Hamburg statt und hat gezeigt, wie sich im Laufe der letzten zweihundert Jahre in Nordamerika und Europa sowohl zwischen den Teilstreitkräften einzelner Staaten als auch in den europäischen und nordamerikanischen Streitkräften unterschiedliche Führungsstile ausgebildet haben. Die Ursachen dieses Prozesses sind vielfältiger Natur. Die geographische Lage, die Gesellschaftsform, der technische Fortschritt, das Menschenbild, ideologische Vorgaben und nicht zuletzt die vorhandenen materiellen und personellen Ressourcen bestimmten und beeinflussen bis heute die Entwicklung militärischer Führung. Im Lauf der Tagung wurde aber auch erkennbar, welche Anforderungen an militärische Führung zu Beginn des 21. Jahrhunderts existieren. Wiederum sei nur auf die Stichworte »low intensity conflicts« und »information warfare« verwiesen.

Eine internationale Tagung von Militärhistorikern kann keine praktisch nutzbaren Lösungen für die durch unterschiedliche Führungskonzeptionen verursachten Probleme bieten. Sie kann im vergleichenden wissenschaftlichen Diskurs nur Ursachen und Gründe für ihre Entstehung und Entwicklung zeigen und zum besseren Verständnis für die unterschiedlichen Führungstraditionen beitragen. Dies ist den Referenten und Sektionsleitern sowie den zahlreichen Fachhistorikern gelungen, welche die 42. Internationale Tagung für Militärgeschichte bestritten und mit qualifizierten – zum Teil strittigen – Beiträgen bereichert haben. Ihnen allen gilt mein besonderer Dank.

Den Mitarbeiterinnen und Mitarbeitern des Militärgeschichtlichen Forschungsamtes, insbesondere dem Leiter der Schriftleitung, Herrn Dr. Arnim Lang, Frau Antje Lorenz (Textgestaltung), sowie dem Lektor, Herrn Dr. Hans-Joachim Beth, danke ich dafür, daß der Band in der gewohnten Qualität zeitgerecht herausgebracht werden konnte.

Friedhelm Klein

Aspekte militärischen Führungsdenkens in Geschichte und Gegenwart

Die Ereignisse in Bosnien, im Kosovo oder in Ost-Timor haben auch in der Öffentlichkeit hinlänglich deutlich gemacht, daß Krisenbewältigung, insbesondere wenn sie militärische Maßnahmen einschließt, nur auf der Grundlage enger multinationaler Zusammenarbeit erfolgversprechend ist. Aus deutscher Sicht gilt diese Feststellung nicht nur für das Engagement unserer Streitkräfte im Rahmen friedensstiftender oder friedenserhaltender Maßnahmen außerhalb des Bündnisgebietes. Sie betrifft gleichermaßen auch die Landesverteidigung, die immer zugleich Bündnisverteidigung ist. So heißt es in der Bestandsaufnahme »Die Bundeswehr an der Schwelle zum 21. Jahrhundert« des Bundesministers der Verteidigung folgerichtig: »Die Streitkräfte werden grundsätzlich gemeinsam mit Alliierten im Rahmen der NATO und WEU eingesetzt. Die Fähigkeit zur Zusammenarbeit mit den Partnern innerhalb unterschiedlicher Führungsstrukturen ist damit von großer Bedeutung[1].«

Kooperation und Integration sind seit jeher Wesenselemente des atlantischen Sicherheitsgebäudes. Neben dem Bündniswillen ist die Bündnisfähigkeit unabdingbare Voraussetzung seiner Wirksamkeit. Gerade in dem letztgenannten Bereich, an der Schnittstelle zwischen Abstimmung und konkreter Zusammenarbeit, sind Reibungsverluste immer wieder möglich, manchmal sogar unvermeidlich. Dabei ist nicht nur an die Probleme im Rahmen der Kompatibilität von Kommunikation und Technik zu denken. Nicht selten sind es nämlich die unterschiedlichen Denkmuster, ja vielleicht sogar Denkschulen, welche die Verantwortlichen aller Führungsebenen immer wieder auf die Probe und vor neue Herausforderungen stellen.

Dieses nicht allein auf den militärischen Bereich zu begrenzende Problem ist – historisch gesehen – nicht neu. Schon der preußische Militärreformer Gerhard von Scharnhorst gab 1797 zu bedenken: »Man denke sich in einem Orte Engländer, französische Emigranten, Holländer und Deutsche beieinander, bei denen wegen Verschiedenheit der Sprachen die abgehenden Posten den aufkommenden nicht ihre Instruktionen bekanntmachen können, bei denen niemand einander kennt und sich miteinander bekannt machen kann und bei de-

---

1 Bestandsaufnahme. Die Bundeswehr an der Schwelle zum 21. Jahrhundert, hrsg. vom Bundesministerium der Verteidigung, Bonn [1999], S. 24.

nen dazu eine Nation gegen die andere voller Vorurteile ist. Unbeschreiblich
mannigfaltig müssen da Mißverständnisse sein[2].«

Vor dem Hintergrund der allgegenwärtigen Sprachenvielfalt in multinationalen Verbänden sind Scharnhorsts Beobachtungen durchaus geeignet, auch
heute aktuelle Probleme zu skizzieren. Ein Seitenblick auf die Wirtschaft zeigt,
daß wir es im Zeitalter der Globalisierung zudem nicht mit einem originär militärischen Phänomen zu tun haben. Man denke nur an die Irritationen, die im
Vorfeld der jüngsten supranationalen Fusionen von Wirtschaftskonzernen oder
Banken zu beobachten sind. Fragen der Personalführung oder der Unterneh-
menskultur werden in Deutschland zum Teil ganz anders gesehen als in den
USA, in Frankreich oder in den asiatischen Industrienationen. Gleichwohl
zwingen marktstrategische Forderungen zu einer immer stärkeren Zusammenarbeit bzw. einem Zusammengehen, um konkurrenzfähig zu bleiben. Trotz
zunehmender internationaler Verflechtungen bleibt ein erhebliches Maß an
national oder gar regional definiertem Charakter. Daraus erklären sich nicht
zuletzt bestimmte Eigenarten und Standards im Führungsdenken. Dieses
landsmannschaftlich gebundene Webmuster kann sogar zu einem wichtigen Teil
der Philosophie der Unternehmensführung und damit zur Identität der Mitarbeiter und ihres Produkts werden[3]. Diese Formen der Selbstvergewisserung sind
nicht nur für den Standpunkt der Mitarbeiter wichtig. Sie liefern zugleich einen
wichtigen Schlüssel, um Führungsabläufe transparent und damit letztlich verständlich zu machen.

Ganz allgemein läßt sich feststellen, daß Führungsdenken und Führungsstrukturen neben pragmatischen Forderungen zu einem erheblichem Maße von
kulturellen und damit letztlich auch historischen Faktoren bestimmt werden.
Nicht nur in diesem Bereich gleichen sich die Muster von Wirtschaft und Streitkräften. Die Führungsgrundsätze einer Armee speisen sich aus historischen
Wurzeln, die zuweilen tief in die Vergangenheit reichen können. Sie gehören
somit zum Traditionsgut von Streitkräften, sind Teil ihres Selbstverständnisses
und damit gewissermaßen ein Stück »*corporate identity*«.

Für die Bundeswehr bildet die sogenannte »Auftragstaktik« solch ein festes,
in der Tradition verankertes Gerüst[4]. Mehr als vielleicht in anderen Armeen läßt

---

2   Gerhard von Scharnhorst, Entwicklung der allgemeinen Ursachen des Glücks der Fran-
     zosen in dem Revolutionskriege und insbesondere in dem Feldzuge von 1794, zit. nach:
     Ders., Ausgewählte militärische Schriften, hrsg. von Hansjürgen Usczeck und Christa
     Gudzent, Berlin (Ost) 1986, S. 138.
3   Man denke nur an das bekannte schwedische Möbelhaus, dessen weltweiter Erfolg nicht
     zuletzt auf der Nutzung und Vermittlung »typisch skandinavischer« Eigenschaften be-
     ruht. Siehe dazu die von Arte-France am 4.5.2000 ausgestrahlte Fernsehdokumentation
     »Ikea – das alternative Management«.
4   Dirk W. Oetting, Das Chaos beherrschen. Die Grenzen des Gehorsams in der Auftrags-
     taktik. Ein Meilenstein bei der Entwicklung des Disziplinverständnisses, in: Truppenpra-

sich hier durch das historische Beispiel der unbedingte Wille zu eigenständigem, wenn es sein muß auch widerständigem Handeln als integralem Element nachweisen[5]. Prinz Friedrich Karl von Preußen, einer der bedeutendsten Heerführer in den Einigungskriegen von 1864 bis 1871, war zum Beispiel ausgesprochen stolz auf die Unabhängigkeit des preußischen Offizierkorps. Im selbständigen Denken und Handeln sah er eine der wichtigsten Wurzeln für die überlegene Führungsfähigkeit der preußischen Armee. In seinem Essay »Über Entstehung und Entwicklung des preußischen Offiziergeistes, seine Erscheinung und Wirkung« kam Friedrich Karl 1860 zu dem Urteil: »Überhaupt scheint mir [...] auch in den preußischen Offizierkorps überhaupt ein ungewöhnlicher Sinn nach Unabhängigkeit von oben und Aufsichnehmen der Verantwortlichkeit wie in keiner anderen Armee, [sich] herausgebildet zu haben[6].«

Das Wissen um Führungsgrundsätze kann also einen wertvollen Beitrag liefern, um das Selbstverständnis von Streitkräften verschiedener Nationen in unterschiedlichen Epochen zu begreifen. Dabei ist festzuhalten, daß sich die Führungskonzeption einer Armee nicht innerhalb eines politisch oder gesellschaftlich keimfreien Raumes entwickelt. Will man die Geschichte des militärischen Führungsdenkens mit den Methoden moderner Geschichtswissenschaft beleuchten, dann gilt es den Blick zu weiten[7]. Nach dem Verständnis des Militärgeschichtlichen Forschungsamtes untersucht moderne Militärgeschichte das Verhältnis von Gesellschaft und bewaffneter Macht unter Einbeziehung politischer, wirtschaftlicher, sozialer, technischer, mentalitäts- und kulturgeschichtli-

---

xis/Wehrausbildung, 44 (2000), S. 349–355; siehe auch den Beitrag von Thomas Leistenschneider in diesem Band.

5   Heinrich Walle, Gehorsam im Konflikt, in: De officio. Zu den ethischen Herausforderungen des Offizierberufs, hrsg. vom Evangelischen Kirchenamt für die Bundeswehr, 2. Aufl., Hannover 1985, S. 134–141; Bodo Scheurig, Insubordination als Gebot. Eine alte preußische Tugend und ihr später Verfall, in: Frankfurter Allgemeine Zeitung, 3.8.1996.

6   Zit. nach: Hans-Martin Ottmer, Ursachen und Hintergründe zur Entwicklung deutscher militärischer Tradition vom Ende des 18. Jahrhunderts bis 1914, in: Tradition in deutschen Streitkräften bis 1945 (= Entwicklung deutscher militärischer Tradition, Bd 1), Herford 1986, S. 171. Vor diesem Hintergrund gewinnt auch das vielzitierte Bonmot Friedrich Karls an Kontur: »Wie einst ein Stabsoffizier ruhig einen erhaltenen Befehl ausführte, wurde er von einem hochgestellten General mit den Worten angelassen: Herr, dazu hat sie der König zum Stabsoffizier gemacht, daß sie wissen, wann sie nicht zu gehorchen haben«, zit. nach Oetting, Das Chaos beherrschen (wie Anm. 4), S. 353.

7   Das Militärgeschichtliche Forschungsamt hat einzelne Facetten dieser vielschichtigen Thematik vor allem in den achtziger Jahren mehrmals in den Mittelpunkt des wissenschaftlichen Diskurses gestellt und in der Reihe »Vorträge zur Militärgeschichte« publiziert: Einzelprobleme politischer und militärischer Führung, Berlin u.a. 1981; Menschenführung in der Marine, Berlin u.a. 1981; Menschenführung im Heer, Berlin u.a. 1982; Operatives Denken und Handeln in deutschen Streitkräften im 19. und 20. Jahrhundert, Berlin u.a. 1988; Die operative Idee und ihre Grundlagen, Berlin u.a. 1989; Seemacht und Seestrategie im 19. und 20. Jahrhundert, hrsg. von Jörg Duppler, Berlin u.a. 1999.

cher Fragen[8]. Daneben erlaubt der Blick über die nationalen Grenzen die Öffnung für komparative Betrachtungen und kann so Abhängigkeiten oder Sonderwege sichtbar machen. Erst vor dem Hintergrund dieser Folie lassen sich differenzierte, historisch-kritische und damit wissenschaftlich verwertbare Ergebnisse erzielen.

Die Wirkungsmächtigkeit alten und neuen Führungsdenkens läßt sich im Umfeld der preußischen Reformen beispielhaft wie durch ein Brennglas beobachten. So waren die unterschiedlichen Vorstellungen vom Krieg auch in Frankreich und in Preußen originär von politischen, wirtschaftlichen und gesamtgesellschaftlichen Faktoren abhängig, wobei in Preußen, salopp ausgedrückt, »*der Fisch vom Kopf her stank*«. Diese Feststellung ist um so erstaunlicher, weil die Notwendigkeit einer inneren Reform der preußischen Armee schon am Ende der friederizianischen Zeit erkannt und zudem diskutiert wurde[9]. Mit den beeindruckenden Erfolgen der französischen Revolutionsheere[10] setzte ein öffentlicher Diskurs ein, der sowohl das innere Gefüge als auch die Organisationsstruktur der Armee betraf[11]. Die 1795 erfolgte Bestallung der »*Immediat-Militär-Organisationskommission*«, die den Auftrag hatte, neue Strukturen für die Aushebung und Organisation der preußischen Armee zu erarbeiten, lief ins Leere[12]. Besonders eindringlich verdichtete Georg Heinrich von Berenhorst die Kritik in seinen »Betrachtungen über die Kriegskunst«[13]. Darin widersprach der ehemalige preußische Offizier nicht nur der absolutistischen Kriegstheorie, die, einem Schachspiel ähnlich, von einer Berechenbarkeit aller Faktoren im Krieg ausging. Berenhorst erkannte auch, daß sich neben dem Menschenbild vor

---

[8]   Zur Definition und Methodendiskussion siehe Militärgeschichte. Probleme – Thesen – Wege, im Auftrag des Militärgeschichtlichen Forschungsamtes aus Anlaß seines 25jährigen Bestehens ausgew. u. zsgst. von Manfred Messerschmidt u.a. (= Beiträge zur Militärgeschichte, 25), Stuttgart 1982, S. 15 ff.

[9]   Herausragend in diesem Zusammenhang die Publikationen des Oberst von Scholten in der »*Bellona*« und der »*Militärischen Monatsschrift*«, siehe dazu Rainer Wohlfeil, Vom Stehenden Heer des Absolutismus zur Allgemeinen Wehrpflicht, in: Deutsche Militärgeschichte in sechs Bänden 1648–1939, begründet von Hans Meier-Welcker, München 1979, Bd 1, S. 88–92. Zu den Defiziten der preußischen Armee siehe Gordon A. Craig, Die preußisch-deutsche Armee 1640–1945. Staat im Staate, Düsseldorf 1960, S. 42 ff.

[10] Wohlfeil, Vom Stehenden Heer (wie Anm. 9), S. 171–175; Louis M. Weygand, Histoire de l'Armée Française, Paris 1938, Kap. 7 und 8, S. 194–257.

[11] Herausragend in diesem Zusammenhang Friedrich von Buchholz, Adam Heinrich Dietrich v. Bülow, Friedrich von Cölln, Georg Heinrich von Berenhorst. Siehe dazu Werner Gembruch, Bürgerliche Publizistik und Heeresreform in Preußen (1805–1808), in: Militärgeschichte. Probleme – Thesen – Wege (wie Anm. 8), S. 124–149; Ottmer, Ursachen und Hintergründe (wie Anm. 6), S. 81 ff.

[12] Wohlfeil, Vom Stehenden Heer (wie Anm. 9), S. 97 f.; Carl Hans Hermann, Deutsche Militärgeschichte. Eine Einführung, Frankfurt a.M. 1966, S. 140.

[13] Georg Heinrich von Berenhorst, Betrachtungen über die Kriegskunst, über ihre Fortschritte, ihre Widersprüche und ihre Zuverlässigkeit. Abteilung I–III, Leipzig 1797–1799.

allem die politischen Verhältnisse ändern müßten, »weil zu gleicher Zeit nur vorläufig verbesserte Staatsverfassungen, eine verhältnismäßige Zahl Bürger, den Waffen und dem Kriege eigenthümlich gewidmet, noch wohl vertragen« werden könnte[14]. Alle Kritiker stimmten im wesentlichen in der Forderung überein, daß Preußen dringend einer Reform der Heeresverfassung bedurfte, um den neuen taktischen und organisatorischen Anforderungen des Kriegswesens gerecht werden zu können.

Gleichwohl steuerte Preußen auf eine militärische und politische Katastrophe zu, deren Verortung im kollektiven Gedächtnis bis heute mit der Doppelschlacht bei Jena und Auerstedt verbunden ist[15]. Während die Franzosen bei Jena und Auerstedt mit hoch beweglichen Kontingenten unter selbständigen Befehlshabern, mit klarem Auftrag und abgestimmtem operativen Konzept operierten, waren die Preußen nach dem Ausfall ihres Oberbefehlshabers, des Herzog von Braunschweig, kopf- und damit führungslos[16]. Die französischen Marschälle zählten im Durchschnitt kaum mehr als 40 Jahre. Auf der preußischen Seite hingegen bestand die Generalität überwiegend aus Männern im, wir würden heute sagen, besten Rentenalter[17]. Um die mittlere Führungsebene stand es kaum besser. Der älteste Leutnant der preußischen Artillerie hatte mit über 70 Jahren gar Mühe, sein Pferd zu besteigen. Da der Pensionsfond der preußischen Armee seit 1800 erschöpft war, mußten zahlreiche invalide Offiziere im Dienst bleiben, obwohl sie nicht mehr feldverwendungsfähig waren[18]. Die mangelnde Flexibilität und Dynamik im militärischen Entscheidungsprozeß Preußens verdichtete sich geradezu in der Führungsstruktur. Fünf mehr oder minder selbständige Armeebehörden (das Militärdepartement des Generaldirektoriums, die Garnisonsgouverneure, die Generalinspekteure, das Oberkriegskollegium und die Generaladjudantur) konkurrierten nebeneinander um Einfluß und behinderten sich letztlich nur gegenseitig[19]. »Die preußische Armee hatte versagt, sie war den Franzosen nicht gewachsen. Das lag an der inneren Struktur; die preußische Armee erschien als Maschine; unbeweglich, ohne Selbständigkeit der einzelnen Kämpfer und Kampfverbände«[20].

Die Reformer um Scharnhorst, Gneisenau, Boyen und Grolman erkannten, daß es für eine erfolgreiche Reform des Militärwesens entscheidend darauf

---

14 Ebd., Abteilung II, S. 423 ff.

15 Peter Paret, Jena 1806, in: Great Military Battles, hrsg. von Cyril Falls, London 1964, S. 114–127.

16 Volkmar Regling, Grundzüge der Landkriegführung zur Zeit des Absolutismus und im 19. Jahrhundert, in: Deutsche Militärgeschichte, Bd 6 (wie Anm. 9), S. 257 ff.

17 Hans Bleckwenn, Unter dem Preußenadler, München 1978, S. 233.

18 Ebd.; siehe auch Hermann, Deutsche Militärgeschichte (wie Anm. 12), S. 180, Anm. 86.

19 Craig, Die preußisch-deutsche Armee (wie Anm. 9), S. 48 ff.; Wohlfeil, Vom Stehenden Heer (wie Anm. 9), S. 109 f.

20 Thomas Nipperdey, Deutsche Geschichte 1800–1866. Bürgerwelt und starker Staat, München 1983, S. 51.

ankam, funktionstüchtige Führungsstrukturen zu schaffen. Die Bildung des Kriegsministeriums, mit dem Militärökonomiedepartement und dem Allgemeinen Kriegsdepartement als nachgeordneten Einheiten, im März 1809 zeugt von dem festen Willen nach schlankeren Strukturen[21]. »Der Minister – in Personalunion verantwortliche militärische Spitze und oberster Beamter – vereinigte damit das Oberkommando und die Verwaltung in einer Hand[22].« Die Idee, ein Ressortministerium unter ziviler Führung einzusetzen, mutet bis heute sehr modern an und erinnert stark an verwandte Strukturen in parlamentarischen Demokratien. Schließlich überführten die Reformer den schwerfällig arbeitenden Quartiermeisterstab in einen modernen Generalstab – nur am Rande sei erwähnt, daß hier die Wiege des preußisch-deutschen Generalstabes zu finden ist[23].

Beseelt von dem Wunsch, die Effektivität und die Effizienz der Streitkräfte zu steigern, wurde die für Preußen bis dahin so typische Kompaniewirtschaft abgeschafft, der Troß radikal verkleinert und ein Gewehr mit höherer Treffgenauigkeit eingeführt[24]. Die neue Bedeutung von Bildung und Kenntnis für die Ausbildung sowie die Öffnung der Offizierstellen für Nichtadlige verweist auf das Gedankengut der Aufklärung[25]. Die Reform der Militärjustiz und die Abschaffung der Prügelstrafe schließlich legen Zeugnis von einem neuen Menschenbild ab, den Wertewandel von der »kujonierten Kanaille« zum »Ehrenmann in Uniform«[26].

Der kurze Aufriß macht deutlich, wie viele Berührungspunkte sich aus der Beschäftigung mit dem Thema »militärisches Führungsdenken« auch bei einem Rückblick auf die ältere Militärgeschichte ergeben können. Das Führungsdenken von Streitkräften speist sich aus einem komplexen Zusammenfluß kultur-, mentalitäts-, sozial-, ideologie- und technikgeschichtlicher Faktoren und nicht zuletzt aber auch den Kriegsbildern und der Kriegserfahrung. Die Verknüpfung all dieser Stränge liefert letztlich wertvolle Hinweise für das Selbstverständnis, die Professionalität und das innere Gefüge bewaffneter Kräfte. Schließlich mag

---

[21] Wohlfeil, Vom Stehenden Heer (wie Anm. 9), S. 111 ff.

[22] Hermann, Deutsche Militärgeschichte (wie Anm. 12), S. 161 f.

[23] Stephan Huck, Vier Phasen. Die Geschichte des preußisch-deutschen Generalstabes von 1655 bis 1945, in: Truppenpraxis/Wehrausbildung, 44 (2000), S. 66 – 71, hier S. 67; Manfred Messerschmidt, Die politische Geschichte der preußisch-deutschen Armee, in: Deutsche Militärgeschichte, Bd 2 (wie Anm. 9), S. 308 ff.

[24] Wohlfeil, Vom Stehenden Heer (wie Anm. 9), S. 163 – 167.

[25] Von Valmy bis Leipzig. Quellen und Dokumente zur Geschichte der preußischen Heeresreform, hrsg. von Georg Eckert, Frankfurt a.M. 1955, S. 131 ff.; Heinz Stübig, Scharnhorst. Die Reform des preußischen Heeres, Göttingen 1988, S. 83 ff.

[26] Hans-Martin Ottmer, Militärgeschichte zwischen Französischer Revolution und Freiheitskriegen 1789 bis 1815. Vom Berufskriegerheer zur allgemeinen Wehrpflicht, in: Grundzüge der deutschen Militärgeschichte, hrsg. von Karl-Volker Neugebauer, Bd 1, Freiburg 1993, S. 104 f.

die Beschäftigung mit Fragen des Führungsdenkens dem »Nichthistoriker« den Blick für strukturelle Probleme und ihre Lösung gerade im internationalen Rahmen schärfen und eine Brücke zwischen historischer Erkenntnis und den Herausforderungen der Gegenwart liefern.

Manfred Görtemaker

Helmuth von Moltke und das militärische Führungsdenken im 19. Jahrhundert

Als die preußische Armee 1864 gegen Dänemark und wenig später gegen Österreich und Frankreich zu Felde zog, tat sie dies gewissermaßen aus dem Stand. Seit dem Wiener Kongreß von 1814/15 hatte sich Preußen ein halbes Jahrhundert lang einer aktiven Rolle in der europäischen Politik enthalten. Während die Armeen der anderen europäischen Hauptmächte mehrfach kleinere oder größere Kriege führten, beschränkte sich Preußen zwischen 1830 und 1859 auf vereinzelte Mobilmachungen in der Erwartung von Kriegsbeteiligungen, die nicht zustande kamen, sowie auf einige militärisch unbedeutende Aktionen zur Niederschlagung der Revolution von 1848/49. Der Militärstaat Preußen und darüber hinaus ganz Deutschland schienen derart friedlich geworden, daß man im Stile eines gepflegten Vorurteils oft nur noch vom »Land der Dichter und Denker« sprach: unfähig zur Politik, unfähig zum Krieg. Nach der Schlacht bei Königgrätz 1866, als sich die Gründung des Deutschen Reiches abzeichnete, attestierte die britische Presse deshalb lediglich Bismarck, nicht aber der preußischen Armee oder gar dem deutschen Volk den Willen zur machtpolitischen Durchsetzung der deutschen Einheit. Otto von Bismarck, so hieß es z.B., war »der einzige Mensch in Deutschland, der wußte, was er wollte; ohne ihn würden bei dem sittlich-schüchternen Volk der Deutschen die Einheitsbestrebungen niemals Wirklichkeit geworden sein«[1].

Dies war natürlich eine grobe Vereinfachung, die vor allem die Frage unbeantwortet ließ, wie es einer Armee, die seit beinahe zwei Generationen kaum noch praktische Kampferfahrung besaß, gelingen konnte, innerhalb weniger Jahre zur mächtigsten Kraft auf dem europäischen Kontinent heranzuwachsen – eine Tatsache, die sie wenig später mit dem Sieg über Frankreich 1870/71 noch einmal eindrucksvoll unter Beweis stellen sollte. Wer dafür nach Erklärungen sucht, stößt vor allem auf Helmuth von Moltke, seit 1857 Chef des preußischen Generalstabes und damit in leitender Funktion an der Heeresreform unter Wilhelm I. sowie an der Kriegführung gegen Dänemark, Österreich und Frankreich beteiligt[2]. Während Bismarck dem Reich politisch den Weg ebnete,

---

1   The Times (London), 3. Juli 1866.
2   Zur Person und Rolle Moltkes siehe bes. Generalfeldmarschall von Moltke. Bedeutung und Wirkung, hrsg. von Roland G. Foerster, München 1991 (= Beiträge zur Militärgeschichte, Bd 33).

sorgte Moltke für die notwendigen militärischen Weichenstellungen. Am Ende machten erst Moltkes Siege den Erfolg Bismarcks möglich.

Allerdings war es nicht Moltke allein, der – 200 Jahre nach Friedrich dem Großen – mit disziplinierter Generalstabsarbeit, strategischem Geschick und der konsequenten Nutzung technischer Neuerungen für ein Wiedererstarken der preußischen Militärmacht sorgte. Wesentlichen Anteil daran hatten ebenfalls der Hannoveraner Gerhard von Scharnhorst und der in Sachsen geborene, aber einem oberösterreichischen Geschlecht entstammende August Graf Neidhardt von Gneisenau, die im ersten Drittel des 19. Jahrhunderts das friderizianische Heer aus seiner absolutistischen Erstarrung lösten und eine moderne National-armee schufen, die nach 1857 die Basis der Moltkeschen Reorganisation bildete. Die Einführung der allgemeinen Wehrpflicht ging dabei unter dem Eindruck der napoleonischen Kriege mit dem Versuch einher, nicht nur die Struktur der Armee, sondern auch das strategische Führungsdenken den Erfordernissen der Neuzeit anzupassen. Stellvertretend sei in diesem Zusammmhang Carl von Clau-sewitz genannt, der mit umfangreichen militärtheoretischen Studien dazu bei-trug, das Verhältnis von Militär und Politik neu zu definieren und – gemeinsam mit Scharnhorst und Gneisenau – den Geist der preußischen Armee zu verän-dern[3].

I.

Friedrich der Große hatte Preußen durch seine militärischen Leistungen in der zweiten Hälfte des 18. Jahrhunderts zu europäischer Bedeutung verholfen, jedoch keinen adäquaten Nachfolger gefunden, der sein Werk hätte fortsetzen können. So wurde Napoleon der Sieg im Herbst 1806 leicht gemacht: In nur fünf Tagen war das preußische Heer – nur teilweise mobilisiert und rüstungs-mäßig kaum vorbereitet – besiegt. Im Auftaktgefecht eines preußischen Beob-achtungskorps gegen die Franzosen bei Saalfeld am 10. Oktober fiel auch Prinz Louis Ferdinand, der für viele der Hoffnungsträger eines neuen Preußen gewe-sen war. Sein Tod erschien ihnen nun als Vorzeichen kommenden Unheils und wurde von Theodor Fontane später mit den Worten kommentiert: »Prinz Louis war gefallen und Preußen fiel – ihm nach.« Tatsächlich war bereits vier Tage nach Louis Ferdinands Tod mit der Doppelschlacht von Jena und Auerstedt – dem »preußischen Cannae« – alles vorüber: Das preußische Heer unter dem Oberbefehl des senilen Herzogs von Braunschweig, einem Neffen Friedrichs des Großen, wurde von Napoleons General Louis Nicolas Davout vernichtend

---

3   Vom Kriege. Hinterlassenes Werk des Generals Carl von Clausewitz, hrsg. von Werner Hahlweg, 18. Aufl., Bonn 1973. Siehe ebenfalls Raymond Aron, Clausewitz. Den Krieg denken, Frankfurt a.M. u.a. 1980; Peter Paret, Clausewitz and the State, Oxford, New York 1976.

geschlagen. Die Trennung der Truppen des Gegners und die Konzentration der eigenen Kräfte am entscheidenden Punkt hatten dem operativen Genie Napoleons den Erfolg gebracht, während die überholte preußische Strategie an ihrer eigenen Unbeweglichkeit erstarrt war. Die Disziplin der Preußen löste sich in Panikstimmung auf, der Rückzug wurde zu einer wilden Flucht, die Festungen kapitulierten bis auf wenige Ausnahmen kampflos. Am 27. Oktober 1806 zog Napoleon als unumschränkter Sieger in Berlin ein. Stadtgouverneur Graf von der Schulenburg hatte bereits Tage zuvor in einem Aufruf verkündet, der König habe »eine Bataille verloren«, jetzt sei »Ruhe die erste Bürgerpflicht«. Die Mahnung wurde von der Berliner Bevölkerung ebenso befolgt wie von den an Gehorsam gewöhnten Staatsdienern. Während der Gouverneur mit den abziehenden preußischen Bataillonen die Hauptstadt verließ, leistete die Beamtenschaft, darunter fünf in Berlin verbliebene Minister, dem französischen Kaiser freiwillig den Treueid.

Doch die Ruhe war trügerisch. Denn die Niederlage wurde weithin nicht nur als militärische Katastrophe, sondern auch als politische Erniedrigung begriffen. Die Erschütterung reichte weit über Preußen hinaus und ergriff bald ganz Deutschland. Die deutsche Nationalbewegung des 19. Jahrhunderts hatte hier eine ihre wichtigsten Wurzeln. So rief der 1764 in Breslau geborene Publizist Friedrich von Gentz, der zeitweilig in preußischen, zeitweilig in österreichischen Diensten stand, noch 1806 dazu auf, die nationale Zersplitterung zu beenden und durch Vereinigung des Nationalwillens Deutschland und Europa zu befreien. »Europa ist durch Deutschland gefallen«, schrieb er, »durch Deutschland muß es wieder emporsteigen. Nicht Frankreichs Energie oder Kunst, nicht die wildkonvulsivische Kraft, die aus dem giftigen Schlund der Revolution, eine vorüberziehende Wetterwolke, hervorbrach, nicht irgendeines Geschöpfes dieser Revolution persönliches Übergewicht oder Geschick hat die Welt aus ihren Angeln gehoben, die *selbstverschuldete Wehrlosigkeit* Deutschlands hat es getan.« Es gelte daher, den unseligen inneren Zwiespalt, die Zersplitterung der Kräfte und die wechselseitige Eifersucht der Fürsten zu beenden: »Getrennt wurden wir niedergeworfen; nur vereint können wir uns wieder erheben[4].«

Eine von Scharnhorst für Norddeutschland geplante Erhebung gegen Napoleon scheiterte jedoch am Einspruch des preußischen Königs: Friedrich Wilhelm III. mochte das Scheitern einer offenen Verschwörung nicht riskieren. In zwei Denkschriften an den Freiherrn vom Stein unter dem Datum des 21. und 23. August 1808 hatte Scharnhorst Richtlinien für geplante Bündnisverhandlungen mit Österreich und England formuliert und ein Zusammenwirken der Streitkräfte untereinander bei einer gleichzeitigen Volkserhebung gegen die Franzosen in Preußen sowie in den ehemals preußischen und hannoverschen Gebieten vorgeschlagen; Preußen sollte dabei von Österreich mit Waffen, von

---

4   Friedrich von Gentz, Werke, Wien 1911.

England mit »Subsidien und Anleihen« unterstützt werden[5]. Nachdem Scharnhorsts Initiative unterbunden worden war, blieb es bei einigen versprengten Aktionen, wie derjenigen des Majors Ferdinand von Schill, der schon 1806/07 bei der Verteidigung der Festung Kolberg hervorgetreten war und nun auf eigene Faust einen Aufstand anzettelte – allerdings vergeblich: Schill selbst fiel beim Straßenkampf in Stralsund, 11 seiner Offiziere wurden von den Franzosen in Wesel standrechtlich erschossen, mehr als 500 Mann auf französische Galeeren verschleppt.

Kaum besser erging es österreichischen Bemühungen, sich von der Herrschaft Napoleons zu befreien. Zwar erlitten die Franzosen 1809 in der Schlacht von Aspern und Eßling eine militärische Schlappe, als ihr Übergang über die Donau vorübergehend von den Österreichern blockiert wurde. Doch der Widerstand zerbrach nur wenig später an der inneren Zerstrittenheit der Aufständischen und der fehlenden Unterstützung aus Norddeutschland. Nur in Tirol dauerte die Erhebung unter Führung Andreas Hofers noch geraume Zeit an, der sich mit Mut und Geschick den überlegenen französischen Truppen entgegenwarf – traditioneller Wildschütz und freiheitsliebender Rebell zugleich: eine romantische Erscheinung, die prädestiniert war, zu einem Volkshelden stilisiert zu werden. Auch Hofer wurde noch im Jahre 1809 gefangengenommen und in Mantua standrechtlich erschossen. Von längerer Dauer war lediglich der Befreiungskampf in Spanien, der auf dem Seeweg über Portugal logistische Unterstützung aus Großbritannien erhielt und damit Napoleon erhebliche Probleme bereitete.

Dennoch regierte Napoleon auf dem Höhepunkt seiner Macht zwischen dem Frieden von Tilsit 1807 und dem Marsch nach Rußland 1812 über fast ganz Europa: von Spanien im Westen bis zur russischen Grenze im Osten, von Neapel im Süden bis zur dänischen Grenze im Norden. Von seiner militärischen Strategie, die ihm diese Machtstellung ermöglicht hatte, und den politischen Voraussetzungen, an die sie gebunden war, profitierten indirekt auch die preußischen Reformer. Unbeabsichtigt wurde Napoleon dadurch – nach Friedrich dem Großen – zum zweiten Lehrmeister der preußischen Armee. Scharnhorst und Gneisenau studierten nach der Niederlage von Jena und Auerstedt das französische Vorbild und stellten das preußische Heer auf die neue Art der Kriegführung ein, die auf grundlegenden politischen und sozialen Veränderungen beruhte[6]. Die Französische Revolution von 1789 hatte die alte Ständegesellschaft beseitigt, den wehrfähigen »Bürger« geschaffen und Napoleon eine Massenarmee aus Wehrpflichtigen zur Verfügung gestellt, die nicht zuletzt aus na-

---

5 Gerhard von Scharnhorst, Zwei Denkschriften an den Freiherrn vom Stein, 21. u. 23. August 1808, in: H.F. Karl Freiherr vom Stein, Briefwechsel, Denkschriften und Aufzeichnungen, bearb. von Erich Botzenhart, Bd 2, Berlin 1937, S. 205 ff.

6 Siehe dazu Eberhard Kessel, Die Wandlung der Kriegskunst im Zeitalter der Französischen Revolution, in: Historische Zeitschrift, 148 (1933), S. 248–276.

tionaler Leidenschaft agierte. »Alle Bewohner des Staates sind geborne Verteidiger desselben«[7], notierte deshalb unter dem 31. August 1807 auch Scharnhorst in einem *Entwurf zur Bildung einer Reserve-Armee* mit dem Ziel, die friderizianische Armee des Absolutismus in eine Nationalarmee umzuwandeln[8]. Sein Schüler Hermann von Boyen, der ab 1808 als Major und Mitarbeiter Scharnhorsts in der Militärreorganisation tätig war, schuf dafür im Zusammenhang mit der großen Staatsreform des Freiherrn vom Stein im Militärgesetz von 1814 die Grundlagen des preußischen Wehrdienstes.

Auch das neue militärische Führungsdenken, das sich mit diesen Reformen verband, ging direkt aus dem Studium der napoleonischen Kriegskunst hervor[9]. Als nützlich erwiesen sich dabei nicht nur eigene Beobachtungen, sondern vor allem die Schriften des Schweizers Antoine-Henri Jomini, der bereits zu Lebzeiten Napoleons dessen strategische Kunst studiert und darüber Grundlegendes veröffentlicht hatte[10]. In seinen Untersuchungen der Revolutionskriege und seinem Bemühen, Kriegführung als »Wissenschaft« zu begreifen, hatte sich Jomini vornehmlich Fragen der »Strategie« gewidmet und dabei spezifische Techniken zur militärischen Analyse und Planung entwickelt, die sich als vorbildlich erweisen sollten. Viele seiner Ideen – etwa die Ausführungen zur Bedeutung »innerer Linien« bei militärischen Operationen – sind heute nur noch von historischem Interesse. Aber der grundsätzliche Ansatz, Kriegführung aus ihrem politischen und sozialen Kontext herauszulösen, Regeln für Entscheidungsprozesse und operatives Denken zu formulieren und den Krieg in ein gigantisches Schachspiel zu verwandeln, erwies sich als dauerhaft und beeinflußte nicht zuletzt die preußischen Militärreformer nachhaltig. Napoleon selbst bemerkte – bewundernd und ironisch zugleich – über Jomini, dieser habe ihn um die »innersten Geheimnisse« seiner Strategie betrogen, dabei allerdings nicht mehr als die »allgemeinen Regeln« durchschaut und somit das eigentliche militärische Genie, das sich gemäß seiner Intuition entfalte, verkannt[11].

---

7   Gerhard von Scharnhorst, Ausgewählte Schriften, mit einer Einführung hrsg. von Ursula von Gersdorff, Osnabrück 1983, S. 245.

8   Siehe dazu Rudolf Stadelmann, Scharnhorst. Schicksal und geistige Welt. Ein Fragment, Wiesbaden 1952; Gerhard Ritter, Staatskunst und Kriegshandwerk. Das Problem des »Militarismus« in Deutschland, Bd 1: Die altpreußische Tradition (1740 – 1890), 2. Aufl., München 1959. Zur »Demokratisierung« der Armee siehe Hajo Herbell, Staatsbürger in Uniform 1789 bis 1961. Ein Beitrag zur Geschichte des Kampfes zwischen Demokratie und Militarismus in Deutschland, Berlin 1969.

9   Siehe dazu beispielhaft Günter Wollstein, Scharnhorst und die Französische Revolution, in: Historische Zeitschrift, 277 (1978), S. 325 – 352.

10 Le général Jomini, sa vie et ses écrits, Paris 1860. Zur Person siehe auch John Shy, Jomini, in: Makers of Modern Strategy from Machiavelli to the Nuclear Age, hrsg. von Peter Paret in Zusammenarbeit mit Gordon A. Craig und Felix Gilbert, Princeton, NJ, 1986, S. 143; Le général Antoine-Henri Jomini (1779 – 1869). Contributions à sa biographie, Lausanne 1969 (= Bibliothèque Historique Vaudoise, Nr. 41).

11 Baron Gourgaud, Sainte Hélène, Journal inédit, 1815 à 1818, Paris 1899, Bd 2, S. 20.

Tatsächlich war Jominis kühler Rationalismus vielleicht nicht geeignet, die Spontaneität der operativ-taktischen Entschlüsse zu erfassen, die zu den größten Stärken Napoleons gehörte. Die Interpretation Scharnhorsts hingegen, von denen Gneisenaus Feldzüge von 1813 bis 1815 maßgeblich inspiriert wurden und die sowohl die kreative Vorstellungskraft des Feldkommandeurs wie die moralische Kraft der Truppen berücksichtigte, wurde den Führungseigenschaften Napoleons durchaus gerecht. Zu den Erkenntnissen, die Scharnhorst aus dem Studium der napoleonischen Kriegführung gewann, gehörte auch, daß er die Bedeutung begriff, die dem Moment der Überraschung und des Wagemuts – um nicht zu sagen: der kalkulierten Waghalsigkeit – bei militärischen Operationen zukam. Viele Erfolge Napoleons wurden dadurch besser erklärt als durch eine zumeist gar nicht vorhandene überlegene Strategie oder strategische Neuerungen. Scharnhorst forderte deshalb eine solche Bereitschaft zu überraschendem eigenständigem Handeln innerhalb eines gewissen abgesteckten Rahmens nicht nur von der obersten militärischen Führung, sondern auch von den nachgeordneten Offizieren, deren Ausbildung entsprechend gestaltet werden mußte[12].

Die neue preußische Schule militärischen Führungsdenkens beließ es jedoch nicht bei der Theorie, sondern schuf sich auch ihre eigene Institution: den »Großen Generalstab«, der in den folgenden Jahrzehnten immer mehr zum Gehirn und Nervenzentrum der Armee werden sollte. Seine Ursprünge als Beratergremium des Königs reichten weit zurück, doch erst in den Reformjahren unter Scharnhorst und Gneisenau näherte er sich seiner späteren, an französischen Vorbildern orientierten Gestalt[13]. Als Scharnhorst 1809 das preußische Kriegsministerium reorganisierte, gründete er eine spezielle Abteilung, die mit Plänen für die Organisation und Mobilisierung sowie für die Ausbildung und Erziehung der Armee in Friedenszeiten beauftragt wurde. Auch die Zuständigkeiten für die Vorbereitung militärischer Operationen durch Aufklärung und topographische Studien wurden in diese Abteilung verlegt, ebenso die Erarbeitung taktischer und strategischer Methoden. Als Kriegsminister behielt sich Scharnhorst selbst die Leitung dieser Abteilung vor und übte in Kriegsspielen und Stabsmanövern einen starken Einfluß auf das taktische und strategische Denken der Offiziere aus. Außerdem wurde es bald zur Gewohnheit, diese

---

[12] Siehe hierzu u.a. Werner Hahlweg, Preußische Reformzeit und revolutionärer Krieg, Frankfurt a.M. 1962; Kurt Hesse, Scharnhorst und die militärische Reorganisation nach 1806, in: Wissen und Wehr, 12 (1931), H. 8, S. 441–466; Valerien Marcu, Das große Kommando Scharnhorsts. Die Geburt einer Militärmacht in Europa, Leipzig 1928.

[13] Siehe umfassend dazu Gerhard Förster, Heinz Helmert, Helmut Otto und Helmut Schnitter, Der preußisch-deutsche Generalstab 1640–1965. Zu seiner politischen Rolle in der Geschichte, Berlin 1966.

Offiziere als Adjutanten verschiedenen Einheiten der Armee zuzuteilen, um die Ideen ihres Stabschefs möglichst flächendeckend zu verbreiten[14].

Scharnhorsts früher Tod im Sommer 1813 verhinderte allerdings nicht nur die Übernahme eines eigenen Feldkommandos, sondern verzögerte auch den weiteren Aufbau des Großen Generalstabes. Zwar gelang es Gneisenau als Stabschef vom Herbst 1813 bis zum Sommer 1815, den Beweis zu erbringen, daß die Reformer in der Lage waren, die neue Militärphilosophie in militärische Erfolge umzusetzen. Aber unter Gneisenau sowie unter seinem Nachfolger Carl Wilhelm Georg von Grolman, der den Generalstab von 1815 bis 1819 leitete, blieb der von Scharnhorst hinterlassene vielversprechende Torso unvollendet. Zwischen Kriegsministerium und dem Vorläufer des späteren Geheimen Militärkabinetts fristete er ein eher unbedeutendes Schattendasein. Es ist sogar wahrscheinlich, daß der Generalstab eine Abteilung des Kriegsministeriums geblieben wäre, wenn Preußen ein Parlament erhalten hätte. Die absolutistische Struktur der preußischen Regierung machte es jedoch möglich, die militärischen Verantwortlichkeiten unter dem Oberbefehl des Königs zu teilen. So wurde der neue Generalstabschef Karl Freiherr von Müffling 1821 samt seiner Dienststelle aus dem Kriegsministerium ausgegliedert und zum höchsten Berater des Königs in Fragen der Kriegführung ernannt, während die Zuständigkeiten des Kriegsministeriums auf die politische und administrative Kontrolle der Armee beschränkt wurden. Die Entscheidung hatte weitreichende Konsequenzen, denn sie versetzte den Generalstab in die Lage, allmählich eine Führungsrolle in militärischen Angelegenheiten zu übernehmen und diese nicht erst nach Ausbruch eines Krieges, sondern bereits während seiner Vorbereitung und in der ersten Phase der Operationen zu praktizieren[15].

Bis dahin war es allerdings noch ein langer Weg, bei dem Rückschläge nicht ausblieben. Dies betraf zum Beispiel die Bildungsanforderungen der Reformer um Scharnhorst, Gneisenau und Grolman, die schon bald wieder in Vergessenheit gerieten. Statt dessen wurde Unbildung im Offizierskorps – in vordergründiger Imitation Blüchers (des »Marschall Vorwärts«, wie ihn die Russen nach seinen Erfolgen gegen die Franzosen an der Katzbach sowie bei Wartenburg an der Elbe und in der Völkerschlacht bei Leipzig respektvoll, aber nicht unbedingt schmeichelhaft nannten) – bewußt zur Schau getragen. Noch in den fünfziger Jahren kultivierte Generalfeldmarschall Friedrich Graf Wrangel, der 1848 mit einer seinem Befehl unterstehenden Bundesarmee zunächst die Dänen aus Schleswig vertrieben und einige Monate später auf Anordnung König Friedrich Wilhelms IV. die preußische Nationalversammlung aus Berlin vertrieben hatte, die Pose des ungebildeten Haudegens, der wie Blücher einer geistigen Verfeine-

---

14 Siehe dazu Max Lehmann, Scharnhorst und die preußische Heeresreform, Berlin 1935 (= Kriegsgeschichtliche Bücherei, Bd 8).
15 Siehe dazu Walter Görlitz, Kleine Geschichte des deutschen Generalstabes, Berlin 1967.

rung nicht bedurfte[16]. Demgegenüber galt der Generalstab vielerorts – besonders unter Truppenoffizieren, aber auch in Kreisen der Regierung – als eine eigentlich unnötige Einrichtung, die ständig von geistiger Überfrachtung bedroht sei. Die Folge waren ein fortschreitender Imageverlust sowie immer neue Sparerlasse, die die Leistungsfähigkeit beeinträchtigten und damit das Prestige noch weiter absinken ließen. Die Tatsache etwa, daß den Divisionen bereits 1824 die Generalstabsoffiziere wieder entzogen wurden, wirkte sich nachteilig auf die Fähigkeit des Generalstabes aus, seine Auffassung in der Truppe zur Geltung zu bringen. Aber auch das Ansehen und der Einfluß des Generalstabschefs blieben auf Jahrzehnte hinaus hinter dem des Kriegsministers oder der Kommandierenden Generale zurück. Vor allem fehlte die »Immediatstellung«, also das Recht zum persönlichen Vortrag beim König, das alle Kommandierenden Generale seit 1808 besaßen[17]. Von der Achtung oder gar der Bewunderung, die der Generalstab nach den Einigungskriegen und während des Kaiserreiches erfuhr, war er somit in den zwanziger und dreißiger Jahren des 19. Jahrhunderts noch weit entfernt.

II.

Dennoch bildeten die Ideen und Einrichtungen, die im Umfeld der Befreiungskriege entstanden, einen überaus günstigen Nährboden für die Entfaltung des militärischen Talents von Helmuth von Moltke. Wie Scharnhorst und Gneisenau war Moltke kein Preuße, sondern stammte, im Jahre 1800 geboren, aus dem benachbarten Mecklenburg. Sein Vater, Friedrich von Moltke, war zunächst preußischer Offizier gewesen, hatte aber nach seiner Heirat mit der Lübecker Patriziertochter Henriette Paschen den Dienst quittiert, sich der Landwirtschaft verschrieben und endlich, beruflich wie privat glücklos, seinen Offiziersberuf im Dienst des Königs von Dänemark wieder aufgenommen, der damals als Herzog von Schleswig und Holstein noch ein deutscher Prinz war. Für Helmuth von Moltke bedeutete die wachsende Entfremdung und schließliche Trennung seiner Eltern eine freudlose Kindheit und eine von dem Gefühl der Heimatlosigkeit geprägte Jugend. Bereits als Siebenjähriger war er mit seinen beiden älteren Brüdern zu einem holsteinischen Pastor in Pension gekommen. Vier Jahre später hatte er mit einem dieser Brüder die Landkadettenakademie in Kopenhagen bezogen, wo er 1819 die Offiziersprüfung ablegte. Die Erinnerung an diese Zeit war düster. Er habe, schrieb er 1829 in einem Brief an seinen Bruder Ludwig,

---

[16] Lothar Burchardt, Helmuth von Moltke, Wilhelm I. und der Aufstieg des preußischen Generalstabes, in: Generalfeldmarschall von Moltke. Bedeutung und Wirkung (wie Anm. 2), S. 20.

[17] Siehe dazu Eberhard Kessel, Moltke, Stuttgart 1957, S. 76, 209.

im Elternhaus »keine Erziehung, sondern nur Prügel erhalten«[18]. Und in Kopenhagen, klagte er noch 1866 – also Jahrzehnte später – im Gespräch mit einem Journalisten, sei es nicht besser gewesen: »Ohne Verwandte und Bekannte in einer fremden Stadt, brachten wir dort eine recht freudlose Kindheit zu. Die Behandlung war streng, selbst hart, und heute, wo mein Urteil doch unparteiisch darüber geworden ist, muß ich sagen, sie war zu streng, zu hart. Das einzige Gute, welches diese Behandlung mitbrachte, war, daß wir uns früh an Entbehrungen aller Art gewöhnen mußten[19].«

Nach solchen Erfahrungen und angesichts wenig verlockender Karriereaussichten in dänischen Diensten bewarb sich Moltke alsbald um ein Offizierspatent in der preußischen Armee. Im Januar 1822 wurde er als Secondelieutenant in das 8. (Leib-)Infanterieregiment aufgenommen, nachdem er eine nochmalige Offiziersprüfung glänzend bestanden hatte. Er war allerdings keine imponierende physische Erscheinung und mußte es sich, als er zum ersten Mal seinen Zug vorführte, gefallen lassen, daß der als Zuschauer anwesende Prinz Wilhelm lakonisch über ihn bemerkte: »Keine gute Akquisition[20].« Das Urteil war jedoch verfrüht, und Moltkes vielversprechendes Talent blieb nicht lange verborgen. Er legte hervorragende Probearbeiten vor; eine Prüfungskommission bescheinigte ihm »eine nicht gewöhnliche Bildung und eine auffallende Reife des Verstandes«[21]. Bereits 1823 konnte er vorzeitig die Kriegsakademie beziehen, die damals unter der Leitung von Clausewitz stand, der allerdings keine Vorträge hielt und den Moltke nicht persönlich kennenlernte. 1826 kehrte er für zwei Jahre zu seinem Regiment zurück. Danach wurde er, ebenfalls vorzeitig, zum Topographischen Büro des Generalstabes abkommandiert. Er absolvierte die Allgemeine Kriegsschule und empfahl sich durch ausgezeichnete Leistungen endgültig für die Generalstabslaufbahn. Nennenswerte Truppenkommandos erhielt er nun nicht mehr. Dafür blieb er dem Generalstab für mehr als sechzig Jahre verbunden.

Die Tatsache, daß Moltke seit 1835 keinen Truppendienst mehr leistete, ist jedoch – worauf Eberhard Kolb zu Recht hingewiesen hat – durch die Feststellung zu ergänzen, daß Moltke »einer der ganz wenigen preußischen Offiziere gewesen ist, die zwischen 1815 und 1864 die Wirklichkeit des Krieges kennengelernt haben«[22]. Dies geschah 1838/39, als Moltke den türkischen Oberbefehlshaber Hafiz Pascha im Feldzug der türkischen Armee gegen die in Syrien

---

[18]   Gesammelte Schriften und Denkwürdigkeiten des General-Feldmarschalls Grafen Helmuth von Moltke, 8 Bde, Berlin 1891 – 1893, Bd 4, S. 237.

[19]   Moltke. Gespräche, hrsg. von Eberhard Kessel, Hamburg 1940, S. 87.

[20]   Zitiert von Schlieffen in seiner Rede bei der Jahrhundertfeier der Kriegsakademie am 15. Oktober 1910, in: Alfred Graf von Schlieffen, Gesammelte Schriften, Bd 2, Berlin 1913, S. 446.

[21]   Kessel, Moltke (wie Anm. 17), S. 25, 31 f.

[22]   Eberhard Kolb, Helmuth von Moltke in seiner Zeit. Aspekte und Probleme, in: Generalfeldmarschall von Moltke. Bedeutung und Wirkung (wie Anm. 2), S. 5.

operierende ägyptische Armee des Mehmed Ali beriet und schließlich am 24. Juni 1839 an der Schlacht von Nisib teilnahm. Vorangegangen war Moltkes eigener Entschluß, nach Beendigung der Kriegsschule im Herbst 1835 einen sechsmonatigen Urlaub zu erbitten, um eine große Mittelmeer- und Orientreise antreten zu können. Aus den sechs Monaten wurden schließlich vier Jahre, da König Friedrich Wilhelm III. während des Aufenthalts Moltkes in Konstantinopel dem Wunsch des Sultans entsprach, ihm einige preußische Offiziere als Militärberater zur Verfügung zu stellen. Da Moltke sich ohnehin bereits vor Ort aufhielt, wurde er der Beratergruppe zugeteilt. Von den Erfahrungen, die er dabei machte, berichtete Moltke in seinen »Briefen aus der Türkei«, die erstmals 1841 erschienen und mit denen er endgültig seinen Ruf als gelehrter Offizier begründete[23]. In der Schlacht von Nisib allerdings setzte sich Hafiz Pascha über die Ratschläge des jungen preußischen Hauptmanns hinweg und erlitt eine blutige Niederlage. Moltke, inmitten der besiegten, panisch fliehenden Truppen, sah den Krieg in seiner schlimmsten Form.

Nach seiner Rückkehr aus der Türkei um die Jahreswende 1839/40 versah Moltke Generalstabsdienst beim IV. (Magdeburger) Armeekorps mit Dienstsitz in Berlin und ging im Herbst 1845 als Adjutant des Prinzen Heinrich von Preußen, einem Bruder König Friedrich Wilhelms III., nach Rom, wo der Prinz seit 30 Jahren ein Einsiedlerdasein als Kunstliebhaber führte. Nach dem Tod des Prinzen Ende 1846 folgte eine kurze Tätigkeit beim Generalstab des VIII. Armeekorps in Koblenz, im August 1848 die Ernennung zum Chef des Generalstabes des IV. Armeekorps in Magdeburg sowie 1855 die Berufung zum ersten persönlichen Adjutanten des Prinzen Friedrich Wilhelm – des späteren Kaisers Friedrich III. –, den Moltke auch auf seinen Reisen nach Großbritannien, Paris, St. Petersburg und Moskau begleitete, ehe er im Oktober 1857 zum Chef des Generalstabes der Armee berufen wurde.

Diese äußeren Daten, die den Aufstieg Moltkes bis an die Spitze der preußischen Armee beschreiben, sind indessen kaum geeignet, diesen auch zu erklären. Weder war er der originelle politische und militärische Denker oder Staatsmann, der er in der Tradition Scharnhorsts und Gneisenaus vielleicht hätte sein sollen, noch zeichnete er sich bis zu diesem Zeitpunkt durch besondere soldatische Leistungen aus. Er war weder Kriegsheld noch politischer Kopf, weder Draufgänger noch Diplomat, sondern ein gewiß kluger Offizier, der sich im Generalstab vornehmlich mit Kartenwesen, Topographie und Geographie beschäftigt hatte und seinen kärglichen Sold mit der Veröffentlichung von Kurzgeschichten und Übersetzungsarbeiten aufbessern mußte, um das kostspielige gesellschaftliche Leben in Berlin finanzieren zu können. Eine Biographie Moltkes »in dem eigentlichen, rechten Sinne des Wortes« lasse sich nicht schreiben, meinte Hans Delbrück deshalb zu seinem 100. Geburtstag,

---

[23] Gesammelte Schriften und Denkwürdigkeiten des General-Feldmarschalls Grafen Helmuth von Moltke (wie Anm. 18), Bd 8.

denn von einer »inneren Entwicklung« könne bei ihm nicht die Rede sein: Er habe eigentlich keine gehabt – »keine inneren Kämpfe, keinen Sturm und Drang, keine differenzierten Epochen der Weltanschauung oder der Lebensführung. Auf allen Gebieten der gleiche und gleichmäßige, klare, mächtige, aber still dahinflutende Strom[24].« Auch wenn diese Behauptung einer ungebrochenen Kontinuität im Leben Moltkes heute kaum noch aufrechtzuerhalten ist[25], bleibt richtig, daß Moltke sich nicht zuletzt im Vergleich zu seinen prominenten Vorgängern durch ein hohes Maß an Stetigkeit und Berechenbarkeit auszeichnete und sich stets auf das unmittelbare Feld seiner militärischen Profession beschränkte.

Scharnhorst und Gneisenau waren, wenn auch in unterschiedlichem Maße, Generale und Politiker zugleich gewesen. Ihre Pläne für eine Reorganisation der Armee hatten darauf abgezielt, die Entwicklung der deutschen Nation insgesamt zu beeinflussen, waren mithin nicht auf den militärischen Bereich beschränkt gewesen. Es war daher kein Zufall, daß die Reformer in den konservativen Kreisen Preußens ebenso als verdächtig erschienen wie an den Höfen in Österreich und Rußland. Nach dem Abklingen der Französischen Revolution und dem Sieg über Napoleon wurden Gneisenau und seine jüngeren Mitstreiter deswegen ziemlich bald politisch neutralisiert. Scharnhorst war zu diesem Zeitpunkt bereits tot. Clausewitz – in seiner Bedeutung oft überschätzt – wirkte ohnehin mehr als militärischer Schriftsteller denn als militärischer Stratege[26]. Eine öffentliche Rolle hat er, im Unterschied zu Scharnhorst und Gneisenau, nie gespielt. Abgesehen von einer kurzen Zeit als Stabschef der preußischen Truppen im Rheinland nach dem Wiener Kongreß erhielt er kein größeres Kommando. 1818, im Alter von 38 Jahren, wurde ihm die Leitung der Kriegsakademie in Berlin angeboten – ein Verwaltungsposten, den er ohne Enthusiasmus übernahm und vor allem dazu nutzte, sein Buch »*Über den Krieg*« zu schreiben. Nennenswerte Spuren hat er dort nicht hinterlassen, zumal ihn bereits 1831 die große Choleraepidemie vor der Zeit aus dem Leben riß. Auch er also, in hohem Maße ein politischer Kopf und ein militärischer Philosoph, früh kaltgestellt, und überdies noch früh gestorben[27].

---

[24] Hans Delbrück, Moltke, in: Ders., Erinnerungen, Aufsätze und Reden, Berlin 1902, S. 572 f.

[25] Siehe dazu Kolb, Helmuth von Moltke in seiner Zeit (wie Anm. 22), S. 6.

[26] So verweist Peter Paret auf die Tatsache, daß Clausewitz in erster Linie das theoretische und historische Denken über den Krieg verändert habe. Zwar habe er in dieser Hinsicht keine »Denkschule« im eigentlichen Sinne des Wortes begründet, »*Über den Krieg*« stehe jedoch nicht nur am Beginn der Tradition einer »nicht-beschreibenden, nicht-urteilenden Untersuchung des Krieges als Gesamterscheinung«, sondern sei auch immer noch das bedeutendste Werk in dieser Richtung. Siehe dazu Paret, Clausewitz, in: Makers of Modern Strategy from Machiavelli to the Nuclear Age (wie Anm. 10), S. 213.

[27] Siehe dazu ebd., S. 212 f.

Moltke dagegen verkörperte einen gänzlich anderen Typus des General-
stabsoffiziers. Zwar sah er die enge innere Verbindung zwischen Militär und
Politik und war politisch durchaus interessiert. Aber er hielt sich in aller Regel
zurück, wenn es um aktive Einflußnahme auf die Tagespolitik ging – von Ausnahmen abgesehen, wie etwa bei seinem deutlichen und frühen Rat zu einem
Waffengang gegen Frankreich, den er für unvermeidlich hielt. Den Vorrang der
politischen Instanzen und ihre Entscheidungskompetenz stellte er jedoch nie in
Frage. Zudem war er von der Überlegenheit der monarchischen Regierungs-
form überzeugt, die er besonders dadurch gerechtfertigt sah, daß sie es den
Militärs erlaubte, die Angelegenheiten der Armee ohne Behinderung durch
sachfremde Elemente zu regeln. Die Niederlagen der deutschen Liberalen in der
Revolution von 1848/49 und dann erneut unter Bismarck in den sechziger
Jahren empfand er als glückliche Fügung und war darüber höchst befriedigt. Im
übrigen präsentierte er sich – im Gegensatz zu seinen politisch draufgängeri-
schen Vorgängern – als ein ruhiger und besonnener Offizier mit gemäßigten
politischen Ansichten, dazu umfassend gebildet und ein militärischer Fachmann
besonderer Güte: ein professioneller Generalstabsmann, der weder dem Ka-
stendenken der friderizianischen Zeit noch der politisierten Atmosphäre der
Befreiungskriege verhaftet war. Er hatte in sich beides überwunden, repräsentierte gewissermaßen eine neue, dritte Generation der preußischen Generalität,
die nach 1857 zunehmend in Führungspositionen gelangte und bald immer
erkennbarer den Ton angab.

Dabei verdankte Moltke seinen Aufstieg an die Spitze des Generalstabes
nicht nur seiner unbestrittenen fachlichen Qualifikation, sondern ebenso der
Aufmerksamkeit, die er nach seiner Orientreise und der Veröffentlichung seiner
»Briefe aus der Türkei« am Hofe fand. Nachdem König Friedrich Wilhelm IV.
ihn 1855 zum ersten persönlichen Adjutanten des Prinzen Friedrich Wilhelm
ernannt hatte, wurde auch der Vater des Prinzen, der spätere König und Kaiser
Wilhelm I., auf ihn aufmerksam. Gänzlich in militärischer Tradition erzogen,
hatte Wilhelm im Juni und Juli 1849 die preußischen Truppen bei der Niederschlagung der Aufstände in Baden befehligt und im Volksmund den Beinamen
»Kartätschen-Prinz« erhalten. Nun entdeckte er die militärischen Talente Moltkes – und wohl auch die Gemeinsamkeit ihrer antirevolutionären politischen
Auffassungen. Beides schien den Wahlpreußen Moltke, der nicht der altpreußi-
schen Aristokratie entstammte, den aufgeklärten Absolutismus einer erblichen
Monarchie aber als ideale Staatsform betrachtete[28], für die Position des Gene-

---

[28] Unter dem Eindruck der französischen Julirevolution und der von ihr ausgelösten Er-
schütterungen verfaßte Moltke 1831 und 1832 zwei Schriften über Holland und Belgien
sowie über Polen, in denen er sich unmißverständlich für eine solche Staatsform aus-
sprach, die er am reinsten im Josephinischen Österreich verwirklicht sah. Siehe dazu
Kessel, Moltke (wie Anm. 17), S. 84; Rudolf Stadelmann, Moltke und das 19. Jahrhundert, in: Historische Zeitschrift, 166 (1942), S. 287–310.

ralstabschefs zu qualifizieren. Als Prinz Wilhelm am 8. Oktober 1857 die Regentschaft für seinen seit längerem schwer erkrankten und inzwischen nicht mehr handlungsfähigen Bruder übernahm, berief er bereits drei Wochen später den damaligen Generalmajor Helmuth von Moltke, wenngleich vorerst nur kommissarisch, an die Spitze des Generalstabes der Armee, wobei er ihm trotz seines viel zu geringen Dienstalters den Vorzug vor anderen Kandidaten gab[29].

Ermöglicht wurde die Berufung Moltkes jedoch erst durch den zufälligen Umstand, daß der bisherige Generalstabschef, General der Kavallerie Karl Friedrich Wilhelm von Reyher, am Tage vor der Übernahme der Regentschaft durch Wilhelm nach fast zehn Jahren an der Spitze der preußischen Armee überraschend verstorben war. Die Position war also vakant, und Reyher selbst wie auch andere urteilsfähige Persönlichkeiten hatten Moltke ausdrücklich für den Posten empfohlen. Und Moltke erfüllte die in ihn gesetzten Erwartungen: Bescheiden, still und effizient verwirklichte er die politischen und technischen Reorganisationen, die Wilhelm und sein Kriegsminister, der streng konservative Altpreuße Albrecht Graf von Roon, im Zuge ihrer »Heeresreform« veranlaßten. In den Beratungen des Staatsrates wurde der schweigsame Moltke dabei von der mächtigen und lauten Persönlichkeit Roons regelmäßig in den Schatten gestellt. Wilhelm war so daran gewöhnt, militärische Ratschläge nur von seinem Kriegsminister entgegenzunehmen, daß der unprätentiöse Moltke darüber oftmals in Vergessenheit geriet. Auch bei der Truppe war sein Bekanntheitsgrad zunächst gering. Noch am Morgen des 3. Juli 1866, zu Beginn der Schlacht bei Königgrätz, soll der Kommandeur der 6. Division, Generalleutnant Gustav von Manstein, nach einem schriftlich überbrachten Befehl des Generalstabschefs, dem beim Aufmarsch gegen Österreich die gesamte preußische Armee unterstellt war, geantwortet haben: »Das ist alles sehr richtig, wer aber ist der General Moltke[30]?« Einen Tag später hätte sich diese Szene wohl kaum noch so abgespielt: Moltke war durch Königgrätz über Nacht ein berühmter Mann geworden.

III.

Die Umstrukturierungen, die im Rahmen der Heeresreform Wilhelms I. geplant wurden, zielten sowohl auf eine zahlenmäßige Verstärkung der Armee als auch auf eine Verbesserung ihrer Kampfkraft. So sollten der Umfang der Streitkräfte verdoppelt und die Wehrdienstzeit von zwei auf drei Jahre verlängert werden. Die Bedeutung der milizartigen Landwehrverbände, die militärisch als wenig schlagkräftig galten, würde sich dementsprechend zugunsten des stehenden

---

[29]   Siehe dazu Görlitz, Generalstab (wie Anm. 15), S. 72; Kessel, Moltke (wie Anm. 17), S. 213, 222 f.

[30]   Zit. nach: Max Jähns, Feldmarschall Moltke, Bd 2, Berlin 1900, S. 427.

Heeres verringern. Der liberale Geist, der seit den Befreiungskriegen in der Landwehr überdauert hatte, würde praktisch beseitigt; das adlige Offizierskorps erhielt die unangefochtene Kontrolle über die Armee. Die liberalen Abgeordneten des preußischen Landtages, die zu Recht befürchteten, von dieser konservativen »Wende« – in deren Zusammenhang auch die Berufung Bismarcks zum preußischen Ministerpräsidenten gehörte – erdrückt zu werden, lehnten deshalb bei der Verabschiedung des Haushalts am 23. September 1862 gegen die elf Stimmen der Konservativen sämtliche Kosten für die Heeresreorganisation ab. Resigniert bemerkte König Wilhelm I. danach am Abend des 23. September in einem Brief an seine Frau, die Entscheidung, »die Armée Réorganisation rückgängig zu machen«, sei gleichbedeutend mit der Absicht, »den Ruin der Armée und des Landes zu décrétieren«[31].

Doch Bismarck fühlte sich dadurch herausgefordert. In einer denkwürdigen Sitzung der Budgetkommission des Landtages am 30. September 1862, wenige Tage nach seiner Ernennung zum Ministerpräsidenten, erklärte er in unmißverständlichen Worten: Nicht auf Preußens Liberalismus schaue Deutschland, sondern auf seine Macht; nicht durch Reden und Majoritätsbeschlüsse würden die großen Fragen der Zeit entschieden, sondern »durch Eisen und Blut«[32]. Unter Mißachtung des Budgetrechts des Parlaments zog er den bereits verabschiedeten Haushalt zurück und setzte die Heeresreform ohne Zustimmung der Abgeordneten in Kraft. Der Konflikt um die Heeresverstärkung weitete sich zu einem Verfassungskonflikt aus, der erst nach den militärischen Erfolgen von 1864 und 1866 beigelegt werden konnte, als sich endlich eine Perspektive für die deutsche Einheit abzeichnete. In der allgemeinen Stimmung nationaler Euphorie reichten Krone und Ministerium nun dem Parlament die Hand zur Versöhnung, indem sie sich zum Verfassungsstaat bekannten und den Landtag baten, die Budgets der Jahre 1862 bis 1865 rückwirkend gutzuheißen und die Regierung Bismarck zu entlasten, ihr sogar ausdrücklich »Indemnität«, also Straflosigkeit, für ihr Verhalten am Rande, wenn nicht sogar außerhalb der Legalität zuzugestehen[33].

In den Augen Moltkes bewiesen diese Querelen nur erneut die politische Verantwortungslosigkeit der Liberalen, die offenbar nicht bereit waren, die Belange der Partei hinter die Interessen des Staates zurücktreten zu lassen und die Pläne für die dringend notwendige Heeresverstärkung zu unterstützen.

---

31 Zit. nach: Arnold Oskar Meyer, Bismarck. Der Mensch und Staatsmann. Mit einem Geleitwort von Hans Rothfels, 2. Aufl., Stuttgart 1949, S. 176.
32 Zit. nach: »Nicht auf Preußens Liberalismus sieht Deutschland«, in: Berliner Allgemeine Zeitung, 2. Oktober 1862. Die Berichte über Bismarcks Rede divergieren in manchen Punkten. Ein Wortprotokoll wurde nicht geführt. Siehe dazu auch Die politischen Reden des Fürsten Bismarck 1847 – 1897. Historisch-kritische Gesamtausgabe, 14 Bde., hrsg. von Horst Kohl, Stuttgart 1892 – 1905, Bd 2, S. 30.
33 Siehe dazu u.a. Lothar Gall, Bismarck. Der weiße Revolutionär, Frankfurt a.M. u.a. 1980, S. 255 ff., 377 ff.

Nachdem Bismarck die Reform dennoch auf den Weg gebracht hatte, bestand Moltkes Aufgabe darin, die Reorganisation der Armee entsprechend den politischen Vorgaben in die Tat umzusetzen und dabei vor allem das Kernziel zu verfolgen, die militärische Schlagkraft Preußens zu erhöhen. Die Revolutionen von 1848/49, der Aufstieg des Zweiten Kaiserreiches in Frankreich und der Krimkrieg von 1853 bis 1856 hatten gezeigt, daß um die Jahrhundertmitte eine neue Epoche der europäischen Geschichte begonnen hatte, in der militärische Macht wieder freizügiger als in den Jahrzehnten zuvor genutzt wurde. Hinzu kam der allgemeine Wandel der ökonomischen und sozialen Strukturen als Folge der Industrialisierung und Modernisierung. Technische Erfindungen veränderten den Alltag und zwangen auch das Militär, sich dem Tempo, den Möglichkeiten und Erfordernissen der neuen Zeit anzupassen. Nicht zuletzt bedurfte es in diesem Zusammenhang einer grundlegenden Neuorientierung des militärischen Führungsdenkens, wobei dem Generalstab wiederum eine zentrale Bedeutung zufiel.

Die Herausforderung, den Generalstab in eine moderne, den neuen Bedingungen entsprechende Planungs- und Führungseinrichtung zu verwandeln, wurde von Moltke unverzüglich in Angriff genommen. Seine Amtsvorgänger, Wilhelm Johann von Krauseneck (Generalstabschef bis 1848) und Karl Friedrich Wilhelm von Reyher, der diese Position von 1848 bis 1857 bekleidete, hatten die Generalstabsausbildung und die institutionelle Position des Generalstabes im komplizierten Machtgefüge zwischen Krone, Ministerium bzw. Militärkabinett und Armee einigermaßen konsolidiert. Vor allem Reyhers Leistungen in der Ausbildung junger Generalstäbler und als Strategielehrer kamen Moltke zugute. Er fand ein solide ausgebildetes Offizierskorps vor, das über eigene Arbeitstechniken verfügte und einen gewissen Korpsgeist pflegte, in der Lage war, flexibel und eigenständig zu denken, und die Fähigkeit besaß, bei den taktischen Problemen des Krieges originäre Lösungen zu finden. Dem Großen Generalstab oblag es, dieses Potential zu nutzen und sich dabei selbst als diejenige Institution zu verstehen, die für Fragen der operativen Kriegsvorbereitung, des Aufmarsches und der Operationsführung die alleinige Zuständigkeit besaß[34]. Diese Konzentration der Verantwortung beim Generalstab war für Moltke ein zentraler Ausgangspunkt seines Denkens. Denn, so bemerkte er in seiner grundlegenden Analyse des italienischen Feldzuges von 1859, »am unglücklichsten« sei »der Feldherr, der noch eine Kontrolle über sich hat, welcher er an jedem Tag, in jeder Stunde Rechenschaft von seinen Entwürfen, Plänen und Absichten legen soll«. Daran scheitere »jede Selbständigkeit, jeder rasche Ent-

---

34 Kessel, Moltke (wie Anm. 17), S. 238; John Frederick Charles Fuller, Die entartete Kunst Krieg zu führen 1789 – 1961, Köln 1964, S. 122.

schluß, jedes kühne Wagen, ohne welche doch der Krieg nicht geführt werden kann«[35].

Die Axiome des Moltkeschen Denkens traten somit bereits frühzeitig zutage: die Freiheit der Operationsführung von jeglicher zivilen Kontrolle, das Beratermonopol des Generalstabschefs gegenüber dem Oberbefehlshaber (dem König) und die sorgfältige Trennung zwischen der Beratung einerseits und der alleinverantwortlichen Operationsführung durch den Oberkommandierenden andererseits[36]. Nur so, meinte Moltke, sei die nötige taktische Flexibilität auf dem Schlachtfeld zu erreichen, die er – ganz in der Tradition von Scharnhorst, Gneisenau und Clausewitz – als ausschlaggebend für den militärischen Erfolg betrachtete und deshalb auf nachgeordneter Ebene auch von seinen Offizieren verlangte. Um solche Flexibilität des Handelns in der Praxis tatsächlich zu ermöglichen, war jedoch ein Höchstmaß an Kenntnissen erforderlich. Dazu führte Moltke zwei Instrumente ein, die nicht die Allgemeinbildung der Offiziere, wohl aber den Stand ihres Fachwissens steigerten:

Zum einen wurden künftige Operationen bis ins Detail vorausgeplant und vorausberechnet, um für den Ernstfall vorbereitet zu sein; Aufmarsch und Operationen vollzogen sich, zumindest bis zum Aufeinandertreffen der Hauptkräfte der Gegner, nach einem festen Plan, der ein Maximum an Verhaltenssicherheit bei den Beteiligten garantierte. Da sich die außenpolitischen Konstellationen immer wieder änderten, bestand eine wesentliche Aufgabe des Generalstabes fortan darin, die Planungen laufend den politischen und militärischen Veränderungen anzupassen. Generalstabsarbeit war damit zu einem großen Teil Planungsarbeit[37].

Zum anderen intensivierte Moltke die Untersuchung früherer Kriege und Feldzüge, um daraus Schulungsmaterial für die Offiziersausbildung und insbesondere die Ausbildung des Generalstabsnachwuchses zu gewinnen. Seine eigene Analyse des italienischen Feldzuges von 1859 wurde von ihm selbst bereits als Beitrag dazu betrachtet. Und noch im selben Jahr 1859 konzipierte er eine »Militärwissenschaftliche Abteilung« des Generalstabes, in dem mit einem Höchstmaß an personeller Kontinuität und ohne den sonst üblichen Wechsel zwischen Generalstabsdienst und Truppenverwendung die entsprechenden Untersuchungen betrieben werden sollten. Die ersten Planstellen für den neuen Bereich wurden 1862 zugewiesen, aus dem fünf Jahre später die Abteilung in

---

[35] Moltkes Militärische Werke, hrsg. vom Großen Generalstabe, Bd 3/3, Berlin 1904, S. 10 f.
[36] Burchardt, Helmuth von Moltke (wie Anm. 16), S. 22.
[37] Auch in früheren Jahren war geplant worden. Allerdings hatten sich Moltkes Vorgänger bis hin zu Reyher nur auf Anfrage des Königs oder des Kriegsministeriums – bzw. in Erwartung einer solchen Anfrage – mit Planungen beschäftigt, dabei aber die Auffassung vertreten, daß man »erst wirklich planen könne, wenn der Ernstfall eingetreten sei«. Dieser Standpunkt wurde unter Moltke gänzlich revidiert. Siehe dazu ebd., S. 23; Kessel, Moltke (wie Anm. 17), S. 235 f., 289 ff.

der Form des sogenannten »Nebenetats« entstand – der unmittelbare Vorläufer der Kriegsgeschichtlichen Abteilung des Generalstabes[38].

IV.

Inhaltlich beschäftigte sich der Große Generalstab unter Moltke zunächst vor allem mit Problemen der Mobilisierung und des Aufmarsches, die für die kontinentale Zentralmacht Preußen im Unterschied etwa zur insularen Randmacht Großbritannien vor dem Hintergrund von Raum und Zeit von größter Bedeutung waren. Die Formierung der preußischen Armee in Friedenszeiten war ein höchst komplexes System, das an Organisation und Logistik die größten Anforderungen stellte. Mit Ausnahme der Garde bezogen die Regimenter in Preußen – im Gegensatz etwa zum Habsburgerreich, wo die Nationalitätenvielfalt dies nicht zuließ – ihre Rekruten und Reservisten aus dem lokalen Umfeld. Zudem hatte die preußische Armee die Einteilung in Armeekorps beibehalten, die Napoleon auf seinen Feldzügen geschaffen hatte, aber von Frankreich unter den Bourbonen wieder aufgegeben worden war. Außer in Preußen wurden die Armeekorps erst am Vorabend des Krieges gebildet, was zu Verzögerungen bei der Mobilmachung führte und die Fähigkeit der Streitkräfte und ihrer Führung einschränkte, großräumige Operationen auszuführen[39].

Moltke suchte nun die ohnehin schon schnelle Mobilisierungsfähigkeit der preußischen Armee noch weiter zu beschleunigen, indem er konsequent die neuen technischen Möglichkeiten des Eisenbahntransports nutzte. Die geographische Struktur Preußens mit seiner weiten West-Ost-Ausdehnung von Aachen bis Tilsit und mit eingestreuten Territorien, wie Hannover, warf erhebliche militärische Probleme auf, für die sich mit der Einführung der Eisenbahn endlich eine Lösung abzeichnete[40]. Moltke studierte deshalb dieses neue Transportmittel bereits zu einer Zeit, als noch keine einzige Eisenbahnlinie in Deutschland existierte, und investierte in den vierziger Jahren sogar eigenes Geld in die Verbindung zwischen Hamburg und Berlin. Zwischen 1847 und 1850 wurden erstmals Truppen in größerem Umfang per Bahn transportiert. Während des italienischen Krieges 1859, als Preußen mit der Möglichkeit einer

---

[38] Siehe dazu Ottomar v. d. Osten-Sacken u. v. Rhein, Preußens Heer von seinen Anfängen bis zur Gegenwart, Bd 3, Berlin 1914, S. 47 f.

[39] Siehe dazu Hajo Holborn, The Prusso-German School: Moltke and the Rise of the General Staff, in: Makers of Modern Strategy from Machiavelli to the Nuclear Age (wie Anm. 10), S. 286 f.

[40] Siehe hierzu Michael Salewski, Moltke, Schlieffen und die Eisenbahn, in: Generalfeldmarschall von Moltke. Bedeutung und Wirkung (wie Anm. 2), S. 89 ff.; ders., Die Änderung von Zeit und Raum durch die Eisenbahn. Zum geschichtlichen Selbstverständnis der Pionierzeit des Eisenbahnbaus, in: Zeitschrift der Gesellschaft für Kanada-Studien, 12 (1982), S. 16.

Kriegsbeteiligung rechnete und seine Armee mobilisierte, konnte Moltke die Einrichtungen für den Bahntransport mit der gesamten Armee testen und wichtige Verbesserungen vornehmen[41]. Dazu gehörte auch die Einrichtung einer Linienkommission unter der Leitung von Major Graf von Wartensleben, die dazu verhelfen sollte, die Eisenbahn nicht nur als verkehrstechnisches Organisationsmittel nutzen zu können, sondern sie von vornherein und mit größter Konsequenz als zentrales strategisch-operatives Element der militärischen Führung in die Überlegungen einzubeziehen[42].

Tatsächlich eröffneten die Eisenbahnen, wie Moltke frühzeitig erkannte, völlig neue strategische Möglichkeiten: Truppen konnten sechsmal schneller bewegt werden als die Armeen Napoleons; die Fundamente aller Strategie – Zeit und Raum – erschienen in einem neuen Licht. Die Geschwindigkeit der Mobilisierung und die Konzentration der Armeen wurden zu essentiellen Faktoren strategischer Kalkulationen. »Die Eisenbahnen sind in unserer Zeit eins der wesentlichsten Kriegsmittel geworden«, erklärte der alte Moltke dazu 1879 vor dem preußischen Herrenhaus, »der Transport sehr großer Truppenmassen nach bestimmten Punkten ist eine äußerst verwickelte und umfassende Arbeit, die fortwährend kurrent erhalten werden muß[43].« Eine der letzten Mahnungen, die Moltke ausgesprochen habe, lautete nach Mitteilung Alfred Graf von Schlieffens: »Bauen Sie keine Festungen, bauen Sie Eisenbahnen.« Und Schlieffen knüpfte daran die Feststellung, dieses Wort sei »bezeichnend für den Mann, welcher sich nie mit der Verteidigung von Festungen befaßte, sondern welcher seine Siege gegründet hat auf den Angriff, auf die Bewegung und auf das, wodurch die Bewegung der Armee am besten erreicht wird, die Eisenbahn«[44].

Jedenfalls rückte der Zeitplan der Mobilmachung und die Zusammenstellung der Truppen, zusammen mit den ersten Marschbefehlen, nun in das Zentrum aller strategischen Pläne, die von den militärischen Stäben in Erwartung eines Krieges ausgearbeitet wurden. Moltke wollte dabei auch ein dichtes Straßennetz in die militärischen Überlegungen einbezogen wissen. Napoleon hatte dafür 1805 während seines Feldzuges gegen Österreich mit der Aufteilung seiner Armee auf dem Marsch und seinem Vorstoß mit getrennten Marschkolonnen ein erfolgreiches Beispiel gesetzt. Moltke leitete daraus Folgerungen ab, die eine umfassende Berücksichtigung von Straßen und Eisenbahnen bei der Organisation der Marschleistungen vorsahen. Die Truppen sollten in möglichst kleinen Verbänden auf möglichst vielen Wegen vorrücken und erst im letzten Moment zum Gefecht zusammengeführt werden. Der Kern aller Strategie, so

41 Holborn, The Prusso-German School (wie Anm. 39), S. 287.
42 Siehe dazu umfassend Marcus Junkelmann, Die Eisenbahn im Krieg. Militärische Theorie und Kriegsgeschehen bis zum Ausbruch des Ersten Weltkrieges, in: Zug der Zeit – Zeit der Züge. Deutsche Eisenbahn 1835 – 1985, Bd 1, Berlin 1985.
43 Gesammelte Schriften und Denkwürdigkeiten des General-Feldmarschalls Grafen Helmuth von Moltke, Bd 7, Berlin 1892, S. 36 f.
44 Schlieffen, Gesammelte Schriften (wie Anm. 20), Bd 2, S. 437 f.

Moltke, bestehe »in der Organisation getrennter Märsche, aber mit dem Ziel, im richtigen Augenblick für die Konzentration zu sorgen«[45].

Zu diesem Zweck war ein reibungsloses Zusammenspiel zwischen dem Großen Generalstab, der den König in Fragen der operativen Planung und Führung unterstützte, und dem Truppengeneralstab, den die Generalstabsoffiziere, die den Korps bzw. Divisionen zuarbeiteten, in ihrer Gesamtheit bildeten, unbedingt erforderlich. Wie sehr es daran noch mangelte, zeigte sich im Deutsch-Dänischen Krieg von 1864, an dessen strategischer Planung Moltke praktisch nicht beteiligt war und bei dem er auch keinen Einfluß auf die Zusammensetzung des Stabes erhielt, der dem Oberkommandierenden, Feldmarschall von Wrangel, beigegeben wurde. Moltke galt weithin als Schreibtischsoldat, der noch nie eine Truppe im Gefecht geführt habe und deshalb kein wirklich fundiertes Urteil besitze[46]. Doch als sich die Operationen schließlich festgefahren hatten, wurde er doch noch ins Hauptquartier entsandt und gewann auch Einfluß auf die Operationen, als der Oberbefehlshaber ihn ausdrücklich als seinen Generalstabschef anforderte. Moltke zog aus der dänischen Erfahrung die Lehre, künftig noch konsequenter auf möglichst genaue Vorausberechnung von Raum und Zeit hinzuarbeiten. Beides wurde fortan zum Inbegriff preußisch-deutscher Generalstabsarbeit.

Ein Teilaspekt der Auswertung des dänischen Krieges war die Beurteilung der Arbeitsweise des österreichischen Generalstabes, da eine Auseinandersetzung mit Österreich immer mehr in den Bereich des Möglichen, ja des Wahrscheinlichen rückte. Das Ergebnis war für die Österreicher nicht schmeichelhaft. Ihrer Arbeit wurde eine allenfalls durchschnittliche Qualität bescheinigt, was die preußische Entscheidung zum Waffengang 1866 nicht unwesentlich erleichtert haben dürfte. Wichtiger war jedoch die Einsicht, daß man sich mit einer konfusen Kommandostruktur selber ebenfalls größte Probleme schaffen konnte. Im Vorfeld des Feldzuges gegen Österreich erteilte König Wilhelm I. deshalb am 2. Juni 1866 Moltke als Generalstabschef der Armee die ausdrückliche Befugnis, während des Krieges »die Befehle unmittelbar an die Kommandobehörden zu geben«[47]. Der Kriegsminister, über den noch 1864 solche Befehle gelaufen waren, erhielt sie fortan nur noch zur Kenntnisnahme. Damit war erstmals in der preußischen Militärgeschichte ein Generalstabschef faktisch Oberkommandierender der gesamten Armee geworden. Moltke handelte nun direkt im Namen des Königs, ohne freilich die Bedenken seiner Kritiker zerstreuen zu können, die in ihm weiterhin den überalterten Schreibtischstrategen ohne Fronterfahrung sahen. So kommentierte der ehemalige preußische Militärreformer und jetzige Diensttuende Generaladjutant Wilhelms I., Hermann von Boyen, wenige Monate vor Königgrätz, am 21. März 1866, die personelle Füh-

---

45 Zit. nach: Holborn, The Prusso-German School (wie Anm. 39), S. 288.
46 Siehe dazu Burchardt, Helmuth von Moltke (wie Anm. 16), S. 25.
47 Moltkes Militärische Werke (wie Anm. 35), Bd 1/2, Berlin 1896, S. 195.

rungsstruktur mit einer Mischung von Indignation und Resignation: »Der König, im 70. Jahre, an der Spitze; Moltke ihm zur Seite: der Abgelebte. Was soll daraus werden[48]?«

Doch der preußische Aufmarsch gegen Österreich, der sich erstmals nach den Mobilmachungsplänen des Generalstabes vollzog, wurde ein voller Erfolg. Moltkes kühne Idee, fast drei Viertel der preußischen Armee auf einem Bogen von 300 km Länge entlang der äußeren Linie zu gruppieren und sich dabei mit aller Konsequenz der Eisenbahn als Transportmittel zu bedienen, endete am 3. Juli 1866 bei Königgrätz in einer Umfassungsschlacht, wie es sie in der bisherigen Kriegsgeschichte noch nicht gegeben hatte. Die von den preußischen Truppen zu überwindenden Distanzen waren enorm und hätten sich ohne Eisenbahnen nicht bewältigen lassen. So aber kulminierten Aufmarsch und Vormarsch in einer überraschenden Anordnung der Truppen, die den inzwischen schon klassisch gewordenen Grundsätzen größtmöglicher Flexibilität und Kreativität entsprach und durch einen raschen Sieg belohnt wurde. Für Moltke war die bei Königgrätz angewandte Strategie indessen nach eigenem Bekunden keine »besonders geistreiche Idee oder tiefgelehrte Kombination«, sondern lediglich »die verständig angeordnete und energisch durchgeführte Abhilfe einer ungünstigen, aber nothwendig gebotenen ursprünglichen Situation«[49].

Die Bescheidenheit, die in diesen Bemerkungen zum Ausdruck kam, spiegelte jedoch mehr die Persönlichkeit Moltkes wider als die Realität. Nicht nur Moltke wurde durch Königgrätz berühmt. Auch die Chefs der bei Königgrätz eingesetzten Armeen und die Abteilungschefs im Großen Generalstab durften sich im Glanz des Sieges sonnen. Fortan galten sie – wie der Generalstab insgesamt – in der deutschen Öffentlichkeit als Garanten eigener militärischer Überlegenheit. Folgerichtig wurden dem Generalstab 1867 weitere Aufgabengebiete zugeteilt, die bisher vom Kriegsministerium wahrgenommen worden waren. Doch auch außerhalb Preußens wurde Königgrätz weithin als Triumph des Generalstabes und seines modernen Führungsdenkens verstanden. Die süddeutschen Staaten, eben noch Kriegsgegner, suchten deshalb den Kontakt zu Preußen und begrüßten den Abschluß von Militärkonventionen mit dem einstigen Feind. Nur in Österreich mochte man sich das Ausmaß der Niederlage nicht eingestehen. Dort wie in Frankreich wurde Königgrätz eher als ein Erfolg der Preußen gewertet, der ihnen unverdient in den Schoß gefallen sei.

Tatsächlich waren mit dem Sieg von 1866 keineswegs alle Probleme für Moltke und den Generalstab gelöst. Erfolg war nicht immer planbar, wie viele voreilig meinten oder gerne glauben wollten. Moltke selbst notierte dazu nach Königgrätz: »Keine Voraussicht kann letztlich das Ergebnis von Operationen mit getrennten Armeen planen. Dieses hängt nicht nur von kalkulierbaren

---

48   Zit. nach: Kessel, Moltke (wie Anm. 17), S. 444.
49   Betrachtungen über Konzentrationen im Kriege von 1866, in: Militair-Wochenblatt, 52 (1867), Nr. 18, S. 187.

Faktoren, wie Raum und Zeit, sondern oft auch vom Ausgang vorangegangener Scharmützel ab, oder vom Wetter, oder von falschen Nachrichten [...] Große Erfolge im Krieg werden nicht ohne Risiko erzielt[50].« Natürlich bemühte sich Moltke darum, die Kontrolle der Vernunft über den Krieg so weit wie möglich auszudehnen. Aber wie Clausewitz erkannte auch er, daß die politischen und militärischen Probleme des Krieges nicht gänzlich berechenbar waren. Krieg war ein Instrument der Politik, und Moltke, der im übrigen stets forderte, einem Kommandeur freie Hand bei der Führung seiner militärischen Operationen zu lassen, gab zu, daß fluktuierende politische Ziele und äußere Umstände jederzeit Anlaß sein konnten, die Strategie zu ändern[51].

V.

Das beste Beispiel für die Dominanz der Politik über militärische Kalkulationen war schließlich der Konflikt mit Frankreich. Moltke hatte schon seit jeher die Auffassung vertreten, der eigentliche Gegner Deutschlands sei der französische Kaiser Napoleon III. Bereits 1862 hatte er deswegen in einer strategischen Denkschrift bemerkt, Deutschland sei nur »durch Gewalt gegen Frankreich zu einigen«[52]. Nach 1866, als in Frankreich die Sorge über die Entwicklung östlich des Rheins wuchs und die Unruhe sichtlich zunahm, fühlte sich Moltke in dieser Meinung bestätigt und ließ sofort nach Beendigung des Krieges mit Österreich die planerischen Vorbereitungen für einen Krieg gegen Frankreich anlaufen. Hierin wußte er sich mit den meisten Militärs und großen Teilen der Öffentlichkeit einig, während Wilhelm I., Bismarck und Roon eher zögerten[53]. Nahezu völlig isoliert war Moltke jedoch mit seiner Idee eines Präventivkrieges, die er bereits im Februar 1859, vor dem Hintergrund des bevorstehenden Krieges zwischen Piemont-Sardinien und Frankreich gegen Österreich in Norditalien, geäußert hatte. Damals hatte er einen Feldzug gemeinsam mit Österreich gegen Frankreich sogar als die wünschenswerteste und günstigste unter allen denkbaren politischen Konstellationen bezeichnet. »Wenn Preußen sich gegenwärtig für den Krieg entscheidet«, hatte er notiert, »so geschieht dies nicht zur Abwehr einer unmittelbar zwingenden Bedrohung, sondern zur Vorbeugung künftiger Gefahren, im Interesse Deutschlands, nicht für, aber mit Österreich[54].« Für den als sicher erwarteten Fall eines Sieges der vereinten preußischen und österreichischen Armeen stand auch der Siegespreis für ihn bereits

50 Zit. nach: Holborn, The Prusso-German School (wie Anm. 39), S. 288.
51 Ebd., S. 289.
52 Moltke, Militärische Werke (wie Anm. 47), Bd 1/2, S. 17 – 19.
53 Siehe dazu Erich Marcks, Wilhelm I., 9. Aufl., Leipzig 1943, S. 263.
54 Zit. nach: Rudolf Stadelmann, Moltke und der Staat, Krefeld 1950, S. 122.

fest: die »alten deutschen Provinzen« Elsaß und Lothringen. Sie sollten Frankreich wieder abgenommen werden und an Deutschland zurückfallen[55]. Die Chance verstrich ungenutzt. Preußen beteiligte sich weder am norditalienischen Krieg noch an einem Krieg gegen Frankreich. Dann erblickte Moltke in der Luxemburgkrise 1867 eine neue Gelegenheit, einen Präventivschlag gegen Frankreich zu führen: »Je früher wir [...] handgemein werden, desto besser«, erklärte er dazu in einem Gespräch mit Graf Bethusy-Huc am 30. März 1867. »Der gegenwärtige Anlaß ist gut. Er hat einen nationalen Charakter, man benutze ihn also[56].« Doch wieder ging die Krise vorüber, ohne daß es zum Krieg kam. Erst 1870 wurde der Waffengang, mit dem Moltke zu diesem Zeitpunkt schon nicht mehr gerechnet hatte, Wirklichkeit. Aber Generalstab und Armee waren gut vorbereitet. Die Umsetzung der Pläne funktionierte noch reibungsloser als 1866, wozu auch die inzwischen besser ausgebauten Fernmeldeverbindungen beitrugen, die es Moltke und dem Generalstab erleichterten, die Fäden in der Hand zu behalten und »von hinten« zu führen. Nach Sedan wuchs das Prestige Moltkes und des Generalstabes daher noch weiter an, die als die eigentlichen Urheber des deutschen Sieges galten. Nur Bismarck äußerte sich von Zeit zu Zeit abfällig über die »Halbgötter« im Generalstab, denen er zu Recht vorwarf, daß sie den Primat der Politik bestritten, solange die militärischen Operationen andauerten – getreu der Forderung Moltkes, bis Kriegsende sollten operative Belange den Vorrang haben und politische Gesichtspunkte nur insoweit Berücksichtigung finden, als sie »nicht etwa militärisch Unzulässiges oder Unmögliches beanspruchten«[57]. Auch während der Lagevorträge beim König suchte Moltke, der keinen »Kriegsrat« wünschte, die Anwesenheit Bismarcks möglichst zu vermeiden. Der Kanzler erblickte darin eine unsinnige Behinderung seiner Politik und machte darauf aufmerksam, daß man im Krieg nicht nur auf die militärischen Operationen starren dürfe, sondern »auch nach andern Richtungen zu sehn« habe[58]. Der König sah sich deshalb, als der Konflikt zu eskalieren drohte, schließlich veranlaßt, den uneinsichtigen Moltke – zur Empörung der Generalstäbler – durch zwei Kabinettsordres zu zwingen, Bismarck künftig zu informieren und unter bestimmten Umständen sogar an den Entscheidungen zu beteiligen[59]. Nach Beendigung der Operationen und dem Abschluß des Präliminarfriedens entschuldigte sich der König dafür bei Moltke, der anschließend mit Bismarck vordergründig Komplimente austauschte, ohne daß die Unstimmigkeiten, die sowohl in den unterschiedlichen Persönlichkeiten als auch in der Sache begründet waren, dadurch aus der Welt zu räumen gewe-

---

55 Kolb, Helmuth von Moltke in seiner Zeit (wie Anm. 22), S. 11.
56 Moltke, Gespräche (wie Anm. 19), S. 105.
57 Moltkes Militärische Werke (wie Anm. 35), Bd 4/1, Berlin 1911, S. 35.
58 Otto von Bismarck, Gedanken und Erinnerungen, Bd 2, Stuttgart 1898, S. 96.
59 Burchardt, Helmuth von Moltke (wie Anm. 16), S. 31 f. Siehe dazu auch Kessel, Moltke (wie Anm. 17), S. 581 ff.; Paul Bronsart von Schellendorff, Geheimes Kriegstagebuch 1870/71, hrsg. von Peter Rassow, Bonn 1954, S. 309 ff.

sen wären. Der Feststellung des Moltkebiographen Eberhard Kessel, »So war denn alles ganz vergnügt und munter« [60], ist deshalb nur mit Vorsicht zu folgen. Die deutsche Öffentlichkeit hingegen umjubelte den Generalstabschef als den Architekten der Siege von 1866 und 1871. Und wenn Moltke gerne als der »große Schweiger« apostrophiert wurde, so kennzeichnete das zugleich auch das Bild des Generalstabes: Er galt als unnahbar, unschlagbar, geheimnisvoll – und dies um so mehr, als sich der Generalstabschef konsequent aus allen öffentlich geführten Diskussionen heraushielt. Als Moltke 1888 aus dem aktiven Dienst schied, war der Große Generalstab »nicht nur die geachtetste, sondern auch die geheimnisumwittertste militärische Dienststelle Deutschlands«, der »Olymp der Armee«, wie Lothar Burchardt treffend bemerkt hat[61] – ein Vorbild, dem bald zahlreiche europäische und außereuropäische Staaten nacheiferten. Eine Tradition militärischen Führungsdenkens war begründet worden, die großen Anteil an den Erfolgen der deutschen Armeen des 19. und 20. Jahrhunderts – im Guten wie im Bösen – gewann. Organisation und Professionalität, ein hohes Maß an politischer Unabhängigkeit und vor allem der Mut zu originärem Denken und eigenständigem Handeln zeichneten diese Tradition über viele Jahre und Jahrzehnte aus, ehe der Generalstab im Ersten Weltkrieg erstmals in Verruf geriet und danach im Nationalsozialismus ebenso unterging wie das Reich, das zu schaffen er mitgeholfen hatte.

---

[60] Kessel, Moltke (wie Anm. 17), S. 369.
[61] Burchardt, Helmuth von Moltke (wie Anm. 16), S. 33.

Sektion I:

Vorstellungen vom Krieg in Abhängigkeit von wirtschaftlichen, gesellschaftlichen und politischen Entwicklungen

Bernd Jürgen Wendt

Zur Einführung
Der »totale Krieg« der Zukunft in den Planspielen der
Reichswehr

In den »totalen Krieg« des 20. Jahrhunderts[1] führten seit dem ausgehenden 18. Jahrhundert zwei Entwicklungsstränge: Das waren zum einen die Entfachung der »Volksleidenschaften« in der Französischen Revolution und die 1793 vom Nationalkonvent aufgebotene militärische »Levée en masse«. Diese Ereignisse ebenso wie die Aufstellung der Massenheere Napoleons nach dem Prinzip der allgemeinen Wehrpflicht und das »Volk in Waffen« im preußischen »Befreiungskrieg« inspirierten bereits Clausewitz, sich mit dem Wesen, wenn auch noch nicht mit dem Begriff des »totalen Krieges« auseinanderzusetzen. Seine Erfahrungen im Deutsch-Französischen Krieg von 1870/71 resümierte der preußische Generalstabschef Moltke zwanzig Jahre später: »Die Kriege der Gegenwart rufen die ganzen Völker zu den Waffen, kaum eine Familie, welche nicht in Mitleidenschaft gezogen würde. Die volle Finanzkraft des Staates wird in Anspruch genommen[2].« Der Wandel zum »Volkskrieg« fiel dann zum anderen seit der zweiten Hälfte des 19. Jahrhunderts mit der beschleunigten Entfaltung der modernen Industrie zusammen. Sie schuf mit ihren dynamischen technologischen Entwicklungsschüben erst die Voraussetzungen für die »Industrialisierung der Kriegführung« und die Entbindung ihrer gewaltigen Zerstörungskräfte bis in die Gegenwart.

---

1   Zum Thema siehe Uwe Blitzel, Die Konzeption des Blitzkrieges bei der deutschen Wehrmacht, Frankfurt a.M., Bern, New York, Paris 1991; Wilhelm Deist, Die Aufrüstung der Wehrmacht, in: Das Deutsche Reich und der Zweite Weltkrieg, Bd 1, Stuttgart 1979, S. 371–532, bes. S. 371–399; ders., Die Reichswehr und der Krieg der Zukunft, in: Militärgeschichtliche Mitteilungen, 1989, H. 1, S. 81–92; Gerhard Förster, Totaler Krieg und Blitzkrieg. Die Theorie des totalen Krieges und des Blitzkrieges in der Militärdoktrin des faschistischen Deutschlands am Vorabend des zweiten Weltkrieges, Berlin (Ost) 1967 (= Militärhistorische Studien, NF 10); Michael Geyer, Der zur Organisation erhobene Burgfrieden, in: Militär und Militarismus in der Weimarer Republik. Beiträge eines internationalen Symposions an der Hochschule der Bundeswehr am 5. und 6. Mai 1977, hrsg. von Klaus-Jürgen Müller, Eckhardt Opitz, Düsseldorf 1978, S. 15–100; ders., Aufrüstung oder Sicherheit. Die Reichswehr in der Krise der Machtpolitik 1924–1936, Wiesbaden 1980 (= Veröffentlichungen des Instituts für Europäische Geschichte Mainz, Bd 91).

2   Zit. nach: Blitzel, Die Konzeption des Blitzkrieges (wie Anm. 1), S. 216.

Der endgültige Durchbruch des »totalen Krieges« vollzog sich dann in den blutigen Materialschlachten des Ersten Weltkrieges. Er ging als erster »engineers' war« (Lloyd George) oder als »Krieg der Fabriken« in die Geschichte ein. Sein Verlauf, die militärische Niederlage Deutschlands, die Novemberrevolution und der Versailler Vertrag sollten dann den Erfahrungshintergrund bilden, vor dem in Führungskreisen der Reichswehr ab 1923 das Bild des künftigen Krieges entwickelt und diskutiert wurde. Konkret waren es die Erfahrungen mit neuen Waffen (Panzer, U-Boote, Flugzeuge, Gas) und die wachsende Bedeutung der Technologie, die psychologischen Faktoren der Kriegspropaganda, die Auflösungserscheinungen in der militärischen Disziplin und an der Heimatfront, die alliierte Hungerblockade und der Wirtschaftskrieg über den Waffenstillstand hinaus, die Führung von Massenheeren und der verlustreiche jahrelange Stellungskrieg an der Westfront, kurz die »Entgrenzung des militärischen Handelns« und die »Vergesellschaftung der Gewalt«, die erst einmal verarbeitet und in einem Lernprozeß in neue militärische Konzeptionen umgegossen wurden, ohne daß die pazifistische Alternative eines radikalen Gewaltverzichts in Deutschland wie auch in den Siegerstaaten irgendeine Chance gehabt hätte. Der moderne Krieg – das hatte der Erste Weltkrieg endgültig gezeigt – war kein Ereignis mehr, das sich auf das Schlachtfeld begrenzen ließ, das allein der Professionalität der Militärs überantwortet werden konnte und gleichsam neben der Gesellschaft herlief; Krieg war zu einem gesamtgesellschaftlichen Vorgang geworden, der alle Bereiche des menschlichen Zusammenlebens, die Wirtschaft, staatliche Strukturen und politische Entscheidungsprozesse tief und nachhaltig durchdrang, Recht und Moral auf den Prüfstand führte, die überkommenen Schranken zwischen Militär und Zivilgesellschaft einriß und gegebenenfalls auch im Innern zu fatalen totalitären Verformungen des politischen Systems führen konnte, wie das selbstherrliche Auftreten der 3. OHL Hindenburg/Ludendorff und die Genesis der präfaschistischen Deutschen Vaterlandspartei unter Kapp und Tirpitz dokumentieren sollten. Der »Volkskrieg« der Zukunft konnte nur mit und in der Gesellschaft geplant, vorbereitet und geführt werden, je eher, konsequenter und umfassender, desto besser!

Der Einmarsch der Franzosen mit fünf Divisionen in das Ruhrgebiet am 11. Januar 1923 war für die Reichswehr nach den Entmilitarisierungsbestimmungen des Versailler Vertrages ein weiteres Schockerlebnis. Denn er führte den deutschen Militärs demütigend vor Augen, wie wehrlos das Reich mit seinem Hunderttausend-Mann-Heer war und wie utopisch alle Revisionshoffnungen auf absehbare Zeit sein mußten.

Vor diesem desillusionierenden Hintergrund, in dem die immer tiefere Kluft zwischen dem Anspruch der Reichswehr als Instrument der Landesverteidigung und der Realität offenbar wurde, entwickelte der Chef der Heeresabteilung (T 1) des Truppenamtes (TA), Oberstleutnant Joachim v. Stülpnagel, im Februar 1924 vor Offizieren des Reichswehrministeriums in einem Vortrag seine »Gedanken über den Krieg der Zukunft«[3]. Stülpnagel machte sich in seinem Vortrag, den er an Hindenburg und das Haus Hohenzollern verschickte, zum Sprecher einer jüngeren Gruppe von Generalstabsoffizieren im Truppenamt, unter ihnen Hasse, v.d. Bussche, Bonin, Schleicher und auch – bedingt – Blomberg, die als »Fronde«, »Clique« oder auch »Reformer« oder gar »Revolutionäre« auf sich aufmerksam machten. »Revolutionär« war zweifellos die entschiedene Abgrenzung gegen die traditionellen Vorstellungen Seeckts, des »letzten Garde-Generals preußischen Stils« (Blomberg), und der älteren Generalstabsoffiziere. Diese dachten und planten nach wie vor in den überkommenen Kategorien eines kleinen, schlagkräftigen, hochbeweglichen und modern ausgerüsteten Eliteheeres und der grundsätzlichen Trennung von »Kriegshandwerk« und zivilem Bereich und waren nicht bereit, sich dem neuen Bild des »totalen Krieges« zu öffnen und die entsprechenden militärischen, politischen und gesellschaftlichen Konsequenzen für die Militärpolitik und die militärische Organisation zu akzeptieren.

Stülpnagel und seine Freunde waren keine verbohrten Ideologen und Traditionalisten, sondern nüchtern kalkulierende und effiziente »professionals«, Generalstäbler, die ihr Handwerk verstanden und für sich in Anspruch nahmen, ihr Denken und Handeln aus objektiven militärtechnischen Sachzwängen heraus begründen und rechtfertigen zu können. Das von ihnen entwickelte Kriegsbild der Zukunft enthielt in exemplarischer Weise bereits alle Elemente des modernen, totalen »Volkskrieges« und sollte in den kommenden Jahren für die Plan- und Kriegsspiele in der Reichswehr bestimmend werden.

Stülpnagels Ziel war der »planmäßig vorbereitete und schließlich bewußt aufgenommene Befreiungskrieg« mit Frontstellung gegen Polen im Osten und Frankreich im Westen bei wohlwollender Neutralität Großbritanniens und Unterstützung durch die Sowjetunion. Solange die militärische Unterlegenheit andauerte, hatte die Konzeption des »totalen Krieges« im Rahmen der umfassenden Landesverteidigung für die kommenden Jahre noch ausgesprochen defensive Züge einer hinhaltenden Ermattungsstrategie in den tiefen Grenzräumen des Reiches, bis die aufgerüstete Reichswehr in der Lage sein würde, in die Offensive überzugehen. Als auslösende Momente ins Kalkül einbezogen wurden Präventivschläge Frankreichs oder Polens (Fall Pilsudski) oder polnische Einfälle in den Ostgebieten (Fall Korfanty).

Stülpnagel meinte, an dem Sinn der Geschichte und an der Fähigkeit, »die entsetzlichen Erfahrungen der letzten Jahre« angemessen zu verarbeiten, irre zu werden, »wenn das deutsche Volk in seiner Masse nicht zur Erkenntnis der Tatsache kommen wird, daß Recht auf Macht gegründet ist und daß es wider

---

3   Auszugsweise abgedr. bei Heinz Hürten, Das Krisenjahr 1923. Militär und Innenpolitik 1922-1924, Düsseldorf 1980, Nr. 184, S. 266-272 (= Quellen zur Geschichte des Parlamentarismus und der politischen Parteien, Zweite Reihe, Bd 4); siehe dazu auch Deist, Die Reichswehr (wie Anm. 1) und Geyer, Aufrüstung (wie Anm. 1), S. 81 ff.

Natur und Erfahrung ginge, wenn Versailles und Völkerbund das Zeitalter des ewigen Friedens einläuteten«. »Entweder Deutschland kapituliert – der Gedanke ist gottlob allen Deutschen heute schon unerträglich – oder Deutschland versucht noch einmal in einer großen Erhebung mit den Waffen [eine offenkundige Anspielung auf 1813 – d. Verf.] die Frage zu entscheiden, ob 100 Millionen Deutsche die Sklaven von 40 Millionen Franzosen werden müssen.« Den Zeitpunkt für die praktische Vorbereitung der Volkserhebung sieht Stülpnagel dann gekommen, wenn es eine Regierung gibt, »die sich in klarer Konsequenz auf Vorbereitung des Befreiungskampfes einstellt und bei aller außenpolitischen Vorsicht die Wehrhaftmachung des deutschen Volkes als ihre höchste sittliche Verpflichtung betrachtet« und wenn »die Vorbereitungen der Politik und der Wehrmacht in Einklang mit dem nationalen Willen der Mehrheit des Volkes gebracht sind«.

Die außenpolitischen Vorbereitungen des »Befreiungskampfes« verlangen, »Zeit zur Rüstung zu gewinnen«, »ein Hinhalten Frankreichs als unserem Hauptfeinde« und eine »gesunde Bündnispolitik« – gedacht war an eine äußere Flankierung der Aufrüstung durch eine Annäherung an Großbritannien, Sowjetrußland und Italien.

Nicht minder weitreichend waren die Konsequenzen für die Innenpolitik »als Sammelbegriff für alles innerstaatliche Dasein«. Hier nur einige Zielperspektiven: Schaffung der Volksgemeinschaft durch den »Ausgleich der Gegensätze der Länder, der Klassen und Berufe«, »Stabilisierung der Staatsautorität«, »Gesundung der Wirtschaft«, »Herstellung einer starken Reichsgewalt unter Ausschaltung der krankhaften parlamentarischen Zustände«, »die Einstellung aller staatlichen Organe auf die Unterstützung bei Vorbereitung des Befreiungskrieges«, »die nationale und wehrhafte Erziehung unserer Jugend in Schule und Universität, die Erzeugung von Haß gegen den äußeren Feind«, »die Erziehung unseres Volkes zum Staatsgedanken – Arbeitspflicht (System Friedrich Wilhelm I.)«, »der vom Staat geführte Kampf gegen Internationale und Pazifismus, gegen alles Undeutsche, die schwersten Strafen für Landesverrat«, »der Kampf für Sitte und Recht beim Einzelnen und der Volksgesamtheit«, die »wirtschaftliche Mobilmachung« in einer Form, »daß im Kriegsfall die gesamte Volkswirtschaft mit einem Schlage auf die neuen Aufgaben eingestellt wird und bereits vom ersten Tage ab restlos für den Krieg arbeiten kann«, »die moralische Vorbereitung von Volk und Heer auf den Krieg«, die allgemeine Wehr- und Dienstpflicht unter »Einsatz der ganzen Volkskraft« sowie »diktatorische Gesetze, strengste Zucht, höchste Ansprüche an die Führer«. Zwar kalkulierte Stülpnagel etwa fünf bis zehn Jahre Vorbereitungszeit ein, um die »Bewegung, die ein ganzes Volk ergreift«, einzuleiten. Aber »wir müssen sie stärken und führen, denn es ist für uns keine andere Wahl, als daß wir entweder zu Grunde gehen oder uns durchsetzen«.

An diesen Ausführungen Stülpnagels, die sich noch durch eine große Zahl von Denkschriften, Ausarbeitungen und Veröffentlichungen zum »totalen

Krieg« der Zukunft sowohl innerhalb der Reichswehr als auch in der Militärpublizistik dieser Jahre ergänzen und erweitern ließen, sind drei Dinge bemerkenswert: 1. Der »totale Krieg« und seine Vorbereitung erzwangen offenbar die Beseitigung des parlamentarisch-demokratischen Systems, den autoritären Kommandostaat und die totale Militarisierung von Staat, Wirtschaft und Gesellschaft unter Ausrichtung des gesamten Erziehungs- und Bildungswesens auf den Wehrgedanken und die Wehrertüchtigung bereits rechtzeitig im Frieden. 2. Die Konzentration des Denkens und Planens auf den »totalen Krieg« bewegte sich – ganz ähnlich wie in Hitlers »Mein Kampf« – in der totalen und radikalen Alternative von Sieg oder Untergang. 3. Der »totale Krieg« gegen Frankreich und Polen gelangte, wenn auch zunächst noch defensiv angelegt, genau zu dem Zeitpunkt in den Rang eines offiziösen, wenn nicht gar offiziell wegweisenden Kriegsbildes der Zukunft, als Stresemann sich außenpolitisch daran machte, seine Locarno-Politik einzuleiten und den langfristigen Ausgleich mit dem westlichen Nachbarn zu suchen.

Stülpnagels Ausführungen und ähnliche Dokumente aus dem Truppenamt und aus anderen Reichswehrinstitutionen waren keineswegs utopische Gedankenspielereien weltfremder Schreibtischstrategen, sondern wurden mit zur Grundlage der Plan- und Kriegsspiele und der Generalstabsübungen sowie konkreter Vorbereitungen zum Ausbau eines effektiven Landes- und Grenzschutzes im Rahmen einer totalen Landesverteidigung in der zweiten Hälfte der zwanziger und dann in den dreißiger Jahren. Entwickelt wurde bereits das Szenario der »verbrannten Erde«, eben jene Taktik, die Himmler am 3. September 1943 beim Rückzug aus der Sowjetunion und Hitler am 19. März 1945 in seinem berüchtigten »Nero-Befehl« dekretierte.

Zwar war diese Taktik für die kommenden Jahre noch defensiv angelegt, um französische und polnische Invasoren einem kräfteverzehrenden Prozeß der Ermattung und Zermürbung auszusetzen, aber sie sollte in dem Augenblick, wenn die eigene militärische Überlegenheit eine Chance für den Sieg bot, in einen offensiven »Befreiungskampf« übergeleitet und gegebenenfalls auch in »Feindesland« hineingetragen werden.

Der Vormarsch der Polen und Franzosen sollte, was 1923 nicht gelungen und geplant war, künftig im besetzten deutschen Gebiet auf jede Weise behindert, gestört und aufgehalten werden, um den Gegner zu verunsichern, zu schwächen, zu zermürben und dann der Wehrmacht hinreichend Zeit und Spielraum für den offensiven Gegenschlag zu verschaffen. Die Entfesselung des »Volkskrieges« hatte also die Funktion, die Operationen des Heeres zu unterstützen. Das hieß konkret für den Grenz- und Aufmarschraum: Aufstellung eines umfangreichen Grenzschutzes für den hinhaltenden Widerstand, Sprengung von Brücken, Straßen, Dämmen usw., Guerillakrieg, Bombenkrieg auf Städte und Infrastruktur mit »Brisanz- und Gasmunition« (Douhet), chemische Verseuchung bestimmter Geländestreifen, Gaseinsatz, Einbau von Minenkammern in Straßen und Brücken. Hier wurde also bereits eine totale Radikalisierung der Kriegführung für die kämpfenden Heere wie für die Zivilbevölkerung, die eigene und die feindliche, vorgedacht und geplant, wie sie dann im Zweiten Weltkrieg Wirklichkeit werden sollte. Die überkommenen Schranken zwischen Heimat und Front waren endgültig eingerissen, die Heimat zur Front geworden. Das Truppenamt, der (an sich verbotene) Generalstab der Reichswehr, rechnete nach der ersten Phase des Krieges mit Verlusten bis zu 75 Prozent des Grenzschutzes und einer Auslöschung der Grenzbevölkerung, soweit sie nicht rechtzeitig in das Innere des Reiches evakuiert war.

Stülpnagel und die »Reformer« waren sich von Anbeginn an im klaren darüber, daß auf längere Sicht ein autoritärer Umbau des Staates und eine Zurückdrängung parlamentarisch-demokratischer Kontrolle zugunsten einer starken Exekutive erfolgen mußten. So wurden auch die Maßnahmen zum Ausbau der erweiterten Landesverteidigung der Aufmerksamkeit der Öffentlichkeit und der Aufsicht kontrollierender Repräsentativorgane von unten möglichst entzogen und in enger Absprache mit den Exekutivorganen auf allen Ebenen von der Reichsregierung bis hinunter auf die Ebene der Landräte vorangetrieben. Der »totale Krieg« der Zukunft implizierte mit sachimmanenter Logik im Interesse seiner rechtzeitigen Vorbereitung bereits im Frieden die Aushöhlung der Demokratie und die Stärkung der Exekutive. Widerstände vor allem aus der preußischen Landesregierung wurden erbittert bekämpft, bis der »Preußenschlag« Papens am 20. Juli 1932 mit Unterstützung der Reichswehr hier »klare Verhältnisse« schuf.

Vorerst freilich suchten die »Reformer« und die Reichswehrspitze um Heye, nach dem Abgang Seeckts Chef der Heeresleitung, und den Reichswehrminister Groener die enge Kooperation mit den Behörden und der Reichsregierung, um gemeinsam und nicht an ihnen vorbei »den Krieg der Zukunft« und die geheime Aufrüstung zu planen und vorzubereiten. Sie waren Realisten genug, um zu sehen, daß jeder »Volkskrieg« nur in engstem Einvernehmen mit den politischen Spitzen angedacht und konzipiert werden konnte, selbst wenn diese Spitzen vorerst noch demokratisch legitimiert waren. Das ließ sich ja ändern!.

Hier liegt der eigentliche Sinn dessen, was F. Carsten[4] ab etwa 1928 mit dem »Sprung nach links« in der Reichswehrführung bezeichnet hat. Seeckt und seine Konzeption eines gegen die Gesellschaft abgeschotteten und weitgehend autonom agierenden Eliteheeres hatten sich überlebt, spätestens seit den Materialschlachten in Flandern und der Massenmobilisierung der Bevölkerung im Ersten Weltkrieg. Mit ihm hatte der moderne Krieg eine ganz neue Qualität bekommen. Die Ablösung des Chefs der Heeresleitung und seine Ersetzung durch Heye 1926, die Ersetzung Geßlers als Reichswehrminister durch Groener 1927 und die Einsetzung Schleichers als Chef des neu geschaffenen Ministeramtes mit der Funktion eines Staatssekretärs oder eines »cardinal in politics«, wie ihn sein Chef Groener mit einer Mischung aus Ironie und Bewunderung nannte,

---

4   Francis L. Carsten, Reichswehr und Politik 1918–1933, Köln, Berlin 1964, S. 275 ff.

setzten deutlich Signale dafür, daß sich die Reichswehrführung im Interesse der Aufrüstung und der allgemeinen Wehrhaftmachung von Staat, Volk und Wirtschaft mit der Weimarer Republik vorerst zu arrangieren und im politischen Spiel aktiv mitzumischen gedachte.

Hier setzten jedoch schon in den zwanziger Jahren Friktionen ein, die im Grunde bis zur Berufung Speers im Jahre 1942 als Nachfolger Todts zum Reichsminister für Bewaffnung und Munition und bis zum erfolgreichen Ausbau seines Ministeriums zu einem allmächtigen Superministerium für Rüstung und Kriegsproduktion ein Jahr später nicht mehr abreißen sollten. Wer sollte die letzte Verantwortung für diese »kalte Militarisierung« des öffentlichen Lebens tragen, wer die Kompetenzen abstecken und bündeln, wer eine in ihren einzelnen Komponenten und Verantwortlichkeiten aufeinander abgestimmte Konzeption vom »totalen Volkskrieg« bereits in Friedenszeiten nicht nur entwerfen (neben dem Generalstab), sondern auch schon in ersten Ansätzen konkret umsetzen und die einzelnen Schritte abstecken? Hier stellte sich das Dauerproblem eines starken integrierenden und integrierten Führungsorgans an der Spitze des Reiches. Deist betont zu Recht, daß ein Mangel an enger Kooperation zwischen militärischer und ziviler Führung ein Signum nicht nur der Weimarer Republik, sondern ganz besonders auch des nationalsozialistischen Diktaturstaates gewesen ist. Erich Ludendorff plädierte in seinem 1935 erschienen Buch »Der totale Krieg«, das in seiner Bedeutung weit überschätzt worden ist und schon von Groener als nichts Neues enthaltend abqualifiziert wurde, für den »Feldherrn« an der Spitze des Reiches, eine Art Militärdiktator, und beklagte mit Nachdruck die »verhängnisvolle Vielköpfigkeit« der Reichsführung im Ersten Weltkrieg. Aus diesen Erfahrungen heraus wurde bereits in den zwanziger Jahren die Einsetzung eines »Reichsverteidigungsrates« diskutiert, in dem alle für den »totalen Krieg« der Zukunft zuständigen zivilen und militärischen Ressorts mit Durchgriffsrecht auf allen Ebenen vertreten sein sollten. Aber auch hier war die Abgrenzung der Verantwortung schwierig zu definieren, unter den parlamentarisch-demokratischen Bedingungen eines pluralistisch strukturierten Gemeinwesens wahrscheinlich überhaupt unmöglich.

So kam es nicht zufällig schon 1926 zum großen Krach zwischen dem Reichsverkehrsminister R. Krohne (DVP) und dem Truppenamt bzw. Reichswehrministerium um die Abgrenzung der Kompetenzen[5]. Krohne nutzte die Gelegenheit, die der Schlußbericht der Interalliierten Militärkontrollkommission bot, um die militärischen Verpflichtungen der Reichsbahn, die im Mobilisierungsfall für die Beweglichkeit der Truppe und den Nachschub eine möglicherweise kriegsentscheidende Bedeutung gewinnen konnten, zu begrenzen. Im Kern ging es Krohne um die »Beantwortung der Frage [...], ob in einem künftigen Kriege der Generalstab der Reichsregierung unter- oder übergeordnet sein

---

5   Abgedr. in: Akten zur Deutschen Auswärtigen Politik 1918–1945, Serie B, Bd 1, Nr. 172, S. 414–417.

soll«. Krohne entwarf zwar ein realistisches Zukunftsbild des »totalen Krieges« und dokumentierte damit, wieweit die Überlegungen und Kriegsspiele der »Reformer« und der modernen Führungskräfte in der Reichswehr hinsichtlich einer Entgrenzung und Vergesellschaftung von Krieg und Gewalt auch in den zivilen Ressorts bereits Allgemeingut geworden waren. »Um einen künftigen Krieg, der ein Existenzkampf der deutschen Nation sein wird, vorzubereiten, genügt es nicht, lediglich die militärischen Kräfte anzusetzen, sondern es ist auf Grund der Erfahrungen des Weltkrieges, in den wir mehr oder weniger gestützt allein auf die Vorarbeiten des Generalstabes hineingegangen sind, notwendig, die gesamten Kräfte der Nation bereitzustellen. Dieser erweiterte Begriff der Landesverteidigung wird demnach durch die Aufgaben der bewaffneten Macht bei weitem nicht erschöpft. Er umfaßt darüber hinaus den einheitlichen und planmäßigen Einsatz aller nationalen Kraftquellen zum Zwecke der Verteidigung des Reiches. Es gibt überhaupt kein Gebiet, das der Staat für die Vorbereitung und Durchführung eines künftigen Krieges nicht heranzuziehen hat«.

Doch nun kommt Krohnes großes Aber: »Diese Aufgabe obliegt nicht dem Reichswehrministerium, sondern der Gesamtheit aller Ministerien unter Verantwortung des Reichskanzlers derart, daß jeder Minister im Rahmen seines Ressorts die für die Zwecke der Landesverteidigung erforderlichen Maßnahmen vorzubereiten und durchzuführen hat. Das Kabinett legt die großen Richtlinien fest, grenzt die Aufgaben zwischen den einzelnen Ressorts ab und entscheidet bei Meinungsverschiedenheiten der Ressorts untereinander.« Das Reichswehrministerium sollte daher »weder für die Festsetzung der für die Landesverteidigung im erweiterten Sinne seitens der Eisenbahnen noch für die Durchführung der von seiten der Wehrmacht zu stellenden rein militärischen Forderungen zuständig« sein. Der DVP-Politiker und Reichsverkehrsminister wies also strikt alle Versuche der Militärs zurück, in einer Spitzengliederung ihren eigenen Führungsanspruch gegenüber den zivilen Instanzen bei der Vorbereitung des »totalen Krieges« durchzusetzen, und weigerte sich, das Reichsverkehrsministerium zum Befehlsempfänger des Reichswehrministeriums degradieren zu lassen. Dem geforderten »Primat des Militärs« wurde für die »erweiterte Landesverteidigung« mit Nachdruck der »Primat der zivilen Ressorts« entgegengesetzt. Widersprüche gegen eine »kalte Militarisierung« von Staat und Gesellschaft auf diesem Weg bereits in Friedenszeiten wurden immer wieder formuliert.

Mit Wilhelm Groener kam im Januar 1928 ein Mann an die Spitze des Reichswehrministeriums, der als Chef des Feldeisenbahnwesens und des 1916 geschaffenen Kriegsamtes zur Ausschöpfung der deutschen Produktionsreserven und dann ab 26. Oktober 1918 als Nachfolger Ludendorffs in der Stellung eines Ersten Generalquartiermeisters der 3. OHL mit den politischen, ökonomischen, technischen und militärischen Problemen moderner Kriegführung eng vertraut war. Groener, selbst scharfer Kritiker der mangelhaften rüstungs- und insbesondere ernährungswirtschaftlichen Kriegsvorbereitungen 1914, erteilte allen abenteuerlichen Plänen eines offensiven Revisions- und »Befreiungskrieges« und seiner Vorbereitung bereits im Frieden eine eindeutige Absage, da ein solcher Krieg nur in einer katastrophalen Niederlage enden könne. Er führte die Reichswehr im Interesse einer reibungslosen Aufrüstung, deren frühe Phasen mit dem ersten (1928/29–1932) und zweiten (1932) Groener-Programm verbunden sind, an die Politik und an die Republik heran und wollte sie in enger Kooperation zwischen militärischer und politischer Führung dem »Primat der Politik« unterstellen. Mit seiner gegen den erbitterten Widerstand der Militärs im Truppenamt unter Blomberg erlassenen Verfügung über »Die Aufgaben der Wehrmacht« vom 16. April 1930[6] unternahm Groener, unterstützt von Schleicher als Chef des Ministeramtes, den ersten konkreten und präzisen Versuch, Mobilmachung und Aufmarsch der Reichswehr politisch differenziert und nicht mehr nur militärisch auf eine verbindliche Grundlage zu stellen und die »Aufgaben« der Wehrmacht nach politischen Gesichtspunkten und Direktiven und vor allem nach der Maßgabe »bestimmter Erfolgsaussichten« zu definieren. Deren Fehlen sah »den Nichteinsatz der Wehrmacht« (Fall 1) vor. Geyer vermutet, daß das Truppenamt diese Möglichkeit eines Verzichts auf bewaffneten Widerstand oder militärisches Eingreifen von Anfang an sabotierte, indem es keine Ausführungsbestimmungen ausarbeitete. Mobilmachung und Einsatz der bewaffneten Streitkräfte wurden beschränkt 1. auf die Bekämpfung innerer Unruhen (»Fall Pieck«), 2. auf die genau definierte Abwehr polnischer Überfälle oder Angriffe (»Fall Korfanty«) und 3. als letzte und am weitesten hinausgeschobene Möglichkeit auf die »Ausnutzung einer günstigen politischen Situation, also Einsatz der Wehrmacht, auch ohne daß wir unmittelbar angegriffen sind« (»Fall Pilsudski«). Der letztere Fall hatte 1930 eine ausgesprochen hypothetische Bedeutung, da damals nicht abzusehen war, wie sich eine solche »günstige (außenpolitische!) Situation« ergeben könnte. Groener ging davon aus, daß sich »eine verantwortliche Reichsregierung [...] gegebenenfalls zu einem Verzicht auf militärischen Widerstand« entschließen müsse. Er betrachtete also in der Tradition von Clausewitz den Krieg wieder als ein Instrument der Politik, verschwendete keine unnötigen Gedanken an die Vorbereitung eines »totalen Volkskrieges« bereits im Frieden und setzte sich damit heftiger Kritik der Generalstäbler im Truppenamt aus.

Groener war damals auch die einzige (!) Persönlichkeit in herausgehobener Position, die nachweisbar die Konsequenzen eines modernen »totalen Krieges« radikal zu Ende dachte und die grundsätzliche Frage stellte, ob ein solcher angesichts seiner ungeheuren Zerstörungspotentiale überhaupt noch führbar sei. Denn eines mußte spätestens seit dem Vortrag Stülpnagels 1924 jedem Einsichtigen klar sein, ohne daß dies übrigens von den Verantwortlichen in den zwanziger und dreißiger Jahren kritisch reflektiert worden wäre: Stellten nicht die radikalen Mittel jedes modernen Krieges – Taktik der »verbrannten Erde«, Zerstörung der allgemeinen Lebensbedingungen und der wirtschaftlichen

---

6   Siehe dazu Geyer, Aufrüstung (wie Anm. 1), S. 213 ff.

Grundlagen, Dezimierung der Zivilbevölkerung und tendenzielle Außerkraftsetzung des Völkerrechts – seine Zwecke und Ziele, die erreichen zu wollen er vorgab – Schutz von Eigentum und Existenz der Bevölkerung, Befreiung aus den »Fesseln von Versailles«, Wiederaufstieg zur europäischen Großmacht –, ebenso radikal in Frage? Gab es dort, wo die Taktik der »verbrannten Erde« selbst unter der Zielperspektive der Defensive und Abwehr feindlicher Angriffe nur noch rauchende Trümmer hinterließ, überhaupt noch für Sieger und Besiegte eine Chance zum Überleben? Die Konzeption vom »totalen Krieg« stellte also nicht nur das überkommene »Kriegshandwerk«, sondern mit ihm auch die von Clausewitz bereits eingeforderte sorgfältige Abwägung einer vertretbaren Ziel-Mittel-Relation radikal in Frage. Keiner sah dies deutlicher als Groener und später auch aus seiner exzentrischen Perspektive Ludendorff.

In seiner Denkschrift über die »Bedeutung der modernen Wirtschaft für die Strategie«, die er 1923 als Reichsverkehrsminister a.D. verfaßte[7], geht Groener zunächst mit der völlig mangelhaften materiellen Vorbereitung auf den Krieg 1914 ins Gericht: Die Reichsregierung habe nur mit einem Kampf zwischen Heeren und Flotten und mit einem begrenzten Handelskrieg gerechnet, »nicht aber mit den unzähligen tief einschneidenden Maßnahmen eines modernen Wirtschaftskrieges [...] Die Möglichkeit einer völligen Abschneidung vom Weltmeer wurde nicht zugegeben.« »Leider war die ›Wirtschaft‹ überhaupt nicht Gegenstand des militärischen Studiums gewesen. Daher fehlte auch im Heer das Verständnis dafür.« So drängte sich der Gedanke auf, »daß wir eigentlich den Übergang vom Agrar- zum Industriestaat sozusagen militärisch verschlafen haben«.

Nach einer gründlichen Aufzählung aller notwendigen Vorbereitungen und Vorgaben für einen modernen »Volkskrieg« mit einem Millionenheer kommt Groener abschließend zu einer skeptischen Frage: »Bedeutet der Weltkrieg Anfang oder Ende der Millionenheere? [...] Wird sich ein ganz neues Verfahren der Kriegführung vorzüglich in der Luft und mit chemischen Mitteln sowie in der Wirtschaft herausbilden? Oder sollte die Menschheit an einem Wendepunkt ihrer Geschichte stehen, indem die moderne Wirtschaft durch ihre Probleme einen unwiderstehlichen Zwang zum Frieden ausübt?«.

Heute wissen wir: An einem »Wendepunkt« stand die »Menschheit« unter den Erfahrungen des Ersten Weltkrieges zweifellos, an einem »Wendepunkt« aber nicht zur völkerrechtlichen Eingrenzung der Gewalt, sondern im Gegenteil zu ihrer bisher unvorstellbaren Potenzierung, Dynamisierung und Radikalisierung im Zweiten Weltkrieg.

Der Begriff des »totalen Krieges« ab 1943 bietet sich zum einen aus der Sicht seiner offiziellen Proklamation durch Hitler und Goebbels am Anfang

---

7 Abgedr. u. komment. bei Dorothea Fensch/Olaf Groehler, Imperialistische Ökonomie und militärische Strategie. Eine Denkschrift Wilhelm Groeners, in: Zeitschrift für Geschichtswissenschaft, 19 (1971), H. 9, S. 1167–1177.

dieses Jahres und zum anderen aus dem Erlebnishorizont der Zivilbevölkerung in Europa und insbesondere auch unter dem enormen Leidensdruck der Völker in den besetzten Gebieten und des Millionenheeres der Zwangsarbeiter und -arbeiterinnen an. Als Hinführung auf die innere Herrschafts- und Führungsstruktur des »Dritten Reiches« ist er jedoch irreführend. Sie bot keineswegs die totalitäre Geschlossenheit, wie sie sich vielen Beobachtern des In- und Auslandes darstellen mochte. Im Gegenteil: In einer für den »totalen Krieg« völlig unzureichenden Spitzengliederung gelang es nicht, zivile und militärische, rüstungs- und konsumwirtschaftliche, strategische und operative Planungen und Ziele im Interesse der Vorbereitung und Durchführung dieses Krieges zu bündeln und aufeinander abzustimmen. Was Militärs schon rückblickend auf den Ersten Weltkrieg beklagt hatten, sollte sich nun unter radikal verschärften Kriegsbedingungen im Zweiten wiederholen: In einem Kompetenzchaos und -gerangel ohnegleichen kämpften nicht nur zivile und militärische Instanzen gegeneinander. Im dynamischen Prozeß teilstreitkraftbezogener Aufrüstung ohne Koordination und Kooperation entwickelte sich seit 1933 auch innerhalb der Streitkräfte und zwischen ihnen ein ruinöser Wettlauf um die begrenzten Rohstoffe und Produktionskapazitäten, ohne daß es zur gegenseitigen Abstimmung des Machbaren und der jeweiligen Ziele gekommen wäre. Vergeblich bemühte sich Keitel, das neugeschaffene OKW unter seiner Leitung zu einer Art »Supergeneralstab« des »totalen Krieges« auszubauen mit verbindlichen Weisungsbefugnissen gegenüber den Teilstreitkräften und darüber hinaus mit seiner vielzitierten Denkschrift vom 19. April 1938 über »Die Kriegführung als Problem der Organisation« mit einem Anhang »Was ist der Krieg der Zukunft?«[8] die Verantwortlichen im letzten Augenblick auf die unverzichtbaren Grundregeln für die Führung eines »totalen Krieges« festzulegen und damit die Lehren aus dem Fiasko des Ersten Weltkrieges zu ziehen, während die Kriegsvorbereitungen bereits in vollem Gange waren: »Es widerspricht den Grundsätzen des totalen Krieges der Zukunft zu glauben, daß die Aufgaben ›Führung des Waffenkrieges‹, die ›Ausrichtung des Propaganda- und Wirtschaftskrieges auf die Ziele des Waffenkrieges‹ und die ›Organisation der kämpfenden Nation zur Unterstützung des Waffenkrieges‹ getrennt werden können. Sie müssen gerade auf das engste vereinigt sein und zwar nicht *nur* in der Person des Generalissimus, der dann nur ein Schattenführer sein könnte wie der Kaiser als oberster Kriegsherr im letzten Kriege, sondern in *einem* Stabe – dem Oberkommando der Wehrmacht. [...] In der Vereinigung all dieser Aufgaben in der Person eines militärischen Führers und eines ihm unterstellten und *ihm allein verantwortlichen Stabes* liegt die einheitliche Führung des Krieges der Zukunft begründet«.

---

8   Abgedr. in: Der Prozeß gegen die Hauptkriegsverbrecher vor dem Internationalen Militärgerichtshof Nürnberg. 14. November 1945 – 1. Oktober 1946, Bd 38, Nürnberg 1949, Dok. 211-L., S. 35 – 50.

Erich Vad

Militär und die neuen Formen der Gewalt als Mittel der Politik

Eine empirische Analyse der internationalen Beziehungen unter dem Aspekt bewaffneter Konflikte seit 1945 ergibt zusammenfassend folgendes Bild:
- Seit 1945 fanden weltweit über 180 geführte Kriege statt. Die Anzahl der kriegerischen Konflikte ist in der Zeit nach 1945 – mit durchschnittlich 40 geführten Kriegen pro Jahr – weltweit ständig weiter angestiegen.
- Im Zeitraum von 1985 bis 1992 z.B. wurden weltweit 68 Kriege geführt. Diese lassen sich wie folgt klassifizieren: 57 Antiregime- und innerstaatliche Kriege, neun zwischenstaatliche Kriege und zwei Dekolonisationskriege[1].
- Allein 1992/93 waren weltweit 717 000 Kriegstote und etwa 50 000 Tote in »low intensity conflicts«, d.h. unterhalb der Schwelle konventioneller militärischer Auseinandersetzungen, zu verzeichnen.
- Von weltweit insgesamt 233 untersuchten politischen Gruppierungen haben sich 35 terroristischer Methoden bedient und 79 des Guerilla- und Bürgerkrieges, d.h. über die Hälfte bedienten sich bewaffneter Gewalt als Mittel zur Durchsetzung ihres politischen Programms[2].
- Beinahe die Hälfte der laufenden bewaffneten Konflikte in der Welt haben ethnisch-nationale Gegensätze als besonderen Bestimmungsfaktor. Insgesamt haben wir derzeit weltweit über 200 Staaten (1950 waren es 60). Von weltweit 547 offiziellen Nationalitäten sind 143 auf 2 oder mehr Staaten verteilt.
- Hauptkriegsschauplatz unserer Zeit ist die Dritte Welt, d.h. die Entwicklungsländer der Erde. Hier wurden und werden seit 1945 rund 90 Prozent der bewaffneten Konflikte ausgetragen. Den Golfkrieg 1991 kann man auch als erste bewaffnete Auseinandersetzung zwischen der Dritten und der Ersten Welt ansehen.
- Vorherrschender Typus des bewaffneten Konflikts sind innerstaatliche Kriege zwischen Bürgerkriegsparteien.

---

[1] Siehe dazu Klaus Jürgen Gantzel, Torsten Schwinghammer, Jens Siegelberg, Kriege der Welt. Ein systematisches Register der kriegerischen Konflikte 1985 bis 1992, Bonn 1992.
[2] Siehe dazu A.J. Jongmann, A.P. Schmid, Wars, Low Intensity Conflicts and Serious Disputes, 1993.

Beim Einsatz militärischer Macht stehen wir einer unbefangenen Tradition der wichtigsten Partner im Bündnis gegenüber. Einer Studie zufolge setzten im Zeitraum 1945 bis 1990 die USA 52mal, Großbritannien 76mal, Frankreich 45mal und die frühere Sowjetunion 42mal militärische Macht als Mittel von Außen- und Sicherheitspolitik ein[3]. Läßt man die letzten 300 Jahre der europäischen Militärgeschichte Revue passieren, dann ist – trotz der ersten Hälfte des letzten Jahrhunderts – nicht übersehbar, daß Preußen-Deutschland zweifelsfrei das Schlußlicht in der Reihe kriegführender Staaten bildet. Traditionell ist die militärische Intervention eher angelsächsisch und maritim geprägt, der Begriff »Gunboat Diplomacy«[4] im angelsächsischen Sprachraum keinesfalls so anrüchig wie das deutsche Pendant »Kanonenbootpolitik«, das seit dem bekannten »Panthersprung nach Agadir« bis heute in Deutschland negativ besetzt ist.

Wie wir wissen, hat Clausewitz, angelehnt übrigens an Niccolo Machiavelli, den Einsatz militärischer Macht als »Fortsetzung des politischen Verkehrs mit Einmischung anderer Mittel« begriffen[5]. Unermüdlich, mehrfach und in ähnlich lautenden Wendungen hat er auf diesen zentralen Gedanken hingewiesen. Clausewitz sah nur über den Weg der ständigen Sicherstellung des Primats der Politik die Chance, Gewalt zu kontrollieren und den Einsatz militärischer Macht auf vernünftige, politisch erreichbare Zwecke auszurichten. Die historischen Fakten, insbesondere des 20. Jahrhunderts, scheinen eine andere Sprache zu sprechen: Politik und Ideologie führten bei allen Kriegsparteien zur Entgrenzung und Barbarisierung des Krieges. Diese Gefahr der Verselbständigung der Gewalt ist auch heute und wird in Zukunft nicht ausschließbar sein, denn in der Welt des Politischen versagen Prognosen. Es war Clausewitz, der rationalistische Systemtheorien in der Welt des Politischen verwarf und in seinem Werk »Vom Kriege« mehrfach auf die strukturelle Inkonsistenz und Unvorhersehbarkeit gewaltsamer Konflikte sowie die Unberechenbarkeit der »Friktionen« hinwies. Clausewitz' zum Schlagwort vor allem gegen ihn gewordene, vielzitierte »Formel« will nichts anderes aussagen, als daß sich das sicherheitspolitische

---

3   Siehe dazu Konflikte seit 1945. Daten, Fakten, Hintergründe, hrsg. von Frank R. Pfetsch, 5 Bde, Würzburg 1991; Gantzel, Schwinghammer, Siegelberg, Kriege der Welt (wie Anm. 1).

4   James Cable, Gunboat Diplomacy 1919–1979, Political Applications of Limited Naval Forces, London 1981; ders., Showing the Flag. Past and Present, in: Naval Forces, 8 (1987).

5   Vom Kriege. Hinterlassenes Werk des Generals Carl von Clausewitz, hrsg. von Werner Hahlweg, 18. Aufl., Bonn 1973, S. 990. Machiavellis politische Schriften – gemeint sind vor allem die »Discorsi« und »Il Principe« – sind für Clausewitz der »Kodex aller Diplomatie« (Hans Rothfels, Carl von Clausewitz. Politik und Krieg. Eine ideengeschichtliche Studie, Bonn 1980, S. 210; Carl von Clausewitz, Ein ungenannter Militär an Fichte als den Verfasser des Aufsatzes über Machiavelli, in: Carl v. Clausewitz. Verstreute Kleine Schriften, hrsg. von Werner Hahlweg, Osnabrück 1979; Erich Vad, Carl von Clausewitz – Seine Bedeutung heute, Herford, Bonn 1984, S. 36 ff.).

Kalkül eines Staates an der realen, objektiven Logik bestehender politischer, wirtschaftlicher, gesellschaftlicher und militärischer Konfliktpotentiale orientieren muß.

Allerdings: daß der unumgängliche und viel bemühte Primat der Politik kein Allheilmittel gegen eine falsche oder verbrecherische Politik sowie total geführte Kriege sein muß, das beweisen seine brutalen Exekutoren im vergangenen Jahrhundert.

Dennoch bleibt der von Clausewitz erkannte innere Zusammenhang von Politik und militärischer Macht für modernes Krisenmanagement wegweisend: Politik und Diplomatie legen die Voraussetzungen, Rahmenbedingungen und die Zwecke eines militärischen Engagements fest und sie begleiten den Einsatz militärischer Macht. Dabei sind militärische Machtmittel nicht das alleinige Instrument von Außen- und Sicherheitspolitik, sondern andere, nichtmilitärische Mittel der Politik »mischen sich ein« wie z.B. das Einwirken auf einen Kontrahenten über Informationspolitik, Massenmedien, politisch-diplomatische Initiativen, wirtschaftliche, finanz- und entwicklungspolitische Maßnahmen und Sanktionen.

Auch Clausewitz' Unterscheidung einer »doppelten Art des Krieges«[6] – ein Gedanke, der ihn nur wenige Jahre vor seinem Tode zur Überarbeitung seines Gesamtwerkes anregte – bleibt aktuell, denn Krisenmanagement umfaßt beide Aspekte, d.h. sowohl Operationen an der Peripherie des eigenen sicherheitspolitischen Interessenbereichs als auch zum existentiellen Schutz des Landes, mit anderen Worten: sogenannte Nicht-Artikel-V-Operationen einerseits und kollektive Verteidigung andererseits.

Im Gegensatz zu unseren wichtigsten Bündnispartnern ist deutsches strategisches Denken traditionell eher terran, territorial und kontinentaleuropäisch ausgerichtet. Dies ist nicht zuletzt Ausdruck unserer geopolitischen Lage als einer in seiner Geschichte überwiegend »zwischen kontinentalen Großmächten eingeklemmten europäischen Militärmacht«, wie Carl Schmitt einmal ausführte[7]. Deutschland war letzlich bis 1989 gezwungen, Streitkräfte primär in der Rolle der Landesverteidigung, also in »der ersten Art des Krieges«, um mit Clausewitz zu sprechen, einzusetzen. Dennoch: Die Möglichkeiten globaler, maritim abgestützter Macht- und Einflußpolitik nahm Clausewitz nur am Rande zur Kenntnis: man denke nur an Abukir 1798, Trafalgar 1805 oder die Blockaden von Brest und Toulon, die zu Lebzeiten Clausewitz' kontinentale Kriege mitentschieden, ganz abgesehen von den für den Verlauf von 2000 Jahren europäischer Geschichte so entscheidenden Seeschlachten wie Salamis, Actium oder Lepanto.

6   Vom Kriege (wie Anm. 5), S. 179.
7   Carl Schmitt, Clausewitz als politischer Denker. Bemerkungen und Hinweise, in: Der Staat, Bd 6, H. 4, S. 479 ff. Zur Clausewitzrezeption Carl Schmitts: Erich Vad, Strategie und Sicherheitspolitik. Perspektiven im Werk von Carl Schmitt, Opladen 1996, S. 116 ff.

Seine Entsprechung findet dieses kontinental-strategische Denken auch im Immediatbericht der Militärreorganisationskommission Scharnhorsts vom 15. März 1808, an dem auch Clausewitz mitarbeitete, wenn wir dort die bis zum heutigen Tage viel zitierte Wendung lesen:»Alle Bewohner des Staates sind geborene Verteidiger desselben«.

Es ist bezeichnend, daß dieser Gedanke der preußischen Reformzeit unangefochten, trotz aller Zäsuren der deutschen Geschichte bis heute ein Prinzip deutscher Sicherheitspolitik geblieben ist.

Immerhin haben deutsche Land- und Seestreitkräfte bereits zu Beginn des 20. Jahrhunderts in Übersee Flagge gezeigt: man denke an den Einsatz deutscher Streitkräfte in der Türkei, dessen Armee vordem Liman von Sanders und Colmar von der Goltz reorganisiert hatten, an die Truppen Lettow-Vorbecks in Afrika oder das deutsche Kontingent in Kiautschou während des sogenannten Boxeraufstandes 1905/06. Die Beispiele zeugen davon, daß in bescheidenem Rahmen und unter ganz anderen politischen Vorzeichen Somalia, Kroatien, Bosnien oder Kosovo nicht ganz neu waren und sind.

Gleichwohl taucht der Gedanke, daß außen- und sicherheitspolitische Interessenwahrnehmung über den kontinentaleuropäischen Raum hinausweist, bei uns erst relativ spät, in der zweiten Hälfte des 19. Jahrhunderts, auf.

Daß der Begriff »Großmacht« in seiner Beschränkung auf Landmacht veraltet sei, verdanken wir vor allem der Rezeption Alfred Thayer Mahans. Max Weber, der in seiner Freiburger Antrittsvorlesung 1895 ganz im Stil der imperialen Epoche eine deutsche Weltpolitik forderte, und natürlich auch Heinrich von Treitschke entsprachen dieser Auffassung ebenso wie die Schule eines Alfred von Tirpitz und später die Geopolitiker um Friedrich Ratzel, Rudolf Kjellen und Karl Haushofer.

Otto von Bismarck widersprach ihr bekanntlich in seiner bekannten Reichstagsrede vom 6. Februar 1888, weil er zutreffenderweise die fatale außenpolitische Brisanz im Zeitalter des Imperialismus begriff. Als man trotzdem deutscherseits vor dem Ersten Weltkrieg die englische Suprematie herausforderte, unterschätzte man den engen Zusammenhang zwischen Weltökonomie und maritimer Macht sowie die strategisch-operativen Möglichkeiten einer Koalition von global agierenden See-, Kultur-, Finanz- und Wirtschaftsmächten auf den »äußeren Linien«. Man setzte stattdessen als Kontinentalmacht – wie im Zweiten Weltkrieg auch – auf die »inneren Linien« und den schnellen, alles entscheidenden Landsieg. Angelsächsischerseits dagegen wußte man die Vorteile des maritimen, »indirekten« strategischen Denkens auszunutzen. Durch Blockaden des kommerziellen See- und Luftverkehrs oder der Rohstoffzufuhr, durch Zugriffe auf die Handelsschiffahrt, durch operative und strategische Bombardierungen sowie Schläge verbrachter bzw. später trägergestützter Interventionsstreitkräfte wurde die abschließende Entscheidung zu Lande vorbereitet und eingeleitet.

Ich nehme nicht deshalb Bezug auf unsere geschichtliche Erfahrung, um eine deutsche Interventionspolitik mit militärischen Mitteln historisch abzuleiten oder gar zu begründen, sondern deshalb, weil sich das alte Spannungsfeld zwischen kontinentalem und maritimem Denken auch heute, bei aktuellen sicherheitspolitischen Fragen zeigt, z.B.

- in der Frage nach den räumlich-geographischen Grenzen der Bündnisverteidigung und des Krisenmanagements,
- in der Frage, welchen Stellenwert wir mobilmachungsabhängigen und mechanisierten Streitkräften im Vergleich zu schnell verlegbaren Krisenreaktionskräften zumessen,
- in der Frage der Bedeutung kollektiver Verteidigung des Bündnisses und seiner Kriseninterventionsfähigkeit und
- natürlich auch in der Frage nach der Wehrpflicht, die Clausewitz und die preußischen Reformer bekanntlich zweckrational und nicht mit Hilfe gesellschaftspolitischer oder wirtschaftlicher Überlegungen beantworteten.

Das deutsche militärische Führungsdenken löst sich erst allmählich aus seiner früheren territorialen Fixierung auf die Landesverteidigung. Der deutlichste Ausdruck dieses Anpassungsprozesses an eine neue sicherheitspolitische Landschaft sind die Einsätze deutscher Streitkräfte in Somalia, Kroatien, Bosnien und im Kosovo als gleichberechtigte Partner einer Koalition. Wir haben dabei gelernt, wie Krisenmanagement multilateral funktioniert und darüber hinaus, daß es eine gesamtstrategische, ressortübergreifende und teilstreitkraftübergreifende Angelegenheit ist.

Insofern sind die getroffenen Entscheidungen deutscherseits zur Einrichtung streitkräftegemeinsamer Führungsstrukturen oder der Erweiterung der Kompetenzen des Generalinspekteurs sowie Überlegungen zur Stärkung des Bundessicherheitsrates längst überfällige Zukunftsfragen unserer nationalen Sicherheit.

Es versteht sich dabei in der Denktradition von Clausewitz von selbst, daß solche Reformen den politischen Primat und die parlamentarische Kontrolle zwingend erfordern.

Hinsichtlich der militärischen Beratung der politischen Entscheidungsträger sei angemerkt, daß Clausewitz der »Kritik« im Zweiten Buch seines Hauptwerkes ein ganzes Kapitel gewidmet und unmißverständlich formuliert hat: »Die Aufgabe und das Recht der Kriegskunst der Politik gegenüber ist es, zu verhüten, daß die Politik Dinge fordere, die gegen die Natur des Krieges sind[8].« Von daher ist im Verständnis von Clausewitz das Verhältnis zwischen Politik und Militär keine Einbahnstraße, sondern ein kritischer Dialog, in dem die Politik das letzte, entscheidende Wort hat. Blickt man in unsere Geschichte zurück, so war das Zusammenspiel zwischen Politikern und Soldaten zu Lebzeiten Clau-

---

[8] Clausewitz in seinem Brief an v. Roeder vom 22.12.1827, in: Militärwissenschaftliche Rundschau, 2 (1937), Sonderheft, S. 8.

sewitz', während der Befreiungskriege also, cum grano salis harmonisch. Die Staatsmänner – Stein und Hardenberg – entsprachen in ihrer Kooperation mit den Soldaten – Scharnhorst und Gneisenau – offensichtlich seinen Vorstellungen. Der von Scharnhorst begründete Generalstab war der zuständige militärische »Brain Trust«, der in den sicherheitspolitischen Fragen der Zeit weit voraus zu denken in der Lage war.

Während der Einigungskriege 1864, 1866 und 1870/71 gab es zwischen der politischen Leitung in der Person Bismarcks, dem Kriegsminister Roon sowie dem Chef des Generalstabes Moltke stellenweise starke Meinungsverschiedenheiten. In der Summe hat dieses Triumvirat jedoch effizient und effektiv zusammengearbeitet.

Problematischer gestaltete sich das Zusammenwirken von politischer Leitung und oberster militärischer Führung im Ersten Weltkrieg, insbesondere ab 1916, als die Beziehungen zwischen den Reichskanzlern Bethmann Hollweg, Michaelis und Graf Hertling sowie der 3. OHL mit Hindenburg und Ludendorff schließlich so schlecht wurden, daß die Relationen von politischem Zweck und militärischem Mittel – nicht nur aufgrund des Verschuldens der Militärs – im wahrsten Sinne des Wortes auf den Kopf gestellt wurden und schließlich das militärische Hauptquartier Politik machte.

Das Zusammenspiel von Politik und Militär in der Weimarer Republik kann man wohl am ehesten mit Jehuda Wallach als das einer auf beiden Seiten reservierten Loyalität beschreiben. Während des Dritten Reiches wurde schließlich der frühere, durchaus im Sinne Clausewitz' konstruktive Antagonismus zwischen Politik und Militär durch Hitler dadurch aufgehoben, daß er beide Bereiche in seiner Hand vereinigte und das militärische Instrument – übrigens auf dem Wege der Entmachtung und Ausschaltung des Generalstabes – zum willenlosen Werkzeug seiner Politik machte.

Versinnbildlicht General Ludendorff im Ersten Weltkrieg die Aufgabe des politischen Primats in der 3. OHL, so steht Generalfeldmarschall Keitel als Chef des Oberkommandos der Wehrmacht für den bedingungslosen Instrumentalcharakter militärischer Macht in den Händen einer unverantwortlichen Politik. Beide Entwicklungen sind in der aufgezeigten Perspektive Clausewitz' Ausdruck eines Mißverhältnisses zwischen Politik und Militär. Sie warnen uns, die richtige Balance zwischen beiden Bereichen staatlichen Handelns zu wahren, ein Ziel, das auch heute Probleme aufwerfen kann. Zwischen Politiker und Militär soll in der Denktradition von Clausewitz durchaus ein fruchtbares Spannungsverhältnis bestehen, zu dem auch Meinungsverschiedenheiten gehören, wie wir sie aus der Militärgeschichte und auch von aktuellen Beispielen her kennen. Dabei bleibt der Militär dem politischen Primat unterworfen, weswegen beispielsweise Moltke mit seinen Truppen 1866 nicht in Wien, Schwarzkopf 1990 nicht in Bagdad einmarschieren durfte. Gleichwohl darf die Sicherstellung des politischen Primats nicht dazu führen, den obersten Soldaten in eine rein exekutive Rolle ohne Einflußmöglichkeiten auf politische Entscheidungsfindung zu drängen. Die militärhistorische Erfahrung lehrt uns auch, daß schwache Politiker wie Michaelis oder Bethmann Hollweg starke Militärs wie Hindenburg und Ludendorff erzeugen, starke Politiker – wie Churchill oder Clemenceau –, aber auch Verteidigungsminister unserer Zeit andererseits bisweilen ihre Schwierigkeiten mit starken Soldatenpersönlichkeiten haben.

Es besteht hier also durchaus Konkurrenz, in dem es nicht nur um Vernunft, sondern auch um persönliche Ambitionen gehen kann. Die Erfahrung lehrt auch – bis hin zu den Diskussionen um den Einsatz von Bodentruppen im Vorfeld des Kosovokrieges –, daß selbst pazifistisch gesonnene Politiker dazu neigen können, militärische Macht mit einer gewissen Nonchalance einsetzen zu wollen. Hier zeigt sich die ganze Tragweite des Clausewitzschen Imperativs des kritischen Dialogs. Hier ist zudem eine Generalität und militärische Führungsspitze gefragt, die auch in konstruktiver Weise widersprechen kann.

Was zu Lebzeiten von Clausewitz die Levée en masse und die revolutionären Veränderungen der napoleonischen Kriegführung gegenüber dem Ancien regime waren, das ist heute das postmoderne Kriegsbild einer globalisierten Weltgesellschaft. Wir müssen zur Kenntnis nehmen, daß das Einsatzspektrum heutiger Streitkräfte den »low intensity conflict« in archaischen Bürgerkriegsszenarien und den mit Mobiltelefon ausgestatteten Machetenkrieger ebenso umfaßt wie computergesteuerte Kommunikationssysteme, Cruise Missiles, Information warfare oder Net-war sowie weltraumgestützte Aufklärungsfähigkeit. Dazu kommen die eher »klassischen« Aufrüstungsprogramme in vielen Regionen der Welt, die weiterhin das Potential zu Makrokonflikten bieten, ebenso wie die Renaissance innerstaatlicher und privatisierter Formen der Gewalt von »Warlords« und Bürgerkriegsparteien.

Es spricht viel dafür, daß auch moderne Streitkräfte zunehmend mit Bürger- und Guerillakrieg sowie Terrorismus konfrontiert sein werden. Die Renaissance archaischer, irregulärer Formen der Gewalt als Begleiterscheinungen innerstaatlicher Konflikte weisen auf diese neuen operativen Szenarien hin. Bürgerkriege – etwa auf dem Balkan, in Afghanistan oder im Kaukasus – zeigen ein anderes Gesicht als klassisch-konventionelle Formen gewaltsamer Konfliktaustragung. Nichtstaatliche und »privatisierte« Formen der Gewalt im Rahmen von »low intensity conflicts« sind grundsätzlich nicht neu. Bereits Thukydides beschreibt sie in seinem »Peloponnesischen Krieg« und auch Clausewitz waren die Erscheinungsformen des »Kleinen Krieges«, die er eingehend analysierte, bekannt. Bis in unsere Zeit übten sie auf Theoretiker und Praktiker der subversiven Kriegführung, wie z.B. Friedrich Engels, W.I. Lenin, Mao Tse-tung, Franz Mehring bis hin zu dem ehemaligen nordvietnamesischen Generalstabschef Giap oder auch Che Guevara, ihren Einfluß aus. Oft sind innerstaatliche Formen der Gewaltanwendung Vorboten und Ausdruck politischer Übergangszeiten. Auch die »Warlords« von heute haben ihre historischen Vorläufer. Sie ähneln den feudalen Akteuren des mittelalterlichen Fehderechts, den Condottieri der italienischen Renaissance oder den Freikorps nach dem Ersten Weltkrieg. Hier verschwimmen die Grenzen zwischen regulären Soldaten und irregulären Kämpfern.

Moderne Partisanen, Terroristen, irreguläre Kämpfer oder Angehörige paramilitärischer Formationen kennen das Handwerk des regulären Soldaten. Sie konfrontieren ihn mit hoher Professionalität und – aufgrund der Proliferation – auch mit modernsten Waffen.

Dem Pflichtenkodex und den »Rules of Engagement« des regulären, sich am Völkerrecht, nicht an einem Feindbild orientierenden Soldaten freiheitlich-demokratischer Staaten stehen in der Bürgerkriegssituation oft Fanatismus, emotionale Unbedingtheit des Engagements sowie eine grenzen- und kompromißlose Feindschaft des irregulären Kämpfers gegenüber. Dadurch gewinnt dieser nicht selten eine höhere Verhaltenssicherheit, Durchsetzungsfähigkeit und vor allem Überlebenswahrscheinlichkeit gegenüber dem »Peacekeeper«.

Die Akteure des postmodernen Bürgerkrieges sind zumeist Banden, Terrorgruppen, Gangs, aber auch Verbände und Einheiten, die aus zerfallenen Armeen hervorgegangen sind. Sie haben sich unter der Führung von Kriegsherren verselbständigt und werden vom Staat weder alimentiert noch kontrolliert. Die Anwendung bewaffneter Gewalt in den zahlreicher werdenden, chronisch anmutenden Bürgerkriegsgesellschaften der Welt und den ethnischen Regionalkonflikten ist dabei auch Mittel zu materiellen Zwecken. Der Bürgerkrieg trägt sich ökonomisch selbst, was die Bereitschaft zum Frieden verhindert. Regionale Bürgerkriegsökonomien können sogar am Weltmarkt beteiligt und ihr Gedeihen an die Fortsetzung der Gewalt gebunden sein. »Warlords« errichten, indem sie auch lokalen »Schutz« bieten, mittelalterlichen Verhältnissen ähnliche Feudalstrukturen und informelle, nichtstaatliche Herrschaftsordnungen. Dabei werden sie – wie zuzeiten des Kalten Krieges unter ideologischen Vorzeichen – politisch und logistisch von »interessierten Dritten« mit offenen und verborgenen politischen, wirtschaftlichen und finanziellen Mitteln unterstützt. Für diese führen die Guerillagruppen stellvertretend – wie z.B. in Afghanistan – einen Krieg, der nicht mehr ausschließlich eine rein innerstaatliche Angelegenheit ist. Nach der Beendigung eines Bürgerkrieges setzt sich die Gewalt oft in Form der Aktivitäten von organisierten Kriminellen fort.

Gewalt gehört auch in vielen Großstädten und Metropolen der Welt zum Alltag. Ideologische Ideen und Ziele fehlen dabei meist. Die Gewalt ist hier in der Regel nicht Mittel zu politischen Zwecken, sondern Ausdruck einer archaischen Mentalität, die dann zum Durchbruch kommt, wenn die hemmenden Barrieren gesellschaftlicher und staatlicher Institutionen nicht mehr greifen. Hier zeigt sich die emotionale und unkontrollierbare Seite des Krieges und der Gewalt, wie sie von Clausewitz auf eindrucksvolle Weise in seinen Schriften beschrieben wurde.

Die Akteure dieser neuen Formen der Gewalt reichen vom privaten »Waffennarren« über Autonome und Skinheads bis hin zu organisierten Banden, Todesschwadronen oder Bürgerkriegskämpfern, wie wir sie aus Afrika, Zentralasien und Lateinamerika kennen. Die Opfer moderner und entwickelter Bürgerkriegsgesellschaften sind in der Regel die Schwachen und Unterlegenen der Gesellschaft.

Der Ehrenkodex des »klassischen« Partisanen, wie z.b. bei Che Guevara, ist dabei einer gleichgültigen Ichbezogenheit der neuen Akteure innerstaatlicher Gewaltanwendung gewichen. Die Akteure der Bürgerkriegsgesellschaft rekrutieren sich aus dem wachsenden Potential der ökonomischen und sozialen Verlierer dieser Welt, die es nicht nur auf der südlichen Weltkugel gibt. Dabei dehnen sich nichtstaatliche Räume und nichtstaatliche Wege der Sicherheitsvorsorge beständig aus. Die Medien vermitteln täglich die Bilder postmoderner Erscheinungsformen des »Krieges«. Massaker und Morde werden »live« zum integralen Teil moderner Unterhaltung. Sie regt zur Nachahmung an, weil in den Augen vieler Akteure der Gewalt erst die mediale Präsenz soziale Wahrnehmung und damit Existenz im politischen Sinne ermöglicht.

An die Stelle von Staaten treten zunehmend nichtstaatliche Organisationen und supranationale Akteure der Gewalt, die weltweite Ungleichgewichte und Verwerfungen herbeiführen.

Weitere nichtmilitärische Bedrohungen der internationalen Sicherheit sind die international operierende Kriminalität sowie der Handel mit Drogen und spaltbaren Materialien. Diese Herausforderungen sind transnational und aufgrund ihrer möglichen Intensität in der Lage, staatlich-nationale Gemeinschaften zu erschüttern.

Trotz bestehender Unterschiede sind die Übergänge zwischen kriminellen Drogenhändlern, (paramilitärisch) abgestützter und organisierter Kriminalität und Terrorismus fließend (z.B. »Leuchtender Pfad« in Peru, Rote Khmer in Kambodscha). Kriminelle und terroristische Rebellengruppen und Bürgerkriegsparteien wie auf dem Balkan, im Kaukasus, in Kaschmir und Tadschikistan, in Burma (Myanmar), Afghanistan und Afrika, Indien, Sri Lanka, auf den Philippinen und in der Türkei finanzierten sich vorrangig aus Rauschgiftschmuggel und -handel. Es gibt weltweit immer mehr Räume, die vielleicht noch de jure, aber nicht mehr faktisch von staatlich-politischer Macht kontrolliert sind.

Auf der Erde gibt es derzeit ca. 414 Städte, davon allein 264 in der Dritten Welt, mit mehr als einer Million Einwohnern. Die Tendenz zur Urbanisierung und damit zur suburbanen Gesellschaft der Slums und Barackenlager am Rande der großen Metropolen insbesondere auf der südlichen Halbkugel schreitet unaufhaltsam voran. Der unübersichtliche »Dschungel« der Großstädte schafft Freiräume für ethnische Konflikte, illegalen Handel und paramilitärische Aktivitäten und Ausdrucksformen der Gewalt. Die Guerillakämpfer des »Leuchtenden Pfades« sind auf ihren »Gefechtsfeldern« in den Armenvororten von Lima ebenso präsent wie die kurdische PKK in türkischen und europäischen Großstädten.

Die zunehmende Internationalisierung des Rauschgifthandels wird vornehmlich von Mafiaorganisationen, den chinesischen Triaden, den japanischen Yakuza, türkisch-kurdischen Organisationen sowie lateinamerikanischen Kartellen betrieben. Im lateinamerikanischen »Drug War« sehen sich Streitkräfte und Polizei mit regelrechten Koalitionen von Händlern, Anbauern, organisierter Kriminalität und militärisch organisierter Guerilla konfrontiert. Die Erfahrung hat gezeigt, daß polizeiliche und militärische Maßnahmen allein das Problem des Drogenhandels nicht lösen können.

Eine andere Qualität hat der internationale Terrorismus als Instrument politischer und religiöser Programmatik.. Ein volles Gelingen des von islamischen Extremisten durchgeführten Anschlages auf das World Trade Center in New York 1993 hätte Tausende Tote gefordert. Der Giftgasanschlag in der U-Bahn von Tokio am 20. März 1995 war der erste Terrorakt der Geschichte, der von einer religiösen Sekte unter Einsatz von Massenvernichtungsmitteln ausgeführt wurde.

Auch der Anschlag auf ein Amtsgebäude in Oklahoma City (USA) im April 1995 war eine typische Erscheinungsform des Terrors, dessen Motiv in hohem Maße irrational ist. Die Gefährlichkeit dieser Formen der Gewalt wächst naturgemäß mit den zur Verfügung stehenden technischen Möglichkeiten. ABC-Waffen in den Händen von Terroristen und Kriminellen stellen sicherlich eine der größten und folgenreichsten Bedrohungen der internationalen Sicherheit dar.

Traditionelle Sicherheitspolitik ist diesen neuen Risiken nicht gewachsen. Zur Abwehr paramilitärisch abgestützter terroristischer und krimineller Aktionen gegen die nationale Sicherheit sind in zunehmendem Maße speziell ausgebildete und ausgerüstete Einsatzverbände der Streitkräfte vorstellbar. Dies wird vor allem immer dann erforderlich sein, wenn straff formierte Organisationen (wie z.B. in Kolumbien) mit Gewalt die innerstaatliche Machtfrage stellen. Das Marinecorps der USA(USMC) bereitet sich bereits konzeptionell auf mögliche Einsätze kleiner, selbständig operierender Einheiten in ausgedehnten Großstädten vor. Der »Urban Warrior« wird dabei ein neue Technologien nutzender Systemsoldat sein, der sowohl mit leichten Präzisionswaffen als auch mit nichtletalen Waffen ausgestattet ist.

In immer mehr aktuellen Bürgerkriegssituationen lassen sich die Grenzen zwischen Kriminalität, organisiertem Verbrechen, Terrorismus und bewaffnetem Konflikt nicht mehr eindeutig ziehen. In einem solchen Umfeld droht die Paralyse moderner, hochindustrialisierter Gesellschaften und ein Versagen der klassischen Formen staatlicher Sicherheitsvorsorge.

Der Guerillakrieg mit High-Tech-Waffen einschließlich nuklearer, biologischer und chemischer Mittel ist technologisch möglich. Die Proliferation von Massenvernichtungswaffen und weitreichender Trägermittel ist kaum zu bremsen. Mehr als 70 Staaten dieser Welt besitzen Raketen oder Cruise Missiles oder können diese herstellen. Die Proliferation von »Dual-Use«-Hochtechnologien und ABC-Waffen einschließlich der dazugehörigen Trägersysteme birgt hohe Sicherheitsrisiken. In vielen politisch instabilen Regionen der Welt ist der Aufbau von ballistischen Kapazitäten im Gange. Künftig dürften Staaten, die man als politisch unkalkulierbar einstufen muß, in die Lage kommen, über große Distanzen existenzgefährdende Schläge gegen europäische Länder zu führen oder zumindest glaubwürdig damit zu drohen.

In diesem Kontext gehört auch die mögliche »Privatisierung« von miniaturisierten Atomsprengsätzen (»Rucksackbomben«) oder von tragbaren Boden-Luft-Raketen.

Diese Entwicklungen können einen sicherheitspolitischen Paradigmenwechsel verursachen, weil Interventionsmächte künftig gezwungen sein werden, präventive Abschreckungs-, Aktions- und Abwehrmöglichkeiten in ihr sicherheitspolitisches Rational aufzunehmen.

Der von Clausewitz erkannte dialektische Charakter von Angriff und Verteidigung unter den Bedingungen neuer technologischer Möglichkeiten und sein Verständnis von ausgewogenen Zweck-, Ziel- und Mittelrelationen zeigt hier sehr deutlich seine politische Brisanz. Nicht nur in der völkerrechtlich umstrittenen Frage militärischer Interventionen ohne ausdrückliches Mandat der Vereinten Nationen kommt diese zum Ausdruck. Auch die Frage, ob die NATO im Frühjahr 2000 Jugoslawien bombardiert hätte, wenn dieses mit Mittelstreckenraketen hätte zurückschießen können, weist darauf hin, daß sich die Befähigung zur Abwehr ballistischer Raketen in Zukunft zu einer conditio sine qua non militärischer Interventionsfähigkeit entwickeln könnte.

Unter solchen Sicherheitsszenarien kommt auch der Frage nach der Legitimation künftiger militärischer Einsätze, die Clausewitz noch als eine philosophische, nicht politische Frage abtun konnte, eine existentielle Bedeutung zu. Wenn es nicht mehr primär um die Verteidigung des Rechts und der Freiheit des eigenen Volkes geht, wo liegt dann der letzte legitimatorische Grund für den Einsatz des eigenen Lebens als Soldat? Wie schließt man das Abgleiten des »Weltbürgers in Uniform« in ein sublimiertes Söldnertum aus? Ist der Diensteid noch mit dem zu erwartenden Aufgabenspektrum der Streitkräfte kompatibel? Hier liegen ganz entscheidende und noch zu beantwortende Schlüsselfragen der Inneren Führung.

Eine weitere Herausforderung für modernes Krisenmanagement besteht heute darin, daß die Ebene der Gewaltanwendung nicht mehr die völkerrechtlich reglementierte zwischenstaatliche Ebene ist – wie zu Lebzeiten Clausewitz' –, sondern die oben beschriebenen diffusen Szenarien und Fronten nichtstaatlicher Kriegsparteien und Konflikte. Die Übergänge zwischen Innerer und Äußerer Sicherheit sind dabei fließender geworden, und wir tun uns insbesondere deutscherseits mit der de jure vorgegebenen strikten Trennung beider Bereiche zunehmend schwerer. Dazu kommt, daß es schwieriger wird, zwischen rein zivilen und militärischen Zielen und auch zwischen Kombattanten und Nichtkombattanten zu unterscheiden.

Dies wird insbesondere deutlich hinsichtlich der neuen informationstechnologischen Formen der Gewalt.

Bereits vor dem Ausbruch klassischer Kampfhandlungen können Computerviren und gezielte Softwareprogramme Kommunikationszentralen und -verbindungen ausschalten. Die »Trojanischen Pferde« des Informationszeitalters ermöglichen auf diese Weise die Entscheidung bereits vor dem klassischen Waffengang. Im Gegensatz zu unseren militärgeschichtlichen Erfahrungen ist unter den Bedingungen des Informationszeitalters ein geographischer Raum bereits dann besetzt, wenn über ihm Informationsdominanz verbunden mit der Möglichkeit der schnellen Projektion militärischer Kräfte und Mittel besteht.

Für das Krisenmanagement der Zukunft zeichnen sich damit neue, revolutionäre Veränderungen ab. Strategische und operative Konzepte des schnellen Krieges bzw. Sieges, wie wir sie aus der Militärgeschichte kennen, werden in Zukunft nur unter Ausnutzen von Informationstechnologien erzielbar sein. Bereits Napoleon wußte, daß man Schlachten und Festungen verlieren kann, aber niemals Zeit, denn verlorene Zeit ist nicht wiederzugewinnen. Von jedem beliebigen Ort, jedem beliebigen Punkt, aus der Bewegung, in der Luft, im Weltraum, auf und unter dem Meeresspiegel oder zu Lande sind Ziele weltweit in Minuten mit Feuer, im virtuellen Raum des »Cyber War« innerhalb von Sekunden mit Computerviren, erreichbar, bekämpfbar und ausschaltbar.

Der Clausewitzsche Primat der Politik ist angesichts zeitaufwendiger nationaler wie multilateraler politischer Abstimmungs- und Entscheidungsfindungsprozesse herausgefordert. Auch der in der deutschen Militärgeschichte einseitig interpretierte Begriff der »Vernichtung«[9], den Clausewitz – durchaus aktuell – als Zustand der Wehrlosigkeit des Gegners bezeichnete, erlangt unter den Bedingungen des Computerzeitalters, moderner Elektronik und neuer Technologien sowie der Verwundbarkeit moderner Industriegesellschaften eine untersuchenswerte, gewichtige Dimension, die in der Diskussion um die Bundeswehrreform eine nur marginale Rolle spielte.

Andererseits: Militärische Hochtechnologien versagen, wenn sie auf einen zu allem entschlossenen Gegner treffen, der die asymmetrische Auseinandersetzung und die Anfälligkeiten und Schwachstellen des politischen, gesellschaftlichen, sozialen und militärischen Systems sucht. Hier wird das deutlich, was Clausewitz bereits umfassend aufzeigte: daß nämlich Krieg als alle gesellschaftlichen Lebensbereiche umfassender politischer Akt – in welcher wandelbaren Gestalt und Ausprägungsform er sich auch zeigen mag – niemals reduzierbar ist auf einen rein technischen, ungefährlichen und materiellen Vorgang, sondern, daß hier Menschen handeln, kämpfen und sterben.

---

[9] Vom Kriege (wie Anm. 5), S. 215; zur deutschen Fehlinterpretation des Vernichtungsprinzips siehe Jehuda Wallach, Das Dogma der Vernichtungsschlacht, Frankfurt a.M. 1967.

»Informationsdominanz« beschreibt aber nicht nur das durch weltraumge-stützte Aufklärungsfähigkeit mögliche »gläserne Gefechtsfeld« und den geziel-ten Kampf gegen das gegnerische Informations- und Kommunikationsnetz. Es beinhaltet auch das Beeinflussen der massenmedialen Information und vor allem der Bilder vor, während und nach dem Einsatz von Streitkräften. Gerade wegen des »CNN-Faktors« ist Politik zur Erkennung und Beherrschung von Krisen auf ein unabhängiges, internationales Lagebild angewiesen, um auf diese Weise entscheiden zu können, inwieweit eine Krise die eigenen, nationalen außenpolitischen Interessen berührt und auch deshalb, um in der jedes Krisen-management begleitenden »Public Information Campaign« bestehen zu können. Aus der jüngeren Militärgeschichte wissen wir um die Macht von Informations-kampagnen. Man denke nur an die gezielte Desinformationspolitik vor und während des amerikanisch-spanischen Krieges 1898 oder etwa an die britische Informationspolitik während der deutschen Besetzung Belgiens 1914, an die Medienkampagnen nach der Versenkung der Lusitania 1916, die maßgeblich zum Kriegseintritt der USA führten, bis hin zu den Medienkampagnen über angebliche irakische Kriegsverbrechen in Kuweit, die nicht unerheblichen Ein-fluß auf die Zustimmung des US-Kongresses zum Krieg gegen den Irak hatten. Auch über den »Hufeisenplan« und das wahre Ausmaß der serbischen Kriegs-verbrechen gegenüber Albanern ist man heute eher geteilter Meinung als im Vorfeld des Kosovokrieges. Die Beispiele, denen unzählige andere beigefügt werden könnten, zeigen, wie geradezu essentiell wichtig es für einen möglichen Truppensteller in einem Koalitionskrieg oder in einer Peace Support Operation ist, über unabhängige, nationale Mittel der Informationsgewinnung zu verfügen. Informationssouveränität ist die Voraussetzung dafür, um nicht in militärische Einsätze hineinmanipuliert zu werden. Abhängigkeit im Bereich der strategi-schen und operativen Aufklärung bedeutet konkret, daß sich Parlament und Regierung während der notwendigen Diskussion und im Vorfeld der Entschei-dung über den Einsatz der eigenen Streitkräfte von interessengeleiteten Infor-mationen Dritter abhängig machen und das angesichts der problematischen Befugnis des Staates, »offen über das Leben von Menschen zu verfügen«[10].

Für eine detaillierte politische Risikoanalyse mit Vor- und Nachteilen eines militärischen Engagements und die Analyse möglicher außenpolitischer Konse-quenzen einer Beteiligung wie Nichtbeteiligung an militärischen Einsätzen ist nationale Informationssouveränität unabdingbar.

Der Clausewitzsche Primat der Politik und der nationalen politischen Inter-essenlage ist ohne diese Voraussetzungen gar nicht herstellbar.

In diesem Kontext gehört auch die auf Clausewitz zurückgehende Forde-rung, daß der »oberste Feldherr« – wie Clausewitz den ersten Soldaten im Staat

---

10 Carl Schmitt, Der Begriff des Politischen, Berlin 1932, S. 46.

bezeichnete – Mitglied des Kabinetts ist, damit »dasselbe Teil an den Haupt-
momenten seines Handelns nehme«[11].

Robert Kennedy hat in seinem immer noch lesenswerten Buch »Thirteen
Days« nachgezeichnet, wie Krisenmanagement – hier am Beispiel der Kubakrise
– unter Beachtung dieser Clausewitzschen Maxime funktionieren kann[12]. Dies
gilt ebenso für die vor einem militärischen Einsatz notwendige Diskussion und
den Entscheidungsprozeß über die politischen und militärischen Kriterien des
Erfolges einer Operation. Vor dem Einsatz militärischer Macht im Krisenmanagement ist die Frage zu beantworten, wann und unter welchen Bedingungen
der militärische Einsatz erfolgreich und damit über die ebenfalls vor dem Einsatz militärischer Macht zu entwerfende politische wie militärische »Exit Strategy« zu beenden ist.

Die entscheidenden, auf Clausewitz zurückgehenden Fragen beim Einsatz
militärischer Macht lauten: Sind die politischen Zwecke, die militärischen Ziele
und Mittel sowie die Ausstiegsstrategie aus dem Einsatz eindeutig definiert,
aufeinander abgestimmt und in unserem nationalen, politischen Interesse? Besteht weitgehende Kompatibilität unserer Interessenlage mit denen der Koalitionspartner? Und darüber hinaus: Sind die nationalen Durchgriffsrechte auf
unsere Truppenteile sichergestellt? Ist die parlamentarische Zustimmung abseh-
bar und die öffentliche Unterstützung sicher?

Es ist eine wichtige Erfahrung und sie ist identisch mit den Erkenntnissen
von Clausewitz, daß Politik, Diplomatie und die Einsatzoptionen militärischer
Macht untrennbar zusammengehören, insbesondere dann, wenn Menschen um
existentielle Güter wie politische Selbstbehauptung, Einfluß- und Machtaus-
übung oder politische und religiöse Überzeugungen kämpfen.

Das Vertrauen auf Diplomatie ohne Abstützung auf militärische Optionen
ist in der Regel ebenso zum Scheitern verurteilt wie militärische Optionen ohne
ein durchdachtes politisches Konzept.

Geschichtliche Prozesse vollziehen sich unkalkulierbar in einem Raum der
Freiheit. Die europäische und deutsche Wende 1989 stehen beispielhaft für die
Möglichkeit ungeahnter, rapider Lageänderungen der sicherheitspolitischen
Landschaft.

Zum Beherrschen von Krisen und letztendlich zu dauerhaften Friedensord-
nungen – das zeigt uns die europäische Geschichte ebenso wie die politische
Gegenwart – führt nur eine lagegerechte außen- und sicherheitspolitische
Handlungsfähigkeit unter Einbeziehung militärischer Machtmittel. Sie ist die
Rückversicherung gegen die Wechselfälle der Geschichte, vor deren Überra-
schungen wir niemals absolut sicher sein können.

---

[11] Ebd.
[12] Robert Kennedy, Dreizehn Tage. Die Verhinderung des Dritten Weltkrieges durch die
      Brüder Kennedy, Bern u.a. 1969.

»Der Krieg war eben an-
ders, als man sich ihn früher vorgestellt hatte[1].«

Dieter Storz

Die Auswirkungen der wirtschaftlichen und technischen Entwicklungen auf die Vorstellungen der europäischen Militärs von einem zukünftigen Krieg zu Beginn des 20. Jahrhunderts

Wandel der Kriegstechnik

Die Führungseliten der Armeen stellten sich den Krieg der Zukunft in den Jahrzehnten vor 1914 als zügigen Bewegungskrieg vor, in dem große, raumgreifende Operationen der Feldarmeen ein rasches Kriegsende herbeiführen würden. Überall stand das angriffsweise Kampfverfahren im Mittelpunkt der Ausbildung. Doch schon nach wenigen Kriegsmonaten führte diese Fechtweise eine allgemeine Erschöpfung der Streitkräfte herbei, die nun in ausgedehnten Stellungssystemen Schutz suchten und damit zu jenem Positionskrieg übergingen, den die Experten *für europäische Verhältnisse* ausgeschlossen hatten. An der Hauptkampffront in Frankreich und Belgien herrschte über Jahre hinweg Stagnation. Monatelange Offensiven erzielten Geländegewinne, die kaum die Tagesmarschleistung von Infanterieverbänden erreichten.

Die Prognose erwies sich als falsch, was um so bemerkenswerter ist, als man ja wußte, daß die moderne Waffenentwicklung den Verteidiger begünstigte. Aber nirgendwo hatten die Militärs versucht, sich diesen Vorteil konsequent zunutze zu machen und ihre Doktrin darauf abzustellen. Sie bewegten sich dabei durchaus in der Tradition von Clausewitz, der zwar geschrieben hatte, daß »die verteidigende Form des Kriegführens [...] an sich stärker als die angreifende« sei[2], aber trotzdem vor Defensivgefechten warnte, weil sie »keine Zinsen tragen; sie sind nämlich ganz negativ und können nur mittelbar, indem sie irgend etwas anderes Positives erleichtern, nützlich werden«[3]. Diese philosophisch-absolute Betrachtungsweise erfuhr nun erhebliche Irritationen durch rapide Veränderungen der Kriegstechnik. Deren Fortschreiten hielt die Militärs seit der Mitte des 19. Jahrhunderts in Atem. An die Stelle glattläufiger, primiti-

---

1 Anton Ritter von Pitreich, Der österreichisch-ungarische Bundesgenosse im Sperrfeuer, Klagenfurt 1930, S. 141.

2 Vom Kriege. Hinterlassenes Werk des Generals Carl von Clausewitz, hrsg. von Werner Hahlweg, 18. Aufl., Bonn 1973, S. 615 (im Original hervorgehoben).

3 Ebd., S. 438.

ver Kugelschleudern traten Gewehre und Geschütze mit gezogenen Rohren, Feuerwaffen von unerhörter Präzision, Reichweite und Wirkung. Die Einführung eines neuen Infanteriegewehrs durch Frankreich im Jahr 1886 bedeutete einen qualitativen Sprung. Es veränderte die Kriegführung stärker als das Erscheinen der Schußwaffe an sich. Dieses Gewehr verwendete anstelle des seit vielen Jahrhunderten gebräuchlichen Schwarzpulvers ein Produkt der modernen Chemie auf der Grundlage nitrierter Zellulose. Man nannte es rauchloses oder richtiger rauchschwaches Pulver. Dadurch entstanden völlig neue Bedingungen auf dem Gefechtsfeld. Das alte Schwarzpulver hatte stark gequalmt, wodurch auch ein gut verborgener Schütze im Augenblick der Schußabgabe seine Position preisgab. Pulverdampf behinderte die Sicht auf den Schlachtfeldern und bot den Malern ein dramatisches Gestaltungsmittel für ihre Bilder. Damit war es jetzt vorbei. Auch feuernde Truppenkörper konnten, ja mußten fortan streben, sich zu verbergen. Tarnung wurde möglich und nötig. Mit der Ausnahme von Frankreich führten alle Großmächte und fast alle kleineren Staaten bis 1914 »moderne Felduniformen« in unauffälligen Farben ein. Den Begriff von der »Leere des Schlachtfeldes« findet man bereits in der Militärliteratur der Zeit vor 1914[4]. Hinzu kam eine Verminderung der Gewehrkaliber von etwa zehn auf acht Millimeter oder weniger bei rasanterer Flugbahn der Geschosse. Damit stieg auch die ballistische Leistung der zunächst »kleinkalibrig« genannten Gewehre, während das Gewicht der einzelnen Patrone abnahm, was die Mitnahme einer größeren Munitionsmenge und damit eine größere Feuerdichte im Gefecht erlaubte.

Ein Kind des Nitrozellulosepulvers war auch das Maschinengewehr. Technisch bereits in der Schwarzpulverzeit entwickelt, schuf erst das neue, sauber abbrennende Pulver die Voraussetzung für ein hinreichend zuverlässiges Arbeiten des Mechanismus. Die neue Waffe fand bis 1914 allgemeine Verbreitung. Dabei kamen im europäischen Durchschnitt zwei MG auf ein Infanteriebataillon, also etwa 1000 Schützen. Daß die daraus zu ziehenden Folgerungen für den Infanterieangriff »nicht erfreulich« waren, erkannte man schon lange vor dem Weltkrieg[5].

Die Einführung eines Feldgeschützes mit langem Rohrrücklauf führte zu einem weitgehenden Wandel der Artillerieverwendung. Auch hier ging Frankreich voran; das war 1897. Bei herkömmlichen Feldkanonen waren die Schildzapfen des Rohres unmittelbar mit der Lafette verbunden, auf die sich der Rückstoß unvermindert übertrug, so daß das Ensemble beim Schuß mehrere Meter nach hinten sprang. Anschließend mußte die Kanone in ihre Ausgangsstellung zurückgeschoben und völlig neu eingerichtet werden, und zwar über Kimme und

---

4   Zum Beispiel bei Friedrich Immanuel, Erfahrungen und Lehren des russisch-japanischen Krieges 1904/05 für Heer- und Truppenführung, Berlin 1906, S. 118.
5   Ardenne, Angriffskraft dichter und loser Schützenlinien, in: Militärwochenblatt, 94 (1909), Sp. 808–810, hier Sp. 809.

Korn. Beim neuen Geschütz ruhte das Rohr auf einer Wiege, die eine Brems-vorrichtung enthielt, welche die Rückstoßenergie aufnahm. Die Lafette selbst stand beim Schuß ruhig. Weil sie nur einer verhältnismäßig geringen Erschütte-rung ausgesetzt war, konnte man an ihr optische Richtmittel anbringen, deren empfindliche Linsensysteme den erheblichen Beschleunigungskräften, die beim Abfeuern konventioneller Geschütze auftraten, nicht gewachsen waren. Da-durch erhöhte sich natürlich nicht die Eigenpräzision des Rohres, doch fiel das Zielen wesentlich leichter. Tatsächlich stieg die Schußgenauigkeit und damit auch die praktische Reichweite. Die neuen Richtmittel vereinfachten außerdem das Schießen aus verdeckten Feuerstellungen[6]. Das gab dem Artillerieeinsatz einen ganz neuen Charakter, denn fortan war es nicht mehr nötig, daß zwischen Geschütz und Ziel Sichtverbindung bestand. Selbstverständlich besaßen die modernen Geschütze auch eine wesentlich höhere Feuergeschwindigkeit, was schon vor dem Krieg zur Entwicklung neuer Schießverfahren mit erheblich gesteigertem Munitionsverbrauch führte.

Alle diese neuartigen Kriegsmittel vermehrten die Feuerkraft, kamen also der statischen Verteidigung zugute. Der dynamische Faktor des klassischen Feldkrieges blieb ohne vergleichbaren Aufschwung. Die taktische Beweglichkeit der Truppen beruhte wie seit der Antike auf den Beinen von Mann und Roß, deren Körper den modernen Waffen schutzlos preisgegeben waren.

Mit großem Interesse verfolgte eine breite Öffentlichkeit die Entwicklung des Militärluftfahrtwesens. Der »Menschheitstraum vom Fliegen« verdankte seine Verwirklichung dem Rüstungsstreben und nahm seit 1908 einen rasanten Aufschwung. In diesem Jahr unternahm Graf Zeppelin mit einem von ihm konstruierten Luftschiff einen spektakulären Langstreckenflug, während dem Franzosen Blériot 1909 die Überquerung des Ärmelkanals mit einem Fluggerät gelang, das schwerer als die Luft war. Zwar gab es noch vor dem Krieg Versu-che, Luftschiffe und Flugzeuge als Waffenträger einzusetzen, im Mittelpunkt stand aber deren Verwendung als Aufklärungsmittel. Bei guten Witterungsbe-dingungen konnte man im Bewegungskrieg fortan kaum mehr auf kühne, über-raschende Operationen mit Großverbänden rechnen, der klassischen Betäti-gungsform des Feldherrngenies.

Für Außenstehende weniger spektakulär, aber von großer Bedeutung für die militärische Führungstechnik war das Aufkommen moderner Fernmeldemittel wie Funk und Telefon. Während Funk zunächst nur hohen Kommandobehör-den zur Verfügung stehen konnte, drang der Feldfernsprecher bereits bis zu den Bataillonsgefechtsständen der Infanterie vor. Er gehörte 1914 auch zur Stan-dardausstattung der Artilleriebatterien. Damit waren die Voraussetzungen für die räumliche Trennung von Beobachtung und Feuerstellung geschaffen, die den Artillerieeinsatz im Krieg prägen sollte.

---

6   Siehe dazu Hans Linnenkohl, Vom Einzelschuß zur Feuerwalze. Der Wettlauf zwischen Technik und Taktik im Ersten Weltkrieg, Koblenz 1990, S. 137 ff.

Schon jede einzelne dieser Änderungen mußte gravierende Folgen für die Kampfweise der Zukunft nach sich ziehen. Entsprechend standen sie im Mittelpunkt der militärischen Fachdiskussion. Die Vielzahl neuer Phänomene verdichtete sich jedoch zu einer »kritischen Masse«[7], deren Verhalten man unmöglich präzise voraussagen konnte. Taktik war, wie der prominente französische General Bonnal schrieb, eine »Experimentalwissenschaft«[8], allerdings eine, die sich dem Experiment entzog. Darüber, daß die »verfluchtige‹ Verbesserung der Feuerwaffen«[9] das Geschäft des Angreifers erschwerte, herrschte jedoch weitgehend Einigkeit[10].

Kriege

Die Schwierigkeit des Angriffsgefechts angesichts der modernen Bewaffnung ergab sich nicht nur aus theoretischer Reflexion, sondern zeigte sich bereits vor 1914 in mehreren militärischen Konflikten. Auch dies änderte nichts an der Fixierung der Militärführungen auf die taktische Offensive. Daraus hat man später den Vorwurf abgeleitet, daß man zumindest in Europa die zeitgenössischen Kriege ignoriert und stattdessen Kriegsgeschichte getrieben habe, deren vermeintliche Lehren unter modernen Bedingungen einfach nicht mehr anwendbar gewesen seien. So meinte Mollin, daß die deutsche Armee alle Epochen außer der napoleonischen ignoriert habe[11]. Das ist aber falsch, wie schon die um Aktualität bemühte Publikationstätigkeit der Kriegsgeschichtlichen Abteilung des Großen Generalstabes zeigt. Deren Interesse richtete sich dabei begreiflicherweise zunächst auf den Deutsch-Französischen Krieg. Von 27 bis 1900 veröffentlichten »Kriegsgeschichtlichen Einzelschriften« dieser Behörde befaßten sich etwa zwei Drittel ganz oder teilweise mit jenem Konflikt, von den 25 Heften, die dann bis 1914 noch folgten, aber nur noch eines. Im Mittelpunkt standen jetzt Burenkrieg und Russisch-Japanischer Krieg; die Bearbeitung des

---

7   Volker Mollin, Auf dem Wege zur Materialschlacht. Vorgeschichte und Funktionieren des Artillerie-Industrie-Komplexes im Deutschen Kaiserreich, Pfaffenweiler 1986, S. 218.

8   Henri Bonnal, L'art nouveau en tactique, Paris 1904, S. 94.

9   Spohr, Ein Wort zu dem Streite über ganz- oder halbverdeckte Stellungen der Feldartillerie, in: Militärwochenblatt, 92 (1907), Sp. 2415 – 2420, 2448 – 2451, 2465 – 2470, hier Sp. 2451.

10 Eine der wenigen Ausnahmen war der französische General Négrier: François-Oscar Négrier, L'évolution actuelle de la tactique, in: Revue des deux mondes, 74 (1904), T. 1, Februar, S. 854 – 885, besonders S. 865. Dies tat er aber wohl nur, um den Widerstand gegen seine taktischen Reformen zu überwinden, die vorsahen, daß sich der Angreifer vor allem auf seine Schußwaffen und weniger auf das Bajonett verlassen sollte.

11 Mollin, Auf dem Wege zur Materialschlacht (wie Anm. 7), S. 316.

Balkankrieges nahm man noch in Angriff[12]. Diese Kriege wurden also keineswegs ignoriert, weder von der deutschen Armee noch von anderen.

Im Burenkrieg (1899–1902) machte sich die moderne Infanteriebewaffnung erstmals spektakulär im großen Maßstab geltend. Die Weltöffentlichkeit hatte erwartet, daß die britische Berufsarmee den locker gefügten Burenmilizen im klassischen Stil der Kolonialkriege rasch den Garaus machen würde. Tatsächlich aber mußten die Engländer zu Beginn dieses Krieges bei Sturmangriffen gegen geschickt im Gelände eingenistete Burentruppen mehrere blutige Schlappen hinnehmen. Zur Erklärung dieser Mißerfolge verwiesen die Militärs auf dem Kontinent gerne auf die besonderen Bedingungen des südafrikanischen Kriegsschauplatzes wie etwa die klare Luft, die weittragendes Gewehrfeuer und damit den Verteidiger begünstigt habe. Andere meinten, daß man die Erfahrungen eines verhältnismäßig kleinen Konflikts nicht auf die riesenhaften Dimensionen europäischer Massenheere übertragen könne. Auch bezweifelte man den militärischen Wert des britischen Heeres, einer vermeintlichen Söldnertruppe, die den »Krieg nicht mehr mit sittlichem Ernst erfaßt, sondern gewissermaßen als Sport betrachtet und damit entheiligt«[13]. Englische Autoren, die die Ursachen ihrer Niederlagen in Fehlern der Kampftaktik suchten, antworteten mit dem Hinweis, daß die kontinentalen Armeen an taktischen Formen festhielten, die teilweise noch viel antiquierter waren als die von den Briten in Südafrika angewandten[14]. Man erkannte aber auch auf dem Festland, daß die Erscheinungen des Burenkrieges zum Überdenken herkömmlicher Kampfverfahren Anlaß gaben. Der deutsche Kaiser schrieb 1902 in einem Armeebefehl, der sich auf die Erfahrungen in Südafrika bezog, es sei nicht zu leugnen, daß die von den Engländern verwendeten Gefechtsformen sich auch auf deutschen Exerzierplätzen fänden[15]. Als Ausweg empfahl der Befehl eine Auflichtung der Angriffsformationen und eine Verlangsamung der Vorwärtsbewegung. Dieses Verfahren wurde als »Burentaktik« populär. Bezeichnenderweise verstand man darunter nicht die Fechtweise der Buren, sondern die Art und Weise, wie man einen Gegner, der sich nach burischem Muster passiv verteidigte, angreifen müsse. In Frankreich verwies General Négrier auf die deutschen Reformen[16] und forderte damit die

---

12 Lothar Burchardt, Friedenswirtschaft und Kriegsvorsorge. Deutschlands wirtschaftliche Rüstungsbestrebungen vor 1914, Boppard 1968 (= Wehrwissenschaftliche Forschungen, Abt. Militärgeschichtliche Studien, Bd 6), S. 30 f.

13 N.N., Der Buren-Krieg und die Europäische Kriegskunst, in: Militärwochenblatt, 85 (1900), Sp. 451–457, 480–487, hier Sp. 487.

14 G.F.R. Henderson, The Science of War. A collection of essays and lectures 1891–1903, London 1919, S. 373.

15 Bayerisches Hauptstaatsarchiv, Abt. IV, Kriegsarchiv, MKr. 2919, Armeebefehl Wilhelms II. vom 6.5.1902.

16 Négrier, L'évolution (wie Anm. 10), S. 869 ff.

etablierten Anhänger stoßtaktischer Verfahren heraus[17]. Insgesamt herrschte eine gewisse Ratlosigkeit; einem deutschen General erschien 1902 der Ausbruch eines großen europäischen Krieges daher »nicht gerade als militärisch zeitgemäß«[18].

Die Phänomene des Russisch-Japanischen Krieges kamen den Erscheinungen des Weltkrieges noch wesentlich näher als der Burenkrieg: Es gab weitausgebreitete Grabensysteme mit Drahthindernissen und Maschinengewehren, dahinter eine starke Artillerie. Stürmende Infanterie erlitt schwere Verluste. Auch dies entging den Generalstäben Europas nicht, zumal sie mit zahlreichen Beobachtern auf dem Kriegsschauplatz anwesend waren, die lange Berichte in die Heimat sandten. Während aber der Südafrikanische Krieg eine unübersehbare Verunsicherung ausgelöst hatte, wirkte der Mandschurische Krieg geradezu entspannend: Jenes »Tasten und Suchen, eine Unsicherheit und Unbestimmtheit, wie sie nach dem Burenkriege fast überall zutage getreten« war, machte sich diesmal »in weit geringerem Maße fühlbar«[19]. Im Fernen Osten hatten sich nämlich die schlimmsten Befürchtungen der Bewegungskrieger erfüllt, und trotzdem wendeten sich die Dinge im Sinn ihrer Absichten zum Guten: Eine Seite, die russische, hatte sich in Feldbefestigungen verschanzt und konnte so von der abstoßenden Gewalt moderner Waffen vollen Gebrauch machen. Trotzdem gelang es den Japanern in unermüdlichen Angriffen, diese Stellungssysteme zu überwinden und den Sieg zu erringen. Damit schien es bewiesen: Der Angriff war weiterhin möglich, ein passiver Verteidiger mußte trotz neuzeitlicher Waffen unterliegen. Für einen europäischen Krieg eröffnete das erfreuliche Aussichten. Pazifisten, die ihre Hoffnungen darauf gründeten, daß moderne Waffen einen Krieg zu kostspielig machten, so daß er ganz von selbst aus dem zwischenstaatlichen Leben verschwände[20], benutzten, ähnlich wie nach dem Burenkrieg die Militärs, das Argument, daß die Erfahrungen des fremden Kriegsschauplatzes sich nicht auf europäische Verhältnisse übertragen ließen[21]. Damit akzeptierten sie implizit die Sicht der Generalstäbe. Und noch eine Grundüberzeugung der militärischen Eliten bekräftigte der Krieg im Fernen Osten: diejenige nämlich, daß nicht die materiellen, sondern die moralischen

---

[17] Siehe dazu Joseph Joffre, Mémoires du maréchal Joffre 1910–1917, 2 Bde, Paris 1932, Bd 1, S. 30 ff.

[18] Metzler, Der bewaffnete europäische Friede und die Abrüstungsfrage, in: Deutsche Revue, 27 (1902), S. 262.

[19] Immanuel, Erfahrungen und Lehren (wie Anm. 4), S. 107 f.

[20] »Tröstend ist der Gedanke, daß allein schon die Greuel des künftigen Krieges einige Vorsicht in betreff derjenigen entscheidenden Schritte einflößen, die zu einem solchen führen könnten. Die Regierungen und Völker bemühen sich, jenen Moment, wo ein Krieg unvermeidlich sein wird, hinauszuschieben« (Johann von Bloch, Der Krieg, 6 Bde, Berlin 1899, Bd 2, S. 213).

[21] Der Zukunftskrieg. Nach den Theorien des Johann v. Bloch, 3. Aufl., Stuttgart 1909, S. 17, Anm.

Faktoren über den Erfolg im Krieg entschieden: »Nach wie vor wird der Krieg von Menschen gegen Menschen geführt, und gerade die Ereignisse in der Mandschurei haben aufs neue die ganze Bedeutung der moralischen Faktoren hervortreten lassen, denn ihnen dankt Japan seine Siege[22].«

Moral

Die Analyse zeitgenössischer Kriege sowie der technischen Entwicklung und ihrer Folgen wurde auf zwei Ebenen betrieben, einer sachlich-technischen und einer ideologisch-psychologischen, wobei im Konfliktfall diese jener vorging bzw. ein Raster von Begriffen und Vorstellungen zur Verfügung stellte, welches die Vielzahl verwirrender und irritierender Phänomene ordnete und bewertete. Eine zentrale Rolle spielte dabei die Überzeugung vom Vorrang der ideell-vitalen Kräfte gegenüber den materiellen. Nicht rohe Gewalt rang mit roher Gewalt, sondern ein Wille mit einem anderen. Timothy Travers hat dafür den Begriff vom »psychologischen Schlachtfeld« geprägt[23]. Die Bedeutung der größeren Zahl von Gewaltmitteln und ihres zweckmäßigen Gebrauchs wurde nicht abgestritten, wohl aber der Entfaltung der Willenskräfte nachgestellt. Allen Herausforderungen der Zeit setzte man Moral und Willen als schier wundertätiges Remedium entgegen. In Frankreich, wo man trotz des russischen Bündnisses noch weithin in dem Bewußtsein lebte, den Deutschen allein gegenüberzustehen, erhoffte man sich von der Erziehung zum Kampfwillen den Ausgleich der demographischen Überlegenheit des Nachbarn[24]. Aber auch die Deutschen empfanden »die Wahrscheinlichkeit, zu Wasser und Lande gegen bedeutende Überlegenheit fechten zu müssen«. Betrachte man »die materiellen Faktoren des Erfolges, die Wirkung der Massen und die Massenwirkung der Feuerwaffen als die entscheidenden«, so kam dies nach Friedrich von Bernhardi jedoch einer »Bankrotterklärung der Kriegskunst« gleich. Auch »heute noch« [1912] könnten, »wie zu König Friedrichs Zeiten, 30 000 Mann 100 000 schlagen. [...] Denn der Geist ist es auch heute noch, der im Krieg entscheidet; [...] Entschlossenheit und Kühnheit geben auch heute noch ein entscheidendes Übergewicht[25].«

Vor allem war es aber die Wirkung moderner Feuerwaffen, der man die Moral entgegenstellte[26]. Noch 1916, nachdem auf den Schlachtfeldern Europas bereits Millionen von Menschen bei dem Versuch zugrunde gegangen waren, die Materie mit dem Willen zu überwinden, formulierte ein bayerischer Offizier

---

22 Hugo von Freytag-Loringhoven, Krieg und Politik in der Neuzeit, Berlin 1911, S. 265.
23 Timothy Travers, The Killing Ground. The British army, the Western Front and the emergence of modern warfare 1900–1918, London 1987, S. 48.
24 Hippolite Langlois, Enseignements de deux guerres recentes, Paris 1903, S. 153 f.
25 Friedrich von Bernhardi, Vom heutigen Kriege, 2 Bde, Berlin 1912, Bd 2, S. 188 ff.
26 Travers, The Killing Ground (wie Anm. 23), S. 546.

das Credo der Vorkriegszeit: »Nie soll vergessen werden, daß die Technik, so groß ihre Entwicklung auch ist, stets nur ein Hilfsmittel der Kriegführung bleiben wird. [...] nicht das Werkzeug wirkt, sondern die Tat. Die aber wohnt seit Jahrtausenden und wird wohnen bis ans Ende der Welt im Willen des Menschen[27].« Sein 1922 erhobener Vorwurf, daß Techniker in der alten Armee nichts gegolten hätten[28], war gewiß nicht ohne Berechtigung; daß im Kampf die moralischen Faktoren wichtiger wären als die physischen, schrieb 1913 aber auch ein Mann wie Max Schwarte[29], langjähriges Mitglied der Studienkommission der Kriegstechnischen Akademie. Die Bedeutung der waffentechnischen Entwicklung wurde dabei nicht ignoriert bzw. verdrängt. Diese lieferte vielmehr in paradoxer Weise das Argument für die äußerste Entfaltung der Willenskräfte: Je mörderischer die Waffen wirkten, desto mehr müßte die moralische Kraft aufs höchste gehoben werden, meinte 1901 ein französischer General[30]. Von diesem Denken gingen Impulse aus, die der langfristigen taktischen Tendenz der Epoche, die auf immer weitergehende Auflösung der Gefechtsformationen gerichtet war, geradezu zuwiderliefen. Michail I. Dragomirov, von 1878 bis 1903 Leiter der russischen Generalstabsakademie, war einer der bekanntesten Generäle der Epoche. Seine Schriften wurden übersetzt und fanden in der Fachwelt weite Beachtung. Dragomirov vertrat eine geradezu archaische Stoßtaktik. Sein Ausspruch, daß die Kugel eine Törin, das Bajonett aber ein ganzer Mann sei[31], wurde zum geflügelten Wort. In der psychologischen Motivation seiner Theorie fand er aber Anschluß an die Moderne: »Nicht diejenigen, welche zu vernichten verstehen, sondern die, welche sich selbst vernichten zu lassen bereit sind, sind allmächtig auf dem Schlachtfelde[32].« Durchaus im Sinn dieser Tradition warnte der französische Hauptmann Linarès 1911 davor, die Formationen im Angriff zu dünn zu machen, weil dies Furcht verrate, was dem Verteidiger die moralische Überlegenheit sichere[33]. Er empfahl deshalb, die Schützenlinie so dicht zu machen, daß sie das Feuer anziehe, weil dies beim Verteidiger ein entsprechendes Bedrohungsgefühl hervorrufe[34]. Es ist bezeich-

---

[27] Franz Carl Endres, Das deutsche Heer, Berlin 1916, S. 25. Die Betonung des Willens im ressourcenschwachen Deutschland galt 1916 natürlich dem Durchhalten. Nach dem Krieg trat Endres als Kronzeuge gegen die alte Armee auf, deren Verfehlungen er geißelte (ders., Die Tragödie Deutschlands. Im Banne des Machtgedankens bis zum Zusammenbruch des Reiches. Von einem Deutschen, München, Leipzig 1922).

[28] Ebd., S. 220.

[29] Technik des Kriegswesens, hrsg. von Max Schwarte, Leipzig, Berlin 1913 (= Die Kultur der Gegenwart, T. 4: Die technischen Wissenschaften, Bd 12), S. 170.

[30] Darrécagaix, La guerre et l'armée, in: Journal des sciences militaires, 1901, S. 161 – 180, 321 – 338, besonders S. 163.

[31] Michail I. Dragomirov, Gesammelte Aufsätze, Hannover 1890, S. 85.

[32] Ebd., S. 86.

[33] Jean-Étienne Linarès, La tyrannie de l'arme à feu, Paris 1911, S. 39.

[34] Ebd., S. 40, 43.

nend für den Zeitgeist, daß das Vorwort zu Linarès' Buch von General Percin stammte, einem der prominentesten Artilleristen der Epoche, der von 1907 bis 1912 als Inspekteur die Schießausbildung der französichen Feldartillerie leitete[35]. Was die Wirkung moderner Waffen anging, stand seine Kompetenz außer Zweifel. Die Feuerüberlegenheit, so Percin, gehöre dem Verteidiger, die moralische Überlegenheit aber dem Angreifer. Daher weiche der Verteidiger, wenn er sehe, daß der Angreifer trotz seiner Verluste unaufhaltsam vordringe[36]. Ein 1999 erschienener Band mit Aufsätzen über deutsche Offiziere im 19. und 20. Jahrhundert trägt den Titel »Willensmenschen[37]«, für die Jahrzehnte vor 1914 sicher zu Recht. Um das Phänomen der Fixierung auf den Willen angemessen verstehen zu können, muß man aber seine internationale Dimension begreifen[38]. Mit der vermeintlichen Vorbereitung der deutschen Armee auf einen Bürgerkrieg als ihrem eigentlichen Daseinszweck[39] hatte die zentrale Rolle, die dem Faktor Moral im Denken ihrer Führer zukam, kaum am Rande zu tun. »Glaube, Wille und Kraft« beherrschten eben die Welt, wie ein deutscher Offizier meinte[40]. Solche Auffassungen empfand man nicht als irrational, sie waren vielmehr in der psychologischen Wissenschaft jener Zeit wohl begründet[41]. Das Bild vom künftigen Krieg auf den Faktor Kampfmoral zu stützen, lag auch insofern nahe, als diese in der Tat von überragender Bedeutung für die Kampffähigkeit von Streitkräften ist. Auch moderne Vorschriften weisen darauf hin, daß der entscheidende Träger des Kampfes der Mensch und nicht die Technik ist[42]. Die Fixierung auf den Willen als nicht nur notwendige, sondern in gewissen Grenzen auch hinreichende Bedingung für den Gefechtserfolg führte nicht nur auf manche taktischen Abwege, sondern sorgte auch dafür, daß es schließlich Jahre dauern sollte, bis die 1914 ins Feld gezogenen Armeen zerbra-

---

35 Alexandre Percin, Cinq années d'inspection, Paris 1912.

36 Linarès, La tyrannie (wie Anm. 33), S. VIII f.

37 Willensmenschen. Über deutsche Offiziere, hrsg von Ursula Breymayer, Bernd Ulrich, Karin Wieland, Frankfurt a.M. 1999.

38 Das schließt eine nationale Begrenzung des Untersuchungsgegenstandes natürlich nicht aus. Travers hat über die britische Armee geschrieben, ohne die Tatsache zu ignorieren, daß deren Art, auf die Probleme der Zeit zu reagieren, in Europa nicht isoliert dastand (Timothy Travers, Technology, Tactics and Morale. Jean de Bloch, the Boer War and British military theory 1900 – 1914, in: Journal of Modern History, 51 [1979], S. 264 – 286, besonders S. 285).

39 Bernd-Felix Schulte, Die deutsche Armee 1900 – 1914. Zwischen Beharren und Verändern, Düsseldorf 1977, S. 289.

40 Altrock, Jena oder Auerstedt. Ein Rückblick und Ausblick, in: Militärwochenblatt, 92 (1907), Beiheft 1, S. 25.

41 Paddy Griffith, Forward into Battle, Chichester 1981, S. 72.

42 »Entscheidender Träger des Kampfes ist der Mensch, ungeachtet aller hochentwickelten technischen Mittel«, Reglement 51.20, Taktische Führung 95, hrsg. vom Eidgenössischen Departement für Verteidigung, Bevölkerungsschutz und Sport, 1.1.1995, T. 2, Grundsätze der taktischen Führung, Ziff. 2111.

chen[43], obwohl ihre zahlreichste Waffengattung, die Infanterie, inzwischen mehrfach ihr Personal hatte erneuern müssen[44].

Die starke Betonung von Willen und Moral verhielt sich taktisch nicht neutral, sondern äußerte sich in einer unbedingten Vorliebe für das angriffsweise Kampfverfahren: Hippolyte Langlois, ein französischer Artilleriegeneral, der eine wichtige Rolle bei der Definition des modernen Feldgeschützes und der Entwicklung der modernen Artillerietaktik gespielt hatte[45], meinte wie viele, daß die Bedeutung des moralischen Elements angesichts der modernen Waffen noch zugenommen habe, und daß sich dieses im Angriff äußere: »c'est avec le moral qu'on lutte, avec le moral qu'on gagne, *en attaquant*[46].« Mit der Entscheidung für den Angriff zeigte der Führer sein Überlegenheitsgefühl: »Das Bewußtsein der Stärke und der Kraft, das sich in dem Entschluß zum Angriff ausspricht, überträgt sich auf die Truppe und hebt ihre geistigen und moralischen Kräfte[47].« In einem Aufsatz über ein neues japanisches Exerzierreglement für die Infanterie faßte ein preußischer Major die zeitgenössischen Ansichten ganz richtig zusammen: »Es gibt heutzutage wohl kaum noch ein Reglement, das den Angriff nicht betont. Unterschiede liegen nur in der sprachlichen Ausdrucksweise dieses Grundsatzes[48].« Auch den Ersten Balkankrieg interpretierte man in einer Weise, welche die gängigen Auffassungen bestätigte. Dort hatten sich die Heere der christlichen Balkanstaaten, allen voran das bulgarische, mit wilden Sturmangriffen gegen die passive türkische Armee durchgesetzt, wenn auch unter schweren Verlusten. Viele Beobachter verbanden ihre militärtechnisch präzisen Berichte mit dem Hinweis, daß sich abermals die überragende Bedeutung der moralischen Faktoren, die sich als unbändiger Angriffswille manifestierten, gezeigt habe. Ein französischer Beobachter sprach sich für »l'attaque brutale, simpliste et ›sauvage‹« aus[49].

---

[43] Griffith, Forward into Battle (wie Anm. 41), S. 72.

[44] Ein deutsches Infanterieregiment, das seit Kriegsbeginn im Felde stand, erlitt durchschnittlich etwa das Drei- bis Vierfache seiner Mobilmachungsstärke an blutigen Verlusten.

[45] Langlois war der erste, der auf die epochale Bedeutung der Schnellfeuerartillerie und der Schutzschilde aufmerksam machte. 1912 veröffentlichten die »Artilleristischen Monatshefte« (1912, H. 3, S. 228) einen Nachruf auf den General, in dem sie sein Werk »L'artillerie en campagne en liaison avec les autres armes« (2 Bde., Paris 1892) als »bahnbrechend« bezeichneten.

[46] Langlois, Enseignements (wie Anm. 24), S. 148.

[47] Technik des Kriegswesens (wie Anm. 29), S. 181.

[48] Krafft, Ausbildungs- und Gefechtsgrundsätze im neuen Japanischen Exerzier-Reglement für die Infanterie vom 8. November 1909, in: Militärwochenblatt, 95 (1910), Sp. 435 – 443, hier Sp. 439.

[49] Kriegsarchiv Paris, 7N1152, Attachés militaires Balkans 1907 – 1913, Bericht des Hauptmanns de Ripert d'Alanzier vom 10.9.1913 über die serbische Infanterie im Kampf.

Jack Snyder hat bestritten, daß die Offensiven des Jahres 1914 Ausdruck eines übernationalen Offensivkults gewesen seien[50]. Am Beispiel Frankreichs, Deutschlands und Rußlands versuchte er zu zeigen, daß sich die beiden Flügelmächte erst sehr spät für eine Offensivstrategie entschieden. Wäre der Krieg 1910 ausgebrochen, hätte sich Rußland völlig, Frankreich weitgehend defensiv verhalten[51]. Im Frankreich habe das Organisationsinteresse des Heeres in den letzten Vorkriegsjahren die Wende bewirkt. Die Armee wollte ihr Ideal einer Qualitätsarmee mit langer Dienstzeit verwirklichen und sah in der Hinwendung zur Offensivstrategie einen geeigneten Weg, zur dreijährigen Dienstzeit zurückzukehren[52]. Nun ist es gewiß richtig, daß die operative Planung Frankreichs unter dem Einfluß des Generals Bonnal zwischen 1898 und 1911 defensive bzw. reaktive Züge trug[53]. Bonnal unterschied aber zwischen Taktik und Strategie. Strategische Defensive mußte nicht zugleich die taktische bedeuten[54]. Bonnal dachte sich den Feldzug so, daß die klügere Seite – also seine, die französische – zunächst dem Gegner die Initiative überlassen sollte. Dessen Absichten konnte der Angegriffene in geschickt geführten Einleitungskämpfen ermitteln, was ihn dann in die Lage versetzte, die Masse seiner Kräfte zur Entscheidungsschlacht, der »attaque décisive«, an den entscheidenden Punkt zu führen[55]. Bonnal leitete dieses Verfahren aus dem Studium von Napoleons Feldzügen ab, der einer in französischen Fachkreisen weit verbreiteten Meinung zufolge die Regeln der Kriegskunst ein für alle Mal festgelegt habe[56]. Diese Haltung verband sich zwanglos mit jenem hohen Maß taktischer Aggressivität, welches das französische Exerzierreglement für die Infanterie von 1904 vorschrieb: »*Die Vorwärtsbewegung allein ist entscheidend und unwiderstehlich* [...]. Die Verteidigung kann aus freien Stücken zu einem gegebenen Augenblick und an einem bestimmten Punkt angenommen werden, um die eigenen Kräfte zu sparen, um den Feind mit geringeren Kräften aufzuhalten und festzulegen [...], aber dies allein zu dem Zweck, um dem Gros der Truppen zu gestatten, unter günstigen Umständen anzugreifen[57].« Zur Begründung dieser Konzentration auf den Angriff verwies die Vorschrift auf den französischen Charakter, der sich für diese Kampfweise besser eigne als für die Verteidigung[58], eine in der französischen Militärpublizi-

---

[50]   Jack Snyder, The Ideology of the Offensive. Military decision making and the disasters of 1914, Ithaka, London 1984, S. 10.
[51]   Ebd., S. 39.
[52]   Ebd., S. 51.
[53]   Eugène Carrias, La pensée militaire française, Paris 1960, S. 284 f.
[54]   Bonnal, L'art nouveau (wie Anm. 8), S. 193 ff.
[55]   Ebd., S. 194 ff.
[56]   Ebd., S. 44.
[57]   Das Exerzier-Reglement der französischen Infanterie von 1904, übers. u. eingel. von Karl Egli, Berlin 1905, S. 106 f., Ziff. 252.
[58]   Ebd., S. 107.

stik verbreitete Vorstellung[59]. Wenn die Betonung von Angriffsgeist und Moral auch ein internationales Phänomen war, unterschieden sich doch die nationalen Ausprägungen. Der französische Moralbegriff beruhte vor allem auf einem stark entwickelten Patriotismus, während der deutsche von Pflichtgefühl und formaler Disziplin gekennzeichnet war. Die Soldaten sollten lernen, »als werktätige Glieder nach dem Willen anderer dem Ganzen zu dienen und als solche auch ohne Murren zu leiden«[60].

Verluste

Im Bann einer Sorge, die für die Friedenszeit typisch war, führte der württembergische General von Moser am 22. August 1914 seine Brigade erstmals ins Gefecht: »Wie werden wir das feindliche Feuer ertragen, von dessen Schrecken man sich im Frieden trotz aller Mühe keinen richtigen Begriff machen kann? Die Antwort der Truppe auf diese Frage« ließ sein »Führerherz freudig erbeben: die Offiziere voraus, stürzen die Schützenlinien von Stellung zu Stellung nach vorwärts und aufwärts mit herrlichem Schwung und Schneid, mit wilder Freude, gänzlich unbekümmert um die großen Lücken, die die feindlichen Kugeln und Sprengstücke in ihre Reihen reißen.« Ein Regimentskommandeur meldete »halb freudig, halb ärgerlich, daß ihm seine Bataillone nach vorwärts mehr oder weniger durchgegangen sind«[61]. Die Brigade erreichte ihr Gefechtsziel, und am Abend war die Rechnung fertig: Die Hälfte der Kompanieführer war ausgefallen, über ein Drittel der Unteroffiziere und Mannschaften standen auf den Verlustlisten[62].

Umfang und Auswirkung der blutigen Verluste in einem künftigen Krieg wurden vor 1914 intensiv diskutiert. Darüber, daß sie erheblich sein würden, herrschte Einigkeit. Zum Erreichen des Gefechtszweckes mußte man sie in Kauf nehmen: Man konnte kein Omelett machen, ohne Eier zu zerbrechen, so ein englischer Offizier[63]. »Der Weg braver Bataillone« war eben »mit Leichen bedeckt«[64]. Darüber, ob die Verluste höher oder niedriger als in früheren Kriegen sein würden, herrschte keine Einigkeit. Aus der Kriegsgeschichte leiteten manche Autoren die Lehre ab, daß die Verlustprozente stetig sinken würden[65]. Linarès fand die Feststellung »banal«, daß die voranschreitende Waffentechnik

---

[59] Zum Beispiel Langlois, L'artillerie (wie Anm. 45), Bd 2, S. 53.
[60] Wilhelm von Blume, Strategie. Ihre Aufgaben und Mittel, Berlin 1912, S. 102.
[61] Otto von Moser, Feldzugsaufzeichnungen 1914–1918, 3. Aufl., Stuttgart 1928, S. 9 f.
[62] Ebd., S. 11.
[63] Travers, Technology (wie Anm. 38), S. 273.
[64] Friedrich Immanuel, Kriegsmäßige Ausbildung, Berlin 1911, S. 139.
[65] Blume, Strategie (wie Anm. 60), S. 209 ff.; C. von Binder-Krieglstein, Zur Psychologie des großen Krieges, 3 Bde, Wien, Leipzig, 1893 ff., Bd 3, S. 32 ff.

Kriege unblutiger mache[66]. Natürlich spielte auch in dieser Diskussion die Moral eine Rolle. Die gestiegene Waffenwirkung gestalte die »einzelnen Kampfscenen [...] weit furchtbarer als früher. Dafür sind sie aber auch von viel größerem moralischen Eindruck, und dieser macht wieder den Gesamtverlauf des Kampfes weniger verlustvoll«, so Colmar von der Goltz. Zur »Beruhigung ängstlicher Gemüter« führte er aus, daß das »›Kämpfen bis zum letzten Mann‹« nur ein etwas starker Ausdruck für den Entschluß sei, »bis zu zwanzig Prozent Verlust zu kämpfen«[67]. Aufgrund von Berechnungen kam Major Kießling, Bataillonskommandeur im bayerischen 14. Infanterieregiment, 1904 zu dem Ergebnis, daß ein Infanteriebataillon bei einem Angriff über die freie Ebene unter Anwendung moderner taktischer Formen bis zum Erreichen der Sturmentfernung 46 % Verluste erleiden werde, was er offenbar für erträglich hielt[68]. Pragmatische Rücksichten zum sparsamen Umgang mit Soldaten machten sich jedenfalls weniger geltend als in früheren Zeiten, weil den Heeren unter den Bedingungen der allgemeinen Wehrpflicht »ein unerschöpfliches Infanteriematerial« zur Verfügung stand, das »Gewaltsamkeiten der Kriegführung alten Stils« erlauben werde[69]. Offen war dabei, ob die Moral dieser Massen jenen rabiaten Gebrauch ertragen würde, den ihre Zahl zuließ. Die Rücksicht auf diese Moral, die ja der entscheidende Faktor war, gebot insofern eine verlustsparende Kampfweise[70]. Damit geriet man aber in ein Dilemma, weil die dafür bekannten Mittel wie Auflichtung der Gefechtsformationen und Verlangsamung des Angriffsverlaufs die Dinge so in die Länge ziehen konnten, daß entweder der Angriffserfolg ausblieb oder die Verluste infolge steigender Gefechtsdauer wieder anstiegen. Da war es dann vielleicht doch besser, die Sache mit gewohntem Schwung anzugehen, jedenfalls die Truppe nicht ängstlich zu machen, wovor der Chef des österreichischen Generalstabes warnte: »Instruktoren, welche den Leuten nur von den enormen, niederschmetternden Verlusten erzählen, die sie zu gewärtigen haben, welche jedes Vorgehen für unmöglich erklären und bei jeder Gelegenheit das Decken und Verkriechen in erste Linie stellen, versündigen sich schwer an der moralischen Erziehung des Mannes[71].« Den Truppen sollte ein Überschuß an Offensivgeist eingepflanzt werden, um das Feuer sozusagen zu kompensieren. Entsprechend warnten die Vorschriften mit nahezu gleichlautenden Worten vor zuviel Vorsicht im Angriff: »Vorwärts auf den Feind, koste

---

66 Linarès, La tyrannie (wie Anm. 33), S. 13.
67 Colmar von der Goltz, Das Volk in Waffen. Ein Buch über Heerwesen und Kriegführung unserer Zeit, 5., umgearb. u. verb. Aufl., Berlin 1899, S. 11.
68 Bernhard Kießling, Normalangriff oder Freifeldangriff 1905?, in: Militärwochenblatt, 89 (1905), H. 148–150.
69 Julius von Hoppenstedt, Sind wir kriegsfertig, Berlin 1910, S. 116.
70 Bernhard Kießling, Das Schema des Freifeldangriffs, in: Militärwochenblatt, 97 (1912), H. 154, Sp. 3577 f.
71 Franz Conrad von Hötzendorf, Die Gefechtsausbildung der Infanterie, 5. Aufl., Wien 1913, S. 135.

es, was es wolle!« hieß es im deutschen Infanteriereglement von 1906 (Ziff. 265), »coûte que coûte« im französischen von 1904 (Ziff. 245) und »cost what it may« im englischen von 1914 (Ziff. 134)[72]. Ein »tatkräftiger Führer« dachte jedenfalls »mehr an den Sieg als an die Verluste«[73]. »Starke Nerven« waren für ihn »eine unerläßliche Eigenschaft«, wie ein österreichischer Generalstäbler 1897 schrieb: »Er darf in kritischen Momenten kein Herz für die Leiden und den Jammer haben, welche der rauhe Ernst des Krieges seinen Truppen auferlegt; menschliches Empfinden muß verstummen, Verzagtheit darf nicht aufkommen und nur der eine Gedanke soll seine Entschließungen bestimmen: Sieg, um jeden Preis!« Auch diese Auffassung wurde auf dem mandschurischen Kriegsschauplatz bestätigt, wo der Sieg jener Seite zufiel, die um das entscheidende, das »japanische Viertelstündchen« länger aushielt als der Gegner[74]. Diese Geisteshaltung, entwickelt und anerzogen für äußerste Kraftentfaltung in dynamischen Bewegungsfeldzügen, prägte dann auch den Stellungskrieg. Es führt ein direkter Weg vom Willenskult der Vorkriegszeit zur Hartnäckigkeit, mit der die Conrad, Falkenhayn, Haig oder Cadorna ihre Offensiven betrieben.

Zivilisationskritik und Sozialdarwinismus

Nicht nur die gewaltige Entwicklung der modernen Feuerkraft beeinflußte die Erfolgsaussichten der Offensive ungünstig, sondern auch die vermeintlich gesunkene militärische Leistungsfähigkeit des modernen Menschen. Industrialisierung und Verstädterung, die ganze moderne Kulturentwicklung beraubten die Menschen angeblich ihrer natürlichen Vitalität. Ihre körperliche und seelische Belastbarkeit sinke, die für den Krieg so notwendige Fähigkeit zum Ertragen schwerer Verluste nehme ab: »Der materialistische Zug in unserer Kultur ist der Entfaltung idealer Lebensauffassung nicht günstig, durch die allein der menschliche Egoismus und Selbsterhaltungstrieb wirksam bekämpft werden kann[75].« Wie wichtig ein naturnahes, ursprüngliches Leben des Volkes für die kriegerische Tüchtigkeit war, zeigten scheinbar die Kriege der Epoche.

In Südafrika erwiesen sich nach herrschender Auffassung die Buren aufgrund ihrer ursprünglichen, naturnahen Lebensweise, »die in einem fast ununterbrochenen Kampfe mit Mühsalen und Gefahren dahingeht«, als überlegen[76].

---

[72] Zit. nach: Timothy Travers, The Offensive and the Problem of Innovation in British Military Thought 1870 – 1915, in: Journal of Contemporary History, 13 (1978), S. 531 – 553, hier S. 538.

[73] Hertzberg, Charakter, in: Militärwochenblatt, 98 (1913), Sp. 3821.

[74] Pierre Rocolle, L'hécatombe des généraux, Paris, Limoges 1980, S. 189.

[75] Müller, Über Gefechtsverluste, in: Vierteljahreshefte für Truppenführung und Heereskunde, 2 (1905), S. 429 – 451, hier S. 439.

[76] Colmar von der Goltz, Was können wir aus dem Burenkriege lernen?, in: Deutsche Revue, 27 (1902), S. 129 – 136, hier S. 133.

Neben diesen Menschen nahmen sich für einen französischen Beobachter die modernen Europäer geradezu lächerlich aus[77]. Henderson dagegen schöpfte aus der Leistung der britischen Armee allerdings den Trost, daß die Lebenskraft des Volkes noch ungebrochen war: »For ourselves, we are content to know that the manhood of our race shows no sign of deterioration[78].«

Noch größere Bewunderung als die Buren zogen die Japaner auf sich: »Der japanische Soldat ist durchschnittlich das Ideal eines Soldaten. Ungemein ruhig, sauber und sehr willig erträgt er die größten Strapazen und kennt absolut keine Furcht vor dem Tode«, wie ein österreichischer Offizier vom Kriegsschauplatz berichtete[79]. Ian Hamilton, ein englischer General, der auf japanischer Seite als Beobachter am Russisch-Japanischen Krieg teilgenommen hatte, pries das japanische Schulwesen, welches schon die Kleinen auf ihre Rolle als künftige Kämpfer vorbereitete. Die Zivilisiertheit der Japaner sei rein äußerlich und habe ihre Vitalität noch nicht geschwächt[80]. Auch in Frankreich wies man darauf hin, daß die Japaner durch intensive Pflege der moralischen Eigenschaften dem Verfall entgegenarbeiteten[81]. Colmar von der Goltz schwärmte 1908 von »modernem Spartanertum«[82]. Bis zum Ausbruch des Weltkrieges galten die Japaner als die Mustersoldaten der Welt. Der Verfasser einer 1912 erschienen Kriegsutopie wählte zur Unterstreichung seiner Kompetenz einen japanischen Namen als Pseudonym[83].

Nicht in einer Industriegesellschaft, die massenhaft modernes Kriegsmaterial erzeugen konnte, sah man die Grundlage militärischer Kraftentfaltung, sondern in einer bäuerlich-naturnah lebenden Bevölkerung. Eine Studie des französischen 2ième Bureau über den Ersten Balkankrieg zitierte einen serbischen Offizier, der in den Qualitäten der serbischen Bauernsoldaten das Geheimnis der serbischen Erfolge sah[84]. Solche Lehren klangen für die alten europäischen Großmächte wenig günstig, denn ihre Kulturentwicklung wies in eine andere Richtung. Die anfänglichen Zweifel des Generals von Moser an der Angriffsfähigkeit seiner Truppe rührten daher, daß von den Mannschaften »ein so großer Prozentsatz [...] mit verbrauchten Nerven aus den Fabriken, dumpfen Verkaufs-

---

[77] Henri Baraude, Le Transvaal, in: Journal des sciences militaires, 7 (1900), S. 255–277, hier S. 269.

[78] Henderson, The Science of War (wie Anm. 14), S. 380.

[79] Kriegsarchiv Wien, Chef d. Generalstabes, Brief des Oberleutnants Franz vom 7.9.1904.

[80] Ian Hamilton, A Staff Officer's Scrap Book, Bd 1, London 1906, S. 15 f.

[81] François-Oscar Négrier, Le moral des troupes, in: Revue des deux mondes, 75 (1905), S. 481–505, hier S. 495.

[82] Colmar von der Goltz, Denkwürdigkeiten, bearb. u. hrsg. von Friedrich Freiherr von der Goltz, 2. Aufl., Berlin 1932, S. 331.

[83] Otojiro Kavakami, Der europäische Krieg von 1913, Berlin 1912.

[84] Kriegsarchiv Paris, 7N673, Guerre des Balkans 1912–1913/I° Partie/Opérations de l'Armée Serbe, S. 101 ff.

räumen und engen Schreibstuben« kam[85]. Pädagogische Maßnahmen sollten dem Übel entgegenwirken. Von Reichenau, ein pensionierter Artilleriegeneral, wollte der gestiegenen Wirkung der Feuerwaffen mit einer geeigneten National-erziehung begegnen, die der Hebung der moralischen Widerstandskraft dienen sollte[86]. Der vormilitärischen Ausbildung der männlichen Jugend widmete die Epoche besondere Aufmerksamkeit. Das heute noch bekannteste Ergebnis dieser Bestrebungen ist die Pfadfinderbewegung, die von einem englischen General des Burenkrieges ins Leben gerufen wurde[87]. Ein konventionelles Sur-rogat für die primitiven Kulturzustände besaß allerdings auch die Armee, nicht zuletzt die preußisch-deutsche: »Die durch den Drill und durch die Erziehung begründete Mannszucht [...] bildet den Ersatz für die natürlichen kriegerischen Eigenschaften, die den Kulturvölkern unserer friedliebenden Zeit mehr und mehr entschwinden[88].«

Daß die deutsche Armee von den Dienstpflichtigen aus ländlichen Gebieten angeblich einen größeren Teil einzog als von denen, die aus den Städten kamen, erklärt die Geschichtswissenschaft konventionellerweise mit der Sorge der Ar-meeleitung um die Zuverlässigkeit ihrer Truppen beim Kampf gegen den inne-ren Feind[89]. Die oppositionelle Bevölkerung, in diesem Fall die der Sozialdemo-kratie nahestehende Arbeiterschaft, sollte von der Armee ferngehalten werden, eine Politik, deren Wurzeln man über den preußischen Heereskonflikt auf die Erfahrungen des Jahres 1848 zurückführen kann. Statistische Untersuchungen der Vorkriegszeit zeigten allerdings andere Zusammenhänge. Man entdeckte Parallelen zwischen der relativen Wehrfähigkeit der Gestellungspflichtigen und der physischen Inanspruchnahme durch ihren Beruf[90]. 1906 gab es bei der Ar-mee jedenfalls mehr Söhne von Bergarbeitern, einer gewiß nicht sozialismusre-sistenten Gruppe, als es ihrem Bevölkerungsanteil entsprochen hätte. Das führt zu einem ganz unspektakulären Befund, dem nämlich, daß die Musterungsbe-

---

[85] Moser, Feldzugsaufzeichnungen (wie Anm. 61), S. 9.

[86] Reichenau, Die wachsende Feuerkraft und ihr Einfluß auf Taktik, Heerwesen und natio-nale Erziehung, Berlin 1904, S. 130 f.

[87] Siehe dazu Dieter Storz, Kriegsbild und Rüstung vor 1914. Europäische Landstreitkräfte vor dem Ersten Weltkrieg, Herford, Berlin, Bonn 1992, S. 312 ff.

[88] Immanuel, Kriegsmäßige Ausbildung (wie Anm. 64), S. 37. – Schulte irrte, als er meinte, die in der deutschen Armee allerdings intensiv betriebene Formalausbildung habe man vor allem deshalb gefördert, um auch bei einem möglichen Bürgerkriegseinsatz zu ge-währleisten, daß die Truppe fest in der Hand ihrer Führer bleibe (Schulte, Die deutsche Armee [wie Anm. 39], S. 260).

[89] Zum Beispiel Stig Förster, Alter und neuer Militarismus im Kaiserreich. Heeresrüstungs-politik und Dispositionen zum Krieg zwischen Status-quo-Sicherung und imperialisti-scher Expansion 1890–1913, in: Bereit zum Krieg. Kriegsmentalität im wilhelminischen Deutschland 1890–1914, hrsg. von Jost Dülffer, Karl Holl, Göttingen 1986, S. 122–145, hier S. 129.

[90] Walter Abelsdorf, Die Wehrfähigkeit zweier Generationen mit Rücksicht auf Herkunft und Beruf, Berlin 1905, S. 60.

hörden eben kräftige Leute bevorzugten, und die fanden sie sogar eher in den Städten als auf dem Lande. In den letzten Jahren des 19. Jahrhunderts rekrutierten Heer und Marine zwei Drittel ihres Mannschaftsersatzes aus überwiegend Handel und Industrie treibenden Bezirken, obwohl deren Anteil an der Gesamtbevölkerung 1895 nur 58,63 % betragen hatte[91]. Dies wäre für eine auf den inneren Gegner fixierte Armee ein wenig konsequentes Verhalten gewesen. Daß die Militärpublizistik trotzdem Bauernrekruten den Vorzug gab, erklärt sich aus den zivilisationskritischen Überzeugungen der militärischen Eliten. Diese Anschauungen herrschten aber international und beschränkten sich keineswegs aufs deutsche Kaiserreich[92]. Daß eine Agrarbevölkerung bessere Soldaten liefere als Industriebezirke, verstand sich damals von selbst. Dies bedurfte »keiner Erörterung«, wie der österreichische Militärattaché 1913 aus Belgrad meldete[93]. Im Gegensatz zur etablierten Auffassung[94] meine ich, daß der Gesichtspunkt der inneren Sicherheit bei der Haltung der Armee gegenüber ländlichem und städtischem Ersatz nur eine untergeordnete Rolle gespielt hat.

Eine verbindende weltanschauliche Grundlage besaßen die militärischen Führungsschichten im Sozialdarwinismus, einer biologistischen Ideologie, die sich Ende des 19. Jahrhunderts radikalisierte und die agonale Dimension im Zusammenleben der Menschen und Völker in den Mittelpunkt stellte. Damit wurde diese Lehre attraktiv für die Militärs, Spezialisten der organisierten Gewalt im großen Maßstab. Als extremer Verfechter dieser Weltsicht gilt der österreichische Generalstabschef Franz Conrad von Hötzendorf[95]. Der »Kampf ums Dasein« war für ihn das »Grundprinzip alles irdischen Geschehens«[96]. Solche Auffassungen entwickelten sich in den Vorkriegsjahrzehnten gewissermaßen zu einer Berufsideologie. In der militärischen Fachpublizistik stößt man immer wieder auf Elemente dieses Denkens. Die Rolle, welche der Sozialdarwinismus für die militärischen Eliten spielte, erkennt man besonders deutlich am französischen Beispiel. Frankreich war nach 1870/71 für eine Philosophie, die Unterlegene abschrieb, weniger empfänglich als die deutsch- und englischsprachenden Länder; auch die Imperialisten argumentierten dort zumeist mit der zivilisatorischen Mission des Landes und nicht mit Darwin[97]. Eine Ausnahme bildete die

---

[91]   Lujo Brentano, Die heutige Grundlage der deutschen Wehrkraft, in: Die Nation, 15 (1897/98), S. 67 – 71, 97, hier S. 68.

[92]   Siehe dazu Storz, Kriegsbild (wie Anm. 87), S. 308 ff.

[93]   Kriegsarchiv Wien, Generalstab 1913, 25 – 18, Resumé über die serbische Armee im Feldzuge 1912/13.

[94]   Stig Förster, Der doppelte Militarismus. Die deutsche Heeresrüstungspolitik zwischen Status-quo-Sicherung und Aggression 1890 – 1913, Wiesbaden 1985, S. 287, Anm. 5.

[95]   Hans-Günther Zmarzlik, Der Sozialdarwinismus in Deutschland. Ein Beitrag zur Vorgeschichte des Dritten Reiches, Freiburg i. Br. 1961, S. 618, 623.

[96]   Hans Jürgen Pantenius, Der Angriffsgedanke gegen Italien bei Conrad von Hötzendorf, 2 Bde, Köln, Wien 1984, Bd 1, S. 225.

[97]   Linda L. Clark, Social Darwinism in France, Alabama 1984, S. 179.

Armee[98]. Die Generäle Kessler und Négrier verwendeten in ihrer Auseinandersetzung mit den Kräften der Dritten Republik, die dem herkömmlichen Militärapparat kritisch bis feindlich gegenüberstanden, klassische Motive des Sozialdarwinismus[99]. Mit der Polemik gegen Verstädterung, humanitäre Träumereien und dem Lob der Landbevölkerung verband sich bei Kessler ein ausdrückliches Bekenntnis zur Offensive[100].

Dabei ergänzten sich überall machtpolitische Ansprüche nach außen, die zu ihrer Behauptung des Krieges oder doch seiner Möglichkeit bedurften, mit solchen der innenpolitischen Statuswahrung der Militärapparate. In England begründete Ian Hamilton sein Verlangen, die Klassenschichtung der Gesellschaft aufrechtzuerhalten, mit sozialdarwinistischen Argumenten. Die weißen Arbeiter müßten eben den Militarismus mit seinen gelegentlichen Kriegen, also die traditionelle Ordnung der Dinge, hinnehmen, wenn sie nicht von chinesischen Arbeitern ebenso verdrängt werden wollten wie in England seinerzeit die schwarze Ratte von der braunen[101]. Im Fall der Donaumonarchie war das Prestige der Armee sogar eine Existenzfrage des Staates, denn die Armee bildete neben dem Herrscher dessen stärkste Klammer. Auch das deutsche Heer verdankte Einfluß und Ansehen nicht nur der Geschichte, sondern auch dem Vertrauen, daß es seine Rolle als Garant der machtpolitischen Stellung Deutschlands weiterhin werde spielen können. Dieses Vertrauen war an seine Fähigkeit geknüpft, Kriege zu erträglichen Kosten gewinnen zu können, und das hieß schnell, was wieder die Durchführbarkeit rascher, entscheidungbringender Offensiven zur Voraussetzung hatte[102]. Die Militärs versprachen kurze, spurtartige Kriege. Die Militärtheorie erhob die rasche Entscheidbarkeit von Kriegen zum Dogma und erklärte diese Entscheidbarkeit zu einer Frage des Willens, der sich im taktischen Angriff manifestierte.

Die Pazifisten dagegen behaupteten, daß der nächste Krieg lang sein und zum allgemeinen Ruin führen werde[103]. Niall Ferguson hat mit überzeugenden Gründen dargetan, daß der Militarismus, also die Bereitschaft, ja der Wunsch, Kriege zu führen, den Armeen entsprechende finanzielle und personelle Ressourcen zur Verfügung zu stellen und ihnen eine privilegierte Stellung im Staatswesen einzuräumen, in den Jahrzehnten vor 1914 immer mehr in die

---

[98] Ebd., S. 165.
[99] Charles Kessler, Tactique des trois armes, Paris 1902, S. 123 ff.; Négrier, Le Moral (wie Anm. 81), S. 484 ff.
[100] Kessler, Tactique (wie Anm. 99), S. 123 f.; zur Bedeutung der Offensive für die französische Tradition der aktiven Armee mit langer Dienstzeit siehe Snyder, The Ideology of the Offensive (wie Anm. 50), S. 16 f.
[101] Hamilton, A Staff Officers Scrap Book (wie Anm. 80), Bd 2, London 1906, S. 167 f.
[102] Snyder, The Ideology of the Offensive (wie Anm. 50), S. 123, 155.
[103] Bloch, Der Krieg (wie Anm. 20), Bd 1, S. XVIII f.

Defensive geriet[104], eine Position also, die den Militärs aller Länder verhaßt war: »Die Europäer marschierten damals nicht auf den Krieg zu, sondern sie wandten sich vom Militarismus ab[105].« Vor allem bürgerlicher Pazifismus - der Begriff entstand 1901[106] - und marxistische Linke setzten die Militärs unter einen Rechtfertigungszwang, den diese schmerzlich empfanden. Bedenkt man, daß das Soldatengewerbe den Mächteantagonismus in herausragender Weise repräsentierte, erzeugte das Bedrohtheitsgefühl bei manchen Offizieren geradezu skurrile Empfindungen internationaler Solidarität. Als Hauptmann Graf Lamezan-Salins, der österreichische Militärattaché in Frankreich, im Mai 1910 von schweren Meutereien im Bereich des XV. Armeekorps (Marseille) berichtete, freute er sich nicht etwa über den vermeintlichen Niedergang des Verbündeten Rußlands, sondern empfand mit den »einsichtige[n] Männer[n]« der am Ruder befindlichen Kreise eine anti-antimilitaristische Gemeinschaft und klagte über die Regierung, die militärfeindliche Tendenzen unterstütze, »denn sie kennt nur eine Macht, das ist die der unverständigen Wählermasse, deren tierischen Instinkten sie dienen will«[107]. Sozialdarwinistische Ideologeme boten dagegen eine theoretische Plattform zur Verteidigung der eigenen Daseinsberechtigung. Armeen und Krieg erfuhren so eine gewissermaßen naturrechtliche Begründung, konnte man auf sie im Kampf ums Dasein doch nicht verzichten: Unkriegerische Völker, so schrieb 1902 General Vogel von Falckenstein, würden von den kriegerischen »einfach aufgefressen«[108].

Streitkräfte im Wandel

Man würde vom Wesen der Vorkriegsarmeen einen falschen Eindruck gewinnen, wenn man ihre Vorbereitung auf den Ernstfall nur über Psychologie und Weltanschauung begreifen wollte. Sie betrieben nämlich auch eine gründliche militärhandwerkliche Arbeit, die sich in anhaltender taktischer Modernisierung ausdrückte. Daß die 1904 von einem preußischen General geäußerte Behauptung, das Schlachtfeld werde nunmehr von der Kugel beherrscht und die blanke Waffe habe viel von ihrer alten Bedeutung eingebüßt, zu diesem Zeitpunkt für die deutsche Armee eine »grundstürzende These« gewesen sei, wie ein Autor meinte[109], ist völlig unzutreffend. Schon das Infanteriereglement von 1888 legte in der deutschen Armee fest, daß die Fußtruppen vor allem durch ihr Feuer

---

[104] Niall Ferguson, Der falsche Krieg. Der Erste Weltkrieg und das 20. Jahrhundert, Stuttgart 1999, S. 55 f.

[105] Ebd., S. 65.

[106] Ebd., S. 55.

[107] Kriegsarchiv Wien, Generalstab 1910, Karton 512, 25 – 3/35, Bericht vom 26.5.1910.

[108] Vogel von Falckenstein, Der ewige Frieden, in: Deutsche Revue, 27 (1902), S. 162 – 172, hier S. 172.

[109] Schulte, Die deutsche Armee (wie Anm. 39), S. 187.

wirkten: »Das Feuer in zerstreuter Ordnung ist das Hauptkampfmittel der Infanterie. [...] In den meisten Fällen wird das Herantragen eines auf die entscheidenden Punkte vereinigten, überwältigenden Feuers bis auf die näheren Entfernungen schon einen solchen Erfolg haben, daß der letzte Anlauf nur noch gegen die vom Feind geräumte oder nur schwach verteidigte Stellung erfolgt[110].« Wenn der Feuerkampf in der Übungspraxis und wohl auch im Denken mancher Führer zu kurz kam, bestimmte er doch die taktische Lehre. Die Tendenz, durch Anwendung lichter Kampfformen Verluste zu begrenzen, kollidierte dabei mit dem Ziel, das Feuer des Verteidigers niederzuringen, denn dazu sollte die Schützenlinie »kampfkräftig« sein, also dicht, um viele Gewehre einsetzen zu können[111]. Wenn diese Linien auch im Lauf der Zeit dünner wurden, was sich auch in den Vorschriften niederschlug[112], so verfiel man doch nirgends auf den Gedanken, die zahlreichen Gewehrträger durch Maschinengewehre zu ersetzen, obwohl man sich mit dem relativen Gefechtswert von MG- und Schützenfeuer durchaus befaßte[113]. Allerdings mußte es schon aus sozusagen geometrischen Gründen schwierig sein, mit einer linearen Aufstellung eine gegnerische Position ebensolcher Art frontal zu überwältigen. Sorgfältigere Geländeausnutzung, Spatengebrauch und Ausnutzung der Dunkelheit sollten dem Angreifer vorwärts helfen. Das »Dogma des bedingungslosen Angriffs« äußerte sich schon lange nicht mehr als »blanke Waffe, klingendes Spiel«[114]. Jenes russische Bataillon, das am Fluß Yalu die japanische Umklammerung durchbrach, »voran der Regimentsgeistliche mit dem Kruzifix, gefolgt von der Regimentsmusik, die die Hälfte ihres Bestandes auf dem Schlachtfeld ließ«[115], wurde in der Literatur nur als abschreckendes Beispiel zitiert. Während die französische Armee hoffte, durch geschickte, jägerartige Einleitungskämpfe die schwache Stelle des Gegners herauszufinden, um dann die »Attaque décisive« durchzuführen[116], zweifelte die deutsche Armee grundsätzlich am Wert frontaler Gefechte und strebte nach Möglichkeit eine flankierende Wirkung an. Das war kein »Umfassungs-

---

[110] Exerzir-Reglement für die Infanterie, Berlin 1888, S. 98, Ziff. 30.

[111] Hugo von Freytag-Loringhoven, Der Infanterie-Angriff in den neuesten Kriegen. Ein Beitrag zur Klärung der Angriffsfrage, Berlin 1905, S. 99.

[112] In Deutschland wurde 1909 die Kopplung der Begriffe »dicht« und »kampfkräftig« im Zusammenhang mit der Schützenlinie aufgehoben: Max Graf Montgelas [Kommandeur der bayerischen 7. Infanteriebrigade], Die Deckblätter 29 und 33 zum Exerzier-Reglement für die Infanterie, in: Militärwochenblatt, 94 (1909), H. 157, Sp. 3573–3575.

[113] In Deutschland nahm man an, ein MG entspreche zwei Schützenzügen, also etwa 120 Gewehrträgern, während man in Österreich von einem ungefähren Gleichstand bei 50 Schützen ausging: Wie bekämpft man Maschinengewehre? In: Militärwochenblatt, 90 (1905), Sp. 2475–2482.

[114] Mollin, Auf dem Wege zur Materialschlacht (wie Anm. 7), S. 270.

[115] Estorff, Taktische Lehren aus dem Russisch-Japanischen Feldkriege im Lichte unserer neuesten Vorschriften, Berlin 1909, S. 6.

[116] Zu den einflußreichen Anhängern dieser Fechtweise gehörte auch der General Foch: Ferdinand Foch, Des principes de la guerre, Paris 1906, S. 273 ff.

kult«[117], sondern ein plausibler Weg, dem Feuer der Verteidigungswaffen nach Möglichkeit aus dem Weg zu gehen. Man kann die Stagnation des Stellungskrieges im Westen auch damit erklären, daß sich bei dieser Art der Kampfführung eben keine Flanken boten, weil genügend Truppen zu einer durchgehenden starken Besetzung der Front vorhanden waren. Insofern scheiterte der angestrebte Übergang zum Bewegungskrieg an einem Mißverhältnis von Heeresstärken und Raum. An der Ostfront, an der insofern günstigere Bedingungen herrschten, gelang es immer wieder, Stellungsfronten aufzubrechen. Nicht nur die modernen Waffen brachten die Taktiker in arge Schwierigkeiten, sondern auch die schiere Größe ihrer Armeen. Generalmajor von der Esch, Inspekteur der Landwehrinspektion Essen, hatte dem Streit über die Dichte der Schützenlinien 1909 die innere Berechtigung mit dem Argument abgesprochen, daß »die verfügbaren Räume [...] zur Erreichung ebenbürtiger Kampfkräfte eine enge Besetzung« erforderten[118]. Oberstleutnant von Hülsen sollte mit seiner Befürchtung Recht behalten, »daß man seine Leute einsetzt: nicht weil es nützlich und zweckmäßig ist, sondern weil man sie ›hat‹«[119].

Einen Sonderweg beschritt die deutsche Armee seit dem ausgehenden 19. Jahrhundert mit der Entwicklung einer feldbeweglichen schweren Artillerie, der sogenannten »schweren Artillerie des Feldheeres«. Geschütze dieser Art mit Rohrweiten von zehn und mehr Zentimetern galten bis dahin als Spezialwaffen für den Festungskrieg, für den Feldkrieg aufgrund ihres Gewichtes zu unbeweglich, auch unnötig, weil man dort ihrer starken Zerstörungskraft nicht bedurfte. Die Fähigkeit moderner Truppen, mit rasch und einfach auszuführenden Feldbefestigungsarbeiten starke, schwer angreifbare Stellungen schaffen zu können, führte zum Umdenken. Großkalibrige Steilfeuergeschütze sollten die Feldtruppen in die Lage versetzen, auch gegen solche Positionen mit Aussicht auf Erfolg vorgehen zu können. Alle Kriege der Epoche bestärkten den deutschen Generalstab in der Richtigkeit des eingeschlagenen Weges. Daran sieht man, daß der Kampf um befestigte Feldstellungen schon lange Jahre vor dem Weltkrieg konzeptionell vorausgedacht war, wenn auch die Dimension des Phänomens im Krieg der Zukunft unklar blieb. Während die meisten Großmächte bis 1914 nach deutschem Beispiel einen modernen artilleristischen »Waffenmix«[120] beschafften, sah Frankreich, selbst im Besitz einer vorzüglichen leichten Feldartillerie, auf die deutschen Anstrengungen mit einer gewissen Geringschätzung herab. Der Erste Balkankrieg erschütterte dieses Selbstvertrauen. General Herr, Artilleriekommandeur des VI. Armeekorps in Châlons-

---

[117] Schulte, Die deutsche Armee (wie Anm. 39), S. 411.

[118] Esch, Frontausdehnung und Tiefengliederung, in: Militärwochenblatt, 94 (1909), Sp. 1213–1219, hier Sp. 1215.

[119] Militärwochenblatt, 95 (1910), Sp. 1354.

[120] Joachim Feist, Die wahre Lage der deutschen Artillerie vor dem Ersten Weltkrieg, in: Europäische Wehrkunde, 32 (1983), S. 440–444, hier S. 444.

sur-Marne, hatte den Kriegsschauplatz bereist und kam zu dem Ergebnis, daß Frankreich seinem Nachbarn artilleristisch unterlegen sei und dringend einer schweren Artillerie bedürfe[121]. Dem Conseil Supérieur de la Guerre gegenüber schönte der Generalstabschef Joffre aber noch im Januar 1914 die Lage, »pour des raisons morales«[122]. Selbstvertrauen war überall das Wichtigste.

Jedes Jahr im Herbst veranstalteten die Großmächte umfangreiche Truppenübungen, die man in Deutschland und Österreich Kaisermanöver nannte. Die Militärattachés nutzten die Gelegenheit, um sich ein Bild der Streitkräfte zu machen. Dazu eigneten sich diese Manöver allerdings nur begrenzt, weil bei ihnen gesellschaftliche Rücksichten und Repräsentationsbedürfnisse eine wichtige Rolle spielten. Der Chef des preußischen Militärkabinetts, General von Hülsen-Haeseler, klagte 1905 dem österreichischen Attaché, daß mit diesen Übungen »traditionell immer ein Fest für die Provinz verbunden sein« müsse, was »die eigentlichen Manöver mehr in den Hintergrund« dränge[123]. Verschlimmert wurde das Übel in Deutschland durch den Betätigungsdrang Wilhelms II., der selbst gerne eine Manöverpartei führte und dabei natürlich gewinnen mußte. Sein Geltungsbedürfnis entlud sich immer wieder in gewaltigen Kavallerieattacken und anderen bizarren Eingriffen in den Handlungsablauf, die vermeintlich die Schlachtentscheidung brachten, was in der Armee zu einer regelrechten Vertrauenskrise führte[124]. Die Verantwortung dafür trug der Generalstabschef, Graf Schlieffen, der Wilhelm II. gewähren ließ. 1905 durfte erstmals Moltke die Kaisermanöver vorbereiten. Als deren Ziel bezeichnete er es, »den Kaiser von unmilitärischen Unnatürlichkeiten abzuhalten«[125]. Der Umwandlung dieser Großveranstaltungen in ernstzunehmende militärische Übungen widmete er sich in den folgenden Jahren mit großer Energie. Zu den eingerissenen schlechten Manövergewohnheiten, die er abzustellen suchte, gehörte vor allem die sogenannte »Angriffshetze«, die er in seinem Bericht zu den Kaisermanövern des Jahres 1907 scharf verurteilte: »Bei so unkriegsmäßiger Gefechtsführung muß bei den Truppen eine völlig falsche Vorstellung vom Wesen des Krieges entstehen«, wodurch die Gefechtsausbildung »empfindlich geschä-

---

[121] Kriegsarchiv Paris, 7N1152, Rapport du général Herr [...] concernant un voyage dans le péninsule des Balkans pendant la guerre de 1912; Frédéric Georges Herr, Die Artillerie in Vergangenheit, Gegenwart und Zukunft, Charlottenburg 1925, S. 34.

[122] Joffre, Mémoires (wie Anm. 17), Bd 1, S. 72.

[123] Kriegsarchiv Wien, Generalstab 1905, 25 – 1/28, Klepsch-Kloth am 20.9.1905. Das war keine deutsche Besonderheit. In Frankreich mußten die Herbstmanöver des Jahres 1910 zweimal unterbrochen werden, weil der Präsident der Republik bzw. der Kriegsminister ein Essen gaben (Alexandre Percin, L'artillerie aux manœuvres de Picardie en 1910, Paris 1911, S. XI f.).

[124] Generaloberst Helmuth von Moltke. Erinnerungen, Briefe, Dokumente 1877–1916, hrsg. von Eliza von Moltke, Stuttgart 1922, Brief Moltkes vom 29.1.1905 über eine Unterredung mit dem Kaiser, S. 308 ff.

[125] Ebd., Brief vom 10.7.1905, S. 324.

digt« werde. Auf den Übungsplätzen und in kleineren Manövern werde »sorg-fältig für den Ernstfall ausgebildet; hier wird mit großer Gründlichkeit gearbei-tet, weil Vorgesetzte und Untergebene sich Zeit lassen, alle Maßnahmen mit Ruhe und Überlegung zu treffen und auszuführen«[126]. Ganz anders sei es im Kaisermanöver: »Hier herrscht eine nervöse Hast, die alles, was Führer und Truppen mit so großer Anstrengung im Laufe des Dienstjahres gelernt haben, über den Haufen wirft[127].« Mit Hilfe sorgfältig instruierter Schiedsrichter strebte er danach, »jenes unerläßliche Korrektiv zu geben, welches im Kriege die Kugel bringt«[128]. Der Kaiser billigte diese Manöverreform. 1908 freute er sich gegen-über dem österreichischen Militärattaché über die »sehr gute und kriegsmäßige Ausbildung der Infanterie«: »Das war doch etwas ganz anderes als man im Vor-jahre bei den Manövern sah![129]« Ganz mußte Wilhelm auf seine geliebten Attak-ken aber nicht verzichten. 1912 ließ man zwei Kavalleriedivisionen nur deswe-gen attackieren, weil er in der Nähe war[130]. Die von Moltke konsequent durch-gesetzte Verlangsamung der Manövergefechte führte allerdings in den Jahren 1910 und 1911 wiederholt zur Stagnation des Angriffs und damit zu einer Ent-wicklung, die man unbedingt vermeiden wollte[131]. Also gab man der Armee wieder die Sporen, wie die Bemerkungen des Kaisers zu den Manövern des Jahres 1912 zeigen, die in der Armee verbreitet wurden: Das sicherste Mittel, dem Gegner den eigenen Willen aufzuzwingen, »ist und bleibt der Angriff«. Scheu vor Verlusten dürfe nicht von der Durchführung eines als richtig er-kannten Entschlusses abhalten, ungünstigen Nachrichten nicht zu viel Wert beigelegt werden: »Rücksichtsloses Vorwärtsdrängen aller Teile sichert am be-

---

126 Diesen Eindruck vermittelte auch der Bericht des italienischen Militärattachés Monte-nuori über die Herbstmanöver des XII.(sächs.) Armeekorps, den dieser seinem französi-schen Kollegen vertraulich weitergegeben hatte. An diesen Übungen hatte er 1908 auf-grund seiner guten Beziehungen zu den deutschen Stellen – Italien war ja eine verbün-dete Macht – teilnehmen können. Montenuori meinte, daß er dort in wenigen Tagen mehr gelernt habe als zuvor in zwei Jahren. Die Kaisermanöver seien ihm immer mittel-mäßig vorgekommen, beim XII. Armeekorps habe man aber bis zu den »moindres détails« alles richtig gemacht und sich bemüht, den Prinzipien des modernen Krieges zu entsprechen (Kriegsarchiv Paris, 7N1108/2, Bericht vom 12.11.1908 über die Herbstma-növer des XII. sächs. Armeekorps, S. 455).

127 Bayerisches Hauptstaatsarchiv, Abt. IV, Kriegsarchiv, A.E. 100, Bericht über die Kaiser-manöver 1907, S. 40 f.

128 Kriegsarchiv Wien, MKFF 1908, Kart. 9, Bericht des österreichischen Thronfolgers Franz Ferdinand, der die Kaisermanöver des Jahres 1908 besucht hatte; auch ihm fiel der deutsche Schiedsrichterdienst positiv auf.

129 Kriegsarchiv Wien, Generalstab 1908, 25-1/16, Bericht vom 14.9.1908.

130 Bayerisches Hauptstaatsarchiv, Abt. IV, Kriegsarchiv, G.St. 1192, Betrachtungen des Chefs des Generalstabs der königlich bayerischen Armee über das Kaisermanöver 1912, S. 12 f.

131 Siehe dazu Storz, Kriegsbild (wie Anm. 87), S. 193 ff.

sten die Einheitlichkeit des Angriffes[132].« Die Truppe verstand die Botschaft, so daß ihr im nächsten Jahr hohes Lob zuteil wurde:»Im Kaisermanöver 1913 haben die Führer aller Grade und die Truppen einen hervorragenden Angriffsgeist bewiesen. Die Infanterie zeigte einen nie versagenden Drang nach vorwärts. Die Artillerie eilte rechtzeitig der Infanterie in die genommenen Stellungen nach. Die Kavallerie scheute sich nicht, sich für die Schwesterwaffen zu opfern[133].«

Diese eigentümliche Intensivierung der Angriffsorientierung in den letzten Vorkriegsjahren bemerkt man auch in Frankreich und England. In Frankreich ist sie mit dem Namen Louis Loiseau de Grandmaison verbunden, der 1911 in rauschhafter Prosa seine Gedanken von der »Offensive à outrance« vortrug[134]. Er verwarf die »Sûreté«, jenes tastend-vorsichtige Vorhutensystem, das vor dem mit überlegenen Kräften geführten Massenstoß die Lage aufklären sollte. Ungestüm (»l'imprudence«) sollte fortan für Sicherheit sorgen[135]. Man müsse den Gegner moralisch zerbrechen. Das gelinge nur durch »l'attaque immédiate et totale. [...] Allons jusqu'à l'exès et ce ne sera peut-être pas assez«[136]. Mit seinen Thesen stieß de Grandmaison in der Armee auf breite Zustimmung[137]. Sie entsprachen auch den Vorstellungen, die man sich vom eigenen Nationaltemperament gemacht hatte, der die Taktik entsprechen müsse, »et il n'y en a qu'une, c'est celle de l'offensive à outrance«[138].

Wenige Jahre nach dem Russisch-Japanischen Krieg löste sich auch die englische Armee von den vorsichtigen taktischen Formen, die sie unter dem Eindruck des Burenkrieges angenommen hatte. Mit ihrer Hinwendung zum europäischen Kriegsschauplatz traten die dort populären Lehren in den Vordergrund, und das war vor allem die Doktrin des Verbündeten, also der französischen Armee[139].

Zur Erklärung von Modernitätsdefiziten, die sich aus den Kriegsereignissen, aber auch schon aus der Vorkriegsdiskussion begründen lassen, verwies ein junger Historiker der Weimarer Republik auf die konservative Gestalt des Wilhelminischen Deutschlands, welche die Armee bewahren helfen sollte. Nach Eckart Kehr blieb es deshalb beim herkömmlichen Kadavergehorsam, der eine angemessene Modernisierung verhinderte, während es in Frankreich dem Offi-

---

[132] Bayerisches Hauptstaatsarchiv, Abt. IV, Kriegsarchiv, MKr 3194, Prod. 82.

[133] Ebd., A.E. 100, Bericht über die Kaisermanöver 1913, S. 48.

[134] Louis Loiseau de Grandmaison, Deux conférences faites aux officiers de l'État-Major de l'armée (Février 1911). La notion de sûreté et l'engagement des grandes unités, Paris, Nancy 1912.

[135] Ebd., S. 28.

[136] Ebd., S. 69.

[137] Joffre, Mémoires (wie Anm. 17), Bd 1, S. 33 f.

[138] Linarès, La tyrannie (wie Anm. 33), S. 67 f.

[139] Balck, Die taktische Ausbildung in der englischen Armee 1910, in: Militärwochenblatt, 96 (1911), H. 58, Sp. 1340.

zierskorps eben nicht möglich gewesen sei, die Mannschaft durch »schneidiges Kommando zum sinnlosesten Sturmangriff vorzubringen«[140]. In Wirklichkeit war es aber so, daß diese oft sinnlosen Sturmangriffe von der französischen Armee mindestens ebenso intensiv betrieben wurden wie von der deutschen, obwohl die französischen Offiziere in der Tat mehr als ihre deutschen Kollegen darauf angewiesen waren, ihre Befehle zu erläutern, um deren Befolgung durchzusetzen[141]. Kehr behauptete, Frankreich habe wegen seiner demographischen Unterlegenheit Infanterie durch Geschütze ersetzt, während Deutschland den Sieg »durch den heroischen Angriff der in Massen vorhandenen und sich opfernden Infanterie« zu erringen hoffte[142]. So ist es aber nicht gewesen. Der französische Militärattaché in Deutschland beklagte in seinem Bericht über die Kaisermanöver des Jahres 1910 unter ausdrücklichem Hinweis auf die Geburtenzahlen, daß die deutsche Armee von technischen Hilfsmitteln mehr Gebrauch mache als die französische[143]. Nach einer Untersuchung des französischen Militärnachrichtendienstes gab Deutschland von 1898 bis 1912 im Durchschnitt doppelt soviel Geld für seine Artillerie aus als Frankreich[144]. Kehr hat hier sozusagen Geschichte erfunden. Dies geschah aus einer nationalstaatlich begrenzten Betrachtungsweise heraus, die Kehr das Verständnis für wesentliche Phänomene der Epoche verstellte. Ein Historiker, der es unterläßt, das von ihm untersuchte Phänomen in seinen zeitlichen und räumlichen Zusammenhang zu stellen, verhält sich wie ein Naturwissenschaftler, der mit einem ungeeichten Instrument arbeitet.

Kavallerie: Ein Sonderfall

Während es für Infanterie und Artillerie nur darum ging, für den Krieg der Zukunft angemessene taktische Formen zu entwickeln, mußte die Kavallerie ihre Rolle neu definieren bzw. ihre Existenzberechtigung auf dem modernen Schlachtfeld verteidigen. Hierbei kam es zu einem ernsten Konflikt zwischen den Imperativen der modernen Bewaffnung und dem Selbstverständnis der Reiter, die seit jeher mit der blanken Waffe kämpften und Schußwaffen vor allem als Lärminstrumente nutzten. Als Höhepunkt des Kavallerieeinsatzes galt das Anreiten in geschlossenen Geschwadern, um die Infanterie- und Artillerieschlacht mit einem wuchtigen Stoß, der Attacke, zu entscheiden. Krisenhafte

---

[140] Eckart Kehr, Der Primat der Innenpolitik, hrsg. von Hans-Ulrich Wehler, Berlin 1965, S. 53–63, hier S. 53 f.

[141] Ebd.

[142] Ebd., S. 228.

[143] Kriegsarchiv Paris, 7N1110/1, Bericht vom 21.4.1911, Nr. 279.

[144] Kriegsarchiv Paris, 7N673, 2ième Bureau 1912–1914, Comparaison des dépenses militaires et des effectifs en France et en Allemagne, August 1912, S. 52.

Erfahrungen, wie man sie im Deutsch-Französischen Krieg gemacht hatte, bewältigte man nach anfänglichen Reformen durch Verdrängen. Seit der Jahrhundertwende mehrten sich allerdings Zweifel an der künftigen Durchführbarkeit der altertümlichen Kampfverfahren. Diese Zweifel schmerzten, handelte es sich bei der Attacke doch nicht nur um ein taktisches Manöver, sondern um eine wahre »Lebensform«[145]. Dabei hatte der ältere Moltke schon 1869, zur Zeit des einschüssigen, verhältnismäßig umständlich zu ladenden und nicht sehr präzisen Zündnadelgewehres in seinen »Verordnungen für die höheren Truppenführer« klar ausgesprochen, daß geordnete Infanterie einen Kavallerieangriff »nicht fürchten« brauche[146]. Seitdem geschah nichts, was die Infanterie hätte veranlassen können, von dieser Auffassung abzugehen. Entsprechend deutlich äußerten sich die Vorschriften der Fußtruppen[147]. Nach dem Burenkrieg begannen auch Kavalleristen zu begreifen, daß eine Zeit, die Fußgänger zum Niederlegen zwang, um die Zielfläche zu verkleinern, auch Berittenen zu denken geben mußte. Dem Pferd, das dem Kämpfenden seit undenklichen Zeiten eine nicht nur körperlich, sondern auch seelisch gehobene Stellung verlieh, drohte damit der Abstieg zum Transportmittel für Gewehrträger. Widerwillig schrieb 1906 General von der Planitz, Inspekteur der preußischen Kavallerie: »Also meinetwegen gleiches Recht für den Karabiner wie für die Lanze. Aber auch nicht mehr.« Auf keinen Fall dürfe die Kavallerie zur berittenen Infanterie herabsinken: »Gott und seine Majestät der Kaiser wollen verhüten, daß dies jemals der deutschen Kavallerie zugemutet werde[148].« Diesen Wunsch teilten, sieht man von den angerufenen Schutzgewaltigen ab, Kavallerieführer aller Länder, ohne daß sie das Unvermeidliche aufhalten konnten. Planitz' Nachfolger, General von Kleist, setzte ab 1907 den eingeschlagenen Weg energisch fort. Die Waffe arbeitete daran mit »freudiger Energie«[149], was französische Beobachter tadelten, deren Reiter dem Absitzen mit noch mehr Reserve begegneten als der große Konkurrent: 1910 bemerkte der französische Militärattaché, daß die deutsche Kavallerie über dem Fußgefecht Schneid und Beweglichkeit einzubüßen

---

[145] Brian James Bond, Doctrine and Training of the British Cavalry 1870–1914, in: The Theory and Practise of War: Essays Presented to Captain B.H. Liddell Hart, hrsg. von Michael Howard, London 1965, S. 95–128, hier S. 99.

[146] Moltkes taktisch-strategische Aufsätze aus den Jahren 1857 bis 1871, Berlin 1900 (= Moltkes militärische Werke, Abt. II, 2. Teil), S. 200.

[147] So das preußische Exerzir-Reglement für die Infanterie von 1888 (wie Anm. 110): »Der einzelne Infanterist muß sich bewußt sein, daß er auch im freien und offenen Gelände dem einzelnen Reiter überlegen ist, wenn er ihm feuerbereit entgegentritt. [...] Ebenso darf die Infanterie sich überzeugt halten, daß sie bei kaltem Blut und in fester Haltung die Kavallerie auch in der Überzahl nicht zu fürchten hat (S. 105, Ziff. 48).«

[148] Bayerisches Hauptstaatsarchiv, Abt. IV, Kriegsarchiv, MKr. 3191.

[149] Bayerisches Hauptstaatsarchiv, Abt. IV, Kriegsarchiv, MKr. 2753, Bericht des Inspekteurs der bayerischen Kavallerie vom 23.6.1908 über Besichtigungen im Exerzieren, S. 17.

beginne[150]. Kleist stieß damit in der Waffe allerdings auf Widerstände[151], die sich Gehör zu verschaffen wußten. Bis 1914 kam es zu einer Wiederbelebung des Attackengeistes. 1913 faßte ein Aufsatz Karl von Wenningers, bayerischer Militärbevollmächtigter in Berlin, den Weg der Reiterei seit dem Burenkrieg zusammen[152]. Ausgangspunkt seiner Betrachtungen war die parlamentarische Debatte anläßlich der letzten Heeresvermehrung, bei der kein Posten so heftig umstritten war wie der der Kavallerie. Nicht um drei oder sechs neue Kavallerieregimenter sei es gegangen, sondern darum, ob die Waffe überhaupt noch eine Existenzberechtigung besitze[153]. Der Verfasser räumte ein, daß es eine »leidige Tatsache« sei, daß der Reiter in der Zeit »einer raffinierten Ausnutzung auch der geringsten Unebenheiten zur Deckung des vorkriechenden und liegenden Schützen [...] jedes Daseinsrecht verloren« habe[154]. In den jüngsten Kriegen hatte die klassische Kavallerie keine Rolle gespielt. Die Buren hatten als berittene Infanterie gekämpft, ihre Tiere also nur zur Fortbewegung benutzt. Die Kavalleristen entdeckten hier ungenutzte Chancen, die eine zahlreiche und energische Reiterei hätte verwerten können, wenn sie zur Stelle gewesen wäre. Wenninger sah darin »indirekte Beweise von mathematischer Schlüssigkeit«[155]: »Was heute nach – vielleicht tagelangem – verzweifeltem Ringen endlich geschlagen das Schlachtfeld verläßt, ist ein Menschenbrei, ein Pandämonium, zur restlosen Selbstvernichtung bereit[156].« Die zivilisationskritische Zeitströmung unterstützte solche Hoffnungen, waren doch europäische Heere »zur guten Hälfte aus Großstadtmenschen zusammengesetzt, aus Menschen, die von früher Jugend an in hartem Lebenskampfe ihre Nerven zerrütteten«[157]. In der Verfolgung des unterlegenen, jedenfalls erschütterten Gegners fand die Kavallerie vor 1914 ihre letzte große Perspektive im modernen Krieg. Dabei wollte sie eine Vielfalt taktischer Mittel vom Fußgefecht bis zur Attacke einsetzen. Das neue Ungestüm, das in den letzten Vorkriegsjahren die Taktik der Heere Europas erfaßte, wirkte sich nicht nur in der deutschen Reiterei aus. In der englischen und französischen Kavallerie kam es zur Wiedereinführung bzw. Weiterverbreitung der Lanze[158], die auch in Rußland 1913 an die ersten Glieder der

---

150 Kriegsarchiv Paris, 7N1109, Bericht über die Taktik der drei Waffen in den Kaisermanövern 1910 vom 15.4.1911.
151 Ebd.
152 Karl von Wenninger, Wert oder Unwert der Kavallerie?, in: Deutsche Revue, 38 (1913), S. 178–193. Generalmajor von Wenninger war Kavallerist; 1908 hatte man ihn zum Mitglied einer Kommission ernannt, die das Exerzierreglement für die Kavallerie neu bearbeiten sollte (Bayerisches Hauptstaatsarchiv, Abt. IV, Kriegsarchiv, OP 58064, Prod. 50).
153 Ebd., S. 178.
154 Ebd., S. 179.
155 Ebd., S. 192.
156 Ebd., S. 185.
157 Ebd., S. 191.
158 Zur englischen Kavallerie siehe Bond, Doctrine and Training (wie Anm. 145), S. 115 ff.

Kavallerie- und Kosakenregimenter ausgegeben wurde, obwohl die Kavallerie dieses Landes nach dem Russisch-Japanischen Krieg so wie die englische nach dem Burenkrieg vornehmlich als berittene Infanterie ausgebildet worden war[159]. In der Zeit zwischen Jahrhundertwende und Kriegsausbruch gelang es der Kavallerie nicht mehr, zu einer stabilen Vorstellung ihrer Rolle im Krieg der Zukunft zu finden, die von einem Konsens mit den anderen Waffen getragen worden wäre. Von ihrer Tradition als Schlachtenreiterei vermochte sie sich nur begrenzt zu lösen, was seinen sinnfälligen Ausdruck in Bekleidung und Ausrüstung fand, die der Vergangenheit stärker verpflichtet waren als die der anderen Waffengattungen. Den modernsten Eindruck machten insofern die Reiter Englands und Rußlands, während die Österreichs und Frankreichs noch den glänzenden Anblick einer versinkenden Epoche boten. Die europäische Kavallerie hat den Zug der Zeit nicht einfach übersehen, sondern sich der Industrialisierung des Krieges, die sich in Magazingewehren, Maschinengewehren und Schnellfeuerartillerie ausdrückte, verweigert[160].

Fazit

Als die Generalstäbe vor 1914 für den Krieg der Zukunft planten, taten sie dies in der Erwartung, daß energische Bewegungsfeldzüge eine rasche Entscheidung des Konflikts herbeiführen würden. Dieses Vertrauen hatten sie in langjähriger Friedensarbeit auf die Truppe übertragen. Stattdessen kam es zu einem mehrjährigen Positionskrieg, einer Extremform militärischer Auseinandersetzung, die im Kriegsbild der Vorkriegszeit nur als vorübergehende Stauung dynamischer Operationen Platz gefunden hatte. Insofern hatten die Armeen bei der Vorbereitung des Krieges der Zukunft versagt, und zwar um so mehr, als die Phänomene, die jene Stagnation herbeiführten, sich bereits in den Kriegen seit der Jahrhundertwende manifestiert und Eingang in die Fachdiskussion gefunden hatten. Tatsachen sprechen jedoch nicht notwendigerweise aus sich selbst, sondern lassen der Interpretation Raum. Dabei griffen Überlegungen Platz, die in rückschauender Betrachtung irrational anmuten. Der buchstäblich harten Wirklichkeit eines geschoßüberfluteten Gefechtsfeldes stellten die Militärplaner die weichen, nur durch den Willen gehärteten Leiber ihrer Soldaten entgegen. Dabei erhob man die Kampfmoral von einer notwendigen zu einer hinreichenden Bedingung des Gefechtserfolges. Vitalistisch-antagonistische Ideologien der Epoche unterstützten und rechtfertigten dieses Denken und verschlossen Alternativen. Die hätten nur darauf hinauslaufen können, überhaupt vom Kriege zu lassen. Vorwürfe, die Militärplaner hätten ihre Heerscharen nicht auf den

---

[159] Bayerisches Hauptstaatsarchiv, Abt. IV, Kriegsarchiv, G.St. 209, Großer Generalstab, Die wichtigsten Veränderungen im Heerwesen Rußlands im Jahre 1913, S. 18.
[160] Ähnlich äußert sich Bond, Doctrine and Training (wie Anm. 145), S. 120.

Stellungskrieg vorbereitet, gehen insofern ins Leere, als sie einen solchen Krieg gar nicht hätten führen wollen. Ein nach dem Kenntnisstand des Jahres 1920 realistisches Kriegsbild hätte einen völlig unattraktiven, unführbaren Krieg bedeutet. Die Möglichkeit des zu für erträglich gehaltenen Kosten entscheidbaren Krieges implizierte die Möglichkeit des taktischen Angriffs, der sich durch die mit ihm scheinbar verbundene moralische Überlegenheit am eigenen Schopf aus dem Sumpf des modernen Feuers zog. Ein solches Kriegsbild stabilisierte auch den innenpolitischen Status von Streitkräften, der nicht nur durch sozialistische, antimilitärische und pazifistische Ideologien bedroht war, sondern auch durch die waffentechnische Entwicklung, die, um ein Bild der Epoche zu verwenden, das Schwert zu solcher Schärfe schliff, daß sein Gebrauch fragwürdig wurde.

Der Moralharnisch war aber nicht die einzige Antwort der Militärapparate auf die Herausforderung durch die moderne Technik. Die andere war die Integration dieser neuartigen Erzeugnisse in die Heeresstruktur und die Anpassung des Kampfverfahrens. Die taktische Entwicklung vollzog sich dabei im Rahmen bestimmter Axiome, von der das vom Vorrang des Angriffs das wichtigste war. Auch mit dieser Einschränkung wird man nicht sagen können, daß die militärischen Eliten vor dem Weltkrieg ihre Aufgaben optimal gelöst hätten. Für sie alle gilt aber, was Christian Müller jüngst über die deutsche Armee geschrieben hat: »Einerseits hatten die propagierten Ansichten zur Führung des Angriffsgefechts die gewachsene Feuerkraft und die veränderten Gefechtsbedingungen nur unzulänglich berücksichtigt. Andererseits muß aber eingeräumt werden, daß selbst eine den neuen Bedingungen noch so gut angepaßte Taktik nicht zu wesentlich anderen Ergebnissen geführt hätte, da es letztlich der Stand der Waffentechnik war, der im Verein mit der 1914 auftretenden Erschöpfung der Truppen zum Stellungskrieg führte[161].«

Daß die deutsche Armee 1914 »am Ende ihrer Entwicklungsmöglichkeiten angelangt« gewesen sei[162], ist unzutreffend. Diese Armee war »alles andere als unbeweglich. Um Garant der inneren und äußeren Machtstellung des Deutschen Reiches zu bleiben, mußte sie sich verändern. Die deutsche Armee« rüstete[163]. Rüsten aber bedeutete Veränderung. Das gilt für die deutsche und für die anderen Armeen der Epoche.

---

[161] Christian Müller, Anmerkungen zur Entwicklung von Kriegsbild und operativ-strategischem Szenario im preußisch-deutschen Heer vor dem Ersten Weltkrieg, in: Militärgeschichtliche Mitteilungen, 57 (1998), S. 385–442, hier S. 438.

[162] Schulte, Die deutsche Armee (wie Anm. 39), S. 548.

[163] Michael Geyer, Deutsche Rüstungspolitik 1860–1980, Frankfurt a.M. 1984, S. 24.

Sevo Javaščev

Das militärstrategische Denken in Bulgarien 1919 bis 1944

Die Beschäftigung mit den Erfahrungen aus vergangenen Kriegen und die Zusammenfassung der Schlußfolgerungen daraus hilft den Militärtheoretikern, die grundlegenden Tendenzen in der Entwicklung des Militärwesens zu erkennen. Wer aus den Erfahrungen der Vergangenheit lernt und die gewonnenen Erkenntnisse kreativ anwendet, vermeidet Über- oder Unterschätzungen.

Angesichts der schwierigen wirtschaftlichen, politischen, militärischen und sozialen Lage in Bulgarien nach dem Ersten Weltkrieg lassen sich die grundlegenden militärstrategischen Vorstellungen in den Jahren 1919 bis 1944 nicht einer bestimmten theoretischen Schule zuordnen. Die Autoren, deren Werke analysiert wurden, können nicht nach ihren Ansichten klassifiziert werden, deshalb wird in diesem Beitrag die Methode der Problemchronologie benutzt. Das Ziel besteht darin, die Entwicklung des militärstrategischen Denkens in Bulgarien aufzuzeigen.

Prämissen für die Entwicklung des strategischen Denkens in Bulgarien

Nach dem Ersten Weltkrieg befand sich Bulgarien in einer schwierigen wirtschaftlichen Lage. Das veranlaßte die Herrscher, die damaligen Großmächte um finanzielle und anderweitige wirtschaftliche Hilfe zu ersuchen. Diese wirtschaftliche Bindung zog jedoch auch eine politische Bindung nach sich, die sich unmittelbar auf die Armee auswirkte. Nach 1919 fühlte sich Bulgarien von verschiedenen europäischen Staaten angezogen. Während der ersten fünf Jahre nach dem Krieg unterhielt es wirtschaftliche Kontakte hauptsächlich mit Italien, Frankreich und England. Nach und nach gewann Deutschland immer größeren Einfluß auf Bulgarien und verdrängte die anderen Länder. In der zweiten Hälfte der dreißiger Jahre wurde Deutschland zur wichtigsten ausländischen Kraft für die wirtschaftliche und militärische Entwicklung des Landes[1].

---

1   Veselin Chadžinikolov, Stopanska istorija [Wirtschaftsgeschichte], Sofia 1982, S. 539; Angel Čakalov, Formi, razmer i dejnost na čuždija kapital v Bălgarija (1878–1944 g.) [Formen, Umfang und Wirken des Fremdkapitals in Bulgarien – 1878 bis 1944], Sofia 1962, S. 54.

So erfolgte die Lieferung von Waffen und militärischen Anlagen hauptsächlich durch Deutschland. Dadurch wurden die strukturellen Veränderungen bei der Armee und die Art und Weise, in der die militärische Technik eingesetzt wurde, vorherbestimmt. Die Schwäche der Wirtschaft des Landes und deren Bindung an die europäischen Länder zählen zu den entscheidenden Gründen für den äußeren Einfluß auf das militärstrategische Denken in Bulgarien.

Der große Bedarf an militärischen Versorgungsgütern bei der Vorbereitung und Durchführung eines Krieges führt zu einer überaus starken Belastung der Wirtschaft. Nach dem Ersten Weltkrieg kam man zu der Erkenntnis, daß künftige Kriege länger dauern und das gesamte wirtschaftliche Potential des Landes einbeziehen werden. Im strategischen Denken entstand deshalb eine Theorie, die die erfolgreiche Lösung der folgenden Aufgaben vorsah:
– die feindlichen Streitkräfte in kürzestmöglicher Zeit zu besiegen. Damit sollte verhindert werden, daß der Feind sein größeres wirtschaftliches Potential ausnutzen konnte;
– jene Gebiete des Feindes zu erobern, in denen sich sein wirtschaftliches Potential befindet;
– das Land auf den Krieg vorzubereiten und das eigene Territorium vor Einwirkungen von außen zu schützen;
– die Streitkräfte entsprechend den wirtschaftlichen Möglichkeiten des Landes bestmöglich zu gliedern;
– neue Konzepte für den Einsatz unterschiedlicher Teilstreitkräfte und Waffengattungen zu entwickeln;
– Mobilmachung, Ausrüstung und Verpflegung der Armee;
– strategische Aufstellung und taktische Bewegung der Armee;
– Verwaltung der Armee während der Vorbereitung auf einen Krieg und im Krieg.
Die Größe der Armee hängt hauptsächlich von der Bevölkerung ab. Sie bestimmt auch die Mobilmachungspläne, das Verhältnis zwischen Kriegsstärke und Friedensstärke, die Struktur der Waffengattungen sowie die Anzahl der Offiziere, Unteroffiziere und Mannschaften usw. Mit diesen Problemen beschäftigt sich die Forschung auf dem Gebiet des militärstrategischen Denkens. Die Personalstärke der bulgarischen Armee betrug 1932 bei einer Bevölkerungszahl von 5 884 100 insgesamt 48 075 Mann (2429 Offiziere, 3152 Unteroffiziere und 42 494 Mannschaften[2]). 1944 hatte die Armee eine Gesamtstärke von 182 621 Mann (9334 Offiziere, 28 228 Unteroffiziere und 145 059 Mannschaften) bei einer Bevölkerungszahl von 6 885 200[3].

---

2   Vasil Krapčanski, Kratăk obzor na bojnija săstav, organizacijata, izpolzvaneto i mobilizacijata na Bălgarskata armija ot 1878 do 1944 g. [Kurzübersicht über Kampfbestand, Organisation, Einsatz und Mobilmachung der Bulgarischen Armee von 1878 bis 1944], Sofia 1961, S. 137.
3   Ebd.

Die Politik Bulgariens war von großer Bedeutung für das militärstrategische Denken, denn sie verfolgte mit ihrer Einflußnahme das Ziel, wieder eine Armee aufzustellen und zu stärken, die Armeeangehörigen militärisch auszubilden, die Verteidigungsfähigkeit des Landes sicherzustellen usw. Auch die Beziehungen zu den Nachbarländern waren für Bulgarien wichtig. Sie bestimmten Stärke und Gliederung der Armee, ihre Militärdoktrin und ihr strategisches Verständnis für die mögliche Verwicklung in einen Krieg auf dem Balkan.

Nach dem Ersten Weltkrieg bestimmten die Siegerländer die internationale Stellung Bulgariens, das wirtschaftlich ruiniert war. In weniger als zehn Jahren mußte das Land die zweite nationale Katastrophe erleben. Seine Streitkräfte wurden entwaffnet, Bulgarien besaß kein reguläres Heer mehr. Damit verlor es seine Bedeutung für das internationale Gleichgewicht in Europa, woraus sich das besondere Ziel der bulgarischen Außenpolitik ableitete: das Land von den Bedingungen des Friedensvertrags von Neuilly zu befreien.

In den zwanziger Jahren hoffte Bulgarien, den Friedensvertrag von Neuilly hauptsächlich mit Hilfe Italiens revidieren zu können. Nach 1934 strebte das Land eine Annäherung an die Politik Frankreichs an bzw. bemühte sich, zumindest Frankreich nicht entgegenzuwirken[4]. Schließlich gelang es Bulgarien, schrittweise aus der politischen Isolation herauszukommen. Verträge mit der Türkei (1925) und Jugoslawien (1937) wurden geschlossen. Mit ihnen verfolgte Bulgarien das Ziel, Probleme zu vermeiden, die zu einem Krieg führen könnten, sich politisch zurückzuhalten und im guten Einvernehmen mit den anderen Balkanländern zu leben[5].

In der zweiten Hälfte der dreißiger Jahre wurde Deutschland zu einem der wichtigsten Partner Bulgariens in außenpolitischen und militärischen Angelegenheiten. Es beteiligte sich aktiv an der »geheimen« Wiederaufrüstung der bulgarischen Armee. Die Lieferungen waren als Mittel für Verteidigungszwecke deklariert, in Wirklichkeit handelte es sich um Waffen für die Aufstellung der bulgarischen Armee. Damit Bulgarien auch über eine Flugabwehr verfügte, wurden Flugabwehrkanonen geliefert. Bei den 44 Flugzeugen handelte es sich um 18 Jagdflugzeuge, 12 Aufklärungsflugzeuge, 12 Ausbildungsflugzeuge und 2 Ausbildungsbomber[6].

Bulgarien erkannte jedoch, daß eine solche einseitige Orientierung auch ernsthafte negative Folgen nach sich ziehen konnte. Deshalb suchte es nach Möglichkeiten, auch von anderen Ländern, insbesondere Frankreich, Rüstungs-

---

4   Asen Božinov, Nova Bălgarija i vănšnija svât [Das Neue Bulgarien und die Außenwelt], Sofia 1934, S. 37.

5   Ilčo Dimitrov, Bălgarija na Balkanite i v Evropa [Bulgarien auf dem Balkan und in Europa], Sofia 1983, S. 17.

6   Georgi Markov, Bălgaro-germanski otnošenija (1931–1939 g.) [Bulgarisch-deutsche Beziehungen – 1931 bis 1939], Sofia 1984, S. 103.

güter zu erhalten. Frankreich jedoch schränkte mit Rücksicht auf die Entente seine Kontakte zu Bulgarien ein[7].

Am 31. Juli 1938 kam es in Thessaloniki zur Unterzeichnung eines Vertrages zwischen Bulgarien und den Ländern des Balkanpakts. Aber selbst danach betrachteten die Nachbarländer Bulgarien noch immer als potentiellen Feind in einem möglichen künftigen Krieg. Das beeinflußte weitgehend die Ausarbeitung von Plänen für den Einsatz der bulgarischen Armee im Falle eines Krieges auf dem Balkan. Die Lieferung von Rüstungsgütern aus Deutschland wurde beschleunigt. Außerdem fanden Beratungen über eine Zusammenarbeit zwischen Bulgarien und Deutschland statt[8].

Mit dem Beginn des Zweiten Weltkrieges erhielt Bulgarien von Deutschland modernere Waffen und militärische Versorgungsgüter. Dadurch kam es in der Armee zu quantitativen und qualitativen Veränderungen. Neue Infanterieregimenter und -divisionen wurden aufgestellt, die Fernmelde- und Pioniertruppen wurden verstärkt[9].

Bevor Bulgarien dem Dreimächtepakt beitrat, wurden im militärstrategischen Denken des Landes nicht so sehr Rumänien und Jugoslawien, sondern Griechenland und die Türkei als potentielle Feinde betrachtet. Nachdem sich Bulgarien dem Dreimächtepakt angeschlossen hatte und Jugoslawien und Griechenland von Deutschland besetzt worden waren, sah es nur noch die Türkei als potentiellen Feind[10].

Wissenschaft, Kultur und Bildung hatten in Bulgarien nach dem Ersten Weltkrieg einen Aufschwung erlebt, und so sollten sie umfassend zur Verbesserung der militärischen Ausbildung der Truppenführer und für die Weiterentwicklung des militärischen Denkens genutzt werden. Zentrale Organisationen wurden geschaffen, um die militärische Ausbildung durch die Erarbeitung von Lehrbüchern und Vorträgen für die militärischen Lehreinrichtungen und die Militärakademie zu erleichtern und zu fördern. Neben Monographien wurden in den militärischen Zeitschriften zahlreiche Artikel zu militärtheoretischen Fragen veröffentlicht. Auch öffentliche Diskussionen wurden organisiert.

Von 1919 bis 1944 erschienen 9 Militärzeitungen und 13 Militärzeitschriften. Jede Waffengattung hatte ihre eigene Zeitschrift, auf deren Seiten man die Ansichten bulgarischer und ausländischer Militärtheoretiker kennenlernen konnte. Auch wurden die Erfahrungen des Ersten Weltkrieges überdacht und Art und Folgen eines neuen Weltkrieges prognostiziert.

Auch Bulgariens eigenes militärtheoretisches Erbe auf dem Gebiet der Militärstrategie hatte Einfluß auf das militärstrategische Denken. Während der

---

7   Dimitrov, Bălgarija na Balkanite i v Evropa (wie Anm. 5), S. 95.
8   Centralen Voenen Archiv, f. 22, op. 3, a.e. 272, l. 30.
9   Krapčanski, Kratăk obzor na bojnija săstav (wie Anm. 2), S. 129.
10   Dimităr Sirkov, Vănšnata politika na Bălgarija (1938–1941 g.) [Die Außenpolitik Bulgariens – 1938 bis 1941], Sofia 1979, S. 282.

Kriege, an denen Bulgarien zwischen 1878 und 1918 teilnahm, wurden die Methoden der Kriegführung, die aus dem militärstrategischen Denken resultieren, erprobt. Die in diesen Kriegen gesammelten Erfahrungen wirkten sich auch auf die Dienstvorschriften und sonstigen militärischen Bestimmungen aus. Nach jedem Krieg veröffentlichten Truppenführer, die an den Kriegen teilgenommen hatten, Monographien und Artikel in den Militärzeitschriften. Gemessen an der Größe Bulgariens und seiner Armee erreicht das strategische Denken ein hohes Niveau. Der Frage der strategischen Ziele eines Krieges, der Notwendigkeit, die Hauptkräfte im Schwerpunkt der militärischen Handlungen zu konzentrieren, und der strategisch klugen Aufstellung der Streitkräfte wurde eine sehr große Aufmerksamkeit zuteil[11].

Ebenso wirkte sich die ausländische Militärtheorie auf die Entwicklung des militärstrategischen Denkens in Bulgarien aus. Dies geschah in Bulgarien in jener Zeit auf verschiedenen Wegen. Besonders wichtig war die Einfuhr ausländischer Literatur.

Nach dem Ersten Weltkrieg wurden auf militärischem Gebiet international viele wesentliche Veränderungen vorgenommen. So entwickelten sich neue Waffengattungen (Fliegerkräfte und Panzertruppen). Auch in der Bewaffnung und der Gliederung sowie der Theorie der Vorbereitung und Führung eines Krieges kam es zu Veränderungen, die in Europa von den Militärtheoretikern Frankreichs, Englands, Deutschlands und Rußlands ausgingen. Das veranlaßte die bulgarischen Offiziere, insbesondere in den Stäben und Lehreinrichtungen, die militärischen Dienstvorschriften dieser Länder zu lesen. Die auch in Bulgarien anwendbaren Bestimmungen und Vorschriften wurden übernommen. Sie wurden übersetzt und dienten als Grundlage zur Erarbeitung der entsprechenden bulgarischen Dokumente[12].

Eine weitere Form der Beeinflussung durch das Ausland waren die übersetzten Monographien und Artikel französischer, deutscher, italienischer, russischer und anderer Autoren. Die bulgarischen Militärattachés im Ausland und die Offiziere des Bereichs Aufklärung im Führungsstab werteten jährlich die Militärliteratur und die in der ausländischen Militärpresse veröffentlichten Artikel aus[13].

Die ausländischen Periodika gelangten im wesentlichen auf drei Wegen nach Bulgarien: über die Militärattachés im Ausland, durch das Abonnement von Bibliotheken des Verteidigungsministeriums und der Militärhistorischen Kommission sowie durch Austauschbeziehungen. In den Jahren 1934 und 1935 wurden 12 Militärzeitschriften in Frankreich herausgegeben, neun von ihnen

---

[11] Bălgarskata voenna strategija prez epochata na kapitalizma [Die bulgarische Militärstrategie in der Epoche des Kapitalismus], Sofia 1985, S. 33.

[12] Centralen Dăržaven Archiv, f. 176, op. 6, a.e. 1995, l. 35, 38, 141.

[13] Centralen Voenen Archiv, f. 2, op. 1, a.e. 28, l. 35; Centralen Dăržaven Archiv, f. 416, op. 1, a.e. 114, l. 90−91.

wurden auch nach Bulgarien geliefert. In Deutschland wurden 1934 11 Zeitschriften herausgegeben, von denen 10 nach Bulgarien gelangten. 1934 und
1935 erschienen in der UdSSR 13 Militärzeitschriften, von denen 10 auch in
Bulgarien gelesen wurden. 12 Zeitschriften wurden 1935 in Jugoslawien herausgegeben, 4 davon gelangten nach Bulgarien. Im selben Jahr wurden 9 Zeitschriften in Griechenland verlegt, von denen 4 nach Bulgarien geliefert wurden[14].

Die Ansichten der bulgarischen Militärtheoretiker wurden auch dadurch beeinflußt, wo sie studiert hatten. In den zwanziger Jahren wurden die bulgarischen Offiziere hauptsächlich in Italien ausgebildet, weil das zu jener Zeit die
einzige Großmacht war, die Interesse an einer Zusammenarbeit mit Bulgarien
zeigte[15]. Allmählich verringerte sich jedoch das Interesse Bulgariens an den
italienischen zugunsten der deutschen militärischen Lehreinrichtungen. 1935
brach Deutschland den Versailler Vertrag und nahm bulgarische Offiziere an
seinen Offizierschulen auf[16].

Anzahl der bulgarischen Offiziere, die an militärischen Lehreinrichtungen in Deutschland, Italien und Frankreich ausgebildet wurden

Jahr	Land		
	Italien	Deutschland	Frankreich
1934	9	4	-
1935	14	4	1
1936	12	7	1
1937	14	19	1
1938	9	14	4
1939	6	12	1

---

[14] Boris Charizanov, Pregled na voennija pečat văv Francija prez 1934 i 1935 g. [Übersicht
      über die Militärpresse in Frankreich in den Jahren 1934 und 1935], Sofia 1936, S. 1; Ivan
      Kazandžiev, Pregled na germanskija voenen pečat prez 1934 g. [Übersicht über die deut-
      sche Militärpresse im Jahre 1934], Sofia 1935, S. 1; Georgi Petrov, Pregled na voennija
      pečat na Jugoslavija i Čechoslovakija prez 1934 g. [Übersicht über die Militärpresse in Ju-
      goslawien und in der Tschechoslowakei im Jahre 1934], Sofia 1936, S. 1; Vasil Petrunov,
      Pregled na voennija pečat v Gărcija prez 1935 g. [Übersicht über die Militärpresse in
      Griechenland im Jahre 1935], Sofia 1936, S. 1; Kubadinov, Pregled na ruskija pečat prez
      1934 g. [Übersicht über die russische Presse im Jahre 1934], Sofia 1935, S. 4; Ivan Mari-
      nov, Pregled na voennija pečat na Rusija prez 1935 g. [Übersicht über die Militärpresse in
      Rußland im Jahre 1935], Sofia 1936, S. 4.
[15] Ilčo Dimitrov, Bălgaro-italianski političeski otnošenija (1922–1943 g.) [Bulgarisch-
      italienische politische Beziehungen – 1922 bis 1943], Sofia 1976, S. 173.
[16] Centralen Voenen Archiv, f. 22, op. 3, a.e. 293, l. 52.

Mitte der dreißiger Jahre gestatteten Frankreich und England, abweichend von den militärischen Bestimmungen des Friedensvertrages von Neuilly, nicht nur die Lieferungen von militärischen Gütern nach Bulgarien, sondern sie akzeptierten auch bulgarische Offiziere an ihren Offizierschulen[17].

Neben der regulären Ausbildung bulgarischer Offiziere an Offizierschulen und Militärakademien der westeuropäischen Länder wurden auch Offiziere aller Waffengattungen zu Speziallehrgängen geschickt. In den dreißiger Jahren wurden Offiziere nach Italien (Artilleristen, Piloten), Deutschland (Piloten, Marineangehörige, Fallschirmjäger, Flugabwehrsoldaten), Frankreich (Artilleristen, Kavalleristen, Pioniere), England (Piloten) und Polen (Piloten) gesandt[18].

Mit Interesse verfolgten die bulgarischen Fachleute die Manöver und Übungen der ausländischen Armeen. Dabei galt ihre besondere Aufmerksamkeit den Manövern und Übungen, bei denen neue Arten militärischen Geräts zum Einsatz kamen, insbesondere Panzer und Flugzeuge. Bis 1938 konnten bulgarische Militärdelegationen nur in Deutschland als Beobachter an Manövern teilnehmen. Bei Manövern der Armeen der anderen Länder durften nur die bulgarischen Militärattachés zugegen sein[19].

Mit Aufmerksamkeit verfolgten die bulgarischen Militärtheoretiker Verlauf und Ergebnisse der Kriege nach 1919. So veranlaßten die Erfolge der Wehrmacht während der ersten Jahre des Zweiten Weltkrieges die Offiziere aus dem bulgarischen Führungsstab, die Erfahrungen gründlich zu studieren, die die Deutschen bei den Operationen in Polen und Frankreich gesammelt hatten. Hohe bulgarische Offiziere waren dann bei der Vorbereitung und Führung der Feldzüge gegen Jugoslawien und Griechenland dabei[20].

Das strategische Denken in Bulgarien 1919 bis 1944

In der bulgarischen Militärliteratur wurden fast alle Probleme der Militärstrategie angesprochen. Die meisten Artikel sind der Art des Krieges, der Kriegsvorbereitung des Landes, der Gliederung der Armee und dem Einsatz der unterschiedlichen Waffengattungen gewidmet.

---

17   Centralen Dăržaven Archiv, a.e. 297, l. 55, a.e. 296, l. 354, a.e. 301, l. 327, a.e. 302, l. 389.
18   Centralen Voenen Archiv, a.e. 299, l. 15; a.e. 293, l. 54, 63, 93, 107, 130, 148; a.e. 301, l. 438.
19   Centralen Voenen Archiv, a.e. 330, l. 288; a.e. 270, l. 1; a.e. 292, l. 196.
20   Nikola Kostov, Vojnata v Polša 1939 g. [Der Krieg in Polen 1939], Sofia 1940, S. 7–23; Anton Samardžiev, Charakterni projavi na germanskata voenna doktrina [Charakteristische Merkmale der deutschen Militärdoktrin], in: Bălgarska voenna misăl, 1939, Nr. 9/10, S. 596; Nikola Žekov, Vpečatlenija ot obikolkata na bojnite poleta na Zapadnija front [Eindrücke von einer Fahrt zu den Gefechtsfeldern der Westfront], in: Bălgarska voenna misăl, 1940, Nr. 7, S. 838; Christo Charalambiev, Pouki ot germano-polskata vojna [Lehren des deutsch-polnischen Krieges], in: Săvremenna pechota, 1940, Nr. 55, S. 13.

Ansichten zu Art und Zielen des Krieges

Nach dem Ersten Weltkrieg herrschte im bulgarischen militärischen Denken Einigkeit in den Ansichten über die Ziele eines Krieges. Fast alle Autoren betonten, daß die Ziele eines Krieges von den Zielen der Politik abhängig seien. Die Politik wiederum hänge von der Form der Regierung des Landes ab[21]. In den dreißiger Jahren gingen die Militärtheoretiker konkreter an die Bestimmung der Ziele eines Krieges heran. Für einige bestanden sie in der »Zerschlagung der militärischen Macht des Feindes«[22], andere unterschieden zwischen politischen und militärischen Zielen[23]. Dieselben Autoren gingen auch auf die Mittel ein, mit denen diese Ziele erreicht werden sollten: dem Feind große Verluste zufügen, Blockade, die feindliche Armee vom Territorium des Landes vertreiben usw. Derartige Auffassungen der bulgarischen Militärtheoretiker kamen denen der deutschen Militärtheorie sehr nahe[24]. In den vierziger Jahren wurden dieselben Ansichten vertreten[25].

Die Auffassung von den Zielen des Krieges schlug sich in den Dokumenten des Führungsstabes nieder, als dieser Pläne für einen möglichen Krieg Bulgariens ausarbeitete. Dort fanden sie ihren konkreten Ausdruck und waren entsprechend den tatsächlichen Bedingungen formuliert (Personalstärke der eigenen Streitkräfte und der Verbündeten, Ort der Gefechtshandlungen usw.)[26].

In der bulgarischen Militärliteratur gab es drei Gruppen von Kriterien, um einen Krieg zu charakterisieren: 1. sozialhistorische Kriterien, die den Krieg als öffentliches politisches Phänomen charakterisieren; 2. quantitative Kriterien, d.h. die Bestimmung des Maßstabs eines konkreten Krieges in Zeit, Raum und Umfang der beteiligten Streitkräfte; 3. militärfachliche Kriterien, die die Arten des bewaffneten Kampfes, die Anwendung militärischer Techniken und die Arten der Operationsführung berücksichtigen.

Wenn die bulgarischen Militärautoren den Charakter des Krieges anhand der ersten Gruppe von Kriterien bestimmten, betrachteten sie ihn in Abhängigkeit

---

[21] Kiro Panov, Zapiski po visša taktika [Notizen zur höheren Taktik], Sofia 1923, S. 74; Nikolaj Nikolaev, Vojskata v parlamentarnata dăržava [Streitkräfte im parlamentarischen Staat], Sofia 1926, S. 14; Christo Balarev, Voenna administracija. Organizacija na văoräženite sili [Wehrverwaltung. Organisation der Streitkräfte], Sofia 1928, S. 19.

[22] Centralen Voenen Archiv, f. 15, op. 1, a.e. 9, l. 181; Ivan Popov, Strategičeska otbrana [Strategische Verteidigung], Sofia 1932, S. 11.

[23] Vasil Manov, Anton Baltakov, Taktika na rodovete vojski [Taktik der Waffengattungen], Sofia 1933, S. 7; Ljuben Kostov, Izchodăt na bădešata vojna [Der Ausgang des künftigen Krieges], Sofia 1935, S. 30.

[24] Hermann Foertsch, Kriegskunst heute und morgen, Berlin 1939, S. 32–45.

[25] Michail Jolov, Vojskata pri Fridrich, Napoleon, Moltke i v naše vreme [Die Armee bei Friedrich, Napoleon, Moltke und in unserer Zeit], Sofia 1943, S. 69.

[26] Stojan Džumaliev, Verojatnijat operativen plan na Gărcija v săjuz s Turcija pri vojna srešu Bălgarija [Der wahrscheinliche Operationsplan Griechenlands im Bündnis mit der Türkei in einem Krieg gegen Bulgarien], Sofia 1936, S. 3–5.

von den Vorstellungen, Gefühlen und Beziehungen zu Beginn des Krieges. Sie alle betonten, daß der Charakter des Krieges von den politischen Zielen abhängt[27].

In der bulgarischen Militärliteratur gab es auch andere Vorstellungen vom Charakter eines Krieges, die jedoch bei den Militärtheoretikern des Landes nicht beliebt waren. Besonders häufig war die Ansicht des ehemaligen Oberbefehlshabers der bulgarischen Armee im Ersten Weltkrieg, General Nikola Jekov, anzutreffen. Seiner Meinung nach war es unmöglich, vorbehaltlos darüber zu urteilen, ob ein Krieg gerecht und nützlich ist[28].

Bei der Charakterisierung eines Krieges nach quantitativen Kriterien waren sich die bulgarischen Militärtheoretiker einig. Nach dem Ersten Weltkrieg tauchten Publikationen auf, in denen die Autoren den zukünftigen Krieg als totalen, nationalen Abnutzungskrieg betrachteten, in dem alle Kräfte des Landes größtmögliche Anstrengungen zu bringen haben[29]. Diese Ansichten stammten aus Erich Ludendorfs Buch »Der totale Krieg«. Außerdem lehnten sie sich an die Vorstellungen anderer ausländischer Autoren an, die in der bulgarischen Militärpresse nachzulesen waren[30].

Im bulgarischen militärischen Denken war die Meinung vorherrschend, daß es sich bei einem zukünftigen Krieg um einen langandauernden Abnutzungskrieg handeln würde, in dem große Mengen materieller Mittel zum Einsatz kämen[31]. Jedoch gab es auch Autoren, die einen kurzen vernichtenden Krieg, einen Blitzkrieg, nicht ausschließen wollten[32]. Ihre Meinungen tauchten am

---

27 Panov, Zapiski (wie Anm. 21), S. 110; Nikolaev, Vojskata v parlamentarnata dăržava (wie Anm. 21), S. 14; Balarev, Voenna administracija (wie Anm. 21), S. 19; Todor Georgiev, Strategija [Strategie], Sofia 1935, S. 145.

28 Nikola Žekov, Vojnata kato obšestveno javlenie i neizbežno zlo [Der Krieg als gesellschaftliche Erscheinung und unausweichliches Übel], Sofia 1930, S. 177.

29 Centralen Voenen Archiv, f. 40, op. 1, a.e. 4, l. 10; Panov, Zapiski (wie Anm. 21), S. 73; Nikola Njagolov, Voenna organizacija [Militärische Organisation], Sofia 1935, S. 339; ders., Politika i vojna [Politik und Krieg], in: Voenen žurnal, 1925, Nr. 1, S. 13; Ničo Georgiev, Osnovi na podgotovkata za vojna i mobilizacija [Grundlagen der Kriegs- und Mobilmachungsvorbereitung], Sofia 1930, S. 3; Anton Samardžiev, Podgotovka na dăržavata za vojna [Vorbereitung des Staates auf einen Krieg], in: Bălgarska voenna misăl, 1940, Nr. 2/3, S. 673; Petko Stajnov, Upravlenieto na dăržavata predi i prez vojnata [Die Führung des Staates vor und während des Krieges], Sofia 1941, S. 4; Teodosi Daskalov, Podgotovka na dăržavata za vojna [Vorbereitung des Staates auf einen Krieg], Sofia 1943, S. 85.

30 B. Jožef, Razmišlenija vărchu bădešata vojna [Gedanken zum künftigen Krieg], in: Voenen žurnal, 1940, Nr. 76, S. 111; Foertsch, Kriegskunst (wie Anm. 24), S. 117−145.

31 Panov, Zapiski (wie Anm. 21), S. 75; Michail Michajlov, Značenie i săšnost na podgotovkata na dăržavata za vojna [Bedeutung und Wesen der Vorbereitung des Staates auf einen Krieg], Sofia 1931, S. 4; Simo Genov, Plan za snabdjavane na armijata ni [Plan zur Versorgung unserer Armee], Sofia 1936, S. 2.

32 Stojko Ivanov, Podgotovka na dăržavata za vojna [Vorbereitung des Staates auf einen Krieg], Sofia 1939, S. 5.

Ende der zwanziger, hauptsächlich aber in den dreißiger Jahren auf, als in Deutschland die Blitzkriegstheorie im Detail entwickelt wurde.

Da diese Ansichten auch Eingang in das bulgarische strategische Denken fanden, ist offensichtlich, daß dessen Vertreter die Diskussionen über den Charakter eines künftigen Krieges in fast allen europäischen Ländern gut kannten[33]. Indirekt förderten diese Diskussionen die Entwicklung des bulgarischen strategischen Denkens, wenn es darum ging, die Arten der künftigen Kriegführung zu bestimmen.

Richtigerweise betrachteten die bulgarischen Autoren den künftigen Krieg als Koalitionskrieg, d.h. als einen Krieg, in dem die kleineren und schwächeren Länder die Pläne ihrer stärkeren Verbündeten berücksichtigen. Die Tatsache, daß die bulgarischen Militärtheoretiker ab Anfang der dreißiger Jahre die Ansichten im deutschen militärischen Denken genau verfolgten, nach denen Deutschland und seine Verbündeten gegen viele Länder in nahezu der ganzen Welt Krieg führen sollten, stützt diese These[34].

Aus militärfachlicher Sicht waren die Auffassungen der bulgarischen Militärtheoretiker bezüglich eines künftigen Krieges weitgehend richtig. Nach dem Ersten Weltkrieg mußte das militärische Denken in fast allen Ländern die gleichen militärfachlichen Fragen beantworten: Wird der Krieg als Bewegungskrieg beginnen, dem eine längere Phase des Stellungskrieges folgt? Haben kleine Berufsarmeen eine Zukunft? Welche Art von Operationen wird überwiegen, der Angriff oder die Verteidigung?

Im bulgarischen strategischen Denken herrschte die Meinung vor, daß der künftige Krieg ein Bewegungskrieg sein würde. Demnach würde er von einer massenhaften Mechanisierung und Motorisierung der Armeen bestimmt. Die neuen leistungsfähigen Angriffsmittel (Panzer, Flugzeuge, gepanzerte Fahrzeuge) würden einen erfolgreichen Durchbruch durch die Verteidigung und die Entwicklung des Angriffs in die Tiefe des feindlichen Territoriums ermöglichen[35].

Das bulgarische strategische Denken befaßte sich auch mit den Theorien über kleine Berufsarmeen. Die bulgarischen Theoretiker setzten sich mit den

---

[33] Foertsch, Kriegskunst (wie Anm. 24), S. 32 – 45; V. Sikorski, Săvremennata vojna [Der moderne Krieg], Sofia 1936, S. 38; John R.M. Butler, Grand Strategy, Bd 2, London 1957, S. 1 – 21.

[34] Centralen Voenen Archiv, f. 40, op. 1, a.e.4, l. 16; Angel Todorov, Političeski, strategičeski i psichologičeski pričini i pouki ot katastrofite prez 1913 i 1918 g. [Politische, strategische und psychologische Gründe und Lehren der Katastrophen von 1913 und 1918], Sofia 1930, S. 19; Foertsch, Kriegskunst (wie Anm. 24), S. 117 – 145; Christo Kovačev, Njakoi charakterni čerti na voennata strategija na glavnite strani ot chitleristkata koalicija prez Vtorata svetovna vojna [Einige charakteristische Merkmale der Militärstrategie der wichtigsten Länder der Hitlerkoalition im Zweiten Weltkrieg], in: Voennoistoričeski sbornik, 1969, Nr. 5, S. 80.

[35] Centralen Voenen Archiv, f. 4, op. 3, a.e. 260, l. 2; f. 22, op. 3, a.e. 333, l. 205.

Gedanken von Giulio Douhet, John Frederick Charles Fuller, Charles de Gaulle, Ludwig Ritter von Eimannsberger, Heinz Guderian und anderer auseinander, empfahlen jedoch deren Theorien nicht als Modell für den Aufbau der bulgarischen Armee[36].

In den Jahren vor dem Zweiten Krieg zog das bulgarische strategische Denken die richtige Schlußfolgerung zu den Methoden, nach denen ein künftiger Krieg beginnen würde. Ein großer Teil seiner Vertreter war der Ansicht, daß dies unter den damaligen Umständen unerwartet und ohne offizielle Kriegserklärung geschehen würde[37]. Darin stimmten sie mit Theoretikern in vielen anderen europäischen Ländern überein.

Das strategische Denken zur Vorbereitung eines Landes auf einen Krieg

Wie die Erfahrungen aus dem Ersten Weltkrieg zeigten, beschränkt sich ein Krieg nicht auf den Zusammenstoß der Streitkräfte an der Front. Das gesamte Volk mit seinem wirtschaftlichen, militärischen und moralischen Potential ist an ihm beteiligt. Deshalb sollte die Vorbereitung eines Krieges Sache des Landes und nicht nur des Kriegsministeriums sein. Zu dieser Vorstellung gelangte das bulgarische strategische Denken, weil es die Ansichten der europäischen Militärautoren über den »totalen« Krieg und das »Volk in Waffen« gut kannte[38].

Im bulgarischen militärischen Denken herrschte Einigkeit über die Zeiträume, in denen das Land im Hinblick auf einen Krieg zu führen ist, d.h., es unterschied zwei Zeiträume: Frieden und Krieg[39]. Hinsichtlich der Friedenszeit waren die bulgarischen Militärtheoretiker unterschiedlicher Auffassung. Während einige der Meinung waren, daß die Friedenszeit nur die politische und militärische Kriegsvorbereitung umfaßt[40], wollten andere auch die wirtschaftliche Vorbereitung einbezogen wissen[41]. Eine dritte Meinung brachte auch die diplomatische und militärische Vorbereitung am Ort der militärischen Operationen ins Spiel[42].

---

36 Vasil Manov, Strategija s ograničena cel [Strategie mit begrenztem Ziel], in: Bălgarska voenna misăl, 1938, Nr. 9, S. 11.

37 Njagolov, Politika i vojna (wie Anm. 29), S. 13; Georgiev, Osnovi na podgotovkata za vojna (wie Anm. 29), S. 27.

38 Žekov, Vojnata kato obšestveno javlenie (wie Anm. 28), S. 117; Todor Radev, Săvremennata organizacija na dăržavnata otbrana [Die moderne Organisation der staatlichen Verteidigung], Sofia 1936, S. 1; Sikorski, Săvremennata vojna (wie Anm. 33), S. 65.

39 Panov, Vojna i politika, S. 629; Žekov, Vojnata kato obšestveno javlenie (wie Anm. 28), S. 115; Georgiev, Osnovi na podgotovkata za vojna (wie Anm. 29), S. 10; Kiril Dinev, Socialnata podgotovka na dăržavata za vojna [Die soziale Vorbereitung des Staates auf einen Krieg], in: Voenen žurnal, 1937, Nr. 49, S. 82.

40 Panov, Vojna i politika, S. 629.

41 Georgiev, Osnovi na podgotovkata za vojna (wie Anm. 29), S. 11.

42 Nikola Bakărdžiev, Strategija [Strategie], Sofia 1929, S. 85.

Die Erfahrungen aus dem Ersten Weltkrieg und die Prognosen für den Charakter eines künftigen Krieges veranlaßten die bulgarischen Militärautoren, die Kriegsvorbereitung des Landes umfassender zu betrachten, nämlich als Kombination politischer, militärischer, wirtschaftlicher, sozialer und seelsorgerischer Vorbereitung.

Bei der Analyse der politischen Vorbereitung sah ein großer Teil der bulgarischen Autoren diese lediglich als außenpolitisch-diplomatische Vorbereitung[43]. Nur wenige bulgarische Militärtheoretiker schlossen richtigerweise auch die innenpolitische Vorbereitung mit ein.

Die Einstellung der bulgarischen Militärtheoretiker zur diplomatischen Vorbereitung auf einen Krieg läßt sich damit erklären, daß sie im Fehlen einer solchen die Ursache für die zwei nationalen Katastrophen sahen.

In der bulgarischen Militärliteratur wurde die Frage der militärischen Vorbereitung des Landes auf einen Krieg sehr ausführlich behandelt. Zu Recht betrachteten die bulgarischen Autoren sie in engem Zusammenhang mit der politischen und wirtschaftlichen Vorbereitung sowie mit neuen Wegen der Kriegführung. So ist bei einigen von ihnen zu lesen, daß das Ziel der militärischen Vorbereitung darin bestehe, die erforderliche Personalstärke der Streitkräfte zu gewährleisten, die gut ausgebildet und mit modernen Waffen und neuestem militärischem Gerät ausgerüstet sein sollten. Außerdem sollte die militärische Vorbereitung nach ihrer Meinung die Gliederung, die Führung, die Mobilmachung, die Vorbereitung des Orts der militärischen Operationen, die Konzentration der Truppen, ihre strategische Aufstellung, das Sammeln von Erkenntnissen über den möglichen Feind usw. beinhalten[44].

Breiten Raum in den Veröffentlichungen der bulgarischen Militärautoren nahm die wirtschaftliche Vorbereitung eines Krieges ein. Einmütigkeit herrschte darüber, daß die wirtschaftliche Kraft eines Landes die Leistungsfähigkeit seiner Streitkräfte sowie die Quantität und Qualität der Waffen und des militärischen Geräts bestimmt[45].

Die optimale wirtschaftliche Vorbereitung sahen die Militärautoren in der Erreichung der wirtschaftlichen Autarkie. Alles, was für die Streitkräfte und das Volk benötigt wurde, sollte das Land in ausreichender Menge bereitstellen können, und zwar durch eigene Produktion und ohne Importe. Zum großen Teil

---

[43] Ebd., S. 86; Michajlov, Značenie i săšnost na podgotovkata (wie Anm. 31), S. 8; Christo Bakărdžiev, Voenna organizacija [Militärische Organisation], Sofia 1939, S. 248.

[44] Centralen Voenen Archiv, f. 22, op. 3, a.e. 406, l. 19; Ivanov, Podgotovka na dăržavata za vojna (wie Anm. 32), S. 20; Bakărdžiev, Strategija (wie Anm. 42), S. 86; Georgiev, Osnovi na podgotovkata za vojna (wie Anm. 29), S. 11; Bakărdžiev, Voenna organizacija (wie Anm. 43), S. 248.

[45] Panov, Zapiski (wie Anm. 21), S. 118; Georgiev, Osnovi na podgotovkata za vojna (wie Anm. 29), S. 54; Michajlov, Značenie i săšnost na podgotovkata (wie Anm. 31), S. 10.

war diese Meinung der französischen und jugoslawischen Gesetzgebung für die Landesverteidigung entlehnt[46].

Im bulgarischen militärischen Denken wurde der Kriegsvorbereitung in der Gesellschaft sehr große Bedeutung beigemessen. Darunter verstanden die Militärautoren die Maßnahmen zur Regelung der Beziehungen zwischen den Bürgern und allen Organisationen im Lande. Daneben schloß die gesellschaftliche Vorbereitung Maßnahmen zur Gewährleistung der inneren Sicherheit des Landes, Maßnahmen zur Unterstützung von Kriegsopfern, Armen, Arbeitslosen und Flüchtlingen sowie Maßnahmen zur Erziehung und Bildung der jungen Menschen vor[47].

Am Vorabend des Zweiten Weltkrieges gewann die Frage der moralischen Vorbereitung an Aktualität. Nun beschäftigten sich die bulgarischen Militärautoren eingehend mit diesem Problem. Einige Autoren waren der Ansicht, daß es erforderlich sei, den physischen, moralischen und mentalen Zustand des Volkes zu verbessern, um die Vorbereitung auf dem für einen modernen Krieg erforderlichen Niveau zu gewährleisten. Um den Härten des Krieges standhalten zu können, sei auch soziale Gerechtigkeit erforderlich[48]. Ein Ziel der moralischen Vorbereitung des Krieges bestünde darin, im Volk Verständnis für den Krieg zu wecken und die Menschen dazu zu bringen, seine Notwendigkeit einzusehen. Diese Arbeit sollten alle Bildungsträger im Lande sowie speziell dafür geschaffene Gremien leisten[49]. Nach Ansicht einiger Militärautoren sollte die moralische Kriegsvorbereitung nach einem erfolglosen Krieg besonders aktiv sein, denn ein solcher hätte die Verbreitung von pazifistischem Gedankengut und von Theorien zu Klassenunterschieden im Volk im Gefolge. In »einer starken Innenpolitik des Landes, die die Anstrengungen aller zuverlässigen politischen Gruppierungen vereinigt«, sahen sie die Grundlage einer solchen Vorbereitung[50].

Ansichten zur Gliederung der bulgarischen Armee

Bei Entscheidungen zu Gliederung und Kampfstärke gingen die Regierung und die militärische Führung des Landes grundsätzlich von der Bevölkerungszahl und der militärisch ausgebildeten Reserve aus. Schrittweise erarbeiteten die bulgarischen Militärautoren die detaillierten Anforderungen an die Gliederung

---

46 Centralen Voenen Archiv, f. 22, op. 3, a.e. 406, l. 18; Ivanov, Podgotovka na dăržavata za voina (wie Anm. 32), S. 108.

47 Michajlov, Značenie i săŝnost na podgotovkata (wie Anm. 31), S. 11.

48 Dinev, Socialnata podgotovka (wie Anm. 31), S. 73.

49 Michajlov, Značenie i săŝnost na podgotovkata (wie Anm. 31), S. 9; Nikola Žekov, Problemăt na Glavnoto komandvane [Das Problem des Oberkommandos], Sofia 1936, S. 3.

50 Kosta Todorov, Văprosite na narodnata otbrana [Die Fragen der Volksverteidigung], Sofia 1935, S. 5; Georgiev, Strategija (wie Anm. 27), S. 228.

der Armee. Dabei berücksichtigten sie die wirtschaftlichen Möglichkeiten des Landes, die Theorie der Kriegskunst sowie die Ziele und den Charakter des Krieges.

Nach Christo Balarev und Christo Bakărdžiev sollte eine Armee drei Grundbedingungen erfüllen: Zweckmäßigkeit, Stabilität und Einfachheit[51]. Das von der Militärakademie herausgegebene Lehrbuch für Strategie sah für die Gliederung einer Armee folgende Grundsätze vor: der organische Zusammenhang zwischen den Truppenteilen der Armee und die organische Einheit der Truppenteile sollten gewahrt bleiben; die Truppenteile sollten in ihren Zielen unabhängig sein; die Führung der Truppenteile sollte vereinheitlicht werden; die Gliederung sollte für die Führung von selbständigen militärischen Einheiten geeignet sein[52].

Die bulgarischen Militärtheoretiker beschäftigten sich auch mit den Faktoren, die sich auf die Gliederung der Armee auswirken. Dabei sahen die meisten von ihnen die wirtschaftlichen Möglichkeiten des Landes, die Entwicklung der militärischen Technik und die Versorgung der Armee mit diesem Gerät als Hauptfaktoren an[53]. Faktoren von geringerer Bedeutung waren für sie: der internationale Status, nationale Probleme, die Bevölkerungszahl sowie die Dauer des Krieges usw.

Die Gliederung der bulgarischen Armee betrachteten die Militärautoren des Landes im Hinblick auf die zu beachtenden Umstände, Grundsätze und Faktoren. Organisation und Struktur militärischer Großverbände stellten einen Gegenstand der Forschung im bulgarischen militärstrategischen Denken dar.

Wie in den Vorschriften für den Gefechtsdienst von 1935 dargelegt, handelte es sich bei Großverbänden um die Formationen, die die operativ-taktischen Pläne des Führungsstabes ausführen, d.h. um Armeen bzw. Divisionen[54]. Unter den bulgarischen Militärautoren herrschte bei der Erforschung von Art und Struktur militärischer Großverbände Einigkeit. So betrachteten sie die Divisionen im allgemeinen als die Grundlage für die Aufstellung übergeordneter Großverbände[55].

---

51 Balarev, Voenna administracija (wie Anm. 21), S. 112; Bakărdžiev, Voenna organizacija (wie Anm. 43), S. 14.

52 Panov, Zapiski po visša taktika (wie Anm. 21), S. 120.

53 Centralen Voenen Archiv, f. 25, op. 1, a.e. 147, l. 212; Evlogi Todorov, Narodnata otbrana i nejnata organizacija v malkite demokratični dăržavi [Die Volksverteidigung und ihre Organisation in den kleinen demokratischen Staaten], in: Voenen žurnal, 1921, Nr. 2, S. 85; Aleksandăr Gančev, Otbranata na săvremennata dăržava [Die Verteidigung des modernen Staates], in: Voenen žurnal, 1932, Nr. 8, S. 26; Todorov, Văprosite na narodnata otbrana (wie Anm. 50), S. 31; Njagolov, Voenna organizacija (wie Anm. 29), S. 45.

54 Pravilnik za voennata služba [Regelwerk für den Wehrdienst], Sofia 1935, S. 22.

55 Panov, Zapiski po visša taktika (wie Anm. 21), S. 125; Georgi Petrov, Precenka na organizacijata, văorăženieto i snabdjavaneto na našata armija s ogled na edna vojna s Turcija [Einschätzung der Organisation, Bewaffnung und Versorgung unserer Armee im Hin-

Während der zwanziger Jahre galt die Division als Kombination von Formationen unterschiedlicher Waffengattungen. So verfügte die Infanteriedivision über drei Infanterie- und zwei Artillerieregimenter, Pioniere, Kavallerie und Fliegerkräfte. In den dreißiger Jahren wurde in der Literatur zur Strategie die Frage aufgeworfen, ob es notwendig sei, neue leistungsfähige Angriffsfahrzeuge, d.h. Panzer, in die Struktur einer Division einzugliedern[56].

Beim Vergleich einer bulgarischen Division der dreißiger Jahre mit einer ausländischen Divisionen kam ein Teil der Militärautoren zu dem Schluß, daß die bulgarische Division nicht über die erforderlichen Kräfte und Mittel verfügt, um selbständig handeln zu können. Hinsichtlich der militärischen Aufklärung, der Artillerie, der Panzerkräfte und des Brückenbaus waren die Möglichkeiten der bulgarischen Division begrenzt. Deswegen empfahl es sich, die Division im Krieg mit leichter und schwerer Artillerie, Panzern, Panzerabwehrmitteln, Pioniertruppen und Fliegerkräften zu verstärken[57].

Über Auftrag und Struktur eines Korps herrschten in der bulgarischen Militärliteratur einheitliche Ansichten. Ein Korps war danach ein strategischer Großverband mit ständiger und veränderlicher Struktur. Gewöhnlich bestand er aus zwei bis vier Infanteriedivisionen mit Korpsartillerie und Korpsdiensten. Jedoch gab es gegensätzliche Meinungen über die Notwendigkeit von Korps in der bulgarischen Armee. Nach Ansicht der meisten militärischen Autoren waren Korps für die bulgarische Armee nicht erforderlich, da es nicht genügend Divisionen gab[58]. Andere Autoren dagegen empfahlen die Korps, wobei sie versuchten, das ausländische Modell mechanisch auf die konkreten Bedingungen in Bulgarien zu übertragen[59].

Bei einer Armee, so schrieben die Militärautoren, handelt es sich um einen strategischen Großverband, der aus zwei bis drei Korps bzw. drei bis sechs Divisionen bestehen kann. Die Hauptanforderung an die Struktur und Organisation einer Armee bestand nach ihrer Ansicht darin, daß sie in der Lage sein muß, selbständig eine Angriffs- oder Verteidigungsoperation durchzuführen,

---

blick auf einen Krieg mit der Türkei], Sofia 1937, S. 1; Georgi Dilčovski, Obšа taktika [Allgemeine Taktik], Sofia 1937, S. 21.

56 Centralen Voenen Archiv, f. 28, op. 4, a.e. 60, l. 3; Njagolov, Voenna organizacija (wie Anm. 29), S. 7.

57 Panov, Zapiski po višša taktika (wie Anm. 21), S. 123; Georgi Petrov, Precenka na organizacijata (wie Anm. 55), S. 7; Ničo Georgiev, Taktičeska upotreba na golemite edinici – komandvane, dviženie, bezopasnost (spored novata frenska voenna doktrina 1936 g.) [Taktischer Einsatz der großen Einheiten – Führung, Bewegung, Sicherheit – gemäß der neuen französischen Militärdoktrin von 1936], in: Voenen žurnal, 1937, Nr. 44, S. 43.

58 Njagolov, Voenna organizacija (wie Anm. 29), S. 194; Pravilnik za bojnata služba (wie Anm. 54), S. 22; Georgiev, Taktičeska upotreba na golemite edinici (wie Anm. 57), S. 45.

59 Vremenna instrukcija za taktičeskata upotreba na golemite edinici (prevod ot frenski) [Vorläufige Instruktion zum taktischen Einsatz der großen Einheiten – Übersetzung aus dem Französischen], Sofia, 1927, S. 10.

d.h., sie muß über ausreichend Panzer-, Artillerie-, Pionier- und Fernmeldetruppen verfügen[60].

Aufgrund der Erfahrungen, die die Bulgaren im Balkankrieg gesammelt hatten, und der Ansichten eines großen Teils der Militärtheoretiker des Landes hieß es, wenn es um die Schaffung einer höheren Ebene als der Armee für den Krieg ging, daß eine solche nicht der Größe und den Mitteln der bulgarischen Streitkräfte entspräche und nur in Ausnahmefällen zur Anwendung kommen sollte[61].

Ansichten zum Einsatz der Teilstreitkräfte und Waffengattungen

Nach dem bulgarischen militärstrategischen Denken sollten die Streitkräfte die folgenden Waffengattungen umfassen: Infanterie, Kavallerie, Artillerie, Pioniertruppen und Fliegerkräfte[62]. In der Gesetzgebung zu den Streitkräften (1940) heißt es, daß die angreifende Armee aus den folgenden Waffengattungen besteht: Infanterie, Artillerie, Luftstreitkräfte, Seestreitkräfte, Pioniertruppe, Fernmeldetruppe und Hilfstruppen[63].

Bis zum Ende der dreißiger Jahre wurde der Begriff »Teilstreitkräfte« im bulgarischen strategischen Denken nicht verwendet. Einer der ersten, die ihn benutzten, war Christo Bakărdžiev. In seinem Lehrbuch »Die Militärische Organisation« teilte er die Streitkräfte in Land-, Luft- und Seestreitkräfte ein[64].

1944 wurde ein neues Gesetz zu den Streitkräften eingeführt. Darin wurden die Streitkräfte in Luft-, See- und Landstreitkräfte unterteilt. Die Landstreitkräfte setzten sich aus den Waffengattungen (Infanterie, Panzerkräfte, Artillerie, Kavallerie, Pionier- und Fernmeldetruppe) sowie Diensten (Arbeitstruppe, Quartiermeistertruppe, Sanitätsdienst, Feldjäger, Militärgerichtswesen usw.) zusammen. Die Luftstreitkräfte waren in Fliegerkräfte, Flugfeld- und Warndienst, Flugabwehrartillerie, Luftlandetruppen usw. unterteilt. Die Seestreitkräfte umfaßten schwimmende Verbände, Küstenschutz, Küstenartillerie usw.[65].

---

[60] Centralen Voenen Archiv, f. 15, op. 1, a.e. 9, l. 3; Centralen Voenen Archiv, f. 22, op. 3, a.e. 243, l. 51; Panov, Zapiski po višša taktika (wie Anm. 21), S. 125; Vremenna instrukcija za taktičeskata upotreba (wie Anm. 59), S. 31; Balarev, Voenna administracija (wie Anm. 21), S. 135; Georgiev, Osnovi na podgotovkata zu vojna (wie Anm. 29), S. 45.

[61] Todor Rušavelov, Operativno-taktičeskite schvaščanija v Bălgarskata armija i tjachnoto prilagane prez părvata faza na Otečestvenata vojna 1944–1945 g. [Operativ-taktische Auffassungen in der Bulgarischen Armee und ihre Umsetzung in der ersten Phase des Vaterländischen Krieges 1944/45], Sofia 1961, S. 13.

[62] Centralen Voenen Archiv, f. 1, op. 5, a.e. 510, l. 14; f. 25, op. 1, a.e. 147, l. 153; Balarev, Voenna administracija (wie Anm. 21), S. 115.

[63] Dăržaven vestnik, Nr. 133, 15. Juni 1940.

[64] Bakărdžiev, Voenna organizacija (wie Anm. 43), S. 53.

[65] Dăržaven vestnik, Nr. 76, 13. April 1944.

Das bulgarische militärstrategische Denken nutzte aber nicht nur die Erfahrungen, die im Ausland in Friedenszeiten gesammelt wurden, sondern auch die Lehren aus dem langandauernden Zweiten Weltkrieg.

Für die bulgarischen Militärautoren war die Infanterie die wichtigste Waffengattung. Ihre Bedeutung resultierte daraus, daß sie an jedem Ort zu jeder Zeit das Gefecht führen kann. Die anderen Waffengattungen haben die Aufgabe, die Infanterie im Gefecht zu unterstützen, um den Erfolg sicherzustellen[66]. Diese Vorstellungen im bulgarischen militärischen Denken entsprachen den Grundideen der französischen Vorschriften für den Einsatz der Infanterie, der deutschen Vorschriften zur Infanterieausbildung, der sowjetischen Vorschriften für die Gefechtsunterstützung der Infanterie sowie der englischen und jugoslawischen Dienstvorschriften[67].

In der bulgarischen Militärliteratur wurde der Artillerie große Aufmerksamkeit geschenkt. Sie galt als wichtigster Helfer der Infanterie. Ihre Handlungen waren untrennbar mit denen der Infanterie verbunden. Die Artillerie hatte die anderen Waffengattungen bei der Erreichung des gemeinsamen Zieles im Gefecht zu unterstützen[68]. Der Artillerie konnten folgende Aufgaben übertragen werden: Zerschlagung der entscheidenden Kräfte des Feindes; Niederhaltung und Zerstörung der Artillerie und der Gefechtsfahrzeuge des Feindes; Zerstörung seiner Befestigungsanlagen; Unterbrechung seiner Aufklärungstätigkeit; Schläge gegen das Hinterland des Feindes usw.[69].

Bis 1941 galt die Flugabwehrartillerie nicht als selbständige Waffengattung. In den zwanziger Jahren forderten einige Militärautoren, der Flugabwehrartillerie den Status einer selbständigen Waffengattung zu verleihen. Dabei argumentierten sie mit dem Vorhandensein moderner Fliegerkräfte in den Nachbarländern und den Erfahrungen anderer Armeen[70].

Die ausgeprägte Fähigkeit, in starken Angriffen verbundener Waffen zu handeln, die Fähigkeit, militärische Operationen in großer Entfernung von den eigenen Linien durchzuführen, überraschend an den Flanken und im Rücken des Feindes aufzutauchen, den Ort des Handelns zu verlegen sowie verschiedene andere taktische und strategische Probleme zu lösen, zeichnen die Kavallerie aus. Deshalb galt sie als eine der wichtigsten Waffengattungen. Zu ihren Hauptaufgaben zählte die Aufklärung und die Verteidigung. Darüber hinaus konnte sie auch eingesetzt werden, um den Aufmarsch und die Konzentration der Ar-

---

66 Balarev, Voenna administracija (wie Anm. 21), S. 116; Pravilnik za bojnata služba [Regelwerk für den Wehrdienst], Sofia 1924, S. 7; Michail Jovov, Pechotata v boja [Die Infanterie im Gefecht], Sofia 1928, S. 5.

67 Ebd., S. 5 f.

68 Centralen Voenen Archiv, f. 22, op. 3, a.e. 222, l. 46; Centralen Voenen Archiv, f. 28, op. 4, a.e. 23, l. 25.

69 Centralen Voenen Archiv, f. 4, op. 3, a.e. 187, l. 7; Manov, Baltakov, Taktika na rodovete vojski (wie Anm. 23), S. 235; Bakardžiev, Voenna organizacija (wie Anm. 43), S. 106.

70 Centralen Voenen Archiv, f. 22, op. 1, a.e. 196, l. 226; op. 3, a.e. 384, l. 3.

mee zu decken, berittene und andere vorgeschobene Kräfte des Feindes zu zerschlagen sowie den zurückgehenden Gegner zu verfolgen und zu vernichten. Die größten Nachteile der Kavallerie lagen in der starken Abhängigkeit von Wetter und Gelände[71].

Aufgrund der positiven und negativen Eigenschaften der Kavallerie war es erforderlich, sie zusammen mit mechanisierten Kräften einzusetzen, um ihre Schlagkraft zu erhöhen und ihr zu ermöglichen, tiefer in den feindlichen Raum einzubrechen und einen größeren Handlungsraum zu nutzen. Zu dieser für die damalige Zeit zutreffenden Schlußfolgerung gelangten die bulgarischen Militär-autoren in Auswertung der Lehren aus den Kriegen zwischen der UdSSR und Polen (1920) sowie Griechenland und der Türkei (1919–1922). Außerdem stützten sie sich auf die Erfahrungen westlicher Armeen[72].

Der erfolglose Kampf der polnischen Kavallerietruppen gegen die deut-schen Panzertruppen im Jahr 1939 führte dazu, daß ein Teil der bulgarischen Militärs nicht mehr völlig von dem militärischen Wert der Kavallerie überzeugt war. Aufgrund der spezifischen militärgeographischen Bedingungen auf dem Balkan und der begrenzten Möglichkeiten, die Armee zu mechanisieren und zu motorisieren, hieß ein großer Teil von ihnen jedoch die Existenz und den Ein-satz der Kavallerie in der bulgarischen Armee gut[73].

In den zwanziger Jahren schenkten die bulgarischen Militärautoren den Vor-stellungen vom noch ungewöhnlichen Einsatz von Panzern eine gewisse Auf-merksamkeit, aber sie standen diesem Problem mit Vorbehalten gegenüber. Anfang der dreißiger Jahre änderte sich diese Einstellung unter dem Einfluß der ausländischen Militärliteratur, dank der besseren wirtschaftlichen Möglichkeiten des Landes sowie angesichts der Tatsache, daß in den Armeen der Nachbarlän-der der Einsatz von Panzern bereits akzeptiert worden war.

Die Gefechtsmöglichkeiten der gepanzerten Kräfte bestimmten die anzu-strebenden Ziele: die berittenen Kräfte des Feindes zu zerschlagen, gegen seine gepanzerten Mittel zu kämpfen und seine Verteidigung zu überwinden[74]. Aus diesen Zielen ist ersichtlich, daß die bulgarischen Militärtheoretiker den Haupt-zweck der gepanzerten Kräfte richtig erkannt hatten. Jedoch widmeten sie ih-rem Einsatz bei einer Operation in die Tiefe nicht die gebührende Aufmerk-samkeit. Dies ist hauptsächlich darauf zurückzuführen, daß die bulgarische Armee aufgrund der wirtschaftlichen Probleme Bulgariens nur über wenige Panzer verfügte und der Charakter des Balkans als Operationsgebiet einen Pan-zereinsatz nicht zweckmäßig erscheinen ließ.

---

[71] Centralen Voenen Archiv, f. 22, op. 3, a.e. 343, l. 52; Balarev, Voenna administracija (wie Anm. 21), S. 117.

[72] Centralen Voenen Archiv, f. 40, op. 1, a.e. 1, l. 436; Sikorski, Sǎvremennata vojna (wie Anm. 33), S. 73.

[73] Centralen Voenen Archiv, f. 25, op. 1, a.e. 147, l. 183.

[74] Centralen Voenen Archiv, f. 25, op. 1, a.e. 147, l. 186.

1935 wurde die erste Panzerkompanie in der bulgarischen Armee aufgestellt, aus der 1939 ein Bataillon wurde. Aus den aktuellen Erfahrungen im Zweiten Weltkrieg heraus wurden 1941 neue Panzer aus Deutschland eingeführt. Aus dem damit aufgestellten Regiment wurde 1943 eine Panzerbrigade[75].

In den zwanziger Jahren betrachteten die bulgarischen Militärs die Pioniertruppe als Waffengattung, die Fernmeldeverbindungen herzustellen, Straßen zu bauen und instandzuhalten, Stellungen zu befestigen usw. hatte. Später wurde die Fernmeldetruppe als gesonderte Waffengattung angesehen[76].

Als sehr wichtig schätzten die bulgarischen Militärautoren die Aufgabe der Pioniertruppe ein, verstärkte Stellungen zu durchbrechen, den Ortskampf zu führen und Wasserhindernisse zu überwinden. Zu einem großen Teil wurden diese Ziele auch in der westeuropäischen Militärliteratur genannt[77].

Obwohl Bulgarien nach dem Friedensvertrag von Neuilly keine Luftstreitkräfte besitzen durfte, wurden in den zwanziger Jahren erstmals Materialien zur Organisation einer bulgarischen Luftwaffe in der Militärliteratur veröffentlicht. Als Hauptaufgaben der Luftwaffe wurden dort genannt: operative, taktische und Jagdaufklärung durchzuführen; die operative, taktische und Jagdaufklärung des Feindes zu schlagen; Schläge gegen die Hauptkräfte und die Reserven des Feindes zu führen; die Truppenluftverteidigung und die Luftverteidigung des Landes zu garantieren usw.[78].

1934 erarbeitete eine Kommission des Führungsstabes einen Plan für die Kriegsgliederung der Luftwaffe. Nach diesem Plan sollte sie aus Kampfeinheiten bestehen, die organisatorisch den Großverbänden angegliedert sind, aus selbständigen Fliegerkräften, die direkt dem Führungsstab unterstellt sind, und aus Lehr- und Flugabwehrtruppen. Der Plan sah vor, bei jeder Armee ein Fliegergeschwader aufzustellen[79]. Dieser Plan wurde jedoch nicht umgesetzt, was hauptsächlich auf wirtschaftliche Schwierigkeiten zurückzuführen war. Bis 1940 gab es ein Bomber- und ein Jagdfliegergeschwader, die dem Führungsstab unterstellt waren. 1943 wurde ein Aufklärungsgeschwader aufgestellt, das ebenfalls dem Führungsstab unterstellt war.

---

75 Centralen Voenen Archiv, f. 22, op. 3, a.e. 287, l. 7.
76 Pravilnik za bojnata služba (wie Anm. 54), S. 13; Balarev, Voenna administracija (wie Anm. 21), S. 118; Bakardžiev, Voenna organizacija (wie Anm. 43), S. 107.
77 Georgiev, Osnovi na podgotovkata za vojna (wie Anm. 29), S. 40.
78 Centralen Voenen Archiv, f. 22, op. 3, a.e. 343, l. 53; Balarev, Voenna administracija (wie Anm. 21), S. 119.
79 Centralen Voenen Archiv, f. 22, op. 3, a.e. 333, l. 137, 154.

Schlußfolgerungen

1. Das bulgarische militärstrategische Denken in den Jahren 1919 bis 1944 war den allgemeinen Gesetzmäßigkeiten in der Entwicklung der Kriegskunst unterworfen. Jedoch wies es Besonderheiten auf, die es vom militärischen Denken in anderen Ländern unterschieden. Das trug weitgehend zur Erhaltung und Ausprägung seines nationalen Charakters bei.

2. Die bulgarischen Militärtheoretiker schätzten die Rolle der neuen Tendenzen in der Entwicklung der Strategie richtig ein. Sie stützten sich auf die in vergangenen Kriegen und im Zweiten Weltkrieg gesammelten Erfahrungen. In den Kriegsjahren zeigte sich in der Praxis, daß sie den Charakter eines zukünftigen Krieges als Koalitionskrieg, der unerwartet mit einem Angriff aus der Luft und am Boden beginnt, richtig vorhergesagt hatten.

3. Richtigerweise sahen die bulgarischen Militärautoren die Vorbereitung des Landes auf einen Krieg als Kombination aus politischer, wirtschaftlicher, militärischer, gesellschaftlicher und moralischer Vorbereitung. In der Umsetzung ihrer Erkenntnisse waren die konkreten Möglichkeiten des Landes und die aktuelle militärpolitische sowie strategische Lage in Europa und auf dem Balkan zu berücksichtigen.

4. Ausgehend von der spezifischen Lage in Bulgarien kamen die Militärautoren zu dem zutreffenden Schluß, daß die Armee am zweckmäßigsten in Divisionen zu gliedern ist. Diese Auffassung wurde entsprechend in der bulgarischen Armee umgesetzt.

5. Das bulgarische militärstrategische Denken übernahm viele Erkenntnisse zu Teilstreitkräften und Waffengattungen aus der westeuropäischen Militärtheorie und -praxis, zuerst der französischen und italienischen, Ende der dreißiger Jahre dann aus der deutschen.

6. Bezogen auf die Größe Bulgariens und seiner Streitkräfte war das strategische Denken gut entwickelt. Die meisten theoretischen Werke sind aus militärfachlicher Sicht tiefgründig.

7. Das bulgarische strategische Denken fand nicht nur in militärwissenschaftlichen Publikationen seinen Ausdruck, sondern hat auch Eingang in viele Gesetze, Dienstvorschriften, Bestimmungen, Befehle, Weisungen usw. gefunden, die die Grundlage der Kriegführung bilden. Auch die Auswertung von Manövern und Planübungen trug zur Entwicklung des theoretischen Denkens über den Einsatz der Armee in einem möglichen Krieg bei.

8. Ein Charakteristikum des bulgarischen militärstrategischen Denkens bestand darin, daß es sich bei den meisten Militärtheoretikern um Offiziere des Verteidigungsministeriums und Dozenten der Militärakademie bzw. der Offizierschulen handelte. Sie hatten einen besseren Zugang zu neuen Informationen, und ihnen stand mehr Zeit für die wissenschaftliche Arbeit zur Verfügung. Die theoretische Beschäftigung mit den Fragen der Kriegskunst kam den fachlichen Pflichten der Offiziere an den erwähnten militärischen Lehreinrichtungen nahe. Außerdem verfügten sie über eine bessere theoretische Ausbildung.

Kurt Arlt

Die Klassiker der sozialistischen Militärtheorie zum Führungsdenken. Besonderheiten eines Führungsdenkens unter den Rahmenbedingungen sozialistischer Gesellschaftslehre und -praxis

Es gibt durchaus gute Gründe, sich nüchtern, vorurteilsfrei und dabei auch kritisch mit dem Führungsdenken im Militärwesen des realen Sozialismus, seiner Einbindung in die Axiome der marxistischen Weltanschauung und den damit einhergehenden Problemen auseinanderzusetzen.

Zum einen sei hier auf den *historischen Aspekt* verwiesen: Schließlich wurde dieses militärtheoretische Denken – und dabei richtet sich die Aufmerksamkeit selbstverständlich auf die Sowjetarmee – von Streitkräften repräsentiert, die unter denkbar schlechten Ausgangsbedingungen entstanden waren, vielfach neue Lösungswege gesucht und praktiziert und nachhaltig die Entwicklung bestimmter Bereiche des Militärwesens geprägt hatten. Das auf neuen weltanschaulichen Prinzipien basierende Führungsdenken hatte ungeachtet schwerer Rückschläge wesentlichen Anteil daran, daß die Sowjetunion nicht ohne Berechtigung als *die* militärische Siegermacht aus dem Zweiten Weltkrieg angesehen wurde, wie auch dieses Denken und die damit in engster Verbindung stehende Militärdoktrin in der Nachkriegszeit dem Kalten Krieg seinen Stempel aufdrückten und weltweit mit ernster Besorgnis verfolgt wurden. Es wird deshalb zum Anliegen des Beitrages gehören, den Blick zu schärfen und sichtbar zu machen, warum unter den politisch-ideologischen Rahmenbedingungen des realen Sozialismus Lösungen für anstehende strategische oder operative Probleme *so* ausfallen mußten und *nicht anders* ausfallen konnten.

Zum anderen sei auf den *aktuellen Aspekt* verwiesen: Das hier nachzuzeichnende Führungsdenken ist mit dem Zerfall der Sowjetunion oder der Auflösung des Warschauer Paktes nicht automatisch zu einer historischen Kategorie geworden. Es wird direkt, wenngleich mit gewissen Modifizierungen, in den Streitkräften der Russischen Föderation weitergeführt. Und ein weiterer, diesmal freilich keine Besorgnis mehr auslösender Umstand: Mit der Aufnahme der ersten Staaten des ehemaligen Warschauer Paktes in die NATO und der Integration ihrer Streitkräfte in das nordatlantische Bündnis werden Offiziere dieser Streitkräfte gewiß noch längere Zeit Fragestellungen, Denkansätze oder Sichtweisen vertreten, die aus diesem Führungsdenken resultieren. Es kann deshalb

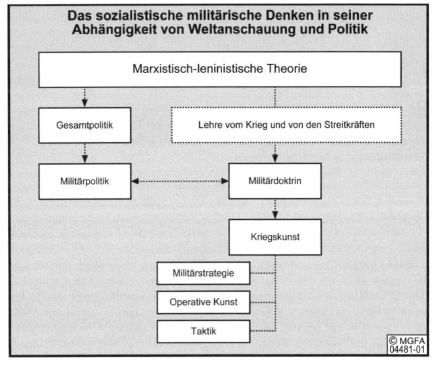

Das sozialistische militärische Denken in seiner Abhängigkeit von Weltanschauung und Politik

Marxistisch-leninistische Theorie

Gesamtpolitik

Lehre vom Krieg und von den Streitkräften

Militärpolitik ⟷ Militärdoktrin

Kriegskunst

Militärstrategie

Operative Kunst

Taktik

© MGFA
04481-01

nicht von Nachteil sein, sich wenigstens mit den Grundzügen des militärischen Denkens unter den Bedingungen des realen Sozialismus vertraut zu machen.

Zu Beginn soll auf die Systematik, die Begrifflichkeiten und die Abgrenzung zwischen den einzelnen Teilbereichen von Politik und Militärwesen eingegangen werden, wobei hier auf die sowjetischen (russischen) Definitionen und auch die hier üblichen Termini zurückgegriffen wird.

Die marxistische Weltanschauung – in der Begriffswelt des realen Sozialismus wurde zur Verdeutlichung des Anteils Lenins an der Weiterentwicklung des Marxismus von »marxistisch-leninistischer Weltanschauung« gesprochen – fügt die Bestandteile von Politik und Militärwesen in ein hierarchisches Gesamtsystem ein (siehe Schema).

Es kann an dieser Stelle darauf verzichtet werden, Ausführungen zu den Begriffen »Gesamtpolitik« und »Militärpolitik« sowie zu deren Inhalten zu machen.

Auch der Begriff der *Militärdoktrin* weist keine grundlegenden Besonderheiten zum westeuropäischen Sprachgebrauch auf: Die sozialistische Militärtheorie versteht darunter die Gesamtheit der von den politischen und militärischen Entscheidungsträgern eines Staates oder einer Allianz verbindlich festgelegten allgemeinen Richtlinien für den Einsatz des militärischen und ökonomischen Potentials in einem möglichen Krieg. Sie enthält eine politische, militärische, wirtschaftliche und technische Komponente und bringt die offiziellen Ansichten zur Vorbereitung und Führung des Krieges zum Ausdruck[1].

Die *Kriegskunst* wiederum beinhaltet die Theorie und Praxis der Vorbereitung und Durchführung von Kampfhandlungen[2], sie wird auch als die »militärische Meisterschaft des Einsatzes der Kräfte und Mittel zur Erringung des Sieges sowie die Kunst der Heerführer und aller Soldaten bei der Zerschlagung des Gegners«[3] definiert.

Sie umfaßt die *Strategie* – heute in Abgrenzung zu dem in einem weiteren, allgemeineren Sinne verwendeten Begriff oft auch als »Militärstrategie« bezeichnet und identisch mit dem Strategiebegriff, wie er in der Wehrmacht gebräuchlich war –, die *Operative Kunst* und die *Taktik*. Alle drei Elemente stehen in engem Zusammenhang und bedingen einander. Dabei umfaßt die Strategie als führender Bestandteil die Vorbereitung der Streitkräfte, der Bevölkerung, der Wirtschaft und des Territoriums auf einen Krieg sowie die Führung der Streitkräfte im Krieg. Die Strategie erarbeitet Methoden und Formen der Kriegführung und befaßt sich mit Führungsproblemen und der Sicherstellung von Kampfhandlungen; sie schafft somit auch die Grundlagen für die Militärdoktrin des Staates oder des Bündnisses.

Unter *Operativer Kunst* sind die Methoden und Formen der Vorbereitung und Führung gemeinsamer und selbständiger Operationen durch operative Verbände der Teilstreitkräfte zu verstehen, wobei jede Teilstreitkraft eine eigene operative Kunst entwickelt.

Die *Taktik* beinhaltet die Vorbereitung und Führung des Gefechts durch taktische Verbände, Truppenteile[4] und Einheiten wie auch den Einsatz der Waffengattungen einzelner Teilstreitkräfte.

Die Hauptaufgabe der Kriegskunst – so wird definiert – bestehe darin, die effektivsten, in vollem Umfang der jeweiligen Situation entsprechenden Methoden der Kriegführung sowie der Durchführung von Operationen und Gefechten auszuarbeiten[5]. Wie wir sehen, folgt damit das militärische Denken des Sozialismus *in etwa* der klassischen deutschen Dreiteilung der militärischen Führung in Strategie, Operation und Taktik, wobei deutlich wird, daß die Begriffe nicht deckungsgleich angewandt werden, denn z.B. General Heusinger verstand (allerdings 1953) unter Strategie das »Zusammenspiel aller obersten Führungsstellen eines Staates oder einer Koalition«, unter Operation »die Führung der Streitkräfte in der Schlacht und auf dem Schlachtfeld durch die oberste oder ihr nachgeordnete obere Führung« und unter Taktik »die Führung der Truppe in

---

1   Siehe dazu Voennaja enciklopedija v vos'mi tomach, Bd 3, Moskau 1995, S. 101 – 106.
2   Ebd., Bd 2, Moskau 1994, S. 150 – 158.
3   Geschichte der Kriegskunst, hrsg. von I. Bagramjan, Berlin (Ost) 1973, S. 10.
4   Unter den Begriff »Truppenteil« fallen in der sozialistischen Militärterminologie Regimenter und Brigaden.
5   Geschichte der Kriegskunst (wie Anm. 3), S. 11.

das Gefecht und auf dem Gefechtsfeld«[6]. Der sozialistischen Militärtheorie recht nahe kommt aber die von Hillgruber vorgenommmene Zuordnung der Begriffe:»Unter ›Strategie‹ verstehen wir – im Gegensatz zu der vor 1945 in Deutschland üblichen Gleichsetzung der rein militärisch aufgefaßten Begriffe ›strategisch‹ und ›operativ‹ im Sinne von Bewegungen größerer militärischer Verbände – im Einklang mit der aus dem angelsächsischen Sprachgebrauch übernommenen und heute allgemein akzeptierten Bedeutung des Begriffs jenen Bereich, der gleichsam die Nahtstelle von Politik und Kriegführung darstellt, während der Begriff ›Operation‹ weiterhin für eine größere zusammenhängende militärische Handlung verwendet wird[7].«

Nach der vorliegenden Klassifizierung im sozialistischen Militärwesen muß also das Führungsdenken eine Komponente der Kriegskunst sein. Im militärischen Sprachgebrauch der Streitkräfte des ehemaligen Warschauer Paktes wird jedoch von»Theorie und Praxis der Kriegskunst«,»Prinzipien der Kriegskunst«, »theoretischen Ansichten zur strategischen und operativen Führung«,»militärtheoretischem Denken« u.a. gesprochen, einen adäquaten Begriff für »Führungsdenken« gibt es nicht, weshalb im Rahmen dieses Beitrages mit dem deutschen Begriff operiert werden soll.

Zur Herausbildung sozialistischer militärischer Theorie und Praxis

Die nachfolgenden Betrachtungen zu den sogenannten Klassikern der sozialistischen Militärtheorie konzentrieren sich vor allem auf Friedrich Engels und Vladimir Iljič Lenin – und zwar aus folgendem Grunde: Engels kann als der erste Ideengeber für den Aufbau eines vollkommen neuen Militärwesens angesehen werden, das nach der siegreichen Revolution des Proletariats in dessen Interesse entstehen sollte. Lenin wiederum gebührt besondere Aufmerksamkeit, weil er vor dem Hintergrund des Ersten Weltkrieges und der Vorbereitungen einer Revolution in Rußland das sogenannte Militärprogramm der proletarischen Revolution entwickelte und unter seiner Führung zum ersten Mal die bisher rein theoretischen Vorstellungen zum Militärwesen einer siegreichen Revolution praktisch in Angriff genommen wurden. Die unter seiner Führung durchgesetzten Prinzipien in den verschiedensten Bereichen des Militärwesens haben in der Mehrheit mit eher geringfügigen Veränderungen bis zum Zusam-

---

[6] Siehe dazu Christian Greiner, General Adolf Heusinger (1897–1982). Operatives Denken und Planen 1948 bis 1956, in: Operatives Denken und Handeln in deutschen Streitkräften im 19. und 20. Jahrhundert, Herford, Bonn 1988, S. 226 (= Vorträge zur Militärgeschichte, Bd 9).

[7] Siehe dazu Andreas Hillgruber, Hitlers Strategie, Politik und Kriegführung 1940–1941, 2. Aufl., München 1982, S. 23.

menbruch des realen Sozialismus existiert. Gerade der letztgenannte Umstand schien Anlaß genug zu sein, den Anteil weiterer sowjetischer Spitzenfunktionäre wie Iosif Stalin, Lev Trockij oder auch Michail Frunze im Rahmen dieses Beitrages nicht weiter zu verfolgen, zumal diese aus verschiedenen Gründen nur vorübergehend und in Teilbereichen des sozialistischen Militärwesens prägend wirkten, während Stalin später bestimmte Verdienste vielfach nur zugeschrieben wurden.

Die schrittweise Entwicklung einer nach den Kriterien der Weltanschauung des Marxismus konzipierten Militärtheorie setzte Mitte des 19. Jahrhunderts ein, nachdem Karl Marx und Friedrich Engels das komplexe Bild eines neuen, nach anderen Prinzipien als denen eines bürgerlichen Staates organisierten Staatswesens geschaffen hatten. Beide waren nach der Analyse der bürgerlichen Gesellschaft zu der Erkenntnis gelangt, daß Staat, Streitkräfte und Krieg den Interessen der jeweils besitzenden Klassen dienen, der alte Staatsapparat einschließlich der Armee zerschlagen werden müsse. Das revolutionäre Proletariat bedürfe einer neuen militärischen Organisation und neuer Methoden der Kriegführung und müsse sich das moderne Militärwesen aneignen. Im Gegensatz zum Philosophen Marx, der in seinem Leben nie direkten Bezug zum Militär hatte, war Engels in militärischen Fragen außerordentlich beschlagen und verfolgte aufmerksam die militärischen Ereignisse und Entwicklungstendenzen seiner Zeit. In seinen militärtheoretischen Schriften und Aufsätzen analysierte er verschiedenste Bereiche des Militärwesens, befaßte sich mit wehrpolitischen Fragen sowie mit dem Aufbau, der Führung und der Ausbildung der Streitkräfte und traf präzise Aussagen zum Verlauf und Ausgang bevorstehender militärischer Auseinandersetzungen. Engels, ehemaliger Einjährig-Freiwilliger und aktiver Teilnehmer an den süddeutschen Revolutionskämpfen 1849, kann als Vordenker und erster Fachmann der sich organisierenden Arbeiterbewegung angesehen werden, der dieser ihr Verhältnis zum Militär des bürgerlichen Staates bewußt zu machen versuchte und gleichzeitig unter Anwendung der dialektisch-materialistischen Betrachtungsweise Aussagen zur Allgemeingültigkeit militärtheoretischer Grundsätze, zur möglichen Übernahme bürgerlicher militärischer Erfahrungen sowie zu den Wesenszügen und zu den Aufgaben neuer militärischer Kräfte im Dienste der Arbeiterbewegung nach einem Sieg der proletarischen Revolution traf. Nicht zuletzt unter diesen Gesichtspunkten analysierte er systematisch unter strategischen und taktischen Gesichtspunkten Schlachten der Geschichte und militärische Auseinandersetzungen seiner Zeit[8].

In Rußland wurde nach dem Oktober 1917 die Verteidigung der Revolution nach innen und außen zur entscheidenden Aufgabe. Lenin knüpfte bei der Schaffung einer neuen Armee an die insbesondere von Engels entwickelten Überlegungen (z.B. zur Nutzung der durch die industrielle Entwicklung gege-

---

8   Beispielhaft bei Friedrich Engels, Betrachtungen über den Krieg in Deutschland, in: Karl Marx, Friedrich Engels, Werke, Bd 16, Berlin (Ost) 1962, S. 167 ff.

benen größeren Möglichkeiten für Militärwesen und Kriegführung, zu den Bedingungen für die Aufstellung einer Massenarmee, zur Einbeziehung von Fachleuten der alten Armee) an und ergänzte sie durch eigene Erkenntnisse (z.B. Führung der Armee durch die Partei, entschlossenste und härteste Kriegführung gegen die Konterrevolution, militärische Unterstützung für Revolutionen in den Nachbarstaaten, These von gerechten und ungerechten Kriegen). Unter seiner unmittelbaren Führung entstanden in den Jahren 1917 bis 1920 die ersten Ansätze eines sowjetischen operativen Denkens und Handelns sowie des Aufbaus neuer Streitkräfte. Mit dem Sieg der Sowjetmacht im Bürgerkrieg hatten sich die sozialistischen Prinzipien militärischen Denkens endgültig durchgesetzt. Unter Stalin wurden sie in militärischen Konflikten und Kriegen sowie in der Auseinandersetzung mit der inneren Opposition weiter ausgebaut und gefestigt. Nach dem Sieg der Sowjetunion im Zweiten Weltkrieg konnten sogar eine Ausdehnung des Machtbereichs auf Staaten in nahezu allen Regionen der Welt sowie die Entstehung weiterer nach diesen militärtheoretischen Grundsätzen strukturierter und handelnder Streitkräfte und die Schaffung des zahlenmäßig stärksten Militärbündnisses der Geschichte erreicht werden, bis jenes Imperium auseinanderbrach und die sozialistische militärische Theorie und Praxis in ihre tiefste Krise geriet.

Betrachten wir einige spezifische Seiten des sozialistischen militärischen Führungsdenkens in ihren Entfaltungsmöglichkeiten und ihrer Beeinflussung durch die sozialistische Gesellschaftslehre und -praxis:

Krieg als entschiedenstes Mittel zur Durchsetzung politischer Ziele

Marx, Engels und Lenin waren mit ihrer historisch-materialistischen Denkmethode zu der Erkenntnis gelangt, daß Gewalt im Entwicklungsprozeß der menschlichen Gesellschaft ein unverzichtbares Element darstellt. In Abhängigkeit davon, welche Klassen mit welcher Zielstellung sich der Gewalt bedienen, gebe es »reaktionäre« und »revolutionäre« Gewalt. Die revolutionäre Arbeiterbewegung müsse sich folglich zur Schaffung sozialistischer Gesellschaftsverhältnisse ebenfalls der Gewalt bedienen. Die Macht der Arbeiterklasse sei nur mit Gewalt – also gegen den bürgerlichen Staat und die Armee als das wichtigste Gewaltinstrument der zu stürzenden Staatsordnung – zu errichten und gegen den Widerstand – nötigenfalls auch gegen den bewaffneten Widerstand – der alten Kräfte zu behaupten. »Revolutionäre« Gewalt sei demnach legitim und im Sinne des gesellschaftlichen Fortschritts.

Eine prinzipielle Bedeutung wurde auch dem Krieg und der Stellung der Arbeiterbewegung zum Krieg eingeräumt. Engels und Lenin haben Clausewitz in seiner Bedeutung erkannt: Das Clausewitzsche militärtheoretische Erbe wurde zu einer wichtigen Quelle der marxistischen Auffassung vom Kriege und der marxistischen Militärwissenschaft insgesamt. So würdigte bereits Engels, daß Clausewitz unter den bürgerlichen Militärtheoretikern ein »Stern erster Größe«[9] war. Dabei war es gerade die dialektische Herangehensweise von Clausewitz, die Marx, Engels und Lenin ein Anknüpfen ermöglichte. Lenin hat Clausewitz nicht zufällig während des Ersten Weltkrieges (1915) sehr intensiv studiert – seine Randbemerkungen dazu sind in schriftlicher Form erhalten geblieben[10] – und war von diesem geradezu fasziniert, weil er den von Clausewitz herausgearbeiteten Zusammenhang zwischen Krieg und Politik als fundamental und als »Schritt zum Marxismus«[11] einstufte: »Der Krieg [...] geht immer von einem politischen Zustand aus und wird nur durch ein politisches Motiv hervorgerufen. Er ist also ein politischer Akt[12].« Lenin hat später diesen Gedanken von Clausewitz (»... denn die Politik hat den Krieg erzeugt«[13]) in seinem ideologisch-theoretischen Grundgehalt verändert und im Sinne der marxistischen Weltanschauung weiterentwickelt, indem er »*jeden* Krieg als eine *Fortsetzung* der Politik der betreffenden interessierten Mächte – und der *verschiedenen Klassen* in ihnen«[14] interpretierte; der Krieg sei die Fortsetzung und das Instrument der Politik einer bestimmten Klasse zur gewaltsamen Durchsetzung bestimmter ökonomischer und politischer Ziele dieser Klasse. Die Arbeiterbewegung, die als besitzlose Klasse prinzipiell kein Interesse an einem Krieg habe, müsse also ausgehend von ihren gesellschaftlichen Zielen Stellung zu einem Krieg beziehen und diesen ablehnen und bekämpfen oder aber unterstützen, so daß man nach reaktionären und fortschrittlichen Kriegen – Lenin nennt dies in Anlehnung an eine Aussage von Wilhelm Liebknecht dann »ungerechte« und »gerechte« Kriege[15] – unterteilen könne. Mit der Überwindung der Klassen im Kommunismus werde auch der Krieg als Mittel der Auseinandersetzung zwischen den Völkern aus der Geschichte verschwinden.

Dieses Diktum vom gesellschaftlichen Fortschritt, wonach in politischer Hinsicht als Fortschritt angesehen wurde, was als sozialistisch eingestuft wurde, sollte zu einem wichtigen Element der sozialistischen Militärtheorie werden. Es verkam jedoch letztlich zu einer Ermächtigungs- und Rechtfertigungslehre und

---

[9]   Friedrich Engels, Einleitung (zu Sigismund Borkheims Broschüre »Zur Erinnerung für die deutschen Mordspatrioten 1806 – 1807«), in: Ebd., Bd 21, Berlin (Ost) 1962, S. 350.

[10] Wladimir Iljitsch Lenin, Clausewitz' Werk »Vom Kriege«. Auszüge und Randglossen, Berlin (Ost) 1957.

[11] Ebd., S. 39.

[12] Vom Kriege. Hinterlassenes Werk des Generals Carl v. Clausewitz, hrsg. von Werner Hahlweg, 18. Aufl., Bonn 1973, S. 209.

[13] Ebd., S. 993.

[14] W.I. Lenin, Über Krieg, Armee und Militärwissenschaft. Eine Auswahl aus Lenins Schriften in zwei Bänden, Bd 1, Berlin (Ost) 1961, S. 455.

[15] Ebd., S. 490 f.

legitimierte schließlich jeden von der Sowjetunion geführten Krieg, Groß-machtstreben, Expansion und Gefährdung der Menschheit im Atomzeitalter. Es versteht sich, daß – wenn der Krieg als Mittel der Politik angesehen wird – erst recht eine Abhängigkeit der (militärischen) Strategie von der Politik gege-ben sein muß. Während Engels eine entschlossene (besonders in Revolutions-kriegen) oder unentschlossene Strategie (zu Kompromissen, zögerndem Vorge-hen, Abschieben der Verantwortung auf die Koalitionspartner neigend) fest-stellte, führte Lenin in seiner Interpretation des Gedankenguts von Clausewitz aus, daß ein Krieg »um so ›kriegerischer‹« sei, »je tiefer politisch« er sei[16]. So ist es durchaus naheliegend, daß die von den Staaten des realen Sozialismus ge-führten Kriege, die stets mit politischen Forderungen (siegreiche Durchsetzung der Revolution im betreffenden Land, Verteidigung des Sozialismus gegen den äußeren Feind, internationalistische Hilfeleistung gegen die »imperialistische Aggression« o.ä.) verbunden waren, entschlossen geführt wurden und auf einer »entschlossenen« militärischen Strategie basierten. Strategische Entscheidungen wurden daher in der Regel ideologisch begründet und untersetzt. Hohe perso-nelle und materielle Opfer konnten so leichter gerechtfertigt werden, ging es doch um den endgültigen Sieg des Sozialismus, d.h. den Menschheitsfortschritt.

Die bereits von Lenin während des Bürgerkrieges immer wieder geforderte Entschlossenheit bei der Erreichung der Ziele und Unnachgiebigkeit gegenüber dem politischen Gegner zielte im Namen des Sieges der Sowjetmacht auf eine völlige Zerschlagung der gegenüberstehenden bürgerlichen Streitkräfte und ihrer personellen und materiellen Grundlagen und schloß in Extremsituationen selbst die physische Vernichtung eines potentiellen Gegners nicht aus. Derartige Weisungen und Maßnahmen (dazu gehörten auch die Erschießung gefangenge-nommener Angehöriger der weißgardistischen Armeen, die Hinrichtung von Vertretern des Bürgertums zur Abschreckung, die Vernichtung aller Lebens-mittel, Transportmittel usw. im Falle eines Rückzuges u.ä.) wurden als revolu-tionäres Kampfmittel in einem gerechten Krieg sanktioniert[17] und jeder juristi-schen Überprüfung – zumal mit der Revolution auch das bürgerliche Recht negiert wurde und »revolutionäres Recht« galt – entzogen. Diese von der neuen Sowjetmacht mitzuverantwortende Brutalisierung des Bürgerkrieges und selbst gegen das eigene Volk gerichtete Kriegführung konnte nicht ohne Auswirkun-gen auf die sich zu dieser Zeit herausbildenden Anfänge einer neuentstehenden Kriegskunst in Sowjetrußland bleiben. Nachhaltig und möglicherweise sogar stärker als der Erste Weltkrieg prägte der siegreiche Bürgerkrieg mit seinen Methoden und Erfahrungen bis in die Anfangsphase des deutsch-sowjetischen Krieges hinein die sowjetische Kriegskunst.

---

16 Lenin, Clausewitz' Werk »Vom Kriege« (wie Anm. 10), S. 16.
17 Kennzeichnend für diese rücksichtslose Härte bereits in der frühen Phase der Sowjet-macht ist Lenins Aufruf »Das sozialistische Vaterland ist in Gefahr!«, in: Wladimir Iljitsch Lenin, Werke, Bd 27, Berlin (Ost) 1960, S. 15 f.

Proletarischer Internationalismus und Offensivgeist

Die Klassiker der sozialistischen Lehre haben der Erscheinung des Krieges nicht nur im Hinblick auf seine besonders weitreichenden Folgen und Belastungen für die Arbeiterbewegung großes Augenmerk geschenkt, sondern auch Überlegungen angestellt, wie sich die Arbeiterbewegung einen nicht mehr zu verhindernden Krieg für ihre Ziele nutzbar machen kann. Die mit dem Krieg einhergehende Schwächung des bürgerlichen Staates sollte danach bei richtiger Bestimmung des günstigsten Zeitpunktes für Revolution und Machtergreifung bis zur Befreiung der Arbeiterbewegung und zum Sturz der eigenen »Ausbeuterklasse« geführt werden. Ein sozialistischer Staat hingegen, der in einen Krieg verwickelt wird, müsse sich seines internationalistischen Auftrags bewußt sein und diesen Krieg zur Befreiung anderer Völker aus »kapitalistischer Versklavung« nutzen[18]. Dazu müsse der Krieg zwangsläufig auf das Territorium des Gegners getragen werden, denn nur so könne die betreffende Arbeiterklasse im Ringen um ihre Selbstbefreiung direkt unterstützt und der Gegner vollständig zerschlagen werden. Dieser bereits von Engels entwickelte Gedanke, der unter Lenin und anderen kommunistischen Funktionären zeitweise unverhüllt, später offiziell nicht mehr vertreten, in die »proletarische Weltrevolution« und damit den globalen Sieg des Sozialismus münden sollte, wurde ein Ausgangspunkt für den jahrzehntelangen Offensivcharakter der sozialistischen Militärdoktrin. Die Bevorzugung dieses Prinzips hatte mehrere Gründe: die politische Natur der Kriegsziele (proletarischer Internationalismus, gerechter Krieg)[19], die sogenannte Entschlossenheit der Kriegführung, die auf die völlige Vernichtung der gegenüberstehenden Kräfte zielte und nur durch Schläge auf gegnerischem Gebiet zu erreichen war, sowie die mit der zunehmenden Industrialisierung des realen Sozialismus und der schrittweisen Militarisierung der gesamten Gesellschaft vergrößerten Möglichkeiten. In den dreißiger Jahren setzte sich in der Roten Armee endgültig das Prinzip aktiver Angriffshandlungen durch. Das spiegelte die »Theorie der tiefen Operation« in der Felddienstvorschrift von 1936 wider, die bis in den Zweiten Weltkrieg hinein galt: »Die Gefechtshandlungen der Roten Armee werden zum Zweck der Vernichtung geführt. Die Erringung des entscheidenden Sieges und die vollständige Vernichtung des Feindes sind das Hauptziel in einem der Sowjetunion aufgezwungenen Krieg[20].« Das Offensivprinzip fand seinen Niederschlag u.a. in einer Aufmarschgliederung bereits zu Friedenszeiten, die sofortige aktive Kampfhandlungen sowie

---

[18] Siehe dazu ebd., Bd 21, Berlin (Ost) 1974, S. 342 ff.

[19] Lenin rechtfertigt dies mit folgender Feststellung: »Wenn das Proletariat, das bei sich die Bourgeoisie besiegt hat, einen Krieg führt zur Festigung und Entwicklung des Sozialismus, dann ist der Krieg berechtigt und ›heilig‹« (ebd., Bd 27, Berlin [Ost] 1960, S. 324).

[20] W.J. Sawkin, Grundprinzipien der operativen Kunst und der Taktik, Berlin (Ost) 1974, S. 66.

tiefe Durchstöße und Umfassungen ermöglichen sollte, in maximaler Motorisierung in Kombination mit Feuer und Stoß, in einem hohen Anteil gepanzerter Verbände, in der Schaffung starker Fliegerkräfte u.ä.

Dem Angriff wurde höchste Priorität eingeräumt. Eine eher untergeordnete Rolle kam hingegen der Verteidigung zu, die als vorübergehende, nur für einen begrenzten Zeitraum und bei unzureichenden Kräften und Mitteln für den eigenen Angriff zugelassene Kampfart angesehen wurde. Im strategischen Rahmen wurden die »kapitalistische Einkreisung« der Sowjetunion und damit eine ständige Kriegsgefahr durchaus erkannt und gewaltige Anstrengungen im Bereich der Rüstung und des Ausbaus von Verteidigungsanlagen unternommen, jedoch kamen diese durch das von der politischen und militärischen Führung immer nachdrücklicher vertretene Offensivdenken nur ansatzweise zum Tragen. Eine strategische Verteidigung im Rahmen des gesamten Staates und als dominierendes Merkmal eines von einem sozialistischen Staat zu führenden Krieges war zumindest bis 1941 nicht vorgesehen und wurde als Ausdruck zeitweiser eigener Schwäche bewertet; selbst in der Militärorganisation des Warschauer Vertrages wurde eine strategische Verteidigung nur als eine kurzzeitige Phase des modernen Krieges angenommen. Die im Kriegsfall zu mobilisierenden militärischen, ökonomischen und moralischen Potenzen des sozialistischen Staates sollten die notwendige Überlegenheit sichern, die es in jedem Fall ermöglicht, militärisch offensiv zu werden, die Kampfhandlungen auf gegnerisches Territorium zu tragen und dort den Krieg siegreich zu beenden. Unter den Bedingungen eines mit atomaren Waffen geführten Krieges wurde freilich nicht ausgeschlossen, daß das gesamte eigene Land dem Kriegsgeschehen ausgesetzt ist und daß auch mit schwersten Verlusten im Hinterland gerechnet werden muß[21].

Führungsdenken unter Aufsicht der Partei

Zwar haben sowohl Engels als auch Lenin Anleihen bei bürgerlichen Militärtheoretikern aufgenommen und auch für eine Übernahme bestimmter bürgerlicher militärischer Erfahrungen plädiert, doch lehnten sie aus den bereits genannten prinzipiellen Erwägungen das alte, bürgerliche Militär ab. Während ursprünglich in der Arbeiterbewegung die allgemeine Volksbewaffnung als Mittel zur Verteidigung einer Revolution favorisiert wurde, gelangte schon der »gemäßigte alte« Engels angesichts der Entwicklung des Militärwesens zu der Einsicht, daß sich der ursprüngliche Milizgedanke überlebt habe und damit kaum einer regulären modernen Armee die Stirn geboten werden könne. Er tendierte daher zu einem gemischten System aus regulärer Armee und Volksmi-

---

21 Zu Kriegsbild und Militärstrategie der Sowjetunion in der Zeit des Kalten Krieges siehe Militärstrategie, hrsg. von W.D. Sokolowski, Berlin (Ost) 1965.

liz und plädierte für eine vorübergehende und nach seiner Meinung durchaus Aussicht auf Erfolg versprechende (»wenn ein paar Exempel an Meuterern und Deserteuren statuiert sind«) Heranziehung bürgerlicher Militärfachleute[22], da das Proletariat für eine beabsichtigte Massenarmee in kurzer Zeit nicht ausreichend Führungskräfte aus ihren eigenen Reihen rekrutieren könne.

Auch die in den Tagen nach der Oktoberrevolution eilig aufgestellten Roten Garden, die Petrograd vor dem angreifenden kaiserlichen deutschen Heer verteidigen sollten, konnten nicht die Überlegenheit der Volksbewaffnung gegenüber regulären Streitkräften erbringen. Die Bolschewiki entschlossen sich daher ungeachtet aller mit der zaristischen Armee gemachten Erfahrungen und angesichts der allgemeinen Kriegsmüdigkeit zur Aufstellung einer regulären Armee. Nach verschiedenen Experimenten griff man auf das zahlenmäßig starke zaristische Offizierskorps zurück und beauftragte die »bürgerlichen Spezialisten« mit dem Aufbau der »Roten-Arbeiter-und-Bauernarmee«. Lenin dekretierte in erheblichem Umfang die Aufnahme ehemaliger Offiziere in die Rote Armee[23], stellte ihnen jedoch den Kriegskommissar an die Seite, der gemeinsam mit den übrigen Parteimitgliedern in der Armee für die Durchsetzung des Willens der Partei zu sorgen und dies gegenüber dem bürgerlichen Offizier unter Umständen mit vorgehaltener Waffe zu erzwingen hatte. Die erneuerten Streitkräfte erfüllten fortan nach außen und innen alle Aufträge der Partei. Freilich blieb bei Lenin und seiner Partei stets ein tiefes Mißtrauen gegen diese Offiziere erhalten. Der langwierige Bürgerkrieg und die ausländischen Versuche zur Liquidierung der Sowjetmacht forderten einen hohen Blutzoll besonders unter dem Offizierskorps der alten Armee. Das Experiment der Bolschewiki erwies sich aber als erfolgreich: Die auf die Seite der Sowjetmacht übergetretenen oder in die neue Armee gezwungenen Offiziere hatten wesentlichen Anteil am endgültigen Sieg der Sowjetmacht. Die Partei hatte es vermocht, mit Hilfe dieser Offiziere fehlende eigene militärische Kenntnisse und Erfahrungen zu kompensieren, sich an die Spitze der Streitkräfte zu stellen und die Streitkräfte zu einem wirksamen Instrument bei der Durchsetzung ihrer machtpolitischen Ziele zu entwickeln. Im übrigen sollte es sich bei der Heranziehung von Militärs des gestürzten Gesellschaftssystems nur um eine vorübergehende, aus der Not geborene Lösung handeln, bis eine neue, aus der Arbeiter- und Bauernschaft stammende und der Sowjetmacht »treu ergebene« militärische Elite herangewachsen war.

---

[22] Marx, Engels, Werke, Bd 32, Berlin (Ost) 1965, S. 21; Bd 7, Berlin (Ost) 1960, S. 488.

[23] In der Zeit vom 2. Juli 1918 bis zum 15. August 1920 wurden insgesamt 48 409 ehemalige Offiziere und Generale sowie 51 054 Militärbeamte, Ärzte und sonstiges Personal der alten Armee zur Roten Armee einberufen. Gegen Ende des Bürgerkrieges machten die Militärspezialisten etwas mehr als 34 % aller Kommandeure der Roten Armee aus (W.I. Lenin und die sowjetischen Streitkräfte, Berlin [Ost] 1970, S. 287 f.).

Dem militärischen Sieg im Lande stand das Scheitern aller Versuche zur Ausweitung des Sozialismus außerhalb Rußlands gegenüber (die Räterepubliken in Deutschland, Ungarn und anderen Ländern konnten nicht gehalten werden, alle von der Sowjetmacht aktiv geförderten Revolutionsversuche erlitten eine Niederlage), so daß Sowjetrußland allein in »feindlicher Einkreisung« verblieb und sich einer ständigen militärischen Bedrohung gegenübersah. Vor diesem militärpolitischen Hintergrund entwickelte sich eine weitgehend eigenständige militärische Theorie und Praxis, die u.a. dadurch gekennzeichnet war, daß sich das Militärwesen der Sowjetunion in weitgehender Isolierung und unverhohlener Feindseligkeit zur übrigen Welt befand und in zunehmendem Maße von der marxistischen Weltanschauung als alleinbestimmender Grundlage jedes militärtheoretischen Denkens in der Sowjetunion dominiert wurde.

Die bereits während des Bürgerkrieges mit der Einflußnahme der Kommunistischen Partei und ihrer Lehre in der Roten Armee einsetzende und mit der Militärreform 1925 abgeschlossene Umgestaltung der Roten Armee zu Streitkräften des sozialistischen Staates führte zu nachhaltigen Folgen für das militärtheoretische Denken.

Die marxistische Weltanschauung erhob den Anspruch, in Kenntnis der Gesetzmäßigkeiten der gesellschaftlichen Entwicklung auf allen Gebieten neue und bessere Lösungen präsentieren zu können. Das schloß ein, auch im Militärwesen Entwicklungsgesetze zu erkennen und nach diesen zu handeln zu können. Die neue, sozialistische Militärtheorie verkündete daher: »Methodologische Grundlage [...] der Kriegskunst bildet [...] die marxistisch-leninistische Philosophie! Als unmittelbare theoretische Grundlage gilt die marxistisch-leninistische Lehre über den Krieg und die Armee[24].« So mußten – das sei hier exemplarisch dargestellt – die marxistischen Militärtheoretiker selbst an Clausewitz' Kritik üben, der festgestellt hatte: »Den Begriff des Gesetzes [...] aber kann die Theorie der Kriegführung nicht gebrauchen, weil es [...] keine Bestimmung gibt, die allgemein genug wäre, um den Namen eines Gesetzes zu verdienen[25].« Eine einfache Übernahme der bürgerlichen militärischen Theorie und Praxis schied aus, da diese nicht auf der Weltanschauung der Arbeiterklasse basierte und also nur den Interessen der »Ausbeuterklassen« diente. Systemkonformes Denken äußerte sich daher im grundsätzlichen Bestreben, sich scharf von bürgerlichen Sichtweisen abzugrenzen. Bürgerliches militärisches Gedankengut wurde von der jungen militärischen Elite, die in der übergroßen Mehrzahl vorbehaltlos die Sowjetmacht unterstützte, im Marxismus-Leninismus ihre geistige Heimat sah und von der Überlegenheit dieser Lehre und ihrer erfolgreichen Umsetzung überzeugt war, insgesamt sehr distanziert bewertet und zu großen Teilen negiert. Auch wenn die Klassiker der marxistischen Lehre durchaus auf die Aneignung bestimmter bürgerlicher Erfahrungen verwiesen hatten, gestaltete sich dies

---

[24] Geschichte der Kriegskunst (wie Anm. 3), S. 8.
[25] Vom Kriege (wie Anm. 12), S. 307.

in der Praxis eher schwierig. Neue Ansätze im Führungsdenken fanden nur dann Akzeptanz, wenn sie sich in strenger Übereinstimmung mit der kommunistischen Ideologie befanden und zudem den jeweils aktuellen Vorgaben der Partei entsprachen. Mehr noch: Militärtheoretiker, die bestimmte Prinzipien der Kriegskunst bürgerlicher Streitkräfte für richtig und auch für die sowjetischen Streitkräfte anwendbar erachteten, wurden selbst aus dem eigenen Kreis heraus der Negierung der objektiven Gesetze des Krieges und des bewaffneten Kampfes bezichtigt, in der Folge zu ideologischen Abweichlern erklärt, mundtot gemacht oder nicht selten sogar physisch vernichtet (A. Svečin, I. Vacetis u.a.). Es braucht nicht besonders betont zu werden, daß dies zu extremer Vorsicht bei der Übernahme ausländischer militärischer Ansichten und zu einseitigen Bewertungen führte, weil die Diskussion und die Auseinandersetzung zu neuen Fragen nur eingeschränkt möglich und nicht selten mit dem Vorwurf verbunden waren, man preise über Gebühr das bürgerliche Militärwesen und zweifle an den eigenen Erfolgen und Möglichkeiten. Tatsächlich gestaltete sich der Umgang mit den militärischen Erfahrungen des kapitalistischen Auslands zu einem Balanceakt zwischen der Neigung zu allgemeiner Ablehnung bürgerlichen Gedankenguts und der Anschuldigung ihrer kritiklosen Anerkennung. Andererseits hatte die auf diesem Wege von der Partei ausgeübte direkte Kontrolle und Ausrichtung des militärischen Denkens zur Folge, daß eigenständige nationale Konzeptionen, die von Stalin als dem höchsten politischen Führer für gut befunden wurden, selbst in den Fällen, wo sie auf falschen Interpretationen basierten oder im Widerspruch zu internationalen Tendenzen standen, überbewertet wurden, unangemessene Priorität erhielten und schwerwiegende Fehlentwicklungen auslösten. Zum Teil kam es dadurch zu Rückschlägen bei der Lösung bestimmter Fragen[26].

Als ein ständiger Stein des Anstoßes für das militärische Führungsdenken im realen Sozialismus erwies sich die Tatsache, daß es durch die Einbindung in ein ideologisches Korsett mit veralteten theoretischen Vorgaben fertig werden mußte, die den modernen Bedingungen des Militärwesens nicht ausreichend Rechnung trugen. So gingen die Klassiker der sozialistischen Militärtheorie vom niedergehenden oder gar faulenden Kapitalismus aus, konnten die durch Raketen, Kernwaffen und Elektronik ausgelöste Umwälzung des Militärwesens nicht vorhersehen und malten einen Sozialismus ohne die ihn auszehrenden Widersprüche.

---

[26] Hier sei auf ein bezeichnendes Beispiel verwiesen: Aufgrund voreiliger Schlußfolgerungen aus dem eigenständigen Einsatz der Panzerwaffe im Spanischen Bürgerkrieg wurden die vorhandenen Panzerkorps der Roten Armee aufgelöst. Die Revision dieser Entscheidung durch Stalin – nicht zuletzt mit Blick auf die Erfahrungen der Wehrmacht im Westfeldzug – wenige Monate vor dem deutschen Angriff konnte wegen der unzureichenden Erprobung, Ausbildung und Ausstattung mit Gerät die Unsicherheit nur noch vergrößern.

Freilich darf aus dem Dargelegten nicht die vereinfachende Schlußfolgerung gezogen werden, daß das sozialistische Militärwesen moderne Entwicklungstendenzen nicht erkannt oder vollständig negiert habe. Dazu nahm das Militärwesen einen zu wichtigen Platz in der Politik ein. Und letztlich wirkten auch die Kriege (sowjetisch-finnischer Krieg, Zweiter Weltkrieg, Afghanistan) mit schweren Niederlagen und Verlusten als Korrektiv für bestimmte Fehlentwicklungen.

Führungsdenken unter den Bedingungen totalitärer Macht

Nachdem bereits Engels bestimmte Aussagen zum Charakter eines künftigen Krieges (Einsatz von Massenheeren, Bedeutung des ökonomischen Faktors usw.) getroffen hatte, stellte Lenin 1905 in seiner Arbeit »Der Fall Port Arthurs« fest, daß in die modernen Kriege nicht mehr nur die Armeen, sondern die gesamte Bevölkerung und alle Ressourcen eines Staates einbezogen sind[27]. Diese Aussagen wurden durch seine Beobachtungen während des Ersten Weltkrieges bekräftigt; er erkannte, daß der moderne Krieg den Einsatz aller ökonomischen und organisatorischen Kräfte des Staates erfordere. In beispielloser Konsequenz, praktisch mit der Machtergreifung im Oktober 1917, wurde diese Erkenntnis von Lenin in der Praxis berücksichtigt.

Zu allen Zeiten seiner Existenz bestand ein entscheidendes Merkmal des sowjetischen Militärwesens darin, daß es Bestandteil eines totalitären Staates war. Im Unterschied zum bürgerlichen Staat – und auch zum nationalsozialistischen Deutschland – waren in Sowjetrußland die Grundlagen des vorherigen Staatsgebildes restlos zerschlagen worden, hatten sich die Bolschewiki den Staat und die Gesellschaft einschließlich des Militärwesens nach den eigenen Vorstellungen und ohne Rücksicht auf Widerstände im eigenen Land oder im Ausland gestaltet. Grenzen setzten in der Phase des Bürgerkrieges die vollkommen zerrüttete Wirtschaft und die allgemeine Kriegsmüdigkeit der Volksmassen, aber auch hier wurden mittels des »Kriegskommunismus« die letzten Reserven für den Sieg der Sowjetmacht mobilisiert. Es kann nicht verwundern, daß die Bürgerkriegskommandeure jener Zeit – die spätere militärische Elite der Sowjetunion – sich in starkem Maße an den weit über rein militärische Fragen hinausreichenden Erfahrungen des Bürgerkrieges orientierten. Schließlich wurden hier die Grundlagen dafür geschaffen, dem militärtheoretischen Denken des Sozialismus und seiner praktischen Umsetzung weitgehend optimale Bedingungen in Staat und Gesellschaft zu schaffen. Der totalitäre Sowjetstaat erschloß auf eigener ideologischer, politischer und ökonomischer Basis neue, ungeheure Möglichkeiten, um alle Potenzen des Landes in den Dienst des Militärwesens zu stellen.

---

[27] Lenin, Werke, Bd 8, S. 36–39.

Die Anerkennung der Gewalt als Mittel zur Lösung politischer Zielstellungen, einschließlich militärischer Gewalt nach innen und außen, sicherte allen militärischen Anstrengungen höchste Priorität. Sie stand in enger Wechselbeziehung zu der von Lenin formulierten und sicher grundsätzlich richtigen Aussage »Eine Revolution ist nur dann etwas wert, wenn sie sich zu verteidigen versteht«[28], die in den Rang einer »objektiven Gesetzmäßigkeit jeder Revolution« erhoben wurde. Die ständig beschworene Gefahr des Anschlages auf die Revolution und eines Krieges gegen die Sowjetunion verliehen dem Militärwesen einen ungewöhnlich hohen Stellenwert in der Gesellschaft und garantierten gleichzeitig die vorrangige praktische Umsetzung seiner Belange und Forderungen. Der Ausbau der militärischen Macht und ein hypertrophes Sicherheitsdenken der Sowjetunion sind zweifellos in direktem Zusammenhang mit den Entstehungs- und Entwicklungsbedingungen des realen Sozialismus zu sehen, dennoch mußten die Nachbarstaaten dieses Militärwesen als Instrument, wenn nicht gar als Basis der sowjetischen Politik empfinden.

Eine weitere Besonderheit bestand in der Identität von politischer und militärischer Führung bei gleichzeitiger scharfer Zentralisierung der Macht in der Sowjetunion. Diese Konstellation sicherte insgesamt – bei allen Nachteilen einer übermäßigen Machtfülle in der Hand des Diktators und weniger Funktionäre – eine einheitliche Ausrichtung und Bündelung der Anstrengungen zur erfolgreichen praktischen Umsetzung militärischer Führungsentscheidungen. Im Unterschied zu den Rivalitäten und internen Machtkämpfen, wie sie auf der Seite der weißgardistischen Kräfte vorzufinden waren, setzten die Bolschewiki mit eiserner Hand Disziplin, Unterordnung und konsequente Ausführung getroffener Entscheidungen durch. Stalin, der in dieser Hinsicht einen besonders brutalen Terror praktizierte, konnte sich gerade auch deswegen einer hohen Autorität unter seinen Militärs sicher sein.

Während des Bürgerkrieges in Rußland trat erstmals eine Partei als organisierende und treibende Kraft in einem Kriege auf. Hält man sich vor Augen, daß gerade im rückständigen Rußland nach den Entbehrungen des Ersten Weltkrieges und allgemeiner Kriegsmüdigkeit wiederum Millionen Menschen unter Waffen gestellt wurden und über mehrere Jahre die Strapazen des Bürgerkrieges ertrugen, ohne sich geschlossen zu verweigern, und schließlich der Sowjetmacht den Sieg sicherten, scheint es sich hier um ein besonderes Phänomen zu handeln. Offensichtlich hatten die Bolschewiki erkannt, daß sie zum einen unter den Verhältnissen Rußlands (schwache Wirtschaft, geringe technische Ausstattung der Streitkräfte, geringer Bildungsstand) nicht mit Berufsarmeen den Sieg erringen konnten, sondern sich dazu der bewaffneten Volksmassen bedienen mußten, und zum anderen, daß es hier einer entsprechenden Motivation der Volksmassen für den Krieg (mit populistischen und später nicht erfüllten, aber zweifellos wirksamen Versprechen wie Land, Frieden, Wohlstand und

---

28 Lenin, Werke, Bd 28, Berlin (Ost) 1972, S. 115.

Freiheit) bedurfte. Mit eingängiger ideologischer Beeinflussung bei gleichzeitigem Einsatz aller Kommunisten in den Streitkräften und in den Betrieben als
Propagandisten, Vorbilder und gleichzeitig Kontrolleure sollte das einfache
Volk für die »Idee«, für einen imaginären Sozialismus gewonnen werden. Diese
Verbindung von Partei (als Motor, Organisator und Steuermann aller militärischen Anstrengungen) und Volksmassen (als Träger des Volkskrieges) galt
schlechthin als Garant für einen siegreichen »Krieg der Volksmassen« gegen die
bürgerlichen Berufsarmeen und wurde auch im Großen Vaterländischen Krieg
wieder beschworen.

Der zu Ende gegangene Bürgerkrieg in Rußland setzte unter den vom Welt-
kriegsunteroffizier schnell zum Divisionskommandeur Aufgestiegenen[29] unterschiedliche Erfahrungen frei. Während ein Teil die Besonderheiten des auf
niedrigem technischen Niveau geführten Bürgerkrieges überbewertete und bis
in den Zweiten Weltkrieg hinein dem Führungsdenken und den Bedingungen
dieses Krieges verhaftet blieb, kam der andere Teil zu einer entgegengesetzten
Einschätzung: Aus dem allgemeinen Vorwurf heraus, daß sich das bürgerliche
Militärwesen unfähig gezeigt habe, die Probleme der modernen Technik zu
lösen und deren Möglichkeiten hinreichend zu nutzen, setzten sie große Erwartungen in die sozialistische Entwicklung mit Industrialisierung, Planwirt-
schaft und zentraler Steuerung. Nunmehr schien auch die Zeit gekommen,
solchen Kategorien wie Motorisierung, Feuerkraft, Panzerung, Reichweite u.a.
einen festen Platz im Führungsdenken zuzuordnen. (Man vergleiche demgegenüber die Einschränkungen für das operative Denken und erst recht das operative Planen in der Reichswehr aufgrund von Versailles!)

Wie sich später herausstellen sollte, setzte sich trotz einer rücksichtslos auf
Kosten des Lebensstandards vorangetriebenen Industrialisierung, riesiger Rü-
stungsanstrengungen und vieler Experimente modernes Führungsdenken wegen
des Widerstandes der Bürgerkriegsfraktion nur allmählich durch.

Das sowjetische Monopol im militärischen Führungsdenken
des realen Sozialismus

Das sowjetische militärische Denken entwickelte sich zunächst als einzige Exi-
stenzform seiner Art im Sozialismus, wobei es sich hier wohl um einen in der
modernen Geschichte ungewöhnlichen Fall handelt, daß die wichtigsten
Grundsätze einer Militärtheorie und -praxis im Grunde von einem einzigen
Staat geprägt werden. Auf die damit verbundenen Vor- und Nachteile ist oben

---

[29] Die Mehrzahl der späteren Marschälle der Sowjetunion erlebte den Ersten Weltkrieg als
      Unteroffizier (S. Budennyj, V. Bljucher, G. Žukov, K. Rokossovskij, I. Konev, S. Ti-
      mošenko, R. Malinovskij) oder als junger Offizier (M. Tuchačevskij, L. Govorov, A. Va-
      silevskij).

bereits eingegangen worden. Nachdem die sowjetische militärische Theorie und Praxis im Zweiten Weltkrieg die entscheidende Bewährungsprobe bestanden hatte, ging die Sowjetunion politisch und militärisch gestärkt aus dieser Auseinandersetzung hervor. Der sowjetische Machtbereich wurde um neue Staaten erweitert. Die Streitkräfte dieser Staaten durchliefen teilweise im Zuge der Hinwendung ihrer Staaten zum Sozialismus eine Transformation oder wurden völlig neu aufgebaut. Wegen der sowjetischen Hegemonie im Machtbereich des realen Sozialismus und der Dominanz der Sowjetunion in der Militärorganisation des Warschauer Vertrages konnte es nicht ausbleiben, daß jeder militärischen Entwicklung in den Staaten des Bündnisses und insgesamt im sowjetischen Einflußbereich der sowjetische Stempel aufgedrückt wurde und Denkansätze zur Anwendung kamen, die aufgrund des ideologischen Grundkonsenses mit der sowjetischen Position weitestgehend übereinstimmten.

Im Warschauer Pakt herrschte in dieser Hinsicht eine mit dem nordatlantischen Bündnis wohl überhaupt nicht vergleichbare Situation. Die Sowjetunion hatte eine erdrückende militärische Überlegenheit, die von der Truppenstärke bis zur Besetzung aller Führungsfunktionen im Bündnis reichte. Sie war einzige Kernwaffenmacht des Bündnisses und zweifellos mit einem gewissen sicherheitspolitischen Mißtrauen gegenüber den Bündnispartnern erfüllt. Daher gestattete sie nur in begrenztem Umfang einen Einblick in die eigenen militärdoktrinären Überlegungen und in das Führungsdenken. Die einzelnen Mitgliedsstaaten hatten bestenfalls die Möglichkeit, bestimmte spezifische nationale Festlegungen und Besonderheiten einzubringen, ohne allerdings sowjetische Positionen beeinflussen zu können. Hinzu kamen noch unterschiedliche sicherheitspolitische Ausgangsüberlegungen: Während sich z.B. Polen durchaus um eigenständige Beiträge zur Militärdoktrin und zum Führungsdenken im Rahmen des Paktes bemühte (es verkörperte immerhin die zweitstärkste Armee, mit eigenständiger Armeegruppe und mit nicht in den Warschauer Pakt integrierten Territorialkräften u.a.), war Rumänien deutlich bestrebt, seine durch das Bündnis ohnehin eingeschränkte militärische Souveränität nicht noch weiter beschneiden zu lassen und sich innerhalb der Koalition auch die Option einer Verteidigung vor den Bündnisnachbarn offenzuhalten. Die DDR-Führung wiederum mußte mehrfach erfolglos die mangelnde Verteidigungstiefe der Bündnistruppen auf dem Territorium der DDR anmahnen, lehnte aber andererseits Erörterungen über eine eigenständige Militärdoktrin der DDR aus vorauseilendem politischen Gehorsam ab[30].

Stellen wir abschließend die Frage: Ist mit dem Zerfall der Sowjetunion, der Auflösung des Warschauer Vertrages und dem Ende des Kalten Krieges das sozialistische militärische Führungsdenken gescheitert? Zieht man allein militä-

---

[30] Zu den Kontraversen um eine Militärdoktrin der DDR siehe Wolfgang Wünsche, Sowjetische Militärdoktrin – DDR-Militärdoktrin – Landesverteidigung der DDR, in: Rührt euch! Zur Geschichte der NVA, hrsg. von Wolfgang Wünsche, Berlin 1998, S. 100–129.

rische Bewertungskriterien zur Beantwortung heran – wohl nicht. Aber Engels
und Lenin erwarten die materialistisch-dialektische Betrachtungsweise, und
unter Hinweis auf das bekannte Engels-Zitat »Nichts ist abhängiger von ökonomischen Vorbedingungen als grade Armee und Flotte«[31] bleibt nur die Feststellung: Dieses Führungsdenken ist gescheitert, die Ursachen liegen im Scheitern der Ökonomie des Sozialismus. Friedrich Engels' These hat offensichtlich
ihre Bestätigung gefunden.

---

[31]   Marx, Engels, Werke, Bd 20, Berlin (Ost) 1962, S. 155.

Henryk Stańczyk

Führungsgrundsätze in der Polnischen Armee – eine historische Betrachtung unter besonderer Berücksichtigung des Wechsels der Bündnisse

Führung als eine besondere Art der Leitung ist in allen Armeen der Welt eine Domäne der militärischen Führer sowie der mit ihnen zusammenarbeitenden Personen. Die Führung umfaßt die Vorbereitung und Durchführung von Kampfhandlungen, die Ausbildung und Erziehung der Truppe sowie die entsprechende Verwaltung der Streitkräfte. Im Frieden besteht das Ziel der Führung in der Gewährleistung einer ständigen Einsatzbereitschaft und Einsatzfähigkeit der Truppe, der Kontinuität der Ausbildung sowie in der Gewährleistung adäquater Dienstbedingungen.

Im Führungsprozeß wirken immer drei Elemente zusammen, und zwar die Führungsorgane, die geführten Objekte sowie die Führungsmittel. Die Führungsorgane und die geführten Objekte verbleiben miteinander in einer festen Relation verbunden. Die Führungsmittel gewährleisten eine ständige Rückkopplung, die zwischen Führungsorganen und geführten Objekten einen Informationsfluß in beiden Richtungen ermöglicht. Dies macht ein organisiertes, kontinuierliches und lageabhängiges Einwirken der Führungsorgane bzw. der militärischen Führer auf die geführten Objekte möglich. Ein eingehendes Verständnis des Wesens des Führens im militärischen Bereich ist vor allem deshalb notwendig, um die Rolle, die Funktion und die optimale Struktur der Führungsorgane richtig zu bestimmen, ihre Arbeitsmethoden zu optimieren und neue Führungsmittel zur Verbesserung der Führungssysteme zu entwickeln und in die Truppe einzuführen.

Ein Führungssystem in der polnischen Armee begann sich Ende des 10./Anfang des 11. Jahrhunderts herauszubilden, als der polnische Staat und die Armee als organisierte Streitmacht dieses Staates entstanden. Einen prinzipiellen Einfluß auf den Charakter der polnischen Kriegskunst und ihre Eigenheiten übte die geostrategische Lage Polens im Zentrum Europas aus. Seit der frühesten Vergangenheit des polnischen Volkes fanden militärische Invasionen und Kriegszüge gegen das polnische Staatsgebiet statt, und dies aus unterschiedlichen Richtungen – aus dem Osten und aus dem Westen, aus dem Norden und aus dem Süden. So bildete und bildet das Gebiet Polens eine gewisse natürliche Brücke zwischen Ost und West sowie zwischen Nord und Süd. Fast immer mußten die Polen mit zahlenmäßig unterlegenen Kräften gegen übermächtige Feinde Widerstand leisten. Deshalb mußte die polnische Armee so organisiert werden, daß sie sich erfolgreich den Feinden entgegenstellen konnte. Diese waren unterschiedlich organisiert und bewaffnet. Außerdem wendeten sie verschiedene Handlungsverfahren an. So mußten also die Strategie zur Verteidigung des Staates und die Taktik der Kriegshandlungen sowie das Führungssystem der Streitkräfte flexibel sein und sich an die Handlungsverfahren des Feindes, die Geländebedingungen und die Ziele des Krieges anpassen.

Im Verlauf der rund tausendjährigen Geschichte des polnischen Staates fanden nahezu alle siegreichen Schlachten, die von polnischen Königen, von Hetmanen sowie von Generälen geführt wurden, unter Bedingungen einer zahlenmäßigen Überlegenheit der Gegner statt. Die Erfolge wurden dabei durch die Anwendung von Kriegslisten, das Überraschungsmoment, die Durchführung raumgreifender Manöver und die gute Führung auf dem Schlachtfeld erreicht. Man hat es vermocht, die Kriegskunst durch die besten Erfahrungen zu bereichern, wobei man sich nicht nur auf die eigenen Erfahrungen beschränkte, sondern auch Erfahrungen anderer Armeen, darunter auch der feindlichen, berücksichtigte. Die Handlungsweise der Feinde wurde aber nicht blindlings kopiert, so gut diese auch sein mochte, sondern stets wurden die eigenen Bedingungen, Möglichkeiten und Besonderheiten sowie diejenigen des Feindes berücksichtigt. Jan Tarnowski, einer der herausragendsten polnischen Heerführer, hat einmal geschrieben, daß man im Kampf gegen ein jedes Volk diejenigen Verfahren wählen müsse, die eben gerade gegen dieses bestimmte Volk erfolgreich sind.

Der Höhepunkt der Macht der Rzeczpospolita Obojga Narodów, der Union des Königreichs Polen und des Großfürstentums Litauen, und damit auch der Entwicklung des polnischen Wehrwesens fällt in die Zeit des 16. und 17. Jahrhunderts. Die zu Beginn des 16. Jahrhunderts eingeleiteten Militärreformen führten zur Aufstellung eines, wenngleich auch zahlenmäßig kleinen stehenden Heeres, das aus Söldnern bestand. Im Fall einer militärischen Bedrohung wurde das stehende Heer personell verstärkt. Darüber hinaus ordnete der König eine Mobilmachung des Adels und die Bildung einer Landwehr an. Mit der quantitativen und qualitativen Entwicklung des Heeres wurde auch das Führungssystem verbessert. Nominell war weiterhin der König der Oberbefehlshaber des Heeres – ähnlich wie im 10. und 11. Jahrhundert zu Zeiten von Mieszko I. und Bolesław Chobry –, für die Führung der Streitkräfte wurde jedoch das Amt des Hetmans geschaffen. Die Streitkräfte der Polnisch-Litauischen Union setzten sich aus zwei Teilen zusammen, und zwar aus der Armee des Königreichs Polen und der Armee des Großfürstentums Litauen. Die Armee des Königs von Polen wurde vom Großhetman der polnischen Armee und die litauische Armee vom Großhetman der litauischen Armee befehligt. Wenn beide Armeen auf einem Kriegsschauplatz zusammenwirken mußten, so wurden die gesamten Kräfte vom König oder von einem durch ihn bestimmten Hetman geführt. Im Laufe der Zeit wurden sowohl im Königreich Polen als auch im Großfürstentum Litauen zusätzlich die Funktion sogenannter Feldhetmane geschaffen. Die Feldhetmane waren zugleich Gehilfen der Großhetmane.

Die zahlreichen Kriege, die im 16. und 17. Jahrhundert zur Verteidigung des weiträumigen Territoriums der Rzeczpospolita geführt wurden, trugen zur Weiterentwicklung der polnischen Kriegskunst und des Führungssystems der Streitkräfte bei. Unter der Führung hervorragender Hetmane wurden zahlreiche herausragende Siege errungen. Unter Nutzung der Erfahrungen aus den Kriegen gegen die Tataren und Türken sowie gegen Rußland und Schweden erreichte die polnische Kriegskunst ein sehr hohes Niveau. Die große Beweglichkeit der polnischen Kavallerie bewirkte, daß die Schlachten einen außerordentlich dynamischen Charakter annahmen. Die Vorzüge der Infanterie wurden geschickt ausgenutzt. Beim Kampf gegen zahlenmäßig überlegene Kräfte des Feindes war man bemüht, die Beweglichkeit zu nutzen, um den Feind einzuschließen und ihn anschließend zu zerschlagen. Mitunter wurde eine Flucht vorgetäuscht, um die geschlossenen Reihen des Feindes aufzulockern und ihn in der Flanke anzugreifen.

Die oben genannten Verfahren der Kriegskunst wurden auf ungewöhnlich schöpferische Art und Weise von solchen Hetmanen wie Jan Tarnowski, Jan Zamojski, Karol Chodkiewicz, Stefan Żółkiewski, Stefan Czarniecki sowie dem Hetman und späteren König Jan III. Sobieski angewandt. Jeder dieser Hetmane und auch andere, hier nicht genannte militärische Führer, trugen neue Inhalte und Grundsätze zur Führungskunst bei. Neben den geltenden Grundsätzen der Kriegskunst führten sie eigene Elemente ein, die auf ihrem persönlichen Wissen und auf ihren Erfahrungen beruhten. Die von ihnen errungenen Siege waren kein Werk des Zufalls, denn jeder der genannten Hetmane verfügte über eine sorgfältige und umfassende Bildung, hatte sich an den Höfen vieler europäischer Herrscher aufgehalten und an Kriegszügen auf unterschiedlichen Kriegsschauplätzen teilgenommen. Sie vermochten die Organisationsstruktur der unter ihrem Kommando stehenden Truppen zu verbessern, sie sorgten sich um eine bestmögliche Bewaffnung und achteten auf eine hohe Moral und Disziplin der Soldaten. Sie vermochten es, ihr Wissen und die Führungskunst an die Unterstellten weiterzugeben. Ihre Erfahrungen aus Kriegen und Feldzügen legten sie in speziellen Hetmansbriefen sowie in Abhandlungen über den Krieg nieder und gaben sie so an die Nachwelt weiter. In jener Zeit entstand eine reichhaltige polnische Militärliteratur. Von den darin enthaltenen zahlreichen Ratschlägen und Empfehlungen sind viele auch heute noch aktuell. Bekannte ausländische Werke zur Kriegskunst und zu Führungsproblemen wurden in die polnische Sprache übersetzt. Auf die polnische Militärliteratur hatten so die Strömungen der Renaissance einen wesentlichen Einfluß, die von der Kenntnis der Kultur der Antike, einschließlich der Organisation der Truppen und der Führungskunst, gekennzeichnet waren.

An der Wende vom 17. zum 18. Jahrhundert erlebte die Polnisch-Litauische Union eine Wirtschaftskrise, die bald auch auf Politik und Wehrwesen übergriff. Diese Faktoren führten zum Niedergang des polnischen Staates und zu den Teilungen Polens. Das polnische Heer als nationale Kraft hörte auf zu existieren. Das polnische Wehrwesen verschwand jedoch nicht völlig. Die Polen gaben jedoch nicht auf und kämpften darum, ihre staatliche Eigenständigkeit zurückzugewinnen. Sie stellten im Ausland polnische Verbände auf, die an der Seite des Franzosenkaisers Napoleon I. kämpften. Im 18. und 19. Jahrhundert fanden mehrere polnische Aufstände statt, die allerdings alle niedergeschlagen wurden.

Erst nach dem Ersten Weltkrieg konnte Polen seine Unabhängigkeit zurückgewinnen. Sofort machte man sich an die Aufstellung nationaler Streitkräfte. Ungeachtet der begrenzten ökonomischen Möglichkeiten des Staates waren Politiker und Militärs bemüht, moderne, gut bewaffnete und ausgerüstete Streitkräfte wiederaufzubauen. Solche Streitkräfte sollten, obwohl sie den Armeen der benachbarten Großmächte zahlenmäßig unterlegen waren, in der Lage sein, erfolgreich die Grenzen des Landes zu verteidigen. Man ging davon aus, daß ein künftiger Krieg ein Krieg von Militärbündnissen sein und daß der bewaffnete Kampf mit einem hohen Bewegungsanteil geführt werden würde. Die französische Doktrin eines Stellungskrieges wurde abgelehnt. Gestützt auf die herausragenden Traditionen des polnischen Waffenhandwerks, wurde der »Offensivgeist« der polnischen Streitkräfte kultiviert. Schnelligkeit der Handlungen, Beweglichkeit und ökonomischer Einsatz der Kräfte sollten den Erfolg gewährleisten. Nach den damaligen strategischen Auffassungen sollte der Sieg in einem künftigen Krieg durch gemeinsame Anstrengungen des gesamten Volkes sowie durch einen gekonnten und zweckmäßigen Einsatz der Streitkräfte erreicht werden. In Anbetracht der geographischen Lage sollte das Heer die entscheidende Rolle im bewaffneten Kampf spielen.

Ausgehend von diesen Auffassungen und den besonderen Gegebenheiten eines demokratischen Staates nahm man den Aufbau eines Führungssystems der Streitkräfte in Angriff. Dieses Führungssystem wurde von Marschall Józef Piłsudski wesentlich geprägt. Um die Armee vor politischen Veränderungen und Fluktuationen im Staat weitestgehend zu schützen, sprach er sich für ein zweigleisiges Führungssystem der Streitkräfte aus. Die politische Führung in einem möglichen Krieg sollte in den Händen des Präsidenten der Republik Polen ruhen, der nach der Verfassung von 1935 »über Krieg und Frieden entscheiden kann«. Als kollektives Beratungsgremium des Präsidenten diente seit 1936 das Komitee zur Verteidigung der Republik (KOR). Es bildete einen politischen und militärischen Stab des Staates zur Leitung aller militärischen Angelegenheiten. Die oberste Befehlsgewalt über die Streitkräfte sollte im Kriegsfall – ebenso wie im Frieden – beim Präsidenten liegen, wobei die unmittelbare Befehls- und Kommandogewalt vom Oberbefehlshaber der Streitkräfte bzw. vom Kriegsminister ausgeht.

Die unmittelbare Leitung des Kampfes und die Führung der Streitkräfte lag in der Kompetenzgewalt des Oberbefehlshabers der Streitkräfte. Im Kriegsfall durfte dieser auch der Regierung bindende Richtlinien und Weisungen in Angelegenheiten geben, die unmittelbar mit dem bewaffneten Einsatz verbunden waren. Der Kriegsminister repräsentierte die Streitkräfte in der Regierung nach den Direktiven des Oberbefehlshabers der Streitkräfte. Er war für die Mobilmachung und Ausbildung der Personalreserven sowie für die Ergänzung von Personal, Gerät und Kriegsmaterial verantwortlich.

Arbeitsorgan des Oberbefehlshabers der Streitkräfte zur Leitung des bewaffneten Kampfes war der Stab des Oberbefehlshabers der Streitkräfte. Dem Oberbefehlshaber der Streitkräfte waren die Befehlshaber der einzelnen Armeen und selbständigen operativen Gruppen, die Befehlshaber der Waffengattungen, der Befehlshaber der Seestreitkräfte, das Sekretariat des Komitees zur Verteidigung der Republik Polen und der Oberste Zivilkommissar unterstellt.

Im Kriegsfall verfügte der Oberbefehlshaber der Streitkräfte über immense Kompetenzen. Einzig und allein der Oberbefehlshaber der Streitkräfte hatte das Recht, die Streitkräfte nach seinen strategischen Plänen einzusetzen. Dagegen waren sein Stab, das Kriegsministerium, andere nachgeordnete Organe und auch die Regierung verpflichtet, seine Entscheidungen und Direktiven umzusetzen. Der Stab des Oberbefehlshabers der Streitkräfte sowie die Stäbe der operativen und taktischen Großverbände waren keine Organe, die an Entscheidungen mitwirkten. Sie waren vielmehr Organe, die die Entscheidungen des Oberbefehlshabers der Streitkräfte und der Befehlshaber nachgeordneter Führungsebenen umzusetzen hatten. Die Stäbe hatten nicht einmal das Recht, Vorschläge zur Entscheidung vorzutragen. Ein solches Führungssystem, das dem Oberbefehlshaber der Streitkräfte eine ungeheure Machtfülle verlieh, erwies sich im Krieg als wenig effektiv und unflexibel.

Der nach dem Zweiten Weltkrieg neu begründete polnische Staat konnte die vollständige politische Eigenständigkeit nicht wiedergewinnen. Polen befand sich nunmehr im Einflußbereich der Sowjetunion. Polen konnte auch nicht die völlige Selbständigkeit beim Aufbau eines Verteidigungssystems des Staates zurückgewinnen. Ab Mai 1955 war Polen Mitglied des Warschauer Vertrages, und seine Streitkräfte wurden dem Vereinten Oberkommando der Streitkräfte in Moskau unterstellt. Die Konsequenzen dieser Bindung waren von vielgestaltiger Art. Die polnische Militärdoktrin war der Doktrin des Warschauer Vertrages untergeordnet. Ausrüstung und Bewaffnung der Armee wurden in der Sowjetunion gekauft. Auch das Führungssystem der Polnischen Armee wurde entsprechend den Anforderungen der Führung innerhalb des Militärbündnisses gestaltet. Man kann daher behaupten, daß der Beitritt Polens zum Warschauer Vertrag nicht nur über die Ideologie, sondern auch über Strukturen, Ausrüstung, Stationierungsfragen, also über den Charakter der Polnischen Armee und deren Rolle, bestimmte. Die Polnische Armee hatte einen klar bestimmten Platz in der Gruppierung des Warschauer Vertrages auf dem sogenannten Westlichen Kriegsschauplatz.

Angesichts ihres beachtlichen Potentials spielte die Polnische Armee im Warschauer Vertrag eine relativ wichtige Rolle. Die Polnische Armee zählte seinerzeit mehr als 400 000 Mann, 2800 Panzer, 2400 gepanzerte Transportfahrzeuge, mehr als 2300 Artilleriesysteme und mehr als 500 Flugzeuge. Ihre Bewaffnung und Ausrüstung kann man als modern bezeichnen, wenngleich die Armee in den achtziger Jahren im Vergleich zu Armeen der NATO-Staaten gewisse Rückstände hatte. Nach den Plänen des Vereinten Oberkommandos der Streitkräfte des Warschauer Vertrages sollten das polnische Heer und die polnische Luftwaffe die aus drei Armeen bestehende sogenannte Polnische Front bilden, die in der nördlichen Küsten- und Jütlandischen Operationsrichtung handeln sollte.

Nach dem Zerfall des Ostblocks und der Auflösung des Warschauer Vertrages im Jahre 1991 erlangte Polen seine vollständige politische und militärische Souveränität zurück. Die Veränderungen in der politischen Ordnung, im Sicherheitssystem und damit einhergehend in der strategischen Konzeption können mit jenen verglichen werden, die durch große Revolutionen oder Kriege verursacht werden. Die in Jalta und Potsdam beschlossene alte Ordnung war zusammengebrochen. Das Sicherheitssystem, das sich auf das Gleichgewicht der gegenseitigen Abschreckung der beiden mächtigen politisch-militärischen Blöcke stützte, hörte auf zu bestehen. Um Polen herum sind neue Staaten entstanden. Nach dem Zerfall des Warschauer Vertrages war die neue Ordnung, die sich in Europa und der Welt herausbilden sollte, nur schemenhaft erkennbar. Polen gehörte zu einer Gruppe von Staaten in einer gewissen »Grauzone«. Diese Staaten gehörten weder einem Bündnis an noch schufen sie ein solches oder entschieden sich für die Neutralität. Die neue Lage erforderte ein neues Denken zu den Fragen der Verteidigung des Staates. Es brach eine Zeit der Suche nach einer neuen Verteidigungsdoktrin an, die der neuen Lage entsprach. Es begann eine Zeit einer – zumindest im militärischen Bereich – nie dagewesenen Belebung theoretischer Gedanken sowie harter und kontroverser Diskussionen. Letztlich hat sich die proeuropäische Orientierung durchgesetzt.

Im Jahre 1991, d.h. im Augenblick der endgültigen Auflösung des Warschauer Vertrages, bekundete der Präsident Polens während eines Besuchs im NATO-Hauptquartier den Willen zu einer engen Zusammenarbeit mit dieser Organisation. Die Idee einer Zusammenarbeit und in der Zukunft einer Mitgliedschaft in der NATO wurden zu einem Hauptziel der polnischen Politik. 1992 wurden in Polen zwei wichtige Dokumente verabschiedet, die die neue polnische Verteidigungsdoktrin enthielten. Diese Dokumente trugen den Titel »Grundsätze der polnischen Sicherheitspolitik« sowie »Die Sicherheitspolitik und Verteidigungsstrategie der Republik Polen«. In diesen Dokumenten wurde jedoch wenig zu den Streitkräften selbst gesagt. Bei der Truppe liefen die Aufgaben zur Erfüllung der Verpflichtungen aus dem KSE-Vertrag, der 1990 in

Wien unterzeichnet worden war. Bis Ende 1992 wurde die Polnische Armee auf 230 000 Mann, 500 Flugzeuge, 2800 Panzer, 2300 gepanzerte Transportfahrzeuge und 70 Schiffseinheiten reduziert. Eine zivile Kontrolle über die Streitkräfte wurde eingeführt. In diesem Zusammenhang wurde das Ministerium für Nationale Verteidigung reformiert und 1992 eine Reorganisation des Generalstabes vorgenommen.

Die Reform des Führungssystems der Streitkräfte war von unterschiedlichen Reorganisationen auf nachgeordneten Führungsebenen begleitet. In einem Zeitraum von acht Jahren wurden mehr als 1000 militärische Formationen aufgelöst, 270 wurden umgegliedert und 360 neu aufgestellt. Diese immense Fülle an Aufgaben, deren Erfüllung nicht immer geordnet und gut durchdacht ablief, wurde nicht durch eine Erhöhung der Verteidigungsausgaben unterstützt. Die Ausgaben für die Truppe wurden vielmehr um 60 % gekürzt.

Von Jahr zu Jahr wuchs jedoch die Dynamik der Kontakte zur NATO. Diese Kontakte wurden durch verschiedene Einrichtungen und militärische Formationen geknüpft. Sie trugen informativen und lehrreichen Charakter. Es kam zu einem Austausch von Dozenten, Referenten und Studenten. Bis 1997 nahmen mehr als 1000 Offiziere der Polnischen Armee an Fortbildungskursen an Ausbildungseinrichtungen der NATO teil. Die Zusammenarbeit mit den Partnern aus Deutschland und Dänemark führte zur Aufstellung eines trinationalen Korps, dessen Führung sich in Szczecin befindet. Im Rahmen des Programms »Partnerschaft für den Frieden« fanden 1995 30 gemeinsame militärische Übungen und mehr als 100 andere Maßnahmen statt. In dem Polen Zugang zu den normativen Dokumenten der NATO (STANAG's) erhielt, wurde eine beschleunigte Standardisierung in der Polnischen Armee und das Erreichen der Interoperabilität möglich. 1996 erfolgte eine weitere Reform des Generalstabes; ferner wurde mit der Aufstellung eines Oberkommandos der Landstreitkräfte begonnen, um – so der Grundgedanke – das Führungssystem der Polnischen Armee an die Führungssysteme der NATO-Armeen anzupassen. Im Februar 1997 erklärte der polnische Ministerpräsident, daß Polen nunmehr alle Kriterien erfüllt, um Mitglied der NATO werden zu können. Fünf Monate später wurden Polen, Tschechien und Ungarn nach Madrid zu Verhandlungen über eine Mitgliedschaft im nordatlantischen Bündnis eingeladen; im Herbst 1998 wurde Polen dann Mitglied der NATO.

Die Polnische Armee wurde im vergangenen Jahrzehnt fortwährend reorganisiert. Mit der Verringerung der Personalstärke veränderte sich auch die innere Struktur der Polnischen Armee. Die Veränderungen haben auch das Führungssystem erfaßt. Seit dem NATO-Beitritt Polens laufen beschleunigte Vorhaben zur Anpassung des polnischen Führungssystems an die entsprechenden Systeme der NATO-Staaten, um die Interoperabilität zu erreichen. Entsprechend den zur Zeit geltenden Gesetzen werden die Streitkräfte im Frieden vom Generalstabschef der Polnischen Armee im Auftrag des Ministers für Nationale Verteidigung geführt. Im Falle eines Krieges, so das Gesetz, ernennt der Präsident der Republik Polen einen Oberbefehlshaber der Streitkräfte der Republik Polen. Die Befehlshaber der Teilstreitkräfte (Heer, Marine, Luftwaffe und Luftverteidigung) sowie die Befehlshaber der beiden Militärbezirke (Pomorski Okręg Wojskowy, Śląski Okręg Wojskowy) unterstehen im Kriegsfall dem Oberbefehlshaber der Streitkräfte der Republik Polen, im Frieden dagegen sind sie dem Generalstabschef der Polnischen Armee unterstellt.

Zur Führung durch den Oberbefehlshaber der Streitkräfte der Republik Polen werden drei Gefechtsstände, und zwar ein Hauptgefechtsstand, ein Reservegefechtsstand sowie ein rückwärtiger Gefechtsstand, eingerichtet. Diese Gefechtsstände werden mit Offizieren des Generalstabes der Polnischen Armee besetzt. Der rückwärtige Gefechtsstand dient zugleich zur Führung der logistischen Sicherstellung.

Im Untersystem zur Führung der Heerestruppen ist ebenfalls die Einrichtung von drei Gefechtsständen vorgesehen. Diese sollen eine ähnliche Rolle wie die Gefechtsstände auf zentraler Ebene spielen. Im Heer sind auf der taktischen Führungsebene die Divisionskommandos und –stäbe die höchsten Führungsorgane.

Grundlegendes Element eines jeden Führungssystems sind die Führungsorgane. Diese werden durch die jeweiligen militärischen Führer (Kommandobehörden), die Chefs der Waffengattungen sowie durch die Stäbe der unterschiedlichen Ebenen gebildet. Im polnischen Führungssystem, das sich nach dem Zweiten Weltkrieg am sowjetischen Modell orientierte, nahmen die Stäbe eine herausragende Rolle ein. Bei der Organisation der Stäbe spielten die Abteilungen Operativ, Aufklärung und Mobilmachung (Personalergänzung) eine führende Rolle. Eine wichtige Rolle spielten die Organe zur Führung des Fernmeldewesens und der Militärtopographie. Außerhalb der Stäbe gab es noch den Bereich zur Führung der rückwärtigen Dienste sowie der technischen Sicherstellung. Jetzt ist dieses System grundlegend reformiert worden. Innerhalb der Gliederung des Generalstabes der Polnischen Armee gibt es die Stabsabteilung Planung der Logistik. In den Stäben der nachgeordneten Ebenen gibt es entsprechende Abteilungen. Weitere Vorschläge zur Reorganisation des Führungssystems werden erwogen. Im neuen Entwurf zur organisatorischen Gliederung des Generalstabes sind sechs Stabsabteilungen vorgesehen: P–1 Personal und Wehrersatzwesen; P–2 Militärische Aufklärung; P–3 Operativ; P–4 Logistik, P–5 Strategische Planungen; P–6 Führungs- und Fernmeldesysteme; sowie eine Abteilung für Territorialverteidigung. Dieser Entwurf verringert das Führungspersonal im Generalstab und paßt diesen gleichzeitig in organisatorischer und funktioneller Hinsicht an die Generalstäbe westeuropäischer Armeen an. Mit den geplanten Änderungen auf der höchsten sowie den nachgeordneten Führungsebenen soll die vollständige Interoperabilität innerhalb des Bündnisses erreicht werden.

Eine weitere Problematik stellen die Führungsmittel dar, zu denen u.a. die Fernmeldeanlagen sowie die Anlagen zur Automatisierung des Führungsprozesses zählen. Der aktuelle Zustand dieser Mittel im Heer ist nicht gut. Die meisten Anlagen wurden in den sechziger und siebziger Jahren hergestellt und arbeiten im Analogbetrieb. Das Feldfernmeldesystem stützte sich bis dato auf die gepanzerten Transportfahrzeuge »SKOT« der Version Führungsfahrzeug sowie auf etwas modernere Führungsfahrzeuge des Typs ADK-11. Beide Fahrzeuge kann man bei bestem Willen nicht als modern bezeichnen. Die Funkgeräte mit großer und geringer Sendeleistung müssen durch digitale Geräte ersetzt werden, mit denen ein Verschlüsseln von Daten möglich ist. Auch verfügt die Polnische Armee nicht über moderne Funkgeräte mit geringer Sendeleistung. Die Kommandobehörden der operativen Führungsebene warten auf Anlagen zur Automatisierung der Führung. Gegenwärtig existiert lediglich ein PC-gestütztes Führungsunterstützungssystem.

Vergleichsweise besser sieht die Lage bei den Führungssystemen der Luftwaffe und der Luftverteidigung sowie der Marine aus. Diese verfügen über modernere Führungsmittel. In der Marine wurde das moderne integrierte Führungssystem »ŁEBA" eingeführt.

Der Abstand, der das Führungssystem in der Polnischen Armee vom Führungssystem in den westeuropäischen Armeen trennt, ist bei den Führungsmitteln, und hier insbesondere beim Heer, am größten. Diesen Abstand kann man erst mit der Einführung von neuem und modernerem Gerät beseitigen. Dieses Gerät ist jedoch sehr kostenintensiv, und deshalb wird der Anpassungsprozeß in diesem Bereich noch einige Jahre dauern. In anderen Bereichen werden die Anpassungsprozesse des polnischen Führungssystem an die Anforderungen innerhalb des NATO-Bündnisses in einem kürzeren Zeitraum abgeschlossen sein.

Sebastian Cox

Neue Herausforderungen aufgrund von Konflikten geringer Intensität (»Low Intensity Conflicts«). Der Falklandkrieg 1982

Es ist eine Binsenweisheit, daß es für die Betroffenen nur sehr wenige Konflikte gibt, die von »geringer Intensität« gekennzeichnet sind. So habe ich auch erhebliche Zweifel, ob die argentinischen Wehrpflichtigen oder die britischen Berufssoldaten, die seinerzeit im Südatlantik kämpften, dies als einen Konflikt geringer Intensität empfanden. Im Falklandkrieg kamen sowohl hochtechnisierte Waffen wie der tiefstfliegende Seezielflugkörper »Exocet« und der Luft/Luft-Infrarotlenkflugkörper »Sidewinder« zum Einsatz als auch relativ altmodische, aber immer noch tödlich wirkende Bomben, Kugeln und Granaten. Wenn dies ein »Konflikt geringer Intensität« war, dann nur insofern, als seine Protagonisten bestrebt waren, die Auswirkungen außerhalb des unmittelbaren Operationsgebietes und – im Falle der Briten – auf die zivilen Bewohner der Inseln in Grenzen zu halten.

Das Interessante am Falklandkrieg als einem Beispiel moderner Kriegführung ist unter anderem die hinter dem Vorgehen der Beteiligten stehende Haltung, und zwar nicht nur der Militärs, sondern auch der Politiker, ebenso wie die Wechselwirkung und das Zusammenspiel zwischen beiden Bereichen. Dabei entbehren einige Aspekte nicht einer gewissen Ironie. Demokratien neigen dazu, jeglichen Krieg als unnötig oder unerwünscht zu betrachten. Militärdiktaturen haben naturgemäß eine andere Einstellung. Aber im vorliegenden Fall haben die beiden gegensätzlichen Grundauffassungen in gewisser Weise so gewirkt, daß sie möglicherweise die Wahrscheinlichkeit eines militärischen Vorgehens erhöhten. Auf argentinischer Seite war man offensichtlich davon ausgegangen, daß eine Demokratie der nördlichen Hemisphäre, wenn sie sich in einer Region von nicht »vitalem Interesse«, die sich zudem viele tausend Kilometer von jeder erdenklichen logistischen Basis entfernt befindet, militärisch vor vollendete Tatsachen gestellt sieht, automatisch nach einer diplomatischen und nicht etwa nach einer militärischen Lösung suchen wird. Mit anderen Worten, die Argentinier erwarteten, daß eine militärische Besetzung der Falklandinseln letztlich nicht zu einem Krieg führen würde. Auf britischer Seite war man der Auffassung, den argentinischen Interessen wäre mit der militärischen Option durchaus nicht am besten gedient, denn falls Argentinien daran dächte, sich weiter vorzuwagen, würden sich zunächst andere, weniger drastische Maßnahmen, wie z.b. eine Blockade der Inseln, anbieten, und solche Maßnahmen wären wahrscheinlich genauso wirksam, aber weniger riskant. Für den Fall, daß die Militärdiktatur zu militärischen Mitteln gegen souveränes britisches Staatsgebiet greifen und britische Bürger ihrer politischen Herrschaft unterwerfen würde, zog man durchaus eine militärische Antwort in Betracht und war auch bereit, diese durchzuführen. In dieser Hinsicht schätzte man sich also gegenseitig falsch ein.

Allerdings hatten die Argentinier wohl eher Grund zu ihrer Fehleinschätzung. Dies mag merkwürdig klingen aus dem Mund eines Briten, dessen Land im Jahr 1982 erfolgreich auf die militärische Karte setzte, um sich die Inseln zurückzuholen. Der Grund dafür ist ganz einfach: Viele führende militärische und politische Köpfe in Großbritannien glaubten im April 1982 nicht, daß die Inseln zu verteidigen waren, und auch nicht, daß sie von überragender Bedeutung waren. Schon gar nicht glaubten sie, es wäre mit militärischen Mitteln machbar, die Inseln, wenn sie einmal verloren waren, zurückzugewinnen, da der nächstgelegene Operationsstützpunkt nun einmal viele tausend Kilometer entfernt lag.

Das Grundproblem, dem sich Großbritannien gegenübersah, bestand darin, daß sich 1982 alle seine wesentlichen Interessen und die Blickrichtung der Verteidigungspolitik auf die nördliche Hemisphäre konzentrierten und eng mit der NATO und dem andauernden Kalten Krieg mit der Sowjetunion verknüpft waren. Zwar waren die Briten in vorangegangenen Krisen zwischen Großbritannien und Argentinien wegen der Falklandinseln in der Lage gewesen, militärische Kräfte, vor allem nuklear bestückte U-Boote, in den Südatlantik zu schikken. Aber dies waren im Prinzip kurzfristige Lösungen gewesen. Weder der politische Wille noch das Geld waren vorhanden, um Streitkräfte dauerhaft im Südatlantik präsent zu halten und Argentinien auf diese Weise abzuschrecken. Die Möglichkeiten waren wohl da, U-Boote, Flottenverbände oder Brigadegruppen in die Region zu schicken, aber nur mit großem finanziellen Aufwand und unter Hintanstellung anderer, als weit wichtiger empfundener militärischer Aufgaben innerhalb der NATO. Das wußte man in Argentinien genausogut wie in Großbritannien selbst.

Als sich dann im Südatlantik eine Krise zusammenbraute – ursprünglich wegen der Frage des unerlaubten Aufenthalts argentinischer Staatsbürger auf der Insel Südgeorgien – eskalierte die Situation zu einem in der breiten Öffentlichkeit ausgetragenen Streit; in dieser Frage konnte es sich die argentinische Junta nach eigenem Empfinden nicht mehr erlauben klein beizugeben, und sie hoffte außerdem, innenpolitisch immenses Kapital daraus schlagen zu können, weil sie zu dieser Zeit im eigenen Lande alles andere als populär war. Demzufolge rechnete sich die Junta aus, sie werde die Inseln ohne größeren Widerstand an sich reißen können, und nur wenige Staaten auf der Welt würden die Briten unterstützen, sofern diese denn überhaupt versuchen würden, sich die Inseln zurückzuholen. Außerdem, so die weitere Überlegung auf argentinischer Seite, könnte man durch eine verbundene Operation aller Teilstreitkräfte jedem Versuch, die Inseln zurückzugewinnen, zuvorkommen. Dabei würden auf den Inseln Landstreitkräfte zum Einsatz kommen, in den sie umgebenden Seegebieten Seestreitkräfte einschließlich U-Boote und von Argentinien sowie von dem argentinischen Flugzeugträger aus auch Luftstreitkräfte.

Es muß an dieser Stelle gesagt werden, daß diese Ansicht auch von der US-Marine und von vielen Offizieren der britischen Luft- und Landstreitkräfte geteilt wurde. In Lagebeurteilungen des britischen Verteidigungsministeriums im ersten Entwicklungsstadium der Krise ging die Tendenz dahin, die Schwierigkeiten in den Vordergrund zu stellen. Der Minister wurde von seinen Militärs unterrichtet, die sich fast einheitlich pessimistisch über eine Verstärkung der Kräfte für eine Invasion äußerten und mit Nachdruck auf die operativen Nachteile hinwiesen, die sich bei der Dislozierung von Atom-U-Booten für den laufenden Auftrag ergaben. Um sich den Argentiniern wirksam entgegenzustellen, würde eine vollständige »Naval Task Force« einschließlich Flugzeugträgern benötigt, deren Aufstellung mehrere Wochen dauern würde. Weitere Wochen würden vergehen, bis die Kräfte den Südatlantik erreicht hätten. Und in dieser Zeit würden die Vorbereitungen in der Öffentlichkeit bekannt werden.

Es gab jedoch auch den konträren Standpunkt, daß es nicht Aufgabe des Verteidigungsministeriums sei, auf die Aufforderung des Kabinetts, auf die Krisensituation zu reagieren, nur alle möglichen Schwierigkeiten für ein Vorgehen im Südpazifik in den Vordergrund zu stellen. Von den hochrangigen Militärs Großbritanniens hatte sich einer nicht dem verschrieben, was man die althergebrachte Weisheit von der Schwierigkeit militärischen Operierens im Südatlantik bezeichnen könnte, und dies war Admiral Sir Henry Leach, der an der Spitze der Royal Navy stand. Am Abend des 31. März, als die neuesten Lagebeurteilungen eine argentinische Invasion innerhalb von 24 bis 48 Stunden vorhersagten, war Leach gerade vom Besuch eines Marinestützpunkts zurückgekehrt. Er teilte die Sorge, die neben ihm auch andere im Hinblick auf die Ratschläge des Verteidigungsministeriums an die politische Führung hegten. Deshalb machte er sich unverzüglich auf den Weg ins britische Unterhaus, um dort den Verteidigungsminister zu treffen und ihm persönlich seine Sicht der Dinge darzulegen. Schließlich konnte Admiral Leach nicht nur dem Verteidigungsminister, sondern auch der Premierministerin Margaret Thatcher seine Ansichten vortragen. Diese fragte ihn, welche Handlungsmöglichkeiten es im Falle einer argentinischen Invasion gebe. Frau Thatcher schreibt in einer Schilderung jenes Treffens: »Er war ganz ruhig und zuversichtlich. ›Ich kann einen Einsatzverband aus Zerstörern, Fregatten, Landungsbooten und Unterstützungsschiffen zusammenstellen. Dieser Verband wird von den Flugzeugträgern HMS Hermes und HMS Invincible geführt. In achtundvierzig Stunden kann er bereit zum Auslaufen sein.‹ Er meinte, eine solche Streitmacht würde die Inseln zurückerobern können. Alles, was er bräuchte, sei meine Ermächtigung, mit der Zusammenstellung des Verbandes zu beginnen.«

Damit hatte Admiral Leach der Premierministerin Thatcher auch einen politischen Rettungsring zugeworfen. Sie hatte sich Ansehen erworben als willensstarke politische Führerin, die in der Lage und gewillt war, harte Entscheidungen zu treffen und politische Gegner im Inland wie im Ausland in die Knie zu zwingen. Sie war stolz auf ihren Spitznamen »Eiserne Lady«, aber der hätte leicht hohl klingen können, hätte sie nicht vermocht, eine echte Reaktion auf die argentinische Invasion anzubieten. Es ist sogar sehr wahrscheinlich, daß ihre Regierung gestürzt wäre, hätte sie sich nicht vor das Unterhaus stellen und sagen können, es werde derzeit ein Einsatzverband für den Südatlantik aufgestellt.

Admiral Leach hatte seine eigenen – abgesehen von der Überzeugung, daß alles mögliche getan werden sollte, um sich einer Aggression entgegenzustellen – Gründe, warum er einen Einsatzverband in den Südatlantik schicken wollte. Die Ironie bestand darin, daß die Regierung Thatcher kurz zuvor eine Verkleinerung der britischen Marine angekündigt hatte, und zwar sollten mehrere neue Fregatten oder Zerstörer verkauft bzw. verschrottet, amphibische Mittel nach und nach außer Dienst gestellt und die Flugzeugträger »Hermes« und eventuell »Invincible« verkauft werden. Die Royal Navy würde also zwei Flugzeugträger in den Südatlantik schicken, über die sie ein Jahr später theoretisch schon gar nicht mehr verfügen würde. Zum Teil ging es Leach deshalb auch darum zu demonstrieren, wie unsinnig nach seiner Einschätzung diese Schrumpfungspolitik war. Und dies gelang ihm natürlich auch. Seine soldatische wie auch seine politische Beurteilung der Lage brachten ihn zum selben Schluß, nämlich, daß die Rückeroberung der Falklandinseln ein machbares, wenn auch riskantes Unternehmen war.

Die politische Dimension des Krieges war aber auch in vielerlei anderer Hinsicht von Bedeutung. Margaret Thatchers leidenschaftliche Überzeugung, daß der Krieg gerecht war und daß man es nicht zulassen durfte, britische Bürger ihrem Schicksal unter einer Militärdiktatur zu überlassen, wurde der Bevölkerung von den Medien Großbritanniens sehr wirkungsvoll vermittelt. Es war eine relativ einfache politische Botschaft, und sie wurde damals an ein von Anfang an klares politisches Ziel geknüpft, nämlich die britische Hoheit über die Inseln wiederherzustellen. Dadurch war gewährleistet, daß die Unterstützung der Operation in der Öffentlichkeit bis zum Ende sehr groß blieb, selbst als der Einsatzverband die ersten Verluste zu verzeichnen hatte. Dieses hohe Maß an öffentlicher und politischer Unterstützung war zweifellos ein wichtiger Faktor für die Aufrechterhaltung der Moral der britischen Truppen während der Operation. Zwar handelte es sich bei den eingesetzten britischen Kräften durchweg um Berufssoldaten, aber es war ohne Zweifel nur durch die Klarheit der Zielsetzung und das Bewußtsein, daß das Land hinter dem Militäreinsatz stand, für die militärischen Führer aller Ebenen möglich, Zusammenhalt und Kampfmoral in der Truppe zu wahren. Hinzu kam, daß aufgrund der Abgelegenheit, der Unterentwicklung und dünnen Besiedlung der Inseln nur ein sehr geringes Risiko für zivile Opfer mit den damit verbundenen Problemen in der Berichterstattung der Medien gegeben war. Nur wenige begrenzte Kriege sind in den Jahrzehnten seit dem Falklandkrieg von einer solch klaren politischen Zielsetzung gekennzeichnet gewesen.

Dies heißt allerdings nicht, daß politische Faktoren den militärischen Kampf nicht beeinflußt hätten. In der Anfangsphase des Krieges erlitten die Briten einen herben Rückschlag, als sie durch den Treffer einer »Exocet«-Rakete das Containerschiff »Atlantic Conveyor« verloren. Das Schiff sank, und mit ihm gingen alle Hubschrauber des Einsatzkontingents bis auf einen schweren »Chinook«-Hubschrauber sowie mehrere »Wessex«-Hubschrauber unter. Infolgedessen waren die Beweglichkeit der Kräfte nach ihrer Anlandung und die Möglichkeiten des Transports von Soldaten und Material eingeschränkt. Konkret hieß das, daß die auf dem Land eingesetzten britischen Soldaten die achtzig Kilometer quer über die Insel Ostfalkland nach Stanley zu Fuß zurücklegen mußten, wobei sie auch noch einen großen Teil ihres Materialbedarfs mit sich schleppen mußten. Aber Politiker, wie Margaret Thatcher, brauchen Siege. Und in unserem modernen Medienzeitalter brauchen sie Siege schnell, denn andernfalls fangen die Journalisten an, kritische Berichte zu schreiben, mit denen die Unterstützungsbasis im Volk und auf politischer Ebene ausgehöhlt wird.

So bestand denn, als die Briten erfolgreich auf den Falklandinseln landeten – und zwar ohne auf nennenswerten Widerstand außer in der Luft zu stoßen – die Erwartungshaltung, man werde rasch vorstoßen und die Insel zurückgewinnen. Als es dann aus den bereits genannten Gründen nicht dazu kam, suchte die politische Führung nach einem schnellen siegreichen Gefecht, um die eigenen Nerven, vor allem aber die der Medien, zu beruhigen. Deshalb erhielten die britischen Truppen den Auftrag, einen Sturmangriff auf die argentinische Stellung bei Goose Green durchzuführen, aber nicht etwa, weil diese Stellung für die Gesamtoperation tatsächlich relevant gewesen wäre. Das war sie keineswegs, denn sie lag südlich der Linie, auf der die Briten nach Port Stanley vorrückten, und man hätte sie gefahrlos als ein isoliertes Widerstandsnest außer acht lassen können. Aber der Sturmangriff wurde durchgeführt, weil diese Stellung der nächstliegende Punkt war, an dem argentinische Truppen zusammengezogen waren.

Man muß noch etwas in Betracht ziehen, wenn man die politischen Führungsentscheidungen im Verlauf des Krieges verstehen will: Die britische Regierung sah sich mit einer Situation konfrontiert, in der sie, obwohl sie formell kein militärisches Operationsbündnis mit einem anderen Staat hatte, dennoch mehrere wichtige Bündnispartner auf ihrer Seite halten mußte. In erster Linie waren das die USA, aber dasselbe galt auch für die Staaten der Europäischen Union. Darüber hinaus mußten für die eigene Sache schädliche Abstimmungsniederlagen auf der Ebene der Vereinten Nationen vermieden werden, wo Argentinien intensiv darum bemüht war, den Krieg als jüngsten Akt von Kolonialismus im alten Stil darzustellen. Während der gesamten Krise sah sich die Regierung

Thatcher gezwungen, alle Register diplomatischen Taktierens zu ziehen, um sich einerseits das Wohlwollen seiner Partner zu erhalten, andererseits aber keine Abstriche bei der eigenen Zielsetzung zu machen. Die USA, denen sehr daran gelegen war, ihre Beziehungen zu Südamerika nicht aufs Spiel zu setzen, versuchten zunächst als Vermittler zu agieren. Als die argentinische Unnachgiebigkeit schließlich die Vermittlungsversuche von General Alexander M. Haig scheitern ließ, schlugen die USA sich auf die Seite Großbritanniens.

Von vielen – auch von so manch einem in Margaret Thatchers Regierung – wurde die Entsendung des Einsatzkontingents in den Südatlantik als reiner diplomatischer Schachzug betrachtet, mit dem Druck auf die argentinische Regierung ausgeübt und ihr eine Entschuldigung an die Hand gegeben werden sollte, um bei einem Rückzug von den Inseln das Gesicht wahren zu können. Das war – eigentlich unnötig festzustellen – nicht die Ansicht von Margaret Thatcher, aber wahrscheinlich die ihres neuen Außenministers Francis Pym.

Im weiteren Verlauf der Krise kamen andere Länder mit neuen Friedensvorschlägen, von denen viele unrealistisch, absurd oder aber beides waren. Aber das militärische Vorgehen konnte im Lichte dieser Vorschläge interpretiert werden, und es *wurde* auch so interpretiert. Die Versenkung des argentinischen Kreuzers »Belgrano« war faktisch eine zielgerichtete militärische Operation, mit deren Hilfe eine militärische Bedrohung aus dem Weg geschafft wurde. Sie wurde damals aber auch als kalkulierte Aktion seitens der Regierung Thatcher dargestellt, um die Chancen eines von Peru vorangetriebenen diplomatischen Lösungsvorschlages zunichte zu machen. Da diese Lösung eine Belohnung Argentiniens für seine Aggression dargestellt hätte, hatte sie keine realistischen Erfolgsaussichten, aber die Argentinier wurden so in die Lage versetzt, auf der Ebene der Vereinten Nationen einmal mehr die britische »Aggression« anzuprangern. Gegen Ende des Konflikts schalteten sich erneut die USA über ihren Außenminister Haig ein, und begannen, Druck auf die britische Regierung auszuüben, sie solle Argentinien keiner totalen Demütigung aussetzen. Auch andere Friedensvorschläge wurden vorgebracht, und in einem Falle machte Großbritannien im UN-Sicherheitsrat von seinem Vetorecht Gebrauch, um eine Waffenstillstandsinitiative zu Fall zu bringen.

Genau vor diesem Hintergrund ist der Druck zu sehen, der auf die militärische Seite ausgeübt wurde. Ausgangs des 20. Jahrhunderts und am Beginn des 21. Jahrhunderts wurden und werden alle Kriege quasi in einer Arena des Medieninteresses und der internationalen öffentlichen Meinung geführt. Die Unterstützung durch die Vereinten Nationen soll nicht nur einen Konflikt in den Augen der Weltöffentlichkeit legitimieren, sondern auch das militärische Vorgehen mit Hilfe des Völkerrechtes legalisieren.

Das komplizierte Zusammenspiel all dieser Faktoren fand in den politischen und militärischen Führungsentscheidungen Großbritanniens während des Falklandkrieges seinen Ausdruck. So gesehen stellte diese Auseinandersetzung, so scheinbar einfach sie von der objektiven Ausgangssituation her auch war, einen

Vorläufer der weitaus komplexeren Konflikte der jüngeren Vergangenheit auf dem Balkan dar. Die militärischen Operationen liefen vor eben diesem Hintergrund ab, und häufig wurde ihr Tempo davon diktiert.

Abschließend möchte ich an einem konkreten Beispiel die Probleme verdeutlichen, die sich hieraus für die militärische Führung ergeben können. Admiral Woodward, der das britische Einsatzkontingent vom Flugzeugträger »Hermes« aus führte, gab, kurz nachdem es zu den ersten militärischen Scharmützeln auf der Insel Südgeorgien gekommen war, ein Presseinterview. Woodward, ein nach meiner Einschätzung exzellenter Kommandeur, wurde gefragt, wie er die Erfolgsaussichten sehe. Im Bemühen, ein gesundes Maß an Optimismus zu verbreiten und damit die Moral der ihm unterstellten Soldaten zu heben, antwortete: 20 zu 1. In der britischen Presse hieß es daraufhin, er habe die Rückeroberung der Falklandinseln als einen »Spaziergang« dargestellt. Das gefiel der Regierung überhaupt nicht, und sie wies ihn an, sich weniger national überheblich zu geben, sondern nüchterner, friedliebend und von besonnener Entschlossenheit. Woodward, für sein aufbrausendes Temperament bekannt, empfand die Anweisung an einen Admiral, der einen Einsatzverband in einen Krieg führte, sich friedliebend zu geben, als eine Zumutung. Er besann sich in diesem Fall jedoch darauf, sich den Wünschen seiner Führung zu fügen, gab aber weitere Interviews. Gefragt, ob es ein langer Krieg werden könnte, erwiderte er, nachdem er sich anordnungsgemäß seine Antwort nüchtern überlegt hatte: »Nun, er könnte einige Monate dauern, was durchaus als eine lange Zeit erscheinen könnte.« Als nächstes wurde er gefragt, ob es vielleicht auch viele Tote geben könnte. Wieder versuchte er, weniger nationale Überheblichkeit an den Tag zu legen, und er antwortete: »Nun, in den meisten Kriegen gibt es viel Blutvergießen. Ich bezweifle, daß dieser eine Ausnahme bilden wird.« Prompt verkündeten die Schlagzeilen: »Woodward sagt langen und blutigen Krieg voraus.« Die Moral der Geschichte: Wie man's auch macht, die Medien bleiben immer Sieger.

Walter Jertz

»Information Warfare«: Medienarbeit als ein Mittel von Führung am Beispiel des Kosovokonflikts

Im Rahmen dieser Tagung wird ein weites Spektrum interessanter Themengebiete behandelt. Zweifellos gehört dazu auch das Thema der »Information Warfare«, ein Begriff, der erst in neuerer Zeit geprägt wurde und der heute zusammen mit dem Begriff »Information Operation« – als *einem* Bestandteil der »Information Warfare« – vor allem durch die weltweite Vernetzung von Informationssystemen und durch die Omnipräsenz der Weltmedien seinen besonderen Stellenwert bei militärischen Auseinandersetzungen erhalten hat.

Am Beispiel des Kosovokrieges werde ich die wachsende Bedeutung der Medienarbeit für die militärische Führung in einem Konflikt darstellen und aufzeigen, welchen Einfluß die allgegenwärtige Präsenz der Medien auf militärische Führungs- und Entscheidungsprozesse hat.

Meine Vorredner haben den grundsätzlichen Rahmen für die 1. Sektion dieser Tagung gegeben – meine Aufgabe sehe ich darin, vieles von dem bisher Vorgetragenen am aktuellen Geschehen zu verdeutlichen. Zum besseren Verständnis und zur richtigen Einordnung meiner Ausführungen werde ich zunächst einen kurzen Überblick über die politischen Zielsetzungen und die militärischen Zusammenhänge bei Planung und Durchführung des NATO-Luftstreitkräfteeinsatzes »Operation Allied Force« geben. Im zweiten Teil meines Referates werde ich die Informationsarbeit der NATO in Mons und Brüssel während des Luftkriegseinsatzes über dem Balkan 1999 darstellen und an zwei ausgewählten Vorgaben zeigen, inwieweit die Präsenz der Medien bei politischen und militärischen Führungsentscheidungen Berücksichtigung finden mußte und gefunden hat.

Auch werde ich verdeutlichen, daß die Medienarbeit als ein Mittel von Führung, als integraler Bestandteil militärischer Planungen und Führungsentscheidungen angesehen werden muß, d.h. die Öffentlichkeitsarbeit muß genauso geplant werden wie eine militärische Operation. Die dazu erforderlichen Organisationsformen müssen vorhanden sein und die Führungs- und Entscheidungsprozesse müssen genauso ablaufen wie bei militärischen Aktionen.

Lassen Sie mich zunächst den Kosovokonflikt aus Sicht der NATO beschreiben.

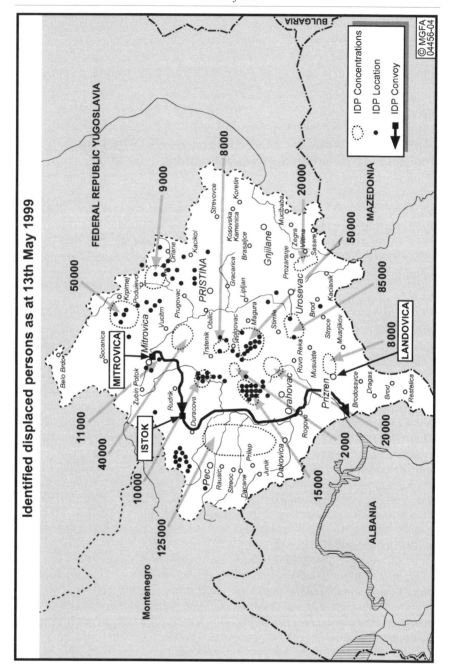

Identified displaced persons as at 13th May 1999

Das neue Strategische Konzept der NATO gibt den Aufgaben jenseits der kollektiven Verteidigung eine deutlich stärkere Profilierung, als dies noch in der Strategie von 1991 der Fall war. Die NATO zielt in ihrer Politik der Friedenserhaltung, der Kriegsverhütung sowie der Stärkung von Sicherheit und Stabilität vor allem darauf ab, in Zusammenarbeit mit anderen Organisationen Konflikte zu verhüten oder in Übereinstimmung mit dem Völkerrecht zu deren wirksamer Bewältigung beizutragen. Dazu hält sich die Allianz die Möglichkeit offen, Krisenreaktionseinsätze durchzuführen, die nicht unter Artikel 5 des NATO-Vertrages fallen.

Der Einsatz auf dem Balkan entspricht dieser Neuausrichtung. Lassen Sie mich aus der Sicht der Betroffenen allerdings darauf hinweisen, daß es unendlich lange dauerte, bis die westliche Staatengemeinschaft sich zu einer gemeinsamen Vorgehensweise entschließen konnte. Die vorhandenen Bilder von vertriebenen Kosovo-Albanern waren offensichtlich nicht grausam genug, die Berichte über Greueltaten zunächst nicht plakativ genug, um von den Medien wahrgenommen zu werden oder um die erforderlichen Reaktionen der westlichen Welt auszulösen.

Bereits im September 1998 waren nach Berechnungen des UN-Hochkommissars für Flüchtlinge 380 000 Kosovo-Albaner auf der Flucht. Zum Höhepunkt des Konflikts befanden sich 1,1 Millionen Menschen in den Nachbarländern oder in befreundeten Staaten. Auf dem Höhepunkt der Kampfhandlungen hatten sich rund 550 000 Menschen im Kosovo in den Wäldern versteckt oder waren von serbischen Streitkräften zusammengetrieben worden, um einem ungewissen Schicksal entgegenzusehen. Unzählige Häuser waren unbewohnbar gemacht oder total zerstört worden.

Die NATO hatte ein Konzept für ein militärisches Eingreifen auf dem Balkan mit Luftstreitkräften erarbeitet, dessen militärische Zielsetzung im wesentlichen den politischen Zielen entsprach.
1. Einstellung der Kampfhandlungen sowie der Unterdrückungs- und Ausbeutungspolitik gegenüber den Kosovo-Albanern;
2. Vollständiger Rückzug aller militärischen- und Sicherheitskräfte der Bundesrepublik Jugoslawien aus dem Kosovo;
3. Einsetzen einer internationale Friedenstruppe im Kosovo;
4. Einrichtung eines Gebiets, in das alle Flüchtlinge ohne Angst vor weiteren Nötigungen zurückkehren können;
5. Erreichen einer dauerhaften politischen Lösung für das Kosovo.
Das Konzept sah ein Vorgehen in vier Phasen vor. Es war geplant, bei Nichterreichung des gewünschten Zieles in der jeweiligen Phase zur nächsten Stufe der Eskalation überzugehen. In jeder Phase hätte die Belgrader Führung durch Annahme der NATO-Bedingungen eine Beendigung der Kampfhandlungen herbeiführen können. In der ersten Phase (Phase 0) setzte die NATO ein Zeichen der Entschlossenheit, indem sie die Verlegung von Luftstreitkräften plante und letztlich auch durchführte. Zusätzlich gehörten zu dieser Phase auch

schrittweise eskalatorische militärische Maßnahmen wie Übungen außerhalb des Luftraums der Bundesrepublik Jugoslawien sowie Luftaufklärungsflüge entlang der Grenze und Überwachungsflüge. In der Phase 0 kann das politische Vorgehen der NATO als *»Diplomacy backed by threat«* (durch Drohung gestützte Diplomatie) bezeichnet werden.

Konzept der Luftoperation »Allied Force« – Diplomacy backed by threat bzw. backed by force

Phase 0
– Verlegung von NATO Luftstreitkräften
– Schrittweise eskalierende Maßnahmen außerhalb des Luftraumes der Bundesrepublik Jugoslawien (BRJ)
– Einrichtung einer Flugverbotszone über dem Kosovo

Phase 1
– Luftangriffe gegen Luftverteidigungssysteme der BRJ
– Luftangriffe gegen ausgesuchte Ziele jenseits Kosovo einschließlich Montenegro
– Luftangriffe gegen schwere Waffen im Kosovo

Phase 2
– Luftschläge gegen hochwertige Ziele der Streitkräfte der BRJ
– Zerstörung von Waffenlagern
– Direkte Bekämpfung der Fähigkeiten des serbischen Militärs (VJ) und der Spezialpolizeikräfte (MUP) im Kosovo

Phase 3
– Geographische Ausweitung auf hochwertige Ziele des serbischen Militärs und der serbischen Spezialpolizei in der gesamten BRJ

Die Phasen 1 bis 3 des Konzepts, die man als *»Diplomacy backed by force«* (durch Stärke gestützte Diplomatie) beschreiben kann, sahen eine nach Qualität und Quantität der Ziele und der eingesetzten Mittel steigerbare Vorgehensweise vor.

Gesamtziel aller Maßnahmen war es, die politische Führung Belgrads an den Verhandlungstisch zurückzuführen, um ein baldiges Waffenstillstandsabkommen zu erreichen.

Von Anfang an war es allen beteiligten Staaten klar, daß nur eine gezielte Informations- und Öffentlichkeitsarbeit die Kohäsion aller NATO-Staaten gewährleisten würde. Der frühere Generalsekretär der Vereinten Nationen Boutros-Ghali hat diese Erkenntnis mit den Worten beschrieben: »CNN ist das 16. Mitglied im UN-Sicherheitsrat«. Eine Aussage, die es auch und gerade bei militärischen Auseinandersetzungen zu beachten gilt.

Der strategische Oberbefehlshaber in Mons hatte für den Kosovokonflikt die notwendige Aufbau- und Ablauforganisation befohlen und – nach allgemein anerkannten Regeln der Öffentlichkeitsarbeit – Leitlinien für die Pressearbeit festgelegt. Die Kernaussagen waren in einem »Information Operations Concept« verbindlich beschrieben.

Der *allgemeine* Auftrag im Rahmen der Öffentlichkeitsarbeit lautete: Auf die Zielgruppe der Zuhörer, einschließlich der Entscheidungsträger, soll eingewirkt werden, wobei die politischen wie auch militärischen Vorgaben zu berücksichtigen sind. Die Informationen und die Informationssysteme des Gegners sollen beeinflußt werden, eigene Informationssysteme hingegen sollen geschützt werden.

Im weiteren waren die Zielvorgaben *konkreter* gefaßt.

Neben wichtigen militärischen und politischen Zielen war auch die Neutralisation, d.h. die physische Zerstörung der serbischen Propagandamaschinerie, vorgesehen. (»Neutralize the internal media and other components of the Milosevic propaganda machine«).

Weitere Zielsetzungen lauteten:

»Reduce the combat capability and will of the VJ and MUP to fight.

Expand support and assistance for NATO actions by front line states.

Enable Russian support of NATO/Western initiatives and solicit positive Russian involvement in conflict resolution and regional stability.

Enable the creation of a stabile, democratic and regionally integrated FRY.

Isolate Milosevic from his economic, industrial and political power base.«

Zusätzlich zu den Zielen lag der Öffentlichkeitsarbeit des NATO-Oberkommandos Europa (SACEUR) auch ein »Phasenplan« zugrunde:

Zuerst sollte die eigene Geschichte erzählt werden, und zwar hin zur Aktion, weg von der Reaktion; die NATO-Einsätze sollten durch die Medienarbeit unterstützt und die serbische Propaganda »neutralisiert« werden. Dies war im übrigen kein leichtes Unterfangen, da die serbischen Medien regelmäßig als erste vom Ort des Geschehens berichten konnten, während die NATO erst einmal eine intensive und nachprüffähige Untersuchung der gemeldeten Schäden durchführen mußte.

Die Ziele der NATO-Informationsarbeit innerhalb der einzelnen Phasen waren eindeutig und eng mit den militärischen Handlungen verknüpft. In der ersten Phase, der Phase der eigentlichen Kampfhandlungen, sollte durch gezielte Öffentlichkeitsarbeit die Moral der serbischen Militärs, dazu zählten auch die serbische Spezialpolizei und die paramilitärischen Kräfte, geschwächt werden; außerdem sollte die serbische Bevölkerung erkennen, daß die Angriffe der NATO nicht gegen sie gerichtet waren.

Die Zwangslage der Kosovaren sollte gezeigt werden; auch auf die Greueltaten der Serben an den Kosovaren sollte betont hingewiesen werden.

Die Öffentlichkeitsarbeit war so zu gestalten, daß Milosevic die Unterstützung seines Volkes verlieren sollte.

Aber auch die durch die Öffentlichkeitsarbeit eröffnete Möglichkeit der Weitergabe von wichtigen Informationen für die Betroffenen sollte genutzt werden. So war es möglich, die Vertriebenen/Flüchtlinge auf die Gefahren hinzuweisen, die ihnen bei der Rückkehr drohten (z.B. Minengefahr).

In der Phase 2, dem Zeitraum nach einem Waffenstillstand und vor einem Friedensvertrag, waren vor allem die Voraussetzungen für die sichere Rückführung der Vertriebenen sowie für die Sicherheit der im Land verbliebenen Bevölkerung (Serben und Kosovaren) Zielvorgaben für die Informationsarbeit. Durch sie sollte die Aussöhnung zwischen Kosovo-Albanern und Serben und die Durchsetzung des Waffenstillstands gefördert werden. Im einzelnen ging es darum, die Errichtung und Aufrechterhaltung einer friedlichen und stabilen Ordnung zu unterstützen, die Entschlossenheit zu bekunden, unparteiisch auf Verletzungen des Waffenstillstands zu reagieren, sowie von Feindseligkeiten gegen die NATO abzuhalten. Die Erfordernisse weiterer militärischer Maßnahmen sollten erläutert werden, vor allem die Notwendigkeit der Entwaffnung aller Volksgruppen. Die Wiedereinführung von politischen und gesellschaftlichen Strukturen sowie der Aufbau einer freien Presse mußten durch die Informationsarbeit der NATO wirksam unterstützt werden.

Den Betroffenen mußte in der Phase 3, also nach Unterzeichnung eines Friedensvertrages, verdeutlicht werden, daß es eine gerechte Friedensvereinbarung war, die nicht auf Kosten nur einer Bevölkerungsgruppe geht.

Die Grenzen der Möglichkeiten beim Wiederaufbau mußten wahrheitsgemäß verkündet werden.

Zuwiderhandlungen sollten bestraft werden und die Abhängigkeit von der NATO sollte verringert werden.

In den ersten Wochen des Krieges verzeichnete die Öffentlichkeitsarbeit der NATO eine Reihe von Fehlern. Ein Stimmungsumschwung bei der Bevölkerung und damit möglicherweise auch bei den politisch Verantwortlichen der beteiligten Nationen mußte befürchtet werden. Es zeichnete sich die Gefahr ab, die NATO-Kampfhandlungen vor Erreichen der angestrebten Ziele wegen des hohen Öffentlichkeitsdruckes einstellen zu müssen.

Es konnten die Vorgaben und Ziele für eine erfolgreiche Öffentlichkeitsarbeit mit der bestehenden *Friedensorganisation* der Presse- und Informationsarbeit weder bei SHAPE noch im NATO-Hauptquartier in Brüssel keinesfalls im erforderlichen Umfang erfüllt werden. General Clark befahl aus diesem Grunde die Einrichtung einer *Informationszelle* in Mons.

Außerdem wurde in Brüssel rund vier Wochen nach Beginn der militärischen Kampfhandlungen das *Media Operation Center* eingerichtet.

Wegen ihrer Bedeutung für die politische und militärische Führung, deren Handlungen und Entscheidungen stark vom Erfolg einer glaubwürdigen Informations- und Öffentlichkeitsarbeit abhingen, soll auf beide Organisationselemente kurz eingegangen werden.

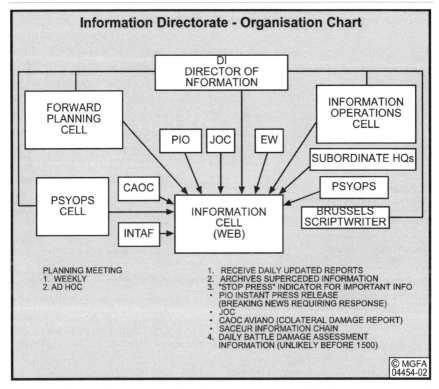

Information Directorate - Organisation Chart

DI
DIRECTOR OF
NFORMATION

FORWARD
PLANNING
CELL

PIO JOC EW

INFORMATION
OPERATIONS
CELL

SUBORDINATE HQs

PSYOPS
CELL

CAOC

INTAF

PSYOPS

INFORMATION
CELL
(WEB)

BRUSSELS
SCRIPTWRITER

PLANNING MEETING
1. WEEKLY
2. AD HOC

1. RECEIVE DAILY UPDATED REPORTS
2. ARCHIVES SUPERCEDED INFORMATION
3. "STOP PRESS" INDICATOR FOR IMPORTANT INFO
   • PIO INSTANT PRESS RELEASE
     (BREAKING NEWS REQUIRING RESPONSE)
   • JOC
   • CAOC AVIANO (COLATERAL DAMAGE REPORT)
   • SACEUR INFORMATION CHAIN
4. DAILY BATTLE DAMAGE ASSESSMENT
   INFORMATION (UNLIKELY BEFORE 1500)

© MGFA
04454-02

Im strategischen Hauptquartier in Mons war der zentrale Informationsbeschaffer der *Director Information* (DI). Die Angehörigen des Kommandostabes mußten ihm bei Bedarf und auf Anforderung zuarbeiten. Der DI hatte direkten Zugang zu SACEUR; vor allem in kritischen Phasen, z.B. bei »Collateral Damages« und ähnlichen Vorfällen, war es von Bedeutung, in Zusammenarbeit mit dem Public Information Office eine Informationsstrategie zu entwickeln.

In der »*Support*«-Zelle waren Soldaten sowie Zivilisten eingesetzt, die von interessierten Ländern zur Mitarbeit abgestellt worden waren; durch die Beteiligung von Zivilisten konnte bisweilen das militärische Vokabular oder das militärische Grundwissen nicht unbedingt vorausgesetzt werden. Als *Pressesprecher* nutzte ich die Informationszelle als Hauptquelle für meine Informationen. Dort erhielt ich auch Unterstützung bei speziellen Fragestellungen, da diese Zelle im direkten Kontakt mit den Auswertezentralen, die u.a. in Vicenza und in Aviano eingerichtet worden waren, stand.

Wie schon erwähnt, war der *Director Information* – als der Führer der Informationszelle – Dreh- und Angelpunkt bei der Gewinnung, Sammlung und Auswertung der erforderlichen Informationen. Wichtig war seine Fähigkeit, aus den gewonnenen Erkenntnissen zukünftige Strategien zu entwickeln. Seinem

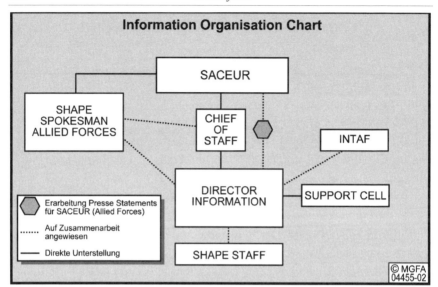

Geschick oblag es, erforderliche Daten für den Pressesprecher zu suchen und – wo nötig – aufzubereiten.

Die Schemata verdeutlichen die wichtigen *Beziehungsgeflechte*. Besonders eng war die Zusammenarbeit mit dem *Public Information Office* in SHAPE, die sich m.E. auch sehr bewährt hat.

Auch das Hauptquartier in Brüssel kam mit der Friedensorganisation der Pressearbeit nicht aus. Nach dem medienträchtigen »Konvoi–Angriff« am 14. April 1999 und einer »unglücklichen« Präsentation der NATO, gab es aus verschiedenen Hauptstädten zunehmende Kritik an der Medienarbeit. Dies führte dazu, daß zur Verstärkung der NATO-Presseorganisation das erwähnte *Media Operation Center* in Brüssel eingerichtet wurde. Seine Aufgabe lautete: Schaffen eines Gegengewichts zum serbischen Propagandakrieg und aktive Gestaltung der Medienarbeit zur Darstellung:
– der politischen Zielsetzung und Geschlossenheit der NATO
– der Erfolge der militärischen Strategie und der Luftoperationen
– der NATO-Unterstützung für die Vertriebenen in den Anrainerstaaten
– der serbischen Kriegsverbrechen.
Die Medien beeinflussen die Meinungsbildung der Menschen. Mit der Tendenz ihrer Berichterstattung bestimmen sie die Richtung der künftigen Auseinandersetzung mit dem Thema. Gerade bei einem militärischen Konflikt ist die Öffentlichkeitsarbeit von besonderer Bedeutung, vor allem, wenn es Demokratien sind, die sich auf einen Militäreinsatz eingelassen haben.

Ein bedeutender Akteur in der Öffentlichkeitsarbeit bei einer militärischen Auseinandersetzung ist der *Pressesprecher*. Er gehört zur Führungsgruppe, auch wenn er keine Handlungs- und Entscheidungsverantwortung trägt. Er informiert die Medien über das militärische Vorgehen. Er beantwortet ihre Fragen zu einer sich entwickelnden Lage. Er kann die Berichterstattung in den Medien durch Ehrlichkeit und Offenheit und damit auch über die Medien die Meinungsbildung und deren Auswirkung auf die militärischen Operationen beeinflussen, und er kann mit Hilfe der Medien eine ungenaue Meldung richtigstellen. Die Arbeit des Pressesprechers ist somit ein wichtiger Bestandteil der allgemeinen Pressearbeit, die genauso geplant werden muß wie jede andere militärische Aktion.

Sein Tagesablauf entspricht im übertragenen Sinne einem klassischen Führungs- und Entscheidungsprozeß.

Die Tätigkeit des Pressesprechers möchte ich am Beispiel des Ablaufes eines Arbeitstages kurz erläutern. Der Zeitraum von 6 bis 12 Uhr kann als Planungszeitraum betrachtet werden. In dieser Zeit wurden alle relevanten Informationen gesammelt und verarbeitet. Dem Planungsprozeß folgte der Entscheidungsprozeß. Hier wurde festgelegt, welche der aufbereiteten Daten der Öffentlichkeit präsentiert werden sollten.

Tagesablauf der Tätigkeit des Pressesprechers

0600 h	Erste Auswertung Pressemeldungen
tbd	Telefoninterviews
0730 h	Ausgewertete Pressemeldungen SHAPE PI Stab
0800 h	Überprüfung der Ziellisten auf der Suche nach (von Serbien gemeldeten) Kollateralschäden
0815 h	SACEUR-Tischgespräch (desk side meeting)
0900-0930 h	NATO-Videokonferenz
0945-1100 h	US-Videokonferenz
1215 h	Finalisierung des Skripts für die Pressekonferenz
1315 h	Besprechung in Brüssel mit:
	– nationalem Berater vom Media Operation Center,
	– internationalen Beratern vom Media Operation Center,
	– NATO-Pressesprecher Dr. Shea
1400 h	Besprechung mit NATO-Generalsekretär und Beratern
1500 h	Pressekonferenz
1600-1800 h	Internationale/nationale Einzelinterviews
2100 h	Telefonkonferenz mit den Pressesprechern der Hauptstädte

Die Durchführungsphase war dem zentralen Ereignis des Tages, der Pressekonferenz, zuzuordnen. Der Auftritt vor weltweit operierenden Medien war eine besondere Herausforderung, die eine unerhörte Konzentration erforderte.

Hätte die Pressearbeit der NATO hierbei versagt, wäre der Kosovokonflikt möglicherweise militärisch nicht bis zum Erfolg geführt worden.

Nach jeder Pressekonferenz wurden eine Fehleranalyse betrieben und die ersten Schritte der nächsten Planungsphase eingeleitet. In einer täglichen Telefonkonferenz mit den Sprechern der großen Hauptstädte fand ein letzter Informationsaustausch statt, in der auch die Strategie für die Folgetage festgelegt wurde.

Insgesamt gesehen, war dieser Tagesablauf ein Planungs-, Entscheidungs- und Durchführungszyklus, wie er sich in jeder anderen militärischen Entscheidungssituation wiederfindet.

Neben Interviews und Pressegesprächen wurde das *Internet* als ein weiteres Mittel eingesetzt, um Führungsentscheidungen politischer und militärischer Natur bekannt und transparent zu machen. So wurden bereits am zweiten Tag nach Beginn des Krieges alle Texte der Pressekonferenzen sowie später auch alle visuellen Darstellungshilfen der Briefings in das Internet gestellt.

Durchgängige Statistiken über die Nutzung der Internetseiten der NATO liegen leider nicht vor, da während der Luftoperation Veränderungen im System vorgenommen wurden und nicht mehr alle Werte vergleichbar sind. Dennoch soll auf einige Zahlen hingewiesen werden. Vom 10. April bis zum 14. Juni 1999 wurden 1,6 Millionen Cockpitvideos ins Internet aufgenommen, vom 31. März, 23 Uhr bis 1. April 1999, 3 Uhr gab es 26 000 Abrufe aus dem Internet (davon 239 aus Serbien), vom 6. bis zum 23. Mai 1999 waren es 1,5 Millionen Abrufe (davon 28 000 von serbischen und 5000 von russischen Rechnern).

Diese Daten zeigen eindeutig das hohe Interesse der Internetnutzer an den Abläufen der militärischen Operationen. Die Rückverfolgung der Nutzer gab einen guten Aufschluß auch über die Abfrager. So waren Zugriffe russischer und serbischer Rechner leicht auszumachen; gezielte Informationsarbeit der NATO wurde dadurch ermöglicht.

An zwei »Vorgaben« läßt sich der *mittelbare Einfluß* der Medien auf militärische Führungsentscheidungen verdeutlichen.

Die erste Vorgabe lautete: »*Avoid Collateral Damage*«, d.h. Nebenschäden zu vermeiden. Die in der öffentlichen Meinung als unannehmbar hoch angesehene Betroffenheit nicht beteiligter Personen oder Sachen hätte sehr schnell die Meinungsbildung der politisch Verantwortlichen beeinflussen und zur Beendigung des Krieges führen können, bevor die eigentlichen Ziele erreicht worden wären. Die militärischen Planungen mußten diese Vorgaben berücksichtigen.

Obwohl die Angriffe der NATO sehr präzise geplant und durchgeführt wurden, konnten solche unbeabsichtigten Schäden nicht gänzlich verhindert werden. Gemessen an der hohen Anzahl der Kampfeinsätze kam es zu einer sehr begrenzten – im Promillebereich angesiedelten – Zahl an unbeabsichtigten Schäden.

Zwei Beispiele von Angriffsflügen mit tragischen Folgen möchte ich hier erwähnen. Zum einen handelte es sich um einen Angriff auf eine Brücke, wobei

ein zufällig ankommender Zug getroffen und Menschen ihr Leben lassen mußten. Im zweiten Fall handelte es sich um einen Angriff auf eine militärische
Stellung in Korisa. Beide Fälle erregten besondere Aufmerksamkeit in der Me-
dienwelt. Es war Aufgabe der »Öffentlichkeitsarbeiter«, das Geschehen in den
Gesamtzusammenhang zu stellen.

Die zweite Vorgabe lautete: »*Prevent Own Losses*«, d.h. die eigenen Verluste zu
verhindern, indem das Risiko für die Flugzeuge und deren Besatzungen im
Verhältnis zu den Zielen gering gehalten wird. Auch diese Vorgabe gewann eine
neue Dimension bei der Planung und Durchführung von Kampfeinsätzen. Ein
unangemessen hoher Verlust eigener Soldaten hätte möglicherweise das Aus-
scheren betroffener Länder aus der Allianz bedeuten können.

Beide Vorgaben hatten somit Einfluß auf die Ziel- wie auch Waffenauswahl
und beeinflußten dadurch die Einsatztaktiken der NATO-Luftstreitkräfte nachhaltig.

Eine besondere Art der Informationsweitergabe war der *Abwurf von Flugblättern*. Zwar kann man diese Art der Beeinflussung nicht als unmittelbare Medienarbeit bezeichnen, im Rahmen der »Information Operations« ist der Einsatz
solcher Hilfsmittel auch weiterhin eine angemessene Möglichkeit, militärische
Operationen begleitend zu unterstützen.

Auf den Flugblättern wurde z.B. auf die unterschiedliche Bezahlung der Soldaten und der Angehörigen der Spezialpolizei hingewiesen bzw. die kämpfende
Truppe unmittelbar angesprochen.

Die Wirkung solcher Flugblätter auf die Moral der Truppe war allerdings
nicht quantifizierbar. Es liegen auch keine eindeutigen Erkenntnisse über die
Wirkung von Radiosendungen auf die kämpfenden Einheiten vor.

Ich fasse zusammen: »The old lesson that rapid operational feedback for the
Public Information Campaign is essential had to be re-learnt the hard way«.

Diese Formulierung ist dem ersten Erfahrungsbericht der NATO über die
»Operation Allied Force« entnommen. Sie widerspiegelt die tatsächliche Situation der Presse- und Öffentlichkeitsarbeit, zumindest bei Beginn des NATO-
Einsatzes. Und sie unterstreicht die Bedeutung, die der zügigen und umfassenden Pressearbeit beigemessen werden muß. Die zunehmende Bedeutung der
Informationstechnologie und die ständig erweiterte Vernetzung der Gesellschaft schafft neue Abhängigkeiten, die für den Erfolg oder das Scheitern vornehmlich bei einer militärischen Auseinandersetzung von elementarer Bedeutung sind.

Das dynamische und in seiner Entwicklung noch nicht abzuschätzende Internet muß heute genauso eingesetzt werden wie althergebrachte Pressekonferenzen oder Interviews. Waren es früher die mit Zeitverzögerung an die Heimat
geschickten Bilder und Berichte der Kriegsberichterstatter, so sind heute die
Übertragung von Fernsehbildern, aber auch das in das Internet gestellte Wort

und Bild, neben den klassischen Printmedien, ein schnelles Medium zur Weiterverbreitung guter, aber auch schlechter Nachrichten.

Noch ein Jahr nach dem Ende des Krieges findet man in die hunderttausen-
de gehende Beiträge über den Konflikt. Internationale und nationale Zeitungen
und Zeitschriften haben noch heute Artikel aus den Kriegstagen im Internet.
Sogenannte Friedensinstitute, institutionalisierte und selbsternannte Kriegskriti-
ker, moralische und moralisierende Verfasser von Abhandlungen über den
Kosovokrieg und über handelnde Personen sind noch heute dort abzufragen.

Die »Operation Allied Force« dürfte somit als erster Konflikt, der auch im
Internet ausgetragen wurde, in die Militärgeschichte eingehen.

Wegen der gestiegenen und ständig weiter steigenden Bedeutung der öffentlichen *Informationsführung* muß diese heute als ein Bestandteil des im militärischen
Sprachgebrauch bereits eingeführten Begriffs des Informationskrieges (»*Information Warfare*«) begriffen werden.

Das Ziel einer effektiven Informationsführung ist das menschliche Denken,
besonders das Denken derjenigen, die wichtige Entscheidungen zu treffen haben. Zielgruppe müssen aber auch diejenigen sein, die den Verantwortlichen
durch ihre Stimme die Verantwortung übertragen haben. Minister Scharping hat
dies in einem Geleitwort zu dem Buch »Krieg der Worte – Macht der Bilder«
wie folgt formuliert: »Denn uns war bewußt, daß der erfolgreiche Ausgang dieses ernsten Konflikts damit steht oder fällt, ob die Bürgerinnen und Bürger
auch unseres Landes ihn weiter unterstützen. Denn nur, wer exzellent informiert ist, kann selbst klug und überzeugend informieren – besonders in dem
sensiblen Bereich militärischer Operationen, die in jeder Phase im Blickpunkt
der Öffentlichkeit standen.«

Der Konflikt im Kosovo hat die hohe Bedeutung der Medienarbeit als ein
Mittel von militärischer Führung anschaulich unter Beweis gestellt. Abschließend möchte ich aber darauf hinweisen, daß die Lehren aus dem Kosovokrieg
nicht als exemplarisch für künftige militärische Auseinandersetzungen gesehen
werden dürfen. Wir reden von einem räumlich begrenzten Krieg, und wir reden
von einer massiven militärischen Überlegenheit der Alliierten.

Die Dimension dieses Krieges zu erfassen, die Einordnung in die militärhistorische Gegenwart und die daraus abzuleitenden Erkenntnisse überlasse ich
den Militärhistorikern.

Sektion II:

Militärische Führung in Abhängigkeit von wechselnden Kriegsbildern

Martin van Creveld

Einführende Bemerkungen

Von allen Fragen, die gelöst werden müssen, damit eine militärische Organisation funktionsfähig ist, sind vermutlich die mit Führung zusammenhängenden am wenigsten faßbar und zugleich die schwierigsten. Welche Teile der Organisation sollen wofür verantwortlich sein und wem gegenüber? Soll die Organisation streng hierarchisch gegliedert sein oder eher flach? Soll sie zentral oder dezentral angelegt sein? Soll sie aufgabenbezogen oder territorial strukturiert sein oder eine Kombination von beidem darstellen? Auf welcher Ebene soll eine Integration ansetzen, und welche Stufen in einem gegliederten Aufbau sollen am besten eigenständig funktionieren? Wie läßt sich gewährleisten, daß die für die Durchführung von Operationen benötigten Informationen dem zur Verfügung stehen, der sie braucht, und zwar zum richtigen Zeitpunkt am richtigen Ort, wobei zu berücksichtigen ist, daß sich die Lage rasch ändert und davon ausgegangen werden muß, daß der Feind ständig mithört? All das ist nur ein Teil der Probleme, die gelöst werden müssen. Wenn sie gelöst werden, kann damit entscheidend zum Erfolg beigetragen werden und das Führungssystem selbst kann als Kräftemultiplikator wirken. Werden diese Fragen aber nicht gelöst, kann das gleichermaßen ausschlaggebend für das Scheitern sein. Ein mit Mängeln behaftetes Führungssystem kann dazu führen, daß die Summe der Teile weit weniger wert ist als die einzelnen Teile, ja es kann sogar den Wert der einzelnen Teile auf beinahe Null reduzieren.

Eine Beantwortung all dieser Fragen wird vor allem dadurch erschwert, daß es schlicht nicht möglich ist, nur eine Antwort darauf zu geben. Zum Teil liegt das daran, daß ein Führungssystem nicht isoliert, sondern nur im Zusammenhang mit allen anderen Aspekten der Kriegführung betrachtet werden kann, so u.a. mit Struktur, Einsatzgrundsätzen, Ausbildung und technischer Ausstattung der Streitkräfte. Das beste Führungssystem der Welt nützt nichts, wenn die darin eingebundenen Menschen nicht gründlich mit ihren Aufgaben vertraut gemacht wurden und zur Ausführung dieser Aufgaben in der Lage sind. Die beste Technik der Welt geht ins Leere, wenn sie nicht richtig bedient wird bzw. für den falschen Auftrag in der falschen Art von Krieg eingesetzt wird. Ein System, das für den Angriff gut geeignet ist, kann für die Verteidigung unbrauchbar sein und umgekehrt. Ein System, beispielsweise für konventionelle Operationen konzipiert, ist möglicherweise ungeeignet für einen sogenannten Krieg geringer Intensität oder für die Bekämpfung von Aufständen bzw. die

Führung von Nuklearstreitkräften. Und selbst innerhalb einer bestimmten Art
von Kriegführung kann, je nach Lage, in einem Fall eine gezielte und sorgfältige
Steuerung des Vorgehens das ausschlaggebende Moment sein, während es in
einem anderen Fall erforderlich sein mag, die Zügel loszulassen und alle Truppenteile möglichst ohne langes Warten auf Anweisungen von oben agieren zu
lassen.

Insofern stellt der Bereich der Führung in der Tat ein fast unübersehbares
Problemfeld dar, und zwar eines, dessen Schwierigkeit und Bedeutung mit dem
Umfang der Truppen, der Verästelung ihrer Gliederung und der Komplexität
verfügbarer Technik wächst. Diese Probleme zu lösen, kann nicht Aufgabe des
folgenden Abschnitts sein; hier kann nur gezeigt werden, wie diese Probleme in
der Vergangenheit angegangen wurden. Wir sind den Organisatoren dafür zu
Dank verpflichtet, daß sie Personen aus unterschiedlichen Bereichen zusammengebracht haben, die allesamt ausgewiesene Experten auf ihren jeweiligen
Fachgebieten sind und von denen jeder einzelne einen Beitrag von ganz besonderem individuellen Wert einzubringen hat.

Am Anfang dieses Abschnitts steht die Studie von Stephan Leistenschneider
von der Führungsakademie Hamburg, in der die Entwicklung und Bedeutung
des althergebrachten deutschen Führungsgrundsatzes der Auftragstaktik skizziert werden. Danach wird von Frederic Guelton vom Historischen Dienst der
französischen Armee erläutert, wie dieser Grundsatz bei den Franzosen in den
Jahren 1919 bis 1949 verstanden und den Erfordernissen der mechanisierten
Kriegführung angepaßt wurde. Als drittes ist die russische Armee, vertreten
durch Michail Lešin, an der Reihe. Seine Einblicke in die Führungsmechanis-
men einer Streitmacht, die in vielerlei Hinsicht anders als alle anderen ist, dürften besonders interessant sein.

Krieg zu Lande zu führen, ist *eine* Sache; Krieg in der Luft oder zur See zu
führen, eine ganz andere. Ein anderer Auftrag, eine andere Struktur, eine andere
Technik, eine andere Logistik – all das bedeutet, daß die von Heerestruppen
angewandten Lösungen nicht unbedingt auf See- und Luftstreitkräfte übertrag-
bar sind. Auch der Zeitfaktor stellt sich jeweils anders dar und kann unterschiedliche Lösungen erforderlich machen. Heerestruppen zu führen, die pro
Stunde 20 Kilometer marschieren und Wochen oder Monate im Feld verbrin-
gen, ist wahrscheinlich nicht dasselbe, wie ein Kontingent zu führen, das mit
seinen Flugzeugen 1000 Kilometer in einer Stunde zurücklegen kann und das
für seinen Auftrag jeweils nur ein bis zwei Stunden Zeit braucht, wobei die Zeit
über dem Ziel in Minuten, wenn nicht gar in Sekunden, gemessen wird. Auch in
diesem Zusammenhang freuen wir uns, zwei Studien vorliegen zu haben, die
sich mit diesen Problemen befassen. Der Verfasser der einen ist Horst Boog,
der sich mit der strategischen Luftkriegführung während des Zweiten Weltkrieges befaßt, einem Thema, auf dem er Experte wie kein Zweiter ist. Der andere
Beitrag stammt von Marc Milner, der sich mit den ganz spezifischen Problemen
der U-Boot-Jagd, wie sie von Briten, Kanadiern und US-Amerikanern im

Zweiten Weltkrieg betrieben wurde, auseinandersetzt. Beide Arbeiten befassen sich sozusagen mit Spezialgebieten. Zusammengenommen dürften sie das Problemfeld auf eine begrüßenswerte und vielleicht unerwartete Weise beleuchten, nämlich *ex angulo lux*.

Schließlich ist wiederholt die These vorgebracht worden – nicht zuletzt auch vom Verfasser – daß die großangelegten konventionellen Kriege auf dem Weg sind, von der Bildfläche zu verschwinden, verdrängt auf der einen Seite von sogenannten Kriegen geringer Intensität und auf der anderen Seite von der nuklearen Bedrohung. Wenn auch vielleicht auf entgegengesetzte Weise, werfen beide Konfliktformen Führungsprobleme auf, die völlig anders gelagert sind als bei der konventionellen Kriegführung. Wir empfinden es deshalb als Glücksfall, im Rahmen unseres Programms zwei Arbeiten präsentieren zu können, die sich mit diesen beiden Themen auseinandersetzen, verfaßt von Pascal Le Pautremat bzw. von Kalev Sepp. Die erstere dieser beiden Studien erläutert die Führungsprobleme, die sich den Franzosen in Indochina stellten, die andere untersucht die Ursprünge der sogenannten *pentomic division*, d.h. der speziellen Gliederung einer Division der *US Army* in den späten fünfziger Jahren.

Mit diesen Arbeiten bietet das Programm einen abgerundeten Überblick über den Gesamtfragenkomplex, womit jedem, der sich in der Praxis mit diesen Fragen auseinandersetzt, eine echte Hilfe geboten wird. Angesichts der bestehenden zeitlichen und örtlichen Einschränkungen könnte man sich in der Tat einen besseren und ausgewogeneren Weg, dieses Thema zu behandeln, kaum vorstellen.

Stephan Leistenschneider

Die Entwicklung der Auftragstaktik im deutschen Heer und ihre Bedeutung für das deutsche Führungsdenken

Auftragstaktik – Geheimnis deutschen militärischen Erfolgs?

Zu Beginn der dreißiger Jahre des 20. Jahrhunderts besichtigten einige höhere sowjetische Offiziere einen Führergehilfenlehrgang der Reichswehr. Während einer Diskussion, die sich einer Planübung der Lehrgangsteilnehmer anschloß, rief einer dieser Offiziere aus: »Alles gut und schön, aber wo liegt das Geheimnis ihrer Siege?« Der spätere General Theodor Busse weihte den sowjetischen Gast in das »Geheimnis« ein: Ihre Siege verdanke die deutsche Armee ihrer Art der Führung und Befehlserteilung, die jedem Führer in seinem Bereich die größtmögliche Selbständigkeit belasse[1].

Die Auftragstaktik, wie man diese Art der Führung und Befehlserteilung nennt, wird häufig zur Erklärung taktischer und operativer Erfolge deutscher Streitkräfte in der Vergangenheit herangezogen. Der russische General Karl von Woide erklärte vor mehr als einhundert Jahren die deutschen Erfolge im Krieg gegen Frankreich von 1870/71 mit der Selbständigkeit der Unterführer[2]; der Amerikaner Trevor N. Dupuy begründete in den siebziger Jahren die von ihm konstatierte Überlegenheit der preußisch-deutschen Armee zwischen 1807 und 1945 mit der Auftragstaktik[3] und Martin van Creveld führt sie als zumindest ein Kriterium für die besondere Leistungsfähigkeit der deutschen Wehrmacht im Zweiten Weltkrieg an[4].

---

1   Theodor Busse, Befehl und Weisung – Gedanken zur Befehlserteilung, in: Wehrkunde, 3 (1954), S. 293 – 294, hier S. 294.

2   Karl von Woide, Die Ursachen der Siege und Niederlagen im Kriege 1870. Versuch einer kritischen Darstellung des deutsch-französischen Krieges bis zur Schlacht bei Sedan, 2 Bde, Berlin 1894/96; ders., Die Selbständigkeit der Unterführer im Kriege, Berlin 1895.

3   Trevor N. Dupuy, A Genius for War. The German Army and General Staff 1807 – 1945, 2. Aufl., Fairfax 1984, S. 116, 268, 307.

4   Martin van Creveld, Kampfkraft. Militärische Organisation und militärische Leistung 1939 – 1945, 2. Aufl., Freiburg i.Br. 1992 (= Einzelschriften zur Militärgeschichte, Bd 31), S. 42 ff., S. 205 f.

Vor diesem Hintergrund ist es nur konsequent, daß die Bundeswehr an der Auftragstaktik festhält. Die neue Heeresdienstvorschrift (HDv) 100/100 »Truppenführung« stellt dazu fest: »Das Führen mit Auftrag beziehungsweise die Auftragstaktik ist oberstes Führungsprinzip im Heer[5].« Um so erstaunlicher ist es, daß die Auftragstaktik bislang kaum Gegenstand der militärgeschichtlichen Forschung war. Erst Ende 1993 erschien mit »Auftragstaktik. Geschichte und Gegenwart einer Führungskonzeption« von Brigadegeneral a.D. Dr. Oetting die erste selbständige Publikation zum Thema[6]. Zuvor standen lediglich einige knapp gehaltene Erörterungen in verschiedenen Überblicksdarstellungen oder Aufsätze in Militärzeitschriften zur Verfügung, in denen jedoch lediglich Vermutungen zur Entstehung der Auftragstaktik zu finden sind. Mal steht dort Friedrich der Große am Anfang der Entwicklung[7], mal Scharnhorst[8] oder Gneisenau[9], mal Moltke[10]; mal ist die Auftragstaktik ein »Lebensstil«[11], mal lediglich eine »Befehlsmethode«[12]. In einem Falle behauptet der Autor ganz lapidar, daß das »Führen mit Auftrag« in der deutschen Militärgeschichte »immer eine große Bedeutung gehabt« habe[13]. Den originellsten Beitrag lieferte ein deutscher Autor in der amerikanischen »Military Review«: Danach sei die Auftragstaktik von heimkehrenden hessischen Soldaten aus dem amerikanischen Unabhängigkeitskrieg nach Deutschland mitgebracht worden[14] – zweifellos eine gutgemeinte Hommage an seine amerikanischen Gastgeber.

---

5   HDv 100/100 »Truppenführung« (TF/B), Bonn 1998, Nr. 302.
6   Dirk W. Oetting, Auftragstaktik. Geschichte und Gegenwart einer Führungskonzeption, Frankfurt a.M., Bonn 1993.
7   Z.B. Franz Uhle-Wettler, Auftragstaktik. Was ist das? Können wir sie wiederbeleben?, in: Truppenpraxis, 36 (1992), S. 131–135, hier S. 132 f.
8   Z.B. [Silvester Königer], Zum Auftragsverfahren, in: [Hausinterne] Mitteilungen des Militärgeschichtlichen Forschungsamtes, Nr. 7 vom März 1960, S. 1–6, hier S. 3.
9   Z.B. Gordon A. Craig, Die preußisch-deutsche Armee 1640–1945. Staat im Staate, Königstein i.Ts., Düsseldorf 1980, S. 83.
10 Z.B. Wilhelm Meier-Dörnberg, Moltke und die taktisch-operative Ausbildung im preußisch-deutschen Heer, in: Generalfeldmarschall von Moltke. Bedeutung und Wirkung, hrsg. von Roland G. Foerster, München 1991 (= Beiträge zur Militärgeschichte, Bd 33), S. 39–48, hier S. 45.
11 Uhle-Wettler, Auftragstaktik (wie Anm. 7), S. 134.
12 Z.B. Rolf Elble, Auftragstaktik. Möglichkeiten und Grenzen, in: Truppenpraxis, 4 (1960), H. 9, S. 83–87, hier S. 85.
13 Karl-Heinz Golla, Führen mit Auftrag (Auftragstaktik), in: Truppenpraxis, 26 (1982), S. 21–26, hier S. 21.
14 Walter von Lossow, Mission-Type Tactics versus Order-Type Tactics, in: Military Review, 57 (1977), S. 87–91, hier S. 87.

Der Begriff Auftragstaktik

Zunächst sollen Zeitpunkt und Umstände der Entstehung des Begriffs Auftragstaktik geklärt werden. Auch hierzu gibt es zahlreiche Vermutungen, die im wesentlichen von 1906 bis in die Zeit nach dem Zweiten Weltkrieg reichen[15]. Um es gleich vorwegzunehmen: Der Begriff »Auftragstaktik« ist bereits zu Beginn der neunziger Jahre des 19. Jahrhunderts entstanden und fand auch bereits in dieser Zeit verbreitet Eingang in die Militärliteratur. Und noch eines vorweg: Der Begriff »Auftragstaktik« stand nicht von vornherein als allgemeingültiger Begriff fest, sondern er wurde vielmehr während der gesamten neunziger Jahre in mehreren Varianten verwendet[16]. Am häufigsten fand der Ausdruck »Auftragsverfahren« Verwendung. Die erstmals in der Militärliteratur benutzte Variante war der Begriff »Auftragskampf«.

Mit dem Begriff »Auftragskampf« charakterisierte General der Infanterie Wilhelm von Scherff, der hartnäckigste Gegner der Auftragstaktik, in seinen 1891 erschienen »Reglementarischen Studien« die von ihm heftig kritisierten Führungsgrundsätze des Exerzier-Reglements für die Infanterie von 1888[17]. Die vermutlich erste Verwendung des Begriffs »Auftragstaktik« in der Militärliteratur findet sich in einem Aufsatz des Generalleutnants Albert von Boguslawski. In seinen »Neuen Studien über die Schlacht von Wörth« (6. August 1870) äußerte Boguslawski 1892 Zweifel an der Führungskonzeption des neuen Exerzier-Reglements: »Ob wir nun mit unserer ›Auftragstaktik‹ auf dem richtigen Wege sind, [...] das ist eine große Frage[18].«

Es ließen sich an dieser Stelle zahlreiche weitere Beispiele anführen, die doch nur zwei Feststellungen weiter untermauern würden:
1. Der Begriff »Auftragstaktik« ist eine Wortschöpfung der Gegner der so bezeichneten Führungskonzeption. Die Befürworter des Exerzier-Reglements für

---

15 Siehe dazu Gerhard Hümmelchen, Otto von Moser. Ein württembergischer General, in: Wehrwissenschaftliche Rundschau, 31 (1982), S. 196–202, hier S. 198; Hans-Peter Stein, Führen durch Auftrag, in: Truppenpraxis, 29 (1985), Beiheft 1, S. 1–15, hier S. 8; Hans-Martin Ottmer, Ursachen und Hintergründe zur Entwicklung deutscher militärischer Tradition vom Ende des 18. Jahrhunderts bis 1914, in: Gustav Adolf Caspar, Ullrich Marwitz, Hans-Martin Ottmer, Tradition in deutschen Streitkräften bis 1945, Herford, Bonn 1986 (= Entwicklung deutscher militärischer Tradition, Bd 1), S. 67–208, hier S. 171.

16 Nennung in der Militärliteratur 1891–1914 (Anzahl der Veröffentlichungen): Auftragsverfahren (28), Auftragstaktik (15), Freies Verfahren/Freie Taktik (5), Kampf aufgrund selbständigen Auftrages (5), Auftragskampf (3), Individualverfahren (2), Dispositionstaktik (2), Initiativverfahren (1), Befehl in Auftragsform (1). Auch der »Gegenbegriff« fand Erwähnung: Befehlsverfahren/Befehlstaktik (7).

17 Wilhelm von Scherff, Reglementarische Studien, Bd 1, Berlin 1891, S. 15–30, 63–92.

18 Albert von Boguslawski, Neue Studien über die Schlacht bei Wörth im Anschluß an die letzten Veröffentlichungen über dieselbe, in: Militär-Wochenblatt, 77 (1892), S. 12–23, 41–60, 73–85, hier S. 43.

die Infanterie von 1888 haben den Begriff nicht genutzt. Selbst der von den Gegnern so genannte »litterarisch radikalste Verfechter des Auftragsverfahrens«[19], General der Infanterie Sigismund von Schlichting, machte von diesem Begriff nicht ein einziges Mal Gebrauch.

2. Die »Auftragstaktik« war umstritten! Sie hat sich – gegen Alternativen – in einer heftig geführten literarischen Auseinandersetzung und auf den Übungsplätzen der alten Armee durchgesetzt[20], ist also nicht das »natürliche«, »selbstverständliche« Ergebnis einer langen preußischen Tradition[21] – auch wenn die preußische Tradition ihrer Durchsetzung förderlich gewesen sein mag.

Die Entstehung des Begriffs hängt eng zusammen mit der Sprache des Exerzier-Reglements für die Infanterie von 1888. Im Abschnitt II »Das Gefecht« ist neben dem »Befehl« vom »Auftrag« die Rede[22]. Entgegen dem Sprachgebrauch des Reglements – Auftrag als der Teil des Befehls, der die Aufgabe zuweist – deuteten die Gegner der Auftragstaktik den Auftrag als eine neue Form der Befehlsgebung. Einer der Gegner lieferte auch gleich die passende Definition: »Wie wir aber die Sache jetzt betrachten, so giebt der ›Auftrag‹ die Erreichung des Ziels nur im Allgemeinen an, wobei er dem Ausführenden die Wahl der Mittel vollständig überläßt. Der ›Befehl‹ aber bezeichnet das Ziel genau, oft wohl auch den einzuschlagenden Weg, die zu wählenden Mittel[23].«

Tatsächlich ist diese Interpretation mit den Bestimmungen des Reglements nicht vereinbar. Zum einen ist die Auftragstaktik mehr als nur eine Anordnungs- oder Befehlstechnik; zum anderen legte die Felddienstordnung von 1887, an welcher der Autor des Abschnitts II des Exerzier-Reglements, der bereits erwähnte General von Schlichting, ebenfalls mitgewirkt hatte[24], die Arten der Befehlserteilung abschließend fest: Kommando, Befehl und Direktive[25]. An gleicher Stelle ist auch für den Befehl bereits geregelt, was angeblich für den Auftrag gelten soll, daß er nämlich »alles das, aber auch nur das enthalten muß,

---

[19] Fritz Hoenig, Untersuchungen über die Taktik der Zukunft. Entwickelt aus der neueren Kriegsgeschichte, 4. Aufl. der »Zwei Brigaden«, Berlin 1894, S. 214.

[20] [Lge.], Eine neue Lehre vom Kriege, in: Jahrbücher für die deutsche Armee und Marine, 106 (1898), S. 158–174, hier S. 162 und 166. Ein ehemaliger Schüler Scherffs weist hier seinen »verehrten Lehrer« darauf hin, daß sich die Auftragstaktik bei der Truppe bewährt habe.

[21] So z.B. Uhle-Wettler, Auftragstaktik (wie Anm. 7), S. 133.

[22] Exerzir-Reglement für die Infanterie vom 1. September 1888, Berlin 1888, Abschnitt II, Nr. 7, 54, 60, 96, 103, 112.

[23] Albert von Boguslawski, Zukunftstaktik, in: Militär-Wochenblatt, 79 (1894), S. 1587–1594, 1617–1621, 1633–1638, hier S. 1589.

[24] Werner Gembruch, General von Schlichting, in: Wehrwissenschafliche Rundschau, 10 (1960), S. 188–196, hier S. 189.

[25] Felddienst-Ordnung vom 23. Mai 1887, Neuabdruck vom 20. Juli 1894, Berlin 1894, Nr. 32–41.

was ein Untergebener zur Erreichung des Zwecks nicht selbständig anordnen kann«[26].

Am niedrigsten in der Hierarchie der Befehlsarten steht das Kommando, das bis 1888 für die Einheiten der Infanterie im Gefecht die Regel war. Nach dem neuen Reglement galt es nur noch für die niedrigsten Einheiten Gruppe und Zug. Nicht in der Ablösung des Befehls durch den Auftrag als Befehlsform für das Gefecht der niederen Einheiten der Infanterie, sondern in der Ablösung des Kommandos durch den Befehl liegt der Unterschied zur vorangegangenen reglementarisch-taktischen Epoche: »Mit dem Reglement von 1888 sank die alte Kommandotaktik aus dem Scheinleben, das sie noch auf den Übungsplätzen geführt hatte, ins Grab und machte der Auftragstaktik Platz[27]«, stellte daher ein Auftragstaktiker fest.

Die Auseinandersetzung um die Auftragstaktik

Am 3. Juli 1864 wurde ein preußischer Vorposten (70 Mann) von einer mit Vorderladern ausgerüsteten dänischen Infanterieabteilung (184 Mann) angegriffen. Der in dichter Formation über freies Feld geführte Angriff brach im vernichtenden Feuer der preußischen Zündnadelgewehre zusammen. Innerhalb von nur 10 Minuten verlor die dänische Abteilung 100 Mann, also 55 Prozent ihrer Mannschaftsstärke[28]. Dieser Tag markierte die »Umwälzung der Infanterietaktik«[29]. Auf den Tag zwei Jahre später brachen die österreichischen Infanterieangriffe bei Königgrätz im Feuer der preußischen Hinterladergewehre zusammen. Und 1870 mußte die preußische Infanterie die dänischen und österreichischen Erfahrungen gegen die französische Infanterie nachholen, da eine Anpassung des Reglements und der Ausbildung nicht stattgefunden hatte. »Die preußische Infanterie besaß am Vorabend der nationalen Einigungskriege [...] eine Handfeuerwaffe, die den taktischen Vorstellungen des Heeres weit vorausgeeilt war und deren Wirksamkeit mit den reglementarischen Vorschriften über die Führung des Gefechts in auffälliger Weise kontrastierte[30].«

---

[26] Ebd., Nr. 33.

[27] Dietrich von Malachowski, Scharfe Taktik und Revuetaktik im 18. und 19. Jahrhundert. Zehn geschichtlich-taktische Abhandlungen, Berlin 1892, S. 294.

[28] Albert von Boguslawski, Die Entwickelung der Taktik von 1793 bis zur Gegenwart, 2. Aufl., Berlin 1873, S. 37 f.

[29] Ebd., S. 37. Siehe dazu auch Michael Howard, The Franco-Prussian War. The German Invasion of France 1870–1871, London, New York 1981, S. 119 (»the transformation of the infantery«).

[30] Joachim Hoffmann, Wandlungen im Kriegsbild der preußischen Armee zur Zeit der nationalen Einigungskriege, in: Militärgeschichtliche Mitteilungen, 1968, H. 1, S. 5–33, hier S. 8.

Im Feuer der französischen Chassepot-Gewehre zerfielen die geschlossenen Gefechtsformationen, die den Bestimmungen des Reglements entsprechend zunächst angewandt worden waren. Sogar die Kompaniekolonne, die sich 1866 noch bewährt hatte, mußte angesichts der verheerenden Feuerwirkung der französischen Infanterie aufgegeben werden. An die Stelle der geschlossenen Ordnung trat der Schützenschwarm als Hauptkampfform der Infanterie. Diese »Umwälzung der Infanterietaktik« hatte erhebliche Folgen für die Gefechtsführung. Durch sie wurde die Auflösung der Gefechtsordnung bis zu einem bedenklichen Grad gesteigert und die Führung der Truppe erheblich erschwert. Ganze Bataillone lösten sich bei Feindberührung in Windeseile in Schützenschwärme auf, um trotz der verheerenden Wirkung des Chassepot-Gewehrs zum Erfolg zu kommen. Die überwiegend schematischen Bestimmungen des Exerzier-Reglements halfen der preußischen Infanterie über diese Krise nicht hinweg. Gefragt war die Eigeninitiative der Führer, die erst neue Formen und Angriffsverfahren schaffen mußte, um gegen die französische Infanterie zum Erfolg zu kommen[31].

Die neue Art der Gefechtsführung wies allerdings viele Schwächen auf. Zahlreiche Kämpfe der ersten Kriegsphase trugen den Charakter improvisierter Angriffsgefechte, da sie mit einem eigenmächtigen, übereilten Engagement der vorderen Truppenteile begannen. Der Militärjargon prägte für dieses Verhalten die Ausdrücke »auf den Kanonendonner losmarschieren«[32] und »Durchgehen nach vorn«[33]. Nachfolgende Truppenteile mußten daraufhin ebenfalls überstürzt eingesetzt werden, um Krisen abzuwenden. Kaum ein Bataillon, geschweige denn ein Regiment konnte noch geschlossen zum Angriff angesetzt werden. Einheitliche Angriffe kamen unter diesen Umständen nicht zustande[34].

Vor dem Hintergrund dieser Erfahrungen mußten nach dem Deutsch-Französischen Krieg im wesentlichen zwei Fragen geklärt werden. Wie konnte 1. unter den Bedingungen des modernen Gefechts die Führung der Truppe und 2. die Einheitlichkeit der Wirkung der eigenen Gefechtshandlungen sichergestellt werden?

»Es ist«, so der Autor eines zeitgenössischen Taktik-Handbuchs, »eine eigenartige Erscheinung im geistigen Leben des deutschen Heeres, daß nach den Siegesjahren 1870/71 ein unverkennbarer Widerspruch zwischen der leitenden

---

[31] Sigismund von Schlichting, Ueber das Infanteriegefecht. Vortrag, gehalten in der Militärischen Gesellschaft am 4. März 1879, in: Militär-Wochenblatt, 64 (1879), Beiheft 2, S. 37 – 68, hier S. 39; Friedrich Immanuel, Handbuch der Taktik, Teil 1, 2. Aufl., Berlin 1910, S. 188 – 190.

[32] Der deutsch-französische Krieg, redigiert von der kriegsgeschichtlichen Abteilung des großen Generalstabes, Bd 1, Berlin 1874, S. 378.

[33] Hoenig, Untersuchungen über die Taktik der Zukunft (wie Anm. 19), S. 21, 210.

[34] Zur Ausbildung der Infanterie, in: Militär-Wochenblatt, 75 (1890), S. 2794 – 2808, hier S. 2806; Der deutsch-französische Krieg, Bd 1 (wie Anm. 32), S. 379 – 180, 508 – 509; Hoenig, Untersuchungen über die Taktik der Zukunft (wie Anm. 19), S. 259.

Stelle, von der das Reglement ausging, und den Meinungsäußerungen der militärischen Literatur über die Umgestaltung der Infanteriekampfweise zutage trat[35].« Anders ausgedrückt: Das Exerzier-Reglement für die Infanterie erfuhr keine Anpassung an das moderne Gefecht, während in Militärzeitschriften und Militärliteratur die notwendigen Konsequenzen kontrovers diskutiert und eine Neuorientierung der Ausbildung gefordert wurde.

Im Rahmen dieser Diskussion entstanden zahlreiche, zum Teil erheblich voneinander abweichende Schulen, darunter auch eine, deren Vertreter sich als die Bewahrer des »Altpreußentums« verstanden[36]. Beherrscht wurde die militärtheoretische Diskussion von der Auseinandersetzung der beiden modernen Schulen: Normaltaktik und Auftragstaktik.

Die Normaltaktiker glaubten der Zusammenhanglosigkeit des modernen Gefechts dadurch begegnen zu können, daß der Spielraum der Führer eingeschränkt und der Truppe ein bestimmtes, einheitliches Angriffsverfahren genauestens vorgeschrieben werde. Nur mit einem reglementarischen Normalangriffsverfahren sei es der höheren Führung noch möglich – trotz aller Wechselfälle des modernen Gefechts – ihren Einfluß auf die Truppe geltend zu machen und die Einheitlichkeit der Wirkung der eigenen Gefechtshandlungen sicherzustellen[37].

Ein Rezept für den Infanterieangriff, hielten die Auftragstaktiker entgegen, gebe es nun mal nicht. Daher könne ein reglementarisches Normalangriffsverfahren den verschiedenartigen Erscheinungsformen des modernen Infanteriegefechts gar nicht gerecht werden. Über die Wechselfälle des modernen Gefechts könne nur »die von der höheren Führung geleitete, aber selbstentschlossene und umsichtige Thätigkeit aller im Kampf stehenden Führer« hinweghelfen[38]. Daher komme der Ausbildung zu zweckmäßiger Selbsttätigkeit erhöhte Bedeutung zu. Grundlage der Führerausbildung dürfe allerdings kein für alle Fälle verbindliches Schema sein, weil dadurch die Eigeninitiative der Führer im Keim erstickt würde[39]. »Mag auch ein feiner Kopf das Schema erdacht haben«, so ein Auftragstaktiker, »dasselbe treibt [...] den Geist unwiederbringlich aus[40].«

---

[35] Immanuel, Handbuch der Taktik, Teil 1 (wie Anm. 31), S. 190.

[36] [Jakob Meckel], Ein Sommernachtstraum. Erzählt von einem älteren Infanteristen, Berlin 1888.

[37] Wilhelm von Scherff, Die Lehre von der Truppenverwendung als Vorschule für die Kunst der Truppenführung, Bd 1, Berlin 1876, S. 235–239, 450–453; Albert von Boguslawski, Die Hauptwaffe in Form und Wesen. Eine Ergänzungsschrift zur »Entwickelung der Taktik«, Berlin 1880, S. 8–12, 80, 94 f., 97.

[38] Normalangriff oder Compagniecolonnen-Gefecht? In: Militär-Wochenblatt, 71 (1886), S. 773–784, hier S. 782.

[39] Schlichting, Ueber das Infanteriegefecht (wie Anm. 31), S. 39–47; Normalangriff oder Compagniecolonnen-Gefecht? (wie Anm. 38), S. 774–777, 780–783.

[40] Ebd., S. 774.

Mit dem neuen Exerzier-Reglement für die Infanterie aus dem Jahre 1888 setzte sich die Auftragstaktik zunächst durch – nicht zuletzt, weil große Teile des Reglements von dem bereits erwähnten General von Schlichting geschrieben worden waren, einem der angesehensten Generale der Armee[41]. Dadurch wurde die Auseinandersetzung um den richtigen Weg in der Infanterietaktik, die Auseinandersetzung um Auftragstaktik und Normaltaktik, aber nicht etwa beendet; im Gegenteil, sie nahm an Heftigkeit zu und beherrschte die Militärliteratur bis zu Beginn des 20. Jahrhunderts.

Die Auftragstaktik

Lebensstil? Anordnungstechnik? Befehlsmethode? Tatsächlich ist die Auftragstaktik eine Führungskonzeption, die – auf den Vorarbeiten Scharnhorsts, Moltkes und anderer aufbauend – bewußt geschaffen wurde, um die Truppe auf die Erfordernisse des modernen Gefechts einzustellen. Sie besteht aus mehreren Komponenten, die im Exerzier-Reglement für die Infanterie von 1888 festgelegt und in der nachfolgenden literarischen Auseinandersetzung konkretisiert wurden.

Führung des Gefechts nach Kommandoeinheiten

Nach General von Schlichting war die Ersetzung des Treffengefechts durch die Führung des Gefechts nach Kommandoeinheiten[42] die »wichtigste und entscheidendste Reform«[43], die das Exerzier-Reglement für die Infanterie von 1888 vornahm. Vordem traten beispielsweise die zwei Regimenter einer Brigade treffenweise – Regiment 1 im ersten, Regiment 2 im zweiten Treffen – ins Gefecht. Dem Regimentskommandeur fehlte damit eine eigene Reserve und folglich die Möglichkeit zur selbständigen Führung eines Gefechts. Darüber hinaus forderte der Richtungsgrundsatz des Treffengefechts eine Ausrichtung der Verbände in der Front und eine einheitlich-gleichzeitige Vorwärtsbewegung[44]. Demgegenüber bestimmte das neue Reglement: »Durch die Bezeichnung eines Ziels vor, niemals durch die seitliche Richtung in der Front kann das Zusammenwirken

---

41 Gembruch, General von Schlichting (wie Anm. 24), S. 189 f.
42 Kommandoeinheiten: Alle Einheiten und Verbände, die bereits im Frieden unter einheitlicher Führung stehen und gemeinsam ausgebildet werden (Kompanie, Bataillon, Regiment, Brigade).
43 Sigismund von Schlichting, Taktische und strategische Grundsätze der Gegenwart, Bd 1, 3. Aufl., Berlin 1898, S. 4.
44 Siehe dazu Georg Ortenburg, Waffe und Waffengebrauch im Zeitalter der Einigungskriege, Koblenz 1990 (= Heerwesen der Neuzeit, hrsg. von Georg Ortenburg, Abt. IV, Bd 1), S. 146 – 149.

nebeneinander fechtender Bataillone geregelt werden[45].« Nunmehr grenzte die Brigade ihre Gefechtsaufgaben klar voneinander ab und verteilte sie unter ihre beiden Regimenter; sie erteilte Aufgaben bzw. Aufträge. Entsprechend verfuhr das Regiment mit seinen Bataillonen, das Bataillon mit seinen Kompanien, die Kompanie mit ihren Zügen. Jede Kommandoeinheit erhielt dadurch ihren Verantwortungsbereich, in dem das Gefecht selbständig zu führen war[46].

Aus der Ersetzung des Treffengefechts durch das Gefecht nach Kommandoeinheiten ergaben sich die Elemente jener Führungskonzeption, die mit dem Begriff Auftragstaktik bezeichnet wurde[47]:

1. Freiheit der Form oder Freiheit in der Wahl der Mittel,
2. Selbsttätigkeit oder Eigeninitiative als taktisches Prinzip zur Ausfüllung gewährter Freiräume,
3. zweckmäßige Befehlsgebung mit klarer Abgrenzung der Gefechtsaufgaben und unmißverständlicher Formulierung des Gefechtszwecks.

Hinzu trat die Notwendigkeit einer anspruchsvollen Ausbildung der Führer und Mannschaften, um diese auf die veränderte Gefechtsführung vorzubereiten, sowie einer »zeitgemäßen« Menschenführung, die zu Selbsttätigkeit und Eigeninitiative ermunterte.

Freiheit der Form

Im Krieg ist jeder Fall, jede Lage an sich Original und bedarf der besonderen Form: »Kein Gefecht gleicht dem andern. [...] Jedes Gefecht stellt mehr oder weniger andere Anforderungen, und je nach diesen Anforderungen wechseln die Formen[48].« Ein Schema, also ein für alle Fälle verbindliches Normalangriffsverfahren, läßt sich für diese mannigfaltigen Erscheinungsformen des Gefechts nicht geben. Wäre dieses Schema auch an einer Stelle des Gefechtsfeldes das zweckmäßigste Verfahren, an anderer Stelle wäre es das

---

45 Exerzir-Reglement für die Infanterie (wie Anm. 22), Abschnitt II, Nr. 103, im Original hervorgehoben.
46 Ebd., Nr. 88 f., 96, 103, 112; Sigismund von Schlichting, Taktische und strategische Grundsätze der Gegenwart, Bd 3, Berlin 1899, S. 48 f.; Der II. Theil des Exerzir-Reglements, das Gefecht. Ein vor Offizieren gehaltener Vortrag, in: Militär-Wochenblatt, 74 (1889), S. 1887 – 1894, 1939 – 1944, 1953 – 1960, hier S. 1888.
47 Auf die Bedeutung der Führung des Gefechts nach Kommandoeinheiten für die Auftragstaktik weisen in neuerer Zeit hin Heinz-Ludger Borgert, Grundzüge der Landkriegführung von Schlieffen bis Guderian, in: Deutsche Militärgeschichte in sechs Bänden 1648 – 1939, hrsg. von Friedrich Forstmeier u.a., Bd 6, Herrsching 1983, S. 427 – 584, hier S. 428, 434; Joachim Hoffmann, Die Kriegslehre des Generals von Schlichting, in: Militärgeschichtliche Mitteilungen, 1969, H. 1, S. 5 – 35, hier S. 8; Johann Siegert, Die Bedeutung des Generalfeldmarschalls Helmuth von Moltke für die Entwicklung der Führungsgrundsätze im deutschen Heer (unveröffentlichte Jahresarbeit der Führungsakademie der Bundeswehr), Hamburg 1970, S. 25 f.
48 Der II. Theil des Exerzir-Reglements, das Gefecht (wie Anm. 46), S. 1888, 1893.

zweckwidrigste. »Das Kriegsgemäße in Ausführung der Uebungen beruht [...] in
der richtigen Wahl der Formen für den jedesmaligen, aus der angenommenen
Lage sich ergebenden Zweck«[49], bestimmt dementsprechend das Reglement.
Der Versuchung, alle nur denkbaren Fälle vorhersehen und dafür ein Normal-
verfahren geben zu wollen, sind die Verfasser des Reglements nicht erlegen. Im
Gegenteil, die »Freiheit der Form« wird schon durch die Sprache deutlich.
»Zweckmäßig«, »in der Regel,« »nach Möglichkeit vermeiden« oder »empfiehlt
sich meistentheils« sind häufig genutzte Formulierungen. Das Reglement hebt
diese Auffassung aber auch ausdrücklich hervor: »Das Reglement giebt keine
Vorschriften oder Gesichtspunkte für die Gefechte aller Schattirungen [...] Ihre
Behandlung ist Sache der Führung im jedesmaligen Falle und wird nach der
Lage beständig wechseln[50].« In den Worten des Generals von Schlichting: »Das
Infanteriegefecht kann also nur noch bis in die kleinsten Einheiten hinab dispo-
niert, darf nicht uniformiert werden[51].«

Selbsttätigkeit als taktisches Prinzip

Aufgrund der größeren räumlichen Ausdehnung der Truppenteile im modernen
Gefecht, die sich vor allem aus der gesteigerten Wirkung der Feuerwaffen er-
gibt, kommt den einzelnen Kommandoeinheiten ein vordem nicht gekanntes
Maß an Selbständigkeit zu[52]. »Die moderne Schlacht mit ihrer verheerenden
Feuerwirkung legt die Führung der im Gefecht befindlichen Truppen in die
Hände der unmittelbar in ihren Reihen kämpfenden Unterführer. Ein mechani-
scher Zusammenhang zwischen den höheren Führern und der engagierten
Truppe kann nicht mehr stattfinden«[53], stellt ein Auftragstaktiker fest. Im
Schützenschwarm, der Hauptkampfform der Infanterie, dehnt sich diese Selb-
ständigkeit auch auf den einzelnen Schützen aus[54].

Vor diesem Hintergrund wird die Selbsttätigkeit oder Eigeninitiative jedes
Unterführers, aber auch jedes einzelnen Soldaten zum taktischen Prinzip. Ihre
Bedeutung liegt im schnellen Ausnutzen erkannter Chancen zum Vorteil des
Ganzen. Schnell wechselnde Lagen können nur noch durch die Selbsttätigkeit
der Unterführer beherrscht werden. Dem Feind kann dadurch das Gesetz des
Handelns aufgezwungen werden. Damit wird die sachlich richtige Selbsttätigkeit

---

[49] Exerzir-Reglement für die Infanterie (wie Anm. 22), Abschnitt II, Nr. 5, im Original
      hervorgehoben.
[50] Ebd., Nr. 87.
[51] Schlichting, Ueber das Infanteriegefecht (wie Anm. 31), S. 40.
[52] Wilhelm von Blume, Selbstthätigkeit der Führer im Kriege, in: Militär-Wochenblatt, 81
      (1896), Beiheft 10, S. 479–534, hier S. 483 f.
[53] Frhr. von der Goltz, Form und Geist. Betrachtungen über die niedere Truppenführung
      der Infanterie, in: Internationale Revue über die gesamten Armeen und Flotten, 4
      (1885/86), Bd 3, S. 1–21, 182–191, 278–293, hier S. 1.
[54] Exerzir-Reglement für die Infanterie (wie Anm. 22), Abschnitt II, Nr. 17.

zu einem Moment der Überlegenheit im modernen, rasch ablaufenden Gefecht[55]. Folgerichtig formuliert das Reglement in Anlehnung an die Felddienstordnung von 1887, »daß *Unterlassen und Versäumnis eine schwerere Belastung bildet als ein Fehlgreifen in der Wahl der Mittel*«[56]. Richtschnur für die Eigeninitiative ist die Absicht der übergeordneten Führung, der Gefechtszweck. Sie gibt den Rahmen vor, innerhalb dessen sich die Selbsttätigkeit geltend machen kann – u.a. im Abweichen vom erteilten Auftrag. General von Schlichting spricht in diesem Zusammenhang vom »strengsten Gehorsam«[57] gegen die Absicht des Vorgesetzten. Und an anderer Stelle formuliert er: »Zum Begriff der Selbständigkeit gehört das volle Bewußtsein der auferlegten Pflicht[58].« Es bleibt festzuhalten, daß es gerade die Verbindung von Selbsttätigkeit auf der einen und Gehorsam auf der anderen Seite ist, die – gerade auch im Urteil ausländischer Beobachter[59] – das »Geheimnis« der deutschen Führungskonzeption ausmacht. Denn gerade der »strenge Gehorsam« gegen die Absicht des Vorgesetzten ist es, der den Führer nicht eigen*mächtig*, sondern eigen*verantwortlich* handeln läßt.

Befehlsgebung

Die Befehlsgebung ist nur *ein* Element der Auftragstaktik, die eben mehr ist als nur eine Anordnungs- und Befehlstechnik. Sie ist das Mittel, mit dem sich die Vorgesetzten die Eigeninitiative ihrer Untergebenen dienstbar machen und in die von ihnen beabsichtigten Bahnen lenken. Dazu gilt es vor allem, den Auftrag und die eigene Absicht unmißverständlich deutlich zu machen. Mehr noch, der Führer soll auch die Voraussetzungen und Motive, auf die sich Absicht und Auftrag gründen, zur Kenntnis der Unterführer bringen. Daher soll eine Orientierung über die Feindlage und über die eigene Lage vorangestellt werden[60]. Auf

---

55   Schlichting, Taktische und strategische Grundsätze, Bd 1 (wie Anm. 43), S. 41; Blume, Selbstthätigkeit der Führer (wie Anm. 52), S. 485–494; [Rudolf von Caemmerer], Einige neureglementarische Angriffsbefehle für Infanteriebrigaden und Divisionen auf historischer Grundlage, in: Militär-Wochenblatt, 80 (1895), S. 1099–1107, 1167–1173, 1193–1201, hier S. 1200 f.

56   Exerzir-Reglement für die Infanterie (wie Anm. 22), Abschnitt II, Nr. 121, im Original hervorgehoben.

57   [Sigismund von Schlichting], Eigene Gedanken zu erfahrener Beurtheilung, in: Militär-Wochenblatt, 83 (1898), S. 1243–1250, 1259–1266, 1591–1600, 1627–1635, 1653–1661, hier S. 1262.

58   Schlichting, Ueber das Infanteriegefecht (wie Anm. 31), S. 63.

59   Z.B. Lonsdale A. Hale, Ueber den Geist der militärischen Ausbildung in Deutschland, in: Jahrbücher für die deutsche Armee und Marine, 29 (1878), S. 81–95, 172–188, hier S. 89; Woide, Selbständigkeit der Unterführer (wie Anm. 2), S. 87 ff.; Alexander Solschenizyn, August Neunzehnhundertvierzehn, München 1971, S. 142.

60   Wilhelm Bigge, Ueber Selbstthätigkeit der Unterführer im Kriege. Vortrag, gehalten in der Militärischen Gesellschaft zu Berlin am 29. November 1893, in: Militär-

diese Art wird der Untergebene in den Prozeß der Entschlußfassung des Vorgesetzten »eingeweiht«. »Auftragstaktik möchte ich das in unserem Exerzier-Reglement von 1889 [sic!] [...] betonte Führungsverfahren nennen, bei dem der obere Führer dem unteren [...] einen Ausschnitt aus seinem Gedankengang [gibt], durch den er ihn zur geistigen Mitarbeit bei der Erfüllung der Gefechtsaufgaben auffordert«[61], wie es in einem Taktik-Lehrbuch aus dem Jahre 1906 heißt. Die vordem »mechanische« Zusammenarbeit zwischen Vorgesetztem und Untergebenem wird durch ein beständiges »geistiges« Zusammenwirken von Führer und Unterführer ersetzt, indem der Unterführer über die Absichten seines Vorgesetzten umfassend unterrichtet wird. Diese Grundsätze der Befehlsgebung auf die niedere Truppenführung übertragen zu haben, ist eine der wesentlichen Leistungen der Auftragstaktik.

Ausbildung der Führer

»Am Ende der vierziger Jahre war das zu fordernde Hauptattribut eines Truppenbefehlshabers eine Löwenstimme, jetzt hilft sie ihm selten genug auch nur über den nächsten Berg. Schon in diesen subalternen Stellen ist die Gefechtsführung mit ihrer Befehlsertheilung eine Kunst geworden, die viel geübt sein will«[62], schreibt General von Schlichting in seinen »Taktischen und strategischen Grundsätzen« und hebt damit die neu festgestellte Bedeutung der Führerausbildung hervor. Durch sie soll die Übereinstimmung im Denken und Handeln und dadurch die Einheitlichkeit in der Wirkung der Gefechtshandlungen erreicht werden, nicht durch bindende Formen[63]. Als Ausbildungsziele sind daher festzuhalten:
1. die Fähigkeit, jede Lage schnell und richtig zu beurteilen,
2. die Fähigkeit, aufgrund des gewonnenen Urteils schnell und ohne Schwanken den richtigen Entschluß zu fassen und
3. die Fähigkeit, den so entstandenen Führerwillen durch Befehl zur Ausführung durch die Untergebenen zu bringen[64].
Der erreichte Ausbildungsstand des einzelnen Führers stellt eine wichtige Beschränkung des selbständigen Handelns dar: Je größer das taktische Ver-

---

Wochenblatt, 79 (1894), Beiheft 2, S. 17 – 55, hier S. 32; Blume, Selbstthätigkeit der Führer (wie Anm. 52), S. 505; Befehlen und Gehorchen im Kriege, in: Militär-Wochenblatt, 67 (1882), S. 791 – 799, hier S. 796 f.

61   Otto [von] Moser, Ausbildung und Führung des Bataillons im Gefecht. Gedanken und Vorschläge, Berlin 1906, S. 160, im Original hervorgehoben.
62   Schlichting, Taktische und strategische Grundsätze, Bd 3 (wie Anm. 46), S. 220.
63   William Balck, Taktik, Teil 1, 1. Halbbd., 2. Aufl., Berlin 1899, S. 243.
64   Zanthier, Führerausbildung, in: Militär-Wochenblatt, 85 (1900), Beiheft 3, S. 141 – 180, hier S. 148; Zur heutigen Ausbildung der deutschen Infanterie, in: Internationale Revue über die gesamten Armeen und Flotten, 10 (1891/92), Bd 1, S. 117 – 126, 214 – 223, hier S. 221 – 222.

ständnis, um so größer ist auch der Spielraum, der dem Unterführer bei der Erfüllung seines Auftrages gewährt werden kann[65].

Aktive Disziplin und gegenseitiges Vertrauen

Der Gehorsam, den die Auftragstaktik erfordert, muß anders geartet sein, als der eher mechanische Gehorsam der vorangegangenen taktischen Epochen. Die Zeiten der passiven Disziplin, die durch die Brechung des Willens jedes einzelnen Soldaten, notfalls mit Hilfe harter Strafen, geschaffen wurde, sind vorüber[66]. Die Auftragstaktik erfordert die »aktive Disziplin«[67], den »selbständig denkenden Gehorsam«[68]. »Wir brauchen [...] keine Soldaten, die nur willenlos und unbedingt ihren Führern gehorchen, wir brauchen selbstbewußte Männer, die im Interesse des Ganzen ihre ganze Intelligenz und ihre ganze Persönlichkeit einsetzen«[69], drückt es ein Auftragstaktiker aus. Ergänzend sei hier angemerkt, daß die Auftragstaktik den selektiven Gehorsam selbstredend ausschließt. Selektiver Gehorsam ist Ungehorsam und stellt daher eine Gefährdung der Auftragstaktik dar.

Vom Vorgesetzten fordert die Auftragstaktik einen Vertrauensvorschuß und den Verzicht auf Bevormundung, um die Grundlage für ein vertrauensvolles Verhältnis zwischen Führern und Untergebenen zu schaffen. Nur auf der Grundlage eines gegenseitiges Vertrauensverhältnisses kann die Auftragstaktik erfolgreich praktiziert werden[70].

Schlußbetrachtung

Im Jahre 1901 stellte ein Autor unter dem Pseudonym »Miles« fest, daß »nunmehr [...] wohl als unumstößliche Wahrheit hingestellt werden [darf], daß das sogenannte Auftragsverfahren als überlebt und verbraucht anzusehen ist, und daß glücklicherweise das bestimmte Befehlsverfahren sich einzubürgern beginnt«[71]. Tatsächlich hat sich aber die Auftragstaktik zu diesem Zeitpunkt sowohl in der theoretischen Auseinandersetzung als auch in der Ausbildung der

---

65 Blume, Selbstthätigkeit der Führer (wie Anm. 52), S. 496, 504.

66 Georg Frhr. von der Goltz, Bilden wir unsere Infanterie aus zur Schlachteninfanterie?, in: Militär-Wochenblatt, 86 (1901), Beiheft 12, S. 553 – 590, hier S. 563 f.

67 Ders., Deutsche Infanterie voran! In: Jahrbücher für die deutsche Armee und Marine, 1904, Bd 2, S. 323 – 339, hier S. 334.

68 Schlichting, Taktische und strategische Grundsätze, Bd 3 (wie Anm. 46), S. 26.

69 Ernst van den Bergh, Die seelischen Werte im Frieden und im Kriege. Eine Studie, in: Militär-Wochenblatt, 91 (1906), Beiheft 6, S. 205 – 236, hier S. 233.

70 Ebd.; Befehlen und Gehorchen im Kriege (wie Anm. 60), S. 794.

71 Miles, Der einheitliche Infanterieangriff, in: Jahrbücher für die deutsche Armee und Marine, 121 (1901), S. 263 – 166, hier S. 164.

Truppe durchgesetzt. Das Exerzier-Reglement von 1906[72], notwendig geworden zur Anpassung an die Erfahrungen des Burenkrieges und des Russisch-
Japanischen Krieges, bestätigte die Auftragstaktik schließlich in jeder Hinsicht.
Ausgebildet nach den Grundsätzen der Auftragtaktik zog das preußisch-
deutsche Heer im August 1914 in den Ersten Weltkrieg.

Bleibt noch zu erwähnen, daß die Auftragstaktiker selbstverständlich nicht
losgelöst von den Traditionen des preußisch-deutschen Heeres ihre Gedanken
entwickelten. Der Boden war u.a. bereitet durch die preußischen Reformer um
Gerhard von Scharnhorst, von Prinz Friedrich Karl, von König Wilhelm I. und
– nicht zuletzt – von Helmuth von Moltke, der die Generation von Generalstabsoffizieren erzogen und ausgebildet hatte, die nach den Einigungskriegen
die Auftragstaktik entwickelte.

Hat sich die Auftragstaktik bewährt? Zum Beweis ließe sich eine Vielzahl
von Beispielen anführen. An dieser Stelle soll ein Ereignis aus der Anfangsphase
des Zweiten Weltkrieges genügen: die Einnahme der belgischen Festung Eben
Emael zu Beginn des Westfeldzuges im Mai 1940[73].

Vorbereitung und Durchführung dieser Spezialoperation wurden einem
Oberleutnant anvertraut, dem dazu insgesamt 77 Fallschirmjäger zur Verfügung
standen. Gleich zu Beginn der Operation wurde jedoch ausgerechnet der Lastensegler des Sturmgruppenführers, Oberleutnant Witzig, zur Notlandung auf
einem Acker bei Köln gezwungen. Damit wäre bei vielen anderen Armeen die
Operation gescheitert. Nicht so bei der im Geiste der Auftragstaktik erzogenen
Truppe. Die anderen Maschinen flogen weiter, landeten in der Festung Eben
Emael und führten ihren Auftrag planmäßig aus. Ein Oberfeldwebel übernahm
das Kommando und führte die Sturmgruppe bei der Abwehr belgischer Gegen-
angriffe bis zum Eintreffen des Sturmgruppenführers einige Stunden später.
Oberleutnant Witzig hatte sich ausgerechnet in der Stunde des Beginns des
Westfeldzuges irgendwo in Deutschland eine neue Schleppmaschine organisiert,
um mit ihr erneut Richtung Eben Emael zu starten.

Beim Anflug ging ein zweiter Lastensegler verloren, der bei Düren notlan-
den mußte. Auch hier blieb der Sturmtruppführer nicht untätig. Unteroffizier
Meier organisierte sich in der nächsten Kaserne zwei Fahrzeuge, kämpfte sich
an endlosen Kolonnen vorbei bis nach Maastricht, überquerte mit seinem
Sturmtrupp die nur teilzerstörte Maasbrücke und ging bis ins Vorgelände der
Festung Eben Emael vor. In die Festung konnte er wegen des sie umgebenden
Kanals nicht mehr vordringen. Daraufhin entschloß er sich zum selbständigen
Gefecht gegen die belgischen Truppen in der Umgebung der Festung, wurde
selbst verwundet und lieferte am folgenden Tag 121 gefangene belgische Sol-

---

[72] Exerzier-Reglement für die Infanterie vom 29. Mai 1906, Neuabdruck mit Einfügung der
     bis August 1909 ergangenen Änderungen, Berlin (1909).
[73] Die Darstellung folgt Franz Uhle-Wettler, Höhe- und Wendepunkte deutscher Militärge-
     schichte, Mainz 1984, S. 273–276.

daten ab; gegen Quittung, um nachweisen zu können, daß er alles ihm Mögliche getan hatte, um seinen Auftrag zu erfüllen.

»Ein schlechtes Beispiel!«, werden einige jetzt einwenden. Die Sturmgruppe sei schließlich besonders intensiv ausgebildet worden. Der Verweis auf die Bedeutung der Ausbildung für die Auftragstaktik weiter oben mag hier genügen. Tatsächlich ist es ein besonders gutes Beispiel, weil hier nicht Generale oder höhere Offiziere selbständig gehandelt haben, sondern junge Offiziere und Unteroffiziere. Die Auftragstaktik wirkt sich eben bis in die untersten Ebenen aus. Ganz nebenbei verdeutlicht dieses Beispiel das deutsche Verständnis vom Unteroffizier, das – historisch gewachsen – auch die Bundeswehr von vielen anderen Armeen unterscheidet.

Ähnliche Beispiele lassen sich für den gesamten Zweiten Weltkrieg finden. Immer wieder nutzten Führer den ihnen gewährten Spielraum und ergriffen die Initiative. Bei den Gegnern blieben dagegen viele Chancen ungenutzt. Die Auftragstaktik war damit ein wesentlicher Faktor der häufig konstatierten taktisch-operativen Überlegenheit der deutschen Wehrmacht. Warum die Wehrmacht dann den Krieg nicht gewonnen hat? Nun, Kriege werden nicht durch einzelne Gefechte, Schlachten oder Feldzüge gewonnen. Die Auftragstaktik ist eben kein »Geheimnis« zum Gewinnen von Kriegen.

Die höhere Truppenführung mußte dagegen im Laufe des Krieges eine immer stärkere Einschränkung ihres Spielraums hinnehmen. Konnte beispielsweise General Guderian für den Frankreichfeldzug noch feststellen, daß er »keinen Befehl erhalten« habe, »der über das Gewinnen eines Brückenkopfes über die Maas hinausgegangen wäre«, und, daß er »alle Entschlüsse bis zum Erreichen des Atlantik [...] selbständig gefaßt« habe, so befahl das Oberkommando des Heeres (OKH) im Dezember 1941 vor Moskau den Einsatz einzelner Divisionen seiner Panzerarmee. Auseinandersetzungen um den notwendigen Spielraum des Befehlshabers vor Ort führten schließlich zu seiner Ablösung und Versetzung in die Führerreserve[74]. Generaloberst Hoepner wurde im Januar 1942 wegen der selbständigen Rücknahme zweier Armeekorps vom Kommando über die 4. Panzerarmee abgelöst und aus der Wehrmacht ausgestoßen[75]. Generalleutnant Graf Sponeck wurde schließlich für die selbständige Räumung der Halbinsel Kertsch abgelöst und vor ein Kriegsgericht gestellt[76]. Dies sind nur einige Beispiele, die Guderian nach dem Krieg zu der Feststellung veranlaßten, daß »das Auftragsverfahren [...] dem starren Befehl [wich]«[77].

Zum Schluß noch ein kurzer Blick auf die Gegenwart. Bezogen auf Friedensmissionen führt die neue HDv 100/100 »Truppenführung« aus: »Die

---

[74] Heinz Guderian, Erinnerungen eines Soldaten, 11. Aufl., Stuttgart 1979, S. 82, 244–245.
[75] Heinrich Bücheler, Hoepner. Ein deutsches Soldatenschicksal des zwanzigsten Jahrhunderts, Herford 1980, S. 169–172.
[76] Oetting, Auftragstaktik (wie Anm. 6), S. 215.
[77] Zit. nach: Stein, Führen durch Auftrag (wie Anm. 15), S. 11.

Grundsätze des Führens durch Auftrag gelten auch für den Einsatz in Friedensmissionen. In internationalen Friedensmissionen unterliegen sie allerdings besonderen Rahmenbedingungen, die der Handlungsfreiheit vor Ort meist enge Grenzen setzen[78].« Als eine dieser Rahmenbedingungen wird die enge Anbindung an die nationale Führung oder die Führung der durchführenden Organisation angeführt. Die Auftragstaktik erfährt also für die wahrscheinlichsten Einsätze der Bundeswehr eine eindeutige Einschränkung.

Veränderungen der Auftragstaktik werden dadurch vermutlich nicht ausbleiben. Zumindest höhere Führungsebenen müssen Einschränkungen ihres Spielraums in Kauf nehmen, wie das Beispiel Kosovo zeigt. Vor den NATO-Botschaftern beklagte General Dr. Reinhardt die Einmischung der Mitgliedsstaaten in seine eigentlich garantierte Kommandogewalt als COMKFOR. Alles, was er von den Befehlshabern der nationalen Truppenteile verlangt habe, sei erst zur Genehmigung in der jeweiligen Hauptstadt vorgelegt worden. Allein vier Monate intensiver Verhandlungen habe es ihn gekostet, bis alle NATO-Staaten zur Entsendung ihrer Truppen an Brennpunkte wie Mitrovica auch nur im Prinzip bereit gewesen seien[79]. Inwieweit diese Veränderungen der Auftragstaktik auch für die unteren Führungsebenen prägend wirken, wird die Zeit erweisen müssen.

---

[78] HDv 100/100 (wie Anm. 5), Nr. 3818.
[79] Die Welt, 19.06.2000, S. 7.

Frédéric Guelton

Das Problem der mechanisierten Kriegführung in Frankreich 1917 bis 1940

Die Mechanisierung des Krieges, die in den meisten kriegführenden Armeen zwischen 1916 und 1918 wie eine *militärische Revolution* wirkte, könnte als einfache Entwicklung des Verstandes betrachtet werden. Doch eine Beurteilung einzig unter diesem Gesichtspunkt hieße, das Untrennbare zu trennen, nämlich die Armee von der Gesellschaft, deren kriegerischer Ausdruck sie in Kriegs- wie in Friedenszeiten ist.

Hier soll einer ganzheitlichen Betrachtungsweise der Vorzug gegeben werden. Sie bezieht sich auf den Zeitraum 1917 bis 1940 und auf die Frage, wie und warum die Franzosen sinnbildlich vom »Panzer zum Wurfspieß« gekommen sind.

Ab Mai 1918 stellten die Franzosen pro Woche ein Panzerbataillon (damals »artillerie spéciale« genannt) auf, rüsteten es aus und bildeten es aus[1]. Zum Kriegsende[2] überstieg die Anzahl der leichten Panzer FT 17 2500 Stück, hinzu kamen noch etwa hundert schwere Panzer, über 6000 75-mm-Geschütze, über 7000 schwere Geschütze, die erste Militärfliegerei der Welt usw.

Für den Einsatz all dieser Kriegsmaschinen, der in seiner Gesamtheit das Konzept des französischen Oberkommandos erkennen läßt, wurde eine Reihe von Vorschriften und Richtlinien herausgegeben, die in vielen Fällen die Unterschrift von General Pétain persönlich tragen, und zwar in der Zeit von der Übernahme des Kommandos über die Armee nach den Niederlagen im Frühjahr 1917 bis zum Sommer 1918[3]. Professor Pedroncini schreibt dazu: Es scheint ganz so, als ob es mit der Direktive Nr. 5 vom 12. Juli 1918 gelungen ist, »die Vorteile von bis dato bekannten oder vorstellbaren Angriffsverfahren zusammenzufassen«[4].

---

1   L. Dutil, Les Chars d'assaut, leur création et leur rôle pendant la guerre, 1915–1918, Paris 1919, S. 230.

2   Jean Doise, Maurice Vaisse, Politique étrangère de la France. Diplomatie et outil militaire, 1871–1991, Paris 1992, S. 329.

3   In der Hauptsache handelt es sich um die Direktiven Nr. 2 a vom 30. Dezember 1917 und Nr. 5 vom 12. Juli 1918, die Instruktion »Angriffsoperationen von Großverbänden« vom 31. Oktober 1917 (GQG, Abteilung 3) und die Instruktion »Kleine Verbände im Angriff« vom 12. Dezember 1917 (GQG, Abteilung 3).

4   Guy Pedroncini, Pétain général en chef, 1917–1918, Paris 1974, S. 409.

So schien im Sommer 1918 für die französische Armee in Sachen Krieg und Führung mechanisierter Operationen alles zum Besten zu stehen.

Dennoch schrieb der Historiker Marc Bloch – Veteran des Ersten Weltkrieges, Kombattant des Feldzuges von 1939/40, Widerstandskämpfer der ersten Stunde, der im Juni 1944 erschossen wurde – zwanzig Jahre später über das französische Fiasko 1940:»Unsere Führer oder diejenigen, die in deren Namen handelten, waren nicht in der Lage, diesen Krieg intellektuell zu erfassen. Mit anderen Worten, der Triumph der Deutschen war im wesentlichen ein Sieg des Verstandes, und das war womöglich das Schlimmste daran. [...] Die Deutschen haben einen zeitgemäßen Krieg geführt, der von Geschwindigkeit gekennzeichnet war. [...] Wir haben alles in allem die uns vertraute Kampfweise unserer Kolonialgeschichte wiederholt – nämlich diejenige des Wurfspießes gegen das Gewehr. Nur haben wir dieses Mal die Rolle der Primitiven übernommen[5].«

Aus diesen beiden konträren Feststellungen, die ungefähr zwanzig Jahre auseinander liegen, ergeben sich zwei zentrale Fragen:

– Wie sind die Franzosen von 2500 FT 17-Panzern im Jahr 1918 auf die von Marc Bloch bildlich angesprochenen »Wurfspieße« im Jahr 1940 gekommen – oder um im Thema der Tagung zu bleiben – wie haben sich die Führungsansichten in Frankreich von Pétains Direktive Nr. 5 von 1918 bis zur 1940 gültigen Instruktion »Führen von Großverbänden« von 1936 entwickelt?

– Wie ist eine solche Entwicklung zu verstehen und zu interpretieren, die im übrigen wohl eher ein Rückschritt war, den Marc Bloch der intellektuellen Ebene zuordnet?

Will man Antworten auf diese beiden Fragen finden, muß man folgendes bedenken. Zunächst ergibt sich zwangsläufig, daß der heutige Historiker den weiteren Verlauf der Geschichte[6] kennt und in Versuchung kommen kann, in aufeinanderfolgende Ereignisse eine bestimmte Logik hinein zu interpretieren, wo oftmals nur zufälliges Handeln vorlag. Hüten wir uns also, um es mit de Gaulle zu sagen, vor übermäßigem Kartesianismus bei der Erforschung der Kriege, wo – wie er schreibt – »alles nur zufällig geschieht«[7]. Halten wir uns an Bergson, dessen Schüler er war, sowie an Raymond Aron und hüten wir uns vor einer »nachträglichen Fehleinschätzung der Tatsachen«[8], die uns vorgaukelt, daß

---

5   Marc Bloch, L'Etrange défaite, témoignage écrit en 1940, Paris 1946, S. 55 – 57.
6   Wie Fukuyama noch vor kurzem in einem anderen Zusammenhang schrieb, kennt der Historiker aber nicht das Ende.
7   »Diese Eigenschaft der Zufälligkeit, die charakteristisch für kriegerische Handlungen ist, macht die Schwierigkeit und die Größe der Planung aus« (Charles de Gaulle, Le Fil de l'épée, Erstausgabe Paris 1932, Neuausgabe Paris 1973, S. 14). »Auf den Zufälligkeiten müssen die Handlungen aufgebaut werden« (ebd., S. 96).
8   Raymond Aron, Dimensions de la conscience historique, Paris 1961.

die Vergangenheit nicht anders hätte sein können, eben weil es nun einmal genau so war und nicht anders[9].

Die zweite Anmerkung wäre einen umfangreichen Exkurs wert, doch hier nur zwei Sätze dazu. Nietzsche schrieb einmal, »*Sieg verdummt*«, und man kann sich fragen, ob dies auch auf die Franzosen in der Zeit zwischen den beiden Weltkriegen zutrifft. Der Philosoph und Schriftsteller Georges Bernanos hat einem seiner wichtigsten Werke den Titel »Les Enfants humiliés« gegeben; er trifft in großen Teilen auf die Deutschen in der Zeit zwischen den beiden Weltkriegen zu[10].

Übereinstimmende Ansichten 1917 bis 1918

In welcher Lage befand sich die französische Armee zwischen Sommer 1917 und Herbst 1918 im Hinblick auf die mechanisierte Kriegführung?

Zunächst einmal war es, wie Fuller schreibt, nicht der Panzer, das Flugzeug oder das Unterseeboot, sondern der Motor selbst, der die Revolution in der Operationsführung auslöste. Dieser Motor tauchte sozusagen gleichzeitig in allen europäischen Ländern auf, die ihre industrielle Revolution erlebt haben, wird jedoch von den einzelnen kriegführenden Parteien auf unterschiedliche Weise eingesetzt. Briten und Franzosen machen ihn zum Antriebselement eines Panzers, vor dem man sich jenseits des Rheins fürchtet. Die Briten gehen sogar so weit, ein Royal Tank Corps aufzustellen. Soweit sind die Franzosen nicht gegangen. Dennoch haben vier Jahre praktischer Erfahrung im Krieg in den französischen Stäben ihre Früchte getragen. Alle Anstrengungen laufen in einem einzigen Ziel zusammen: eine Armee mit einem Umfang von mehr als 100 Divisionen erfolgreich zu führen, um den Krieg so schnell wie möglich siegreich zu beenden.

Diesen armeeinternen übereinstimmenden Ansichten, die die Streitigkeiten der Vorkriegszeit überwinden halfen, entsprachen wiederum externe bzw. nationale Ansichten, die typisch waren für ein Land, das so lange vom »Geist der Rache«[11] beseelt war und seinen ersten totalen Krieg erlebte.

In Frankreich wurde eigens zu diesem Zweck ein Rüstungsministerium eingerichtet. Fabriken, in denen französische Arbeiterfrauen neben Arbeitern aus den Kolonien und aus dem Ausland sowie über 450 000 Dienstverpflichteten standen, wurde alles Notwendige für den Krieg produziert. Das Finanzministerium in der Rue de Rivoli verschuldete sich in der ganzen Welt, um die Kriegs-

---

9 Für Pierre Chaunu besteht die Arbeit eines Historikers darin, den Friedhof der verlorenen Chancen zu durchpflügen.

10 Georges Bernanos, Les Enfants humiliés. Journal 1939 – 1940, Paris 1949.

11 Ein Geist, der allerdings eher in Propagandareden als in der Realität des einzelnen und der Gemeinschaft vorherrschte.

anstrengungen zu finanzieren, »koste es was es wolle«. Kurz gesagt, die gesamte Nation befand sich im Krieg. Sie unterstützte einen Krieg, der zum ersten Mal in der Geschichte Frankreichs und der europäischen Nationen ein totaler Krieg geworden war, wie auch der Titel eines Buches von Ludendorff einige Jahre später heißen wird[12].

Dennoch gab es die ersten Sandkörner im Getriebe. In der Operationsführung, in der die neue Technik Einzug hielt, erlagen viele der militärischen Führer ihren alten Gewohnheiten und taten sich schwer, die Folgen der tiefgreifenden Veränderungen, die der Motor für die Führung und den Rhythmus von Operationen bedeutete, zu begreifen[13].

Am Ende des Krieges wurden die Karten neu gemischt. An die Stelle der übereinstimmenden Ansichten traten Meinungsverschiedenheiten, Antagonismen und bisweilen auch Brüche – und zwar sowohl intern, d.h. nur die Armee betreffend, als auch extern, d.h. zwischen Armee und Nation bzw. innerhalb der Nation und schließlich zwischen Frankreich und seinen damaligen Verbündeten.

Der neu entflammende Streit war zwar weniger todbringend als die vier Kriegsjahre, aber nicht weniger erbittert. Diejenigen, die gegen Ende des Krieges die innovativsten Vorstellungen zur Kriegführung vertraten, standen einer Nation gegenüber, die sich nach Frieden sehnte und die schon bald zusammen mit anderen den Krieg ächten sollte. Unter diesen Umständen konnten die Theorien von Männern wie Estienne, Keller, Delestraint, Weygand oder de Gaulle, auch wenn sie völlig einleuchtend und logisch waren, den immer heftiger werdenden Auseinandersetzungen nicht standhalten[14].

Einige interne Antagonismen

Die Frage der Unterstellung von mechanisierten Verbänden

Sobald wieder Frieden herrschte, wurden die Antagonismen innerhalb der Armee deutlich, und zwar bei den Themen, die im Krieg umgangen oder nicht angesprochen worden waren. Alte Streitigkeiten traten wieder zutage. Durch die Frage nach der mechanisierten Kriegführung und somit nach der Mechanisierung der Armee wurden sie noch verschärft. Zwar war zwischen 1917 und 1918

---

[12] Erich Ludendorff, Der totale Krieg, München 1935.

[13] Dutil, Les Chars d'assaut (wie Anm. 1), S. 233.

[14] In seinem Manuskript »Motorisation et mécanisation«, bewies Oberst Maimé, daß »alle Welt« die weitere Entwicklung der Überlegungen zu dieser Frage sehr wohl verfolgte, denn als bibliographische Verweise nannte er u.a.: Ludwig Ritter von Eimannsberger, La Guerre des chars; Basil H. Liddell Hart, La Guerre moderne; John Frederick Charles Fuller, Applications des progrès récents de la science à la préparation de la guerre moderne; Fritz Heigl, Taschenbuch des Tanks; Sikorski, La Guerre moderne u.a.m.

jedermann letztendlich mit dem Einsatz dieses Geräts zufrieden, das damals als
»artillerie spéciale« bezeichnet wurde, doch die Frage nach seiner Zweckbe-
stimmung und somit seiner Zugehörigkeit zu einer bestimmten Waffengattung
– denn es gab noch keine »Panzertruppe«[15] – war für die siegreichen Militärs im
Spiel um die Macht entscheidend.

Die Frage lautete: Welche Bestimmung haben all jene motorisierten Maschinen auf Rädern oder Ketten mit ihren Geschützen, Haubitzen, Maschinengewehren oder Antennen?

– Sollen sie die Infanteristen schützen, transportieren oder vielleicht gar ersetzen?

– Sollen sie die taktische und strategische Beweglichkeit von Großverbänden
wie den kaiserlichen Kavalleriedivisionen erhöhen?

– Oder soll es womöglich den Artilleriebeschuß verlagern, wie sein Name
schon andeutet und wie der »arithmetische Totschläger«[16] vom August 1918 es
erahnen ließ?

Wie Major Bouvard könnte man einwenden, daß diese Maschinen es eigentlich ermöglichen müßten, alle genannten Aufträge zu erfüllen[17]. Dies würde
voraussetzen, daß in Friedenszeiten im Denken der Militärs die Vernunft regiert
und daß unbegrenzte Mittel finanzieller und industrieller Art vorhanden sind.
Der Historiker wagt dies jedoch zu bezweifeln, zumindest was Frankreich im
besonderen und die Demokratien im allgemeinen betrifft.

In der siegreichen französischen Armee der frühen zwanziger Jahre nahmen
Streitigkeiten und Rivalitäten überhand, sobald es darum ging, wem das Verdienst des Sieges gebührte. Der Streit zwischen Waffengattungen und Personen
tritt an die Stelle der Schlachten zwischen den Feinden von gestern. Die Bemerkung von General Hoffmann, Hindenburgs Stellvertreter an der Ostfront im
Jahre 1914, man könne von Kriegsdingen überhaupt nichts verstehen, wenn
man nicht zuerst die Streitigkeiten zwischen den militärischen Führern untersu-
che, ist uns leider auch kein Trost: »Wenn man sich die Leute näher anschaut,
die Einfluß nehmen auf die Ereignisse, wenn man ihre Meinungsverschiedenheiten sieht, das Ausmaß der Verleumdungen und der Haßgefühle begreift, zu
denen sie imstande sind, dann muß man sich immer vor Augen halten, daß es

---

15 Sie wird erst 1942, nach der Landung der Alliierten in Nordafrika, ins Leben gerufen.

16 Diesen Ausdruck benutzte Admiral Castex *im nachhinein*, um die Endphase des Krieges zu
    charakterisieren. Er ermöglicht es, zwei bisweilen miteinander verbundene Begriffe ein-
    ander gegenüberzustellen: die Bewegung und das Manöver.

17 H. Bouvard, Les leçons militaires de la guerre, Vorwort von Marschall Pétain, Paris 1920,
    S. 98 – 101. In dem Abschnitt »Les chars dans l'avenir« sieht er für die Zukunft und unter
    Verwendung der damaligen Terminologie den Kampfpanzer als wichtigstes Gerät, den
    mittelschweren Panzer, den Schützenpanzer und den Transportpanzer, den gepanzerten
    Gefechtsstand, das leicht gepanzerte Fahrzeug. Und er folgert daraus: »Die Panzerfahr-
    zeuge werden eine immer breitere Verwendung finden.«

bei denen gegenüber noch schlimmer ist, [...] ansonsten hätte man guten Grund, beunruhigt zu sein[18].«

Die Beantwortung der drei Fragen zur operativen Bestimmung der Mechanisierung der Armee mußte entscheidende Auswirkungen auf die Zukunft der Armee haben. Würden die Kriegsmaschinen der Infanterie zugeordnet, so wäre der Panzer ein Begleitpanzer, und die künftigen Vorschriften würden aus ihm ein Gerät machen, das, im Gelände verteilt, den Infanterieregimentern zugute kommt, und dort den bei der Infanterie eingesetzten Bürger schützt. Vier Jahre lang hatte er alle möglichen Opfer gebracht und daher nun alle Fürsorge verdient.

Im Gegensatz dazu wollte die Artillerie, die in der französischen Armee in der Zeit zwischen den beiden Weltkriegen die Verantwortung eines modernen Rüstungsausschusses wahrnahm und deren Generalinspekteur einer der mächtigsten Männer in der Armee war, ihre Stärke ausbauen, indem sie die Kontrolle über die neuen Kriegsmaschinen an sich zog und sogar eine »bewegliche Festung mit beweglichem Feuer« daraus machen wollte. Für General Maurin bedeutete dies, daß, wenn der Panzer in absehbarer Zeit eine Untergliederung einer Waffengattung oder sogar eine eigene Waffengattung bilden kann, diese weder der Infanterie noch der Kavallerie, sondern der Artillerie zugeordnet werden sollte. Damit würde eine neue Form der Sturmartillerie aus dem Ersten Weltkrieg geschaffen: »Stark gepanzert und bewaffnet (mindestens vom Typ Panzer B), soll sie die Rolle übernehmen, die ihre ehemalige Bezeichnung Sturmartillerie bereits andeutet[19].«

Die Kavallerie schließlich, die seit 1915 abgesessen kämpfen mußte, hätte es gern gesehen, wenn das neue Gerät ihrer Waffengattung zugeordnet worden wäre. Dies hätte ihr nach vier Jahren Schattendasein eine regelrechte Auferstehung beschert, hätte jedoch auch bedeutet, daß man den Krieg rein unter den Aspekt der Bewegung gestellt hätte, und dies in einer Armee, die ebendies verlernt hat, und in einem Land, das die Kavallerie für mehr als eine Million Tote verantwortlich macht.

Es endete schließlich damit, daß die neuen Panzer der Infanterie zugeordnet wurden. Sie waren mit Einmanntürmen ausgestattet und hatten fast keine Fernmeldemittel zur Verfügung. Sie wurden so eingesetzt, wie es der Waffengattung entsprach, der sie angehören. Die Artillerie behielt jedoch maßgeblichen

---

[18]   General Hoffmann, zit. von General Beaufre in seiner Einführung zu: Basil H. Liddell Hart, Mémoires, Paris 1970. Beaufre schreibt an anderer Stelle: »Jede Geschichte des Krieges, die sich einzig auf dessen politischen Ablauf reduziert, vermittelt lediglich ein oberflächliches Bild. Persönliche Einflüsse haben weitreichende Auswirkungen und können die Ereignisse entscheidend beeinflussen« (A. Beaufre, Ce que l'Histoire pourrait nous apprendre, o.O. 1944).

[19]   Service historique de l'armée de terre (SHAT), 7N3453, Rapport sur la motorisation dans l'armée, 25. März 1931, 1. Ausfertigung, unterzeichnet von General Maurin, übermittelt an EMA (état-major des armées) am 17. April 1931.

Einfluß auf die Herstellung. Vor allem dank General Maurin ruhte sie nicht, um ihre technischen Vorstellungen durchzusetzen. Die Kavallerie ihrerseits setzte dank der Hartnäckigkeit von General Weygand die Aufstellung von leichten mechanisierten Divisionen durch. Sie erhielt zwar anderes Gerät als die Infanterie, doch die technischen Merkmale stimmten fast überein. Symbolisch wurde der Kavallerie die Verwendung der Bezeichnung Panzer untersagt. Sie mußte sich mit Begriffen wie Spähwagen, Verbindungs-, Aufklärungs- oder Kampffahrzeug zufrieden geben.

Die Auseinandersetzung um die Instruktion über das Führen von Großverbänden

Abgesehen von den Streitigkeiten zwischen den Personen stellt sich die zentrale Frage der Einsatzvorschriften. Bekanntlich dauert es in allen Armeen der Welt ungefähr zwanzig Jahre, bis eine neue Vorschrift, die auf der Ebene der höchsten militärischen Instanzen konzipiert wurde, sich in der Truppe durchgesetzt hat. Aus dem Fortgang der Geschichte ist bekannt, daß die in der unmittelbaren Nachkriegszeit ausgearbeiteten Einsatzvorschriften – das sind für die französische Armee die Vorschriften von 1921 und 1922 – um 1940 angewendet wurden.

Ein erster Entwurf für eine Instruktion zur Führung von Großverbänden (Instruction sur la conduite des Grandes Unités, IGU) wird 1921 vorgelegt. Die darin enthaltenen Grundsätze wurden im Laufe des darauffolgenden Jahres erprobt. Das Resultat war jedoch dermaßen enttäuschend, daß die Mitglieder des Obersten Kriegsrates (Conseil Supérieur de la Guerre) beim Minister eine sofortige grundlegende Überarbeitung verlangten. Doch der Kriegsminister stellte sich dagegen, denn nach seiner Meinung sollte die vorgelegte Fassung zumindest vorübergehend verabschiedet werden, um als Grundlage für die Ausarbeitung all jener Vorschriften zu dienen, »die von den Truppenteilen und Schulen so dringend benötigt werden[20]«.

Welche Einwände hatten die Mitglieder des Obersten Kriegsrates? In erster Linie vertraten sie die Meinung, daß die Instruktion über das Führen von Großverbänden lediglich den Stellungskrieg behandelte und den Bewegungskrieg vernachlässigte[21]. »Das Operationskonzept geht dort ausschließlich vom Stellungskrieg aus. Es beleuchtet nicht ausreichend die Grundsätze und Verfahren des Bewegungskrieges und des Begegnungsgefechts. Infolgedessen spielt die Absicht des Feindes bei der Entscheidungsfindung des Führers keine Rolle. Das Gefecht wird allzusehr so dargestellt, als ob es sich nach einem bestimmten

---

[20] Ebd., S. 8.
[21] Siehe dazu Frédéric Guelton, Le Général Weygand vice-président du Conseil supérieur de la Guerre 1931 – 1935, Dissertation im Fach Geschichte, Paris I Panthéon Sorbonne.

Plan entwickeln müsse, der durch nichts auf der Welt durcheinander gebracht werden könne.«

So beruhte die Ausbildung der französischen Armee ab 1922 auf Grundsätzen, die von den mit der Umsetzung betrauten Offizieren bereits für falsch gehalten wurden. Dennoch wurden sie nach und nach gelehrt und in den darauffolgenden zwei Jahrzehnten strikt angewendet, bis 1936[22] eine neue IGU ausgearbeitet wurde. Niemand hätte zu denken oder laut auszusprechen gewagt, daß sie bereits im Stadium des Entwurfs überholt war.

Auch wenn die Fortschritte in der Motorisierung und der Mechanisierung von den Verfassern nicht geleugnet wurden, so hieß es dennoch in der IGU von 1936:»Ohne die Bedeutung des in unserer Zeit eingetretenen Fortschritts im Bereich der Kampf- und Transportmittel zu verkennen, vertritt die Redaktionskommission der vorliegenden Instruktion den Standpunkt, daß dieser technische Fortschritt die wesentlichen Taktikvorschriften im Vergleich zu vorangegangenen Instruktionen nicht merklich modifiziert.« »Die Kommission« – so hieß es weiter – »vertritt infolgedessen die Auffassung, daß die Einsatzgrundsätze, welche von bedeutenden Militärs kurz nach dem Sieg objektiv festgelegt wurden, die Charta für den taktischen Einsatz unserer Großverbände bleiben müssen[23]«.

Als die französische Armee 1939 in den Krieg eintrat, kamen in der Tat veraltete Vorschriften für die Führung von Großverbänden zur Anwendung, die bereits zum Zeitpunkt ihrer Verabschiedung überholt waren.

Streitpunkte zwischen Armee und Gesellschaft

Noch bevor der Versailler Vertrag im Juni 1919 unterzeichnet wurde, brachten die französische Gesellschaft und die etwa zwei Millionen noch unter Waffen stehenden Bürger-Soldaten auf unterschiedliche Weise, aber dennoch entschieden zum Ausdruck, daß sie »die Nase voll hatten« vom Krieg und von einer allzu schleppenden Demobilisierung.

Der Bruch, der sich zwischen der französischen Gesellschaft und ihrer Armee vollzog, ist für das Thema dieses Beitrags von wesentlicher Bedeutung. Er zeigt, daß man, unabhängig vom jeweiligen Blickwinkel, die Aufstellung, die Organisation und den Einsatz einer Armee unmöglich von den sehnlichsten Wünschen der Gesellschaft trennen kann.

Wie sahen diese Wünsche aus und wie schlugen sie sich in der Operationsführung nieder?

---

[22] Zur Instruktion von 1936 siehe Henry Dutailly, Les problèmes de l'armée de Terre française, 1935–1939, Paris 1980, S. 176 ff.

[23] Zit. nach: Ebd., S. 176 f.

Die verschwommene Sicherheitstrilogie und die Maginotlinie

Nach 1919 war in Frankreich sowohl die zivile Gesellschaft als auch das Militär zutiefst vom *Blutbad* des Ersten Weltkrieges geprägt. Dieses allgemein verbreitete Gefühl wurde in den darauffolgenden zehn Jahre umgesetzt in die Definition einer verschwommenen und politisch-militärischen Sicherheitstrilogie[24] mit den Bestandteilen Nation unter Waffen, Verteidigung der Grenzen und Verteidigung des Versailler Vertrages.

Alle Komponenten der französischen Politik konvergierten in dieser *jedenfalls richtigen* Auffassung zur Landesverteidigung, welche die Faktoren aufwertete, die zum Sieg 1918 geführt haben sollten, und jene herunterspielte, die als am schlimmsten empfunden wurden. Diese Darstellung rechtfertigte in den Augen der öffentlichen Meinung besser als jedes System von Einsatzgrundsätzen die Entstehung einer neuen Streitkräftestruktur, die sich auf drei Elemente stützen sollte: *Maginotlinie, Deckung* und *zwölfmonatige Wehrpflicht.* Die wichtigsten Militärs waren Anhänger dieser Trilogie und gingen sogar so weit, sich zu ihren Verfechtern zu machen; allerdings nicht, weil sie sie für die militärische Idealvorstellung hielten, von der sie geträumt hatten, sondern weil es sich ihrer Meinung nach um das einzige Modell handelte, das die Franzosen akzeptierten.

Die Maginotlinie als militärische Realität und Ausdruck der Einstellung der französischen Nation verdeutlichte besser als alles andere die Ablehnung jeglicher Form von Bewegungskrieg. Sie machte es den Militärs unmöglich, den Krieg einzuschätzen – was übrigens wieder zurückführt zu Marc Bloch und zur intellektuellen Niederlage Frankreichs.

Die befestigten Regionen wurden von den Militärs als mächtige Dämme angesehen, die – zusammen mit der Deckung durch die aktiven Kräfte – eine notwendigerweise langsame Mobilmachung der Nation unter Waffen entsprechend den Kriegsgesetzen von 1927 und 1928 ermöglichen sollten. Nach erfolgter Mobilmachung sollten die befestigten Regionen dann in das allgemeine Manöver der Streitkräfte einbezogen werden. Sie sollten den Feind in eine bestimmte Richtung lenken und Widerstandsstellungen oder Ausweichstützpunkte bieten.

Die öffentliche Meinung hatte eine andere Einstellung dazu und wurde darin von der Presse und den gewählten Politikern bestärkt. Die befestigten Regionen wurden in erster Linie als die Versicherungsprämie angesehen, die man den Frontsoldaten des Ersten Weltkrieges schuldig war. Sie sollten deren Söhnen andere Lebens- und Kampfbedingungen bieten als die feuchten und verpesteten Gräben der Jahre 1914 bis 1918. Darüber hinaus richtete Frankreich mit den befestigten Regionen eine Botschaft über den Völkerbund an die ganze Welt.

---

[24] Zu dieser Frage siehe Maurice Vaïsse, Sécurité d'abord. La politique française en matière de désarmement 9 décembre 1930 – 17 avril 1934, Paris 1981; Robert J. Young, In Command of France. French foreign policy and military planning, Cambridge/Mass. 1978.

Insbesondere richtete sich diese Botschaft an seine ehemaligen angelsächsischen Verbündeten, die in schöner Regelmäßigkeit den Hegemonialanspruch Frankreichs auf dem Kontinent anprangerten. Wie konnte ein vom Krieg zugrunde gerichtetes und verwüstetes Land noch der Kriegstreiberei beschuldigt werden, das die wenigen verbliebenen Ressourcen dazu verwendete, Befestigungen zu bauen, die per Definition defensiver Natur waren?

Diese unterschiedliche Wahrnehmung führt zu einer interessanten Semantik. Die militärische Unbeweglichkeit wurde für die nationale Politik zur Regel, da sie als Synonym für defensiv galt. Ihre Verfechter waren natürlich die Schöpfer und Wahrer des Friedens. Im Gegensatz dazu wurde der bloße Gedanke an Bewegung, d.h. Mechanisierung bzw. Motorisierung der Großverbände, mit einer offensiven Absicht, sprich mit aggressivem und kriegerischem Verhalten gleichgesetzt. Die Befürworter der Bewegung wurden ipso facto beschuldigt, Kriegstreiber zu sein, die man aus der Gesellschaft, ja selbst aus einer militärischen Gesellschaft verbannen müßte.

Kurz gesagt, Unbeweglichkeit bedeutete Frieden, Bewegung bedeutete Krieg!

Diese gleichermaßen frappierende und doch real existierende Vereinfachung läßt sich anhand eines kurzen Auszugs aus einem Artikel von Oberstleutnant a.D. Charras[25] verdeutlichen:

»Mit der Vorlage des Bauplanes hat die Regierung ihren Standpunkt deutlich gemacht. Sie möchte die offensiven Waffen abschaffen. Für sie gibt es nur noch die Hypothese der Verteidigung, des Kampfes für die Unversehrtheit des Staatsgebiets. Welche Verirrung könnte es zulassen, daß General Weygand davon träumt, siegreich auf Mainz zu marschieren, das vorbereitete Gefechtsfeld zu verlassen oder offensive Einsatzgrundsätze zu empfehlen, die sich doch aufgrund der Erfahrung, der gedanklichen Entwicklung und der Fähigkeiten der Nation verbieten?

Der Fortschritt in der Rüstung verändert unaufhaltsam den Krieg. Der Krieg muß sich in die Richtung entwickeln, die durch das automatische Gerät vorgegeben ist. Wer glaubt, auf kurzen Frontabschnitten noch Großtaten zu vollbringen, wie sie in Legenden von längst vergessenen Tagen geschildert werden, der bildet sich nur ein, er sei der Meister seines Fachs, der beweist einen Hochmut, den so viele grausame Prüfungen eigentlich hätten reduzieren müssen[26].«

---

25 Charras ist das Pseudonym von Oberstleutnant a.D. Dumoulin. Er war 1914 der Section Française de l'Internationale Ouvrière (Französische Sektion der Arbeiterinternationale) beigetreten und ein enger Freund von Hauptmann Gérard, der wiederum ein enger Mitarbeiter von Jaurès zu der Zeit war, als letzterer »L'Armée Nouvelle« verfaßte. 1920 trat Dumoulin der Kommunistischen Partei bei und arbeitete für die Zeitung »l'Humanité«. Nachdem er in den Ruhestand versetzt worden war, übernahm er die Leitung des Magazins »Armée et démocratie«.

26 Armée et démocratie, 15.2.1933, S. 16.

Die Mechanisierung als finanzielles und haushaltsrechtliches Problem

Um einen Krieg zu konzipieren und seine Führung vorausschauend zu planen, sind die militärischen Führer gezwungen, ständig zwei Ebenen zu berücksichtigen: die einer Armee, über die sie gerade verfügen und die einer Armee, von der sie hoffen oder befürchten, sie im Kriegsfall zur Verfügung zu haben. Je nach Ansatz resultierten daraus unterschiedliche Überlegungen.

– zu den gewünschten Haushaltsmitteln, die im geeigneten Moment bewilligt werden müssen, um die Kriegsmaschinen zu kaufen,

– zum Vorhandensein einer Industrie, die in der Lage ist, diese Maschinen zu produzieren und

– zu der im besonderen Fall Frankreichs zwischen den beiden Weltkriegen gegebenen Notwendigkeit, »den Rest der Armee« auch noch größtenteils auszustatten und zu modernisieren, nachdem zunächst die Maginotlinie in nationaler Priorität finanziert wurde[27].

Die Finanzierung der befestigten Regionen spielte eine entscheidende Rolle als haushaltspolitischer Hemmschuh und politischer Vorwand. Die Kosten für die Finanzierung der befestigten Regionen waren doppelt so hoch wie alle für die Modernisierung der Armee bewilligten Mittel. Die befestigten Regionen verbargen vor den Augen der Öffentlichkeit und der gewählten lokalen Politiker in ihrem beruhigenden Umfang die Kürzungen der übrigen Mittel in einer kritischen Wirtschaftslage und bei einer nationalen Deflationspolitik.

Rüstungsprogramme (in Millionen Francs, nach dem Nominalwert berechnet)*

Jahre	geplante Kredite	bewilligte Kredite	verausgabte Kredite
1927–1930	2610	743	410
1931–1934	2424	2080	2080
Insgesamt	5034	2823	2490

* SHAT, 5N82, Audition du ministre de la Guerre par la Sous-Commission de la Défense Nationale, Cabinet du ministre. Programmes et réalisation, 1927–1936, 15. Juli 1936.

---

27 Zu diesem Thema gibt es nicht sehr viele Studien. Zu verweisen ist auf die veröffentlichte Dissertation von Robert Frank, Le prix du réarmement français (1935–1939), Paris 1982; Pierre Hoff, Les programmes d'armement de 1919 à 1939, Paris 1982; Alfred Sauvy, Histoire économique de la France entre les deux guerres, Bd 1 (1918–1931), Paris 1965, Bd 2 (1931–1939), Paris 1967.

Befestigungsprogramm (in Millionen Francs, nach dem Nominalwert berechnet)*

Jahre	Gesetze	bewilligte Kredite	verausgabte Kredite
1930	Gesetz vom 14. Januar 1930 und Finanzgesetz	1425	1425
1931	Sonderkonto vom 20. Juli 1931	2400	2400
1934	Sonderkonto vom 6. Juli 1934	1275	1275
1935	Sonderkonto vom 4. Januar 1935	100	100
Gesamt		5200	5200

*   SHAT, 5N82, Audition du ministre de la Guerre par la Sous-Commission de la
      Défense Nationale, Cabinet du ministre. Programmes et réalisation, 1927 – 1936,
      15. Juli 1936. Die beiden Tabellen verdeutlichen einerseits die Relation der zwischen
      1927 und 1935 getätigten nationalen Verteidigungsausgaben für die Rüstung bzw. die
      Befestigungen sowie andererseits die Übereinstimmung bzw. Nichtübereinstimmung
      zwischen bewilligten Krediten und tatsächlichen Ausgaben innerhalb dieser beiden
      Programme. Die Programme haben zwar etwa den gleichen Planansatz (5034 Millio-
      nen für das Rüstungsprogramm und 5280 Millionen für das Befestigungsprogramm),
      doch die Summen der verausgabten Kredite unterscheiden sich um mehr als das
      doppelte (2490 Millionen zu 5200 Millionen).

So sind die anwachsenden Kosten für die befestigten Regionen, für den
Übergang zur zwölfmonatigen Wehrpflicht[28], für die Instandhaltung von noch
ungebrauchtem Gerät aus dem Krieg und die Ersetzung der hauptsächlich 1925
und 1926 in den Operationen in Marokko und in der Levante verbrauchten
Versorgungsgüter so hoch, daß die für die Produktion von modernem Militär-
gerät bestimmten Kredite[29] nur so dahinschmelzen. Dabei ist zu berücksichtigen, daß die Preise in Frankreich zwischen 1914 und 1930 um das 5,6fache
stiegen[30], während gleichzeitig der Prozentsatz der bewilligten Kredite für Neu-
produktionen von 10 % des Haushalts 1914 auf 4 % im Jahr 1930 zurückging.

Diesen rein statistischen Werten sei eine Bemerkung von André Maginot
gegenüber seinem Kollegen, dem Finanzminister, hinzugefügt: »Wir haben zur
Zeit [1930/31] in den Bereichen Versorgungsgüter und Rüstung definitiv weder
die gewünschte Quantität noch Qualität. Wenn wir morgen gemäß den Bestimmungen der geltenden Mobilmachungsplanung zur Mobilmachung gezwungen wären – wonach 66 Divisionen mit Material und Versorgungsgütern

---

28   Gesetze zur Organisation der Armee von 1927 und 1928.
29   D.h. jene im 3. Abschnitt des Kriegshaushalts.
30   Diese Preissteigerung um einen Koeffizienten von 5,6, die sich aus den Angaben von
      Herrn Maginot errechnen ließ, wird bestätigt durch 1988 vorgenommene Berechnungen
      der Banque de France, wonach sich ein Koeffizient von 5,85 ergibt.

für 3 Monate ausgestattet werden müßten (und es wäre klüger, 4 Monate einzuplanen, weil die Rüstungsindustrie mit der Produktion erst ab dem 5. Monat wirklich beginnen kann) – dann wären wir in sehr großen Schwierigkeiten und würden mangels modernem Gerät und mangels ausreichender Ausstattung die Bürger dieses Landes in die Gefahr bringen, bei einer Aggression erneut einen Kampf Mann gegen Mann führen zu müssen gleich dem, der sie 1914 bereits so teuer zu stehen kam[31].«

In der Tat wies die Ausstattung der französischen Armee zum Zeitpunkt, als der Kriegsminister diese Zeilen schrieb, einen Fehlbestand von 73 % bei Hemden, 39 % bei Schnürstiefeln, 58 % bei Stahlhelmen, 54 % bei Gasmasken und 72 % bei 105-mm-Geschossen auf.

Die wichtigsten Fehlbestände bei der Ausstattung der Armee im Februar 1934*

Art des fehlenden Geräts bzw. fehlender Ausstattung	erzielter Prozentsatz
Gasschutz	0,6 %
optisches Gerät	zwischen 23 % und 50 %
Gerät für den drahtlosen Fernschreibbetrieb	zwischen 19 % und 55 %
Bekleidung und Ausrüstung	zwischen 59 % und 88 %
Munition für Artillerie und Mörser (81 mm)	zwischen 55 % und 70 %

* SHAT, 1N42, Rapport sur l'état de l'armée, Februar 1934.

Eine letzte Frage ist noch offen: Vorausgesetzt, Frankreich wäre in der Lage gewesen und hätte sich entschieden, die notwendigen finanziellen Anstrengungen zu unternehmen, wäre seine Industrie in der Lage gewesen, das für eine Mechanisierung der Armee Notwendige zu produzieren?

Mechanisierung und Rüstungsproduktion

Die Entwicklung von neuem Rüstungsmaterial für die Streitkräfte ist eine Art intellektuelle Wette auf die Zukunft, in der die Vernunft, die Logik, die Intuition, aber auch die Notwendigkeit zu entscheiden und Risiken einzugehen, ständig dicht beieinander liegen. Allzu langes Zögern kann gefährlich, ja sogar tödlich sein, denn man gerät in einen nicht wieder aufzuholenden Modernisierungsrückstand. Andererseits kann sich eine falsche Entscheidung als verhängnisvoll erweisen.

Im Falle Frankreichs waren die nach dem Ersten Weltkrieg getroffenen Entscheidungen hinsichtlich der Produktion von modernem mechanischen Gerät

---

31 SHAT, 6N352, Schreiben des Kriegsministers an den Finanzminister, Nr. 481/CA/S/ Secrétariat Général vom 14. Juni 1930.

um so wichtiger, als das finanzielle Umfeld äußerst angespannt war. Die Kredite
wurden vorrangig für den Wiederaufbau der durch den Krieg verwüsteten Regionen verwendet. Und da die Armee im Dezember 1918 gut ausgestattet war,
gab es keinerlei Pläne für die Ausstattung oder Modernisierung. Dies blieb über
10 Jahre lang so, d.h. bis zu dem Zeitpunkt, als der Bau der befestigten Regionen bezahlt werden mußte und Frankreich von der Weltwirtschaftskrise erfaßt
wurde.

Angesichts wachsender finanzieller Schwierigkeiten erstarrte die seit zehn
Jahren stagnierende französische staatliche und private Rüstungsindustrie zu
chronischer Unfähigkeit. Sie war nicht in der Lage, das Gerät zu produzieren,
welches in ganz kleinen Serien nun wieder in Auftrag gegeben würde. Wie war
der Zustand der französischen Rüstungsindustrie?

1932 belief sich das Durchschnittsalter der etwa 550 000 in der französischen Industrie verwendeten Werkzeugmaschinen auf 20 Jahre (zum Vergleich:
In Deutschland waren es 7 Jahre und in den USA 3 Jahre).

Aufteilung der in der französischen Industrie vorhandenen
Werkzeugmaschinen nach Altersstufen*:

Anzahl der Werkzeugmaschinen	Alter der Werkzeugmaschinen
25 000	über 50 Jahre
35 000	zwischen 40 und 50 Jahren
80 000	zwischen 30 und 40 Jahren
230 000	zwischen 20 und 30 Jahren
100 000	zwischen 10 und 20 Jahren
20 000	unter 10 Jahre

*   Robert Jacomet, L'armément de la France, 1936–1939, Paris 1945, S. 51. Leider
     erwähnt Jacomet nicht, ob die Werkzeugmaschinen in den einzelnen Erwerbszwei-
     gen homogen verteilt waren oder nicht.

Darüber hinaus beschäftigte die französische Werkzeugmaschinenindustrie
nur etwa 10 000 Facharbeiter im Vergleich zu 20 000 in der Schweiz, 70 000 in
Deutschland und mehr als 100 000 in den USA[32]. Ähnliches gilt für die gesamte
Industrie und aufgrund der schlechten Auftragslage in größerem Maße für die
Rüstungsindustrie. »Der Mangel an Werkzeugmaschinen ist in den privaten
Industriebetrieben, die sich auf die Produktion von Rüstungsgütern spezialisiert
haben, noch ausgeprägter, denn sie erhalten lediglich lächerlich kleine Aufträge
von seiten des französischen Staates.« Für bestimmte Munitionsarten, z.B. die
75-mm-Geschosse, so berichtet Jacomet, wurde die Produktion 1920 ganz eingestellt. Die Stahlwerke (außer Schneider) stellten seit dem Krieg keinen Kano-
nenstahl in großem Umfang mehr her. »Aufträge für Kriegsgerät aus dem Ausland an die private Rüstungsindustrie sind relativ häufig, jedoch in kleine Ein-

---

32   Robert Jacomet, L'armément de la France, 1936–1939, Paris 1945, S. 51.

heiten aufgesplittert. Um dieses Gerät kurzfristig und zu vorteilhaften Preisen liefern zu können und somit die ausländische Konkurrenz zu übertrumpfen, greift die Industrie auf Einheitsanfertigungen zurück, die mit Hilfe von zahlreichen Facharbeitern bearbeitet werden. Die Einrichtungen und ihre Werkzeugmaschinen sind im allgemeinen sehr mangelhaft, werden jedoch nicht erneuert, obgleich die Abnutzung der Maschinen ab einem bestimmten Zeitpunkt in geometrischer Progression ansteigt[33].«

Der General und Ingenieur Carré ist noch direkter, als er über die Hotchkiss-Fabriken in Levallois schreibt: »Alle Maschinen, außer ungefähr zehn Cincinnati-Fräsmaschinen, wurden gebraucht gekauft, und viele stammen noch aus der Zeit vor dem anderen Krieg; die meisten von ihnen sind nicht geeignet, die serienmäßige Bearbeitung einwandfrei und mit der gewünschten Stetigkeit zu leisten, so wie es die Regel sein sollte.« Ihre Anzahl (ungefähr 1000), reiche bei weitem nicht aus, um Fertigungsstraßen einzurichten, so daß man oftmals gezwungen sei, Maschinen zwei- bis dreimal am Tag neu einzurichten. Die Werkstücke kämen nicht fertig aus den Maschinen, sondern müßten noch nachbearbeitet werden. Beim Vergleich mit dem Verfahrensablauf in dem staatlichen Betrieb in Châtellerault habe er festgestellt, daß dort 10 Facharbeiter genügen, um 50 Waffen pro Tag herzustellen, wohingegen man bei Hotchkiss 200 Einrichter braucht, um die Werkstücke nachzubearbeiten, so wie es 1890 in Châtellerault gehandhabt wurde[34].

In diesem Teufelskreis gefangen, besaß die französische Armee, die 1919 als eine der besten der Welt galt, nach Angaben des Führungsstabes der Streitkräfte am 12. Oktober 1933 für einen vorgesehenen Bedarf von 3500 FT im Kriegsfall 2716 FT, die allerdings als veraltet galten und modernisiert werden sollten, 3 Prototypen des B1-Panzers. 7 B1-Panzer waren zwar 1932 bestellt worden, Ende 1933 lag jedoch immer noch kein Kaufvertrag vor. Weiter verfügte sie über 110 D1-Panzer ohne Turm, aufgrund eines Auftrags vom August 1933 sollten 1935 50 weitere D1 geliefert werden. Was die Türme betraf, so sollte das ausgewählte Modell unverzüglich übernommen werden, aber mit der Aufnahme der Produktion wurde bestenfalls Ende 1934 gerechnet. Schließlich waren 3 Prototypen des D2-Panzers in Auftrag gegeben, einer davon war geliefert, obgleich aufgrund der behördlichen Schwerfälligkeit noch kein Kaufvertrag vorlag[35].

---

[33] Ebd., S. 51 f.
[34] Aussage vom 31. Juli 1941, zit. nach: Ebd., S. 53. Der Bericht bekräftigt die Ansicht von General Weygand in seinem *Rapport sur l'état de l'Armée* von 1934 (SHAT, 1N42).
[35] SHAT, 5N584, Erläuterndes Schreiben des EMA vom 12. Oktober 1933 zum Schreiben vom 2. Oktober 1933.

Bestand an modernen Gefechtsfahrzeugen, Dezember 1934*

Modell	Proto-typen	geliefertes Gerät	in Auftrag gegebenes Gerät	Bemerkungen
»Kleinpan-zer«	4	0	0	3 Hotchkiss, 1 Renault
D1		110	50	Türme zwischen Sept. 1934 und Mai 1935
D2		0	50	von Juni bis Oktober 1935
B1	3	0	7 + 20*	* Kaufabschluss in Vor-bereitung
Schwimm-panzer	1			Februar/März 1935
AMD, mo-dern	2	0	0	
AMR		115	100*	* von Januar bis April 1935
AMC		12		
gepanzerte Raupenfahr-zeuge		396		

*   Zusammengestellt nach: SHAT, 9N158, handschriftliches Dokument von General Corap vom 30. August 1934.

Fazit

Diese wenigen Ausführungen zum Stand der Kredite des Kriegsministers, zur Wirtschaftskrise, zur Rückständigkeit der Industrie sowie zu den Unstimmig-keiten in der Auftragsvergabe scheinen auf den ersten Blick überhaupt nichts mit unserem Thema zu tun zu haben, den Auswirkungen der Mechanisierung der französischen Streitkräfte von 1917 bis zur Niederlage 1940 auf ihre Füh-rung. Meines Erachtens liegt hier der Kern der Betrachtung.

Denn so verlockend Theorien auch sein mögen, sie müssen erst einmal in die Tat umgesetzt werden. Wie gerade angesprochen, war in Frankreich zwi-schen 1919 und 1939 genau das Gegenteil der Fall. Es war relativ einfach für einen methodisch denkenden Menschen wie Oberstleutnant Keller, 1930 – basierend auf den Untersuchungen von General Estienne – die Aufstellung von mechanisierten Divisionen mit modernen Kampfpanzern, regelrechten An-griffsmaschinen, zu planen, die von Infanteriekräften auf gepanzerten Fahrzeugen begleitet werden, die dem Tempo der Panzer folgen könnten. Außerdem sollten diese Divisionen nach der Vorstellung von Keller über eigene Fliegerkräfte verfügen. Flugzeuge mit faltbaren Tragflächen sollten auf Anhängern mitgeführt werden und sich somit in allernächster Nähe der Verbände befinden. Da es aber an Flugzeugen mangelte, sollte die mechanisierte Division zumindest über einen mobilen Kettenfahrzeugpark verfügen, mit dessen Hilfe eine Behelfslandebahn errichtet werden konnte, damit dort ständig einige Flugzeuge der Staffel des Verbandes bereitstünden usw.[36].

Doch zum selben Zeitpunkt schrieb General Bézu: »Wir befinden uns nun bereits im vierten Ausrüstungsprogramm für Panzer seit dem Krieg, und wir besitzen noch keine einzige Einheit, die neue Panzer hat. [...] Es darf nicht alles nur auf dem Papier geschehen, und, was den gegenwärtigen Zeitpunkt angeht, muß ein Bataillon mit leichten D1-Panzern sowie eine Kompanie mit B1-Kampfpanzern aufgestellt werden[37].«

Was läßt sich daraus ableiten. Es bedeutet einfach, daß eine Armee die Gesellschaft, aus der sie hervorgeht, widerspiegelt und daß sie weder eine Gliederung noch eine Funktionsweise annehmen kann, die von der Gesellschaft abgelehnt werden[38], seien sie auch noch so leistungsfähig, es sei denn, man möchte einen totalitären Staat.

Nun war die französische Gesellschaft von 1919, nach dem sie mehr als 8 Millionen Bürger über einen Zeitraum von mehr als vier Jahren für den Kriegsdienst mobilisiert hatte, zu einer Nation geworden, die Frieden wollte und zu einem allgemein verbreiteten Pazifismus neigte. Das waren keine Voraussetzungen[39] für das Projekt einer mechanisierten Armee, das sich letztlich aus den Operationen von Juli bis November 1918 logisch ergeben mußte. Der junge Major Charles de Gaulle konnte nur konstatieren, daß »die Massen sich leidenschaftlich wehren, nachdem sie die Grausamkeiten der Gewalt erfahren haben. Eine Art mystischer Glaube hat sich überall breit gemacht, man verwünscht den Krieg und neigt dazu, ihn für unzeitgemäß zu halten, so sehr wünscht man sich, daß er es wäre. [...] Von den Kämpfen will man nur das Blut, die Tränen, die

---

36 SHAT, 9N158, Etude sur la division mécanique. Constitution – Emploi, Lieutenant-colonel Keller, directeur de la section technique des chars, Frühjahr 1930. General Estienne hat auf der ersten Seite der Studie handschriftlich vermerkt: »Studie [...], die die Aufmerksamkeit der Führung verdient«.

37 SHAT, 9N158, Avis du général inspecteur des chars de combat sur le nouveau projet de programme de chars de combat de la 1ère direction. Inspection des chars de combat, Hôtel des Invalides, Nr. 26/ICC, 15. Juni 1931.

38 Siehe dazu Aron, Dimensions de la conscience historique, hauptsächlich Kapitel VI: Nations et Empires. »Mehr als in jedem anderen Zeitalter ist eine Armee – sowohl in Bezug auf ihre Gliederung als auf ihre Ausrüstung – heutzutage ein Spiegelbild der Gesellschaft« (ebd., S. 173).

39 Eine Ausnahme bildeten die wenigen oben erwähnten Theoretiker, die jedoch nur »die Ausnahme darstellten, die die Regel bestätigte«.

Gräber heraufbeschwören und nicht mehr den Ruhm, mit dem die Völker ihren Schmerz linderten. [...] Hier werden die Grundfesten der militärischen Ordnung in Frage gestellt«[40].

---

[40] De Gaulle, Le Fil de l'épée (wie Anm. 7), S. 8.

Michail G. Lešin

Führungsdenken im russisch-sowjetrussischen Militärwesen – Genesis, Ansprüche, Grenzen

Die Entwicklung des Führungsdenkens im russisch-sowjetrussischen Militärwesen des 20. Jahrhunderts wenigstens skizzenhaft zu beleuchten ist schwierig, weil es sowohl in der UdSSR als auch in Rußland trotz des Vorhandenseins einer ähnlichen Erscheinung für den deutschen Begriff »Führungsdenken« keine Entsprechung und auch keine Lehnübersetzung aus dem Deutschen gibt.

Die Fragen der Gesetzmäßigkeiten und des Charakters des bewaffneten Kampfes, des Einsatzes der Kräfte und Mittel, der Formen und Methoden der Vorbereitung und Führung der Kampfhandlungen sowie die Wege zur Abwendung des Krieges wurden und werden in meinem Land im Rahmen der Militärwissenschaft studiert und untersucht. Zu ihren wichtigsten Disziplinen gehören unter u.a. die allgemeine Theorie der Militärwissenschaft sowie die Theorien der Kriegskunst, der Organisation der Streitkräfte, der Truppenführung, der militärischen Ausbildung usw.

Die Theorie der Kriegskunst untersucht die Gesetzmäßigkeiten, Formen und Methoden des bewaffneten Kampfes auf den strategischen, operativen und taktischen Ebenen und formuliert sie in Grundsätzen, Regeln und Vorschriften. Die Theorie der Truppenführung untersucht die Gesetzmäßigkeiten, Prinzipien und Methoden der Handlungen der Kommandeure und Führungsorgane, den zweckmäßigen Aufbau der Führungssysteme, die Effektivität der Führung der Kommandeure und Stäbe. Darin besteht die Besonderheit der ehemaligen sowjetischen und heutigen russischen Militärtheorie und Militärterminologie.

Die Genesis und die Entwicklung des Führungsdenkens im russisch-sowjetrussischen Militärwesen möchte ich hauptsächlich am Beispiel der Roten Armee darstellen, weil in den Jahren ihrer Existenz die Grundlagen geschaffen wurden, die im wesentlichen bis Anfang der neunziger Jahre galten.

Wie in vielen anderen Staaten wurden in der UdSSR und werden jetzt in Rußland die angenommenen Ansichten über Ziele und Charakter eines möglichen Krieges, über die Vorbereitung des Landes und der Streitkräfte auf den Krieg sowie über die Methoden seiner Führung in der Militärdoktrin, in der letzten Zeit auch in der Konzeption der nationalen Sicherheit zusammengefaßt. Allerdings wurde in der Sowjetunion der Begriff »Sowjetische Militärdoktrin« offiziell erst Anfang der sechziger Jahre in Umlauf gebracht. Alle Versuche, ein solches Dokument in der ersten Hälfte des 20. Jahrhunderts auszuarbeiten, waren gescheitert. Trotzdem haben die theoretischen Diskussionen über die Militärdoktrin und andere militärische Fragen einen großen Einfluß auf das Führungsdenken ausgeübt.

Eine kurze Vorgeschichte: Nach der Niederlage Rußlands im Russisch-Japanischen Krieg 1905 hat in der russischen Gesellschaft eine offene Diskussion begonnen, ob das Land eine Militärdoktrin braucht. Einige haben damals behauptet, daß für Rußland eine gesamtstaatliche und wissenschaftlich fundierte Militärdoktrin notwendig sei. Andere haben sich für eine Doktrin ausschließlich für die Streitkräfte ausgesprochen. Die dritten wollten gar keine Doktrin. Und die vierten haben geschrieben, daß man eine fertige, z.B. deutsche, englische oder französische, Doktrin annehmen müsse. Die Diskussion wurde mit einem Schreiben des Zaren an den Kriegsminister beendet. Nikolaj II. befahl, die Diskussion zu beenden. »Ich bin die Doktrin in Rußland«, schrieb der Zar damals[1]. Infolgedessen hat Rußland nicht nur die Möglichkeit des freien Meinungsaustausches auf diesem Gebiet, sondern auch die Militärdoktrin selbst verloren. Das war einer der Gründe seiner militärischen Mißerfolge während des Ersten Weltkrieges.

Die Hauptfrage jeder Revolution ist die Frage der Macht, und das wichtigste Machtinstrument ist die Armee. Das war für die Revolutionäre mit V.I. Lenin an der Spitze ganz klar. Deshalb haben sie im Kampf um die Macht mit der Schaffung ihrer eigenen bewaffneten Kräfte schon in der Revolution von 1905 bis 1907 begonnen. Das waren Družina (bewaffnete Arbeitertrupps). Nach dem Sieg der bürgerlich-demokratischen Februarrevolution 1917 hat die bolschewistische Partei die Aufgaben der allgemeinen Bewaffnung der Arbeiter und gleichzeitig der Gewinnung der Armee für eine proletarische Revolution gestellt. Als Muster einer proletarischen Streitmacht hat damals die von Karl Marx in seinem »Bürgerkrieg in Frankreich« beschriebene Nationalgarde der Pariser Kommune des Jahres 1871 gedient. Zum Herbst 1917 hatten die Bolschewiki schon in fast allen großen Städten bewaffnete Arbeiterabteilungen zu ihrer Verfügung, die allgemein die Bezeichnung Rote Garde erhielten. In Petrograd und Moskau befanden sich die zentralen Stäbe dieser Abteilungen. Zur gleichen Zeit arbeiteten an allen Fronten, in den großen Standorten im Hinterland sowie in den Flotten bolschewistische Militärorganisationen. Unterstützt von Soldaten und Matrosen der zaristischen Armee sicherte die Rote Garde den siegreichen Verlauf des bewaffneten Aufstandes – der Oktoberrevolution – und erfüllte in den ersten Monaten der Sowjetmacht die Aufgabe der bewaffneten Stütze der Diktatur des Proletariats.

Angesichts der zunehmenden Angriffe der inneren Konterrevolution und der ausländischen Intervention ergab sich bald die Notwendigkeit der bewaffneten Verteidigung der Errungenschaften der Revolution mit den Kräften eines

---

1   Zit. nach: Nezavisimoe Voennoe Obozrenie, 1998, Nr. 14, S. 4.

regulären Heeres. »Eine Revolution ist nur dann etwas wert«, schrieb V.I. Lenin, »wenn sie sich zu verteidigen versteht[2].« Er hat die Lehre vom Schutz des sozialistischen Vaterlandes als Bestandteil der marxistischen Revolutionstheorie entwickelt. Eine zentrale Stellung nahm in Lenins Lehre die Begründung der Notwendigkeit ein, daß alle Werktätigen in die Verteidigung einbezogen und der Staat in ständiger Bereitschaft zur Abwehr eines bewaffneten Überfalls durch Klassenfeinde des Sozialismus gehalten werden sollte. Entscheidende Bedeutung hat Lenin der Führung durch die Kommunistische Partei zugemessen. Mit anderen Worten, die Partei sollte die Richtungen und Grundsätze des Führungsdenkens bestimmen.

Am 15. Januar 1918 bestätigte der Rat der Volkskommissare – die neue Regierung Rußlands mit Lenin an der Spitze – das Dekret über den Aufbau einer Roten Arbeiter-und-Bauern-Armee, in dem offen der Klassencharakter der zuerst nach dem Freiwilligenprinzip aufgestellten Streitkräfte verkündet wurde. Das oberste Führungsorgan der neuen Armee war der Rat der Volkskommissare, die unmittelbare Leitung lag in den Händen der Volkskommissariate für Militär- und Marineangelegenheiten. Nach einigen Monaten wurde die Wehrpflicht eingeführt und die Institution der Politkommissare geschaffen. Die Letztgenannten haben vor allem die Tätigkeit der sogenannten Militärspezialisten (ehemalige Generale und Offiziere der zaristischen Armee) in der Roten Armee kontrolliert, um, wenn notwendig, deren konterrevolutionäre Absichten zu durchkreuzen. Sie waren auch für die politische Zuverlässigkeit der Truppenteile sowie für die Erfüllung der gestellten Kampfaufträge verantwortlich. »Die Frage der Struktur der Roten Armee war eine völlig neue Frage, sie war nicht einmal theoretisch gestellt worden«, schrieb Lenin. »Wir machten uns an ein Werk, an das bisher noch niemand in der Welt in diesem Ausmaß gegangen ist[3].«

Die gefährliche militärisch-politische Situation nach der Oktoberrevolution verlangte von der Sowjetrepublik die Anspannung aller Kräfte und eine maximale Zentralisation der Verwaltung. Durch einen Beschluß des Gesamtrussischen Zentralexekutivkomitees vom 2. September 1918 wurde das ganze Land zum »einheitlichen Kriegslager« erklärt; alle Kräfte und Mittel der Republik wurden in den Dienst des Krieges gestellt. Derselbe Beschluß verfügte die Schaffung des Revolutionären Kriegsrates der Republik unter Leitung von L.D. Trockij und die Einführung der Funktion eines Obersten Befehlshabers aller Streitkräfte der Republik. Der Revolutionäre Kriegsrat vereinte in sich alle administrativen und operativen Funktionen für die Führung der Streitkräfte. Der Oberste Befehlshaber hatte das Recht, selbständig Entschlüsse in operativ-taktischen Fragen zu fassen, aber im Rahmen der durch die obersten Organe der bolschewistischen Partei und der Sowjetmacht gegebenen Direktiven und

2   Wladimir Iljitsch Lenin, Werke, Bd 28, Berlin (Ost) 1959, S. 115.
3   Ebd., Bd 29, Berlin (Ost) 1961, S. 137 f.

Richtlinien und bei völliger Rechenschaftspflicht gegenüber dem Revolutionären Kriegsrat. Alle Befehle des Obersten Befehlshabers mußten durch die Unterschrift eines Mitglieds des Revolutionären Kriegsrates bestätigt werden.

Am 11. September 1918 wurden die Fronten mit den dazugehörigen Stäben
gebildet. An der Spitze jeder Front und Armee stand ein Revolutionärer Kriegsrat, bestehend aus dem Befehlshaber – in der Regel ein Militärspezialist – und
zwei Politkommissaren. Ende November 1918 wurde der Rat der Arbeiter-und-
Bauern-Verteidigung – ein außerordentliches Organ des Sowjetstaates unter
dem Vorsitz von V.I. Lenin – gebildet, das über uneingeschränkte Rechte bei
der Mobilisierung aller Kräfte und Mittel des Landes für die Verteidigung verfügte. Damit hatte die Kommunistische Partei Rußlands (Bolschewiki)
(KPR[B]) Einfluß auf alle Seiten des Militäraufbaus und der Kampftätigkeit der
Streitkräfte. Sie verwirklichte ihre Politik innerhalb der Armee über die Politkommissare, die Politabteilungen der Revolutionären Kriegsräte der Fronten
und Armeen und ein breites Netz von Parteizellen. Diese politischen Organe
sowie der Revolutionäre Kriegsrat der Republik und die Kriegsräte der Fronten
und Armeen realisierten ihre Arbeit auf der Grundlage der Beschlüsse des Zentralkomitees der Partei. Die Fragen der Verteidigung der Republik, die Vorbereitung und Durchführung von militärischen Operationen, die Ernennung von
Befehlshabern und Kommissaren wurden in Übereinstimmung mit den Weisungen des Zentralkomitees gelöst.

Die Verallgemeinerung der Erfahrungen der Kampfhandlungen und die
Ausarbeitung von Empfehlungen erfolgte während des Bürgerkrieges durch die
Mitarbeiter des Feldstabes des Revolutionären Kriegsrates, die vorwiegend
ehemalige zaristische Generale und Offiziere waren. Deswegen war eine der
wichtigsten Aufgaben von Partei und Regierung die Heranbildung neuer »roter
Kommandeure« und Offiziere aus den Reihen zuverlässiger junger Bolschewi-
ken. Es wurde ein Netz von Militärakademien, Schulen und Lehrgängen geschaffen. Als erste sowjetische Militärakademie wurde am 8. Dezember 1918 die
Akademie des Generalstabes eröffnet. Ende 1920 verfügte die Rote Armee über
8 Militärakademien und mehr als 150 Militärschulen und Kurse.

Im März 1919 verallgemeinerte der VIII. Parteitag der KPR (B) die Erfahrungen der ersten Jahre des Aufbaus der neuen Armee. In den Debatten zur
Militärfrage wandte sich eine Militäropposition gegen die Generallinie der Partei. Sie vertrat die Meinung, das Proletariat könne den revolutionären Krieg
gegen die innere und äußere Konterrevolution im wesentlichen mit einer Parti-
sanenarmee führen, und daher sei eine reguläre Armee mit einer zentralisierten
Führung und strengen militärischen Disziplin nicht nötig. Sie brachte auch ihre
Unzufriedenheit über die Heranziehung von Militärspezialisten zum Ausdruck.
In seiner Kritik an die Adresse der Opposition betonte Lenin, daß das Wesen
der bolschewistischen Militärpolitik darin bestehe, innerhalb kürzester Frist von
der Freiwilligenarmee oder von einer Armee mit halbem Partisanencharakter
vollständig zu einer regulären Kaderarmee mit einer eisernen militärischen Dis-

ziplin, einem einheitlichen System der Ergänzung, Organisation und Führung überzugehen. Er verwies auf die unbedingt notwendige Heranziehung und richtige Ausnutzung der alten Militärspezialisten in der Roten Armee und verurteilte jene Militärs, die versucht hatten, die Wählbarkeit der Kommandeure wiederzubeleben. Der Parteitag unterstützte den Leninschen Kurs.

Bis 1922 errang die Rote Armee bedeutende Erfolge im Kampf gegen die äußere und innere Konterrevolution. Mit der Gründung der UdSSR im Dezember 1922 begann eine neue Etappe in der Entwicklung der sowjetischen Streitkräfte. Erstens erfolgte der militärische Ausbau von nun an nicht mehr republikweise, sondern zentral geleitet im gesamtstaatlichen Rahmen. Zweitens war der Zeitpunkt gekommen, die Rote Armee auf die Friedensbedingungen umzustellen und zu reorganisieren.

Zu diesem Zweck wurde in den Jahren 1924–1925 eine Militärreform durchgeführt. Zu den wichtigsten Maßnahmen der Reform gehörten: organisatorische Umgestaltung und Festigung des Führungsapparates auf zentraler, Bezirks- oder örtlicher Ebene durch zuverlässiges und erfahrenes proletarisches Militärpersonal, Übergang zum gemischten Territorial- und Kaderprinzip bei der Auffüllung und Ausbildung der Armee, Umgestaltung der zentralen und örtlichen militärischen und politischen Organe, Einführung der Einzelleitung.

Und es war kein Zufall, daß gerade in diesen Jahren eine neue Diskussion über eine Militärdoktrin begann. M.V. Frunze – seit April 1924 Chef des Stabes der Roten Armee und seit Januar 1925 Volkskommissar für Militär- und Marineangelegenheiten und Vorsitzender des Revolutionären Kriegsrates der UdSSR – erhob die Forderung, eine einheitliche Militärdoktrin zu schaffen. »Die einheitliche Militärdoktrin«, so schrieb M.V. Frunze, »ist die in der Armee des jeweiligen Staates anerkannte Lehre, die den Charakter des Aufbaus der Streitkräfte des Landes, die Methoden der militärischen Ausbildung der Truppen, ihre Führung auf der Grundlage der im Staate herrschenden Anschauungen über den Charakter der vor ihm liegenden militärischen Aufgaben und Formen zu ihrer Lösung festlegt, die sich aus dem Klassencharakter des Staates und dem Entwicklungsstand der Produktivkräfte des Landes ergeben[4].« Nach seiner Ansicht sollte die Militärdoktrin einen klassengebundenen, proletarischen sowie marxistischen Charakter haben. Er betonte die Notwendigkeit, nicht nur die Armee, sondern das ganze Land auf den Krieg vorzubereiten. Das bedeutete, die Industrie, vor allem die Schwerindustrie, als die materielle Basis für die militärische Stärke des Staates schnell zu entwickeln.

An der Diskussion nahmen auch L.D. Trockij, M.N. Tuchačevskij, B.M. Šapošnikov, A.A. Svečin und andere prominente sowjetische Militärs teil. Die Ergebnisse der Diskussion sowie die Verallgemeinerung der Erfahrungen aus dem Ersten Weltkrieg und dem Bürgerkrieg widerspiegelten sich in den Beschlüssen der Partei- und Staatsorgane, in den Befehlen der Militärführung

---

4   Michail W. Frunse, Ausgewählte Schriften, Berlin (Ost) 1955, S. 141.

sowie in den neuen Dienstvorschriften. Obwohl die Doktrin als ein einheitliches Dokument wieder nicht angenommen wurde, übten die Ergebnisse dieser Diskussion einen starken Einfluß auf die weitere Entwicklung des Führungsdenkens in der Roten Armee aus.

Angesichts der Verschärfung der internationalen Lage seit Beginn der dreißiger Jahre und dem Leninschen Gedanken, daß im modernen Krieg »derjenige die Oberhand behält, der die beste Technik, Organisiertheit, Disziplin und die besten Maschinen hat«[5], Rechnung tragend, hat das ZK der Kommunistischen Partei Rußlands (KPR[B]) ein Programm zur technischen Ausrüstung der Roten Armee festgelegt. Auf der Grundlage des ersten und zweiten Fünfjahrplanes für den Aufbau der Armee sollte bis 1938 das Ziel erreicht werden, in entscheidenden Teilstreitkräften und Waffengattungen – Luftstreitkräfte, Artillerie und Panzer – die Überlegenheit über den Gegner herzustellen und zu sichern. In diesen Jahren wurden die Armee und Flotte mit neuer Militärtechnik in breitestem Umfang ausgerüstet, und neue technische Waffengattungen geschaffen. Ferner wurden die alten Waffengattungen motorisiert und organisatorisch umgestaltet, die alte Technik und Bewaffnung modernisiert, massenhaft technische Kader herangebildet und der gesamte Personalbestand in der Handhabung der neuen Technik geschult.

In den dreißiger Jahren erfuhr auch das sowjetische Führungsdenken eine starke Entwicklung. I.S. Unšlicht, B.M. Šapošnikov, W.K. Triandafillov, M.N. Tuchačevskij und andere haben viele Fragen des militärischen Aufbaus wissenschaftlich begründet und interpretiert. Zu den wichtigsten gehören: die Bestimmung des Charakters eines künftigen Krieges sowie der Organisationsstruktur der Streitkräfte im Zusammenhang mit den grundlegenden Veränderungen der Bewaffnung und Militärtechnik, die Ausarbeitung von Prinzipien zur strategischen Planung und Führung, die Weiterentwicklung der Auffassungen über Charakter und Dauer der Anfangsperiode eines künftigen Krieges, die Lösung des Problems des Verhältnisses von Waffengattungen und Teilstreitkräften und der Mittel zur Führung des bewaffneten Kampfes.

Vor dem Zweiten Weltkrieg maß das sowjetische Führungsdenken den Landstreitkräften, die mit den Luft- und Seestreitkräften zusammenwirken sollten, die entscheidende Rolle bei. Als Hauptform der militärischen Operationen galt die Offensive. Eine der Leistungen war die Ausarbeitung der Grundsätze der tiefen Angriffsoperation. Ihr Grundprinzip bestand darin, einen Stoß auf die gesamte Verteidigungstiefe des Gegners zu führen, um unter Einsatz von Artillerie, Luftstreitkräften, Panzer- und Luftlandetruppen der gesamten operativen Gruppierung des Gegners eine Niederlage zuzufügen. Im Verlauf einer tiefen Operation waren zwei Aufgaben zu lösen: Einbruch in die Verteidigungsfront des Gegners bei gleichzeitigem Stoß in seine gesamte taktische Tiefe und Heranführung einer Staffel beweglicher Truppen, um den taktischen Durch-

---

5   Lenin, Werke (wie Anm. 2), Bd 27, Berlin (Ost) 1960, S. 183.

bruch zu einem operativen Erfolg auszubauen. Die wesentlichen Grundsätze dieses neuen Führungsdenkens haben ihren Niederschlag in der Provisorischen Felddienstvorschrift von 1936 gefunden.

Das damalige sowjetische Führungsdenken ließ auch die Organisation und Durchführung der Stellungs- und beweglichen Verteidigung zu, aber dieses Problem der Kriegführung war noch unzureichend ausgearbeitet, weil ein tiefer Durchbruch des Gegners durch die strategische Verteidigung als wenig wahrscheinlich angenommen wurde. Nicht völlig waren auch die Methoden für Handlungen der Deckungsstaffel sowie für die strategische Entfaltung der Hauptkräfte im Falle eines überraschenden Schlages starker und beweglicher Gruppierungen des Gegners ausgearbeitet. Es herrschte keine völlige Klarheit über die Methoden, mit denen in den Anfangsoperationen auf dem Kriegsschauplatz die Luftherrschaft über den Gegner errungen werden sollte. Es waren nur die Voraussetzungen dafür geschaffen worden, diese Fragen in den darauffolgenden Jahren zu klären. Die repressiven Verfolgungen von 1937 bis 1938, denen ein großer Teil der führenden Militärs zum Opfer fiel, haben die Fortsetzung dieser operativen Studien unmöglich gemacht. Und die verhängnisvollen Folgen dieser nicht beendeten Arbeit wurden in der Anfangsperiode des deutsch-sowjetischen Krieges 1941–1945 offenbar.

Die Umrüstung sowie neue militärwissenschaftliche Erkenntnisse über die Methoden des bewaffneten Kampfes bedingten Veränderungen in der Gliederung und Struktur der Streitkräfte. Es wurde der Übergang vom gemischten Territorial- und Kaderprinzip zum einheitlichen Kaderprinzip im Aufbau der Streitkräfte verwirklicht. Bei den Landstreitkräften veränderte sich vor allem das Verhältnis zwischen den Waffengattungen zugunsten der mechanisierten und motorisierten Truppen, bei den Luftstreitkräften zugunsten der Bomben-, Schlacht- und Jagdflugzeuge. Zur Baltischen Flotte und Schwarzmeerflotte kamen die Pazifik- und die Nordflotte hinzu. Der Revolutionäre Kriegsrat der UdSSR wurde aufgelöst, das Volkskommissariat für Militär- und Marineangelegenheiten in das Volkskommissariat für Verteidigung der UdSSR und der Stab der Roten Armee zum Generalstab umgebildet. Zur Führung der Seestreitkräfte wurde das Volkskommissariat für die Seekriegsflotte geschaffen. Beim Volkskommissariat für Verteidigung wurde der Oberste Militärrat gebildet. Der Rat hatte die Beschlüsse der Partei auf dem Gebiet der Landesverteidigung zu verwirklichen sowie die grundlegenden Fragen des Aufbaus der Roten Armee und der Festigung der Verteidigungsfähigkeit des Landes zu prüfen.

Der Beginn des Zweiten Weltkrieges zwang die Kommunistische Partei und die Regierung, die Vorkehrungen zur Vergrößerung der Streitkräfte und zur Erhöhung ihrer Kampfkraft zu beschleunigen und die Erfahrungen aus den bisherigen Kampfhandlungen allseitig auszuwerten. Die Feldzüge der Wehrmacht in Polen und Westeuropa sowie die Kämpfe der Roten Armee in Finnland ermöglichten es, die bereits früher ausgearbeiteten strategischen und operativ-taktischen Prinzipien zu überprüfen und zu präzisieren.

Der Überfall der Wehrmacht auf die Sowjetunion im Juni 1941 erforderte erneut die Mobilisierung aller Kräfte des Landes. Im Juli/August 1941 wurde der gesamte Aufbau der Organe der strategischen Führung der Streitkräfte verändert. Am 19. Juli wurde I.V. Stalin zum Volkskommissar für Verteidigung und am 8. August zum Obersten Befehlshaber der Streitkräfte der UdSSR berufen. Seit dieser Zeit war das Hauptquartier des Kommandos des Obersten Befehlshabers das höchste Organ für die strategische Führung.

Der Kampf gegen die Wehrmacht, die als eine der stärksten und erfahrensten Armeen galt, war eine harte Prüfung für das sowjetische Führungsdenken. Für die in den Vorkriegsjahren gemachten Fehler mußte das Sowjetvolk einen hohen Blutzoll zahlen. Im erbitterten Kampf sammelte die Rote Armee zugleich neue Erfahrungen, die sich produktiv auf die weitere Entwicklung des Führungsdenkens auswirkten. Es wurden solche komplizierten Aufgaben der Organisation und Durchführung der Kampfhandlungen gelöst, wie die Erarbeitung der Formen und Methoden der Durchführung der strategischen Verteidigung in Gestalt strategischer Operationen mehrerer Fronten unter Beteiligung von Flieger- und Flottenkräften sowie von Truppen der Luftverteidigung und von Partisanen. Der Sieg im Krieg wurde jedoch nur durch die strategische Offensive erreicht, die während des Krieges immer wieder vervollkommnet wurde. An der Entwicklung des Führungsdenkens waren damals I.Ch. Bagramjan, L.A. Govorov, I.S. Konev, G.K. Žukov und viele andere beteiligt.

Nach dem Zweiten Weltkrieg war nach wie vor der Schutz des sozialistischen Vaterlandes eine der wichtigsten Funktionen des Sowjetstaates, eine erstrangige Aufgabe der Kommunistischen Partei, was im Programm der KPdSU sowie in den Beschlüssen der Parteitage und der ZK-Plenartagungen ablesbar ist. In diesen Dokumenten wurden unter den Bedingungen der Existenz zweier entgegengesetzter Gesellschaftssysteme die ständige Stärkung der Verteidigungsmacht des Landes als Hauptaufgabe formuliert und die Wege zur weiteren Vervollkommnung der sozialistischen Militärorganisation festgelegt. Einen starken Einfluß auf das sowjetische Führungsdenken in der Nachkriegszeit übten die Schaffung der Militärkoalitionen in Form der NATO und der Warschauer Vertragsorganisation sowie die Ausrüstung aller Teilstreitkräfte mit Kernwaffen aus. Die Steigerung der Gefechtsmöglichkeiten von Armee und Flotte und die Aufstellung der strategischen Raketentruppen machten eine Überprüfung und grundlegende Veränderung vieler theoretischer Leitsätze und praktischer Empfehlungen erforderlich. Es wurden der mögliche Charakter, die Formen und Methoden eines künftigen Raketen-Kernwaffen-Krieges definiert und begründet sowie die militärtheoretische Grundlage für die Erarbeitung der Militärdoktrin geschaffen.

Nach der Auflösung der Sowjetunion und der Gründung der Gemeinschaft Unabhängiger Staaten (GUS) wurden im Mai 1992 die Streitkräfte der Russischen Föderation geschaffen. Von dieser Zeit an besteht ein vorrangiges Ziel der russischen Militärpolitik in einer umfassenden Militärreform. Am Ende der

Reform muß der militärische Aufbau in Rußland so organisiert sein, daß die Streitkräfte die Souveränität und territoriale Integrität des Landes verteidigen und die Bedingungen für eine friedliche Entwicklung Rußlands als demokratischer und föderaler Rechtsstaat schaffen sowie Rußland zur Erfüllung internationaler Verpflichtungen in militärischer Hinsicht befähigen. Die militärwissenschaftliche Unterstützung der Militärreform wird hauptsächlich durch die 1994 geschaffene Akademie der Militärwissenschaften sowie andere militärwissenschaftliche Einrichtungen realisiert. Die neuesten Ergebnisse des heutigen russischen Führungsdenkens kann man in der Neufassung der nationalen Sicherheitskonzeption vom Januar 2000 sowie in der neuen Militärdoktrin vom April 2000 finden.

Die von mir erwähnten Hauptetappen des Aufbaus der sowjetischen Streitkräfte und der Entwicklung des Führungsdenkens lassen folgende Schlußfolgerungen zu:

Vor der sozialistischen Revolution in Rußland hatten der Generalstab und das Kriegsministerium relative Selbständigkeit in der Planung der Streitkräfteentwicklung. Das war eine interne Funktion der obersten Kommandobehörde, die nur durch den Zaren als Obersten Befehlshaber begrenzt werden konnte.

Nach dem Sieg der Bolschewiki wurde die Tätigkeit der sowjetischen Streitkräfte im allgemeinen und ihrer einzelnen Führungsorgane von der Kommunistischen Partei streng überwacht. Seither hat die Partei die Aufgaben der Streitkräfte und die Hauptrichtungen ihrer Entwicklung bestimmt. Das Führungsdenken wurde durch ideologische Rahmen begrenzt, und die Tätigkeit der Kommandobehörden wurde auf die Ausarbeitung der Wege und Verfahren zur Erreichung der von der Partei gestellten Ziele auf der Grundlage der marxistisch-leninistischen Theorie reduziert.

In Fragen des militärischen Aufbaus ging die sowjetische Führung von der aktuellen und der zu erwartenden politischen Situation aus. Das machte das Führungsdenken in der Roten Armee ideologisch bedingt und in manchen Fällen von subjektiven Vorstellungen einzelner leitender Partei- und Staatsfunktionäre abhängig.

Infolgedessen war die Evolution des sowjetrussischen Führungsdenkens ungleichmäßig. In den Zeiten des verstärkten Parteieinflusses, der in der Regel mit den Perioden der Kriege und rapider Verschärfung der internationalen Lage zusammenfiel, sank die Effektivität des Führungsdenkens, weil es nur auf die Erfüllung der von der Partei gestellten Aufgaben begrenzt und orientiert war. Und andererseits zeichnete sich das Führungsdenken in den Zeiten der relativen Stabilität durch erhöhte Produktivität und die Entwicklung qualitativ neuer Ideen aus, was nicht zuletzt darauf zurückzuführen ist, daß sich in dieser Zeit der Einfluß der erfahrenen und begabten Militärkader auf die Prozesse des militärischen Aufbaus verstärkte.

Die Evolution des sowjetrussischen Führungsdenkens war durch Änderungen nicht nur seines Inhaltes, sondern auch der Dimensionen gekennzeichnet.

In den ersten drei Jahrzehnten war es nur auf die Sicherung der Existenz der UdSSR und den Aufbau ihrer Streitkräfte ausgerichtet. Nach dem Zweiten Weltkrieg, als das sozialistische Weltsystem entstand und die Organisation des Warschauer Vertrages geschaffen wurde, hatte das sowjetische Führungsdenken nicht nur eigene Zielsetzungen, sondern auch die Interessen der nationalen Sicherheit der Verbündeten zu berücksichtigen. Am Anfang der neunziger Jahre, vor allem nach der Beendigung des Kalten Krieges, der Auflösung der Warschauer Vertragsorganisation und der UdSSR selbst, erlangte das russische Führungsdenken wiederum einen neuen Inhalt und neue Maßstäbe. Und dieser komplizierte Prozeß der Umstellung dauert bis heute an.

Horst Boog

Anglo-amerikanisches Führungsdenken im strategischen Bombenkrieg 1939 bis 1945 in Abhängigkeit von wechselnden Kriegsbildern

Man könnte an eine Beschreibung des anglo-amerikanischen Führungsdenkens im Luftkrieg komparativ-strukturell herangehen, indem man es mit dem deutschen vergleicht. Feststellen könnte man dann zum Beispiel, daß Organigramme höchster englischer oder amerikanischer Kommandobehörden der Luftstreitkräfte im Gegensatz zu deutschen ein Kästchen für einen »Director of Plans« oder eine »Planning Division« aufwiesen. In deutschen höchsten und höheren Stäben wurde zwar auch geplant, aber dies war – so General J.A. Graf von Kielmansegg in einem Gespräch mit dem Verfasser vor elf Jahren – eine der »vornehmsten Aufgaben« des Ia in den Operationsabteilungen. Hier zeigt sich bereits ein wesentlicher Unterschied im Führungsdenken: Wurde auf angelsächsischer Seite unabhängig vom Tagesgeschäft und im gesamtstrategischen Maßstab geplant, so auf der anderen neben den oder zusätzlich zu den operativen Inanspruchnahmen für eine Schlacht oder einen Feldzug. Die anglo-amerikanischen Seemächte planten interkontinental und für längere Abnutzungskriege, die Kontinentalmacht Deutschland war hingegen wegen ihrer geostrategischen Lage darauf angewiesen, Kriege auch mangels Ressourcen in kürzester Zeit durch schnelles Operieren zu gewinnen, bevor das feindliche Potential zum Tragen kam. Daher rührt auch ein weiterer Unterschied zwischen deutschem und anglo-amerikanischem Führungsdenken: In ersterem überwog das Taktisch-Operative das Infrastrukturelle. Es galt als höherwertiger denn Feindnachrichtenwesen, Logistik und Ausbildung, die alle für einen längeren Krieg dennoch eben so wichtig sind. Erst in der Führungsorganisation der Bundeswehr liegen A1 (Personal), A2 (Feindnachrichten), A3 (Operationen und Ausbildung) sowie A4 (Logistik) theoretisch jedenfalls auf gleicher Ebene. Hinzu kamen im Kriege auf englischer Seite die vielen, jedenfalls teilweise einen kollegialen Führungsstil mit einem breiten Fluß an einschlägigen Informationen anzeigenden Ausschüsse und Unterausschüsse (»committees«, »sub-committees«), denen deutscherseits das autoritäre Führungsprinzip und die Abschottung der einzelnen Instanzen aus Geheimhaltungs- und Führungsgründen gegenüberstand[1].

---

[1]   Siehe dazu näher Horst Boog, Generalstabsausbildung und Führungsdenken in der deutschen Luftwaffe 1935–1945, in: Einzelprobleme politischer und militärischer Führung, Herford, Bonn 1981 (= Vorträge zur Militärgeschichte, Bd 1), S. 113 ff., 118 ff., 127 f.

Da hier aber nur das anglo-amerikanische Luftkriegführungsdenken behandelt werden soll, soll dieses Denken in seiner historischen Entwicklung und Reaktion auf die Wechselfälle des Krieges beschrieben werden. Die englischen und amerikanischen Luftstreitkräfte waren zu Beginn des Krieges 1939 bzw. 1941 in der Hauptsache auf den strategischen Bombenkrieg ausgerichtet. Dahinter standen Doktrinen, die sich im Kriege selten als haltbar erwiesen und daher zum Umdenken zwangen. Sie sahen grob folgendermaßen aus: Für das insulare England lag die Entwicklung der neuen, die dritte Dimension füllenden Flugwaffe vornehmlich als selbständig operierende Bomberwaffe auf der Hand, denn wie anders wollte man gegen einen Feind jenseits des Meeres direkt zurückschlagen, nachdem die Seeblockade wegen der U-Boot-Gefahr nicht mehr so durchgeführt werden konnte wie in früheren Jahrhunderten!? Auch Douhets Konzeption des strategischen Bombenkrieges als kriegsentscheidende Option lag die (»Fast-«)Insellage Italiens zugrunde. Der Charakter des Bombenkrieges entsprach in diesen Doktrinen durch seine unterschiedslose Wirkung gegen Kämpfer und Nichtkämpfer, Frauen und Kinder dem der Seeblockade.

Ein anderer Grund für die Konzentration auf den strategischen Bombenkrieg und nicht etwa auf die Kooperation der Fliegertruppe mit den Erdverbänden war die allgemeine Abneigung im Volke gegen eine Wiederholung des blutigen Stellungskrieges in Flandern 1914–1918. »Never again«[2] wollte man sich derart im Erdkampf engagieren, versprach doch die neue Bomberwaffe die Kriegsentscheidung durch den direkten Zugriff auf die Kraftquellen des Gegners unter Umgehung des zeit- und kräfteraubenden Landkrieges. Sie bot die Möglichkeit, dem Feind durch Zerstörung seiner Fabriken und seiner Infrastruktur die Fähigkeit zum Kriegführen zu nehmen und Kriege mithin kürzer und weniger verlustreich zu machen. Solche – wie wir heute wissen – übertriebenen Vorstellungen von der Wirksamkeit des Bomberwaffe bestanden damals überall auf der Welt. Mit ihr verbanden sich – wie später mit der Atombombe – das Gefühl von fast grenzenloser Macht wie auch eine apokalyptische Furcht vor ihr. Die moderneren Bombermuster gingen hauptsächlich an das Bomber Command und nicht an die für die Zusammenarbeit mit Heer und Marine vorgesehenen Army Cooperation bzw. Coastal Commands.

Die Bomberdoktrin entwickelte sich in England zu einer Glaubenssache[3] und wurde maßgeblich geprägt vom Kommandeur der Independent Air Force des Ersten Weltkrieges und späteren Stabschef der 1918 gegründeten Royal Air Force, Marshal of the Royal Air Force Lord Hugh Trenchard. Noch eben taktischer Kommandeur, begriff und entwarf er schnell die Grundsätze für den unabhängigen, strategischen Bombenkrieg. Daß ihm dies in den zehn Jahren an

---

2   John Terraine, The Right of the Line. The Royal Air Force in the European War 1939–1945, London 1985, S. 144.
3   Malcolm Smith, »A Matter of Faith«. British Strategic Air Doctrine Before 1939, in: Journal of Contemporary History, 15(1980), S. 432.

der Spitze der neuen Teilstreitkraft gelang, war nicht zuletzt dem Umstand zuzuschreiben, daß er in der Zeit des Abrüstens und Sparens nach dem Ersten Weltkrieg die Kolonien und neuen Mandatsgebiete Großbritanniens mit seinen Fliegerkräften sehr viel kostengünstiger zu kontrollieren und zu »befrieden« imstande war als die Army oder Navy und so deren Bestrebungen zur Auflösung und Rückgliederung der Air Force in die älteren Teilstreitkräfte widerstand. Man bezeichnete solche mit sehr viel weniger Menschen, Mitteln und Verlusten auskommenden »Befriedungs«aktionen aus der Luft als »Air« oder »Imperial policing of semi-civilized enemies«. Indem man – im allgemeinen nach Vorwarnung – einige wenige Bomben auf die Behausungen der dort ansässigen Bevölkerung abwarf oder einige Maschinengewehrgarben auf sie abfeuerte, zerstörte man ihre Häuser und vertrieb sie von dort. Man nannte das »dehousing« (enthausen). Damit wurde meist auch ihr Widerstand gebrochen; sie waren wieder gefügig; die Ordnung war wiederhergestellt. Mancher der späteren Bomberkommandeure und –befehlshaber hatte ein solches Kommando während seiner Laufbahn zwischen den Kriegen. Für einen Doktoranden auf dem Gebiet der Mentalitätsgeschichte wäre es sicher einmal interessant zu untersuchen, ob oder inwieweit die sich in solchen Verwendungen möglicherweise einstellende Mentalität auch auf die Führung der strategischen Bomberoffensive gegen Deutschland abfärbte. Harris, der spätere Befehlshaber des Bomber Command, hatte in den Kolonien gedient und das Wort »dehousing« oder die Vorstellung, der gegnerischen Bevölkerung das Leben unmöglich zu machen (in der Wüste kann man es ohne Wasserquellen nicht lange aushalten), finden sich auch in der späteren Befehlssprache wieder[4].

Ebenso nüchtern, wie Trenchard die Chance des Überlebens der neuen Teilstreitkraft durch »Air Policing« ergriff, folgerte er auch, daß es in einer arbeitsteiligen, industrialisierten Gesellschaft schwer sein würde, aus der Luft zwischen militärisch relevanten und zivilen Zielen zu unterscheiden und die klassisch-kontinentale Unterscheidung zwischen Kombattanten und Nichtkombattanten einzuhalten, worum man sich in anderen Luftstreitkräften immerhin bemühte. Die Engländer haben die humanitären Bestimmungen der Haager Landkriegsordnung von 1907 bis nach dem Zweiten Weltkrieg für den Luftkrieg auch nicht anerkannt[5], und ein vertraglich abgesichertes Luftkriegsvölkerrecht gab es nicht. Zwar gab man wiederholt Absichtserklärungen zur Einhal-

---

4   Zum »Air Policing« siehe John Slessor, The Central Blue. Recollections and Reflections, London 1956, S. 45–75; Royal Air Force War Manual, T. 1: Operations, Air Publication 1300, 1. Aufl., 1928, Par. XIII.4 ff.; vgl. Slessor (S. 54) mit Charles Webster, Noble Frankland, The Strategic Air Offensive Against Germany 1939–1945, Bd 4, London 1961, S. 153.

5   W. Hays Parks, Air War and the Law of War, in: The Air Force Law Review, 31 (1990), Nr. 1, S. 38 ff.

tung der humanitären völkergewohnheitsrechtlichen Regelungen ab[6], aber schließlich war es auch bei den anderen Luftmächten Konsens, daß man militärisch-wirtschaftliche Ziele in Bevölkerungszentren bombardieren durfte. Sonst hätte ja ein jeder seine Rüstungsindustrie durch Verlagerung dorthin schützen und immunisieren können. Durch die hiermit gegebene Wahrscheinlichkeit der Unterschiedslosigkeit wird die Nähe des strategischen Bombenkrieges zur Seeblockade noch einmal deutlich[7]. Schon frühzeitig wies Trenchard darauf hin, daß auch die Wohnungen der Fabrikarbeiter bombardiert werden müßten, weil diese in den Fabriken die Waffen für die Kriegführung produzierten[8]. So zeichnete sich bei Trenchard die Vorstellung der Unterschiedslosigkeit des strategischen Bombenkrieges ab. Auch in Deutschland wurde im Rahmen der Theorie vom Totalen Krieg die Unterschiedslosigkeit des Bombenkrieges in die Überlegungen einbezogen, was zur Forcierung der Abwehr durch Luftschutzmaßnahmen jeglicher Art führte.

Natürlich teilten nicht alle maßgebenden Persönlichkeiten der Royal Air Force die Auffassungen Trenchards, Army und Navy hielten sie zudem für inhuman. Schon im Ersten Weltkrieg befürwortete der damalige Major und spätere Lord Tiverton[9] die selektive Bombardierung militärisch-wirtschaftlicher Ziele, wie es später teilweise auch der Luftmarschall John Slessor, ein Vertreter des Zusammenwirkens der Luftstreitkräfte mit den Bodentruppen, tat[10]. Selbst Trenchard betonte hin und wieder, es gehe ihm nicht um den Angriff auf die Zivilbevölkerung. Tatsächlich richteten sich die 16 Western Air Plans der unmittelbaren Vorkriegszeit im allgemeinen selektiv gegen militärisch relevante Ziele in Deutschland[11]. Dies war allerdings auch darauf zurückzuführen, daß

---

[6] So z.B. mit der Erklärung vom 3. September 1939 auf den Appell Roosevelts vom 1. September 1939 (abgedr. bei Heinz Marcus Hanke, Luftkrieg und Zivilbevölkerung, Frankfurt a.M. u.a. 1991, S. 189 f.). Zur Legitimität der Bombardierung militärischer Ziele in nichtmilitärischer Umgebung siehe Eberhard Spetzler, Luftkrieg und Menschlichkeit. Die völkerrechtliche Stellung der Zivilpersonen im Luftkrieg, Göttingen 1956, S. 192 f.

[7] Noble Frankland, The Bombing Offensive Against Germany. Outlines and Perspectives, London 1965, S. 21 – 26, weist auf die Verwandtschaft von strategischem Bombenkrieg und Seeblockade hin.

[8] Webster, Frankland, The Strategic Air Offensive (wie Anm. 4), Bd 4, S. 71 ff.

[9] Denkschrift Lord Tivertons vom 3. September 1917, nach: Tami Davis Biddle, British and American Approaches to Strategic Bombing. Their Origins and Implementation in the World War II Combined Bomber Offensive, in: Journal of Strategic Studies, 18 (1995), Nr. 1, Special Issue on Air Power, Theory and Practice, hrsg. von John Gooch, S. 93, 130.

[10] Philipp S. Meilinger, John C. Slessor and the Genesis of Air Interdiction, in: Journal of the Royal United Service Institution, 1995, August-Ausgabe, S. 43 – 48.

[11] Terraine, The Right of the Line (wie Anm. 2), S. 689 f.

man sich angesichts der offenkundigen Schwäche des Bomber Command Zurückhaltung auferlegte, um nicht Schlimmeres zu provozieren[12].
Dennoch sollte sich die Trenchardsche Richtung durchsetzen. Hierzu trug auch seine im einzelnen nicht recht nachzuvollziehende Überzeugung bei, wonach die »moralische« Wirkung von Bombenangriffen zwanzigmal größer sei als die materielle. Tatsächlich war die psychologische Wirkung der verhältnismäßig geringen materiellen Schaden anrichtenden Angriffe deutscher Zeppeline und Riesenbomber im Ersten Weltkrieg auf die britische Bevölkerung sicher größer als die von alliierten Luftangriffen auf die deutsche, denn in England ging damit das jahrhundertealte Gefühl der insularen Sicherheit verloren[13].
In Verbindung damit hielt sich die Auffassung, die Nerven der Deutschen, die sich bald als zukünftige Gegner im britischen Kriegsbild abzeichneten, seien schwächer als die der Briten. Äußerungen dieser Art von britischen militärischen Führern und Politikern vom Ersten bis in den Zweiten Weltkrieg sind häufig. Man bezog sich dabei nicht nur auf den deutschen Zusammenbruch von 1918. Interessant ist in diesem Zusammenhang der Tenor eines kürzlich in Amsterdam abgehaltenen internationalen Symposiums von Ärzten und Psychologen, wonach die deutsche Bevölkerung in den ersten Jahrzehnten des 20. Jahrhunderts besonders anfällig für neurasthenische Beschwerden war[14]. Man führte dies auf die vorangegangene schnelle Industrialisierung zurück. Die Überzeugung von der deutschen Nervenschwäche, für deren Nichtvorhandensein es schon im Ersten Weltkrieg genügend Anzeichen gab und auch im Zweiten genügend Beweise geben sollte, war jedenfalls ein Grundelement des sich herausbildenden britischen strategischen Luftkriegdenkens[15].
Angesichts der vorherrschenden Überschätzung des Psychologischen im Bombenkrieg – die Einwohner in den Kolonien flohen schon, wenn sie ein Flugzeug am Himmel sichteten – nimmt es nicht Wunder, daß im »Royal Air

---

12 Horst Boog, Bombenkrieg, Völkerrecht und Menschlichkeit im Luftkrieg, in: Die Soldaten der Wehrmacht, hrsg. von Hans Poeppel, Wilhelm-Karl Prinz von Preußen, Karl-Günther v. Hase, München 1998, S. 269. Siehe auch Public Record Office, London (PRO), Air 8/251, Feststellung des Chief of Staff der Royal Air Force, Air Chief Marshal Sir Cyril L. Newall, vom 27.9.1938; PRO, Air 9/84, Studie des Air Staff »The Restriction of Air Warfare« vom 14.1.1938.

13 Norman H. Gibbs, Grand Strategy, Bd 1: Rearmament Policy, London 1976, S. 99 f.; Terraine, The Right of the Line (wie Anm. 2), S. 90 f., Webster/Frankland, The Strategic Air Offensive (wie Anm. 4), Bd 1, S. 125 f.; PRO, Air 6/19.

14 So berichtete Prof. Dr. Joachim Radkau am 3. Juli 2000 im Freiburger Medizinhistorischen Kolloquium. Siehe auch Sandra Janssen, Zivilisation ist reine Nervensache, in: Frankfurter Allgemeine Zeitung, 8.7.2000, S. 48, Besprechung des Buches von Volker Roelcke, Krankheit und Kulturkritik, Frankfurt a.M., New York 1999.

15 Frankland, The Bombing Offensive (wie Anm. 7), S. 37; Montgomery Hyde, British Air Policy Between the Wars 1918–1939, London 1976, S. 412; PRO, Air 8/929, Chief of the Air Staff in: COS (41) 94(0) vom 2.6.1941; ebenda, Denkschrift Lord Trenchard vom 19.5.1941.

Force War Manual« von 1928 bzw. 1940 die Moral oder der Widerstandswille der Bevölkerung an erster Stelle der Ressourcen einer Nation für die Kriegführung, also vor den Streitkräften, der Industrie usw., steht, die es zu paralysieren gelte. Eine Regierung, jedenfalls eine demokratische, so müßte man hinzufügen, sei abhängig vom Willen der Nation. Ist dieser gebrochen, könne sie keinen Krieg mehr führen. Der Begriff der Moral – hier natürlich nicht nur ethisch verstanden – nimmt in dieser Doktrin eine herausragende Stellung ein[16].

Es wird nicht genau ersichtlich, ob mit dem »morale bombing« der direkte Angriff auf die Zivilbevölkerung gemeint war oder nur ihre mittelbare Paralysierung durch die Zerstörung normaler Lebensverhältnisse im Verlauf des Bombardements von Industriezentren. Sicher ist jedenfalls, daß man immer auch die Zivilbevölkerung treffen wollte und deshalb militärisch-industrielle Ziele in Bevölkerungszentren vorzog. Dies war nach Trenchard die wirtschaftlichste Verwendung von Flugzeugen und Bomben, denn irgend etwas träfen sie bei solchen Flächenangriffen immer[17]. Dieser Auffassung ist es wohl zuzuschreiben, daß die Royal Air Force, obwohl sie ganz und gar auf den selbständigen strategischen Bombenkrieg eingeschworen war, in der Zwischenkriegszeit so gut wie keine Anstrengungen unternahm, den genauen Bombenwurf zu üben oder mathematisch-physikalisch zu analysieren, und sich auch wenig um exakte Navigation kümmerte. Angebotene Hilfe hierfür durch einen wissenschaftlichen Ausschuß wurde 1937 vom Bomber Command abgelehnt, wie Professor R.V. Jones, wissenschaftlicher Berater Churchills und später Chef des geheimen wissenschaftlichen Nachrichtendienstes der Royal Air Force, schrieb[18]. Sir Edgar Ludlow-Hewitt, der kurz vor dem Kriege als Befehlshaber des Bomber Command dessen navigatorische und sonstige Unfähigkeit feststellte, hatte vorher als Kommandeur des Staff College der Royal Air Force selbst noch gewarnt, sich zu sehr mit mathematischen Kalkulationen zu befassen. Stärkere Herzen zu haben, sagte ein anderer, sei viel wichtiger. Man glaubte einfach an die Überlegenheit der eigenen Bomber, und der Militärdienst des Fliegeroffiziers wurde, wie John Slessor schrieb, als angenehme Teilzeitbeschäftigung für einen Gentleman angesehen[19]. So wurde das Bomber Command zu einem gro-

---

[16] Royal Air Force War Manual, T. 1: Operations (wie Anm. 4), Par I.1, 7–10, 13; II.13; IV.6, 11; VII.1, 3, 12, 15; VIII.8, 14, 26, 27, 38–41, 57, 73; IX.3, 4.

[17] PRO, Air 8/929, Denkschrift Lord Trenchard vom 19.5.1941; Webster, Frankland, The Strategic Air Offensive (wie Anm. 4), Bd 1, S. 169 f., Bd 4, S. 194–197; James R.M. Butler, Grand Strategy, Bd 2, London 1957, S. 484 f.

[18] Reginald V. Jones, Scientific Intelligence of the Royal Air Force in the Second World War, in: The Conduct of the Air War in the Second World War. An International Comparison, hrsg. von Horst Boog, New York, Oxford 1992, S. 586–589.

[19] Slessor, The Central Blue (wie Anm. 4), S. 82–84; Biddle, British and American Approaches to Strategic Bombing (wie Anm. 9), S. 102, 135.

ben Knüppel statt zu einem Degen, wie die offiziellen britischen Historiker der Bomberoffensive gegen Deutschland später feststellten[20].

1932 äußerte der britische Premierminister Stanley Baldwin: »Der Bomber kommt immer durch. Die einzige Verteidigung ist der Angriff, und das bedeutet, daß man mehr Frauen und Kinder schneller töten muß als der Feind, um sich selbst zu retten[21].« Und der Völkerrechtsexperte im britischen Luftfahrtministerium J.M. Spaight stellte fest: »Die Moral der Bevölkerung muß gebrochen werden. Dazu sind die Großstädte geeignet, legt sie deshalb in Trümmer[22]!« Unter Berücksichtigung dieser prominenten Aussagen und aller weiteren Umstände urteilte später Max Hastings, der frühere Herausgeber des Daily Telegraph: »Der Glaube der Royal Air Force an die Wirksamkeit der Bombardements von Industriegebieten beruhte nicht auf einer realistischen Analyse des Anteils ausreichender industrieller Zerstörungen an einem Zusammenbruch der deutschen Wirtschaft, [...] sondern auf der Überzeugung, daß der Durchhaltewille der Industriearbeiter zusammenbrechen werde, wenn Bomben auf ihre Fabriken und Wohnsiedlungen herabregneten. Die Royal Air Force der Vorkriegszeit war auf den strategischen Terrorbombenkrieg ausgerichtet, und dies war der Kern der ›Trenchard-Doktrin‹[23].«

Im Glauben an diesen noch unerprobten »Bombertraum«, an dessen Realisierbarkeit sich erst mit den Ludlow-Hewittschen Untersuchungen ernsthafte Zweifel erhoben, und in der Gewißheit, daß die geschlossenen Bomberformationen sich ohne Jagdschutz selbst verteidigen und so ihre Aufgabe bei Tage erfüllen könnten, stand die Royal Air Force an der Schwelle zum Zweiten Weltkrieg.

Ganz anders vollzog sich die Entwicklung der Bomberdoktrin bei den Amerikanern. Im Ersten Weltkrieg hatten sie nur wenig Erfahrung in der Luftunterstützung von Bodentruppen und keine im strategischen Bombenkrieg gewonnen. Dabei galt die Befähigung zum selbständigen Bombenkrieg unabhängig von Land- und Seeoperationen überall als notwendiges Attribut einer selbständigen Teilstreitkraft. So konnte sich die amerikanische Heeresfliegertruppe auch in den folgenden Jahrzehnten nicht »freischwimmen«. Sie blieb Teil der Army, und diese war nicht an Luftstreitkräften interessiert, die ihren eigenen Luftkrieg ohne Berücksichtigung der Interessen und Bedürfnisse der Bodentruppen führten. Solche Gedanken konnten einen Offizier die Karriere kosten[24]. Den-

---

20 Webster, Frankland, The Strategic Air Offensive (wie Anm. 4), Bd 1, S. 177 f.

21 Zit. nach: Terraine, The Right of the Line (wie Anm. 2), S. 13.

22 James M. Spaight, Air Power and the Cities, London 1930, S. 230.

23 Max Hastings, Bomber Command, 2. Aufl., London 1980, S. 48.

24 Wie z.B. Billy Mitchell. Siehe hierzu Alfred F. Hurley, Billy Mitchell. Crusader for Air Power, Bloomington, London 1975, S. 106 ff.; Henry H. Arnold, Global Mission, New York 1949, S. 122, 157 ff.; Michael S. Sherry, The Rise of American Air Power. The Creation of Armageddon, New Haven, London 1987, S. 49 ff.; Haywood S. Hansell, Jr., The Air Plan that Defeated Hitler, Atlanta 1972, S. 24–30.

noch wurden sozusagen unterderhand an der Air Corps Tactical School Ideen zur Führung eines selbständigen weitreichenden Bombenkrieges gegen die vitalen Zentren eines Gegners entwickelt[25], weil solche Vorstellungen nicht nur wegen der Theorien Douhets, sondern auch auf Grund der Kriegserfahrungen anderer Länder und angesichts der Möglichkeit, nun einmal vorhandene Luftmacht anzuwenden, damals in der Luft lagen. Aber der landgestützte Langstreckenbomber B-17 wurde ab Mitte der dreißiger Jahre nicht zur Verwirklichung solcher Vorstellungen entwickelt, sondern im Einklang mit der noch isolationistischen und defensiven amerikanischen Außenpolitik zum Abfangen sich nähernder feindlicher Schiffe auf den Ozeanen weit vor den eigenen Küsten. Derweil lief die Erprobung von Verfahren zur Luftunterstützung des Heeres weiter und fand Niederschlag in verschiedenen Field Manuals[26]. Mangels ernsthafter Landgegner in der Hemisphäre bestand hier aber kein großer Nachdruck, und die bescheidene Stärke der Heeresfliegertruppe von 1650 Offizieren und 16 000 Unteroffizieren und Soldaten[27] Ende 1938 erlaubte nicht, daß die Grundsätze der Kooperation im großen Maßstab eingeübt werden konnten. Erst Roosevelts außenpolitisches Umschwenken gegen die Achsenmächte nach dem Münchener Abkommen 1938 sowie gegen Japan gab dem Aufbau einer strategischen Bomberflotte grünes Licht. Hierzu gehörte auch die Gewinnung von Absprungbasen im Atlantik gegen die Lieferung von 50 Zerstörern an England im September 1940[28].

Hauptziel des Luftkrieges war es nach den Vorstellungen der Air Corps Tactical School, den Willen des Feindes zu brechen und ihm den eigenen Willen aufzuzwingen. Dies werde am besten offensiv durch Zerstörung seiner Kraftquellen erreicht. Daneben könnten natürlich auch seine Streitkräfte angegriffen und die eigenen unterstützt werden. Vor allem sei jedoch der Vorteil der Fliegerkräfte zu nutzen, sie dort einsetzen zu können, wo Heer und Marine nicht hinkommen. Strategische Bomberoperationen hatten sich in der Hauptsache gegen die »enemy national structure« zu richten mit dem Ziel der Paralysierung von Militär, Industrie und Wirtschaft. Nicht die zivile Moral, sondern das wirtschaftlich-militärisch-infrastrukturelle Netz des Gegners sei Objekt des Bombenkrieges. Deren Schwachstellen herauszufinden sei Sache des militärischen Nachrichtendienstes. Nur in der Endphase eines Krieges, wenn das gegnerische System kurz vor dem Zusammenbruch steht, sollte zur Beschleunigung dieses Prozesses und zur Vermeidung noch höherer Verluste auf beiden Seiten bei

---

[25] Hansell, The Air Plan (wie Anm. 24), S. 30 – 48.
[26] Garner Johnson, Forgotten Progress: The Development of Close Air Support Doctrine Before World War II, in: Air Power History, 1999, Frühjahrs-Ausgabe, S. 45 – 55.
[27] Arnold, Global Mission (wie Anm. 24), S. 165, 177, 179, 203.
[28] The Army Air Forces in World War II, Bd 1, hrsg. von Wesley Frank Craven, James Lee Cate, Chicago 1952, S. 119 – 123; Butler, Grand Strategy (wie Anm. 17), S. 239 – 246; Das Deutsche Reich und der Zweite Weltkrieg, Bd 6, Stuttgart 1990, S. 10 (Beitrag Boog).

längerer Dauer der Auseinandersetzungen ein unterschiedsloses Bombardement auch der Zivilbevölkerung nicht ausgeschlossen sein[29].

Oberste Grundsätze waren Wirtschaftlichkeit des Einsatzes und Genauigkeit des Bombenwurfs. Dieser Präzisionsgedanke war nicht zuletzt bedingt durch die meist günstigen meteorologischen Verhältnisse auf dem amerikanischen Kontinent und beruhte auf dort weitverbreiteten ethisch-religiösen Überzeugungen mit ihren politischen Auswirkungen, auf der Tradition des »marksmanship« (Treffsicherheit von Meisterschützen) des Wilden Westens und auf der Verfügbarkeit des als ausgezeichnet geltenden Norden-Bombenvisiers. Schließlich ist hierbei nicht zu vergessen, daß schon die ersten schweren Bomber gegen Punktziele wie Schiffe eingesetzt werden sollten. Die Amerikaner glaubten ebenfalls, sie könnten bei Tage selektiv räumlich begrenzte Ziele im feindlichen Hinterland wie etwa Fabriken durch sich selbst verteidigende geschlossene Bomberformationen wirkungsvoll bombardieren[30].

Wie bestanden nun die strategischen Bombenkriegskonzeptionen der Engländer und Amerikaner den Test des Zweiten Weltkrieges?

Sowohl die Engländer als auch die Amerikaner mußten sehr bald angesichts der hohen Verluste, die sich selbst verteidigende Bomberformationen ohne Jagdschutz bei Tage erlitten, einsehen, daß eine Fortsetzung solcher Operationen nicht ratsam war. Für das Bomber Command der Royal Air Force bedeutete die sogenannte Luftschlacht über der Deutschen Bucht am 18. Dezember 1939, in der es über die Hälfte seiner angreifenden Bomber verlor[31], die Abkehr vom Konzept der Tagesangriffe und den Auslöser für den Übergang auf nächtliche Bombenangriffe, die in der Nacht des 15. Mai 1940 begannen − offiziell wegen des vorangegangenen deutschen Bombenangriffs auf Rotterdam, tatsächlich um die Luftwaffe, die den deutschen Durchbruch bei Sedan mit ermöglicht hatte, zur Reichsverteidigung und zu Angriffen auf London von der Westfront abzulenken und den deutschen Vormarsch zum Kanal zu verlangsamen[32]. Die deutsche Luftwaffe war damals noch in Frankreich gebunden und führte noch keine nennenswerten Angriffe auf England durch. Da das Bomber Command auf nächtliche Bomberoperationen nicht vorbereitet war und Navigations- und Zielverfahren sich erst in der Entwicklung befanden, bedeutete die Umstellung eine Zunahme der Ungenauigkeit des Bombenwurfs und einen allmählichen Rückfall vom beabsichtigten Bombardement ausgewählter militärisch-industrieller Ziele auf den unterschiedslosen Flächenangriff. Dieser wurde von Churchill, der sich einen »verheerenden Ausrottungsangriff auf Berlin«

---

[29] The Army Air Forces in World War II (wie Anm. 28), Bd 1, S. 594−599.

[30] Das Deutsche Reich und der Zweite Weltkrieg (wie Anm. 28), Bd 6, S. 504 f. (Beitrag Boog).

[31] Horst Boog, Ausweg in die Nacht. Die Luftschlacht über der Deutschen Bucht am 18.12.1939 und ihre Folgen, in: Information für die Truppe, 1979, Nr. 12, S. 64−78.

[32] Terraine, The Right of the Line (wie Anm. 2), S. 135−147; Denis Richards, Royal Air Force 1939−1945, Bd 1, London 1954, S. 122.

wünschte, und vom Chief of the Air Staff, Portal, schon im Sommer 1940 be-
fürwortet[33]. Der Angriff auf Mannheim am 16. Dezember 1940 war als reiner
Terrorangriff geplant[34] – wegen Coventry. Nachdem der sogenannte Butt-
Report über die Effizienz der britischen Bomber[35] bestätigte, daß nur ein
Bruchteil der Bomben innerhalb eines Kreises von fünf Meilen um den jeweiligen Zielpunkt fiel, die übergroße Mehrzahl jedoch viel weiter entfernt, erhielt
das Bomber Command am 14. Februar 1942 die Weisung, als Zielpunkt vorübergehend bis zur Fertigstellung eines neuen Zielgerätes jeweils das Zentrum
von Städten zu nehmen[36], denn man konnte bei Nacht nur große Flächen wie
Städte finden und treffen. Damit war man voll zur Trenchard-Linie zurückgekehrt. Luftmarschall Harris, der neun Tage später das Kommando über das
allmählich auf viermotorige schwere Bomber des Typs Lancaster umgerüstete
Bomber Command übernahm, hielt sich aber mit einmaliger Hartnäckigkeit an
dieses Konzept, selbst als ausgezeichnete Navigations- und Zielverfahren wie
GEE, Oboe (Bumerang) oder H2S sowie wirkungsvolle Beleuchtungsmethoden
und Funkmeßstörverfahren ab 1943 zur Verfügung standen und der Air Staff
ihn zum Angriff auf selektive Ziele wie Kugellager- und Treibstoffwerke
drängte. Durch Beimischung von häufig weit über 50 Prozent Brandbomben zu
den Bombenladungen verstärkte er die zerstörende Wirkung in den Städten. Die
Methodik erfolgreicher Punktzielangriffe etwa durch schnelle und kaum ver-
wundbare Mosquito-Bomber verfolgte er nicht weiter, weil dieses zweimotorige
Flugzeug nicht so viele Bomben tragen könnte wie die Viermotorigen. Er ließ
dabei wohl bewußt außer acht, daß für solche Präzisionsangriffe auch weniger
Bomben gebraucht würden[37]. Wegen seines guten Rufes als Bomberbefehlshaber und seines Ansehens im Volk, für das er den Deutschen nur heimzahlte,
was diese den Engländern angetan hatten, wagte es der Air Staff nicht, ihn seines Postens zu entheben, besaß er doch in seinem Tun außerdem noch die
Protektion des Premierministers Churchill. Sein Konzept, den Krieg in der
Hauptsache durch Bomben auf die »Moral« der Zivilbevölkerung zu entscheiden, war spätestens mit dem verlustreichen Nachtangriff am 30./31. März 1944

---

[33] John Colville, The Fringes of Power. Downing Street Diaries 1939–1955, London u.a.
      1985, S. 186; Das Deutsche Reich und der Zweite Weltkrieg (wie Anm. 28), Bd 6, S. 460
      (Beitrag Boog).
[34] Ebd., S. 462 f. (Beitrag Boog).
[35] Webster, Frankland, The Strategic Air Offensive (wie Anm. 4), Bd 1, S. 178 f., Bd 4,
      S. 205–213; Terraine, The Right of the Line (wie Anm. 2), S. 292–294.
[36] Webster, Frankland, The Strategic Air Offensive (wie Anm. 4), Bd 1, S. 323 f., Bd 4,
      S. 143–148; Das Deutsche Reich und der Zweite Weltkrieg (wie Anm. 28), Bd 6,
      S. 508 ff. (Beitrag Boog).
[37] Siehe dazu Arthur T. Harris, Despatch on War Operations, 23rd February, 1942, to 8th
      May, 1945. Preface and Introduction by Sebastian Cox and Harris. A German View by
      Horst Boog, London 1995, S. 40; Alec Cairncross, Planning in Wartime. Aircraft Pro-
      duction in Britain, Germany and the USA, Oxford 1991, S. 68 f.

auf Nürnberg gescheitert[38]. Erst als nach dem Bombenangriff auf Dresden im Februar 1945 die Proteste der anglo-amerikanischen Öffentlichkeit über die Bombenkriegführung unüberhörbar wurden und in England Wahlen bevorstanden, gab Churchill Ende März 1945 Weisung, mit den Bombenangriffen zum Zwecke der Terrorisierung der Bevölkerung, wie er sie selbst bezeichnete, aufzuhören, weil es sonst keine Unterkünfte für die Besatzungstruppen mehr geben würde[39]. Die britische Bombenkriegführung folgte somit während fast des gesamten Krieges dem Konzept des unterschiedslosen Flächenbombardements, wenn auch in der letzten Kriegsphase der Anteil an gezielten Bombardierungen von militärisch-industriellen Zielen zunahm.

Natürlich blieben die britischen Flächenangriffe auf Städte nicht ohne Wirkung auch auf die Rüstungsindustrie, die durch Arbeitsausfall, Unterbrechung von Verkehrs- und Transportverbindungen, Abstellung von Personal für Aufräumungsarbeiten usw. und manchmal auch durch Schäden in den Fabriken nicht unempfindlich beeinträchtigt wurde. Die Annahme, die »Moral« der deutschen Bevölkerung würde unter dem Flächenbombardement dichtbevölkerter sogenannter »industrial areas« zusammenbrechen, bewahrheitete sich nicht, weil einmal der mentale Widerstand unter den Angriffen wuchs und zum anderen die Deutschen den Zwangsmitteln und der Kontrolle der NS-Diktatur unterworfen waren. Man wollte nicht auch noch durch die Gestapo sein Leben verlieren und tat, wenn auch mit zunehmender Apathie, was zu tun von einem verlangt wurde. Als allein kriegsentscheidend erwies sich der britische strategische Bombenkrieg entgegen der Vorkriegserwartung jedenfalls nicht[40].

Die Amerikaner erlebten spätestens mit ihren Luftangriffen auf die Kugellagerwerke in Schweinfurt und die Messerschmitt-Jagdflugzeugwerke in Regensburg im August und Oktober 1943 ebenfalls ein Fiasko der Tagespräzisionsangriffe ohne Jagdbegleitung (Präzisionsangriffe sind hier nicht als Punktzielbombenwürfe zu verstehen, wie sei einmal der deutschen Luftwaffe vorschwebten, sondern als begrenzte Flächenangriffe auf selektive Ziele wie Fabriken oder Verschiebebahnhöfe, wie sie trotz Zielgeräten wegen des formationsweisen Bombenwurfs anders gar nicht möglich waren). Die 8. US Air Force reagierte

---

[38] Siehe dazu Martin Middlebrook, Die Nacht, in der die Bomber starben. Der Angriff auf Nürnberg und seine Folgen für den Luftkrieg, 2. Aufl., Frankfurt a.M. u.a. 1979; Webster, Frankland, The Strategic Air Offensive (wie Anm. 4), Bd 2, S. 193.

[39] Ebenda, Bd 3, S. 112–117.

[40] Im Summary Report des United States Strategic Bombing Survey vom 30. September 1945 (National Archives Washington, RG 243, Report 1, S. 16) werden für den Kriegserfolg auch die kooperativen Operationen genannt, und es wird darauf hingewiesen, daß die Auswirkungen der Bombardierung von Wirtschaft und Industrie die Fronten noch nicht voll erreicht hatten. Der Bericht der British Bombing Survey Unit schreibt nicht der strategischen Bomberoffensive, sondern der Verkehrsoffensive den Hauptanteil am Gesamtsieg zu (The Strategic Air War Against Germany 1939–1945, hrsg. von Sebastian Cox, London, Portland 1998, S. 167).

aber anders als das britische Bomber Command. Zunächst standen die Engländer aufgrund eigener Erfahrungen dem amerikanischen Angriffsverfahren kritisch bis skeptisch gegenüber, wie das übrigens umgekehrt auch der Fall war und zu nicht geringen Reibungen in der Koalitionsluftkriegführung Anlaß gab. So versuchten die Briten auf der Konferenz von Casablanca die Amerikaner zum Umschwenken auf ihre Nachtangriffstaktik zu überreden. Dies wurde aber im Hinblick auf den damit einhergehenden Zeitverlust durch Umrüstung, auf die bessere Zielgenauigkeit bei Tage und aus ethischen Gründen abgelehnt. Letztere waren für die Amerikaner schwerwiegend, denn die Army Air Forces waren von der Geldbewilligung durch den Kongreß abhängig und wollten noch selbständige Teilstreitkraft neben Army und Navy werden. Mit Rücksicht auf die öffentliche Meinung in den USA durfte man sich nicht mit dem Makel von Terrorangriffen auf die Zivilbevölkerung belasten, in die nächtliche Bombardements leicht ausarteten. In England wurde aus ähnlichen Erwägungen die Bevölkerung von der Regierung über den wahren Charakter der britischen Bomberoperationen bewußt im unklaren gelassen. Ein weiterer Grund für die Ablehnung war auch das Bestreben zur Aufrechterhaltung nationaler Eigenständigkeit in der Luftkriegführung. So erlaubte es die Casablanca-Direktive und der darauf fußende Plan für die »Gemeinsame Bomberoffensive von England aus« – der im übrigen, den »Bomberglauben« weiter einschränkend, von vornherein nach der Paralysierung der deutschen Widerstandskraft noch die Invasion, also den Landkrieg als »coup de grace«, vorsah – dem Bomber Command wie der 8. US Air Force, mit ihren unterschiedlichen Angriffsverfahren bei Nacht bzw. bei Tage fortzufahren, sozusagen im Wettstreit miteinander. Hierzu trugen nicht nur Harris' Starrköpfigkeit und eigenmächtige Interpretation des Wortlauts, sondern auch bestimmte Formulierungen bei, die wegen des Koalitionsfriedens bewußt dehnbar gehalten waren[41].

Die Amerikaner waren flexibler im Luftkriegsdenken als Harris (wenn man einmal von Admiral King, dem Chief of Operations der US Navy absieht, der eine Luftkooperation über dem Atlantik gegen die deutschen U-Boote sehr erschwerte[42]) und erhöhten z.B. nach der geglückten Invasion Nordwestafrikas die Zahl der für die U-Boot-Bekämpfung im Atlantik bitter benötigten Langstreckenbomber und –aufklärer, während Harris sich prinzipiell weigerte, schwere Bomber für von ihm als nebensächlich oder überflüssig angesehene Aufgaben abzuzweigen, zu denen er Selektivangriffe auf einzelne Zielkomplexe über den Flächenangriff hinaus zählte. Zusammen mit den britischen Bomber-

---

[41] Siehe dazu der Abschnitt »Die Casablanca-Direktive und der Plan für die Vereinigte Bomberoffensive ›Pointblank‹« von Horst Boog in: Das Deutsche Reich und der Zweite Weltkrieg, Bd 7.2 (in Vorbereitung); Richard G. Davis, Carl A. Spaatz and the Air War in Europe, Washington, London 1992, S. 162–164.

[42] John Buckley, Atlantic Air Power Co-operation, 1941–1943, in: Journal of Strategic Studies, 18 (1995), Nr. 1 (wie Anm. 9), S. 175–197.

kräften und durch das Brechen des deutschen Funkcodes (ULTRA) sowie den Einsatz freigewordener Begleitschiffe konnten so der U-Boot-Krieg im Atlantik etwa Mitte 1943 vorerst gewonnen und die Seetransporte zur Verstärkung der alliierten Bomberoffensive in Europa und zur Vorbereitung der Invasion 1944 gesichert werden – ein Beweis, wie wichtig der ursprünglich stiefmütterlich zugunsten der Bomberstrategie behandelte Seeluftkrieg für den Gesamtsieg war[43].

Die Amerikaner wichen auch dem Problem der deutschen Jägeropposition bei Tage nicht aus, sondern gingen es direkt an, indem sie schon in der zweiten Jahreshälfte 1943 gezielt deutsche Jagdflugzeugfabriken angriffen und die Jägerausbringung gegenüber dem Plan zurückwarfen. Sie taten dies noch einmal konzentriert in der Big Week im Februar 1944 und sorgten so dafür, daß es trotz steigender, aber dennoch hinter dem Plan zurückbleibender Produktion der Luftwaffe an Jagdflugzeugen mangelte, als im Frühjahr 1944 der Kampf um die Luftherrschaft über Deutschland entschieden wurde. Die Amerikaner konnten diesen Kampf aufnehmen, indem sie die vorhandenen Jägertypen P-38 »Ligthning« und P-47 »Thunderbolt« mit Zusatztreibstofftanks ausrüsteten und die alle anderen Jäger überragenden Begleitjäger P-51 »Mustang« entwickelten. Die Engländer bemühten sich dagegen kaum, ihre Jagdflugzeuge für längere Strecken umzurüsten. Der Stabschef der Royal Air Force, Portal, war der Überzeugung, es sei unmöglich, Jäger zu bauen, die weit fliegen und auch noch wendig wie Abfangjäger sein können. Jedenfalls sicherten die Amerikaner ab April 1944 die Luftherrschaft der Alliierten über Deutschland bei Tage und in der Folge bei Nacht und ermöglichten dadurch auch den Erfolg der Invasion 1944, der die deutsche Luftwaffe kaum noch Kräfte entgegenzusetzen wußte. Daß die Luftherrschaft bei Tage durch Jäger erkämpft werden mußte, war eine Widerlegung der Vorkriegsauffassungen von den sich selbstverteidigenden Bomberformationen[44].

Im Besitz der Luftherrschaft konnten die Alliierten fortan beliebig alle nötigen Ziele in Deutschland ohne nennenswerte Verluste bombardieren. Als letzte Sargnägel zur deutschen Niederlage im Luftkrieg schalteten sie dann zunächst die deutsche synthetische Treibstoffproduktion aus und paralysierten schließlich das Eisenbahnverkehrsnetz. Beides immobilisierte die Wehrmacht. Die deutsche Rüstungsindustrie sah zwar bei wenigen wichtigen Waffen bis zum Spätsommer 1944 noch einen steilen Produktionsanstieg, der aber dann ebenso steil

---

[43]   The Army Air Forces in World War II (wie Anm. 28), Bd 2, S. 387 f.; Terraine, The Right of the Line (wie Anm. 2), S. 456; Das Deutsche Reich und der Zweite Weltkrieg (wie Anm. 28), Bd 6, S. 368 f. (Beitrag Rahn).

[44]   Siehe dazu den Abschnitt »Der Kampf um die Luftherrschaft über Deutschland bei Tage im Winter/Frühjahr 1943/44« von Horst Boog in: Das Deutsche Reich und der Zweite Weltkrieg, Bd 7.2 (in Vorbereitung); Stephen McFarland, The Evolution of the American Strategic Fighter in Europe, 1942–1944, in: The Journal of Strategic Studies, 10 (1987), Nr. 2, S. 189–208.

abfiel, weil weder Kohle noch Stahl vom Ruhrgebiet in die wegen der Bombenangriffe weithin verlagerten Betriebe abfließen und die an verschiedenen Orten gefertigten Einzelteile nicht mehr zur Endmontage zusammengebracht werden konnten[45].

Jenseits aller Luftkriegsdoktrinen und ihrer Anpassung an die jeweilige Situation des Krieges muß aber darauf hingewiesen werden, daß die deutsche Luftwaffe durch die alliierte, insbesondere die praktisch unerschöpfliche amerikanische Produktionskraft bezwungen wurde. Den Amerikanern standen schließlich so viele Flugzeuge der verschiedensten Typen zur Verfügung, daß sie gleichzeitig taktische und strategische Operationen durchführen konnten – zur Enttäuschung Görings und des Luftwaffengeneralstabes, die meinten, während der Invasion würde es zu keinen strategischen Bombenangriffen gegen Ziele in Deutschland kommen können. Die deutsche Luftwaffe wurde nicht nur vor das Problem der Durchbrechung des Jagdbegleitschutzes der alliierten Bomber gestellt, sondern auch überall angegriffen, in der Luft, auf den Flugplätzen, in den Ausbildungszentren und in den Flugzeugfabriken[46].

Ein besonderes Problem für die anglo-amerikanische strategische Luftkriegführung brachte die Invasion mit sich. Der hierfür als Oberkommandierender eingesetzte General Eisenhower meinte, dazu alle verfügbaren Luftstreitkräfte, alle taktischen und strategischen Bomber zu benötigen. Dies lief den Auffassungen der beiden Bomberbefehlshaber Spaatz für die amerikanischen strategischen Bomberverbände und Harris für die britischen zuwider. Sie glaubten weiterhin an den Erfolg ihrer unabhängigen strategischen Bomberoperationen, die eine Invasion überflüssig machen bzw. auf eine Polizeiaktion reduzieren würden. Die Aversion gegen eine Einvernahme durch die Invasionsvorbereitungen steigerte sich, weil der zunächst als Befehlshaber der Invasionsluftstreitkräfte vorgesehene Air Chief Marshal Leigh-Mallory nur in der Jagdfliegerei und Heeresunterstützung, aber nicht in der strategischen Bombenkriegführung ausgewiesen war. Auch aus Gründen, die in seiner Person lagen, wollten sich ihm die beiden Bombergenerale nicht unterstellen. Ferner wollten weder die Engländer einem amerikanischen Fliegergeneral noch die Amerikaner einem britischen Luftmarschall nachgeordnet werden. Nationales Selbstgefühl und bei den Amerikanern außerdem noch der Drang, zur Erreichung der Selbständigkeit der Air Force die Fähigkeiten ihrer strategischen Bomberverbände unter Beweis zu stellen, waren die Gründe hierfür. Wenn beide strategische Bomberwaffen schließlich von April bis September 1944 in einer bewußt nicht stringenten

---

[45] Alfred C. Mierzejewski, The Collapse of the German War Economy, 1944 – 1945. Allied Air Power and the German National Railway, Chapel Hill, London 1988.

[46] Siehe dazu General Arnolds Tagesbefehl von Weihnachten 1943: »Destroy the enemy air force wherever you find them, in the air, on the ground, and in the factories« (zit. nach: Williamson Murray, Reflections on the Combined Bomber Offensive, in: Militärgeschichtliche Mitteilungen, 1992, Nr. 51, S. 79).

Kommandoorganisation erfolgreich zusammen agierten, dann war dies sowohl Eisenhower als auch dem Druck der Regierungen und dem mehr oder weniger mürrischen Einlenken der beiden Bomberbefehlshaber zuzuschreiben[47].

Harris hatte sich nachhaltig geweigert, seine schweren Bomber für die von Eisenhower für nötig gehaltenen Operationen zur Unterbindung der Verkehrswege zum vorgesehenen Invasionsgebiet einzusetzen, obwohl seine Verbände unvorhergesehen genaue Angriffsverfahren gegen Eisenbahnziele von geringer Ausdehnung entwickelten. Gerade der Erfolg dieser Interdiction-Operationen war eine der wichtigsten Vorbedingungen für das Gelingen der Invasion. Der weitere alliierte Vormarsch wäre ohne die im Frieden vernachlässigte unmittelbare und mittelbare Heeresunterstützung, deren Grundsätze schon vor dem Kriege bekannt waren, so schnell nicht möglich gewesen. Sie mußte auf britischer Seite in Nordafrika durch die Western Desert Air Force unter Coningham und das Mediterranean Air Command unter Tedder und auf amerikanischer in Nordwestafrika wiedererlernt werden und wurde dann in Sizilien, Italien und Frankreich perfektioniert. Der Einsatz von Großbombern erwies sich hier allerdings als müßig[48].

Spaatz stellte es geschickter an, seine strategischen Bomberverbände der völligen Vereinnahmung für die Invasion durch Eisenhower zu entziehen. Aufgrund einer auslegbaren Weisung begann er schon im April quasi unterderhand die Treibstoffoffensive mit schwächeren Angriffen auf die Raffinerien von Ploieşti in Rumänien. Hauptziele blieben dabei die Verkehrseinrichtungen in der Nähe. Durch diese Angriffe hoffte er eine strategische Alternative zum lediglich taktischen Invasionseinsatz zeigen und vor allem die deutsche Jagdwaffe zum Kampf zwingen und abnutzen zu können. Er hatte Glück. Abgehörte deutsche Funksprüche bestätigten erhebliche negative Auswirkungen der Bombardierung von Treibstoffwerken für die Deutschen und bewogen Eisenhower, diese Operationen nachträglich gutzuheißen[49].

Mit den obigen kurzen Darlegungen sollte nicht nur der Gegensatz zwischen den mit den jeweiligen Bomberstrategien verbundenen Vorkriegserwartungen und den im Kriege aufgrund anderer Verhältnisse notwendig gewordenen Änderungen und Schwerpunktverlagerungen gezeigt werden. Es sollten auch die Auswirkungen von Unbeweglichkeit und Voreingenommenheit sowie von Flexibilität im

---

[47] Einzelheiten dazu siehe bei W.A. Jacobs, Air Command in the United Kingdom, 1943 – 44, in: The Journal of Strategic Studies, 11 (1988), Nr. 1, S. 51 – 78; George H. Brett, The Air Force Struggle for Independence, in: Air Power History, 1996, Herbst-Ausgabe, S. 22 – 29.

[48] Siehe dazu den Abschnitt »Von ›Pointblank‹ zu ›Overlord‹« von Horst Boog in: Das Deutsche Reich und der Zweite Weltkrieg, Bd 7.2 (in Vorbereitung).

[49] Davis, Carl A. Spaatz and the Air War in Europe (wie Anm. 41), S. 384 – 392; The Army Air Force in World War II (wie Anm. 28), Bd 3, S. 29, 174 ff.; Webster, Frankland, The Strategic Air Offensive (wie Anm. 4), Bd 3, S. 46 f.

Führungsdenken und die hauptsächlichen taktischen, technischen, koalitionsstrategischen und politischen Faktoren angesprochen werden, die es bestimmten.

Abschließend soll nicht unerwähnt bleiben, daß nach den Engländern im Frühjahr 1942 auch die deutsche Luftwaffe zu unterschiedslosen Flächenangriffen auf historische Stadtkerne englischer Städte überging. Dies waren Terrorangriffe der Absicht nach und nicht mehr nur versehentliche oder Repressalienangriffe. Anlaß für Hitlers Befehl war das Ausbrennen der Städte Lübeck und Rostock durch englische Bomber im März und April 1942. Gedanklich vorbereitet waren solche Operationen allerdings schon mit der Theorie vom Totalen Krieg. In der damaligen Situation, angesichts der Bindung der Luftwaffe in Rußland und im Mittelmeer, entsprachen sie nicht der Überzeugung der Luftwaffenführung. Diese sogenannten »Baedeker«-Angriffe[50] wurden mangels Kräften nach wenigen Monaten eingestellt. Die deutsche Terrorbombenstrategie fand mit der V-Waffen-Offensive 1944/45 ihre Fortsetzung. Auch die 8. US Air Force reagierte auf den Rückschlag von Schweinfurt und Regensburg mit einem unterschiedslosen Angriff auf Münster am 10. Oktober 1943[51]. Sie bewegte sich dann mit ihren nicht zuletzt durch die Wetterlagen im Herbst und Winter 1943/44 initiierten Blindbombardements mittels H2X-Radar durch geschlossene Wolkendecken und mit den Angriffen auf »marshalling yards«, wie Bombardements von Stadtteilen in der Nähe von Verschiebebahnhöfen euphemistisch umschrieben wurden[52], an der Grenze zum unterschiedslosen strategischen Bombenkrieg, der in voller Terrorabsicht zu den beiden »Thunderclap«-Angriffen auf Berlin und Dresden am 3. bzw. 13./14. Februar 1945 führte. Gegen Japan erreichten die amerikanischen Vernichtungsbombardements mit dem Ausbrennen von Tokio am 10. März 1943 ihren vorläufigen Höhepunkt. Die Auswirkungen dieser noch konventionellen Operationen kamen den ersten Atombombenabwürfen beinahe gleich.

Je länger der Zweite Weltkrieg dauerte und je erbitterter und ideologischer er wurde, desto mehr trafen sich die hauptsächlich beteiligten drei Luftmächte aus welchen Gründen auch immer auf dem untersten gemeinsamen Nenner des strategischen Luftkrieges: dem unterschiedslosen Flächenbombardement. Gleichgültig wie der strategische Bombenkrieg geführt wurde, er glückte nur bei eigener Luftüberlegenheit und bewirkte den Kriegserfolg nicht allein, wie manche Luftkriegstheoretiker vor dem Kriege glaubten, sondern nur in Verbindung mit den Land- und Seeoperationen, wobei die Luftstreitkräfte jedoch gleichsam die Rolle des Katalysators spielten, ohne den nichts lief.

---

[50] Ian Hawkins, Münster, 10. Okt. 1943, Münster 1983.

[51] Davis, Carl A. Spaatz and the Air War in Europe (wie Anm. 41), S. 570 f.

[52] Horst Boog, »Baedeker«-Angriffe und Fernstflugzeugprojekte 1942. Die strategische Ohnmacht der Luftwaffe, in: Militärgeschichtliche Beiträge, Bd 4, Herford, Bonn 1990, S. 91–110.

Marc Milner

Die Führungskonzepte der Alliierten und die Schlacht im Atlantik 1939 bis 1945

Die Schlacht im Atlantik von 1939 bis 1945 ist ein gutes Beispiel für die Richtigkeit des Ausspruchs von Napoleon, daß es besser sei, gegen eine Koalition als in einer Koalition zu kämpfen. Um siegen zu können, mußten die Alliierten nicht nur die See und die Deutschen bezwingen; sie mußten außerdem oft widersprüchliche Einsatzverfahren der einzelnen Staaten aufeinander abstimmen sowie Rivalitäten untereinander überwinden. Trotz all dieser Schwierigkeiten hatten die Alliierten – und zwar hauptsächlich die Briten und die Amerikaner – bis 1943 eine praktikable Lösung für die Führungsprobleme im Atlantikkrieg gefunden, die größtenteils auf zwei Grundsätzen beruhte: zum einen auf der Einrichtung von funktionsbezogenen Kommandobereichen, die sich ausschließlich dem Schutz des Warenverkehrs und der U-Boot-Bekämpfung widmeten, zum anderen auf der Entwicklung von getrennten »nationalen«[1] Einsatzaufgaben, die sich oft mit den Bereichen für die strategische Führung überlappten.

Im Kern lagen den anglo-amerikanischen Führungskonzepten im Atlantik einige fundamentale kulturelle Unterschiede zwischen den Briten und den Amerikanern, die Verschiebung der Seeherrschaft von der Royal Navy zur US Navy sowie unterschiedliche strategische und operative Vorstellungen darüber zugrunde, ob der Atlantik eine Front oder ein rückwärtiges Gebiet darstellte. Die Verschiebung der Dominanz zur See von Großbritannien zu den USA ist ein bekanntes Thema der Literatur über den Zweiten Weltkrieg und nicht Gegenstand dieses Beitrags. An dieser Stelle möchte ich mich daher auf die Aussage beschränken, daß das Gewicht der britischen Seemacht in der westlichen Welt die anglo-amerikanischen Interessen im Atlantik bis 1945 im Gleichge-

---

[1] Der Begriff »national« ist zwar nicht ganz zutreffend, aber die Begriffe »britisch« und »amerikanisch« sind es auch nicht. Genauer gesagt war der Atlantik in mehrere Operationsgebiete aufgeteilt, in denen jeweils der Einfluß der britischen oder der amerikanischen Streitkräfte überwog und Taktik, Führungs- und Einsatzgrundsätze sowie Fernmeldesysteme der größeren Marinen allgemein übernommen wurden. Beispielsweise folgte die kanadische Zone den britischen Gepflogenheiten, war jedoch kein britisches Operationsgebiet. Man vermutet, daß das gleiche auch für die brasilianischen Marineoperationen unter amerikanischer Gesamtleitung galt.

wicht hielt, obwohl die US Navy die Royal Navy von ihrer Größe her weit übertraf, etwa im Verhältnis 3 zu 1. Diese Situation führte dazu, daß sich Großbritannien und die USA die Verantwortung für den Seekrieg im Atlantik teilten und daß es erst viele Jahre später unter der NATO einen Alliierten Oberbefehlshaber für dieses Operationsgebiet gab.

Die kulturellen und konzeptionellen Unterschiede zwischen den beiden Staaten bzw. ihren Marinen sind kaum zu verstehen und im Hinblick auf den Seekrieg im Atlantik sind sie nahezu unerforscht. Dennoch waren sie bedeutungsvoll. Das britische Weltreich war eine Seemacht, und das Meer war für sie ein heimatlicher Verkehrsweg. Im Ersten Weltkrieg hatten die Briten beim Schutz der Seeverbindungen schlimme Fehler gemacht und viel daraus gelernt. So war den hohen Offizieren der Royal Navy beim Beginn des Zweiten Weltkrieges klar, daß der Schlüssel zum Schutz des Warenverkehrs in einer soliden Organisation, guten Aufklärungsergebnissen, einer Kontrolle der Schifffahrt durch die Marine und im Ausweichen vor dem Feind lag. Darüber hinaus hatten sie inzwischen akzeptiert, daß Sir Julian Corbetts Auffassung richtig war, Seekriegsstrategie müsse darauf abzielen, den Handlungsspielraum auf See zu erhalten, und nicht darauf, den Feind ausfindig zu machen und ihn zu vernichten. Kurz gesagt, die Briten hatten begriffen, daß die Entscheidungsschlacht auf dem Meer nicht das *Ziel*, sondern ein *mögliches Ergebnis* von Seekriegsstrategie und Seekriegsoperationen war. Angestachelt durch Churchill in seiner Funktion als First Lord of the Admiralty und später als Premierminister, verwarfen die Briten diesen Grundsatz während der ersten anderthalb Jahre des Krieges und jagten auf dem ganzen Ozean ständig U-Booten nach. Bis Ende 1940 hatten sie schließlich erkannt, daß sich U-Boote am besten vernichten lassen, indem man die von ihnen angepeilten Ziele verteidigt. So wurde das britische Geleitzugsystem zu einer Verteidigungs- wie Angriffsstrategie. Die U-Boot-Abwehrverbände wurden dorthin gebracht, wo die U-Boote am verwundbarsten waren, d.h. an ihren Angriffspunkten. Außerdem war es laut Corbetts Konzept lediglich möglich, die Bedrohung durch U-Boote einzudämmen, nicht aber völlig auszuschalten. Bis Ende 1940 hatten die Briten dies klar erkannt. Im Gegensatz dazu ist es fraglich, ob die Amerikaner jemals zu dieser Erkenntnis gelangten[2].

Eine andere Konsequenz, die die Briten aus ihren Erfahrungen im Seekrieg zogen, bestand darin, daß die Royal Navy in aller Regel dem Verantwortlichen vor Ort die Freiheit zugestand, Einsätze so zu führen, wie er es für richtig und zweckmäßig hielt, d.h. auf See wurde eine Art *Auftragstaktik* praktiziert[3]. Die

---

[2] Die britische Ansicht über Konvois ist enthalten in dem Bericht »The Battle of the Atlantic Review« vom 18. Mai 1942, der vom ACNS (Trade) im Auftrag des First Sea Lord ausgearbeitet wurde (Public Record Office, ADM 1/12062).

[3] Siehe dazu Nicholas Rodger, The Wooden World, Kap. VII. Rodger erörtert hier die Entwicklung hin zur Handlungsfreiheit auf Stützpunkten im Ausland im 18. Jahrhundert. Zum Begriff »Auftragstaktik« siehe John A. English, On Infantry, New York 1981, S. 75, und den Beitrag von Stephan Leistenschneider im vorliegenden Band.

Entwicklung der drahtlosen Telegraphie und die Entschlüsselung des deutschen Marine-Codes brachten die Briten dazu, gelegentlich mit der direkten Operationsführung von Land aus zu experimentieren. Tatsächlich hatte der First Sea Lord Admiral Sir Dudley Pound gerade die ärgerliche Angewohnheit so zu verfahren, was ganz besonders bei der Katastrophe des Geleitzuges PQ 17 im Juli 1942 offenkundig wurde. Die Royal Navy als Institution jedoch glaubte im Gegensatz zu Pound an den Grundsatz, daß man dem Verantwortlichen vor Ort Informationen liefern und ihm freie Hand dabei lassen müsse, auf der Grundlage der verfügbaren Informationen das Richtige zu tun. Dies blieb auch nach 1940 die Richtschnur für die britischen Geleitzugeinsätze im Atlantik.

Die nationale Erfahrung der Amerikaner und ihre Traditionen zur See waren völlig andere. Die Vereinigten Staaten waren kein Weltreich im traditionellen Sinn und erst recht keine Seemacht. Für die Amerikaner war der Nordatlantik eine Front, ein vorgeschobener Einsatzraum, den Schiffe unter Bedrohung durch einen tödlichen Feind durchqueren mußten. Diesen Feind galt es zunächst auszuschalten, wenn man weitere Aufgaben erfüllen und letztendlich den Krieg gewinnen wollte. Die Vorstellungen der US Navy im Hinblick auf Strategie, Operationen und sogar Taktik befanden sich im Einklang mit der Überzeugung Alfred T. Mahans, daß Seemacht darin besteht, auf See militärische Macht auszuüben. Dies schloß die Auffassung ein, eine Entscheidungsschlacht gegen die feindliche Flotte führen zu können. Vielleicht gaben sich die Amerikaner deshalb bis mindestens 1943 nicht damit zufrieden, den Atlantik für den Verkehr von Handelsschiffen sicher zu machen. Vielmehr wollten sie die feindlichen U-Boote aufspüren und zerstören. Diese Auffassungen trugen wesentlich dazu bei, daß die Amerikaner es 1942 unterließen, Schiffskonvois vor der amerikanischen Küste zu übernehmen, und sie waren die Grundlage für die 1941 und 1942 erarbeiteten Führungs- und Einsatzgrundsätze für Geleitzugeinsätze der US Navy. Ferner neigte die US Navy – möglicherweise auf Grund ihrer besonderen Geschichte und Kultur – dazu, Befugnisse zu zentralisieren und Einsätze straffer als die Briten zu lenken. Auf die Spitze getrieben wurde diese unselige Neigung von dem wegen seiner Zentralisierungswut berüchtigten Admiral Ernest J. King, der am 20. Dezember 1941 den Oberbefehl über die US Navy übernahm.

Trotz dieser Unterschiede kamen Briten und Amerikaner allmählich zu der gemeinsamen Auffassung, daß sich der Warenverkehr am besten schützen und die U-Boot-Bekämpfung im Atlantik am besten durchführen ließen, wenn man aufgabenbezogene Kommandos einrichtete, die speziell auf die ineinandergreifenden und von beiden Nationen gemeinsam zu lösenden Aufgaben zugeschnitten waren. Dies reflektierte die enorme von den deutschen U-Booten ausgehende Bedrohung ebenso wie die Tatsache, daß es keine ernsthafte Gefahr durch Überwasserschiffe oder durch Flugzeuge mehr gab. Dies galt vor allem für die Zeit nach der Zerstörung der »Bismarck« im Mai 1941. Außerdem waren U-Boote und deren Bekämpfung im Zweiten Weltkrieg noch relativ neu, und die Trennung zwischen U-Booten einerseits und konventionellen Flotten anderseits blieb erhalten. Deshalb war es nur logisch, daß selbständige auf das U-Boot-Problem bezogene Kommandobereiche geschaffen wurden.

Führung und Kontrolle im Nordatlantik lassen sich in drei unterschiedliche Phasen unterteilen. Bis zur Konferenz von Argentia im August 1941, auf der Roosevelt und Churchill erstmals gemeinsame Kriegsziele festlegten, war der Krieg im Atlantik im wesentlichen eine britische Angelegenheit. Zwischen August 1941 und der Washingtoner Konvoikonferenz im März 1943 versuchten die Alliierten, ein integriertes, interalliiertes Führungs- und Kontrollsystem entlang der wichtigsten Handelswege zu schaffen. Dazu gehörten die ersten Schritte zur Erarbeitung einer gemeinsamen anglo-amerikanischen Doktrin auf operativer und taktischer Ebene sowie gemeinsame Fernmeldeverfahren. Der Druck auf beide Nationen, eine wirksame Antwort auf die unverminderten deutschen U-Boot-Angriffe zu finden, führte jedoch dazu, daß im März 1943 auf der Washingtoner Konvoikonferenz die operativen (nicht strategischen) Grenzlinien zwischen den Einsatzgebieten der beiden Nationen zur Geleitzugsicherung und U-Boot-Abwehr neu festgelegt wurden. Das Anfang 1943 geschaffene Führungssystem gilt in der Regel als die Perfektion des alliierten Führungssystems im Atlantik während des Krieges.

Es besteht generell Einigkeit darüber, daß das bis zum Sommer 1941 ausgearbeitete britische Führungssystem im Atlantik für die Alliierten zum Standard wurde. Nach achtzehn Monaten vergeblicher Suche nach schwer zu sichtenden U-Booten und »Wolfsrudeln« sowie angesichts immer schwererer Verluste der Handelsschifffahrt bildeten die Briten ein integriertes aufgabenbezogenes Kommando für den Schutz des überseeischen Warenverkehrs und die U-Boot-Bekämpfung. Das zuvor in Plymouth beheimatete Western Approaches Command (WAC) eröffnete im Februar 1941 seine neue Operationszentrale in Liverpool, und zwar gemeinsam mit der Group Nr. 15 des RAF Coastal Command (zu dieser Zeit verantwortlich für die Luftgeleiteinsätze und U-Boot-Abwehreinsätze im Bereich der nordwestlichen Zufahrtswege). Im April 1941 wurde die vollständige *operative Kontrolle* über das Coastal Command der Admiralität übertragen, und die Führung der Group Nr. 15 ging direkt an das WAC über, dessen Oberbefehlshaber für »den Schutz des Warenverkehrs, die Leitung und Überwachung von ein- und auslaufenden Schiffskonvois im Atlantik sowie für die Maßnahmen zur Abwehr aller U-Boot- oder Luftangriffe in seinem Kommandobereich« verantwortlich war[4]. Natürlich erfüllte das neue WAC seinen Auftrag nicht im luftleeren Raum. Die letzte Verantwortung für die Seeverteidigung der Britischen Inseln und die Sicherung des Warenverkehrs auf dem Atlantik lag bei der Home Fleet, einem anderen aufgabenbezogenen Kommando, das sich mit der Bekämpfung der größeren feindlichen Überwas-

---

[4] Stephen W. Roskill, The War at Sea 1939–1945, 3 Bde, London 1954–1961 (= History of the Second World War. United Kingdom Military Series), Bd 1, S. 19, 30, 360.

sereinheiten wie der »Bismarck« und ihren Schwesterschiffen befaßte. Die küstennahen Gewässer um Großbritannien herum waren unter geographisch definierten Marine- und RAF-Kommandos (u.a. Fighter, Bomber, Coastal) aufgeteilt. Das WAC wurde jedoch zum hauptverantwortlichen Kommando für die Kriegführung im Atlantik, d.h. auf offener See. Das WAC stand in direkter Verbindung mit dem Operational Intelligence Centre der Admiralität und hatte direkten Zugriff auf die Pläne der Trade Division in London und über diese außerdem zu ähnlichen Nachrichtendienstabteilungen sowie zu Handelsorganisationen überall auf der Welt[5]. Das WAC arbeitete ferner mit dem ACNS (Trade) in der Admiralität zusammen, aus dem sich schließlich die Anti-U-Boat Warfare Division entwickelte.

Schließlich wurde erstmals im April 1941 eine Doktrin für den britischen Seekrieg im Atlantik in den Western Approaches Convoy Instructions (WACIs) fixiert. Nach diesen Instruktionen bestand die Hauptaufgabe des Geleits darin, für die »sichere und pünktliche Ankunft des Konvois« zu sorgen. Dies war charakteristisch für die britischen Geleitzugeinsätze.

Sie hatten Modellcharakter. Die Verantwortung für Geleiteinsätze von Schiffen und Flugzeugen, für U-Boot-Abwehreinsätze sowie die Taktik und die Weiterentwicklung der Führungs- und Einsatzgrundsätze wurden einem einzigen Führer in einem einzigen Oberkommando übertragen, dessen Hauptauftrag lautete, die Schiffe sicher an ihr Ziel zu bringen. Admiral Sir Percy Nobel, der die Führung des WAC Anfang 1941 übernahm, war alleiniger Oberbefehlshaber, dem es oblag, die von der deutschen Luftwaffe und von deutschen U-Booten im Atlantik geführten Angriffe gegen den Handelsverkehr zurückzuschlagen. Das im Frühjahr 1941 geschaffene britische Führungssystem verwirklichte in seiner praktischen Umsetzung viele Prinzipien der Kriegführung, nämlich Einheit der Führung, Schwerpunktbildung, Stärke im Schwerpunkt und Festhalten an der Zielsetzung. Zum Leidwesen der Alliierten war die nächste Phase des Krieges weniger übersichtlich und offenbarte grundlegende Unterschiede in den Führungskonzepten der wichtigsten Verbündeten.

Natürlich wurden die Dinge nicht nur deshalb komplizierter, weil sich der Krieg 1941 bis in den westlichen Atlantik ausweitete. Als die Masse der sich rasch vergrößernden kanadischen Marine (Royal Canadian Navy, RCN) im Mai und Juni 1941 in Neufundland eintraf, um die Newfoundland Escort Force (NEF) zu bilden und die letzte Lücke bei den Konvoigeleiteinsätzen zum Schutz vor U-Boot-Angriffen zu schließen, erwarteten die Kanadier, vom WAC eingesetzt, geführt und ausgebildet zu werden. So stellten die Kanadier für sich genommen ein großes Problem dar. In Kanada und Neufundland waren die Verteidigungskräfte noch immer nach geographischen Grenzen und Versorgungslinien gegliedert, und sie hatten sich mit einer großen Bandbreite von

---

5   Siehe dazu Marc Milner, Naval Control of Shipping and the Battle of the Atlantic, in: Mariner's Mirror, 83 (1997), Nr. 2, S. 169–184.

Naval Stations, Intelligence Centres and sub-centres

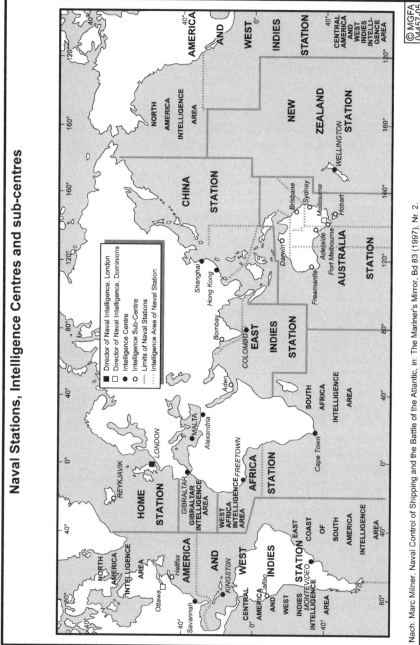

Aufgaben und Bedrohungen auseinanderzusetzen. Beispielsweise umfaßte das Eastern Air Command (EAC) der kanadischen Luftwaffe (Royal Canadian Air Force, RCAF), das den am Atlantik gelegenen Teil Kanadas deckte, einen regionalen Kommandobereich mit Flugzeugen aller Art, mit Jagdflugzeugen, Bombern, Aufklärungs-, Transport- und Artilleriebeobachtungsflugzeugen. Der Schutz des Schiffsverkehrs oder die U-Boot-Bekämpfung waren nur ein Teil des Mandats dieses Kommandos. Die Gruppe Nr. 1 der kanadischen Luftwaffe in Neufundland war ähnlich aufgebaut. Sowohl das EAC als auch die Gruppe Nr. 1 unterstanden operativ der kanadischen Luftwaffe und reagierten auf Anträge der kanadischen Marine auf Zusammenarbeit jeweils auf der Grundlage von Einzelfallentscheidungen[6]. Die Marine unterhielt ihrerseits zwei getrennte Kommandos an der Ostküste. Der für die Atlantikküste zuständige Führer (Commanding Officer Atlantic Coast) war für alle Einsätze der Marine vor Kanada verantwortlich, während der Commodore Commanding Newfoundland (später Flag Officer Newfoundland/FONF) in St. John's die NEF führte und die in diesem Raum eingesetzten Geleitkräfte und Patrouillen befehligte. Die Koordinierung der Marineoperationen einschließlich der Schiffsbewegungen und der Verbreitung von nachrichtendienstlichen Erkenntnissen erfolgte über das Naval Service Headquarters (NSHQ) in Ottawa, das mit Hilfe von Kabelfernmeldeverbindungen und Funk hervorragende Verbindung mit London hielt. Diese Koordinierungsaufgabe gehörte zum globalen britischen Marineschifffahrtskontroll- und Marinenachrichtendienstsystem[7]. 1941 behielt das WAC die operative Kontrolle über alle Geleitsicherungseinsätze nach Westen in Richtung Neufundland, und in der damaligen Situation war gerade dies wichtig.

Als die US Navy in den Krieg im Atlantik eintrat, führte dies zu einem ernsten Konflikt unterschiedlicher Kulturen und Methoden. Tatsächlich waren Briten und Amerikaner zwar bereits seit 1939 Verbündete; sie brauchten jedoch fast vier Jahre, um sich darüber einig zu werden, wie ihr Bündnis funktionieren sollte. De facto wurden die Grundlagen für diese Zusammenarbeit erst geplant, als anglo-amerikanische Stäbe Anfang 1941 das ABC-1-Abkommen fertig ausgearbeitet hatten. Auf der Grundlage dieser Pläne wurde schließlich im August 1941 bei der Begegnung zwischen Roosevelt und Churchill in Argentia (Neufundland) über den Kriegseintritt der USA entschieden. Bei dieser Gelegenheit teilten sie die Welt in Zonen auf, in denen ihre Nationen die strategische Kontrolle haben sollten. Die Amerikaner übernahmen die Verantwortung für ein Gebiet, das sich etwa vom Mittleren Atlantik[8] Richtung Westen bis nach Singa-

---

6 Siehe dazu William Alexander Binney Douglas, The Creation of a National Air Force, Toronto 1986 (= The Official History of the Royal Canadian Air Force, Bd 2), passim.

7 Milner, Naval Control of Shipping (wie Anm. 5).

8 Die amerikanische Zone nahm ihren Anfang ungefähr auf halbem Weg zwischen den Färöer-Inseln und Island, verlief von dort aus genau bis in das Gebiet südlich von Island und machte schließlich einen großen Bogen bis zum Gebiet westlich der Azoren (siehe dazu die Karte in: Roskill, The War at Sea, Bd 2 [wie Anm. 4], S. 97).

pur erstreckte. Die Verantwortung für den östlichen Teil des Atlantischen Ozeans, Europa und in Richtung Osten bis nach Singapur wurde den Briten übertragen. Bei dem Treffen Churchills mit Roosevelt sagte die amerikanische Seite ferner zu, ab Mitte September 1941 mit Geleiteinsätzen für Konvois in der ihr zugewiesenen Zone im Atlantik zu beginnen. Ein weiteres Abkommen mit den Kanadiern führte dazu, daß die US Navy zwischen den Grand Banks und Island mit ihren Zerstörern schnelle Konvois sicherte, während die kanadische Marine im selben Gebiet die Sicherung der langsamen Konvois übernahm. Für den Geleitschutz westlich der Grand Banks blieben auch weiterhin die Kanadier zuständig. Die Briten hatten einen großen Vorteil davon, daß sie die USA in den Seekrieg im Atlantik einbezogen. Allerdings wurde der Seekrieg im Atlantik dadurch auch in zwei getrennte strategische Operationsgebiete aufgeteilt, und dadurch entstand in der Führung der Geleit- und U-Boot-Abwehreinsätze der Alliierten ein gewisses Chaos.

Im September 1941 wurden die Konvoisicherungsaufgaben westlich von Island durch einen Admiral der US Navy übernommen. Er wurde als Befehlshaber des in Argentia (Neufundland) stationierten Einsatzverbandes Task Force-24 (CTF-24) bekannt, einem nachgeordneten Kommando des Oberbefehlshabers der Atlantikflotte (Commander-in-Chief Atlantic Fleet, CINCLANT). CTF-24 hatte unmittelbare Befehlsgewalt über etwa fünfzig amerikanische Zerstörer und Fahrzeuge der US Coast Guard und zusätzlich noch über die in Neufundland und Neuschottland stationierten kanadischen Geleitkräfte. Die Kanadier – die sich ja offiziell mit Deutschland im Krieg befanden – waren nun einem Admiral aus einem Land unterstellt, das sich noch im Frieden befand. Schließlich wurden offizielle Vereinbarungen darüber ausgearbeitet, wie hinsichtlich dieses merkwürdigen Zustands zu verfahren sei[9]. Diese wurden allerdings erst umgesetzt, als die USA im Dezember 1941 in den Krieg eintraten. Während des Jahres 1941 ging man davon aus, daß ein Großteil der kanadischen Marine nach Übersee geschickt würde, um in einem bestimmten Kriegsgebiet zu kämpfen, womit sich der gesamte Nordwestatlantik außer der kleinen kanadischen Küstenzone vollständig unter der Kontrolle der US Navy befunden hätte. In der Zwischenzeit beeinflußten guter Wille und gesunder Menschenverstand die Zusammenarbeit zwischen den Kanadiern und den US-Amerikanern im Nordwestatlantik. Der CTF-24 stellte »Anträge« an die kanadi-

---

[9]   Kanadier und Amerikaner koordinierten den Schutz Nordamerikas über das neu eingerichtete Permanent Joint Board of Defence und hatten sowohl einen Verteidigungsplan – den Plan Black – für den ungünstigsten Fall erarbeitet, der von einer Niederlage der Briten ausging, als auch einen Koalitionskriegsplan unter der Bezeichnung ABC-22, der als Anhang zu der ursprünglichen ABC-1-Vereinbarung angesehen wurde, in der Kanadas Rolle im Rahmen des Gesamtabkommens zwischen den Briten und den Amerikanern bestimmt wurde. Umgesetzt wurde der Plan ABC-22, der am 7. Dezember 1941 in Kraft trat (siehe dazu Douglas, The Creation of National Air Force, Bd 2 [wie Anm. 6], S. 383 f.).

sche Marine wie auch Luftwaffe, und beide Teilstreitkräfte entsprachen diesen Anträgen.

So gab es bis zum Herbst 1941 im Nordwestatlantik eine große Anzahl von Kommandobehörden, deren Verantwortungsbereiche sich teilweise überlappten: vier selbständige örtliche Kommandos der Kanadier, zwei Teilstreitkraftgefechtsstände in Ottawa sowie der CTF-24 mit seiner vorgesetzten Dienststelle, dem CINCLANT. Insgesamt waren dies acht Kommandobehörden. Zum Glück wurden die in Stützpunkten in Neufundland stationierten Marineflieger der US Navy – einschließlich der Langstreckenflugboote vom Typ PBY Catalina – dem CTF-24 direkt unterstellt. Die Lufteinsätze des US Army Air Corps (USAAC, später USAAF) über dem Atlantik – einschließlich der Einsätze der in Neufundland stationierten B-17 – wurden jedoch völlig selbständig durchgeführt. Nach amerikanischem Recht gehörten alle landgestützten Einsatzflugzeuge zum USAAC, das die Aufgabe hatte, die Vereinigten Staaten im Luftraum über See durch Langstreckenaufklärung und Angriffe auf feindliche Schiffe zu verteidigen. Der Schutz des Schiffsverkehrs war Aufgabe der Marine, und deshalb waren die 1941/42 von Neufundland aus geflogenen Einsätze der Flugzeuge des US Army Air Corps mit niemandem abgestimmt – nicht einmal mit der US Navy[10].

Ein Zusammenbruch dieser verworrenen Kommandostrukturen 1941 wurde von einer ganzen Reihe von Faktoren verhindert. Die bedeutendste Rolle spielte möglicherweise die Tatsache, daß die wichtigsten Aufgaben – nämlich Routenführung der Konvois, die Steuerung von Umleitungen und Weitergabe von nachrichtendienstlichen Erkenntnissen – weiterhin fest in britischer und kanadischer Hand lagen. In gewisser Hinsicht hielten immer noch die Briten die Sache am Laufen, während die US Navy Geleiteinsätze in ihrer eigenen Zone dirigierte. Etwas allerdings konnten die Briten nicht kontrollieren – die Doktrin für Geleiteinsätze im Nordwestatlantik, und gerade dies sollte ihnen bald Sorge bereiten.

Das Problem mit der Doktrin zeigte sich in zwei Formen. Die erste betraf die US Navy. Während in der Doktrin des WAC die Hauptaufgabe von Geleitkräften darin bestand, eine »sichere und pünktliche Ankunft« des Konvois zu gewährleisten, stand in den Escort-of-Convoy Instructions der US Navy vom November 1941 genau diese Aufgabe auf der Dringlichkeitsliste an *allerletzter* Stelle. Nach amerikanischer Auffassung bestand die *Hauptaufgabe* der Geleitkräfte darin, jedweden Angreifer zu vernichten, wobei man in Kauf nahm, den Konvoi ungeschützt zu lassen, wenn dies der Hauptaufgabe diente. Dieses

---

10 Behandelt werden die Befehlsverhältnisse im Nordwestatlantik bei Douglas, The Creation of a National Air Force, Bd 2 (wie Anm. 6), bes. S. 545 f. In der kanadischen Literatur wird angeführt, daß es deshalb zur Washingtoner Konvoikonferenz von 1943 kam, weil die Kanadier auf eine Änderung drängten. Meigs (siehe Anm. 16) teilt diese Ansicht nicht.

Einsatzkonzept und diese taktischen Grundsätze entsprachen genau den Vorstellungen Mahans. Die Briten protestierten zwar, doch überlebte dieses Konzept auf den Seeverbindungswegen über den Atlantik bis Ende 1942, und in der US Navy insgesamt vielleicht sogar bis zum Ende des Krieges. Außerdem wurde auf amerikanischer Seite die Beurteilung von Operationen dadurch maßgeblich beeinflußt, daß man bei der US Navy glaubte, Angriffsoperationen müßten Vorrang haben. Beispielsweise waren amerikanische Offiziere 1942 bereit, Verluste bei Geleitzügen hinzunehmen, falls die Geleitkräfte in Angriffsabsicht U-Boote verfolgten. Dies führte häufig dazu, daß amerikanische Konvois weiteren Angriffen ausgesetzt wurden. Stabsoffiziere des WAC kommentierten solche Operationen sarkastisch, denn sie hielten es für besser, daß die Geleitkräfte die enge Sicherung beibehielten und die Schiffe sicher an ihr Ziel brachten. Möglicherweise steht genau hier die amerikanische Sichtweise, nach der der Atlantik eine Front war, in krassem Gegensatz zur Sichtweise der Briten, die den Atlantik als rückwärtiges Gebiet betrachteten[11].

Als wäre dies für die Briten noch nicht schlimm genug gewesen, wurde die sich entwickelnde Geleitflotte der kanadischen Marine (bis Ende 1941 umfaßte sie 100 Schiffe, und sie wuchs schnell weiter) durch die Festlegung der US-Zone westlich von Island dem Zugriff des WAC entzogen und – in den Augen der Briten – in eine doktrinäre Einöde versetzt. Genau wie die Geleitkräfte der US Navy legten auch die Geleitkräfte der kanadischen Marine 1941 – obwohl ihre Einsätze scheinbar von den Western Approaches Convoy Instructions bestimmt wurden – großen Eifer an den Tag bei der Verfolgung eines jeden U-Bootes, das sie finden konnten, und das oft auf Kosten der Konvois. Weil die kanadische Marine im Einflußbereich der US Navy operierte, konnte das WAC kaum mehr tun als zu versuchen, diese durch Überzeugungsarbeit zu einer Änderung zu bewegen. Überdies konnten die Briten in dieser Angelegenheit von der US Navy keinerlei Hilfe erwarten, denn diese betrachtete die Kanadier als britisches Problem[12].

Von daher war es keine Überraschung, daß Briten und Amerikaner sich in der Frage, wie der Krieg im Atlantik am besten zu führen sei, schnell uneins waren. Die Briten bevorzugten es, sich darauf zu konzentrieren, dem Feind auszuweichen und ihre Schiffskonvois sicher und pünktlich an ihr Ziel zu bringen. Admiral King, seit Herbst 1941 Oberbefehlshaber der US Navy, sah dies als verfehlte Strategie an; er wollte U-Boote vernichten. Seine bevorzugte Methode bestand darin, alle Konvois zu verpflichten, sich genau an die festgelegte

---

[11] Zur unterschiedlichen Bewertung von Geleiteinsätzen durch Briten und Amerikaner 1942 siehe Marc Milner, North Atlantic Run. The Royal Canadian Navy and the Battle for the Convoys, Toronto 1985, bes. S. 113–115.

[12] Das Problem, wie die irregeleiteten Kanadier wieder »auf Linie« gebracht werden konnten, stellte sich dem WAC im Laufe des Krieges im Atlantik immer wieder. Siehe dazu Marc Milner, North Atlantic Run und The U-Boat Hunters. The Royal Canadian Navy and the Offensive Against Germany's Submarines, Toronto 1994.

Route zwischen der nordamerikanischen Küste und den Britischen Inseln zu halten – er bezeichnete die Route als »tram line« –, um dann die dank einer so direkten Routenführung nicht für die Konvoisicherung benötigten Geleitkräfte für die Verfolgung und Vernichtung von feindlichen U-Booten einzusetzen. Die Briten lehnten diese Idee nicht rundweg ab, sowohl kanadische als auch britische Offiziere hatten ähnliche Vorschläge gemacht. Tatsächlich wandte man 1943 genau dieses Verfahren an, um den »Wolfsrudeln« die endgültige vernichtende Niederlage beizubringen. 1941 allerdings wurden die Vorschläge Kings nicht umgesetzt. Fehlende Mittel werden üblicherweise als Begründung dafür genannt, daß 1941 diese Angriffsstrategie nicht angewandt wurde. Allerdings war man sich in der britischen Admiralität darüber im klaren, daß die deutsche U-Boot-Flotte nur zu schlagen war, wenn man ihr keine Rückzugsgebiete auf See überließ. 1941 in der mittleren Zone des Atlantik zum Angriff überzugehen, hätte nach dieser Auffassung lediglich dazu geführt, die U-Boote in andere Gebiete zu verdrängen. Diese grundlegende Sichtweise über den Krieg im Atlantik wurde von der US Navy nicht geteilt.

Der britische Kampf darum, die Kontrolle über die Konvois über den Atlantik zurückzugewinnen, begann wenige Tage nach dem japanischen Angriff auf Pearl Harbor. Zu diesem Zeitpunkt schlugen die Briten vor, die östliche Endstation für die langsamen, von kanadischen Geleitkräften gesicherten Konvois von Island nach Irland zu verlegen und die operative Kontrolle über diese Konvois auf ihrer gesamten Wegstrecke wieder dem WAC zu übertragen. Zunächst mußte sich das WAC damit zufrieden geben, daß die östliche Endstation für die Konvois nach Irland verlegt wurde. Dies geschah im Februar 1942, als die neue Mid Ocean Escort Force (MOEF) aufgestellt wurde, um Konvois zwischen den Grand Banks vor Neufundland und den Britischen Inseln zu sichern. Dadurch hatte das WAC Zugriff auf kanadische Geleitschutzgruppen während ihres kurzen Zwischenaufenthalts in Londonderry und konnte damit beginnen, in einem mühsamen Prozeß den Kanadiern die richtige Doktrin und die richtigen Verfahren zu vermitteln. Dies erwies sich als eine sehr große Aufgabe.

Ab Anfang 1942 erfolgte außerdem eine dramatische Reduzierung der Kräfte der US Navy im Nordwestatlantik, als die Zerstörer des CTF-24 nach Süden in den Pazifik verlegt wurden. Bis zum Frühjahr war die US Navy im Nordwestatlantik fast gar nicht mehr präsent. Dies bedeutete, daß der CTF-24 – nun zumindest im Krieg befindlich – im wesentlichen die Befehlsgewalt über die kanadischen, und, wenn auch in geringerem Umfang, über die britischen Operationen in der US-Zone hatte. Auch gegen diese Regelung erhoben die Briten Einspruch, allerdings wieder ziemlich erfolglos.

Anfang des Jahres brach der Atlantikkrieg entlang der amerikanischen Ostküste aus, und dort stiegen die Verluste sprunghaft an. Zu diesem Zeitpunkt war es für die Briten von höchster Dringlichkeit, eine systematische Konvoisicherung entlang der amerikanischen Küste einzuführen. Die Briten waren

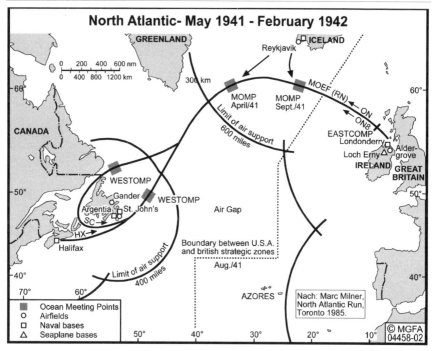

North Atlantic- May 1941 - February 1942

davon überzeugt, daß der wichtigste Grundsatz für den Schutz des Warenverkehrs im *Ausweichen* vor dem Feind bestand, und zwar auf der Grundlage der Festlegung geeigneter Routen und einer intensiven nachrichtendienstlichen Aufklärung. Anfang 1942 war man jedoch bei der US Navy keinesfalls dazu bereit, von der bisherigen Strategie abzugehen. »Man sollte stets daran denken«, hieß es seitens der zuständigen Stelle der US Navy (Board on the Organization of East Coast Convoys) im März 1942, »daß der Erfolg von Konvoigeleiteinsätzen davon abhängig ist, ob die Geleitkräfte stark genug sind, *angreifende U-Boote ihrerseits angreifen zu können* [Hervorhebung vom Autor]«[13]. Die US Navy hielt unerschütterlich an den Ansichten Mahans fest, wonach der Schutz des Warenverkehrs am besten zu gewährleisten sei, wenn man den Feind fand und versenkte. Für die Briten war dies aus zwei Gründen besonders frustrierend. Erstens handelte es sich bei vielen Schiffen, die vor der amerikanischen Küste verloren gingen, um britische Schiffe oder solche im britischen Dienst. Zweitens kontrollierten die Briten über das NSHQ in Ottawa bereits in den USA die Schiffahrtsinfrastruktur, und die USA wären – mit etwas Hilfe der lokalen Behörden – in der Lage gewesen, ein Konvoisicherungssystem aufzubauen. Man muß angesichts dieser Tatsachen betonen, daß es seit dem Tag, an dem Ameri-

---

13   Zit. nach: Milner, North Atlantic Run (wie Anm. 11), S. 99.

ka in den Krieg eintrat, auf der westlichen Erdhalbkugel praktisch kein Hindernis für die Zusammenstellung von Konvois gab. Das System des britischen Commonwealth zur Kontrolle der Schiffahrt durch die Marine sowie des Marinenachrichtendienstes wurde seit 1939 auf dem Staatsgebiet der USA praktiziert. Tatsächlich war die gesamte Routenführung für Schiffe und Schiffskonvois in der strategischen Zone der USA (nördlich des Äquators und westlich des 40. Grades westl. Länge) bis zu ihrer offiziellen Übergabe an die US Navy am 1. Juli 1942 unter *kanadischer* Kontrolle[14]. Darüber hinaus führten die Kanadier im Frühjahr 1942 Tankerkonvois ohne Verluste über die amerikanische East Sea Frontier[15].

Der U-Boot-Kampf in amerikanischen Gewässern Anfang 1942 zwang die Amerikaner zum ersten Mal wirklich dazu, das Problem des Geleitschutzes und der U-Boot-Bekämpfung systematisch zu betrachten. Einige vorsichtige Schritte wurden unternommen. In vielerlei Hinsicht stellte der bereits erwähnte Admiral King das größte Hindernis für eine rasche und wirkungsvolle Reaktion auf den U-Boot-Krieg dar; er hielt an der ungeeigneten Führungsstruktur der US Navy im Atlantik fest und neigte dazu, die Befehlsgewalt zu zentralisieren. General Dwight D. Eisenhower sagte einmal, der Krieg wäre früher zu Ende gewesen, hätte jemand Admiral King erschossen – und wahrscheinlich hatte er recht damit. 1942 gab es im Atlantik drei selbständige Kommandobereiche der US Navy, die alle Admiral King direkt unterstanden. Auch nachdem dieser Oberbe-

---

14 Siehe dazu Gilbert N. Tucker, The Naval Service of Canada. Its official history, Bd 2, Ottawa 1950, S. 381 f.; Milner, Naval Control of Shipping (wie Anm. 5).

15 Als Anfang 1942 die ersten deutschen U-Boote das Gebiet westlich von Cape Race erkundeten, meldeten sie, es gäbe fast keinen Schiffsverkehr, und die Gewässer vor der kanadischen Küste seien kein lohnendes Gebiet für Angriffe auf den Schiffsverkehr. Historiker sehen dies als Indiz dafür an, daß der Schiffsverkehr in der kanadischen Zone relativ unbedeutend war. De facto war dies jedoch ein Indiz dafür, daß ein funktionierendes System für die Lenkung von Konvois vor Ort existierte, das weitgehend den ungeleiteten Schiffsverkehr verdrängte, den die U-Boot-Kommandanten weiter südlich vorfanden – und zu dem sie sich natürlich hingezogen fühlten. Die Amerikaner behaupten zwar, daß der erste Konvoi in der Eastern Sea Frontier schließlich am 14. Mai auslief, tatsächlich jedoch begann die erste Konvoifahrt von Halifax nach Boston unter dem Geleit der kanadischen Marine bereits im März. Anfang Mai leiteten die Kanadier ohne Verluste Tankerkonvois unter leichtem Geleitschutz durch die *Eastern Sea Frontier* in die Karibik, während überall ringsum die Vernichtung von Schiffen mit selbständiger Routenführung, die durch Jagdpatrouillen geschützt wurden, unvermindert weiter ging. Ein ineinander verzahntes System von Küstenkonvois in amerikanischen Gewässern wurde nicht vor Sommer 1942 eingeführt. Es ist eine merkwürdige – und ziemlich traurige – Tatsache, daß amerikanische Historiker die Maßnahmen der Kanadier niemals als Teil der U-Boot-Schlacht auf der westlichen Halbkugel ansehen. Siehe dazu Samuel E. Morison, History of United States Naval Operations in World War II, Bd 1: The Battle of the Atlantic Sept. 1939-May 1943, Boston, London 1949, Kap. X: The Organization of Anti-Submarine Warfare; Rob Fisher, »We´ll get our Own«. Canada and the Oil Shipping Crisis of 1942, in: The Northern Mariner, 3 (1993), April-Ausgabe, S. 33 – 40.

fehlshaber der Marine geworden war, blieb er für die Weiterentwicklung der Führungs- und Einsatzgrundsätze für die U-Boot-Bekämpfung sowie für die Herausgabe von wichtigen Druckschriften über die Taktik zuständig. Im März 1942 stellte der Oberbefehlshaber der Atlantikflotte (Commander-in-Chief Atlantic Fleet, CINCLANT) in Boston einen Verband zur Bekämpfung von U-Booten (Atlantic Fleet Anti-Submarine Warfare Unit) auf, um das Problem der U-Boot-Bekämpfung anzupacken. Wenn man Montgomery Meigs Schlußfolgerungen Glauben schenken darf, sorgte King allerdings dafür, daß um der Zentralisierung und Einheitlichkeit willen die Verwirrung regierte, und zwar deshalb, weil er verlangte, daß sich der Operationsgefechtsstand für den U-Boot-Krieg beim Oberbefehlshaber befand, zusätzlich zur strategischen Führung des Krieges[16]. Bis Mai 1943 waren der Befehlshaber der Atlantikflotte sowie die Befehlshaber für die Küstenverteidigung für Taktik und Einsatzgrundsätze selbst verantwortlich. Das Ergebnis war ein »Flickenteppich« aus verschiedenen Verfahren und Einsatzgrundsätzen. 1942 besaß die US Navy nicht einmal ein Standardverfahren für Wasserbombenangriffe. Im Laufe des Jahres 1942 mußten die Amerikaner deshalb Lehrgeld dafür bezahlen.

Als die Convoy and Routing Section der US Navy in Washington am 1. Juli 1942 ihre volle Einsatzbereitschaft hergestellt hatte, übernahmen die Amerikaner in ihrer strategischen Zone die Kontrolle über die Routenführung und über die Auflösung von Konvois[17]. Für die Transatlantik-Konvois bedeutete dies, daß an der CHOP Line (Change of Operational Control Line) jeweils die operative Kontrolle über die Konvois sowie über die Geleitkräfte wechselte, d.h. entweder an Washington oder an London überging. Im Sommer 1942 verlief diese CHOP Line etwa bei 27 Grad westlicher Länge. Nunmehr befand sich lediglich etwa ein Drittel der Transatlantikroute – und zwar der ungefährlichere Teil – vollständig unter britischer Kontrolle.

Die Unterschiede in den Führungskonzeptionen östlich und westlich der CHOP Line waren ganz offensichtlich. Sie wurden Anfang Juli 1942 von der Katastrophe des Geleitzuges PQ 17 in der Arktis überschattet. Auf der Grundlage der eigenen nachrichtendienstlichen Erkenntnisse über die von der »Tirpitz« ausgehende Gefahr hatte die britische Admiralität dem Geleitzug befohlen, sich zu zerstreuen. Dies entsprach keineswegs der offiziell von der Royal Navy vertretenen Konzeption, sondern ziemlich genau der Neigung von Admiral Sir Dudley Pound, bei den Flottenoperationen herumzuexperimentieren[18]. Das WAC handelte nach dem Grundsatz, dem Führer des Geleitzuges vor Ort möglichst viele Informationen zu liefern und falls notwendig, auch Ratschläge

---

[16] Montgomery Meigs, Slide Rules and Submarines, Washington, D.C. 1990, S. 51.

[17] Bis dahin waren diese Konvois durch das NSHQ in Ottawa geführt worden.

[18] Zur Herauslösung der Schiffe aus dem Geleitzug PQ 17 siehe Roskill, The War at Sea, Bd 2 (wie Anm. 4), S. 139 – 146.

zu erteilen, ihm jedoch gleichzeitig Handlungsfreiheit bei der Durchführung der Einsätze zu lassen.

Die neue Behörde in Washington, die für die Geleitzüge und deren Routenführung zuständig war, praktizierte im Juli 1942 eine engere Führung, als Transatlantik-Konvois Ende des Monats angegriffen wurden. Während des Kampfes um den nach Westen fahrenden Geleitzug ON 113 erhielt dieser aus Washington den Befehl, nach Einbruch der Dunkelheit genau nach Süden zu steuern und diesen Kurs zwölf Stunden lang zu halten, um den lauernden U-Booten zu entgehen. Sowohl der Führer des Geleitzuges als auch der Befehlshaber der Sicherungsgruppe wußten, daß dieser Kurs den Geleitzug wieder in den Aktionsbereich deutscher U-Boote bringen würde. Deshalb favorisierten sie einen Kompromiß: Sie ließen den Konvoi zunächst in östlicher Richtung, also zurückfahren, dann nach Süden, und schließlich am Morgen wieder nach Westen einschwenken. Somit bewegte sich der Geleitzug ON 113 im mittleren Atlantik ein Mal im Kreis, wobei er zwei Schiffe durch U-Boote verlor, die sich hinter dem Geleitzug befunden hatten. Die Briten gaben Washington die volle Schuld an den Verlusten. Der CTF-24 war der gleichen Meinung[19]. In der Literatur gibt es keine weiteren Hinweise auf derartige Befehle aus Washington, denn ansonsten wurden von dort lediglich die Erkenntnisse der Nachrichtendienste weitergegeben und dem Verantwortlichen vor Ort zugestanden, den Kampf nach eigenem Ermessen zu führen.

Das Fiasko mit dem Geleitzug ON 113 gab den Briten bessere Möglichkeiten in ihrem Kampf um die Wiedererlangung, d.h. Ausdehnung der Kontrollbefugnisse des WAC nach Westen. Dazu kam es in mehreren Phasen innerhalb der nächsten zehn Monate. Im September ersetzte das WAC seine Western Approaches Convoy Instructions durch die Atlantic Convoy Instructions (ACIs), die als Grundlage für alle Geleitzüge von Handelsschiffen und ebenso für alle britischen und kanadischen Geleiteinsätze im Atlantik akzeptiert wurden. Der CTF-24 billigte die Annahme der Atlantic Convoy Instructions, da sie etliche amerikanische Elemente enthielten. Die ACIs wurden so zur ersten gemeinsamen operativen und taktischen Vorschrift der Alliierten im Atlantikkrieg (sowie zum Vorläufer der nach dem Krieg herausgegebenen ATP-1). Das Problem der unterschiedlichen Buchstabieralphabete blieb ebenso erhalten wie einige taktische Differenzen zwischen der kleinen amerikanischen Gruppe im mittleren Atlantik (A.3) und allen anderen, die sich nach den britischen Verfahren richteten. Trotzdem ermöglichte es das zahlenmäßige anglo-kanadische Übergewicht entlang der Transatlantikroute den Briten Mitte 1942, die Durchführung von Operationen in ihrem Sinne zu beeinflussen, selbst wenn die formale Befehlsgewalt bei den Amerikanern lag.

---

[19] Zum Schicksal des Geleitzuges ON 113 siehe Milner, North Atlantic Run (wie Anm. 11), S. 125–128.

Zwar hatten die Briten Mitte 1942 den Kampf auf dem Gebiet der Taktik und Doktrin für sich entschieden, doch der Streit um den Verlauf der CHOP Line wie um die Routenführung für die Geleitzüge und deren Auflösung ging weiter. Im November erreichten die Briten ein kleines Zugeständnis von seiten der Amerikaner – die CHOP Line wurde etwa bis zum 35. Grad westlicher Länge verlegt und verlief nun etwa auf halbem Weg zwischen Irland und Neufundland. Aus britischer Perspektive stellte dies zwar eine Verbesserung dar, eine ideale Lösung war dies allerdings nicht. Während die Verlegung der CHOP Line es dem WAC zwar ermöglichte, seine Kontrolle über die Hälfte der Luftüberwachungslücke in der zentralen Zone des Atlantiks zu behaupten, bedeutete sie aber auch, daß in den Geleitzugschlachten im Atlantik ab Ende 1942 der Oberbefehl mitten im Gefecht wechselte. Wenn man davon ausgeht, daß die Briten die operative Kontrolle über Konvois und Geleitkräfte nach Westen hin bis zur neufundländischen Küste wieder erlangen wollten, steckte möglicherweise eine gewisse Logik hinter der Verschlechterung des Führungssystems. Sicherlich unterstrich dies erneut die überflüssige Stellung des CFT-24, des amerikanischen operativen Befehlshabers im Nordwestatlantik, der über keine eigenen Kräfte verfügte. Ferner machten die Briten mit der Ernennung von Admiral Max Horton zum neuen Oberbefehlshaber des WAC ihre Absicht deutlich, die Kriegführung im Atlantik ein für alle Mal zu regeln. Das bedeutete, eine Krise und Veränderungen lagen in der Luft.

Ende 1942 waren die Kanadier ebenso wie viele Amerikaner überdies bestrebt, die Führungsstruktur im Nordwestatlantik zu straffen und effektiver zu gestalten. So beschwerte sich der CTF-24, als der kanadische Marinenachrichtendienst in derselben Weise, wie er es vor dem Juli 1942 bereits seit Jahren getan hatte, Informationen direkt an die kanadischen Geleite gab, die vor Kanadas eigener Küste operierten. Außerdem protestierte er gegen »unautorisierte« Versuche der kanadischen Marine, im selben Gebiet U-Jagd-Verbände zu bilden und einzusetzen. Dennoch wurden bis Mitte 1942 etwa 48 % aller Geleite entlang der Transatlantikroute von den Kanadiern gestellt, und nördlich von New York lag deren Anteil bei über 90 %. Zusätzlich zu dem ungewöhnlichen Posten des CTF-24 gab es bis Ende 1942 immer noch neun selbständige Kommandobereiche im Nordwestatlantik, deren Abstimmung untereinander schlecht funktionierte. Die kanadische Marine ihrerseits begann, dieses Problem zu lösen, indem sie den Flag Officer Newfoundland dem Commanding Officer Atlantic Coast in Halifax unterstellte, während das Marineoberkommando in Ottawa so agierte, als existierte der CTF-24 überhaupt nicht. Auch die kanadische Luftwaffe wünschte eine Änderung der Führungsübereinkommen.

Es ist seltsam, daß der größte Druck für eine Änderung der Führungsabsprachen Ende 1942 und Anfang 1943 möglicherweise von der US Army ausging. 1942 fing die US Army Air Force (USAAF) damit an, ihre U-Jagd-/Fernaufklärerstaffeln im Hinblick auf eine offensive U-Boot-Abwehr umzugliedern und umzurüsten, was schließlich zur Aufstellung des Anti-Submarine Com-

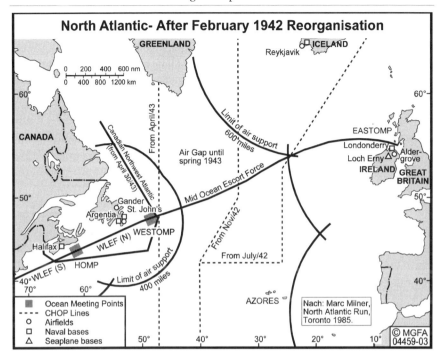

North Atlantic- After February 1942 Reorganisation

GREENLAND

ICELAND

Reykjavik

0   200   400   600 nm
0   400   800   1200 km

CANADA

From April/43

Canadian Northwest Atlantic (from April 30/43)

Limit of air support
600 miles

Air Gap until
spring 1943

Mid Ocean Escort Force

EASTOMP

Londonderry
Loch Erny
IRELAND

Alder-
grove

GREAT
BRITAIN

Gander
St. John's
Argentia

WESTOMP

WLEF (N)

Halifax

WLEF (S)   HOMP

Limit of air support
400 miles

From Nov/42

From July/42

AZORES

60°   60°

50°   50°

40°   40°
70°   60°

70°   60°   50°   40°   30°   20°   10°

	Ocean Meeting Points
- - -	CHOP Lines
○	Airfields
□	Naval bases
△	Seaplane bases

Nach: Marc Milner,
North Atlantic Run,
Toronto 1985.

© MGFA
04459-03

mand der USAAF führte. Diese Staffeln wurden im Gegensatz zu den Kräften der US Navy nicht als Verbände angesehen, die an geographisch determinierte Kommandobereiche gebunden waren, sondern sich als ein strategisches Element darauf konzentrieren konnten, U-Boote dort zu vernichten, wo sie sich sammelten. Tatsächlich war der amerikanische Heeresminister Stimson entsetzt darüber, wie die US Navy 1942 den Kampf geführt hatte, und er war überzeugt, daß die Ursache des Fiaskos in der U-Boot-Abwehr lag, weil es dort keine einheitliche Führung gegeben hatte[20]. Während die Fliegerkräfte der US Army von einer allgemeinen Patrouillentätigkeit zu einer gezielten U-Boot-Bekämpfung übergingen, die Zahl ihrer Staffeln schnell erhöhten und schließlich Anfang 1943 ihre Einsatzgrundsätze erneut im Sinne eines engen Geleitschutzes für Konvois änderten[21], unterbreitete Stimson sowohl Roosevelt als auch Marineminister Knox seine Ansichten.

---

[20]   Meigs, Slide Rules and Submarines (wie Anm. 16), S. 69.

[21]   Douglas, The Creation of a National Air Force, Bd 2 (wie Anm. 6), S. 546. Dort wird das Angebot vom Februar 1943, Konvois mit Hilfe von in Neufundland stationierten Staffeln der USAAF zu unterstützen, als bemerkenswertes Zugeständnis beschrieben. Wenn man allerdings berücksichtigt, daß die US Army an einer Erhöhung des Tempos von BOLERO, der Verstärkung der Kräfte in Großbritannien, interessiert war, dann ist ein solcher Wechsel völlig verständlich.

Als die Kriegshandlungen im mittleren Atlantik sich Ende 1942/Anfang 1943 verstärkten und die Briten gleichzeitig in der Biskaya erfolgreich mit Radar ausgestattete U-Jagd-Flugzeuge einsetzten, geriet der Oberbefehlshaber der US Navy, Admiral King, immer stärker unter Druck, die U-Boot-Bekämpfung durch die USAAF in die Gesamtkriegführung auf See einzubeziehen. Der Admiral widersetzte sich, und zwar teilweise deshalb, weil er glaubte, daß der Einsatz eines solchen strategischen Mittels gegen den Grundsatz verstieß, nach dem der oberste Führer in einem bestimmten geographischen Bereich auch den Befehl über die dort eingesetzten Truppen ausüben sollte[22]. Die USAAF schlug ein aufgabenbezogenes Kommando mit wechselndem Auftrag vor. Nach Meigs war Admiral King fest davon überzeugt, daß der vorgeschriebene Dienstweg nicht eingehalten würde, wenn Kräfte innerhalb des Operationsgebiets nachgeordneter Kommandobereiche Befehle von einem aufgabenbezogenen Kommando empfingen. Außerdem war es für King auch nicht annehmbar, das Heer im Seekrieg eine Rolle spielen zu lassen. Dies galt selbst dann noch, als Heeresminister Stimson, ein Verfechter des aufgabenbezogenen Einsatzes bei der U-Boot-Bekämpfung, anbot, die operative Kontrolle über die U-Jagd-Verbände der USAAF Admiral King zu übertragen, was dem Verhältnis des britischen RAF Coastal Command zur britischen Admiralität entsprochen hätte[23].

Abgesehen vom Druck durch die Deutschen kam der entscheidende Impuls für eine Neuordnung der Befehlsverhältnisse und Zuständigkeiten auf dem Atlantik Anfang 1943 aus der strategischen Situation. So wie sich die Schlacht im Atlantik Ende 1942 entwickelte, behinderte sie die Strategie der Alliierten im Hinblick auf Europa, denn sie störte die Konzentrierung von Kräften in Großbritannien für die Landung in Frankreich. Die Konferenz von Casablanca im Januar 1943 gab dem Atlantik höchste Priorität, was die Bereitstellung von Mitteln und Veränderungen in den Führungszentren zur Folge hatte. Dies fiel zusammen mit dem Höhepunkt des Atlantikkrieges Anfang 1943. Weil das Konvoigeleitsystem der Alliierten auf allen Atlantikrouten inzwischen voll funktionierte, konnten die deutschen U-Boote nur noch im mittleren Atlantik relativ ungestraft operieren. Die Briten wußten, daß die Zeit zur Offensive gekommen war und daß die deutschen U-Boote sich nun den Geleitverbänden stellen und kämpfen mußten. Ironischerweise verschrieb sich Admiral King, der eine Einmischung der US Army in den Krieg im Atlantik fürchtete und den das Debakel von 1942 immer noch schmerzte, nun voll und ganz den Abwehrmaßnahmen im Nordatlantik. Dennoch war er auch überzeugt davon, daß die verworrenen Kommandostrukturen veränderungsbedürftig waren, und so berief er für März 1943 die Atlantik-Konvoi-Konferenz nach Washington ein, um diese Kommandostrukturen umfassend neu zu regeln.

---

[22] Meigs, Slide Rues and Submarines (wie Anm. 16), S. 66.
[23] Ebd., S. 67.

Die auf der Konferenz in Washington beschlossenen Veränderungen hinsichtlich der Führung tasteten die strategische Aufteilung des Atlantischen Ozeans nicht an. Zwar wurde der Vorschlag ins Gespräch gebracht, den Oberbefehl für den Krieg im Atlantik einem einzigen Befehlshaber zu übertragen, jedoch war dies praktisch und aus politischen Gründen unmöglich, denn die Amerikaner konnten keinen Briten in dieser Position akzeptieren, und für die Briten war ein amerikanischer Oberbefehlshaber undenkbar. Die Abstimmung der Ausbildung, der Führungs- und Einsatzgrundsätze sowie die Koordinierung der Operationen und anderer Aufgaben wurde daher einem Allied Anti-Submarine Survey Board übertragen, das aus ranghohen Admirälen der Royal Navy und der US Navy bestand. Diese Admiräle bereisten 1943 den Nordatlantik und gaben umfassende Empfehlungen ab. Einen Obersten Alliierten Befehlshaber Atlantik (SACLANT) sollte es erst viele Jahre später in der NATO geben – und der war dann ein Amerikaner[24].

Die größte Veränderung im Ergebnis der Konvoikonferenz von Washington war die Neufestlegung der Grenzen der jeweiligen Operationsbereiche sowie die Zuweisung von Aufgaben für die »Nationen«. Damit war Admiral King zufrieden, da er von gemischten Geleitverbänden von Kräften aus mehreren Nationen nichts hielt. Auf diese Weise erhielten die Briten und Kanadier die Verantwortung für die wichtigsten Konvois von Handelsschiffen in der nördlichen Nordatlantikzone. Die operative Kontrolle des WAC wurde nach Westen in die strategische Zone der USA bis zu den Grand Banks vor Neufundland ausgedehnt (die neue CHOP Line verlief etwa bei 47 Grad westlicher Länge), womit den Briten die vollständige Kontrolle über die Geleitzüge in dem Bereich zufiel, der nicht von den Luftstreitkräften überwacht werden konnte. Zwischen den Grand Banks und dem Golf von Maine wurde innerhalb der strategischen Zone der USA das neue Canadian Northwest Atlantic Command (CNA) aufgestellt, das für alle Konvois, für den Geleitschutz und die U-Boot-Bekämpfung in seinem Bereich verantwortlich war. Das CNA war zwar relativ klein, jedoch handelte es sich tatsächlich um eine weitere integrierte aufgabenbezogene Kommandobehörde. Admiral L.W. Murray von der kanadischen Marine war Befehlshaber des CNA. Im Sommer 1943 bezog er einen neuen gemeinsamen Gefechtsstand der Luftwaffe und der Marine und übte die operative Kontrolle über alle Kräfte zum Geleitschutz und zur U-Boot-Bekämpfung in seiner Zone sowie über die Seefernaufklärungsflugzeuge im Rahmen ihrer Reichweite aus. Diese Veränderungen im Nordwestatlantik stuften den CTF-24 in Argentia (Neufundland) auf den Status eines örtlichen Marinebefehlshabers zurück, und

---

24 Eingehend behandelt wird die spätere Entwicklung der Führungssysteme im Atlantik bei Sean M. Maloney, To Secure Command of the Sea. NATO Command Organization and Naval Planning for the Cold War at Sea, 1945 – 1954, University of New Brunswick, Magisterarbeit 1990, nachträglich vom USNI veröffentlicht.

die symbolische Präsenz der USA in der Group A.3 der nördlichen transatlantischen Geleitkräfte verschwand völlig.

Die US Navy veranlaßte im Mai 1943 eine größere Veränderung mit der Aufstellung eines aufgabenbezogenen Kommandos der Tenth Fleet, deren Auftrag ausschließlich darin bestand, den Krieg gegen die feindlichen U-Boote im Atlantik zu führen. Obwohl die Logik forderte, die Tenth Fleet direkt dem CINCLANT zu unterstellen, behielt Admiral King selbst das Kommando über diesen Flottenverband. Admiral F.S. Low wurde zu seinem Stabschef und Befehlshaber vor Ort ernannt. Auf diese Weise operierte die Tenth Fleet im Gegensatz zum WAC oder zum CNA direkt vom Hauptquartier der Teilstreitkraft in Washington aus. Die Tenth Fleet wurde um die für die Geleitzüge zuständige Convoy and Routing Section herum gebildet und hatte sehr enge Verbindungen zu Op-20-G, den Spezialisten für die Fernmeldeaufklärung. Die Tatsache, daß die Tenth Fleet sich mit mehreren Kommandobereichen überschnitt, schien Admiral King im Frühjahr 1943 nicht mehr zu beunruhigen. Falls man Meigs Glauben schenken soll, wurde die Tenth Fleet weniger dazu aufgestellt, um die Deutschen zu schlagen, als vielmehr dazu, das zunehmende Eingreifen der US Army in den Seekrieg zu durchkreuzen[25].

Da die Verantwortung für die wichtigen Konvois von Handelsschiffen nun wieder in den Händen der Briten und Kanadier lag, konzentrierte sich die US Navy auf Militärkonvois in der zentralen und »südlichen« Zone des Nordatlantik. Unter dem Geleitschutz der US Navy fuhren BOLERO-Konvois direkt von amerikanischen Häfen nach Großbritannien, ebenso die Konvois zur Unterstützung der alliierten Operationen in Nordafrika und später in Italien. Alle Geleitzüge bewegten sich nun innerhalb eines vollständig integrierten und nahezu nahtlosen alliierten Systems für eine Kontrolle der Schiffahrt und einen Marinenachrichtendienst. Tatsächlich war es 1943 so weit, daß die Plankarten für den Warenverkehr und für die militärischen Operationen in Ottawa, Washington und London alle gleichermaßen auf der Grundlage eines vollständig freien Informationsflusses, einschließlich Ultra, ausgearbeitet wurden. So handelten die drei großen Marinen – d.h. die der Briten, Kanadier und Amerikaner – alle auf der Grundlage derselben Informationen. Die Geleitzüge bewegten sich problemlos zwischen verschiedenen Zonen diesseits und jenseits der CHOP Line. Dies wurde sehr dadurch erleichtert, daß vom Frühjahr 1943 ab die Konvois den feindlichen U-Booten nicht mehr ausweichen mußten. Direkte, große Kreisrouten wurden zum Grundprinzip; U-Boote, die die Kühnheit besaßen, die Geleitzüge anzugreifen, wurden in der Regel schnell vernichtet. Die Briten konzentrierten ihre Verbände entlang der nördlichen Routen für die Geleitzüge und jagten dort sowie im Golf von Biskaya die deutschen U-Boote; die Amerikaner hingegen verfolgten die U-Boote weiter südlich. Beispielsweise wurden die überaus erfolgreichen Hunter-/Killer-Operationen durch die US

---

25 Meigs, Slide Rules and Submarines (wie Anm. 16), S. 98.

Navy um die Azoren herum und auf den Zufahrtswegen zur Straße von Gibraltar im Sommer und Herbst 1943 anscheinend zur Unterstützung der US-Geleitzüge in Richtung Mittelmeer durchgeführt, weshalb sie nicht unter die direkte operative Kontrolle der Briten fielen.

Dennoch blieben die Zufahrtswege zum Mittelmeerraum eine Quelle für Spannungen zwischen Briten und Amerikanern. Die Landungen der Alliierten in Nordafrika im November 1942 führten dazu, daß die Führung der Lufteinsätze im Gebiet von Gibraltar General Eisenhower, dem Befehlshaber von TORCH, »zeitweilig« anvertraut wurde, der sie wiederum an seine beiden Luftwaffenführer delegierte, nämlich an einen britischen Offizier im östlichen Einsatzverband im Mittelmeer sowie an einen Amerikaner im westlichen Einsatzverband entlang der Atlantikküste. Um ihre Rolle bei den Lufteinsätzen auf den Zufahrtswegen ins Mittelmeer zu erhöhen, schuf die US Navy das Moroccan Sea Frontier Command, womit die Führungsstelle auf Gibraltar dupliziert wurde. Die Amerikaner ließen sich auch durch noch so heftige Proteste der Briten nicht von dieser Einmischung in deren strategischen Bereich abbringen. Außerdem behielt Eisenhower – der Befehlshaber auf dem Mittelmeerkriegsschauplatz – bis Oktober 1943 die operative Kontrolle über die RAF-Kräfte in Gibraltar, während das Moroccan Sea Frontier Command als selbständiger Kommandobereich der US Navy operierte. Wie Roskill ausführt, flogen die in Gibraltar stationierten Flugzeuge heimlich, um die Anforderungen der Admiralität und des Coastal Command zur Sicherung der britischen Schiffahrt im Atlantik zu erfüllen[26]. Zusammenfassend stellt Roskill fest, daß das Moroccan Sea Frontier Command der britischen Seite bis zum Ende des Krieges ein Dorn im Auge blieb und daß bis zum Ende des Krieges kein zufriedenstellendes Konzept für eine einheitliche Führung aller alliierten Flugzeuge im Operationsgebiet entwickelt wurde[27].

Die Regelungen für die Führung, die im März 1943 in Washington erarbeitet worden waren, erwiesen sich zudem 1944 als problematisch. Die Briten hatten energisch die Kontrolle über die zentrale Zone des Atlantiks angestrebt, um die »Wolfsrudel« zu besiegen. Jene wurden bis Ende 1943 entscheidend geschlagen. 1944 und Anfang 1945 mußten die U-Boote meistens unter Wasser fahren und angreifen, was sie zwang, sich in Küstennähe aufzuhalten. Dadurch wurde das zentrale Gebiet des Atlantiks für U-Boote eher eine Transitzone als eine große Gefechtszone. Unter diesen Gegebenheiten war der kanadische Sektor im Nordwestatlantik zu klein, um eine Verteidigung in die Tiefe aufzubauen. Admiral Murray konnte zwar seine Flugzeuge bis weit in das Gebiet über dem Meer hinein führen, hatte jedoch keine Kontrolle über die britischen und amerikanischen U-Jagd-Verbände, die sich am östlichen Rand seines Kommandobereichs entlang bewegten. Sobald die deutschen U-Boote in die kanadische Zone

---

26 Roskill, The War at Sea, Bd 2 (wie Anm. 4), S. 360.
27 Ebd., Bd 3/1, S. 52.

eindrangen, war Murray weitgehend auf sich gestellt. Zerstörer-U-Jagd-Gruppen
der US Navy wurden oft so geleitet, daß sie in Murrays Kommandobereich
kamen. Weil sein Abschnitt jedoch so klein war und von den größeren Marinen
aus größerer Entfernung gedeckt wurde, waren seine Mittel stets knapp. Zudem
blieben die um die kleinen Geleitflugzeugträger (CVE) herum gruppierten U-
Jagd-Gruppen auch weiterhin ein »strategischer« Vorteil. Diese befuhren den
gesamten westlichen Atlantik, einschließlich CNA, unterstanden jedoch nie
einem kanadischen Admiral[28].

Viele der dauernden Führungsprobleme im Atlantik wurden erst in der Zeit
des Kalten Krieges gelöst. In der NATO verlief die Grenze der neuen
CANLANT-Zone, die die kanadische Nordwestatlantik-Zone ablöste, im zentralen Teil des Atlantischen Ozeans. Dort hätte die Grenze 1944/45 verlaufen
müssen, um die in Richtung Nordamerika fahrenden deutschen U-Boote zu
treffen. Auch andere Kommandobereiche wurden neu festgelegt, vor allem die
Kommandobereiche im östlichen Atlantik. Im Hinblick auf die Führung wurden solche Aufteilungen sehr erleichtert, als 1952 ein Amerikaner zum Obersten
Alliierten Befehlshaber Atlantik (SACLANT) ernannt wurde[29]. Zusätzlich wurde die moderne U-Boot-Bekämpfung im Zeitalter des Kalten Krieges vollständig in ein Gesamtkonzept für Flottenoperationen integriert, insbesondere nach
der Einführung von atomgetriebenen U-Booten und atomarer Bewaffnung.
Folglich waren selbständige aufgabenbezogene Kommandobereiche schließlich
nicht mehr notwendig, und die ungehinderte Bewegung von Kräften über geographische Grenzen hinweg war gut koordiniert. Die Koordinierung zwischen
den NATO-Flotten auf operativer und taktischer Ebene wurde durch die Erarbeitung von teilstreitkraftübergreifenden und interalliierten Vorschriften und
Einsatzgrundsätzen, durch eine weitgehende – wenn auch keineswegs generelle
– Übernahme der amerikanischen Fernmeldeverfahren und -ausrüstung sowie
durch das Streben der NATO nach Standardisierung ermöglicht[30]. Die Lösung
der Führungsprobleme zog sich zwar bis weit in die Zeit des Kalten Krieges
hin, jedoch waren Themen und Richtungen im Hinblick auf Befehlsgewalt und
Führung im Atlantik bereits zwischen 1939 und 1945 schon recht genau vorge-

---

28 Siehe dazu Roger Sarty, Ultra, Airpower and the Second Battle of St Lawrence, 1944, in:
    To Die Gallantly. The Battle of the Atlantic, hrsg. von Timothy J. Runyan und Jan M.
    Copes, Boulder, San Francisco, Oxford 1994, S. 186–209.
29 Maloney, To Secure Command of the Sea (wie Anm. 24), bietet eine umfassende Dar-
    stellung der Ursprünge der komplexen NATO-Führungsstruktur im Atlantik.
30 Die kanadische Marine beispielsweise beschloß gegen Ende des Zweiten Weltkrieges
    ganz bewußt, amerikanische Fernmeldeausrüstung und -verfahren zu übernehmen; sie
    war deshalb, als die NATO gegründet wurde, für eine Zusammenarbeit mit der US Navy
    gut gerüstet. Siehe dazu Marc Milner, A Canadian Perspective on Canadian and American
    Naval Relations since 1945, in: Fifty Years of Canadian-United States Defense Coopera-
    tion. The Road from Ogdensburg, hrsg. von Joel J. Sokolsky, Joseph T. Jockel, Lewiston
    1992. S. 145–174.

zeichnet. Ob die kulturellen und geographischen Unterschiede sich jemals auf-gelöst haben, ob die Verfechter von Mahans Sichtweise schließlich zugunsten von Corbetts Auffassung über Seemacht aufgegeben haben oder ob die er-staunlichen Entwicklungen in der Überwachung und im Fernmeldewesen der Initiative des Einzelnen im Gefecht noch viel Raum ließen – dies zu entschei-den, bleibt dem Urteil der Historiker überlassen, die sich mit der Zeit des Kal-ten Krieges beschäftigen.

Pascal Le Pautremat

Partisanenkrieg und Guerillakampf in Indochina als Führungsproblem 1945 bis 1954

Einführung

In der ersten Hälfte des 20. Jahrhunderts führten die Industrieländer zwei Weltkriege, in denen die Kampftechnik auf der Massenproduktion und dem massenhaften Einsatz von Menschen und Material beruhte. Mit dem Indochinakrieg begann die Zeit der Entkolonialisierungskriege, die sämtliche Erfahrungen der vorangegangenen Kriege hinfällig werden ließen. Die Zukunft gehörte flexiblen Streitkräften, die in besonderer Umgebung (Dschungel, Sumpfgebiet) gegen einen schwer faßbaren, einen revolutionären Krieg führenden Feind operieren konnten.

Als Frankreich sich nach dem Ende des Zweiten Weltkriegs wieder stärker in Indochina engagierte, waren sich weder das Oberkommando noch die ihm unterstellten hohen Kommandobehörden gleich darüber im klaren, wie wichtig es war, mit Hilfe von Einheimischen eine Art Untergrund aufzubauen. Selbst als dies dann später geschah, zögerte das Oberkommando lange, bevor es diesen Untergrundkräften eine vollwertige Rolle in der Operationsführung zubilligte. Dabei erwiesen sich die Einheimischen – Volksgruppen, die den Vietnamesen traditionell feindlich gegenüberstanden – als wertvolle Unterstützung für das kräftemäßig schwache französische Expeditionskorps in Fernost. Mit ihnen verfügte man über ortskundige Kämpfer, die an die besonderen klimatischen und geographischen Bedingungen der Halbinsel angepaßt waren.

Ungeachtet der Skepsis ihrer Vorgesetzten vertraten einige französische Offiziere und Unteroffiziere schließlich die Idee, Untergrundkräfte im Gebiet der Viet-minh zu schaffen. So erkannte die französische Führung nach und nach den Wert von Untergrundkämpfern, ohne ihnen jedoch eine größere Bedeutung beizumessen. Nun galt es, französische Offiziere zu finden, die das Vertrauen dieser Menschen gewinnen und sie zum Kampf gegen die Viet-minh bewegen konnten. Die Bergstämme – um solche handelte es sich im wesentlichen – zu lenken und zu führen war nicht die Sache eines jeden französischen Offiziers aus dem Mutterland. Dazu bedurfte es besonderer Fähigkeiten, kommunikativer Energie und Charisma, mit denen man Vertrauen und Respekt der Menschen gewinnen konnte. Ihre Methoden des Dschungelkampfes waren denen der Viet-minh ganz ähnlich, die so auf ihrem eigenen Gebiet geschlagen werden konnte. Diese Art der Kriegführung bewegte sich hart am Rande klassischer westlicher Theorien. Die Führung von Partisanen in einer Gegenguerilla erforderte folglich eine ganz neue Art der Ausbildung und eine gefestigte Konstitution, damit man alle Schwierigkeiten ertragen konnte. Die Partisanen[1], seit 1946 als Ergänzungskräfte (*supplétifs*) bezeichnet, erlebten im Verlauf dieses neunjährigen Konflikts und besonders ab 1951 einen enormen Zuwachs.

In diesem Beitrag geht es im wesentlichen um Partisanen und Guerilla- oder besser Antiguerilla-Kämpfer, die gegen die Viet-minh eingesetzt wurden[2]. Zunächst werde ich darauf eingehen, wie die französischen politisch-militärischen Strukturen am Anfang des Konflikts auf die harte Wirklichkeit vorbereitet waren. Dann wird behandelt, was sich hinter den Begriffen Untergrund und Partisanen verbarg und wie sich die militärische Führung die Rekrutierung und den Einsatz von allen potentiell verbündeten Volksgruppen vorstellte. Schließlich wende ich mich den französischen Führungskräften zu, denen das Oberkommando die Verantwortung für die Ausbildung und Führung dieser Männer übertrug. So lassen sich die Probleme erkennen, mit denen sie zu kämpfen hatten.

Der Indochinakrieg. Neue Kampf- und Führungsvoraussetzungen

Die ersten französischen Soldaten, die in Indochina eingesetzt wurden, die 9. und die 3. Koloniale Infanteriedivision (DIC) sowie ein gepanzerter Truppenteil der 2. Panzerdivision (DB) hatten bei ihrer Ankunft keine Vorstellung davon, wie sich der Krieg dort darstellte. Nach den in Europa errungenen Siegen war die Moral am Anfang noch gut. Man erinnerte sich an Kämpfe im Rahmen weiträumiger Offensiven mit gepanzerten Kräften und Infanterie und in gemäßigtem Klima. Die Realität vor Ort stellte sich nun allerdings auf grausame

---

[1] Diese Kräftekategorie bestand aus verschiedenen Einheiten von unterschiedlicher Qualität. So gab es eher statische Ergänzungskompanien, besser bewaffnete und ausgerüstete Eingreifkommandos, Kompanien aus Plantagen- und Minenarbeitern, die von den Plantagen- und Minenbesitzern ausgehoben, jedoch von der Armee bewaffnet und geführt wurden, die Bewachungskräfte für die Schienenwege, die aus dem Haushalt der überseeischen Kräfte (Forces d'outre-mer, FOM) bezahlt wurden, katholische oder christliche Milizen, »zivile« Ergänzungskräfte und schließlich die Milizen der Provinzen und Selbstverteidigungsmilizen in den Dörfern.

[2] Es gab mehrere Kategorien von Partisanen, sie waren jedoch sämtlich Einheimische, die bereit waren, in ihrer Region an der Aufrechterhaltung oder Wiederherstellung der Ordnung mitzuwirken. Es sind militärische Partisanen und Ergänzungskräfte, die zu bestimmten Einheiten gehörten, Partisanen leichter einheimischer Einheiten und Dorfpartisanen zu unterscheiden.

Weise anders dar, um so mehr, als sich die Führung als relativ schwerfällig oder unfähig erwies, sich rasch an typisch asiatische Regeln der Kriegführung anzupassen.

Die mangelnde Vorbereitung der französischen Streitkräfte zu Beginn ihres Einsatzes

Die französischen Soldaten in Indochina waren in keiner Weise auf einen Feind vorbereitet, der sich durch eine besondere Mentalität und Lebensphilosophie auszeichnete und politisch fanatisch und zu jedem Opfer bereit war. Dieser Feind verwendete Methoden der revolutionären Guerilla, denen mit den Mitteln des konventionellen Krieges nur schwer beizukommen war. Die fehlende psychologische Vorbereitung machte den Soldaten bald zu schaffen. Die Lehrgänge in besonderen Ausbildungszentren wie Fréjus oder auch in der Truppe, die die Soldaten auf ihren Einsatz in den Kolonien vorbereiten sollten, erwiesen sich als unzureichend. Seit 1948 wuchsen im französischen Expeditionskorps Zweifel und Unsicherheit bezüglich der Gefährlichkeit der Viet-minh, selbst wenn 1951 durch den »De Lattre-Effekt« das Selbstvertrauen der Truppe wieder stieg, wobei gleichzeitig die zur Verfügung stehenden Mittel eine deutliche Steigerung erfuhren.

In Indochina waren die Soldaten vom Geschehen in Frankreich abgeschnitten. Radios und Zeitungen waren Mangelware. Das feuchte tropische Klima führte rasch zu körperlicher und psychischer Ermattung. Michel Bodin schreibt: »Der Rhythmus der Jahreszeiten bestimmte den der Operationen[3].« Tatsächlich wurden die Feindseligkeiten jeweils mit Ende der Regenzeit wieder aufgenommen.

Ein Einsatzkommando in Schwierigkeiten

Das Einsatzgebiet in Indochina zeichnete sich auch durch die große Entfernung zwischen der politischen Macht und der militärischen Macht im Einsatz aus. In Paris, fernab von den tropischen Urwäldern und den Kämpfern der Viet-minh, nahm man den Konflikt natürlich ganz anders wahr. Schiff und Flugzeug waren die einzige Verbindung zum Mutterland, von wo auch die Weisungen kamen. Diese Weisungen bezogen sich nach wie vor auf einen traditionellen Krieg, wie er gerade in Europa stattgefunden hatte. Die Situation wurde noch dadurch verschärft, daß das Expeditionskorps nicht an die Kriegsbedingungen in Indochina angepaßt wurde. Der Umfang der Kräfte erwies sich als unzureichend, hinzu kam die Schwächung durch die ständige Ermattung, die am Kampfgeist zehrte.

---

[3]   Michel Bodin, La moral des militaires français (1945 – 1954), in: Les guerres d'Indochine de 1945 à 1975 (Les Cahiers de l'IHTP, Nr. 34, Juni 1996), S. 101.

Dienstanweisungen, Formulare von Behörden, die in mehrfacher Ausfertigung auszufüllen waren, und undurchführbare Befehle erbitterten die Führungskräfte[4]. Hinzu kam, daß das Oberkommando nicht besonders stabil war:
In neun Jahren gab es neun verschiedene Generäle an der Spitze: Leclerc, Val-
luy, Salan, Blaizot, Carpentier, de Lattre, Salan, Navarre und Ély. Diese Generäle hatten es nicht leicht in ihrer Position zwischen einer Regierung, die mit
größter Sparsamkeit die Mittel zubilligte und die Situation am Kriegsschauplatz
kaum kannte, und einem von China unterstützten Gegner, dem die klassischen
Regeln des Krieges völlig unbekannt waren. Mit ihren Posten übernahmen alle
diese Generäle eine bestimmte Situation auf dem Gefechtsfeld, die Ratschläge
ihres Vorgängers und die Weisungen oder Vorschläge der Regierung. So kam es
schließlich zu Meinungsverschiedenheiten über die wichtigsten Ziele, was der
Wirksamkeit der gesamten Aktion nur abträglich sein konnte.

Die Übertragungsmittel für die Befehle wurden in dem feucht-tropischen
Klima Indochinas auf eine harte Probe gestellt. Der Sendebereich der Funkgeräte in den Einheiten war durch Gebirge und Luftfeuchtigkeit eingeschränkt.
Batterien hielten nur ungefähr drei Monate und Telefonverbindungen gab es
außerhalb von Ortschaften kaum. In den Stäben (Hanoi, Haiphong, Namh
Dinh, Quang Yen, Tien Ye, Tourane, Hue, Quang Tri und Cochinchina) wurden natürlich Richtfunkverbindungen eingerichtet, aber die Fernmeldeführung
beklagte sich in Frankreich über fehlendes Bedienungspersonal. Außerdem
fehlte es an Chiffriermaschinen, so daß man entweder offen senden oder Tarn-
systeme (wie Slidex, das jeweils 24 Stunden galt) benutzen mußte, die häufig
entschlüsselt wurden. Dadurch wurden die Übertragungszeiträume verlängert,
und die Viet-minh hatte gute Möglichkeiten zur Nachrichtengewinnung.

Diese Probleme wurden schließlich teilweise mit Hilfe von Partisanen beho-
ben.

Die Partisanen. Besonderheiten des Untergrundkrieges in Indochina

Operationsgebiete

Man muß berücksichtigen, daß nicht das gesamte Gebiet der indochinesischen
Halbinsel gleichermaßen von dem Konflikt betroffen war. So blieb es in Kambodscha von 1946 bis 1949 ruhig. Die Bevölkerung dort war freundlich und
offen. Ab 1949 setzten sich Elemente der Viet-minh in Kambodscha fest, so
daß dieses Land nach 1950 ebenfalls am Krieg beteiligt war. Die Franzosen
operierten dort zu dieser Zeit gegen Basen der Viet-minh und der Khmer.

---

[4] Ebd., S. 106.

In Laos, im Süden, bemühten sich die Truppen um Befriedung (vor allem zwischen 1946 und 1950), während in Nordlaos in Zusammenhang mit den Kämpfen in Tonkin große Operationen organisiert wurden. Die Beziehungen zur örtlichen Bevölkerung waren bis 1950 hervorragend, verschlechterten sich dann aber. Währenddessen wuchs die Bedrohung durch die Viet-minh. Ab 1952 war der Krieg in Nordlaos mit dem in Tonkin vergleichbar.

In Cochinchina und in Annam handelte es sich vor allem um eine mehr oder weniger intensive Guerillatätigkeit der Viet-minh. Von 1947 bis 1954 verschärften sich die Kämpfe trotz der Fortschritte in der Befriedung und obwohl die Bergbewohner von Annam die Viet-minh daran hinderten, die Kontrolle über das Land zu gewinnen.

In Tonkin schließlich existierten verschiedene Formen des Krieges. Von 1947 bis zur zweiten Hälfte des Jahres 1949 gab es eine Periode der Wiedereroberung und des Aufbaus neuer Posten in einem besonders heftigen Guerillakrieg. Durch die stärker werdende Bedrohung durch die Viet-minh wurde der Krieg härter. Dann, von der zweiten Hälfte des Jahres 1949 bis 1954, nahmen die Kämpfe an Intensität zu, an denen eine immer größer werdende Zahl regulärer Viet-minh-Einheiten teilnahm.

Vor allem in der Bergregion im Norden von Tonkin und Laos richteten die Franzosen zahlreiche Posten ein – wie zum Beispiel Cao Bang, Lao Kay und Lai Chau –, weil dieses Gebiet auch nahe an der chinesischen Grenze lag. Hier entwickelten sich ab 1951 an verschiedenen Punkten der Region einheimische Partisanengruppen.

In dieser Zeit war die Viet-minh schon nach Thailand und Laos vorgedrungen und hatte die kleinen französischen Posten vernichtet, bevor sie vor dem Posten von Nasan gestoppt wurde. Das französische Expeditionskorps schien nicht mehr in der Lage, diesen Angriffen mit den konventionellen Mitteln der modernen Kriegführung zu begegnen. Die traditionellen Taktiken des Manövers, wie zum Beispiel die Umfassung, waren für den Dschungel nicht geeignet. Der Einsatz schwerer Waffen (Maschinengewehre, 60-mm-Mörser, rückstoßfreie Kanonen) erwies sich aufgrund fehlenden Schußfeldes, des Geländereliefs und der Vegetation sowie der Schwierigkeiten beim Heranführen des schweren Geräts als ungeeignet. Von diesem Zeitpunkt an versuchte die französische Führung, ihre Kriegführung an die revolutionäre Guerilla anzupassen.

Partisanenkämpfer: hervorragende Trümpfe

Zuerst einmal soll daran erinnert werden, daß die Rekrutierung von Einheimischen als Ergänzungskräfte oder reguläre Soldaten in den Kolonialarmeen schon eine Tradition hatte und immer stärker zunahm, je weiter die Befriedung fortschritt. Die ausgewählten Männer hatten keinen besonderen Status und waren im Unterhalt kostengünstiger als die Soldaten aus dem französischen Mutterland oder Nordafrika. Theoretisch waren sie selber für ihre Verpflegung und Bekleidung verantwortlich. Aber nach und nach wurden ihnen Entschädigungen gezahlt und einheitliche Uniformen geliefert, um die Zahl der Einstellungen zu erhöhen und die Verwaltung der Einheiten zu erleichtern, aber einige trugen lieber weiterhin ihre traditionelle Kleidung. Die Partisanen ihrerseits kosteten weniger als die regulären Einheiten aus der einheimischen Bevölkerung oder aus Europäern. So erhielt 1950 ein Soldat der Ergänzungskräfte 250 Piaster, während einem einheimischen Soldaten der regulären Truppen 410 und einem Franzosen 586 Piaster gezahlt wurden[5]. Das ist kaum zu glauben, wenn man bedenkt, welchen Gefahren diese Männer ausgesetzt waren.

Während die Ergänzungskräfte zu Beginn eingesetzt wurden, um die Posten und Wachttürme zu halten, stellte die Führung nach und nach immer mehr bewegliche Einheiten auf, die aufgrund ihrer operativen Eignung für den Guerillakampf zur Unterstützung der regulären Einheiten eingesetzt werden konnten[6].

Dank der Kampfmethoden der Partisanenkämpfer verfügte die französische Armee mit den Partisaneneinheiten über kleine, sehr leichte und bewegliche Formationen, deren Stärken ihre Robustheit und ihr Jagdinstinkt waren, die an das Klima gewöhnt waren, die Einwohner kannten und Kampftechniken anwandten, die denen der Viet-minh recht ähnlich waren, nachdem sie deren politische und militärische Kampfmethoden untersucht hatten, um sie gegen sie einsetzen zu können. Die Partisanenkämpfer bildeten also einen sowohl militärischen als auch politischen Trumpf, mit dem die mangelnde Anpassung der Strukturen und Einsatzverfahren der regulären Truppen an die Kampfformen in der Bergregion, die vom Klima, von der Vegetation und Geländestruktur sowie der Kampfart des Gegners geprägt waren, ausgeglichen wurde.

Mit der Schaffung von Partisanentruppen wollte man die uralten traditionellen Spannungen und den traditionellen Antagonismus zwischen den Völkern der Bergregion (Thai, Man, Meo, Muong, Nung) und den von diesen gefürchteten und verachteten Vietnamesen im Flachland, die das Hochland schon oft überfallen hatten, ausnutzen und Verwirrung im feindlichen Gebiet stiften. Man baute auch auf den Ehrgeiz der örtlichen Führer und das Unabhängigkeitsstreben der Bergbewohner, die sich als erbitterte Gegner der Viet-minh erwiesen, von denen sie sich durch Sprache, Glauben und Sitten unterschieden.

Langfristig versuchte man auch, nationale Armeen aufzustellen, die mehr und mehr Verantwortung im Kampf gegen den Kommunismus übernehmen sollten. Die Unterzeichnung der Pariser Verträge von 1949 sollte im übrigen auch hierzu beitragen. So schaffte das Militärabkommen zwischen Frankreich

---

5 François Gérin-Roze, La »Vietnamisation«: La participation des autochtones à la guerre d'Indochine (1945 – 1954), in L'Armée française dans la guerre d'Indochine, Brüssel 2000, S. 137 – 149, hier S. 140.
6 In Südvietnam wurde ab 1951 systematisch auf solche Einheiten zurückgegriffen.

und Vietnam vom 30. Dezember 1949 die Grundlagen für die künftige Organisation einer nationalen vietnamesischen Armee[7].

Trotzdem hatte es einige Zeit gedauert, bis die Ausmaße des Revolutionskrieges vom Oberkommando analysiert, erkannt und zugegeben worden waren.

Die Gegenguerilla – eine ungewöhnliche Methode der Kriegführung

Leutnant Dabezies vom Groupement de Commandos Mixtes Aéroportées (GCMA) war einer der ersten französischen Offiziere, der sich mit der Frage der Anpassung an die Methoden der Viet-minh beschäftigte. So verfaßte er am 27. Februar 1952 einen Bericht über den Aspekt der Heranziehung von Einheimischen zu Einsätzen im Bergland, in dem er vorschlug, Gegenguerilla einzusetzen sowie der psychologischen Aktion großen Raum zu lassen. Der Einsatz von Einheimischen war auch politisch wichtig, denn er sollte zeigen, daß die Bevölkerung gegen die Viet-minh aufgebracht werden konnte. Die Guerilla sollte eine besondere Organisationstechnik haben, die der der Viet-minh entsprach. Zu Beginn entsprachen die psychologischen Operationen nicht direkt den Weisungen der französischen Führung. Ab 1952 entwickelten sich Abteilungen für den psychologischen Kampf. Vor diesem Zeitpunkt mußten sich die Truppenführer bei ihren Aktionen auf ihr eigenes Einfühlungsvermögen und ihre mehr oder weniger vorhandenen Handlungsfähigkeiten auf diesem Gebiet verlassen.

Die Franzosen, die an der Spitze der Partisanen standen, führten Aufklärungs- und Störaufträge durch, die mit dem Begriff Aktion (*Action*) bezeichnet wurden. Roger Trinquier beschreibt die Gegenguerilla im Rücken der Viet-minh folgendermaßen: »Die Aktion ist eine Form des Kampfes [...] Die Aktion dient dazu, feindliches Potential dort zu zerstören, wo klassische Mittel aus dem einen oder anderen Grund nichts ausrichten können. Es handelt sich dabei nicht nur um militärisches, sondern auch um psychologisches, politisches, soziales und wirtschaftliches Potential. Es eignet sich jedes Gebiet, wo sich der Feind im Nachteil befindet; zum Erreichen des Ziels können alle Mittel eingesetzt werden. Aber man muß über die Schwächen des Gegners informiert sein und über die geeigneten Mittel verfügen, um diese auszunutzen [...] Die Viet-minh arbeitet schon seit Beginn mit Aktion, wir müssen sie jetzt auf ihrem eigenen Gebiet schlagen[8].«

---

[7]   Für diese Organisation galten vier Grundsätze: Die vietnamesische Führung wird auf allen Ebenen von Frankreich unterstützt; Frankreich liefert Material und Personal für die Ausbildung der vietnamesischen Offiziere und Unteroffiziere; Vietnam übernimmt 40 % des Haushalts; die nationalen Einheiten werden bei Operationen unter französisches Kommando gestellt.

[8]   Roger Trinquier, Les Maquis d'Indochine 1952–1954, Liguge 1970.

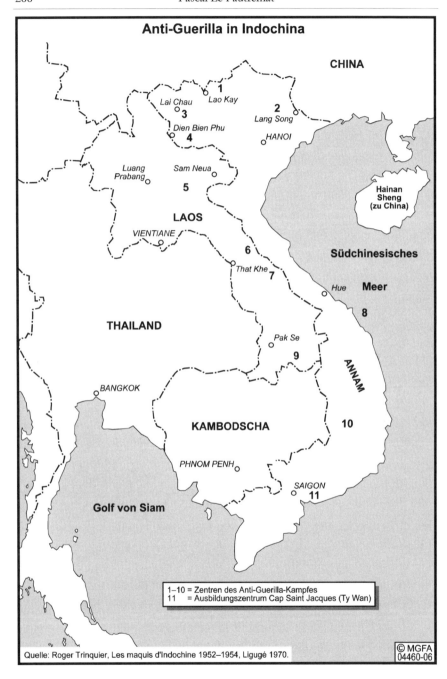

Anti-Guerilla in Indochina

CHINA

1
Lai Chau   Lao Kay
3   2
Dien Bien Phu   Lang Song
4   HANOI

Hainan
Sheng
(zu China)

Luang   Sam Neua
Prabang
5

LAOS

VIENTIANE

Südchinesisches

6

That Khe 7   Meer
Hue
8

THAILAND

Pak Se
9
ANNAM

BANGKOK

KAMBODSCHA   10

PHNOM PENH

SAIGON
11

Golf von Siam

1–10 = Zentren des Anti-Guerilla-Kampfes
11   = Ausbildungszentrum Cap Saint Jacques (Ty Wan)

Quelle: Roger Trinquier, Les maquis d'Indochine 1952–1954, Ligugé 1970.

© MGFA
04460-06

Die Methode der Partisanen unter der Führung französischer Spezialagenten ähnelte also mehr einem revolutionären und ideologischen Krieg, weil sie die Kräfte der Nation und des Landes auf psychologischer, politischer, sozialer und wirtschaftlicher Ebene einsetzte. Die »Aktion« sollte durch die Schaffung von Verbindungen, die Einrichtung von Verstecken, die Entwicklung von Information und Desinformation das Gelände vorbereiten. Der Kampf bildete also nur die letzte Phase dieser Praxis[9]. Auf der taktischen Ebene der Gegenguerilla mußten die Partisanenkämpfer in der Lage sein, Informationen zu sammeln und leichte Einheiten auf den möglichen Infiltrationsachsen zu bilden; all dies sollte dazu dienen, den politischen Feind durch Aktionen in seinem Rücken materiell und moralisch zu zermürben, indem man gegen seine Schwachpunkte auf politischem, wirtschaftlichem oder militärischem Gebiet vorging. Während Propaganda, Spionage und Sabotage sich vor allem auf die Städte konzentrierten, blieben die Berge und Wälder das bevorzugte Gebiet für die Guerilla. Die Partisanenkämpfer erhielten auch den Auftrag, bekannte Viet-minh-Angehörige zu ermorden, politisch-militärische Einheiten zu unterwandern, Agenten und Verbindungsleute der Viet-minh abzufangen, Telefonleitungen zu zerstören und Gegenpropaganda zu betreiben. Aber es brauchte Zeit, um diese Methoden umzusetzen[10].

Die Ergänzungskräfte, die schon gemäß ihrer Definition regionale Kräfte waren, wurden im allgemeinen in der Nähe ihrer Dörfer und für punktuelle, kurzzeitige Operationen eingesetzt. Die Kommandokräfte, zusammengeschweißte und kohärente Einheiten, handelten natürlich völlig anders. Einige von ihnen wurden in sensiblen Gebieten, zum Beispiel in der Nähe einer von der Viet-minh beherrschten Zone eingesetzt. Von hier aus konnten sie dann Vorstöße durchführen, um Marschstraßen zu sprengen, Depots zu zerstören, kleine Viet-minh-Abteilungen zu stören und zu dezimieren oder Aufklärung zu betreiben.

Es war aber immer so, daß eine Partisanengruppe im Rahmen der von den regulären Truppen durchgeführten Operationen eingesetzt wurde. Es war also die Zustimmung der obersten Führung erforderlich, um die Partisanengruppe für die Erweiterung ihres Einsatzgebietes und die weiträumige Sicherung der regulären Truppen einzusetzen. Als Gegenleistung mußten die Partisanengruppen in logistischer Hinsicht und im Sanitätsdienst von den regulären Truppen

---

[9] Die durchgeführten Kommandooperationen dienten der Vernichtung oder Verringerung von gegnerischem Militärpotential. Die Kommandoaktion im eigentlichen Sinne wurde von den Kommandos Bergerol, Vandenberghe und Lasserre durchgeführt, wobei letzteres ehemalige Angehörige der Viet-minh und übergetretene Häftlinge rekrutierte.

[10] In ganz seltenen Ausnahmefällen kam es vor, daß westliche Führer sich von dem besonderen Leben der Partisanen beeinflussen ließen. So spielten 1952 einige von ihnen eine zweifelhafte Rolle im Opiumhandel, während sie genau dieses Produkt in der Gegend um Xien Khouang ausrotten sollten (Jean Ferrandi, Les officiers français face au Vietminh 1945–1954, Paris 1966, S. 172).

unterstützt werden. Die Partisanengruppen erfüllten also Aufklärungs- und Sicherungsaufgaben für sie und stellten ihre Bewegungen sicher. Hier ließe sich als Beispiel die Evakuierung der Basis Nasan im August 1953 unter dem Schutz der Partisanengruppen *COLIBRI, CALAMAR* und *AIGLON* anführen, die das vietnamesische 88. Regiment störten und am Eingreifen hinderten.

Natürlich wurden diese Partisanengruppen nicht für Angriffe eingesetzt, für die starke Kräfte mit einer besonderen und langen Kampfausbildung erforderlich waren. Angriffe mit starken Kräften entsprachen im übrigen nicht der Art der Bergbewohner, insbesondere der Meo, die sich eher für Einzelaktionen als für kollektive Einsätze eigneten. Hinzu kamen noch die Unterschiede zwischen den verschiedenen Bergvölkern. So waren die Thai friedlicher als die Meo, die besonders wild waren. Hauptmann Hébert, Führer einer von ihm aufgestellten Partisanengruppe, sagte über diesen Volksstamm: »Der Meo hat seine ganz eigene Art zu kämpfen [...]. Er hat keine Taktik [...]. Er hat ein Gewehr, er kann damit umgehen, er weiß, wo er hin muß [...]. Aber man darf ihm keine Minenausbildung geben, die Explosion würde ihm jedesmal die Schnauze wegreißen, das ist zu kompliziert für ihn!«[11]

Dies zeigt, wie schwierig die Aufgabe der französischen Offiziere und Unteroffiziere, die mit den einheimischen Kräften zusammenarbeiteten, auf militärischer wie auf menschlicher Ebene war.

Die französischen Führer zwischen den Partisanen – ein ganz besonderer Auftrag

Der Europäer erfüllte einen komplexen Auftrag, da er sich mit dem gesamten Leben seiner Gruppe, ihren militärischen Aktionen, ihrer Ausbildung, der geistigen Verfassung der Männer und ihrer Betreuung, mit materiellen Fragen, Belohnungen und Strafen und schließlich auch mit den Beziehungen zwischen den Einheimischen und der Führung befaßte. Die fachliche Ausbildung hing also in erster Linie von der Qualität der Führer, ihrem Beispiel und ihrem Schwung ab. Dabei war die Sprachbarriere ein nicht zu unterschätzendes Hindernis. Hier mußten drei Regeln beachtet werden: Man mußte volles Vertrauen in den Dolmetscher haben, die Ausbildung mußte sich auf Nachahmung stützen und die Fähigkeiten der Einheimischen (Sinn für Tarnung, lautlose Fortbewegung, Jagdinstinkt) mußten gewürdigt werden.

---

[11] Zit. nach: Michel David, Les maquis autochtones: une réponse à l'action politico-militaire du Viêt-minh, in: L'Armée française dans la guerre d'Indochine (wie Anm. 5), S. 158.

Die Verwaltung der Partisanen

Im Januar 1948 wurden drei Inspektionen für Ergänzungskräfte in den Territorialstäben aufgestellt, um die Sektorenoffiziere zu entlasten, die sich bis zu diesem Zeitpunkt mit den besonderen Problemen der Ergänzungskräfte befaßten. Diese Inspektionen sollten den Truppen die Verwaltungsarbeit abnehmen und eine solide Struktur für die Leitung und Organisation der Partisanenaktionen schaffen. Schließlich sollten sie Führungskader auf die Probleme der Ergänzungskräfte spezialisieren und sie befähigen, einen besseren Zusammenhalt der einheimischen Gruppen zu sichern. Die Inspektoren hatten den Auftrag, alle denkbaren Informationen über die Ergänzungskräfte zu sammeln, Weisungen für den Einsatz der Männer zu erarbeiten, die Ausbildung der Freiwilligen zu kontrollieren und zu lenken und das Personal und das Material zu verwalten.

In jeder Zone wurde ein Zonenbüro für Ergänzungskräfte eingerichtet, dessen Leiter, ein dem Zonenkommandanten unterstellter Hauptmann, sich mit der Koordinierung und Ausführung aller erhaltenen Weisungen, der Zentralisierung der Verwaltung von Menschen und Material sowie organisatorischen und Personalfragen befaßte. Durch die Schaffung der Inspektionen für Ergänzungskräfte war es möglich, deren Führer theoretisch auf freiwilliger Basis zu rekrutieren. Aber es kam auch zusätzliches Führungspersonal aus den Truppen der Untersektoren.

Nach wie vor spielten die Franzosen jedoch die wichtigste Rolle in der Führung der Partisanen.

Die Rolle der Fallschirmjägerkommandos

Zu Beginn des Konflikts verhielten sich die Franzosen, laut Michel Bodin, relativ ungeschickt gegenüber den Ergänzungskräften, da sie keine spezielle Ausbildung über die Sitten, Gebräuche und traditionellen Rituale der Einheimischen erhalten hatten. Die Offiziere waren also ganz auf sich gestellt und verfügten nur über ihre eventuell vorhandenen persönlichen Kenntnisse, um ihrer Verantwortung gerecht zu werden und das Vertrauen der einheimischen Soldaten zu gewinnen.

Aber es kam auch zu Divergenzen im französischen Lager selbst. So führten Streitigkeiten zwischen Zivil- und Militärpersonal, Kämpfe um Einfluß, persönliche Konflikte und psychologische Ungeschicklichkeiten dazu, daß die Franzosen bei der örtlichen Bevölkerung, vor allem in Annam, in Mißkredit gerieten. Außerdem vermochte die Führung nicht, sich der Revolutionskriegführung der Viet-minh anzupassen. Die taktischen Ideen und Gefechtsverfahren entsprachen deshalb auch kaum der Situation.

Von 1949 bis 1950 entstand allerdings eine reformerische Strömung. Unter dem Druck der weltpolitischen Ereignisse, wie zum Beispiel dem Koreakrieg, und aufgrund des Vorbilds der Amerikaner wurde die Methode der Aktion eingeführt. Aber die neuen Ideen setzten sich nur schwer durch. Im Juni 1949 stellte Oberst Chavatte, der Kommandeur der Troupes Aéroportées d'Indochine (TAPI), der 1951 in dieser Funktion durch Oberst de Bollardière ersetzt wurde, Operationsstäbe der Luftlandetruppen (état-major opérationnel – troupes aéroportées/EMO-TAP) auf, die von Oberstleutnant Grall befehligt wurden. Diese Stäbe sollten den Fallschirmjägereinheiten Unterlagen über ständige Ziele (Absetzplätze, Geländestruktur, Bevölkerung, Marschwege, Infrastruktur usw.) liefern, Kontakte zur örtlichen Bevölkerung herstellen und dort Ansprechpartner, wegekundige Führer und potentielle Agenten finden. Zu diesen Strukturen kam noch die Section de documentation et de contre-espionnage (SDECE). So existierten zahlreiche zivile und militärische Nachrichtendienste nebeneinander, ohne daß ihre Arbeit abgestimmt wurde. Schließlich wurde im Februar 1950 die Direction Générale de la Documentation (DGD) geschaffen, die unter der Leitung von Oberst Gracieux die verschiedenen Dienste unter der Ägide des SDECE Saigon zusammenführte.

Die einheimischen Partisanengruppen wurden größtenteils vom GCMA aufgestellt. Das am 10. April 1951 auf Veranlassung von General de Lattre aufgestellte GCMA[12] unterstand dem SDECE in Indochina. Eng mit dem État-major interarmées et des forces terrestres (EMIFT) zusammenarbeitend, leitete Oberstleutnant Edmont Grall das GCMA, ein Offizier der Kolonialinfanterie, der für seine Vorliebe für das Unkonventionelle sowohl im täglichen Leben als auch bei Operationen bekannt war. Dementsprechend mußten Offiziere und Unteroffiziere rekrutiert werden, die über außergewöhnliche Fähigkeiten verfügten. Sie kamen zumeist aus dem TAPI und den EMO. Die meisten Freiwilligen verfügten bereits über solide Erfahrungen in der »Aktion«, die sie in den vorangegangenen Jahren in Europa und im Widerstandskampf gegen die Japaner in Indochina gesammelt hatten. Diesen Männern, die bereits mit den Besonderheiten des Landes vertraut waren, gefiel der Gedanke, weiter unter Grall zu arbeiten, der zuvor die EMO-TAP geführt hatte. Parallel dazu wurden weitere Offiziere kooptiert, die Indochina gut kannten, über anerkannte Fähigkeiten verfügten und von dem Gedanken motiviert waren, ungewöhnliche und letztendlich auch unkonventionelle Operationen durchzuführen.

Bei den Partisanengruppen wurden die gleichen Methoden angewandt, die die Alliierten in der Vergangenheit im Rücken der japanischen Truppen in Burma bei den »Chindits« von General Wingate oder bei den »Maraudeurs« von General Merril benutzt hatten.

---

12 Das GCMA war die für Aktionen zuständige Abteilung des SDECE und hatte den Auftrag, Guerilla- und Sabotageoperationen sowie Netze zur Flucht und zum Ausbruch aus den von der Viet-minh besetzten Gebieten zu organisieren.

Die Probleme vor Ort

Eine der Hauptschwierigkeiten lag darin, daß für die Aufstellung und Einsetzung der Partisanengruppen eine relativ lange Zeit nötig war. Die sorgfältigen Vorbereitungen umfaßten mehrere Etappen. Zuerst mußte eine Untersuchung über die Geographie und Bevölkerung der Zone vorgenommen werden, in der eine Partisanengruppe aufgestellt werden sollte, gleichzeitig mußten Informationen über die Viet-minh in dieser Zone eingeholt werden. Wenn dann die Entscheidung über die Einsetzung einer Partisanengruppe gefallen war, wurden ein Offizier als Einsatzleiter und 4 bis 5 Unteroffiziere für die geplante Partisanengruppe bestimmt. Danach wurden etwa sechzig Freiwillige unter den zivilen Flüchtlingen und den Truppen der Union française rekrutiert. Diese Freiwilligen bildeten dann Trupps für Spezialaufträge, die aus jeweils einem Truppführer, einem Funker und zwei Aufklärungsagenten bestanden. Diese Gruppen, die nach 2 bis 3 Monaten Vorbereitungszeit einsatzbereit waren, sprangen mit dem Fallschirm über dem entsprechenden Gebiet ab oder sickerten dort ein und rekrutierten potentielle Partisanen unter der einheimischen Bevölkerung. Ein Teil der Spezialtrupps und Partisanen wurden dann für den Kommandotrupp eingesetzt, der die Partisanengruppe aufbauen sollte.

Diese hier skizzierten Etappen konnten 9 bis 12 Monate dauern. Dies erklärt, warum die Partisanengruppen erst ab 1952 wirksam wurden.

Zwischen 1947 und 1949 hatte man das Führungspersonal theoretisch für 100 Einheimische auf 2 Offiziere, 6 Unteroffiziere und 2 Mannschaften festgelegt. 1952 kamen nur noch 6 Europäer auf 126 Partisanenkämpfer[13]. Aber diese Festlegung wurde selten eingehalten. Und wenn die Partisanengruppe einmal eingesetzt war, wurden einige ihrer einheimischen Mitglieder hinter die Linien geschickt, um als Offizier und Zugführer oder Unteroffizier und Funker ausgebildet zu werden.

Es gab auch Schwierigkeiten auf materiellem Gebiet bei der Finanzierung und der Ausrüstung. Den Franzosen fehlten Feldanzüge, und die Führer griffen auf fiktive Ergänzungskräfte zurück, um mit dem Geld, das sie zusätzlich als Sold erhielten, Feldanzüge anstelle der kurzen Hosen und kurzärmeligen Hemden zu kaufen, die ihnen die Bekleidungsdienste zugestanden. Und schließlich hatten die Partisanenkämpfer einen sehr unsicheren Status, denn die Ergänzungskräfte standen als Tagelöhner auf den Listen und konnten demnach »jederzeit fristlos entlassen werden«[14]. Allerdings wurden sie normalerweise zu einem Dienst von mindestens sechs Monaten verpflichtet und hatten eine Kündigungsfrist von acht Tagen. Außerdem weist Raymond Muelle darauf hin, daß »Einsatzgrundsätze in einer geheimnisumwitterten Umgebung, in der auch Verdächtigungen und Eifersüchte regierten und Gerüchte kursierten, durchgesetzt

---

13 Michel Bodin, Le corps expéditionnaire français en Indochine (1945–1954). Le soldat des forces terrestres, Doktorarbeit, Paris 1991, Bd 1, S. 304.
14 Ebd., S. 140.

werden« mußten[15]. Alles in allem reichte das Geld nicht aus, war das Material unvollständig, die Bewaffnung zusammengewürfelt und oft von nicht besonders hoher Qualität[16].

Die Franzosen beklagten auch, daß sie vor allem bei Verletzungen oder Krankheiten nur wenig Mittel und Hilfe von den Streitkräften erhielten. Man durfte nicht damit rechnen, daß verletztes Personal evakuiert wurde. Dadurch kam es zu zahlreichen Todesfällen, und die Lage wurde noch dadurch verschärft, daß es im Einsatzgebiet keine Ärzte gab und den wenigen Sanitätern schnell ihr Sanitätsmaterial ausging.

Laut Michel Bodin hatten die Europäer während der ersten Tage kaum Vertrauen in ihre Partisanenkämpfer. Sie wußten einfach nicht, ob sie sich auf ihre Leute verlassen konnten. Deswegen verteilten einige die Munition auch nur nach und nach unter ihnen und ließen das Munitionslager regelmäßig verlegen. »Zur Einsamkeit des weißen Soldaten kamen noch das Gefühl der Verlassenheit und das Gewicht der Verantwortung, denn dieser Führer wurde von seinen Männern, die von ihm alles auf allen Gebieten erwarteten, beobachtet und beurteilt[17].«

Sie gewannen das Vertrauen am schnellsten in den Einheiten, die aus Kambodschanern, Laoten und Angehörigen der Bergvölker bestanden. Die französischen Kommandeure erkannten, wie sehr sie von deren schneller Auffassungsgabe profitierten.

Ungenügend war auch die Zusammenarbeit mit den französischen Zivil- und Militärbehörden auf örtlicher und regionaler Ebene. Die Rekrutierung von Einheimischen führte zu Mißtrauen und sogar Feindschaft bei den örtlichen Führungsstellen, die das ausgebildete Personal zu ihrem eigenen Nutzen behalten wollten. Diese neigten dazu, die Partisanengruppen als Element zur Deckung oder Sammlung zu nutzen. Die einfachen Offiziere des GCMA, die hervorragende Männer der Tat waren und sich nur wenig um Diplomatie scherten, stießen auf Stabsoffiziere, die eifersüchtig über ihre Privilegien wachten und völlig von sich selbst überzeugt waren. Da war zum Beispiel Oberst Coste, der Kommandeur der Autonomen Zone Nord-West (ZANO) von Tonkin, der den Führern des GCMA auch nicht die geringste Entscheidungsbefugnis zugestehen wollte. Er verbot ihnen sogar den Kontakt mit der örtlichen Bevölkerung und die Rekrutierung von Partisanenkämpfern. Um jeden Zwischenfall mit den

---

15 Raymond Muelle, Commandos et maquis. Service action en Indochine. G.C.M.A. Tonkin 1951 – 1954, Paris 1993, S. 40.

16 Die Bewaffnung der Einheimischen war normalerweise veraltet und entsprach nicht den Vorgaben der französischen Behörden in Saigon: automatische Pistolen von 7,65 mm anstelle von 9 mm, Maschinengewehre vom Typ »Sten« anstelle des MAT 49, Gewehre vom Typ 303 oder Mauser anstelle von MAS 36. Es herrschte ein deutlicher Mangel an Spezialausrüstung wie Gewehren mit Zielfernrohr, Granatwerfern und Schalldämpfern. Außerdem war die Ausstattung mit Funkgeräten unzureichend.

17 Michel Bodin, Les combattants français face à la guerre d'Indochine (1945 – 1954), Paris 1998, S. 145.

Chinesen zu vermeiden, verbot er ihnen sogar alle Operationen in der Nähe der chinesischen Grenze; davon profitierten natürlich die maoistischen Kräfte und diejenigen der Viet-minh. Es mußte also versucht werden, einen Kompromiß zu finden, in dem beide Seiten gegenseitig die Besonderheiten ihres Auftrags anerkannten. Aber diese gegenseitige Anerkennung war so schwer zu erreichen, daß Oberstleutnant Trinquier, der Chef des GCMA, zur Regelung der Konflikte mehrmals persönlich eingreifen mußte.

Und noch ein Beispiel. Als 1950 in Lai Chau versucht wurde, eine kleine Abteilung (1 Offizier, 5 Unteroffiziere, darunter 1 Funker) zu schaffen, um die thailändischen Partisanenkämpfer auf den Kommandokampf und die Guerilla vorzubereiten, wurde Leutnant André Guillaume trotz eines von Hochkommissar Pignon unterzeichneten Empfehlungsschreibens vom Kommandeur der ZANO die Zusammenarbeit verweigert.

Die französischen Führer der Partisanengruppen stießen also in ihrer Hierarchie und bei den anderen Zivil- und Militärbehörden auf keinerlei Gehör oder Bereitschaft zur Zusammenarbeit. Es waren deshalb Offiziere erforderlich, die nicht in konventionellen Bahnen dachten und handelten, Vorbehalte überwinden und den Widerstand der örtlichen Führungsstellen in Grenzen halten konnten, d.h. besonders kompetente und effiziente Militärs, die den Gegner (seine Einsatzgrundsätze, Prinzipien und Methoden), die Bevölkerung, mit der sie Kontakt aufnehmen (Sitten und Gebräuche) und die sie für sich gewinnen sollten[18], und die zu verteidigenden Werte kannten.

Die jungen Offiziere und Unteroffiziere der Partisanengruppen hatten eine schwere Verantwortung zu übernehmen. Sie mußten nicht nur Einfluß auf die Einheimischen nehmen, sondern auch im Namen ihrer Vorgesetzten sprechen. Deshalb wußten sie oft nicht, was sie den Anführern der Einheimischen sagen sollten. Was durften sie versprechen und was mußten sie ablehnen? Man kann festhalten, daß, gemäß einem Auszug aus einer Weisung von General Navarre vom 27. Juni 1953, »die Beziehungen zu den Armeen der Partnerstaaten [aber auch zu den Partisanengruppen] auf allen Ebenen von guter Kameradschaft und dem Wunsch beseelt sein müssen, diese nicht nur zu führen, sondern sie auch so schnell wie möglich zu einer vollständigen Unabhängigkeit zu bringen«.

Aber zu wenige europäische Offiziere waren im Guerillakampf ausgebildet und für psychologische Operationen sensibilisiert, die sie nur zu oft als unbedeutende oder nur von Spezialisten betriebene Gefechtsart abtaten. Ein anderes Problem bestand darin, daß die Ergebnisse des GCMA zwar ermutigend waren, aber von keiner umfassenden Politik getragen wurden. Die französischen Führungskräfte in den Partisanengruppen mußten mit den begrenzten Kräften und

---

18 Hierzu hatte das GCMA eine Zelle »Dokumentation« aufgestellt, die Arbeits- und Untersuchungsergebnisse für die Agenten liefern sollte, damit diese über die notwendigen Details für eine Annäherung an die Einheimischen verfügten, wie zum Beispiel die Regeln, wie man ein Dorf der Meo betrat, wo man sich hinsetzen durfte oder nicht usw.

Mitteln agieren, die ihnen von den höheren Dienstgraden, Militärtheoretikern des konventionellen Krieges, zugestanden wurden. Diese erkannten tatsächlich nicht die Besonderheiten der revolutionären Kampfführung und die Notwendigkeit, die Mittel und Methoden der französischen Armee an diesen Krieg anzupassen. Es waren also der ganze Eifer und die ganze Dynamik der europäischen wie der einheimischen Führer des GCMA, die mit dieser Art der Kriegführung vertraut waren, erforderlich, um mit den wenigen zugestandenen Mitteln effizient zu handeln, und sie setzten dazu sowohl ihre persönlichen Fähigkeiten als auch ihren Mut ein. Von der militärischen Hierarchie, die den konventionellen Methoden der Kriegführung verhaftet blieb und Neuerungen in der Kampfweise und in der psychologischen Kriegführung nicht sehr aufgeschlossen gegenüberstand, wurden sie oft als Abenteurer betrachtet.

Aufgrund des Mangels an französischen Offizieren[19] zur Führung der Kommandoeinheiten der Ergänzungskräfte griff man auf die Einheimischen zurück, um unter ihnen Führungskräfte zu finden. So bildete man Verbände aus mehreren Kommandoeinheiten unter einem französischen Offizier, dem man die für diese Funktion erforderlichen Fähigkeiten absolut zutraute. Keinesfalls konnte man die Führung solcher speziellen Kräfte improvisieren, es war eine spezifische Ausbildung erforderlich. Hierzu gründete Oberst Chavatte auf Vorschlag von General de Lattre im Juni 1951 in Ty Wan die Schule zur Ausbildung von Führungskräften am Cap Saint-Jacques. Tatsächlich handelte es sich um ein »Zentrum zur Spezialausbildung von Einzelkämpfern«, an dem die einheimischen Soldaten ausgebildet werden sollten, um dann als Agenten, Saboteure und geheime Funker in den nicht von den französischen Truppen kontrollierten oder von der Viet-minh besetzten Gebieten eingesetzt zu werden. Die Einzelkämpferausbildung wurde in dem Zentrum von französischen Offizieren und Unteroffizieren der Commandos Coloniaux Parachutistes unter Oberstleutnant Chateau-Jobert durchgeführt. Sie ermöglichte es Angehörigen von ethnischen und religiösen Minderheiten an den Kommandoeinsätzen der südvietnamesischen Fallschirmjäger in Cochinchina, an den Küsten von Annam oder im Golf von Siam teilzunehmen. 1953 wurden von 90 Kommandoeinheiten in Südvietnam 68 von Einheimischen geführt (diese waren vietnamesischen oder kambodschanischen Ursprungs), 22 von einem französischen Offizier mit 12 Kommandoverbänden.

Schwierigkeiten für das europäische Führungspersonal rührten auch daher, daß das GCMA in der in Frankreich vorgenommenen Personalplanung nicht

---

[19] Alles in allem ergibt sich aus den durchgeführten Untersuchungen, daß ein Offizier 33 bis 34 Monate lang »nicht den Kräften im Mutterland zur Verfügung steht«. Aufgrund des Mangels an Offizieren wurden viele ein zweites Mal hinübergeschickt, und es wurden Einheiten aus »regulären Einheimischen« aufgebaut, in denen nur die Offiziere, Unteroffiziere, Funker und Mechaniker Franzosen waren. Aber dieses Schema mußte vor allem in den Partisanentruppen schnell geändert werden, die aus irregulären Ergänzungskräften mit einem nur sehr vagen Status bestanden.

vorgesehen war. Schon Ende 1951 klagte das GCMA über einen Mangel an Führungskräften: es verfügte nur über 32 anstelle von 47 Offizieren und 176 europäische Unteroffiziere und Mannschaften anstelle von 228. Anfang 1953 wurde das GCMA zum Groupement mixte d'intervention (GMI) umgebildet, blieb aber weiterhin durch den Mangel an europäischem Führungspersonal geschwächt. So verwies Oberstleutnant Trinquier, der neue Verantwortliche des GMI, der im Mai 1953 für Oberstleutnant Grall gekommen war, in einem Bericht vom 31. Dezember 1953 auf ein Defizit von 10 europäischen Offizieren, 24 Unteroffizieren und 64 Mannschaften[20]. Trotzdem erwartete man nun mehr Einsätze vom GCMA, denn General Navarre, der neue Oberbefehlshaber, hatte den Stellenwert der Aktion unter den ihm zur Verfügung stehenden Möglichkeiten erkannt. Das GCMA war also aufgrund des Mangels an Führungspersonal in seinen Möglichkeiten beschränkt, während die operativen und logistischen Anforderungen eine Verstärkung der Mittel für die Planung und den Einsatz erforderlich machten. 1954 zählte das GCMA für 15 113 bewaffnete Ergänzungskräfte nur 71 anstelle von 83 Offizieren und 219 französische Unteroffiziere und Mannschaften anstelle von 254.

Ab 1952 wurde das GCMA bzw. GMI mehr oder weniger als eigene Einheit aufgegeben und vernachlässigt, denn die französische Führung wollte sich der chinesischen Aggression nicht entgegenzustellen. Daraufhin paßten sich die Unteroffiziere des GCMA an die Lage an und bauten in Nord-Tonkin Widerstands-, Säuberungs- und Verwaltungskomitees nach dem Vorbild der Vietminh auf, die einem Pseudobefreiungskomitee unterstanden[21]. Der Hauptteil der ersten Freiwilligen stammte aus den EMO-TAP, während die anderen aus Fallschirmjägereinheiten kamen, was den Kommandeuren nicht immer sehr recht war, da die Männer regelmäßig in die Heimat zurückgeschickt wurden. Daher mußte man auch auf Freiwillige zurückgreifen, die keine Fallschirmjäger waren und über keinerlei Erfahrungen in Indochina verfügten. Diese erhielten dann ihre Ausbildung und Einweisung am Cap St. Jacques.

1953 verfügte man über etwa 52 476 Ergänzungskräfte[22]. Zu Beginn des Jahres 1954 zählte die vietnamesische Armee 270 000 Mann, darunter 50 000 Ergänzungskräfte. 1954 unterstanden dem GMI etwa 13 000 Partisanenkämpfer, Mitglieder der Partisanengruppen im Hochland, auf beiden Seiten des Roten Flusses und in einem großen Teil von Nordlaos sowie in Thailand[23]. Mit

---

[20]   Ebd., S. 181.

[21]   Muelle, Commandos et maquis (wie Anm. 15), S. 70.

[22]   Michel Bodin, L'adaptation des hommes, in: L'armée française dans la guerre d'Indochine (wie Anm. 5), S. 111 – 131, hier S. 123.

[23]   Das GCMA setzte auch Fallschirmjägerkommandos über dem Hochland und der mittleren Region von Tonkin ab. Im Thaigebiet agierten die Partisanengruppen allein, eroberten das Gebiet von Phong Tho und Phong Saly zurück und bedrohten Lao Kay und das Gebiet am Oberlauf des Roten Flusses (Raymond Muelle, Éric Deroo, Services spéciaux. Armes, techniques, missions. GCMA-Indochine 1950 – 1954, Paris 1992, S. 18 f.).

Befehl Nr. 326/CEM vom 21. Juli 1954 wurde angeordnet, die Partisanengruppen einschlafen zu lassen. Dem GMI wurde verboten, sich bis zu dem für den 27. Juli vorgesehenen Waffenstillstand mit dieser Frage zu beschäftigen[24]. Dieses Verbot wurde durch den Befehl Nr. 324/CAB/TS vom 1. September 1954 von General Ély, dem Generalkommissar und Oberbefehlshaber Frankreichs in Indochina, bestätigt. Damit wurde eine langfristige Investition an Menschen im Juli 1954 plötzlich auf Befehl des Oberkommandos aufgegeben. Auf jeden Fall haben die französischen Spezialagenten mit großer Opferbereitschaft gearbeitet und bildeten mit ihren Männern eine untrennbare Gemeinschaft.

Als die letzten Soldaten des Expeditionskorps Hanoi am 19. Oktober 1954 verließen, wurden verschiedene Agenten des GMI[25], die sich niedergelassen hatten oder weit entfernt im Einsatz waren, nicht wieder mitgenommen.

Zusammenfassung

Es ist schwierig, die kämpferischen Qualitäten der Ergänzungskräfte zu beurteilen, zu weit gehen die Meinungen der Historiker und anderen Autoren über die Gesamtproblematik, aber auch über die verschiedenen Arten von Einheiten und die verschiedenen Zeiträume auseinander. Man kann aber auf jeden Fall sagen, daß die Beurteilungskriterien von der Qualität und der Menge des Führungspersonals, von den Einsatzbedingungen, dem Wert der Ausrüstung und der Waffen und schließlich dem Ausbildungsgrad abhängen[26]. Die Partisanengruppen retteten zwar diejenigen, die bei Angriffen auf isolierte Posten entkommen konnten, und banden, vor allem 1953/54 vier bis acht Viet-minh-Bataillone, aber die Führung zweifelte lange Zeit an ihren Fähigkeiten.

Die Skepsis eines großen Teils der französischen Kommandeure gegenüber den »unorthodoxen« Kriegsformen zeigte sich auch darin, daß dem System der Viet-minh kein politisches und soziales System entgegengestellt wurde. Es fehlte ein Einsatzkonzept, das die Besonderheiten des Konflikts mit seinen vorrangigen Aspekten der psychologischen, ideologischen und subversiven Kriegführung berücksichtigte.

---

[24] Das GMI nutzte diese Woche Pause, um mit Zustimmung der Luftwaffe mit allen verfügbaren Transportmaschinen soviel Munition und Waffen wie möglich für die Partisanengruppen per Fallschirm vor allem über dem Hochland abzuwerfen.

[25] Das GMI wurde am 30. September 1954 aufgelöst. Von April 1951 bis zu diesem Zeitpunkt waren seine Kräfte von 47 Offizieren und 71 Unteroffizieren auf 83 Offiziere und 275 europäische und einheimische Unteroffiziere angewachsen (Michel David, Indochine 1951–1954. L'»Action«. Les maquis du Tranninh, Diplomarbeit bei Professor Jacques Valette. Université de Poitiers, institut d'histoire contemporaine, 1990, S. 103).

[26] Es wird deutlich, daß die Ergänzungskräfte am wirksamsten in ihren Heimatgebieten kämpften und die Offensive besser beherrschten als die Defensive. Weiterhin läßt sich feststellen, daß die Qualität von Ausrüstung und Waffen die Kampfmoral beeinflußte.

Man kann sich fragen, ob die Beurteilung des Aufstands und des Revolutionskrieges nicht durch die Ausbildung der Führer beeinflußt war, die dadurch in ihrer Mehrheit zu einer gewissen Unbeweglichkeit in Verwaltungsdingen neigten. Es fehlte an einem dauerhaften und ernsthaften Interesse für die Ziele der einheimischen Bevölkerung und die Trümpfe, die diese darstellen konnten. Es ist außerdem zu bedauern, daß es kein Korps aus fachlich spezialisierten Offizieren gab, auch wenn die Spezialagenten in den Partisanengruppen als solche agierten. Für die typischen Spezialeinsätze der Partisanengruppen wie die Aufklärung und die Ausbildung der Truppen vor Ort fehlten trotz allem Offiziere, die die einheimischen Dialekte sprachen und das Einsatzgebiet kannten. Man hätte schon im voraus eine große Anzahl von Spezialisten ausbilden und gleichzeitig das Einsatzgebiet vorbereiten müssen. Hierzu wäre das Sammeln von zahlreichen Informationen auf Stabsebene erforderlich gewesen.

Auch die psychologische Aktion wurde vernachlässigt. Durch einen Mangel an Takt und Fingerspitzengefühl konnte die Bevölkerung, deren Vertrauen sowieso erst allmählich gewonnen worden war, wieder gegen die Franzosen aufgebracht werden. Es wurden Fehler begangen, weil die Franzosen weder die Mentalität noch die Lebensregeln der Einheimischen kannten. Tatsächlich mußte der spezifische Charakter der Bevölkerung im Einsatzland berücksichtigt werden, und auch das folgende Sprichwort der Khmer war wörtlich zu nehmen: »Wenn du auf einem Fluß fährst, dann folge seinem Lauf; wenn du in ein Land kommst, dann befolge seine Sitten«. Die Bemühungen in dieser Richtung waren letztendlich zu halbherzig, während sie dagegen in der Aktion gegen die Vietminh das Hauptelement waren. Von 1949 bis 1952 wurden zwar in den Stäben des Oberkommandos und der Territorialkommandos Propagandaabteilungen geschaffen, aber dies reichte nicht aus. Erst 1953 wurde beim Stab des Oberkommandos eine Abteilung für psychologische Kriegführung eingerichtet. Allerdings wurden die Bemühungen durch den Mangel an kompetentem und motiviertem Personal erschwert. Besonders kraß war dies im letzten Jahr des Konflikts, weil über die Hälfte der Offiziere und Unteroffiziere schon zum zweiten Mal in Indochina waren und daher körperlich und auch moralisch erschöpft waren[27].

Bei der Untersuchung der Führungsprobleme während des Partisanenkrieges in Indochina stellt man fest, daß diese Probleme weniger im Kontakt mit den Partisanenkämpfern selbst als auf der Ebene des Oberkommandos lagen, das bei der Entwicklung der Kriegskunst im Fernen Osten kaum auf der Höhe der Zeit war, wenn man das chinesische Modell des revolutionären Krieges berücksichtigt.

Alles in allem aber bleibt die Bilanz äußerst positiv. Raymond Muelle gibt eine zusammenfassende Einschätzung: »Die Ausbilder im GCMA spielten eine entscheidende Rolle [...]. Diese Kader, Offiziere und Unteroffiziere, die in eini-

---

27 Enseignements de la guerre d'Indochine, H. 1, S. 128.

gen Wochen nie dagewesene Ausbildungsprogramme für ein Personal aufstellten, dessen Unkenntnis im technischen Bereich seiner Vielfalt in nichts nachstand, die nicht nur ausbilden, sondern ihre Schüler auch in schwierige Kämpfe in unbekannten Ländern führen konnten, haben bewiesen, daß es auch eine andere Lösung als den Krieg der Franzosen in Indochina geben kann[28].«

Das Paradoxe liegt darin, daß am Ende des Indochinakrieges, als die regulären Truppen in Dien Bien Phu in einer klassischen Schlacht besiegt wurden, die einheimischen Partisanengruppen in der Gegenguerilla im Hochland einen echten Erfolg erzielten. Aber da die Kräfte der Viet-minh überall gegenwärtig waren, konnten die Aktivitäten dieser verstreuten Partisanengruppen nur geringe Auswirkungen haben, da sie von ihren wichtigen Basen in Nasan und Lai Chau abgeschnitten waren.

Um wirklich erfolgreich zu sein, mußte die Gegenguerilla bis ins Detail organisiert sein. Hierzu bedurfte sie Kommandeure, die sich mit dieser Art von Aktion auskannten. Neben der Führung waren Organisation und Infrastruktur für den Einsatz von Bedeutung: Aufbau einer geheimen Bewegung, Propaganda, Rekrutierung aktiver Kerngruppen, Ausbildung des Personals, Aufbau von Nachrichtennetzen, Fernmeldesystemen und Vorratslagern. Die Führung brauchte demnach sowohl moralische als auch materielle (Waffen, Munition, Geld usw.) Unterstützung von außen.

Die französischen Offiziere, die die Ergänzungskräfte kommandiert hatten, blieben ihren Männern und diesem Abschnitt ihres Lebens stark verhaftet. Wie ein Autor schreibt, »lieben um zu überzeugen, ohne Eigeninteresse handeln und denen, die es verdienen, Verantwortung übertragen, das waren die großen Prinzipien, nach denen die Psychologische Aktion im GMCA durchgeführt wurde[29].«

Und tatsächlich erwiesen sich die Einheimischen zumeist als sehr zuverlässig und hatten tiefstes Vertrauen in ihre französischen Vorgesetzten.

Neben den Problemen, auf die wir bereits hingewiesen haben, soll noch erwähnt werden, daß das Oberkommando nach Ende des Krieges die Ergänzungskräfte ihrem traurigen Schicksal und einer furchtbaren Unterdrückung durch die Viet-minh überließ. Einige Franzosen, die die Partisanenkämpfer in den letzten Jahren geführt hatten, blieben lieber bei ihnen und sahen dabei über kurz oder lang einem sicheren Tod ins Auge, denn der Gegner wurde immer stärker und verfügte über deutlich überlegene Kräfte. Einige von ihnen schafften es dennoch, mehrere Jahre lang Widerstand zu leisten. So fingen die Abhördienste in Saigon 1956 Funksprüche einer isolierten Zelle auf, in denen ein französischer Unteroffizier verzweifelt Mittel anforderte, die nie kamen[30]. Nach

---

[28] Raymond Muelle, Éric Deroo, Services speciaux (wie Anm. 23), S. 112.

[29] Ebd., S. 42.

[30] Siehe dazu Erwan Bergot, Commandos de Choc en Indochine. Les héros oubliés, Paris 1975.

langen Monaten des Kampfes überwältigten die Viet-minh-Kämpfer die Partisanen, von denen es einer Minderheit, den Meo, gelang, nach Laos zu flüchten und den Kampf von dort aus weiterzuführen. Im zweiten Indochinakrieg – dem Vietnamkrieg – stießen sie zu den amerikanischen Spezialkräften, um dann schließlich nach einer zweiten Niederlage wiederum im Stich gelassen zu werden.

Von Minister Wilson wurde einmal ein Armeehaushalt zurückgewiesen, weil er wollte, daß wir neumodische Dinge, die in der Öffentlichkeit gut ankämen, darin beantragen sollten, anstelle von [Gewehren, MGs und Lkws. Das ...] brachte mich dazu, im Stil der Werbebranche das Adjektiv »pentomic« in die Welt zu setzen, das die neue Heeresdivision charakterisieren sollte, welche pentagonal, also auf einer Fünfer- statt einer Dreiergliederung, aufgebaut und standardmäßig atomwaffenfähig sein sollte. *General Maxwell D. Taylor*

Kalev I. Sepp

Die atomare Vision. Der Einfluß von Nuklearwaffen auf die Führung der US Army 1952 bis 1958 *

Der Blick in die atomare Zukunft

Eines der kennzeichnendsten Merkmale von Führungsqualitäten auf der obersten Ebene besteht darin, organisatorischen und operativen Weitblick zu haben[1]. Militärische Führer haben im Frieden den Auftrag, ihre Flotten, Geschwader und Armeen für einen unbestimmten Zeitpunkt in der Zukunft einsatzbereit zu machen und zu halten, während sie sich gleichzeitig nicht dem Vorwurf aussetzen dürfen, »Vorbereitungen für die letzte Schlacht zu treffen«. Auf der Grundlage historischer Kenntnisse und Erfahrungen sowie einer Analyse der modernen Entwicklungen die Merkmale künftiger Schlachtfelder erahnen zu wollen, ist eine Herausforderung, der zu begegnen besonderer Unerschrockenheit bedarf.

Die Herausforderung, organisatorischen Weitblick unter Beweis zu stellen, ist besonders ausgeprägt in Zeiten politischen, wirtschaftlichen und gesellschaftlichen Umbruchs. Oft ist es freilich auch eine neue technische Entwicklung oder eine Kombination von technischen Neuerungen, die den Abschied von der herkömmlichen Art der Kriegführung ankündigt und dem bisher Unterlegenen plötzlich einen Vorteil auf dem Gefechtsfeld verheißt. Die Empfindung unserer Zeit, die sogenannten Informationstechnologien könnten eine Umwälzung für das Militärwesen signalisieren, hat zum Teil den Anstoß für das amerikanische Projekt der »Armee von Übermorgen« gegeben, welches das

---

* Der Autor bedankt sich bei Michael Hübner, Barney Fischer, Nichol Carlucci, Jr., P.J. Durrant und Les Grau für die wertvollen Hilfen und Ratschläge.

1 United States Army, Field Manual 22‑103, »Leadership and Command at Senior Levels«, Washington, D.C., Juni 1987, S. 4.

Aussehen der Welt und der globalen Kriege für fünfundzwanzig Jahre voraussehen will.

Eine im 20. Jahrhundert hervorgebrachte Technologie von ganz besonderer Tragweite war ohne Zweifel die Atombombe. Ursprünglich als rein strategische Waffe gedacht, machten sie Verfeinerungen in Aufbau und Detonationskraft bald auch zu einem taktischen Mittel der Kriegführung. Dadurch waren die militärischen Führer aufgefordert, einen Blick in die Zukunft zu werfen, eine Vision des Krieges kommender Zeiten zu entwickeln und ihre Streitkräfte darauf einzustellen.

In einer in den fünfziger Jahren aufkommenden stürmischen Debatte über die Frage, welche Veränderungen taktische Nuklearwaffen für die Kriegführung von Landstreitkräften eventuell mit sich bringen würden, nahm die Führung der US Army eine radikale Umgliederung eines Großteils ihrer Kampfdivisionen vor, indem sie eine Gliederung in fünf unterstellte Elemente einführte, um die Fähigkeit zu atomarer Kampfführung auf Divisionsebene auszubauen. Die Amerikaner waren die einzigen unter den großen Landstreitkräften der Welt, die diesen Weg einer höchst unorthodoxen Umgliederung einschlugen. Keine andere Großmacht, keine andere Teilstreitkraft folgte diesem Schritt der obersten Führung der US Army, mit dem die unterstellten Truppen dem nuklearen Gefechtsfeld der Zukunft, so wie sie es sich vorstellte, angepaßt werden sollte. Dieses Konzept einer »pentomic division« – eine Wortschöpfung, die von der Fünfergliederung der Divisionen und ihrem Zuschnitt auf atomare Kriegführung herrührte – wurde nach nur fünf Jahren wieder ad acta gelegt, ohne daß es jemals in einem echten Krieg, weder einem nuklearen noch einem nichtnuklearen, erprobt worden wäre. Ein derartiger Irrweg in der strukturellen Entwicklung hätte eigentlich nicht stattfinden dürfen – und doch kam es dazu, obwohl von vornherein viele gewichtige Gründe gegen die Idee einer derartigen Gliederung sprachen.

Als man dann zu einem traditionelleren Divisionsmodell zurückkehrte, das wieder primär auf eine Dreiergliederung der unterstellten Kampftruppen setzte, wurde in verschiedenen Nachrufen »deutlich« herausgestellt, welche Konstruktionsfehler sich in der ausgefallenen Struktur der »pentomic division« innerhalb der relativ kurzen Zeit ihrer Umsetzung gezeigt hatten – nicht zuletzt das Fehlen von Bataillonen und damit das Fehlen von Kommandeurverwendungen für Oberstleutnante[2]. Unbeantwortet blieb die Frage, warum ein so praxisfremdes Konzept in einer Zeit durchgeführt werden konnte, in der die wichtigsten Verbündeten (das britische Heer und das neue Heer der Bundesrepublik Deutschland), der Hauptgegner (die Sowjetarmee) und auch der Hauptkonkurrent (das US Marine Corps) bei ihren im Einsatz bewährten Großverbänden blieben, die

---

2 Siehe hierzu insbesondere die ins Detail gehende Kritik Andrew J. Bacevich, The Pentomic Era. The US Army Between Korea and Vietnam, Washington, D.C. 1986 (= National Defense University Publications).

sie zwar mit neuem Gerät und neuer Technik modernisierten, jedoch nicht von Grund auf umstrukturierten. Vergleicht man die vorherrschenden Entwicklungsrichtungen im militärischen Denken und bei den Einsatzgrundsätzen, wie sie von den Hauptakteuren der damaligen Zeit klar artikuliert wurden, so kann die Vision amerikanischer Generäle vom Krieg der Zukunft und die Entscheidung zugunsten der »pentomic division« keineswegs als naheliegend betrachtet werden. Im Gegenteil: Sie gibt Rätsel auf.

In Analysen zur geschichtlichen Entwicklung der amerikanischen Militärdoktrin wird das Konzept der »pentomic division« generell dargestellt als eine folgerichtige Stufe innerhalb einer sich lang hinziehenden Serie von Umstrukturierungen, die für die Evolution der Streitkräfte notwendig waren und den Veränderungen in Auftrag, Bewaffnung, Taktik, Personalstruktur, Führung sowie anderen wichtigen gesellschaftlichen, wirtschaftlichen und technischen Bereichen Rechnung trugen. Es gab in jenen Jahren eine fast weltweite Übereinstimmung hinsichtlich der zu erwartenden Auswirkungen von Nuklearwaffen auf die bestehenden taktischen und operativen Einsatzgrundsätze, wobei man unabhängig voneinander zum gleichen Ergebnis gekommen war. Dieser Konsens äußerte sich in fast gleichlautenden Aussagen. So stellte der Stabschef der US Army, Matthew B. Ridgway, 1956 fest: »[... Soldaten] und Gerät müssen sich aus zerstreuten Stellungen heraus mit großer Geschwindigkeit zum Schwerpunkt des Angriffs bewegen. Sie müssen rasch zusammengefaßt werden, und sobald das Angriffsziel erreicht ist, müssen sie mit derselben Geschwindigkeit wieder zerstreut werden, um einem Gegenschlag zu entgehen[3].«

Einer seiner sowjetischen Gegenspieler, der Marschall der Panzertruppen P.A. Rotmistrov, kam 1958 zu einer ähnlichen Schlußfolgerung: »Truppen müssen heute wissen, wie sie sich rasch konzentrieren müssen, damit sie einen wirkungsvollen Angriffsschlag gegen den Feind führen können, und auch, wie sie sich rasch zerstreuen müssen, damit sie der Vernichtung durch dessen Atomwaffen entgehen können. Die hohe Beweglichkeit der Truppen auf dem Gefechtsfeld ist eines der wichtigsten Merkmale des modernen Gefechts der verbundenen Waffen[4].«

Trotzdem ist die Entscheidung, eine so ungewöhnliche Streitkräftestruktur einzuführen, nicht ohne weiteres nachvollziehbar. Ein gewichtiger Beleg dafür ist, daß die Nachfolgestruktur der »pentomic division«, die sogenannte ROAD-Division[5], nicht etwa eine Weiterentwicklung darstellte, sondern eine klare Abkehr vom fünfgliedrigen Konzept, eine Rückkehr zum Divisionsmodell von

---

[3] Matthew B. Ridgway, Soldier. The Memoirs of Matthew B. Ridgway, New York 1956, S. 299.

[4] Zit. nach: The Soviet Art of War. Doctrine, Strategy, and Tactics, hrsg. von Harriet F. Scott, William F. Scott, Boulder/Col. 1982, S. 144 f.

[5] »Reorganization Objectives Army Division« – so benannt nach der angefertigten gleichnamigen Studie.

1947. Ebenso lassen sich die Entscheidung für dieses Strukturexperiment und das Scheitern dieses Experiments nicht nur auf die einfache Tatsache zurückführen, daß es für die damaligen Verantwortlichen verständlicherweise nicht möglich war, die Zukunft genau vorherzusagen, selbst wenn man die Turbulenzen der »Nuklearen Revolution« im Anschluß an den Zweiten Weltkrieg und den Koreakrieg berücksichtigt.

Gleichlaufend mit der formellen Entscheidung zugunsten des Konzepts der »pentomic division« im Jahre 1957 gab es unter den Teilstreitkräften und innerhalb der NATO hitzige Debatten über die generelle Rolle von Nuklearwaffen in den Verteidigungsstrategien auf nationaler und auf Bündnisebene. Den Standpunkt der USA hatte Präsident Dwight D. Eisenhower im Oktober 1953 im Konzept des »New Look« (Dokument NSC 162/2) klar formuliert. Darin hieß es, daß man auf »massive Vergeltung« mit Nuklearwaffen gegen jegliche Bedrohung der Sicherheit und der Interessen der USA reagieren würde. Dieses Programm führte zu einer drastischen Reduzierung der Stärke und des Haushaltes der US Army, was in der Militärliteratur häufig mit der Entwicklung der kleineren »pentomic division« in Verbindung gebracht wird. Es gibt aber keinen Beleg für die verbreitete Annahme, die verordnete Streitkräftereduzierung sei die treibende Kraft für die Inangriffnahme und spätere Durchführung dieses Umstrukturierungskonzepts gewesen.

Die allgemeineren Fragen nach den Auswirkungen der atomaren Waffen auf nationale Sicherheitspolitik und Militärstrategie sowie nach den damals entstehenden Konzepten eines »begrenzten« Krieges sind übergreifende Themen, die nur den Rahmen für die vorliegende Untersuchung bilden und mit denen sich bereits zahlreiche Arbeiten befaßt haben. Die Mängel in den Bereichen Truppenführung, Führungs- und Einsatz- sowie Operationsgrundsätze, die mit der Idee der »pentomic division« zusammenhingen, sind in anderen Arbeiten schon erschöpfend untersucht worden[6]. Dort ist auch detailliert das Scheitern des Experiments mit der »pentomic division« dargelegt, und es wird gezeigt, wie die US Army verlorenen Boden durch anschließende taktische Umgliederungen wiedergewann. Womit ich mich hier befassen will, ist ein anderes Problem: Das amerikanische Heer reagierte auf die ungeheure Zerstörungskraft der neuen taktischen Nuklearwaffen nicht so, wie man es von der Geschichte und der Logik her eigentlich hätte erwarten müssen – nämlich mit maßvollen, vorsichtigen Verbesserungen der Struktur der Großverbände, mit der man in den großen Kriegen der jüngsten Vergangenheit erfolgreich gewesen war, vor allem also in Form einer Einführung von technisch weiterentwickeltem Gerät. Stattdessen

---

[6] Siehe dazu u.a. Robert A. Doughty, The Evolution of US Army Tactical Doctrine, 1946–76, Fort Leavenworth/Kansas 1979. Einen Überblick über die entstehende britische und amerikanische Verteidigungsorganisation der damaligen Jahre liefert Michael Howard, Organisation for Defence in the United Kingdom and the United States 1945–1958, in: Brassey's Annual 1959, hrsg. von H.G. Thursfield, New York 1959.

führte die US Army eine völlig neue, nicht erprobte Organisationsstruktur ein, die sich auf eine gar nicht vorhandene Flotte von Transportflugzeugen der Luftwaffe stützen sollte. Um zu erklären, wie es dazu kommen konnte, wird im Folgenden die sich im gleichen Zeitraum vollziehende Entwicklung bei den Landstreitkräften Großbritanniens, der Bundesrepublik Deutschland, der Sowjetunion und bei der amerikanischen Marineinfanterie verglichen. Damit werden Struktur und Zielrichtung der »pentomic division«, wie sie aus der Perspektive der führenden Offiziere der US Army, von denen sie entwickelt und eingeführt wurde, in den zeithistorischen Kontext gestellt.

Die Geburt der »pentomic division«

Das Konzept der »pentomic division« wurde öffentlich erstmalig 1956 vorgelegt, und zwar in einer Rede des Stabschefs der US Army, General Maxwell D. Taylor, in der dieser erklärte, die neuen Kräfte würden zum Kampf sowohl auf nuklearen als auch auf konventionellen Gefechtsfeldern befähigt sein (später entstand hierfür der Name PENTANA = *Pentagonal Atomic/Non-atomic Army*)[7]. Zu dieser Zeit war die US Army bereits dabei, die neue Struktur pflichtgemäß umzusetzen. General Taylor hatte den Plan der »pentomic division« bereits am 11. Oktober 1956 dem Präsidenten Dwight Eisenhower im Weißen Haus vorgelegt. Der Präsident hatte Taylor damals gesagt, das Konzept solle als Experiment behandelt und nicht an die große Glocke der Öffentlichkeit gehängt werden. Dennoch sollte das öffentliche Interesse für dieses Thema später beträchtlich werden. Eine kritischere Analyse von Taylors Idee stand drei Monate später an, als Anhörungen im Kongreß dazu durchgeführt wurden[8].

General Taylor und der Heeresminister Wilbur M. Brucker erschienen am 29. Januar 1957 vor dem Streitkräfteausschuß des Repräsentantenhauses, um den Heeresteil der jährlichen »Information zur militärischen Lage« (*Military Posture Briefing*) vorzutragen. Minister Brucker bedankte sich zunächst bei dem Ausschuß unter Vorsitz des Abgeordneten Carl Vinson für dessen vorangegangene Unterstützung von Anträgen des Heeres in den Bereichen Laufbahnanreize, Wohnungssituation, Gesetz über die medizinische Versorgung von Angehörigen usw.[9]. Anschließend ging er auf die vom Ausschuß im Vorjahr geäußerten

---

7 Maxwell D. Taylor, Safety Lies Forward – Technologically and Tactically, in: Army, Bd 7 (1956), Nr. 5 (Dezember), S. 21. Taylor verwendete in seiner Rede weder den Begriff »pentomic« noch den Begriff »PENTANA«. Das Thema der Association of the United States Army Convention, vor der er sprach, lautete »Futurarmy«.

8 Douglas Kinnard, The Certain Trumpet. Maxwell Taylor and the American Experience in Vietnam, Washington, D.C. 1991, S. 44.

9 U.S. Congress, House of Representatives, Committee on Armed Services, Military Posture Briefing, 85th Congress, 2nd Session, 29. Januar 1957, S. 133.

Bedenken ein, »ob unser Land das Optimale für seine riesigen Investitionen in die Landesverteidigung herausbekommt«[10].

Die Rüstungsprogramme im Nuklearbereich waren eindeutig die Hauptbelege, von denen Brucker hoffte, daß sie als Nachweis für eine positive Antwort auf diese Frage dienen könnten. Die Stationierung der »Corporal-Lenkflugkörper, der »Honest-John«-Raketen und der 280-mm-Geschütze – allesamt für den Verschuß atomarer Sprengköpfe geeignet – in der Bundesrepublik Deutschland wurde abgeschlossen; der Prototyp eines »atomic support command« mit gleichem nuklearem Raketenarsenal befand sich in Italien in Aufstellung; nuklear bestückte Flugabwehrraketenbatterien »Nike Ajax« standen flächendeckend in den USA einsatzbereit und ein der US Army gehörender Atomreaktor in Fort Belvoir, Virginia, stand kurz vor der Inbetriebnahme. Den Höhepunkt der Präsentation überließ der Minister jedoch General Taylor. Dieser beschrieb die neue Struktur der »pentomic division«, die darauf abzielt, »unsere Fähigkeit, unter Bedingungen der atomaren Kriegführung effektiv kämpfen zu können, zu verbessern, ohne Abstriche bei der Fähigkeit zur Führung [...] eines konventionellen Krieges machen zu müssen«[11].

Damit stellte General Taylor das Konzept der »pentomic division« in den Mittelpunkt seiner vorbereiteten Ausführungen.

»Die erste und wichtigste [Verbesserung beim Heer] besteht in der breit angelegten Umgliederung der Kampftruppen des Heeres – d.h. der Infanterie-, der Luftlande- und, in geringerem Umfang, der Panzerdivisionen. Ich gehe davon aus, daß das atomare Gefechtsfeld der Zukunft eine weitaus größere Breite und Tiefe als die Gefechtsfelder der Vergangenheit haben wird.«

Dieser vergrößerte Bereich taktischer Operationen, so Taylor, erfordere eine neue militärische Struktur, die durch eine neue Technologie möglich gemacht werde.

»Modernes Fernmeldegerät ermöglicht es einem Kommandeur, eine größere Zahl unterstellter Einheiten zu führen als die drei, die nach dem bisherigen dreigleisigen Strukturkonzept die Norm darstellen. Bei den neuen Luftlande- und Infanteriedivisionen setzen wir auf fünf unterstellte Einheiten als einen vernünftigen Schritt nach vorn zur Erweiterung der Leitungsspanne.«

Dem schloß sich eine Beschreibung der Divisionen alten und neuen Stils an: »Die [derzeitige] Infanteriedivision hat eine Stärke von rund 17 500 Mann. Sie besteht aus drei Infanterieregimentern und vier Artilleriebataillonen [... Die Stärke der neuen Infanteriedivision] beläuft sich auf ungefähr 13 800[12] [... Die neue Luftlande-] Division hat eine Stärke von etwa 11 500 Mann gegenüber den 17 087 Mann der derzeitigen Luftlandedivision. Die Hauptmerkmale sind: fünf Kampfgruppen gegenüber den herkömmlichen drei [... und] eine atomwaffen-

---

[10] Ebd., S. 134.
[11] Ebd., S. 136 f.
[12] Ebd., S. 144.

fähige Raketenbatterie ›Honest John‹ sowie fünf Batterien 105-mm-Artillerie [...
sowie] eine *anteilmäßig* erhöhte Kampfkraft in vorderster Linie [Hervorhebung
von mir – d. Verf.][13].«

Die genannten Batterien mit je sechs 105-mm-Haubitzen konnten allerdings
keine nukleare Munition verschießen. General Taylor machte, als er später noch
einmal auf die Artillerie zurückkam, die etwas schwammige Aussage, die Artillerie würde »eine atomare Kapazität einschließen, die auf vorhandenen Waffen
aufbaut«.

Darüber hinaus ist anzumerken, daß ein Gesamtzuwachs an Kampfkraft der
Army, der »anteilmäßig« in zahlenmäßig kleineren Division erzielt werden sollte,
nur dann zum Tragen gekommen wäre, wenn sich auch die Zahl der Divisionen
entsprechend erhöht hätte; das sahen die Pläne aber nicht vor. In aller Deut-
lichkeit sagte Taylor, daß die Umgliederung nicht darauf abzielte, die Voraussetzungen zu schaffen, um den Personalumfang der Army zu verringern[14]. Er
erhob ein »warnendes Wort«, was diese »Folgerung« anging:

»Erstens: Dadurch, daß wir die Elemente herausnehmen, die gewöhnlich
nicht auf Divisionsebene gebraucht werden, wird es erforderlich, einen Teil
dieser Elemente [...] auf höheren Ebenen [...] in einem Pool bereitzuhalten.
Zweitens: [Komplizierte] neue Waffen [...] bringen einen Bedarf an Versor-
gungsunterstützung neuer Art und neuen Umfangs mit sich. Drittens: Weil die
logistische Organisation aufgelockert wird, um die Verwundbarkeit durch Nuklearwaffen herabzusetzen, werden mehr Einheiten und mehr Personal zum
Betreiben der kleinen, verstreuten Versorgungseinrichtungen gebraucht. Und
schließlich: Sonstiges eingespartes Personal wird in den vorgesehenen neuen
atomic support commands benötigt[15].«

Taylor griff später diesen Gedanken mit einfacheren Worten noch einmal
auf, als er ergänzte: »Was wir eigentlich machen, ist Personal umzuverteilen, und
nicht, Personal abzubauen.« General Taylor hat nie versucht, diese Tatsache zu
verhehlen, ja er kämpfte darum, die US Army vor Personalkürzungen zu bewahren. Wie er meinte, würde mit Reduzierungen die Fähigkeit der US Army,
auf dem nuklearen Gefechtsfeld zu überleben, gefährdet. Im Grunde würde
sogar mehr Personal gebraucht[16].

---

13 Ebd., S. 144.
14 Ebd.
15 Ebd., S. 145.
16 Ebd., S. 149. Ein sehr ähnliches Konzept mit der Bezeichnung »Leichte Division« war im
    Zweiten Weltkrieg erprobt worden. Durch Reduzierung und Verlagerung ihrer Logistik-
    komponenten sollten die Divisionen der US Army besser auf dem Seeweg verlegt werden
    können. Das Konzept scheiterte in der Truppenversuchsphase aufgrund logistischer
    Schwächen (Kent R. Greenfield, Robert R. Palmer und Bell I. Wiley, The Organization
    of Ground Combat Troops, Washington, D.C. 1947, S. 341–350 [= The United States
    Army in World War II, Bd 1]). In den frühen achtziger Jahren griff die US Army dieses
    Konzept wieder auf, und zwar erneut unter der Bezeichnung »Leichte Division«, um

Der Vortrag über die »pentomic division« schien den Ausschuß nicht zu be-
eindrucken. Die ersten Fragen seitens der Kongreßabgeordneten nach General
Taylors Ausführungen befaßten sich mit den Ausschreibungen für den Bau von
Wohngebäuden in militärischen Liegenschaften. Schließlich wandte der Ausschuß seine Aufmerksamkeit noch einmal kurz der Struktur der »pentomic
division« zu. Es entstand eine gewisse Verwirrung, als der Vorsitzende Carl
Vinson fragte: »Wie können wir schlagkräftiger werden, wenn wir von 17 000
auf 13 800 Mann reduzieren[17]«? Nach weiterer Diskussion wurde dem Ausschuß schließlich klar, daß die »erhöhte Kampfkraft« der Division im Grunde
lediglich das Ergebnis der Eingliederung taktischer Atomwaffen war. Weder
von Minister Brucker noch von General Taylor wurde dieser Punkt bestritten,
und obgleich von beiden indirekt behauptet worden war, daß auch die konventionelle Kampfkraft höher als in den Einheiten der »pentomic division« sein
würde, gab es keine weiteren Fragen[18].

Der britische Weg: Erfahrungen aus den Kolonial- und den Weltkriegen

Nachdem die USA im April 1953 in Nevada eine Atombombe mit einem Deto-
nationswert von taktischer Größenordnung gezündet hatten, erhielten britische
Offiziere in Deutschland Instruktionen über die Auswirkungen solcher Waffen
auf ihre Gefechtsoperationen. Bereits bei einer Übung des britischen Heeres in
der Bundesrepublik im Februar 1953 waren verschiedene Elemente des Einsatzes taktischer Nuklearwaffen mit geprobt worden[19]. Ungeachtet der Auswirkungen dieser Elemtente auf die Übung kam der britische Befehlshaber der

---

Kampftruppenverbände zu schaffen, die ohne großen Aufwand auf dem Luftweg verlegbar waren, ganz der Zielsetzung der »pentomic division« entsprechend. Die Unterstützungseinheiten der Leichten Division wurden allerdings nicht aufgelöst, sondern wechselten nur die Unterstellung; weiter war vorgesehen, daß sie die Leichten Divisionen bei
deren Verlegungen begleiten sollten.

[17]   U.S. Congress, Military Posture Briefing (wie Anm. 9), S. 148.
[18]   Selbst um das Wort »pentomic« gab es Unklarheiten. Minister Brucker hatte ausgesagt:
       »Der Begriff pentomic, den Sie wiederholt hören werden, ist eine Zusammenziehung aus
       den beiden Wörtern ›pentana‹ und ›atomic‹ und weist auf eine pentomic, d.h. eine fünf-
       seitige Struktur hin.« Am Ende der Anhörung fragte der Abgeordnete Cole den Minister:
       »Ich verstehe nicht, warum sie den Begriff ›pentomic‹ gewählt haben und nicht z.B. ›qua-
       dromic‹ oder ›triomic‹ [...] Inwiefern ist sie fünfseitig?« General Taylor hatte eigentlich
       kurz darauf hingewiesen, daß die Division fünf Kampfgruppen haben sollte, und auch
       Minister Brucker hatte fünfgliedrige Einheiten erwähnt, aber keiner von beiden hatte den
       Zusammenhang klargestellt (U.S. Congress, Military Posture Briefing [wie Anm. 9],
       S. 162 f.).
[19]   Ian Clark, Nicholas J. Wheeler, The British Origins of Nuclear Strategy 1945–1955,
       Oxford 1989, S. 194 f.

Alliierten Gruppe Nord, General Sir Richard Gale, zu folgendem Schluß: »Landstreitkräfte müssen weiterhin so strukturiert, ausgerüstet und ausgebildet sein, daß sie das konventionelle Gefecht am Boden führen können, wobei eines ihrer Hauptziele darin besteht, den Feind in eine Position zu manövrieren, in der er zum Ziel für einen vernichtenden atomaren Angriff wird[20].«

Ein Jahr später bemerkte General Gale in seinem Artikel »Infanterie im modernen Gefecht« im Zusammenhang mit atomaren Waffen: »Der richtige Umgang mit [Panzern] sollte taktisches Denken dominieren[21].«

Diese Neubewertung und Herabstufung von Rolle und Stellenwert der Infanterie war eindeutig dadurch veranlaßt, daß von einem nuklearen Gefechtsfeld ausgegangen wurde. Im nächsten Krieg in Europa, so die Prophezeiungen, »wird ein großangelegter Angriff höchstwahrscheinlich von mechanisierten Kräften durchgeführt, die durch Gebiete vorstoßen, die zuvor durch Atomschläge neutralisiert wurden.« Hierzu »wird eine Division in Zukunft mehr an motorisierter Infanterie und mehr an gepanzerten Fahrzeugen brauchen, als in einer Infanteriedivision derzeit zur Verfügung steht [...] Alle [Artillerie-] Geschütze sollten auf Selbstfahrlafetten montiert und mit einer Abdeckung nach oben versehen sein.« Wegen des notwendigen raschen Wechsels zwischen Konzentrierung und Zerstreuung von Kräften, um sie nicht zum Ziel eines feindlichen Nuklearangriffs werden zu lassen, »wird keine Zeit bleiben, auf Infanterie zu Fuß oder in ungepanzerten Fahrzeugen zu warten«[22].

Die Idealvorstellung eines voll mechanisierten Heeres wurde nie erreicht. Nach der Suezkrise 1956 übernahm die britische Regierung von den USA uneingeschränkt das Prinzip einer »massiven Vergeltung«, das in programmatischen Dokumenten der Jahre 1954 und 1955 festgeschrieben worden war. 1957 verkündete der britische Verteidigungsminister Duncan Sandys im »Defence White Paper«, den nationalen Interessen Großbritanniens sei am besten mit wirtschaftlicher Stärke gedient, und um die Leistungsfähigkeit der Wirtschaft zu erhöhen, sei eine Verringerung der Verteidigungsausgaben erforderlich[23]. Insofern sah sich das britische Militär einer Situation gegenüber, die der der amerikanischen Streitkräfte sehr ähnlich war. Das gilt auch für die starken Widerstände des Heeres dagegen, die Abschreckung allein auf die Drohung mit »massiver Vergeltung« zu stützen.

Die britische militärische Führung sah ihren Auftrag in der Ära nach dem Zweiten Weltkrieg darin, nicht nur einen umfassenden Krieg in Europa führen

---

[20] Zit. nach: Arthur John Richard Groom, British Thinking about Nuclear Weapons 1940–1962, London 1974, S. 74.

[21] Richard N. Gale, Infantry in Modern Battle, in: British Army Annual, London 1954, S. 76.

[22] M.R.W. Burrows, Atomic Warfare and the Infantry Division, in: The Journal of the Royal Artillery, 1955, April-Ausgabe (nachgedr. in: Military Review, Bd 35 [1953], Nr. 7, Oktober-Ausgabe, S. 110–112).

[23] David French, The British Way in Warfare 1688–2000, London 1990, S. 218.

zu können, sondern auch in begrenzten bewaffneten Auseinandersetzungen wie dem Koreakrieg handeln sowie die Ordnung im Empire erhalten (»imperial policing«) zu können. Angesichts dieses breiten Einsatzspektrums entschieden sich die Briten für den Weg eines ausgewogenen Verhältnisses aller Waffengattungen, ohne wesentliche Änderungen an der taktischen Gliederung des Heeres vorzunehmen. Im Jahr 1959 waren Brigaden und Brigadegruppen – wie schon seit dem Ende des Zweiten Weltkrieges – die bestimmenden Sturkturelemente des britischen Heeres[24].

Der deutsche Weg: Erfahrungen aus dem Rußlandkrieg

Im Laufe der fünfziger Jahre reifte gleichlaufend mit der Wahrnehmung einer zunehmenden Bedrohung durch die Sowjetunion im NATO-Hauptquartier für Europa (SHAPE), die Überzeugung heran, daß der Aufbau neuer deutscher Streitkräfte für die Verteidigung Europas unverzichtbar wäre. Nach der 1952 in Lissabon beschlossenen Streitkräfteplanung konnte die angestrebte Zielgröße von 96 Divisionen nur mit einem deutschen Beitrag erreicht werden, der in der Größe dem der USA, mindestens aber dem Frankreichs entspräche[25]. Die Debatte darüber, ob es überhaupt eine deutsche Wiederbewaffnung geben sollte oder nicht, wich einer Diskussion darüber, welche Stärke und welches Aussehen die neuen deutschen Streitkräfte angesichts eines möglichen Atomwaffeneinsatzes auf dem Gefechtsfeld haben sollten. Dies war eines der Ergebnisse des NATO-Manövers »Carte Blanche«[26].

Da die neu geschaffene Bundeswehr nur für einen Einsatz in Europa im Rahmen der NATO vorgesehen war, sprachen sich Studien des deutschen Verteidigungsministeriums dafür aus, daß alle zwölf Divisionen des neuen Heeres gepanzert sein sollten[27]. Dies ging zum großen Teil auf die Erfahrungen der

---

[24] Julian Lider, British Military Thought After World War II, Aldershot 1985, S. 292, 525. Mehr als zehn Jahre danach unternahmen die Briten den Versuch, von der Brigadestruktur wegzukommen, und zwar experimentierten sie mit Einsatzverbänden (Task Forces), die von der Divisionsebene geführt wurden. Schließlich aber kehrte man zu den Brigaden zurück (Christopher Bellamy, The Evolution of Modern Land Warfare. Theory and Practice, London 1987, S. 47).

[25] Catherine M. Kelleher, Fundamental of German Security. The Creation of the Bundeswehr – Continuity and Change, in: The Bundeswehr and Western Security, hrsg. von Stephen F. Szabo, London 1990, S. 24.

[26] Hans Speier, German Rearmament and Atomic War. The Views of German Military and Political Leaders, Evanston/Ill. 1957, S. 192.

[27] Bereits in den Empfehlungen der »Himmeroder Denkschrift« von 1950 war dieser Standpunkt zum Ausdruck gekommen (Hans-Jürgen Rautenberg, Norbert Wiggershaus, Die »Himmeroder Denkschrift« vom Oktober 1950, in: Militärgeschichtliche Mitteilungen, 1977, Nr. 1, S. 135–206).

Deutschen aus dem Kampf gegen die Rote Armee im Zweiten Weltkrieg zurück: Das Denken der deutschen Militärs drehte sich nach wie vor um die zentrale Frage, wie einem massierten Angriff sowjetischer Panzertruppen zu begegnen sei[28]. Allerdings waren die Vertreter der USA in der NATO der Auffassung, daß ein durchgängig gepanzertes Heer logistisch nur schwer unterstützt werden könne; deshalb kam es schließlich als Kompromißlösung zu einer »ausgewogenen Mischung« aus sechs Panzerdivisionen und sechs Divisionen motorisierter Infanterie (Grenadier- bzw. später Panzergrenadierdivisionen).

Die ursprüngliche Divisionsstruktur der Bundeswehr lehnte sich direkt an das Modell der amerikanischen Panzerdivision des Zweiten Weltkrieges an, das 1956 bei der Panzertruppe der US Army immer noch Gültigkeit hatte[29]. Jede Panzer- und jede (Panzer-)Grenadierdivision bestand aus drei »Kampfgruppen«, die jeweils vier Kampftruppenbataillone umfaßten und unmittelbar von der Division geführt wurden[30]. Die Tatsache, daß die Deutschen den Schwerpunkt auf die gepanzerten Truppen legten, läßt deutlich erkennen, daß sie die Anforderungen des künftigen atomaren Gefechtsfeldes erkannt hatten. Die formelle Verkündung einer neuen Strategie der NATO am 21. März 1957, die vorsah, die Bundesrepublik unter Kontrolle der USA mit Nuklearwaffen auszurüsten, gab der Erprobung neuer Konzepte für die taktische Struktur innerhalb des Heeres neuen Auftrieb.

Ab Herbst 1957 zeigten die durchgeführten Manöver, in deren Mittelpunkt simulierte Atomdetonationen standen, insbesondere das Manöver von Bergen-Hohne 1958, daß die Kampfgruppenstruktur der Division modifiziert werden mußte. Die Brigade, nicht mehr die Division, sollte künftig die primäre taktische Ebene sein, sie sollte aus Panzerbataillonen, Panzergrenadierbataillonen und konventioneller Artillerie bestehen. Wie in entsprechenden NATO-Vereinbarungen vorgesehen, blieb die nuklearfähige Artillerie den Ebenen Division und höher vorbehalten. Rein technisch gesehen, konnten die Brigaden, zu deren Ausrüstung 155-mm-Haubitzen gehörten, zwar atomare Munition verschießen, aber sie waren dafür weder ausgebildet noch ausgerüstet, wie es auch den politischen Vereinbarungen entsprach[31]. Bemerkenswert ist, daß jede Brigade ihre eigenen logistischen Einheiten bekommen sollte, die gepanzert und in hohem Maße beweglich sein sollten. Den »nichtgepanzerten« Infanteriedivisionen der US Army entsprachen am ehesten zwei spezielle deutsche Divisionen,

---

28 Felix M. Steiner, Die Wehridee des Abendlandes, Wiesbaden 1951, S. 46 f.
29 Weißbuch 1970 zur Sicherheit der Bundesrepublik Deutschland und zur Lage und Zukunft der Bundeswehr, Bonn 1970, S. 53.
30 Julian Lider, Origins and Development of West German Military Thought, Bd 2: 1949–1966, Aldershot 1986, S. 458 f. Diese Kampftruppenbataillone wurden je nach Divisionstyp zusammengestellt: zwei Panzer- und zwei Panzergrenadierbataillone je Kampfgruppe in einer Panzerdivision, eine Panzer- und drei Panzergrenadierbataillone je Kampfgruppe in einer Panzergrenadierdivision.
31 Gespräch mit Oberst Michael Hübner, 11. November 1992, Fort Leavenworth/Kansas.

nämlich die Luftlandedivision und die in der Alpenregion dislozierte Gebirgsdivision, zu der auch eine Panzergrenadierbrigade gehörte.

Die zunehmende Mechanisierung der deutschen Brigaden erlaubte die Einführung von konventionellen Waffen mit größerer Feuerkraft, größerem Kaliber und größerer Reichweite. Dieser Zuwachs an Feuerkraft machte eine Verringerung der Gesamtpersonalstärke um 35 % möglich. Für jede der sechs Panzer- und sechs Panzergrenadierdivisionen der Bundeswehr wurden nur noch zwischen 12 000 und 14 000 Mann benötigt. Die Divisionen der USA vor der Einführung der »pentomic division« hatten demgegenüber eine Stärke zwischen 15 000 und 18 000 Mann[32]. Außerdem hatten die Bundeswehrbrigaden und -divisionen im Unterschied zu ihren Verwandten von der »pentomic division« jenseits des Atlantiks eigene logistische Kapazitäten für einen langandauernden konventionellen Kampf. Für die »unterversorgten« amerikanischen Verbände entwickelte sich dies zu einem unlösbaren Problem.

Der russische Weg: Erfahrungen aus dem Großen Vaterländischen Krieg

Während sich in der US Army die Vorstellung breit machte, daß man in der Zukunft neben der US Air Force mit ihrer Doktrin für eine strategische Kriegführung nur noch eine untergeordnete Rolle spielen werde, litten die sowjetischen Landstreitkräfte hinsichtlich ihrer Rolle in künftigen Kriegen nicht unter solchen Minderwertigkeitsgefühlen. Der damalige Verteidigungsminister, Marschall der Sowjetunion G.K. Žukov, äußerte 1956 auf dem 20. Parteitag der KPdSU:

»Der Krieg der Zukunft [...] wird gekennzeichnet sein durch den massierten Einsatz von [...] verschiedenen Massenvernichtungsmitteln wie atomaren, thermonuklearen, chemischen und bakteriologischen Waffen. Wir gehen jedoch davon aus, daß die neuesten Waffen, auch die Massenvernichtungswaffen, nichts an der entscheidenden Rolle der Landstreitkräfte, der See- und der Luftstreitkräfte ändern werden[33].«

Zwei Jahre bevor das Konzept der »pentomic division« der Öffentlichkeit vorgestellt wurde, hatte Marschall Žukov eine weitreichende Umstrukturierung der gesamten Sowjetarmee eingeleitet. Zwar behielt er die offensive Struktur bei, die ihm in den Jahren 1944 und 1945 einen Erfolg nach dem anderen gebracht hatte, aber gleichzeitig paßte er die Armee der Bedrohung durch die Massenvernichtungswaffen an, indem er ihre Beweglichkeit und ihren Schutz durch Panzerung erhöhte. Ständiges offensives Agieren, pausenloses Angreifen bei Tag und Nacht – so lautete Žukovs Formel für einen operativen und taktischen

---

[32] Lider, West German Military Thought (wie Anm. 30), Bd 1, S. 304–306.
[33] Zit. nach: The Soviet Art of War (wie Anm. 4), S. 135.

Sieg. Langsame, aus Infanteristen zu Fuß bestehende Korps und Divisionen wurden ebenso wie die verwundbaren Kavalleriedivisionen abgeschafft[34].

Der Infanterist selbst freilich wurde nach wie vor als unverzichtbares Element angesehen. Einer historischen Betrachtung der Entwicklung operativen und taktischen Führungsdenkens in der Sowjetunion in den Jahren 1953 bis 1959 kann man folgende Schlußfolgerungen zum Thema Infanterie auf dem künftigen Gefechtsfeld entnehmen:

»Für ein hohes Angriffstempo ist es notwendig, daß die mot. Infanterie hinter den Panzern auf Schützenpanzerwagen mit hoher Geländegängigkeit vorgeht, und zwar nicht nur vor dem Gefecht, sondern auch in seinem Verlauf [...] Die Schützenpanzerwagen mindern die Vernichtungswirkung der Kernwaffen beträchtlich, sie schützen insbesondere die Besatzungen vor der Lichtstrahlung und schwächen die Wirkung der Kernstrahlung um ein Mehrfaches ab. [...] Aus diesen Überlegungen heraus war es 1959 möglich, zu folgenden Schlußfolgerungen zu gelangen: Der Angriff muß vorwiegend mit Panzern, Schützenpanzerwagen und Hubschraubern geführt werden. Der Sturmangriff zu Fuß wird zu einer seltenen Erscheinung. Auf den Schlachtfeldern herrschen jetzt das Feuer und die manöverreichen Handlungen der Truppen auf Fahrzeugen vor[35].«

Die sowjetische mechanisierte Division der Jahre 1946 und 1954 bestand in der Regel aus fünf Kampftruppenregimentern, war also der »pentomic division« der US Army nicht einmal unähnlich. Es handelte sich hierbei jedoch nicht um identische Formationen: Die sowjetischen Divisionen waren eine Mischung aus schweren und mittleren Panzerregimentern sowie mechanisierten Regimentern. 1958 wurde diese Struktur durch das Modell einer gestrafften, aus 13 000 Mann bestehenden Mot. Schützendivision ersetzt, die auf vier Kampftruppenteile reduziert war, nämlich drei Mot. Schützenregimenter und ein mittleres Panzerregiment, ergänzt durch Artillerie und einige Unterstützungseinheiten. Die Panzerdivisionen waren ähnlich gegliedert[36].

Es gibt noch einen weiteren Aspekt der taktischen Gliederung der Sowjetarmee, der für die sowjetische Sicht eines zu erwartenden Krieges mit dem Westen von Bedeutung war. William P. Baxter schreibt dazu:

»Die Taktik der Sowjets trennt nicht klar zwischen nuklearer und konventioneller Kriegführung. Einerseits liegt dies daran, daß die Sowjetarmee der Überzeugung ist, die gesteigerte Zerstörungskraft bestimmter moderner Kampfmittel komme der von taktischen Nuklearwaffen immer näher, andererseits spiegelt es die sowjetische Skepsis bezüglich der Wahrscheinlichkeit wider, daß ein konventioneller Krieg lange konventionell bleiben kann. Außerdem ist

---

[34] David M. Glantz, Soviet Military Operational Art. In Pursuit of Deep Battle, New York 1991, S. 180 f.

[35] W. J. Sawkin, Grundprinzipien der operativen Kunst und der Taktik, Berlin (Ost) 1974, S. 269 f.

[36] Glantz, Soviet Military Operational Art (wie Anm. 34), S. 165 f., 182.

es Ausdruck der praktischen Erfahrung, daß auf den Ebenen unterhalb der Division das Vorgehen stärker vom Gelände und den physischen Leistungsmerkmalen von Waffen und Gerät abhängt als von Überlegungen zum möglichen Einsatz von Nuklearwaffen[37].«

Natürlich muß man hier bedenken, daß alle potentiellen Gefechtsfelder der Sowjetarmee an das Territorium der Sowjetunion angrenzten und deshalb kein Bedarf an Langstreckentransporten über See mit Hilfe von Flugzeugen oder Schiffen bestand, wie dies bei den Landstreitkräften der USA der Fall war. Durch solche Anforderungen wurde nicht nur die Situation der US Army erschwert, sondern auch die Position ihres Hauptkonkurrenten, des US Marine Corps, also der Marineinfanterie, im Ringen um Anteile am schrumpfenden Verteidigungshaushalt der USA Mitte der fünfziger Jahre.

Der Weg des US Marine Corps: Erfahrungen aus Expeditionskriegen

Die experimentelle Zündung von zwei amerikanischen Atombomben auf dem Bikini-Atoll im Juli 1946 veranlaßte das US Marine Corps bereits zehn Jahre vor dem Aufkommen der »pentomic division« der Army Einsatzgrundsätze und Struktur einer kritischen Prüfung zu unterziehen. Ein hochrangiger Marineoffizier, der damals die Tests beobachtete, schrieb: »Es liegt auf der Hand, daß eine Expeditionstruppe, wie sie zur Zeit zusammengestellt und eingesetzt wird, mit einigen wenigen Atombomben vernichtet werden kann[38]«. Da eine amphibische Angriffslandung aber nun einmal die Wesensbestimmung der Marineinfanterie war, diese Operationsform angesichts der Nuklearwaffen nun aber als nicht mehr durchführbar angesehen wurde, war der weitere Fortbestand dieser Teilstreitkraft als Kampfelement und als Instrument nationaler Seekriegsstrategie fraglich. Der Oberkommandierende des Marine Corps, General A.A. Vandegrift, berief mehrere Studiengruppen, die sich mit der Zukunft der Marineinfanterie in der nuklearen Ära nach dem Zweiten Weltkrieg befassen sollten. Eine dieser Gruppen trug die schlichte Bezeichnung Special Board (Sonderausschuß).

Der vom Spezial Board vorgelegte Hauptbericht mit der Bezeichnung »USF-63« enthielt eine Reihe von Empfehlungen, die niemals Früchte tragen sollten (z.B. wurde vorgeschlagen, U-Boote und Wasserflugzeuge als Truppentransporter einzusetzen); allerdings kam das Gremium dennoch zu der Erkenntnis,

---

37 William P. Baxter, The Soviet Way of Warfare, London 1986, S. 249.
38 Diese Warnung an seine Kameraden vom US Marine Corps stammte von dem angesehenen Kommandeur der Fleet Marine Force – Pacific, Roy S. Geiger,.zit. nach: Robert D. Heinl, Jr., Soldiers of the Sea. The United States Marine Corps, 1775 – 1962, Annapolis/Maryland 1962, S. 512.

daß die Luftlandetruppen der Army bei einem Atomwaffenangriff ebenso verwundbar waren wie die amphibischen Kräfte und daß der Schlüssel zum Überleben Auflockerung hieß. Es gebe ein Ausrüstungselement, mit dem gerade dies machbar sei, und das sei der Transporthubschrauber in Verbindung mit speziellen Schiffen als Trägerfahrzeugen. Eine taktische Umgliederung der Marineinfanterie wurde in dem Bericht allerdings nicht angesprochen[39].

Schließlich gelang es dem Marine Corps, sich seinen Platz in der Landesverteidigungsorganisation zu sichern, indem es nämlich erreichte, daß der amphibische Auftrag in ein Bundesgesetz – den »National Security Act« von 1947 – aufgenommen wurde[40]. An der realen Gefahr einer Vernichtung der Einsatzkräfte der Marines in einem nuklearen Krieg änderte das freilich nichts – und dieser Punkt rückte ganz besonders nach dem Waffenstillstand im Koreakrieg 1953 in den Vordergrund. Die Führung des US Marine Corps richtete ebenso wie die Spitze der Army ihren Blick auf das nukleare Gefechtsfeld der Zukunft und sie sah genauso die Notwendigkeit eines raschen Wechsels zwischen Auflockerung und Zusammenziehen der Kräfte entsprechend der militärischen Lage. Sie teilte allerdings nicht die Ansicht der Army, daß Veränderungen in der Taktik auf dem Gefechtsfeld ebenso weitreichende Änderungen in der Truppengliederung erfordern:

»[Wir] sind uns generell darin einig, daß Kampfgruppen von bestimmter Größe räumlich ausreichend weit voneinander getrennt werden sollten, damit eine Atomwaffe nur eine davon vernichten kann und nicht das gesamte Luft/Boden-Einsatzkontingent ausfällt. [...] Die taktische Grundgruppierung wird [...] nach dem Task-Force-Prinzip [...] auf einem Kern basieren, der sich aus etatsmäßigen Einheiten zusammensetzt[41].

Ganz im Gegensatz zur US Army sah das Marine Corps ein atomares Gefechtsfeld als etwas, das dem bereits Bekannten sehr ähnlich war: »Das Gefechtsfeld könnte sich – dafür spricht vieles – in Linien strukturiert oder etwas konzentrierter darstellen [was den Einsatz von Atomwaffen unmöglich machen würde] [...] das heißt, wir müssen fähig sein, konventionelle Waffen zu massieren, wie wir das schon immer getan haben[42].« Der Gedanke der Auflockerung von Kampfverbänden wurde als ein schon jahrzehntealtes Konzept angesehen, das den Ursprung für die derzeitige Struktur des Marine Corps bildete:

»In Berichten von Gefechten und Übungen der voratomaren Zeit lassen sich zahllose Beispiele für die ›räumliche Trennung von Einheiten‹ finden. [...] Das Neue an dieser Taktik liegt in der Begründung, weshalb das Marine Corps

---

[39] Ebd.
[40] Allan R. Millett, Semper Fidelis. The History of the United States Marine Corps, New York 1991, S. 464.
[41] R.E. Cushman, Tactics of the Atomic Age. A Study of Principles, in: Marine Corps Gazette, Bd 41, 1957, Nr. 2, S. 13 – 15.
[42] Ebd., S. 13.

sie nunmehr anwendet, nämlich, um die Verwundbarkeit von Kampfverbänden
am Boden durch Massenvernichtungswaffen herabzusetzen [...] (Nach dem
Zweiten Weltkrieg) zielte die Erprobung der Standardgliederung der »J«-Serie
[...] prinzipiell darauf ab, die Fähigkeit zu entwickeln, Truppenformationen je
nach Lage räumlich voneinander zu trennen oder zusammenzufassen. Heute
spiegeln unser Denken und unsere vorläufigen Einsatzgrundsätze die Auffassung wider, das verstärkte Bataillon als Grundelement für das räumliche Trennen von Truppenkörpern zu betrachten[43].«

Die Marineinfanteriebataillone, seit dem spanisch-amerikanischen Krieg
1898 in der Regel als Battalion Landing Teams eingesetzt[44], bildeten die Bodenkomponente eines Expeditionsverbandes (Marine Expeditionary Unit/MEU)
und gleichzeitig die Bausteine einer Kampfgruppe der Marineinfanterie auf
Regimentsebene (Marine Regimental Combat Team), welche wiederum die
Bodenkomponente einer Expeditionsbrigade (Marine Expeditionary Briga-
de/MEB) darstellte. Diese Brigade und die nächstgrößere Formation (Marine
Expeditionary Force/MEF) mit einer Marineinfanteriedivision als Bodenkomponente stellten das Luft/Boden-Einsatzkontingent (Air-Ground Task Force[45])
dar, in das das US Marine Corps großes Vertrauen setzte:

»Die Ausnutzung des atomaren Feuerkampfes durch vertikale Umfassung
(Hubschrauberangriff) und rasch vorrückende Kräfte am Boden verlangt ein
Höchstmaß an Ausbildung und Können [...] Für die Air-Ground Task Force
des Marine Corps, in der Können, Führung, Ausbildung und Teamgeist Grund-
eigenschaften sind, dürfte das kein Problem sein[46].«

Die konkrete Antwort des Marine Corps auf das Problem der hohen Beweglichkeit auf einem potentiellen nuklearen Gefechtsfeld war der im Bericht
des Special Board angesprochene Hubschrauber. Gemäß der Kernaussage des
Dokuments »USF-63« hatte das Marine Corps bereits 1947 in Quantico, Virginia eine Hubschrauberstaffel für einen Truppenversuch aufgestellt. Hubschrauber auf Trägerschiffen waren in dem Bericht als Schlüssel für die Durchführbarkeit (und Rechtfertigung) von amphibischen Operationen in einem Krieg
mit Atomwaffeneinsatz genannt worden. Und 1956 hatte das Marine Corps
denn auch sein erstes Trägerfahrzeug für Angriffshubschrauber, die USS Thetis
Bay, einsatzbereit[47]. Die US Marines waren von ihrer Struktur her operativ und
taktisch für jeglichen atomaren oder konventionellen Krieg gerüstet. Zwar
brachte das New-Look-Programm der Eisenhower-Regierung erhebliche Stärkereduzierungen für das Marine Corps, aber seine Zukunft als wichtiger Pfeiler

43 A.L. Bowser, Jr., War by Battalions, in: Marine Corps Gazette, Bd 40, 1956, Nr. 10, S. 28.
44 Heinl, Soldiers of the Sea (wie Anm. 38), S. 614.
45 James A. Donovan, Jr., The United States Marine Corps, New York 1967, S. 104.
46 E.B. Wheeler, Mobile Defense for Marines, in: Marine Corps Gazette, Bd 40, 1956,
    Nr. 5, S. 12.
47 Heinl, Soldiers of the Sea (wie Anm. 38), S. 513, 601.

der Kriegführung war gesichert[48]. Es gibt keinen Beleg dafür, daß sich das US Marine Corps jemals ernsthaft mit dem Gedanken einer Umgliederung nach dem Prinzip der »pentomic division« befaßt hätte.

Der Weg der US Army: Erfahrungen aus fünf Luftlandeschlachten

In der US Army wurde nach den Erfahrungen aus dem Koreakrieg das strategische und taktische Denken von einem Triumvirat von Generälen der Fallschirmjägertruppe, allesamt kampferprobte Kriegsveteranen, ganz entscheidend bestimmt, und zwar von Matthew B. Ridgway, Maxwell D. Taylor und James M. Gavin. Zuweilen wurden sie spöttisch als die Anführer des »Fallschirmjägerclubs« der Nachkriegszeit bezeichnet, hatten doch alle drei im Zweiten Weltkrieg Fallschirmjägerdivisionen kommandiert. An der Spitze ihrer Truppen waren sie im Kampfgebiet abgesprungen und hatten ihre Männer in fünf großen Landschlachten geführt. Ridgway war Kommandeur der 82. Luftlandedivision und später des 18. Luftlandekorps gewesen; Gavin hatte eines der Regimenter derselben Division geführt, bevor er zunächst stellvertretender Divisionskommandeur wurde und später die 82. Division von Ridgway übernahm; Taylor schließlich war Kommandeur der Artillerie in der 82. Division unter Ridgway gewesen, bevor er Kommandeur der 101. Luftlandedivision wurde. Seite an Seite hatten sie in Sizilien, bei Salerno, in der Normandie, bei Arnheim und in den Ardennen gekämpft. Ganz ohne Frage tapfere, überaus intelligente und höchst fähige Soldaten, waren sie selbst damals Teil eines neuen, kühnen Experiments in der Kriegführung – des Einsatzes einer Luftlandedivision – gewesen, was ihnen einen beachtlichen Kampf- und Karriereerfolg eingebracht hatte[49]. Ihr Können und ihre Energie hatte die drei Generäle bis 1953 in Spitzenpositionen bei der US Army katapultiert. Generalleutnant Gavin kommandierte 1953 das VII. Korps, d.h. eines der beiden in Deutschland stehenden Korps, General Taylor führte die 8. US-Armee in Korea, und General Ridgway war Stabschef der Army.

Als sie mit der schwierigen Aufgabe konfrontiert wurden, wie man sich am besten auf ein »nukleares Gefechtsfeld« einstellen sollte, war es vorhersehbar, daß allgemeine wie spezifische Erfahrungen, die sie persönlich im Fallschirmjägerkampf gesammelt hatten, in ihr Handeln einfließen würden. Sie würden sich weniger an herkömmliche Schemata klammern, als vielmehr nach kühnen, einfallsreichen Lösungen suchen und offen gegenüber radikal neuen Konzepten

---

[48] Millett, Semper Fidelis (wie Anm. 40), S. 518–521.
[49] Ihr Mut im Kampf ist fast schon Legende. Schilderungen ihres Heldentums auf dem Gefechtsfeld finden sich in: Clay Blair, Ridgway's Paratroopers. The American Airborne in World War II, Garden City/N.Y. 1985.

sein. Sich gedanklich mit einem Atomkrieg zu befassen, war für Ridgway nichts Neues. Als Oberster Alliierter Befehlshaber Europa (SACEUR) erhielt er 1952 von den Joint Chiefs of Staff (JCS)den Auftrag, die Auswirkungen von Nuklearwaffen auf die künftig an NATO-Truppen zu stellenden Anforderungen zu untersuchen[50]. General Ridgway bemerkte hierzu: »Auf das Ziel, die für das Heer vorgesehene Rolle auf diesem atomaren Gefechtsfeld zu analysieren, setzte ich einige der fähigsten militärischen Köpfe an.« Diese handverlesenen Studiengruppen ließ er wissen, daß die alte Struktur der Army drastisch verändert werden und ihre alten, erprobten Taktiken völlig umgemodelt werden müßten[51].«

Die drei Generäle wußten aus eigener Erfahrung, welche beachtliche Beweglichkeit die leichte Infanterie durch den Lufttransport bekommen kann, und ihre persönlichen Kampferfolge mit dieser Art von Bewegung bestärkten sie in der Überzeugung, daß gerade hierdurch beim Einsatz atomarer Waffen die verlangte Tiefenstaffelung und Auflockerung erreicht werden könnte. Eine Aussage Taylors gegenüber dem Kongreß im Jahre 1957 spricht Bände:

»[Alle] Einheiten der Army müssen für das alle Kampfarten umfassende Gefecht auf dieselbe Weise ausgebildet werden, wie wir im Zweiten Weltkrieg unsere Luftlandedivisionen ausgebildet und in den Kampf geführt haben [...] Die [fünf pentomic] Infanterieregimenter [...] sind administrativ autarke, luftbewegliche Einheiten, die im wesentlichen wie die Kampfgruppen in der Luftlandedivision strukturiert sind[52].«

Ausdrücklich wurde der Schwerpunkt auf die Beweglichkeit unter Nutzung mehrmotoriger Flugzeuge gelegt. In seiner Chrakterisierung der »pentomic Army« argumentierte Ridgway folgendermaßen:

»So viele Elemente der Truppen wie nur machbar, bis hin zu den schwersten von ihnen, müssen auf dem Luftwege verlegbar sein, sowohl von Kontinent zu Kontinent als auch innerhalb der Kampfzone [...] In weit größerem Umfang als jemals zuvor müssen Luftfahrzeuge das Mittel für den Truppentransport, den Nachschub, den Abschub und für das Verbindunghalten sein[53].«

Der Gedanke, Truppen auf dem Luftwege in großem Stil zu verlegen, war bereits von General Gavin im Detail dargelegt worden. Das »atomare Gefechtsfeld«, das in den Köpfen herumgeisterte, war kein neues Thema für ihn, denn er war 1949 in die Weapons Systems Evaluation Group (WSEG) berufen worden, die sich mit dem möglichen taktischen Einsatz von Nuklearwaffen zu befassen hatte[54]. Bereits vor dieser Erfahrung befürwortete er eine durchgreifende Neu-

---

[50] NATO. The Founding of the Atlantic Alliance and the Integration of Europe, hrsg. von Francis H. Heller und John R. Gillingham, New York 1992, S. 366.

[51] Ridgway, Memoirs (wie Anm. 3), S. 297 f.

[52] U.S. Congress, Military Posture Briefing (wie Anm. 9), S. 144.

[53] Ridgway, Memoirs (wie Anm. 3), S. 299.

[54] James M. Gavin, War and Peace in the Space Age, New York 1958, S. 113 f.

gliederung der Divisionen. Schon 1947 sah er die sogenannte quadratische, aus vier Infanterieregimentern bestehende Division des Ersten Weltkrieges durch die zwei dazwischengeschalteten Brigadestäbe in der Bewegungsfreiheit eingeschränkt. Der »dreiseitigen Division« des Zweiten Weltkrieges fehlte es nach seiner Einschätzung an der Fähigkeit zur Rundumverteidigung. Aus Gavins Sicht war eine Division aus vier Infanterieregimentern, die direkt vom Divisionskommandeur geführt werden, die Optimallösung. Gavin nannte sie die »vierseitige Division«[55].

»Die Division der Zukunft – und diese Division muß eine Luftlandetruppe sein bzw. für den Lufttransport vorbereitet werden können – muß durch und durch flexibel sein [...] Die Infanterieregimenter dürfen eine Stärke von 2400 Mann nicht überschreiten. Es besteht ein Bedarf an [...] Raketen, rückstoßfreier Artillerie und panzerfaustartigen Waffen [...] Auch müssen unbedingt Funkgeräte mit größerer Reichweite und geringerem Gewicht gebaut werden [...] Angesichts der aufgelockerten Dislozierung der Luftlandeeinheiten in der Zukunft, sind verläßliche Fernmeldemittel von allergrößter Bedeutung[56].«

Diese »vierseitige« Gliederung war identisch mit der Task-Force-Konfiguration der 82. Luftlandedivision, die Gavin bei den Luftlandeangriffen in der Normandie und in Holland kommandiert hatte.

Gavin sah seine Verwendung als Kommandierender General eines Korps als »die Gelegenheit, die ich gesucht hatte, um taktische Nuklearkonzepte für unsere Infanterie zu entwickeln«[57]. Nach seiner Auffassung würden Transportflugzeuge, die keine vorbereiteten Landeplätze benötigten, es ihm ermöglichen, mit seinen Truppen auf einem nuklearen Gefechtsfeld zu überleben. Im Gegensatz zur Auffassung im US Marine Corps schienen ihm Hubschrauber nicht die Antwort auf das Problem der taktischen Beweglichkeit zu sein. Er verlangte lediglich mehr dieser neuen »Drehflügler« zur Ergänzung der Aufklärungsmittel auf Divisionsebene[58]. Die drei Generäle Ridgway, Taylor und Gavin übertrugen konzeptionell die strategische (von Kontinent zu Kontinent) und die operative Beweglichkeit (innerhalb von Kontinenten), die Transportflugzeuge den Verbänden der Bodentruppen verliehen, auf taktische Beweglichkeit, d.h. die Beweglichkeit auf dem Gefechtsfeld. Den Hubschrauber, den die Marines bereits

---

55 Ders., Airborne Warfare, Washington D.C. 1947, S. 163 – 166.
56 Ebd., S. 165 f.
57 Gavin, War and Peace (wie Anm. 54), S. 136.
58 Ebd., S. 136 f. Zu den »Kriegsspielen«, aus denen Gavin seine Schlüsse zog, gehörten die Übungen »Beartrap« und »Battle Mace«. Gavin erwähnte 1954 in einem Artikel Hubschrauber nur zweimal, und zwar im Zusammenhang mit anderen Luftfahrzeugen (James M. Gavin, Cavalry, and I Don't Mean Horses, in: Harper's Magazine, Bd 208, 1954, Nr. 1247, S. 54 – 60).

1951 in Korea als Kampftruppentransporter eingesetzt hatten, betrachteten sie nicht als die innovative Lösung, die sie brauchten[59].

Die US Air Force ihrerseits war nicht bereit, die Produktion strategischer Atombomber zugunsten von Transportmitteln für eine andere Teilstreitkraft zurückzustellen, besonders nicht in einer Situation, in der ihr gleichfalls Stärkereduzierungen drohten. 1957 hatten sich die Dinge so entwickelt, daß die Regierung in ihrer Militärstrategie vom »New Look« zum »New New Look« überging, was u.a. bedeutete, daß die USA keine nukleare Überlegenheit gegenüber der Sowjetunion mehr anstrebten, sondern sich auf eine »ausreichende« atomare Abschreckung beschränkten. Dies veranlaßte Verteidigungsminister Charles E. Wilson, die Auflösung von zwanzig Geschwadern der US Air Force anzukündigen, ohne zuvor die Joint Chiefs of Staff konsultiert zu haben[60]. Taylor stellte 1960 kritisch fest: »Die Air Force ist nicht dafür ausgerüstet, ihre Verpflichtungen gegenüber der Army im Bodenkampf zu erfüllen [...] [Die Army] sollte über ihre eigenen Mittel der taktischen Luftunterstützung und des taktischen Lufttransports verfügen[61].«

Der Gedanke der fünfgliedrigen Struktur, das Kennzeichen der »pentomic division«, ist offensichtlich direkt General Taylor zuzuschreiben. Kurz nach Unterzeichnung des Waffenstillstandsabkommens mit Korea nutzte er den Handlungsspielraum, den ihm General Ridgway ein Jahr zuvor gewährt hatte:

»Ich war überzeugt, daß unsere dreigliedrige amerikanische Division, die auf drei großen Infanterieregimentern beruhte, überholt war [...] Aus dem Wunsch heraus, für meine eigenen Zwecke experimentieren zu können, wählte ich eine der letzten Koreadivisionen aus, um sie als Versuchsdivision umzugliedern. Beinahe das gesamte Jahr 1954 hindurch erprobte ich, unterstützt von Generalleutnant Bruce Clarke, [...] verschiedene mögliche Gliederungsformen [...]Ein aufgelockerter Einsatz in kleinen Einheiten sollte möglich sein; die Einheiten sollten selbständig agieren und rasch wieder zusammengezogen werden können,

---

[59] Der deutlichste Beleg hierfür war, daß die US Army vor 1960 nicht einmal das Ziel formulierte, »jede Division mit den Kapazitäten auszustatten, um mindestens eine Infanteriekompanie mit eigenen Lufttransportmitteln zu bewegen« (womit offenbar eine Kombination aus Flugzeugen und Hubschraubern gemeint war) (John J. Tolson, Airmobility 1961–1971, Washington D.C 1973, S. 14).

[60] Wilson strich außerdem der Army 200 000 Mann und zwei Divisionen sowie der Navy zwanzig Schiffe (Russell F. Weigley, The American Way of War. A History of United States Military Strategy and Policy, Bloomington 1973, S. 421, 426).

[61] Maxwell D. Taylor, The Uncertain Trumpet, New York 1960, S. 169. Die US Army trieb zu der Zeit dieses Vorhaben mit Nachdruck voran. 1959 waren fünf in Kanada gebaute zweimotorige »Caribou«-Transportflugzeuge mit einer Beförderungskapazität von 32 Mann zur Erprobung an die US Army geliefert worden. 109 Stück wurden zur Auslieferung zwischen 1961 und 1963 bestellt (Jane's All the World's Aircraft 1962–63, hrsg. von John W.R. Taylor, New York 1962, S. 20).

wenn es sicher war, Truppen zu konzentrieren, ohne sich der Gefahr eines Angriffs mit nuklearen Waffen auszusetzen[62].«

Taylor experimentierte mit fünf verschiedenen Gliederungsmodellen in 72 Gefechtsübungen und zog schließlich das Fazit:»Die Verbesserungen bei den Fernmeldeverbindungen [...] erlaubten es einem Divisionskommandeur nun, mehr Verbände als die herkömmlichen drei zu führen [...] Unsere Versuche in Korea hatten ergeben, daß die optimale Zahl bei etwa fünf liegt[63].« Die technische Verbesserung, von der Taylor sprach, war nicht mehr als die Einführung frequenzmodulierten Funks in die dreigliedrige Division des Jahrgangs 1919. Sieht man einmal vom Faktor Beweglichkeit ab, ist nicht klar, inwieweit der Funk im Vergleich zum Feldfernsprecher die Reichweite eines Divisionskommandeurs erweiterte. Außerdem erklärte Taylor nicht, wie er die optimale Struktur für den Einsatz einer amerikanischen Division in einem atomaren Krieg gegen die mechanisierte sowjetische Armee auf dem hügeligen Gelände in Europa aus Versuchen ableiten konnte, die eine Ausbildungsdivision des Koreakontingents in den Bergen und Reisfeldern Nordwestasiens durchgeführt hatte. Bezeichnenderweise zog die Armeeführung der Republik Korea es bei Ende des Truppenversuchs vor, eine Übernahme von Taylors neuer Struktur höflich abzulehnen[64].

Auch der Militärtheoretiker Carl von Clausewitz hat in seiner Schrift »Vom Kriege« die These entwickelt, daß die Teilung einer Division in fünf Brigaden »abstrakt betrachtet, vorzüglicher« wäre. Weiter schrieb er jedoch, »es gibt hundert der entscheidensten Lokal- und individuellen Umstände, denen die abstrakten Regeln weichen müssen« [65]. Es gibt keinen Hinweis dafür, daß die Ansichten von Clausewitz in die Überlegungen von Taylor oder anderen amerikanischen Generälen eingeflossen sind.

Aus all dem könnte man den Schluß ziehen, die »pentomic division« sei nur einer von verschiedenen möglichen theoretischen Ansätzen gewesen, um auf das gleichermaßen theoretische nukleare Gefechtsfeld zu reagieren wie die britische, westdeutsche und russische Lösung (»Kampfpanzer plus Schützenpanzer«) und die vom US Marine Corps getroffene Entscheidung (»Hubschrauber«). Diese Annahme stellt sich jedoch bei genauem Hinsehen als unzutreffend dar. Alle verfügbaren Belege deuten vielmehr darauf hin, daß die amerikanischen Fallschirmjägergeneräle von ihrer eigenen Vergangenheit wie ihren persönlichen Kriegserfahrungen einen so ausgeprägten subjektiven Hang zur luftbeweglichen leichten Infanteriedivision hatten, daß sie die Lösungen, zu denen

62 Maxwell D.Taylor, Swords and Plowshares, New York 1972, S. 153.
63 Ebd.
64 Ebd.
65 Vom Kriege. Hinterlassenes Werk des Generals Carl von Clausewitz, hrsg. von Werner Hahlweg, 18. Aufl., Bonn 1973, S. 522 f.

die großen europäischen Heere kamen, schlicht ignorierten. Untermauert wird dies durch ihre eigenen mündlichen und schriftlichen Äußerungen.

Vor dem Kongreß äußerte sich General Taylor 1957 ausführlich zu den zwei Luftlandedivisionen und zwölf Infanteriedivisionen der US Army. Daneben gab es aber auch vier gepanzerte Divisionen, die stärkemäßig ein Viertel der Army ausmachten. Zwei dieser Divisionen standen in Deutschland, mit Blick auf die Sowjetarmee. Dieses beträchtliche Kräftepotenzial wurde von General Taylor in seiner Werbekampagne für die »pentomic Army« allerdings nur am Rande erwähnt: »Die derzeitige [gepanzerte] Division ist aufgrund ihrer Beweglichkeit, ihrer Panzerung und ihres günstigen Verhältnisses von Feuerkraft und Personalstärke gut für die bewegliche, aufgelockerte Art der Kriegführung geeignet, die wir für die Zukunft erwarten[66].«

General Gavins Schlußfolgerungen aus den Korpsübungen »Battle Mace« und »Beartrap« hatten diese Einschätzung in ihm reifen lassen. Von den genannten Gefechtsfelderprobungen des Jahres 1954 hatte Gavin berichtet: »Wir erkannten bald, daß die Strukturen aus dem Zweiten Weltkrieg, egal, wie man sie bündelt, sich nicht für die nukleare Taktik eignen. Die einzige Ausnahme bildeten unsere gepanzerten Divisionen[67].« Der Armor Board in Fort Knox setzte diese Erkenntnisse formell um. Er entschied sich, die Gliederung in Kampfgruppen für die vier gepanzerten Divisionen der Army beizubehalten.

Militärische Denkweise und doktrinäre Logik verlangten eigentlich nach einer Panzerung bzw. Mechanisierung des Großteils der Kampfdivisionen der US Army als Reaktion auf die Einführung taktischer Nuklearwaffen. Die Ablehnung eines solchen Vorgehens, und zwar trotz aller vorhandenen sachlichen Anhaltspunkte und Beispiele, läßt sich nur dadurch erklären, daß die Generäle Ridgway, Taylor und Gavin zu der Zeit, als die nukleare Revolution das Gefechtsfeld erfaßte, Schlüsselpositionen in der US Army innehatten. Alle drei waren gegen Eisenhowers Doktrin der »massiven Vergeltung«. Zu ihrer Verengung des Blickfeldes auf die Luftlandetruppen, welche durch die ihnen eigene Intelligenz eher verschärft als abgeschwächt und von ihrem Selbstbewußtsein noch zugespitzt wurde, gab es kein Korrektiv in Form eines Verfechters eines mechanisierten Heeres. Im britischen Heer war das kein Problem, obwohl General Sir Richard Gale ebenso wie Ridgway, Taylor und Gavin eine Luftlandedivision, die britische 6th Airborne Division, im Juli 1944 in der Normandie in den Kampf geführt hatte. Die Führer der Panzertruppen der US Army schienen damit zufrieden zu sein, daß ihre aus dem Zweiten Weltkrieg stammende Struktur der in Kampfgruppen untergliederten Divisionen nicht durch das Programm des »New Look« angetastet wurde[68]. Ihre Zeit sollte in den frühen sech-

---

[66] U.S. Congress, Military Posture Briefing (wie Anm. 9), S. 144.

[67] Gavin, War and Peace (wie Anm. 54), S. 136 f.

[68] Bruce C. Clarke, The Designing of New Divisions for Our Army, in: Armor, Bd 64, 1955, Nr. 3. Aus diesem Artikel läßt sich schließen, daß bei der Panzertruppe – bzw. zu-

ziger Jahren kommen, als die (von Präsident John F. Kennedy favorisierte) Strategie der »Flexible Response«, die mit ihr verbundenen größeren Militärbudgets und ein sinkender Einfluß des »Luftlandeclubs« die Panzertruppe und damit die Panzergeneräle in den Vordergrund rücken ließen[69].

Natürlich lagen der Entscheidung zugunsten der Struktur der »pentomic division« auch andere Faktoren zugrunde. Die Faszination der Atombombe, die in der Öffentlichkeit, der Politik und ganz besonders beim Militär vorherrschte[70], ein sich änderndes militärisches Rollenverständnis, Rivalitäten unter den Teilstreitkräften und der Konkurrenzkampf um die Haushaltsmittel, Konflikte zwischen der Führung der Army (eben jenen Fallschirmjägergenerälen) und Verteidigungsminister Wilson – all diese Faktoren bildeten den Hintergrund. Aus den Memoiren von Ridgway, Gavin und Taylor sowie aus Taylors Aussagen vor dem Kongreß ergibt sich jedoch klar, daß das später unter der Bezeichnung »pentomic division« bekannt gewordene Konzept nicht etwa eine Reaktion auf die Stärkereduzierungen bei der US Army aufgrund der mit dem »New Look« verbundenen Einsparungszwänge war. Sein Entstehen ist auch nur insofern als Reaktion auf das Aufkommen einer revolutionären neuen Waffe zu verstehen, als dies gerade in dieselbe Zeit fiel. Lediglich die von Taylor stammende Wortschöpfung »pentomic« war durch die vorherrschende politische Stimmung beeinflußt[71].

Für militärische Führer muß es bei einer Umstrukturierung von Truppen letztlich immer darum gehen, die Schlagkraft in der bewaffneten Auseinandersetzung zu erhöhen. An diesem einfachen Maßstab gemessen hätte es eine »pentomic Army« nie geben dürfen. Der Einfluß einer zwar fundierten, aber ganz spezifischen Kampferfahrung einiger weniger Militärs in Schlüsselfunktionen des Führungsapparats konnte – in Verbindung mit einer gemeinsamen Vision dieser Soldaten vom künftigen Krieg – die Oberhand gewinnen über die Erfordernisse der geschichtlichen Entwicklung, über Zwänge der Logik und über empirische Erkenntnisse. Die neuen taktischen Atomwaffen wurden zur

---

mindest bei General Clarke – nur am Rande ein Interesse an der Truppengliederung der anderen Waffengattungen auf Divisionsebene und darunter gegeben war, obwohl die Konsequenzen für die Army insgesamt ja durchaus weitreichend waren. Später erhob General Clarke scharfe Vorwürfe gegen die Infanterie, weil sie das Konzept der »pentomic division« überstürzt über den Haufen geworfen habe (Bruce C. Clarke, Some Thoughts on Military Tactical Organization, in: Armor, Bd 72, 1963, Nr. 3).

[69] Siehe dazu Lewis Sorley, Thunderbolt. General Creighton Abrams and the Army of his Times, New York 1992.

[70] Ein Indiz hierfür sind die 132 Artikel über die atomare Kriegführung, die zwischen 1955 und 1959 in der »Military Review« erschienen. Nach dem Aufkommen der Strategie der »Flexible Response« sank diese Zahl auf nur noch 37 Artikel zwischen 1960 und 1964 ab (John P. Rose, The Evolution of U.S. Army Nuclear Doctrine, 1945–1980, Boulder/Colorado 1982, S. 57, 78).

[71] Taylor, Swords (wie Anm. 62), S. 171.

Begründung für die Umsetzung bereits vorher bestehender persönlicher Konzepte der Truppengliederung herangezogen. Dieser Einfluß, den die Atomwaffen auf die Führung und die Gliederung der US Army hatten – oder vielmehr gerade *nicht* hatten – kann als Lehrbeispiel dienen für Militärführer, die ihr Augenmerk auf eine neue Technik richten, um ihre persönliche »Vision« des Gefechtsfeldes der Zukunft daran festzumachen.

Sektion III:

Die Auswirkungen unterschiedlicher Menschenbilder auf Führung

Manfried Rauchensteiner

Einführende Bemerkungen

Es wird wohl jedem bewußt sein, daß das Bild vom Menschen im Zusammenhang mit Streitkräften von zweierlei Seiten gesehen werden kann: als eine Art Spiegel des eigenen Ich und als Blick von außen. Und ebenso wird wohl jedem bewußt sein, daß man über die Bilder in ihrer Gesamtheit und über Details beliebig breit und intensiv sprechen könnte, je nachdem, welche Länder, welche Zeiten und welche Menschen man dabei berücksichtigen möchte. Von ebenso beliebiger Häufigkeit wären dann die Beispiele. Doch letztlich ist es egal, wo man ansetzt: Es wird immer davon auszugehen sein, daß wir uns in einem Mischbereich von politischer und Sozialgeschichte bewegen, daß Mentalitätsgeschichte eine Rolle spielt und daß die Militärgeschichte eine Art vierten Faktor darstellt. Man kann Glauben und Religion ins Treffen führen und damit eine Art Unausweichlichkeit geltend machen, da sich Menschenbild und Führung in den immer wieder beschworenen Parametern des Ersten und teilweise auch des Zweiten Weltkrieges bewegten, weil Führer und Geführte in die Dreieinigkeit von Gott, Kaiser und Vaterland bzw. Führer, Volk und Vaterland gestellt wurden. In Varianten wurden vorher und nachher alle Eidesformeln ähnlich gestaltet, und es spielte und spielt letztlich keine große Rolle, ob dann demokratische Republiken, andere Vaterländer und vielleicht auch andere Völker als Bezug für Verhaltensnormen und dementsprechende Gelöbnisse gesucht und gefunden wurden: Die Menschen, die solcherart gebunden werden sollten, waren die – im weitesten Sinn – Untergebenen. Und das Bild, das am Anfang jeglicher Menschenführung steht, ist das vom Untergebenen. Es ist das Bild des Gehorsams. Ihn einzufordern, ist fast selbstverständliche Voraussetzung für Führung. – Mit dieser These sind wir aber wieder dort, wo es festzustellen gilt, daß es eigentlich ein Ding der Unmöglichkeit ist, auch nur die wichtigsten Wandlungen zu skizzieren und regelrecht zeit- und raumübergreifend zu werden. Wahrscheinlich werden wir es sogar bei Andeutungen belassen müssen. Und ob aus dem zwangsweise Wenigen dann schon theoretische Ansätze ableitbar sind, wird bestenfalls am Schluß erkennbar sein. Doch wir werden uns sicherlich mühen.

Zunächst einmal gilt es aber festzuhalten, daß das Dilemma eines bestenfalls zu skizzierenden empirischen Hintergrunds weder neu noch für unsere Fragestellung singulär ist. Vielmehr wird man sich einer Vielzahl von Referenzen bedienen können, die vor allem dazu dienen, die vorhin erwähnten Faktoren

von Zeit und Raum bewältigbar zu machen. Doch jeder, der sich zu Fragen des
Umgangs mit Untergebenen geäußert hat, die so oder so seiner Obsorge anvertraut waren, machte dabei nur eine Art Momentaufnahme, spiegelte seine eigenen Erfahrungen wider und verallgemeinerte auch nur Bilder und Reflexionen
eines ganz spezifischen Augenblicks. Momentaufnahmen wurden damit zu
Monumentalgemälden umfunktioniert. Und wie so oft entdeckt man in jeder
einzelnen Feststellung oder auch nur Überlegung ein Stück Wahrheit, zumindest etwas, das auch heute noch gelten könnte und Entsprechungen findet,
auch wenn es mittlerweile vielleicht verboten oder zumindest moralisch verwor-
fen worden ist. Denn wer wollte schon hergehen und sagen, der Fürst de Ligne
hätte recht gehabt, wenn er empfahl, den militärischen Zwang, den Drill und
alle Mühsal des Soldaten absolutistischer Heere dadurch zu mindern, daß man
den Überlebenden einer Schlacht nach einer erfolgreichen Aktion einige Stunden zur Plünderung gab[1]. Gilt nicht mehr, würden wir sagen, wären da nicht
Erfahrungen aus jüngster Zeit, die zumindest Einschränkungen zulassen. Vor
unserer Haustür wurde noch vor einem Jahr Plünderung und Vergewaltigung
nicht nur als Kriegsmittel und Ausrottungshilfe verwendet, sondern auch zur
Motivation der eigenen Truppe. Läßt sich daraus schon ableiten, daß Serben
und Albaner – um nur zwei zu benennen – noch dem Menschenbild und den
Führungsgrundsätzen des 18. Jahrhunderts verpflichtet sind? Würde man mit
einer solchen Analogie nicht den Soldaten des 18. Jahrhunderts bitteres Unrecht
zufügen? Und wahrscheinlich würde eine derartige Mutmaßung nicht nur Widerspruch erzeugen, sondern überhaupt eine andere Diskussion erfordern.
Doch es ist zweifellos unbefriedigend, feststellen zu müssen, daß Kriegsverbrechen noch immer zum europäischen wie außereuropäischen militärischen Füh-
rungswesen gehören.

  Gleichmäßig über Räume und Zeiten hinweg kann das Bemühen gelten,
Soldaten als elitär hinzustellen, sie für den Staat und das Gemeinwohl eintreten
zu lassen und ihnen etwas aufzuerlegen, das nicht nur physische Faktoren, sondern vor allem auch psychische und moralische Dimensionen verlangt, die häufig kaum mit dem in Einklang zu bringen sind, was die Gesellschaft selbst zu
leisten und bieten vermag. Soldaten sollten eigentlich zu allen Zeiten »Über-
menschen« sein. Schon Cäsar schrieb, daß die Soldaten bescheiden und enthalt-
sam, sprich genügsam, sein sollten; sie sollten moralische und physische Kraft
besitzen, großmütige Gesinnung zeigen, von guter Natur und gesund sein, und
schließlich sollten sie ihre Waffen zur Sicherheit und Verteidigung sowie zum
Wohle des Staates zu führen wissen[2]. Sehr viel später, im 17. Jahrhundert, re-

---

[1] Manfried Rauchensteiner, Menschenführung im kaiserlichen Heer von Maria Theresia bis
     Erzherzog Carl, in: Menschenführung im Heer, Herford, Bonn 1982, S. 29 (= Vorträge
     zur Militärgeschichte, Bd 3).
[2] Raimund Fürst Montecuccoli, Ausgewählte Schriften, Bd 1, Wien, Leipzig 1899, Trattato
     della guerra, Kap. 4, S. 92.

sümierte dann Montecuccoli, was darüber hinaus noch alles zu fordern war und wie der ideale Soldat beschaffen sein sollte, den zu führen dann die Offiziere gefordert waren. Dabei wurde noch und immer mehr verlangt, und Montecuccoli zog letztlich eine einzige Forderung in Zweifel, nämlich die, daß man die Soldaten vornehmlich aus »gemäßigten Klimaten« wählen sollte, damit sie Mut und Klugheit besitzen. Denn das heiße Klima, so Montecuccoli, bringt kluge und nicht mutige, das kalte Klima mutige und nicht kluge hervor. »Diese Regel«, so fährt er fort, »ist gut erfunden für den, der Herr der ganzen Welt und dem erlaubt wäre, die Leute von dorther zu ziehen, von wo er es für gut hält; will man aber eine Regel geben, deren sich Jeder bedienen kann, so muß man sagen, daß jede Republik und jedes Reich ihre Soldaten aus dem eigenen Land nehmen solle, ob heiß, kalt oder gemäßigt, wie sie seien [...], indem man aber Soldaten aus anderen Orten bezieht, kann man keine Auswahl treffen[3].« Noch eines: Die Soldaten sollten weder sämtlich mit Gewalt eingereiht, noch sämtlich freiwillig sein, denn gerade letztere würden immer wieder zum Problem werden, da man oft nur »faule, zügellose, gotteslästerliche Typen, Spielernaturen und auf jeden Fall schlecht genährte« Individuen bekäme, die zu führen wieder »nur mit Zwang erfolgen könne.

Natürlich war der Soldat des Dreißigjährigen Kriegs ein anderer als der des Absolutismus oder späterer Zeiten. Aber eines blieb sich gleich: Anspruch und Realität waren kaum einmal in Einklang zu bringen. Und dennoch: Es war nur selten der Fall, daß ein Staat nicht in der Lage gewesen wäre, die Menschen aufzubringen, die er zur Umsetzung von Macht in Politik oder auch bloß zur regelrechten Verteidigung brauchte, sofern nur die materiellen und ideellen Grundvoraussetzungen einigermaßen stimmten. Christopher Duffy hat mich darauf hingewiesen, daß auch die Vorstellung von den mit Masse gepreßten, sehr unfreiwilligen Soldaten zumindest für einige Teile des 18. Jahrhunderts in Zweifel zu ziehen ist. Die dem zugrundeliegende Forschung förderte zutage, daß ein erheblicher Teil der Soldaten sehr wohl mehr oder weniger Freiwillige waren. Sie wollten der Leibeigenschaft entfliehen oder waren aufgrund wirtschaftlicher Entwicklungen genötigt, sich anwerben zu lassen, weil z.B. in der Zeit des Siebenjährigen Krieges im zivilen Umfeld keine Zimmerleute und keine Fleischer gebraucht wurden. Hier beginnt sich ein Bild zu wandeln! Wir wissen auch, daß bis ins 19. Jahrhundert der sogenannte Erlebnisradius eines Menschen mit etwa 28 km zu beziffern war, jeweils die Distanz zu den Nachbarorten. Dazu kam dann eine gewisse Tristesse und Perspektivlosigkeit. Und dort war einzuhaken, wenn es darum ging, Soldaten zu bekommen und sie zu führen. Doch häufig war ein doppeltes Versagen festzustellen: Diejenigen, die zur Führung berufen waren, waren weder in der Lage, die heterogenen Wurzeln des Soldatseins zu verstehen und zu bedenken, und obendrein waren sie zum wenigsten Vorbild, ja konnten und wollten es auch nicht sein. Dennoch sollte man

---

[3] Ebd., S. 93.

bei den Bildern früherer Jahrhunderte, die man fast zwangsweise immer neu zu entwerfen hat, weil man das Vergangene an der eigenen erlebten Gegenwart mißt, gerade für das 17. und 18. Jahrhundert auch die Sehnsucht nach fernen Ländern und Abenteuern und den Wunsch nicht außer acht lassen, die eigenen sozialen Barrieren zu überwinden. Auch später noch ließ sich wohl nicht von ungefähr dichten und singen: »denn heute gehört uns Deutschland und morgen die ganze Welt«.

Auch das Religiöse und Moralische spielte eine Rolle: die Lehre des Hl. Augustinus vom gerechten und vom ungerechten Krieg beispielsweise. Denn wer war nicht bereit, zu den Waffen zu greifen, wenn es gegen die Ungläubigen ging, etwa den lange so benannten osmanischen Erbfeind. Da reduzierte sich der Zwang; die Motivation kam wie von selbst. Und auch dabei stoßen wir auf eine Art Konstante, denn jeder hatte seine »Erbfeinde«, und genau das Bild dieser grundschlechten, von einer Generation an die andere weitergegebenen Feinde ließ sich in jeder Weise bildhaft verwenden. Da bedurfte es gar nicht der ideologischen Brandmarkung vom sogenannten Untermenschen. Denn ein Erbfeind ergab an sich schon ein Menschenbild, das dazu dienen konnte, die Gegensätze herauszuarbeiten und die als selbstverständlich vorausgesetzten eigenen Vorzüge überdeutlich herauszustreichen. Wenn der andere der »Böse« war, mußte man selbst zwangsweise gut sein. Gegen das Böse ließen sich denn auch zu allen Zeiten Kreuzzüge führen. Und was im Fall der Türken gerechtfertigt schien, das war wohl auch einem Alliierten Oberbefehlshaber im Zweiten Weltkrieg noch immer billig. »Crusade in Europe« schrieb Dwight D. Eisenhower; und im Falle Saddam Husseins und der Operation »Desert Storm« ging es wohl auch um verwandte Zuordnungen und entsprechende Epitheta.

Damit sind wir wahrscheinlich schon bei einigen Kernaussagen, die in Frage zu stellen oder zu bekräftigen die nachfolgenden Beiträge sicherlich in der Lage sein werden:

1. Wer waren sie, die Soldaten absolutistischer Heere? Waren sie grundsätzlich anders zu führen als jene davor und danach, vor allem jene der allgemeinen Wehrpflicht und die der Berufsheere moderner Demokratien?

2. Sind es primär die politischen und sozialen Verhältnisse, die sich auf das Bild vom Soldaten auswirken und seine Führbarkeit beeinflussen, oder sind es eher die taktischen und operativen Verfahren bzw. die Waffen?

3. Ist die Komponente des militärischen Führertums in Vergangenheit und Gegenwart als etwas zu sehen, dem nicht nur zweifelsfrei zentrale Bedeutung beikommt, das sich aber grundsätzlich gewandelt und nicht nur an andere Formen und Zeiten angepaßt hat?

4. Ist davon auszugehen, daß die von Cäsar, Lipsius, Montecuccoli, Friedrich II., Moltke, Guderian, Eisenhower, Žukov, Dayan oder Schwarzkopf irgendwann einmal definierten Kategorien eine grundsätzliche Vermehrung oder Verminderung erfahren haben? Ich erinnere an das Wohl des Staates

oder an die physischen und moralischen Tugenden, die wohl gleichermaßen für Führende und Geführte zu gelten hatten.

5. Ist das Vorbild heute weniger wichtig, weil das Führen am Computer oder der berühmte Druck auf einen Knopf keine Vorbilder mehr braucht, auch keine Menschen und primär Rechner zu führen sind?

6. Ist das Führen im Frieden anders als im Krieg, ist es anders im Sieg und in der Niederlage? Und was braucht es an Führungseigenschaften, um nicht nur den eigenen Soldaten, sondern vielleicht auch einer politischen Führung beizubringen, daß man einen militärisch besiegten Gegner nicht demütigen sollte, weil sonst generationsübergreifender Haß entsteht?

Die Fragen ließen sich sicherlich beliebig lange und variantenreich fortsetzen.

Menschenführung, also die konkrete Umsetzung des Menschenbildes in der Führung, so wurde schon vor geraumer Zeit mit Bezug auf die Bundeswehr definiert, soll die Verfügbarkeit über und die Einsetzbarkeit von Menschen im Rahmen von militärischen Einsätzen bestmöglich sicherstellen. Soweit Theorie und Definition. In der Praxis bewegt man sich menschenführend wohl zwischen den Parametern Ehre und Strafe und wird so oder so mit grundlegenden, ja Sinnfragen konfrontiert. Gemeinsinn und Eigennutz spielen eine Rolle, und natürlich bekommt man gerade bei der Frage nach dem jeweiligen Bild von Menschen in der Antwort fast zwangsweise Spiegelbilder der politischen und gesellschaftlichen Entwicklung mitgeliefert. – Und egal mit welcher Zeit, mit welchem Land und welcher Armee man sich beschäftigt: Es müssen Leitbilder definiert werden. Und die sind sehr wohl unterschiedlich. Absolutistische Heere, Streitkräfte der allgemeinen Wehrpflicht, Berufsheere pluralistischer Demokratien – sie sind anders! Doch sie lassen sich gerade dann, wenn man die Bilder von Führenden und Geführten anspricht, auf recht eigentümliche Art definieren und vergleichen.

Manfred Messerschmidt meinte vor längerer Zeit, in der Friderizianischen Armee herrschte die Auffassung vor, Soldatsein erschöpfe sich in eiserner Disziplin, drakonischen Strafen und einer Praxis der Subordination, die weniger auf Respekt als auf Furcht vor den Vorgesetzten beruhte[4]. Da ist etwas dran. Aber stimmt es auch? Und würden sich nicht Varianten dieser Definition auch für spätere Zeiten und andere Armeen anbieten[5]? – Wenn in jüngerer Zeit die Führbarkeit von Soldaten als etwas erscheint, dem sich die Streßforschung in besonderer Weise zuzuwenden hat[6], dann kommt damit sicherlich nicht zum

---

4   Manfred Messerschmidt, Menschenführung im preußischen Heer von der Reformzeit bis 1914, in: Menschenführung im Heer (wie Anm. 1), S. 83.

5   Einprägsame Beispiele dafür und vor allem das Problem der »Schockbehandlung« findet man bei Morris Janowitz, Roger W. Little, Militär und Gesellschaft, Boppard a.Rh. 1965, bes. S. 89 f.

6   Siehe dazu u.a. Ernst Friese, Der Mensch steht immer im Brennpunkt des Geschehens. Warum Soldaten kämpfen, in: Truppendienst, 1992, H. 1, S. 120 – 126; Herbert Danzer,

Ausdruck, daß die Armeen pluralistischer Demokratien nur mehr eine Ansammlung von Psychopathen sind, die nicht mehr von Offizieren, sondern von Psychiatern geführt werden sollten. Vielmehr gilt es, das Undenkbare zu denken und Menschen, deren Aggressionstrieb vielleicht wirklich nicht mehr dem des Zeitalters der Weltkriege entspricht, auf etwas vorzubereiten, das sie à priori überfordert.

Am 30. Juli 1930 richtete Albert Einstein in einem Brief an Sigmund Freud die Frage: »Gibt es einen Weg, die Menschen vom Verhängnis des Krieges zu befreien[7]?« Diese Frage sei, so Einstein, angesichts des Fortschritts der Technik zu einer Existenzfrage für die zivilisierte Menschheit geworden. »Gibt es eine Möglichkeit, die psychische Entwicklung des Menschen so zu leiten, daß sie den Psychosen des Hasses und des Vernichtens gegenüber widerstandsfähig wird«. Freud antwortete ausführlich und reflektierte zunächst das Grundverhältnis von Recht und Gewalt, ehe er auf den von Einstein angesprochenen Trieb »zum Hassen und Vernichten« einging. Und was hier gesagt wurde, war wenig trostreich. Die aggressiven Neigungen des Menschen ließen sich nicht »abschaffen«. »Man kann nur versuchen, sie so weit abzulenken, daß sie nicht ihren Ausdruck im Krieg finden müssen«, schrieb Freud. Denn die Triebziele würden sich ständig verschieben. Und schließlich sei über einen langen Zeitraum hinweg eine Abnahme des Aggressionstriebes zu vermuten. Für seine Zeit konnte das wohl nicht gelten, und wahrscheinlich nicht nur für seine Zeit! Denn jenes Menschenbild, das immer noch von der bekannten Metapher »homo homini lupus« ausgeht, dürfte so rasch keine grundlegende Änderung erfahren haben. Folglich bleibt nur die Hoffnung.

So oder so wäre es wohl machbar und sinnvoll, eine Art historischer Streßforschung zu betreiben. Denn eigentlich ist ja für alle Zeiten zu fragen, wie die Menschen darauf vorbereitet wurden, in einem Krieg zu bestehen, und was vorzukehren war, um nicht nur eine gefechtsnahe Ausbildung zu unterstützen, sondern auch Angst beherrschbar zu machen. Schließlich wäre auch zu fragen, ob noch immer gilt, was Clausewitz in »Vom Kriege« in immer wieder neuen Formulierungen so einprägsam zu verstehen gibt: Die Schlacht ist nicht so sehr ein Totschlagen des feindlichen Kriegers als des feindlichen Mutes.

Menschenführung unter dem Einfluß von Streß und Panik, in: Truppenpraxis, 25 (1981), H. 3, S. 183 – 187.

7   Zit. nach: Christoph Gütermann, Die Geschichte der österreichischen Friedensbewegung 1891 – 1985, in: Überlegungen zum Frieden, hrsg. von Manfried Rauchensteiner, Wien 1987, S. 14.

Eckardt Opitz

Vom Söldner zum Wehrpflichtigen als Staatsbürger in Uniform. Der Wandel des Menschenbildes und dessen Bedeutung für die Führung

Einleitung

Noch vor wenigen Jahren wurde darüber geklagt, daß die Militärgeschichte (von der Zeitgeschichte abgesehen) »in den letzten vierzig Jahren in Deutschland sträflich vernachlässigt« worden sei[1]. Tatsächlich ist sie aber längst aus ihrem Nischendasein herausgetreten und scheint an Wertschätzung zuzunehmen. Dabei fällt allerdings auf, daß sozialgeschichtliche Studien zum Militär mehr Konjunktur haben als Untersuchungen zur Operationsgeschichte. An Arbeiten über den Wandel des Menschenbildes besteht kein Mangel; wie sich dieser Wandel auf die militärische Führung ausgewirkt hat, ist nur für ausgewählte Phasen, etwa die der Spätaufklärung untersucht worden. Dieser Forschungsstand hat selbstverständlich Konsequenzen für die folgenden Ausführungen.

Vom Landsknecht zum Söldner des stehenden Heeres

Bereits im Alten Testament wird die Frage erörtert, ob dem Aufgebot aller wehrfähigen Männer oder Söldnern der Vorzug zu geben sei[2]. Beide Wehrformen bestehen seit alters her nebeneinander, manchmal konkurrierend, meist einander ergänzend. Professionellen Soldaten konnte immer mehr abverlangt werden als denen, die nur zur Landesverteidigung herangezogen wurden. Deshalb wurden und werden Legionäre in der Regel anders ausgebildet und geführt als Wehrpflichtige. Über die Söldner des Spätmittelalters ist viel spekuliert worden. Ihre an den Zünften orientierten Ordnungen und ihr Ehrenkodex ist viel-

---

1   Konrad Repgen, Dreißigjähriger Krieg und Westfälischer Friede. Studien und Quellen, hrsg. von Franz Bosbach, Christoph Kampmann, Paderborn 1998, S. 3 f. (= Rechts- und Staatswissenschaftliche Veröffentlichungen der Görres-Gesellschaft, NF, Nr. 81).

2   Siehe dazu Jehuda L. Wallach, Wehrpflicht und Berufsarmee im Alten Testament, in: Die Wehrpflicht. Entstehung, Erscheinungsformen und politisch-militärische Wirkung, hrsg. von Roland G. Foerster, München 1994, S. 15–26 (= Beiträge zur Militärgeschichte, Bd 43).

fach untersucht worden, wobei für die Zeit seit dem 16. Jahrhundert die ethische Komponente eine große Rolle spielte; Luthers Schrift »Ob Kriegsleute auch in seligem Stande sein können« (1526) hat die Diskussion bis zur Gegenwart beeinflußt.

Wenn behauptet wird, daß der Söldner »als militärische Erscheinungsform« mit der Errichtung stehender Heere verschwand³, geschieht dies aufgrund einer sehr engen Definition des Begriffs Söldner und einer falschen Einschätzung der Realität stehender Heere.

Tatsächlich ist das militärische Leben der frühen Neuzeit durch das Söldnertum geprägt. Was aber in dieser Zeit ein Söldner ist und wie er geführt wurde, ist nicht eindeutig und bedarf deshalb der Erläuterung. Söldner und ihre Führer hatten bis zur Mitte des 17. Jahrhunderts keine lehns- oder staatsrechtlichen Verpflichtungen gegenüber ihrem jeweiligen Kriegsherrn. Sie waren rechtlich anders gestellt als der Feudaladel. Fritz Redlich hat in seiner grundlegenden Untersuchung, »The German Military Enterpriser and His Workforce« die sozialen und politischen Verhältnisse der Armeen in Deutschland treffend beschrieben und dabei das Unternehmerische im militärischen Alltag deutlich gemacht⁴. Wo der Führer vorwiegend Unternehmer ist, folgt er anderen Grundsätzen als ein überwiegend ideellen Grundsätzen verpflichteter Vorgesetzter.

Der Grundverband war das Regiment, das neben seiner militärischen Funktion auch als geschlossener Verwaltungs- und Wirtschaftskörper gesehen werden muß. Die zahlreich erhaltenen Kapitulationen und Verpflegungsordinanzen weisen dies aus. Über die dem Regiment folgenden Begleitpersonen (den Troß) als sozial Abhängigen ist hier nicht zu reden. Der Oberst war der Inhaber des Regiments; in der Regel »besaß« er auch die erste Kompanie; der Oberstleutnant war nicht nur Stellvertreter, sondern auch »Besitzer« einer Kompanie. Kompanieeigentümer war in der Regel auch der Oberstwachtmeister. Er war aber auch und besonders für die militärische Ausbildung und die Aufstellung im Kampf verantwortlich. Während die Obristen etwa der österreichischen Armee im 17. Jahrhundert am Hof weiteren Tätigkeiten nachgingen, wurden die Truppen von den nachrangigen Chargen geführt. Die Kapitäne (Hauptleute, Rittmeister) führten in der Regel, aber sie wirtschafteten auch. Wer sein Glück als Offizier machen wollte, brauchte also Geld. Um mit einer Kompanie Geld verdienen zu können, mußte man aber auch mit ihr umgehen können, d.h. fachliches Können mußte sich zum Vermögen hinzugesellen.

Wallenstein ist das bekannteste Beispiel für einen Kriegsunternehmer, der mit einer Kompanie begann und am Ende ganze Armeen werben, aufstellen, ausrüsten und besolden konnte. Bis ins 18. Jahrhundert hinein entstanden Ver-

---

3   So z.B. Meyers Taschenlexikon Geschichte, Mannheim 1982, Bd 5, S. 269.
4   Fritz Redlich, The German Military Enterpriser and His Workforce. A Study in European Economic and Social History, 2 Bde, Wiesbaden 1964/65 (= Vierteljahrsschrift für Sozial- und Wirtschaftsgeschichte, Beihefte 47 u. 48).

träge zwischen den Obristen und den Kapitänen und anderen Offizieren. Diese waren zunächst zeitlich befristet, verpflichteten zur Loyalität dem Regiment als »Firma« gegenüber. Solange Regimenter nur für begrenzte Zwecke aufgestellt wurden, konnte sich ein Korpsgeist nicht ausbilden[5]. Die Suche nach neuen Kontrakten bei Auflösung des Regiments machte die Offiziere zu Konkurrenten.

Die sozialen Abhängigkeitsverhältnisse bestimmten auch die Führung. Der Söldner garantierte seinem Vorgesetzten das Einkommen; er war deshalb »wertvoll«. Es ist auffällig, daß bei Kriegsgerichten die unteren Chargen durchweg strengere Strafen forderten als die Offiziere. Da der militärische Einsatz die »Betriebsmittel« gefährden konnte, war die Führung darauf aus, große Schlachten zu vermeiden oder sie so zu führen, daß die Aussicht auf Beute die Verluste auszugleichen versprach.

Bis zum Dreißigjährigen Krieg dienten in den europäischen Massenheeren Landsknechte, die sich genossenschaftlichen Regeln unterwarfen und die von Männern geführt wurden, die nicht unbedingt adlig waren, sich also nicht durch den Stand von der Masse der Untergebenen abhoben. Die Vermassung des Krieges hatte erst zum Typ des Landsknechts/Söldners geführt. Eine strukturelle Veränderung trat seit der Mitte des 17. Jahrhunderts ein, als die Territorialfürsten dazu übergingen, im Geiste des Absolutismus stehende Heere zu bilden. Die Verstaatlichung des Kriegswesens brachte nicht nur die Herausbildung eines adligen Offizierstandes und dabei auch die Unterscheidung von Ober- und Unteroffizieren mit sich, sondern ging einher mit einem weiteren Absinken der sozialen Position des Söldners, und dies wiederum hatte eine Verhärtung bei der Disziplinierung zur Folge. Waren Landsknechte im 16. Jahrhundert unzufrieden, meuterten sie oder drohten, in andere Dienste zu gehen; im 18. Jahrhundert gab es als Ausweg nur die Desertion.

Den Übergang vom »schlauen Landsknecht« zum »dummen Soldaten« im Zuge einer innermilitärischen Disziplinierung und Normierung in der Zeit von 1500 bis etwa 1630 hat Peter Burschel mustergültig untersucht[6]. Die Ausbildung und die Führung im eigentlichen (militärischen) Sinn kommen bei Burschel aber nicht vor. Die Kriegsbücher des 17. Jahrhunderts[7] weisen allerdings aus, daß die

---

5   Siehe dazu Untersuchungen zur Geschichte des Offizierkorps. Anciennität und Beförderung nach Leistung, Stuttgart 1962, S. 22 ff. (= Beiträge zur Militär- und Kriegsgeschichte, Bd 4).

6   Peter Burschel, Söldner in Nordwestdeutschland des 16. und 17. Jahrhunderts. Sozialgeschichtliche Studien, Göttingen 1994 (= Veröffentlichungen des Max-Planck-Instituts für Geschichte, Bd 113).

7   Die Schriften von Johann Jacob von Wallhausen seien hier genannt, besonders »Kriegskunst zu Fuß« von 1620. – Weniger bekannt ist Lavaters »Kriegsbüchlein«; es verdient aber deshalb Beachtung, weil es alle Aspekte der Kriegskunst in der Mitte des 17. Jahrhunderts zusammenfaßt (Hans Conrad Lavater, Kriegsbüchlein. Das ist grundtli-

handwerklichen Fertigkeiten dem Soldaten durch Drill beigebracht wurden. Führung bestand aus Wirtschaften, Verwalten und – allem voran – aus Disziplinieren.

Die Aufrechterhaltung der Disziplin war stets schwierig bei Menschen ohne soziale Bindung. Die Probleme wuchsen im Zuge der Vermehrung der Heere. Solange der Sold so hoch war, daß er die Löhne der Unterschichten überstieg, war der Dienst als Landsknecht halbwegs attraktiv. Als das Wachstum der Heere im Verlauf des 17. Jahrhunderts die ökonomischen und logistischen Möglichkeiten des frühmodernen Staates zu überfordern begann, wurde das Soldniveau so weit herabgesetzt, daß der Kriegsdienst selbst für Knechte, Tagelöhner und Angehörige der unterbäuerlichen Schichten ohne Reiz war[8]. Zwangswerbungen und die Rekrutierung von Kriminellen, Vaganten, Bettlern und Armen nahmen zu. Die Härte des Drills, die Bewachungsmaßnahmen und damit verbunden die Verachtung in der Gesellschaft nahmen ebenfalls zu. Die Desertion wurde zur spezifischen Form militärischen Ungehorsams; sie war Folge des zunehmenden Disziplinierungsdrucks, nicht die Ursache.

Im Zuge des Professionalisierungs- und Verstaatlichungsprozesses wurde die Disziplinierung zum elementaren Führungsmittel; im Verlauf des 18. Jahrhunderts wurden die Anstrengungen auf diesem Felde immer intensiver, wie das Beispiel Preußen ausweist. Die Probleme der Kriegsherren, ihre Vorstellungen von Zucht und Ordnung in den Heeren (oder an Bord der Schiffe) durchzusetzen, brachten Disziplinierungskonzepte mit sich, die sich oft genug als kontraproduktiv erwiesen.

Das Menschenbild des Absolutismus ist von der einfachen Regel geprägt: Die Großen tun, was sie sollen, und die Kleinen leiden, was sie müssen. Dazwischen bewegen sich Adel und gehobenes Bürgertum, sie profitieren vom System, so viel sie können. Die protestantische Moral bezieht auch die Menschen ein, die sich dem Kriegsdienst verschrieben haben oder zu ihm gezwungen wurden.

Das preußische Militärsystem des 18. Jahrhunderts

Mit dem Großen Kurfürsten begann in Brandenburg-Preußen die Errichtung des stehenden Heeres. 1660, nach Beendigung des Schwedisch-Polnischen Krieges, wurden die Regimenter nicht vollständig abgedankt, sondern blieben in Kadern bestehen, Offiziere und Reiter wurden im Lande angesiedelt. Darüber hinaus begann der Kurfürst, den Adel für den Staats- und Militärdienst heranzuziehen. Der verarmte Adel (so in Hinterpommern) erhielt die Möglichkeit,

---

che Anleitung zum Kriegswesen, Zürich 1644, Nachdruck mit einer Einleitung von Jürg Zimmermann, Graz 1973).

8   Burschel, Söldner (wie Anm. 6), S. 165 ff., 304 ff.

seine Söhne auf einer Ritterakademie ausbilden zu lassen. Die Privilegierung des Adels bei der Besetzung von Offizierstellen setzte sich nur allmählich durch, war sie doch weder mit der tradierten Stellung des Regimentsinhabers noch mit dem adligen Selbstverständnis vereinbar.

Das Vorrecht des Adels auf die Besetzung der Offizierstellen hob aber letztlich das soziale Ansehen des ehemals frondierenden, jetzt der Staatsraison unterworfenen Standes. Damit wurde das Amt des militärischen Führers selbst geadelt. Gleichzeitig wurde die Kluft zwischen Führern und Geführten immer größer. Konnte im 17. Jahrhundert ein Landsknecht noch bis zum General aufsteigen (Georg von Derfflinger ist ein Beispiel), war der Aufstieg im 18. Jahrhundert nur noch bis zum Unteroffizier möglich. Damit war die Beförderung nach Leistung als Führungsinstrument abhanden gekommen.

Der Stand des adligen Offiziers hatte mit der Soldateska so viel und so wenig zu tun wie der adlige Gutsherr mit den leibeigenen Bauern. Das preußische Kantonsystem des 18. Jahrhunderts hatte dazu geführt, daß Gutsherr und Offizier einerseits und leibeigener Bauer und Kantonist andererseits identisch sein konnten. Otto Büsch hat diese Zusammenhänge in einer Studie anschaulich dargestellt[9]. Die »Verstaatlichung« des Militärwesens machte aber auch den Offizier zu einem Teil im System. Er war täglicher Drill- und Exerziermeister der Soldaten, eingespannt in den Garnisons- und Felddienst, in eine feste Rangordnung, der militärischen Subordination unterworfen. Aber er gehörte dem ersten Stand in der Gesellschaft an, während die Söldner definitiv zur untersten Schicht in der Rangordnung abgestiegen waren, zu denen, die vermeintlich nur durch Prügel und andere harte Strafen zu disziplinieren waren. Da die Kompaniewirtschaft bis 1808 beibehalten wurde, waren sie oft genug Opfer und Komplizen zugleich bei den vielfältigen Unterschleifen und Betrügereien ihrer Vorgesetzten[10]. Fürsorge oder gar Zuwendung fanden sie kaum. Die Erinnerungsbücher von Ulrich Bräker[11] und Karl Friedrich Klöden[12] sind dafür anschauliche Quellen.

---

9   Otto Büsch, Militärsystem und Sozialleben im Alten Preußen 1713–1807. Die Anfänge der sozialen Militarisierung der preußisch-deutschen Gesellschaft, Berlin 1962 (= Veröffentlichungen der Berliner Historischen Kommission, Bd 7).

10 Siehe dazu Offiziere im Bild von Dokumenten aus drei Jahrhunderten, hrsg. von Hans Meier-Welcker, Stuttgart 1964, S. 31 ff. (= Beiträge zur Militär- und Kriegsgeschichte, Bd 6).

11 Ulrich Bräker, Lebensgeschichte und natürliche Abenteuer des Armen Mannes im Tokkenburg, in: Bräkers Werke, Berlin, Weimar 1964, S. 163–198. Es liegen zahlreiche andere Ausgaben dieses Werkes vor, dessen Wert als historische Quelle weniger wegen der Zuverlässigkeit der Einzelschilderungen umstritten ist als vielmehr wegen seiner literarischen Attitüde.

12 Karl Friedrich Klöden, Von Berlin nach Berlin. Erinnerungen 1786—1824, Berlin 1976, S. 49 ff.

Die Lineartaktik tat ein übriges, um den Infanteristen zu einem Rädchen in einer Maschine zu degradieren, dem sogar die Instinkte der Selbsterhaltung ausgeprügelt wurden. Das Bajonett hatte die Pike ersetzt; und das Steinschloßgewehr mit Papierpatronen und dem eisernen Ladestock erlaubte eine erhöhte Feuerwirkung. Die tiefgegliederten Gewalthaufen wurden durch eine flachgegliederte, breitgefächerte Aufstellung und ein entsprechendes Avancement ersetzt, um möglichst viele Gewehre gleichzeitig und in rascher Folge zum Einsatz bringen zu können. Diese Formation konnte durch die Unteroffiziere von hinten überwacht werden. Einheitliche Ausrüstung und Bewaffnung sowie ein hohes Maß an Disziplin, meist bedingt durch Furcht vor dem Vorgesetzten, ermöglichten diese Taktik. Das Marschieren im Gleichschritt und in ausgerichteten Linien sowie das schnelle Laden und das gleichzeitige Schießen auf Kommando konnten nur durch ständiges drillmäßig gehandhabtes Exerzieren erreicht werden. Aus der Sicht des Bürgers war dieser Drill eine barbarische Abrichtung der Soldaten zu Bewegungs- und Schießmaschinen. Die Lineartaktik erreichte in Preußen während des Siebenjährigen Krieges ihren Höhepunkt.

Der preußische König setzte zwar auf die Ehre seiner adligen Offiziere, dem einfachen Soldaten sprach er das Ehrgefühl gänzlich ab. Das menschenverachtende Militärsystem des friderizianischen Preußen erregte bereits zu Lebzeiten des großen Königs die Kritik der Aufklärer. Diese wandten sich einerseits gegen das stehende Heer des Absolutismus generell, das sie für kriegsfördernd hielten, andererseits prangerten sie den unmenschlichen Umgang mit den Soldaten an, der ihrem Humanitätsverständnis von Grund auf widersprach. Es ist bezeichnend, daß die Kritik am stehenden Heer zur selben Zeit laut wurde, als die Aufhebung der Leibeigenschaft und das Verbot des Sklavenhandels gefordert wurden (so im Dänischen Gesamtstaat und in Frankreich).

Die Kritik am Menschenbild des friderizianischen Militärsystems

Die weitgehende Selbstauflösung der französischen Armee hatte die Republik bei Ausbruch des Ersten Koalitionskrieges 1792 in eine prekäre Lage gebracht. Gesetzentwürfe, die zur allgemeinen Wehrpflicht führen sollten, fanden keine Mehrheit. Der Verfassungsentwurf vom 24. Juni 1793 enthielt zwar eine Aussage zur Identität der bürgerlichen und der militärischen Nation, trat aber nicht in Kraft.

Der Anstoß, der zur Umsetzung dieses Prinzips in die Praxis führte, kam von den Jakobinern, die das Heer zu einem Teil des Staates machen wollten, nachdem es bisher ausschließlich Instrument der Exekutive war. Das Gesetz vom 23. August 1793 über die allgemeine Volksbewaffnung brachte die »*levée en masse*«[13]. Alle Franzosen sollten für die Rettung der Republik herangezogen werden, und zwar im Rahmen einer allgemeinen (totalen) Dienstpflicht, die alle, Junge und Alte, Männer und Frauen, einschloß. Die Umsetzung des Gesetzes ist aufs engste mit dem Namen Lazare Nicolas Marguérite Carnots (1753–1823) verbunden, eines militärgeschichtlich in vielfältiger Hinsicht bemerkenswerten Mannes.

In einer seiner Denkschriften hatte er schon vor 1789 jenen Satz formuliert (»Tout citoyen est né soldat«), den wir zumeist in der Scharnhorstschen Version kennen: »Jeder Bewohner des Landes ist der geborene Verteidiger desselben.« Carnot wandte sich gegen jede Form des Angriffskrieges und verlangte deshalb die »Abschaffung des Söldnerheeres mit allen Übeln in seinem Gefolge«.

Das Gesetz über die *levée en masse* erhielt mit der Grundsatzerklärung, daß »von diesem Zeitpunkt an bis zu dem, an dem die Feinde vom Boden der Republik vertrieben sein werden, alle Franzosen zum Heeresdienst aufgeboten sind«, von vornherein einen einschränkenden, gewissermaßen provisorischen Charakter. Seine Begrenzung auf die Dauer des Krieges und die Bestimmung, daß es seinem Wortlaut nach nur für die Aufgaben der Verteidigung gedacht war, sind für die Einordnung der *levée en masse* in das Phänomen der allgemeinen Wehrpflicht von entscheidender Bedeutung.

Es versteht sich von selbst, daß der Bürgersoldat Carnots als motivierter Kämpfer gesehen wurde und deshalb keinerlei Zwangsmaßnahmen unterworfen zu werden brauchte. Das hatte sich bereits bei der Kanonade von Valmy am 20. September 1792 gezeigt. 1793 und in den Folgejahren sprachen die Erfolge der jungen französischen Streitkräfte für sich selbst.

In Deutschland hatten die Ideen der Französischen Revolution zwar ein vielfältiges Echo, aber keine Nachahmung gefunden. Die politischen und wirtschaftlichen Verhältnisse waren hier anders als in Frankreich. In den deutschen Ländern wurde aber beim Bildungsbürgertum das Bewußtsein der Rückständigkeit geweckt, und daraus erwuchs eine vielfältige Kritik an den bestehenden Verhältnissen, auch beim Adel, der eigentlich an der Bewahrung des Bestehenden hätte interessiert sein müssen. Das Militär, zumal die meist adligen Offiziere, zeigte sich in seiner Haltung zu den Entwicklungen, die sich westlich des Rheins zutrugen, überwiegend reserviert bis ablehnend. Nur eine Minderheit griff Anregungen auf, um sie für eine Reform des eigenen Systems zu nutzen.

Die mit dem Namen Gerhard von Scharnhorsts verbundene Heeresreform in Preußen, die ein Teil der allgemeinen Staatsreform war, als deren Motor Karl Freiherr vom Stein anzusehen ist, stellt zwar eine militärisch-organisatorische Großtat dar, war aber durch vielfältige Anregungen vorbereitet worden. Zu den

---

13 Zum folgenden siehe Eckardt Opitz, Allgemeine Wehrpflicht in Deutschland. Historische Annotationen zu einem aktuellen politischen Problem, in: Wehrpflicht ausgedient, hrsg. von Jürgen Groß, Dieter S. Lutz (= Demokratie, Sicherheit, Frieden, Bd 5), Baden-Baden 1998, S. 99 ff.

geistigen Wegbereitern der Reform gehörte auch Georg Heinrich von Berenhorst (1733–1814), der mit der Veröffentlichung seiner »Betrachtungen über
die Kriegskunst« (seit 1796) erhebliches Aufsehen erregte. Das Buch war zwar
anonym erschienen, doch blieb der Name des Verfassers nur für kurze Zeit
verborgen. Ein ehemaliger Offizier Friedrichs II. unterzog die Kriegskunst und
die Verhältnisse in der preußischen Armee einer gründlichen Kritik, die deutlich
über das hinausging, was seinerzeit üblich war[14].

Berenhorst hat mit der Niederschrift der »Betrachtungen« 1795 begonnen
und den ersten Band 1796 veröffentlicht. Die Einleitung »An den Leser« beginnt mit den Worten: »Unlängst schwebte einmal ein kurzer glücklicher Zeitraum vorüber, eine Art von Waffenstillstand hatte in unserem Deutschland
statt, während dessen gutmüthige Menschen anfangen wollten, von einer Mor-
genröthe besserer Tage – zu träumen«. Die Nähe zu Kants Traktat »Vom ewigen Frieden« ist kaum zu übersehen. Diese Schrift wurde 1796 veröffentlicht,
nachdem Berenhorsts »Betrachtungen« bereits verfaßt, aber noch nicht gedruckt
waren.

Kant griff in seiner Schrift zwar weit über das hinaus, was Berenhorst in sei-
nen »Betrachtungen« thematisierte; der Dessauer Hofbeamte und ehemalige
Offizier Friedrichs II. hatte aber mit den konkreteren Erfahrungen aufzuwarten.
Seine »Betrachtungen« sollten deshalb nicht neben oder gar gegen Kants
»Traktat« gelesen werden, sondern mit diesem zusammen.

Es ist im Rahmen dieses Beitrags nicht möglich, die Schriften Berenhorsts
ausführlich zu analysieren oder sie gar in den Kontext der allgemeinen Militär-
kritik an der Wende vom 18. zum 19. Jahrhundert einzuordnen. Mit Blick auf
das eigentliche Thema ist zu sagen, daß Berenhorst einer Gruppe meist jüngerer
Offiziere nahestand, die den Erfolg der französischen Revolutionstruppen auf
deren Geist zurückführten. In der neuen französischen Armee war der einfache
Soldat aus dem Uhrwerk der Lineartaktik als Individuum herausgerückt und
verlangte eine ihm allein geltende Zuwendung. Erfolgte diese, ideell seitens der
politischen und praktisch seitens der militärischen Führung, dann war der Soldat zu weit größeren Leistungen fähig. Zu dieser Steigerung der Effektivität
sollte noch eine Erhöhung der Attraktivität des Soldatendienstes treten; nicht
mehr die Deklassierten sollten den Dienst für das Vaterland leisten, sondern
jeder Bewohner des Staates war in Zeiten der Not als potentieller Verteidiger
desselben anzusehen. Aus dieser Diskussion um die Probleme der »inneren
Führung« erwuchsen zahlreiche Reformansätze im einzelnen, die allerdings erst
nach der Niederlage von 1806 aufgegriffen wurden, um dann von den Refor-
mern um Scharnhorst teilweise realisiert zu werden.

---

[14] Zum folgenden siehe Eckardt Opitz, Georg Heinrich von Berenhorst, in: Klassiker der
      Pädagogik im deutschen Militär, hrsg. von Detlev Bald, Uwe Hartmann, Claus von Ro-
      sen, Baden-Baden 1999, S. 37–61 (= Forum Innere Führung, Bd 5).

Die allgemeine Wehrpflicht in Preußen und das Menschenbild der Militärreformer

Gerhard von Scharnhorst, August Graf Neidhardt von Gneisenau und Hermann von Boyen gelten bis heute als die großen Neuerer in der preußischen Armee des frühen 19. Jahrhunderts. Bei näherem Hinsehen ergibt sich aber, wie Eberhard Kessel festgestellt hat: »Sie befanden sich alle im Widerspruch zu den zeitgemäßen Ideen der Gleichheit und Freiheit, der Abschaffung der stehenden Heere usw., obwohl in ihnen Elemente verborgen waren, die sich mit ihrem Schaffen und ihren Absichten decken[15].«

Über Scharnhorst sagt Kessel: »Er ging bei seinen militärischen Reformgedanken nicht eigentlich vom Volke aus, sondern seine Reformbestrebungen führten ihn zum Volke hin[16].«

Tatsächlich hat er die Kritik, die etwa Berenhorst an der preußischen Armee übte, lange Zeit zurückgewiesen. Er hegte eine tiefe Skepsis gegen die Vorstellungen von Volksbewaffnung und Miliz und verteidigte statt dessen die stehenden Heere. Bei der Analyse der französischen Erfolge sah er weniger die ideelle Komponente als vielmehr die sehr nüchterne materielle: Die Franzosen führten »mit den Hilfsquellen der ganzen Nation Krieg«. Das war der Grund, warum er nach 1806 auch in Preußen das »Volksganze« zur Verteidigung heranziehen wollte. Das stehende Heer sollte selbstverständlich beibehalten, aber ergänzt werden durch eine »National-Miliz«. Ihm schwebte zunächst das Modell seines militärischen Ziehvaters vor, des Grafen Wilhelm zu Schaumburg-Lippe, der in seinem Ländchen die alte Form des Aufgebots wiederbelebt hatte[17].

Scharnhorst hat sich pragmatisch mit den Problemen einer Heeresreform auseinandergesetzt; im Zuge seiner Überlegungen hat er sich manche Position zu eigen gemacht, gegen die er lange Zeit eingetreten war. Seinen Mitstreiter Boyen bewegten von Anfang an philanthropische Gedanken der Aufklärung. Er wollte den Soldatenstand zu höherem moralischen Ansehen verhelfen. Die allgemeine Wehrpflicht sollte dazu dienen, den Militärstand zu veredeln. Am stehenden Heer wollte aber auch er grundsätzlich festhalten. Und eben dieses Heer sollte zur Erziehungsstätte der Nation werden. Da der Militärdienst mit seiner »eigentümlichen Zucht eine höchst zweckmäßige Vorschule« auch für zivile Tätigkeiten sei, und »da die Aushebung der Kantonisten nichts anderes als

---

15 Eberhard Kessel, Die allgemeine Wehrpflicht in der Gedankenwelt Scharnhorsts, Gneisenaus und Boyens, in: Die deutsche Soldatenkunde, Bd 1. Leipzig 1937, wieder abgedr. in: Ders., Militärgeschichte und Kriegstheorie in neuerer Zeit. Ausgewählte Aufsätze, hrsg. von Johannes Kunisch, Berlin 1987, S. 175–188 (= Historische Forschungen, Bd 33).

16 Ebd., S. 178.

17 Siehe dazu Erich Hübinger, Graf Wilhelm zu Schaumburg-Lippe und seine Wehr. Die Wurzeln der allgemeinen Wehrpflicht in Deutschland, Borna-Leipzig 1937.

die Stellung der zur Verteidigung des Vaterlandes nötigen Mannschaft ist, so kann sich wohl eigentlich dieser Verpflichtung keiner entziehen, es sei denn, daß ihm ein anderes Geschäft obliegt, von dessen Unterbrechung dem Staate ein wesentlicher Schaden erwachsen würde«. Boyen wollte aber auch das Wissen und die Kenntnisse der eingezogenen Soldaten für die Armee nutzbar machen[18]. Dieser Erwägung der Nützlichkeit lagen bei ihm auch sittlich-humane Gedanken zugrunde.

Anders als bei Scharnhorst und Boyen waren bei Gneisenau die Bindungen an die altpreußische Tradition gering. Er hatte in österreichischen und ansbachischen Diensten gestanden und war auch in Amerika gewesen, bevor er in die preußische Armee eintrat. Er erkannte sofort, was notwendig war, wenn Preußen aus der Notlage von 1806 herauskommen wollte. Neben die kleine Restarmee mußte eine »Reserve-Armee« treten, die Gneisenau »Provinzial-Truppen« nannte, um den in Preußen degoutanten Begriff »Miliz« zu vermeiden[19].

Zunächst wollten also alle drei Reformer eine »Wehrpflichtarmee« als Miliz, die dann Landwehr genannt wurde, neben die Linientruppen stellen. Erst bei der konkreten Planung erfolgte der Vorschlag, von der Zweiteilung abzugehen und die Wehrpflicht als Ergänzungsmethode für das stehende Heer mit verkürzter Dienstzeit einzuführen. Die besondere Situation Preußens machte es erforderlich, alle geistigen, moralischen und physischen Kräfte des Volkes nutzbar zu machen. Eine Befreiung vom Napoleonischen Imperialismus war nur möglich, wenn der Kampf auch vom Volk getragen wurde. Keine der preußischen Reformen diente deshalb so sehr dem Ziel, die innere Einheit zwischen Regierung, Heer und Nation herzustellen, wie die allgemeine Wehrpflicht. Karl Reichsfreiherr vom Stein hatte im Sinn, aus Untertanen Staatsbürger zu machen. Die Militärreformer wollten den zum politischen Subjekt gewordenen Bürger zur Landesverteidigung heranziehen – aber durchaus im Rahmen einer neuen Staatsverfassung. Daraus hätte sich ein Stück Demokratie entwickeln können. Daß die Gedanken von Freiheit und Gleichheit in Preußen nur eine geringe Rolle spielten, mußte dem nicht grundsätzlich entgegenstehen. Nicht die Konzeption der allgemeinen Wehrpflicht in Preußen, wohl aber ihre Umsetzung schließen aus, in ihr ein »Kind der Demokratie« zu sehen.

Die allgemeine Wehrpflicht in Deutschland bis zum Ersten Weltkrieg

Auf die Wehrverfassung in Preußen nach der Niederwerfung Napoleons konnte Scharnhorst keinen Einfluß nehmen. Er starb an den Folgen einer Verwundung

---

[18]   Kessel, Die allgemeine Wehrpflicht (wie Anm. 15), S. 182 f.
[19]   Ebd., S. 182. – Siehe dazu auch Opitz, Georg Heinrich von Berenhorst (wie Anm. 14), S. 105.

am 28. Juni 1813 in Prag. Die in den Jahren 1813 bis 1815 verabschiedeten Wehrgesetze können deshalb nur mit einigen Vorbehalten mit Gerhard von Scharnhorst in Verbindung gebracht werden. Das »Gesetz über die Verpflichtung zum Kriegsdienste« von 1814 war vor allem das Werk Boyens. Es sah im Frieden eine dreijährige (1820 auf 2 ½ und 1833 auf 2 Jahre reduzierte) aktive Dienstzeit im stehenden Heer vor (20.–23. Lebensjahr), der 2 Jahre Zugehörigkeit zur Kriegsreserve (24.–25. Lebensjahr) und je 7 Jahre Zugehörigkeit zum ersten und zweiten Aufgebot der Landwehr (26.–39. Lebensjahr) folgten. Darüber hinaus waren alle Männer, soweit sie nicht zum stehenden Heer oder zur Landwehr gehörten, vom 17. bis 50. Lebensjahr landsturmpflichtig. Um die Abneigung eines Teils des Bürgertums gegen den aktiven Militärdienst zu überwinden, gestattete das Gesetz von 1814 vermögenden Dienstpflichtigen, als sogenannte Einjährig-Freiwillige nur ein Jahr im stehenden Heer zu dienen und anschließend zur Landwehr überzutreten. Entscheidend bei der Umsetzung des Gesetzes waren 1815 weniger die Überzeugungen der Reformer als vielmehr die Zwänge der Politik. Preußen konnte beim Wiener Kongreß nur bedingt als europäische Macht auftreten. Die Staatskassen waren leer; wie sollte da militärische Stärke demonstriert werden? Die allgemeine Wehrpflicht schuf auf relativ billigem Wege eine große Anzahl von Soldaten. Darauf konnten sich König Friedrich Wilhelm III. und sein Kanzler Hardenberg eher verständigen als über das Modell des »Staatsbürgers in Uniform«. Die Nation hatte gute Dienste geleistet bei der Befreiung von fremder Herrschaft. Jetzt kam es darauf an, die Monarchie wieder stark zu machen.

Während Boyen als Kriegsminister für die Landwehr die Vorstellung vom Volk in Waffen aufgriff, verharrte die Linienarmee trotz allgemeiner Wehrpflicht in den Bahnen eines stehenden Heeres absolutistischer Prägung. Der König sah in ihr das zuverlässige Instrument seiner überlieferten Macht. Er ließ sie deshalb zu keiner Zeit in Frage stellen. Das aber schloß von vornherein aus, daß die allgemeine Wehrpflicht als Institution über die Landwehr verwirklicht und dabei mit älteren Milizvorstellungen verknüpft werden konnte. Gerade die weitere Entwicklung der Landwehr machte deutlich, daß die Staatsreform mißglückt war. Die allgemeine Wehrpflicht hatte das stehende Heer nicht ersetzt, sondern wurde benutzt, um dieses Instrument zu stärken durch billige kontinuierliche Rekrutierung. Die Armee war Instrument der Monarchie und entzog sich der Kontrolle durch die Volksvertretungen. Das mußte die Kritik der Liberalen im Lande hervorrufen[20].

Während die Altliberalen ein stehendes Heer nicht mit einem konstitutionellen System für vereinbar hielten, war den Altkonservativen die Wehrpflicht nicht mit dem monarchischen Prinzip vereinbar, weil sie in ihr demokratische Gefahren witterten. Letzteres war in Preußen weitgehend unbegründet. Hier gelang es in der Praxis, die theoretischen Gegensätze zu überwinden. Selbst die

---

[20] Siehe dazu ebd., S. 107 f.

Krise von 1848 konnte daran nichts ändern. Die demokratischen Regungen bis hin zum Traum von der Republik wurden von der Armee hinweggefegt; und in den Regimentern, welche die Parlamente räumten, dienten wehrpflichtige Soldaten. Kritiker wie Wilhelm Rüstow, der 1850 den »Deutschen Militärstaat vor und nach der Revolution« beschrieb, blieben die Ausnahme. Offiziere und Unteroffiziere waren stolz darauf, sich als Retter der Monarchie erwiesen zu haben. Sie bezogen die gesamte Armee mit ein und hatten keinen Zweifel, daß auch die Wehrpflichtigen sich dem »rocher de bronce« zugehörig fühlten.

Die sogenannten Einigungskriege wurden auf beiden Seiten mit wehrpflichtigen Soldaten geführt, was 1866 besondere Probleme mit sich brachte. Die Reichsgründung von 1871 war das Werk der deutschen Monarchen, für das die vereinigten Armeen in einem Nationalkrieg die Voraussetzung schufen; an eine Beschränkung der Wehrpflichtigen auf die Verteidigung hat kaum noch jemand gedacht. Das Menschenbild der militärischen Führer war monarchisch. Die Wehrpflichtigen waren zwar auch Bürger, aber in erster Linie Untertanen, und als solche waren sie vor politischen »Irritationen« zu schützen. Damit waren die Armeen auch zu einem innenpolitischen Machtinstrument geworden, das einen Erziehungsauftrag hatte. Die Wehrpflichtigen waren im »Vaterländischen Unterricht« politisch gegen kritische Positionen zu schützen.

Das Sozialistengesetz war 1890 zwar nicht verlängert worden; der Kampf gegen die Sozialdemokratie wurde aber gerade in der Armee fortgesetzt. Dabei wurden nicht nur propagandistische Maßnahmen eingesetzt, sondern auch »erzieherische Maßnahmen« und Repressionen: Soldaten, die im Verdacht standen, Sozialdemokraten zu sein, wurden mit Postüberwachung, Quartierrevisionen, Strafversetzungen usw. belegt. Darüber hinaus gab es eine politische Rekrutierungspraxis. So kamen z.B. 1911 64,1 % aller Rekruten aus ländlichen Bezirken, obgleich nur 42,5 % der Bevölkerung auf dem Lande lebte; 22,3 % stammten aus Kleinstädten, während nur 7 % aus mittelgroßen und 6 % aus Großstädten kamen. Über Jahrzehnte hinweg konnten die Kader des Friedensheeres kaum die Hälfte der tauglich Gemusterten unterbringen; andererseits waren zusammen mit der Reserve und der Landwehr des ersten Aufgebots ständig zwölf Jahrgänge, also 360 000 bis 480 000 Mann erfaßt[21].

In der traditionellen Militarismusforschung hat die allgemeine Wehrpflicht kaum eine Rolle gespielt. Sie wurde – etwa von Gerhard Ritter[22] – noch nach 1945 gegen ihre Kritiker in Schutz genommen. Die neuere militärgeschichtliche Forschung ist da zu ganz anderen Ergebnissen gekommen. Der »Militarismus von unten« ist in mehreren Arbeiten untersucht worden; zu nennen sind vor

---

21 Hans-Ulrich Wehler, Das Deutsche Kaiserreich 1871–1918, in: Deutsche Geschichte, Bd 3, Göttingen 1985, S. 336 f.
22 Gerhard Ritter, Staatskunst und Kriegshandwerk, Bd 1, München 1957, S. 130 ff.

allem die Forschungen von Eckhard Trox[23] und Wolfram Wette[24]. Diese und andere haben beachtliches Material erschlossen, das insgesamt Manfred Messerschmidts These, daß die allgemeine Wehrpflicht die soziale Militarisierung in Deutschland (und nirgendwo sonst in diesem Maße) mitverursacht habe[25], mehr als rechtfertigt. Die Kriegervereine waren eben nicht – wie z.b. die Schützengilden – eine folkloristische Angelegenheit, sondern die Keimzelle einer Gesinnung, die 1914 eine bisher nicht gekannte Kriegsbegeisterung und 1918 eine Nationaldepression hervorbrachte.

Wie geht ein Offizier, der monarchische Gesinnung zu seinen Berufspflichten zählt, mit wehrpflichtigen Soldaten um, die unter Umständen eine andere Gesinnung haben, wie führt er sie? Wie ist es überhaupt um seine Professionalität als militärischer Führer bestellt? Die Generalstabsoffiziere muß man dabei nicht in den Blick nehmen, wohl aber die in den Regimentern diensttuenden Truppenoffiziere. Waren sie fachlich und menschlich darauf vorbereitet, in einem modernen Krieg, in dem technisierte Massenarmeen aufeinander treffen würden, so zu führen, daß sie das Vertrauen ihrer Soldaten verdienten[26]? Der Einsatz im »Menschenschlachthaus«[27] des Ersten Weltkrieges stellte die meisten vor erhebliche Probleme. Vor allem die ungeheuer hohe Zahl der Opfer läßt Zweifel an der Professionalität und Führungskunst der Offiziere aufkommen.

---

[23] Eckhard Trox, Militärischer Konservativismus. Kriegervereine und »Militärpartei« in Preußen zwischen 1815 und 1848/49, Stuttgart 1990 (= Studien zur modernen Geschichte, Bd 42). – Siehe auch Thomas Rohkrämer, Der Militarismus der »kleinen Leute«. Die Kriegervereine im Deutschen Kaiserreich 1871–1914, München 1990 (= Beiträge zur Militärgeschichte, Bd 29); Harm-Peer Zimmermann, »Der feste Wall gegen die rote Flut«. Kriegervereine in Schleswig-Holstein 1864–1914, Neumünster 1989 (= Studien zur Volkskunde und Kulturgeschichte Schleswig-Holsteins, Bd 22).

[24] Der Krieg des kleinen Mannes. Eine Militärgeschichte von unten, hrsg. von Wolfram Wette, München 1992.

[25] Manfred Messerschmidt, Die politische Geschichte der preußisch-deutschen Armee, in: Handbuch zur deutschen Militärgeschichte 1648–1939, Bd 2, Abschn. IV, München 1979, S. 273 ff.

[26] Siehe hierzu Heiger Ostertag, Bildung, Ausbildung und Erziehung des Offizierkorps im deutschen Kaiserreich 1871 bis 1918. Eliteideal, Anspruch und Wirklichkeit, Frankfurt a.M. 1990 (= Europäische Hochschulschriften, Reihe III, Bd 416).

[27] Der Titel geht zurück auf: Wilhelm Lamszus, Das Menschenschlachthaus. Bilder vom kommenden Krieg. Hamburg, Berlin 1912. – Siehe dazu Martin Kutz, Nachschub für das »Menschenschlachthaus« – Wehrpflicht und Dienstpflicht im industrialisierten Krieg, in: Allgemeine Wehrpflicht. Geschichte, Probleme, Perspektiven, hrsg. von Eckardt Opitz, Frank S. Rödiger, 2., erw. Aufl., Bremen 1995, S. 46–66 (= Schriftenreihe des Wissenschaftlichen Forums für Internationale Sicherheit, Bd 6).

Die allgemeine Wehrpflicht bis 1945

Ob der Erste Weltkrieg ein Verteidigungskrieg war, hat die Menschen Jahrzehnte lang beschäftigt. Fritz Fischers Buch »Griff nach der Weltmacht«[28] hat die Diskussion noch einmal entfacht. Es war ein Krieg, an dem Deutschland Interesse hatte und in dem sehr konkrete Interessen und Ziele verfolgt wurden. Vor allem war es ein Krieg, der mit Wehrpflichtigen geführt wurde, deren Interessen nicht unbedingt identisch waren mit denen, die von Politikern, Wirtschaftsführern und hohen Militärs definiert wurden. Die anfängliche Euphorie wich schon bald der Ernüchterung. Im Felde war der Mann schon lange nicht mehr das wert, von dem er zuvor noch laut gesungen hatte.

Aber gerade die Enttäuschung über die Niederlage sorgte für eine Forcierung sozialdarwinistischer, bellizistischer, chauvinistischer und vor allem revisionistischer Parolen nicht nur bei der radikalen Rechten. Weil die Wehrpflicht im Versailler Vertrag untersagt war, kam der Aufrechterhaltung der Wehrhaftigkeit eine besondere Bedeutung zu. Die Nationalsozialisten konnten diese Stimmung für sich nutzen.

Als Hitler 1935 die »Wehrhoheit des Deutschen Reiches« verkündete und die allgemeine Wehrpflicht wieder einführte[29], bestanden an seinem Menschenbild und an seinen außenpolitischen Zielen keine Zweifel. Die Wehrmacht, die totalste Konkretisierung der »allgemeinen Wehrpflicht«, die es je gegeben hat, hatte sich verpflichtet, »der Idee der Blut- und Schicksalsgemeinschaft aller deutschen Menschen« (Blomberg)[30] zur Geltung zu verhelfen. Millionen Menschen sind eines gewaltsamen Todes gestorben, als sich die politische und militärische Führung einvernehmlich dazu anschickten, aus der Maxime kriegerische Tat werden zu lassen. Vor diesem Hintergrund muß Manfred Messerschmidts Verdikt gesehen werden: »Im Rahmen der allgemeinen Wehrpflicht sind Bürger und Soldat in beiden Weltkriegen für expansive Ziele mißbraucht und als Material in den Materialschlachten verbraucht worden, die ohne das von der allgemeinen Wehrpflicht bereitgestellte ›Menschenmaterial‹ nicht hätten geschlagen werden können. Allgemeine Wehrpflicht und Demokratie, so der historische Befund, sind in Deutschland Gegensätze gewesen, nie krasser als in der nationalsozialistischen ›Volksgemeinschaft‹. Die allgemeine Wehrpflicht wirkte sich in Deutschland bis 1945 als Katalysator der gesellschaftlichen Milita-

---

[28] Fritz Fischer, Griff nach der Weltmacht. Die Kriegszielpolitik des kaiserlichen Deutschland 1914/18, Düsseldorf 1961 (und zahlreiche weitere Auflagen).

[29] Klaus-Jürgen Müller, Armee und Drittes Reich 1933–1939, Paderborn 1987, S. 79 ff., 287 ff.

[30] Erlaß Blombergs vom 24. Mai 1934. – Siehe dazu Manfred Messerschmidt, Die Wehrmacht im NS-Staat. Zeit der Indoktrination, Hamburg 1969, S. 24.

risierung aus. Nicht die Entbindung von Demokratie, sondern die Verstärkung des Nationalismus und ›völkischer‹ Tendenzen sind ihr zuzuschreiben[31].«

An dieser Stelle muß ein grundsätzliches Problem angesprochen werden. Das Instrument der allgemeinen Wehrpflicht leitete seine Legitimation sowohl in Frankreich als auch in Preußen aus der Notwendigkeit her, das Land gegen Feinde von außen zu schützen oder es von Unterdrückung zu befreien. Mit der Verwendung der Wehrpflicht für die Führung von Angriffskriegen sind die dem Instrument zugrundeliegenden Theorien falsifiziert worden. Die allgemeine Wehrpflicht hat spätestens in Hitlers Weltanschauungs- und Eroberungskrieg ihre Unschuld verloren. Daß trotz dieser Tatsache schon wenige Jahre nach Kriegsende in der Bundesrepublik Deutschland mit großer Unbefangenheit wieder über die Vorzüge der allgemeinen Wehrpflicht diskutiert werden konnte, gehört zu den vielen Widersprüchen in der deutschen Geschichte des 20. Jahrhunderts.

Zum Menschenbild der Inneren Führung

Die Konzeption der Inneren Führung konnte im Jahr 2000 auf ihr 50jähriges Bestehen zurückblicken, denn in der Himmeroder Denkschrift vom Oktober 1950 wird erstmals vom »inneren Gefüge« mit Blick auf die Binnenstruktur der künftigen westdeutschen Streitkräfte gesprochen[32]. Im Mittelpunkt der frühen Diskussionen standen der Eid und die Haltung zum Widerstand gegen Hitler. Aber auch die Auseinandersetzung mit dem Pazifismus und dem Militarismus (im Gegensatz zum »wahren Soldatentum«) sowie die wichtige Frage eines Kampfes Deutscher gegen Deutsche spielten bei der Debatte eine Rolle[33].

Seit 1953 wurde das Reformkonzept, das eng mit dem Namen Graf Baudissins verbunden ist, »Innere Führung« genannt. Was war das Neue daran? Der berüchtigte »preußische Drill«, die Reichswehr als »Staat im Staate«, die Wehrmacht als willfähriges Instrument des nationalsozialistischen Gewaltregimes – das waren historische Erfahrungen, deren Wiederholung Baudissin auf jeden Fall verhindern wollte[34]. Die Grundrechte mußten auch für den Soldaten Gültigkeit behalten; militärisch bedingte Einschränkungen waren genau zu definieren. Der Rechtsstaat und die freiheitliche Gesellschaftsordnung bildeten den

---

[31] Ders., Der Staatsbürger muß sich nicht über die Uniform legitimieren, in: Frankfurter Rundschau, 31.8.1993 (Dokumentation).

[32] Hans-Jürgen Rautenberg, Norbert Wiggershaus, Die »Himmeroder Denkschrift« vom Oktober 1950. Politische und militärische Überlegungen für einen Beitrag der Bundesrepublik Deutschland zur westeuropäischen Verteidigung, in: Militärgeschichtliche Mitteilungen, 1977, H. 1, S. 135–206.

[33] Ebd., S. 185 f.

[34] Uwe Hartmann, Frank Richter, Claus von Rosen, Wolf Graf von Baudissin, in: Klassiker der Pädagogik (wie Anm. 14), S. 217.

Orientierungsrahmen für die Binnenstruktur der zu schaffenden deutschen Streitkräfte. Der Primat der Politik sollte grundsätzlich gelten, war aber ausdrücklich auf den Rechtsstaat bezogen. Die Bundeswehr sollte Teil einer offenen Gesellschaft sein, ohne die Prinzipien von Befehl und Gehorsam aufgeben zu müssen. Der Soldat mußte für seinen Dienst motiviert werden, indem er die Werte erlebte, die er im Falle eines Krieges verteidigen sollte.

Zivile und militärische ethische Normen waren bei Baudissin nicht getrennt; sie sollten vielmehr miteinander verzahnt werden. Der Soldat einer demokratischen Gesellschaft war deshalb nicht anders denkbar als ein »Staatsbürger in Uniform«. Als solcher ist er guter Soldat, vollwertiger Staatsbürger und freier Mensch zugleich. Mit diesem Leitbild wollte Baudissin den neuen deutschen Streitkräften eine angemessene und dauerhafte Orientierung geben. Der ideale Soldat war zugleich der ideale Bürger: Er dient aufgrund einer existentiell empfundenen Verantwortung für das Gemeinwesen. Das eigene Gewissen und die freiheitlich-demokratische Grundordnung hatten die ethischen Fundamente für soldatisches Handeln in der Bundeswehr zu sein. Damit erwies sich Baudissin nicht nur den Idealen des deutschen Bildungsbürgertums, sondern ganz besonders denen der protestantischen Ethik verpflichtet.

Aus der moralischen Verantwortung *aller* Staatsbürger mußten sich Konsequenzen für das Verhältnis von Vorgesetzten und Untergebenen in der Bundeswehr ergeben: »Unter Staatsbürgern, die zusammen Waffendienst tun, kann es kein Verhältnis mehr wie zwischen Unmündigen und Vorgesetzten oder das Verhältnis zum ›Kampfmittel‹ geben; sondern es sind hier eindeutig Partner in verschiedener Funktion mit gleicher Würde aus der gleichen Verantwortung[35].«

Die Entwicklung der Inneren Führung über zahlreiche Krisen hinweg kann hier nicht verfolgt werden. Daß die Führungsphilosophie den jeweils neuen Verhältnissen anzupassen war und ist, versteht sich von selbst. Die Innere Führung ist zwar nicht ausschließlich auf eine Wehrpflichtarmee zugeschnitten, hat aber ihre besondere Bedeutung für die Rechtsstellung von wehrpflichtigen Soldaten erfahren und behalten. Darauf hebt auch die ZDv 10/1 (Innere Führung) von 1972 ab. Das seit den achtziger Jahren des 20. Jahrhunderts bestehende nahezu spannungslose Nebeneinander von Militär- und Zivildienst hat wesentlich dazu beigetragen, daß die Wehrpflicht bis in unsere Tage von ihrem grundsätzlichen Begründungszwang befreit und damit aus dem Zentrum der Aufmerksamkeit auch der Inneren Führung heraustreten konnte. Das wird sich möglicherweise in der nächsten Zeit wieder ändern.

Nicht grundsätzlich ändern dürfte sich das von Wolf Graf Baudissin beschriebene Menschenbild der Inneren Führung und seine Umsetzung im militärischen Alltag, zusammengefaßt in einer Definition, die auf Carl Gero von Ilsemann aus dem Jahr 1962 zurückgeht: »Die Innere Führung ist die Aufgabe aller

---

35 Wolf Graf von Baudissin, Soldat für den Frieden. Entwürfe für eine zeitgemäße Bundeswehr, hrsg. von Peter von Schubert, München 1972, S. 207.

militärischen Vorgesetzten, Staatsbürger zu Soldaten zu erziehen, die bereit und willens sind, Freiheit und Recht des deutschen Volkes und seiner Verbündeten im Kampf mit der Waffe oder in der geistigen Auseinandersetzung zu verteidigen. Hierbei geht sie von den politischen und gesellschaftlichen Gegebenheiten aus, bekennt sich zu den Grundwerten unserer demokratischen Ordnung, übernimmt bewährte soldatische Tugenden und Erfahrungen in unsere heutigen Lebensformen und berücksichtigt die Folgen der Anwendung und Wirkung moderner technischer Mittel[36].«

---

[36] Zit. nach: Ulrich de Maizière, In der Pflicht. Lebensbericht eines deutschen Soldaten im 20. Jahrhundert. Herford, Bonn 1989, S. 228. – Vgl. Carl-Gero von Ilsemann, Die Bundeswehr in der Demokratie. Zeit der Inneren Führung, Hamburg 1971, S. 30 ff.

Richard Cohen

Berufsstreitkräfte als Bestandteil der britischen Demokratie

Einleitung

Großbritannien hat seit den euphorischen Tagen des Jahres 1945 einen drastischen Macht- und Prestigeverlust erlitten. Als eines der führenden Siegerländer gegen Nazideutschland und Japan schienen Großbritannien und sein Empire für eine kurze Zeit den Gipfel der Macht erreicht zu haben. Diese Illusion britischer Stärke verflog jedoch schnell angesichts der neuen politischen und wirtschaftlichen Wirklichkeit.

Es wurde bald offenkundig, daß sogar der erhebliche Kriegseinsatz der Briten nur durch umfangreiche materielle und finanzielle Hilfe der Vereinigten Staaten möglich gewesen war. Wie Correlli Barnett, ein vernichtender Kritiker der britischen Politik dieser Zeit, ausführt, waren »die Truppen aus dem Mutterland und dem Empire [...], die großen Bomberflotten [...], die Marine, die erfolgreich gegen die U-Boote vorgegangen war, [...] kein Ausdruck britischer Macht, sondern nur eine Illusion. Stattdessen standen sie [...] für das Abgleiten Großbritanniens in die Rolle eines Kriegssatelliten der Vereinigten Staaten, der – um überleben zu können – von amerikanischen Hilfsgeldern abhängig war[1].«

Mehr als alles andere trug der Verlust an Wirtschaftskraft, der durch die Kriegsanstrengungen beschleunigt wurde, aber keineswegs ausschließlich durch diese verursacht war, zu einem schnellen Verfall des britischen Empire und damit zum Verlust an Vertrauen und nationalem Selbstbewußtsein bei. Großbritannien mußte hart kämpfen, um wenigsten seine Stellung als Mittelmacht unter den europäischen Staaten und in der Welt aufrechterhalten zu können. Das Land wurde zunehmend isoliert und war in Gefahr, durch die wirtschaftliche und politische Vitalität seiner alten Verbündeten und seiner erst vor kurzem besiegten Feinde an den Rand gedrängt zu werden.

Was rettete die Seele der Nation und ermöglichte es, in erheblichem Umfang Einfluß und Prestige am Ende dieser Spirale des Niedergangs wiederzuerlangen? Einen wichtigen Anteil hatten die anhaltend hohe Professionalität und die Erfolge der britischen Streitkräfte in der Nachkriegszeit. In über fünfzig Einsät-

---

1   Correlli Barnett, The Lost Victory, London 1995.

zen in den Kolonien und in der nachkolonialen Ära – genannt seien nur der
Rückzug aus Indien, die kommunistische Rebellion in Malaya, der Krieg mit
Indonesien in Borneo, die Verteidigung von Kuwait, die Bekämpfung von Aufständen im Persischen Golf, der Falklandkrieg 1982, der Golfkrieg 1990 und
nicht zuletzt der erhebliche britische Beitrag zur NATO und zur Verteidigung
Europas – haben die britischen Streitkräfte Leistungen gezeigt, die auf einem
langen Vermächtnis militärischen Könnens und einem umfangreichen Erfah-
rungsschatz beruhten.

In beinahe allen Fällen erfüllten die Streitkräfte erfolgreich die ihnen von ihren politischen Führern aufgetragenen Aufgaben. General Sir Anthony Farrar-
Hockley beschreibt die sehr schwierige Lage, in der sich die britischen Streitkräfte während der mörderischen lokalen Aufstände befanden, die 1947 zur
Teilung Indiens führten: »Britische Soldaten, die oftmals in isolierten Kommandos unter der Führung eines britischen Offiziers oder Unteroffiziers eingesetzt
waren, boten den Flüchtlingen den einzig zuverlässigen Schutz gegen den fana-
tischen Mob[2].« Dieser eindrucksvolle Beweis militärischer Schlagkraft ver-
schaffte der Nation ein gewisses Ansehen in der internationalen Gemeinschaft,
durch das sie in einer großen Zahl internationaler Gremien – auch solchen, die
sich überhaupt nicht mit militärisch-strategischen Fragen befaßten – mehr Gewicht in die Waagschale werfen konnte.

In diesem Artikel soll die einzigartige Rolle der Streitkräfte in der britischen
Gesellschaft behandelt werden. Es wird auch gezeigt, wie der militärische Beruf
zu einer angesehenen Stellung im Land gelangte und damit Großbritannien eine
einflußreichere Rolle in der internationalen Gemeinschaft sicherte. Auf folgende
Aspekte möchte ich eingehen:
- die strategische Kultur Großbritanniens
- die »britische Art der Kriegführung«
- das Berufsethos der Militärs
- die Entwicklung der Streitkräfte
- die Vor- und Nachteile von Berufsstreitkräften.

Die strategische Kultur Großbritanniens

Es gibt keine genaue Definition des Begriffs »strategische Kultur«. Ich will ihn
jedoch in diesem Zusammenhang verwenden, um vier zentrale Bereiche zu
beleuchten, die zum Verständnis des Platzes der heutigen britischen Streitkräfte
von Bedeutung sind, nämlich die Geographie, die Geschichte, die staatliche
Struktur und die Wirtschaft.

---

[2]   Anthony Farrar-Hockley, The Post-War Army 1945–1963, in: The Oxford History of
       the British Army, hrsg. von David Chandler, Oxford 1994.

Geographie: Als Insel, die durch ihre Lage physisch und psychologisch vom europäischen Festland getrennt ist, hat sich Großbritannien ganz anders als seine europäischen Nachbarn entwickelt. Da das Land vom Meer umgeben ist, wurde es eine wichtige Handelsnation, deren Prosperität und Wohlergehen auf freien und sicheren maritimen Handelsverbindungen beruhte. Die Briten schufen eine starke Marine, um diese Sicherheit zu gewährleisten und um die britischen Küsten vor immer wieder drohenden Invasionen zu schützen. Als Seemacht hatte Großbritannien also sowohl den Blick nach draußen auf die Meere als auch nach innen auf Europa gerichtet. Auf diese Weise entwickelten die Briten eine Weltsicht, die sich grundlegend von jener der europäischen Kontinentalmächte unterschied.

Geschichte: Aufgrund der vorteilhaften geographischen Lage hat Großbritannien seit der normannischen Eroberung im Jahr 1066 keine Invasion mehr erlebt. Auch haben auf britischem Boden seit dem Bürgerkrieg im 17. Jahrhundert keine größeren bewaffneten Auseinandersetzungen mehr stattgefunden. Mit einem verhältnismäßig friedlichen Heimatterritorium, das auch weitgehend von Invasionen verschont blieb, hatte Großbritannien eine gute Ausgangsposition für den Aufbau eines großen, Territorien aller Kontinente umfassenden Empires, »in dem die Sonne nie unterging«. Das britische Empire war die Konsequenz der umfassenden überseeischen Handelsinteressen Großbritanniens, des Durchsetzungsvermögens und der Initiative seiner Unternehmer und der Fähigkeit seiner Marine, die wichtigsten Seeverbindungswege der Welt zu beherrschen. Es ist eine Ironie des Schicksals, daß der Verlust eines der wichtigsten Teile dieses Reiches im 18. Jahrhundert zur Entstehung der Vereinigten Staaten von Amerika geführt hat, einem Staatswesen von noch nie dagewesener Bedeutung, das gleichzeitig engster Verbündeter und Beschützer Großbritanniens ist. Unter dem Einfluß gemeinsamer Erfahrungen aus den beiden Weltkriegen wurde und bleibt die »besondere Beziehung« zwischen den beiden Ländern, die durch gemeinsame Traditionen und die gleiche Sprache untermauert wird, der beherrschende Faktor im heutigen strategischen Denken Großbritanniens. Diese Beziehung zusammen mit der damit eng verbundenen anhaltend starken Unterstützung der NATO durch Großbritannien und die Vereinigten Staaten hatte eine erhebliche Auswirkung auf Aufbau und Gliederung der britischen Streitkräfte.

Staatliche Struktur: Unter den führenden europäischen Mächten ist Großbritannien der einzige Staat, der noch über eine starke Monarchie verfügt. Obwohl die Krone so gut wie keinen realen Einfluß mehr auf die Ausübung der Staatsgeschäfte hat, besteht eine gefühlsmäßige Bindung der Nation an die Institution der Monarchie weiter, was von Außenstehenden oft unterschätzt wird. Dies gilt besonders für die Streitkräfte. Die Offiziere und Soldaten legen ihren Eid weiterhin auf die Königin und das Land ab, wodurch die beiden Institutionen auf ganz natürliche Weise eine Einheit bilden. Außerdem erfreuen sich die Regimenter des Heeres, die Schiffe der Royal Navy und die Geschwader der Royal

Air Force der persönlichen Aufmerksamkeit und Zuwendung der Monarchin und der anderen Mitglieder der königlichen Familie. Diese enge Verbundenheit mit dem Königshaus, dessen Angehörige als politisch »neutral« gesehen werden, hat auch jetzt noch einen starken positiven Einfluß auf das Ethos der britischen Streitkräfte. Seit dem Bürgerkrieg im 17. Jahrhundert gab es nie ernsthafte Überlegungen, das Militär zum Sturz der rechtlich eingesetzten Autorität einzusetzen.

Wirtschaft: Wie schon ausgeführt wurde, war die britische Wirtschaft während des 20. Jahrhunderts meist im Niedergang. Dieser Abstieg war ein wesentlicher Faktor dafür, daß im eigenen Land das Selbstvertrauen und in Übersee die Macht und der Einfluß schwanden. Das Ende Großbritanniens als Wirtschaftsriese von Weltrang, der den britischen Streitkräften beinahe während des ganzen 19. Jahrhunderts Rückhalt gegeben hatte, zog unvermeidlich eine erhebliche Truppenreduzierung nach sich und bedeutete auch, daß in den Jahren nach dem Zweiten Weltkrieg die Streitkräfte ihre Verpflichtungen in den Kolonien und in den aus den Kolonien hervorgegangenen Staaten zunehmend aufgeben mußten.

Die britische Art der Kriegführung

1932 veröffentlichte der namhafte britische Militärtheoretiker Basil Liddell Hart ein äußerst einflußreiches Buch über die britische Strategie mit dem Titel »The British Way in Warfare«. Liddell Hart nahm die Existenz einer spezifisch britischen Kriegführung als gegeben an, die sich aus der »natürlichen Stellung« Großbritanniens als Seemacht ergab. Diese wurde mit der Abhängigkeit der Briten vom Meer, das sie zu ihrem Vorteil genutzt hatten, erklärt. Dies wiederum verlieh Großbritannien eine »relative Stärke«, die insbesondere auf der Marine beruhte. Liddell Hart behauptete, diese Gegebenheiten hätten in Großbritannien eine Art von Kriegführung entstehen lassen, die »in erster Linie auf Beweglichkeit und Überraschung beruht, [...] um ihre eigene relative Stärke und die Schwäche des Gegners zu nutzen«[3]. Obwohl entgegnet werden kann, Liddell Harts historische Rechtfertigung sei nicht genügend untermauert gewesen, genoß seine Schlußfolgerung, Großbritannien solle die Verwicklung in Kriege auf dem Kontinent vermeiden und sich statt dessen auf seine Vorteile als Seemacht verlassen, weiterhin das Wohlwollen und die Zustimmung in weiten Teilen der britischen Öffentlichkeit und nicht zuletzt in einflußreichen Kreisen der Streitkräfte. Liddell Harts These gab der sogenannten Expeditionsstrategie im britischen Verteidigungsdenken Auftrieb. Hierbei ging es um die Bereitstellung verhältnismäßig kleiner von der Marine und Luftwaffe unterstützter Expe-

---

[3] Zit. nach: Hew Strachan, The British Way in Warfare, in: The Oxford History of the British Army (wie Anm. 2).

ditionskräfte, die über begrenzte Zeiträume auf überseeischen Kriegsschauplätzen zur Wahrung britischer oder alliierter Interessen eingesetzt werden, und zwar vorzugsweise so, daß sie frühzeitig eintreffen, um sich ebenso frühzeitig wieder zurückzuziehen.

Der umfassende Strategic Defence Review aus dem Jahr 1998 erhärtete dieses erneute Interesse an der Konzeption von Expeditionskräften als wichtigem Element im strategischen Denken Großbritanniens. Der Strategic Defence Review war die erste gründliche Bestandsaufnahme der britischen Verteidigungspolitik seit vielen Jahren und setzte neue Akzente in der britischen Strategie: »Im Kalten Krieg brauchten wir angesichts der anhaltenden Androhung massiver Angriffe eines gegen uns vorrückenden Feindes umfangreiche Truppen im eigenen Land und auf dem europäischen Kontinent zur Verteidigung. Jetzt geht es vermehrt darum, bei der Vermeidung und beim Management von Krisen in weiter entfernten Regionen mitzuwirken und im Bedarfsfall schnell Truppen zu entsenden, bevor diese Krisen aus dem Ruder laufen[4].«

Wie wir sehen, haben die überkommenen Erfahrungen aus dem Empire und den Kolonien das militärische Denken in Großbritannien nachhaltig beeinflußt. Der Erfolg der klassischen Expeditionsoperation auf den Falklandinseln im Jahr 1982 bestärkte viele Militärs und Politiker in ihrer natürlichen Vorliebe für diese Strategie. Die jüngst in Bosnien und im Kosovo durchgeführten Krisenmanagementoperationen passen ebenfalls in dieses Denkmuster. Heutzutage versuchen die meisten westeuropäischen Streitkräfte zumindest teilweise, geeignete Truppen für Expeditionsoperationen aufzustellen.

Das Berufsethos der Militärs

Das allgemein hohe Ansehen, das die Streitkräfte heute in Großbritannien genießen, war nicht immer gegeben. In der Vergangenheit fehlte es den Briten an Vertrauen in die stehende Truppe ... und in die reguläre Polizei! Die Engländer fühlten sich besser aufgehoben in der Tradition von Nichtberufssoldaten und lokalen Milizen, die vorübergehend zur Bewältigung eines Aufstandes oder zur Unterstützung eines Krieges in Übersee herangezogen werden konnten. Natürlich gab es in Großbritannien schon seit frühesten Zeiten irgendwelche stehenden Streitkräfte, die jedoch im wesentlichen aus der königlichen Reiterei bestanden. Fußsoldaten zur Unterstützung dieser Reiterei wurden nach Bedarf von ihren adligen Grundherren rekrutiert oder zum Waffendienst gezwungen. Dieses traditionelle System örtlicher Milizen, die in Notsituationen aufgestellt wurden, stand in England schließlich auch der offiziellen Einführung der Wehrpflicht im Wege. Erst als der Erste Weltkrieg schon über ein Jahr lang wütete, zwangen die zunehmenden Schwierigkeiten, Zehntausende von Män-

---

4 The Strategic Defence Review, Juli 1998.

nern als Ersatz für die massenhaften Ausfälle auf den Schlachtfeldern in Europa und andernorts zu rekrutieren, zur Einführung des Wehrdienstgesetzes vom Januar 1916[5].

Die britischen Milizen bildeten Kontaktstellen zur Bevölkerung, aus der ihre Angehörigen rekrutiert wurden. Für eine stehende Armee gab es solche Stellen nicht. Die ersten offiziellen regulären Streitkräfte wurden 1660 von Oliver Cromwell als Teil seiner New Model Army aufgestellt. Die Angehörigen dieser Armee wohnten aber zuhause, und es gab bis zum ausgehenden 18. Jahrhundert keine speziellen Kasernen für die regulären Truppen.

Die regulären Streitkräfte wurden im 18. und 19. Jahrhundert in England zur Unterdrückung von inneren Unruhen und Aufständen eingesetzt, allerdings mit großen Vorbehalten bei einem Teil der herrschenden Instanzen. Die als Gordon Riots in die Geschichte eingegangenen Unruhen in London im Jahre 1780 wurden von den regulären Truppen brutal niedergeschlagen, aber erst nach langem Zaudern und starkem Widerstand gegen ihren Einsatz, um eine schon außer Kontrolle geratene Lage zu retten. Die Erinnerung an das sogenannte Peterloo-Massaker, bei dem sowohl Miliz als auch reguläre Truppen gegen einen Industriearbeiteraufstand bei Manchester vorgingen und elf Demonstranten töteten und Hunderte verletzten, trug zum tief verankerten Mißtrauen gegen den Mann in Uniform bei[6].

Die Entwicklung der Streitkräfte

Wie bereits erwähnt, oblag die Landesverteidigung in erster Linie der britischen Marine. Das Heer bestand im allgemeinen aus kleinen Expeditionsverbänden, die von Offizieren mit geringer oder überhaupt keiner Erfahrung in der Führung großer Truppenkörper befehligt wurden. Das britische Heer war nicht zur Abwehr stärkerer Invasionskräfte vom Kontinent her ausgebildet oder befähigt. Zu Beginn des Ersten Weltkrieges waren die britischen Korps- und Armeebefehlshaber und deren Stäbe nicht in der Lage, Operationen mit der großen Zahl ihnen plötzlich unterstellter Truppenformationen zu führen. Schlimmer war noch, daß »das Heer bis 1914 keine besondere Doktrin entwickelt hatte außer der, unter beinahe fast allen Umständen anzugreifen. Die führenden Militärs rechneten zwar mit schweren Ausfällen, hofften jedoch, die feindliche Feuerkraft durch Mobilität im Angriff, Offensivgeist und moralische Stärke überwinden zu können[7].« Der Mangel an Erfahrung in der Führung großer Truppen-

---

5   Peter Simkins, The Four Armies 1914–1918, in: The Oxford History of the British Army (wie Anm. 2).

6   Anthony Babington, Military Intervention in Britain, London, New York 1990, S. 46–58.

7   Tim Travers, The Army and the Challenge of War 1914–1918, in: The Oxford History of the British Army (wie Anm. 2).

körper und an einer geeigneten Einsatzdoktrin überraschte nicht, da das Heer seit dem Krimkrieg in der Mitte des 19. Jahrhunderts ausschließlich in den Kolonien Erfahrungen gesammelt hatte.

In den Jahren zwischen den Weltkriegen und nach dem Zweiten Weltkrieg neigte das Heer eigenartigerweise dazu, sich auf seine traditionelle Rolle als koloniale Polizeitruppe zu konzentrieren. Dies geschah auf Kosten der Entwicklung einer Doktrin für einen allgemeinen Krieg, der Europa zunehmend bedrohte. Viele Europäer und Amerikaner werden darüber erstaunt sein, daß die erste offizielle britische Militärdoktrin erst 1989, also im letzten Jahr des Kalten Krieges, publiziert wurde!

Die Kolonialtruppen

In den Kolonien waren die Streitkräfte weitgehend auf örtlich ausgehobene Soldaten angewiesen, die von britischen Offizieren geführt wurden. Die British Indian Army war dafür ein klassisches Beispiel, aber es gibt viele weitere Beispiele in beinahe allen britischen Besitzungen von der Karibik über Afrika bis zu den Pazifikinseln. Diese Kolonialtruppen funktionierten erstaunlich gut und kamen in zahlreichen großen Operationen beider Weltkriege zum Einsatz.

In diesen Kolonialregimentern entwickelte sich über die Jahre eine Art väterlicher Beziehung von den britischen Offizieren zu den vor Ort rekrutierten Soldaten. Überbleibsel dieser Beziehung sind noch heute in der kleinen Anzahl von Gurkha-Bataillonen anzutreffen, die es weiterhin in den britischen Streitkräften gibt. Während meiner Verwendung in einem Gurkha-Infanteriebataillon hielten die Soldaten und ihre Frauen an der alten Tradition fest, die Frauen der Offiziere zu regelmäßigen Hausinspektionen und zum »Baby-Wiegen« zu empfangen. Obwohl diese Besuche viele junge britische Offiziersfrauen anfänglich in große Verlegenheit brachten, gewöhnten sich die Frauen bald an die Gepflogenheit. In vielen Fällen entstanden herzliche Freundschaften zwischen den modernen Menschen aus dem Westen und den scheuen jungen Frauen aus den entlegenen Himalajaregionen.

Das Regimentssystem

Traditionell stand sowohl in England selbst als auch in Übersee das lokal gebundene Regiment im Mittelpunkt des militärischen Denkens der britischen Streitkräfte. Die Loyalität gegenüber der eigenen Grafschaft (County) und den Freunden und Nachbarn war wichtiger als irgendeine Loyalität gegenüber der »Armee« oder einem Generalstab (eine solche Institution hat im militärischen Bereich in Großbritannien nur selten eine einflußreiche Rolle gespielt). Das Regiment bildete das »Rückgrat für die soldatische Moral und Leistung«[8]. Es

---

8   Strachan, The British Way in Warfare (wie Anm. 3), S. 411.

entwickelte sich aufgrund der regionalen Rekrutierung der Bataillone zu einer erweiterten Familie. Es eignete sich gut für den Garnisonsdienst und die »kleinen Kriege« in den Kolonien. Der Gerechtigkeit halber muß gesagt werden, daß das Regimentssystem insgesamt mit seinen stolzen, zuweilen auch übertriebenen Traditionen und seiner Geschichte den britischen Streitkräften gute Dienste geleistet hat. Andererseits wurde behauptet, daß der beschränkte Horizont und das auf sich selbst bezogene System der Regimenter in den Streitkräften eine Mentalität gefördert habe, alles aus der Sicht kleiner Truppenkörper zu sehen und damit zuweilen innovatives und kreatives Denken zu blockieren.

Wehrpflicht

Großbritannien hat im Frieden nur ein einziges Mal – und auch da nur für eine verhältnismäßig kurze Zeit – auf die Wehrpflicht zurückgegriffen. Nach dem Ende des Zweiten Weltkriegs mußte sich das Land der sowjetischen Bedrohung in Europa stellen und hatte zur gleichen Zeit immer noch umfangreiche militärische Verpflichtungen in den Kolonien. Großbritannien hielt deshalb nach 1945 an der für den Kriegszustand geltenden Wehrpflicht fest. Aber trotzdem wurde die Wehrpflicht auf der Höhe des Kalten Krieges 1963 abgeschafft! Die britischen Streitkräfte stützten sich erneut ausschließlich auf Berufssoldaten.

Reservekräfte

Ein komplexes System für die Bereitstellung von meist lokal rekrutierten Reservekräften für die Royal Navy, die Army und die Royal Air Force, das an die alten Zeiten erinnert, in der es noch Milizen gab, wurde so konzipiert, daß die verhältnismäßig kleine Zahl der Berufssoldaten in Marine, Heer und Luftwaffe in Krisenzeiten oder im Krieg ergänzt werden konnte. Heute sind die britischen Reservekräfte auf einen von vielen als gefährlich erachteten Stand geschrumpft. Die Reservekräfte wurden vermehrt in die ihnen entsprechenden regulären Truppenteile integriert, und die wenigen noch verbliebenen alten und stolzen britischen (Reserve-)Bataillone des Territorialheeres wurden zur Auffüllung für die regulären Formationen benutzt, die zum Einsatz auf die Falklandinseln, nach Nordirland oder auf den Balkan verlegt wurden.

Viele der speziellen Versorgungsfunktionen müssen inzwischen von den Reservekräften wahrgenommen werden. Aufgaben wie die zivil-militärische Zusammenarbeit, die Bewältigung des militärischen Eisenbahnverkehrs und des militärischen Umschlags in den Häfen sowie der Aufbau von großen Feldlazaretten sind ausschließlich Aufgabe der Reservekräfte. Wie einige andere westliche Länder setzt Großbritannien auf die Technologie als Ersatz für die teuren und immer schwerer zu rekrutierenden Dienstleistenden. In Großbritannien hat diese Entwicklung starke historische Wurzeln. Das Land hat sich zu seiner Verteidigung jahrhundertelang auf die Überlegenheit seiner Schiffe und in jüngerer Zeit auf seine Luftverteidigung und seine nukleare Abschreckung verlassen.

Die britischen Berufsstreitkräfte: Vor- und Nachteile

Aus geschichtlichen und geographischen Gründen haben die Briten Vorbehalte gegen große Wehrpflichtarmeen. Stattdessen haben sie sich für kleine Berufsstreitkräfte entschieden in einer Zeit, in der kleinere, mobile Kräfte zur Verlegung über große Entfernungen benötigt werden. Sie müssen auch für den Einsatz in allen nur denkbaren Operationen ausgebildet sein, die von der traditionellen Friedenserhaltung bis zu dem reichen, was wir herkömmlicherweise als »Krieg« bezeichnen. Diesen anspruchsvollen Forderungen werden gut ausgebildete Berufssoldaten im Heer, in der Marine und den Luftstreitkräften eindeutig besser gerecht als Wehrpflichtige.

Die meisten europäischen Länder, die noch an der Wehrpflicht festhalten, haben diese zeitlich auf das absolute Minimum beschränkt. Aus rechtlichen Gründen, aber vor allem aufgrund der unzureichenden Ausbildung wird es nicht leicht sein, die Wehrpflichtigen dieser Länder zu solchen zunehmend schwierigen Krisenmanagementeinsätzen wie auf dem Balkan und andernorts heranzuziehen. Aus diesem Grund geben viele europäische Länder die Wehrpflicht auf und bauen Berufsstreitkräfte auf – manchmal ausgesprochen nach britischem Vorbild.

Welche Vor- und Nachteile hat das britische System?

Vorteile

Die sehr gut ausgebildeten britischen Berufsstreitkräfte mit ihrer im allgemeinen erstklassigen Ausrüstung, gut eingespielten logistischen Unterstützung für den Einsatz in Übersee und einem neu aufgestellten gemeinsamen Führungsstab, der speziell für nationale oder multinationale Operationen von Expeditionskräften konzipiert worden ist, gibt der Regierung die Flexibilität, beinahe jedes benötigte Kontingent der Streitkräfte für jeden beliebigen Einsatz des gesamten Konfliktspektrums bereitzustellen.

Aufgrund der Erfahrungen, die Großbritannien in den Kriegen während der Kolonial- und nachkolonialen Zeit sowie neuerdings auf dem Balkan gesammelt hat, bringen ältere, erfahrenere und im allgemeinen ausdauerndere Soldaten und Unteroffiziere bessere Voraussetzungen für Friedensunterstützungs- oder Krisenmanagementoperationen mit. Der Erfolg sehr gut ausgebildeter britischer Berufssoldaten gegen die gut verschanzten, aber hauptsächlich aus Wehrpflichtigen bestehenden argentinischen Truppen auf den Falklandinseln im Jahr 1982 bestätigte dies nachdrücklich. Die Erfahrung der britischen Truppen in Nordirland und bei anderen sogenannten Operationen zur Erhaltung der inneren Sicherheit hat gezeigt, wie wertvoll ältere, erfahrenere Soldaten und Unteroffiziere bei schwierigen Operationen sind, in denen es um die »Unterstützung der zivilen Macht« wie jüngst in einigen serbischen Gebieten im Kosovo geht.

Ein weiterer wichtiger Faktor, der gegen den Einsatz von Wehrpflichtigen in Krisenmanagementoperationen spricht, ist die Wirkung von Nachrichten über Todesfälle und Verwundungen in der Öffentlichkeit. Die Bereitschaft der britischen Regierung oder anderer westlicher demokratischer Regierungen, sich an Krisenmanagementoperationen zu beteiligen, bei denen die Gefahr ernsthafter bewaffneter Auseinandersetzungen besteht, hängt nicht zuletzt von dieser Wirkung ab. Anders gesagt geht es darum, daß die äußerst negative Reaktion der Öffentlichkeit auf die Rückkehr toter Soldaten aus einem fernen Land wahrscheinlich etwas weniger heftig ist, wenn es sich bei den Toten um Berufssoldaten und nicht um junge Wehrpflichtige handelt.

Nachteile

Es ist schwierig, Personal für die britischen Berufsstreitkräfte zu gewinnen. Zudem kosten sie viel Geld. Die Streitkräfte stehen immer im Wettbewerb mit dem zivilen Arbeitsmarkt, wenn es um hochqualifizierte junge Männer und Frauen geht, und das ganz besonders, wenn die Wirtschaft floriert und die Arbeitslosigkeit gering ist.

Hohe Personalkosten bedeuten, daß für Ausrüstung, Modernisierung und Einsatzbereitschaft weniger Geld zur Verfügung steht. Großbritannien ist es gelungen, einen ausreichenden Teil des Verteidigungshaushalts für die Beschaffung neuer Waffensysteme und Ausrüstung bereitzustellen, allerdings nur auf Kosten einer erheblichen Personalreduzierung. Das Fehlen von Infanteristen, Pionieren und anderen Spezialisten hat zu einer starken »Überlastung« der Streitkräfte geführt. Die Frist, in der die Truppenformationen wie die einzelnen Soldaten in Übersee, also fern der Heimat, zum Einsatz kommen, wird immer kürzer. Dies wiederum führt zu einem gravierenden »Verschleiß« von sehr gut ausgebildetem Personal. Heute steht den Soldaten und Soldatinnen der Sinn nach gut bezahlten Stellen im zivilen Bereich, die es ihnen erlauben, im angestammten Umfeld zu bleiben. So ist ein Teufelskreis entstanden, in dem durch »Unterbesetzung« das Problem der »Überlastung« wächst, was den »Verschleiß« noch verstärkt.

Die Familienangehörigen der Soldaten und Soldatinnen sind immer weniger bereit, lange und wiederholte Trennungszeiten zu akzeptieren. Die britischen Streitkräfte haben viel Zeit und Arbeit in die Fürsorge für die Familien gesteckt. Und wie das Verteidigungsministerium feststellen mußte, kann die Verbesserung dieser Fürsorge für die Familien sehr teuer sein!

Obwohl Großbritanniens Reservetruppen klein sind und immer kleiner werden, sind die Streitkräfte zunehmend auf deren Unterstützung im Einsatz und bei der normalen Grundversorgung angewiesen. Im Augenblick ist eine

Situation erreicht, in der es bei einer ernsthaften Bedrohung der nationalen Sicherheit (auch wenn die Wahrscheinlichkeit dafür kaum besteht) zu Schwierigkeiten kommen könnte, schnell und wirksam Truppen mobil zu machen und zu aktivieren. Durch kleinere Reservekräfte verlieren die Streitkräfte insgesamt eine wichtige Verbindungsstelle zur Öffentlichkeit und über diese zu den Politikern. Diese Verbindung ist natürlich wichtig für die weitere finanzielle und moralische Unterstützung der Streitkräfte in jeder Demokratie.

Schlußfolgerung

Die britischen Berufsstreitkräfte bildeten für die Nation einen Integrationsfaktor sowie eine Quelle des Stolzes und der Stabilität, besonders in der schwierigen Zeit des Niedergangs nach dem Zweiten Weltkrieg. Trotzdem ist der Berufssoldat nicht immer bewundert oder geschätzt worden. Über lange Zeiten in der Geschichte des Landes traf eher das Gegenteil zu. Eine Abneigung gegen die »Militarisierung« der Gesellschaft hinderte Großbritannien daran, mit Ausnahme der Zeit der beiden Weltkriege und einer kurzen Zeit nach dem Zweiten Weltkrieg auf ein System der allgemeinen Wehrpflicht zurückzugreifen. Paradoxerweise hat diese nationale Einstellung zur Entwicklung einer langen und stolzen Tradition bei den Berufssoldaten der Marine und des Heeres in Großbritannien geführt.

Die »britische Art der Kriegführung« hat –weitgehend auf selektive historische Beispiele gestützt – der Nation eine Vorliebe für eine maritime Macht, die von kleinen Expeditionskontingenten des Heeres unterstützt wird, vermittelt und diese zur natürlichen strategischen Option Großbritanniens gemacht. Es ist vielleicht ironisch, daß diese Streitkräfte am Ende des Kalten Krieges Vorbild für viele andere europäische Länder wurden, die sich darum bemühen, die Struktur ihrer Streitkräfte der Herausforderung des Krisenmanagements des 21. Jahrhunderts anzupassen.

Großbritanniens Berufsstreitkräfte scheinen besser als die aus Wehrpflichtigen bestehenden Streitkräfte für die Anforderungen am Beginn des 21. Jahrhunderts gewappnet zu sein. Sie sind jedoch kostspielig, und es erfordert einen großen laufenden Aufwand, um das benötigte hochqualifizierte Personal zu gewinnen und zu halten. Aus diesem Grund mußten die Streitkräfte immer weiter reduziert werden, vielleicht auf Kosten der Fähigkeit, auf eine unerwartete Bedrohung der Sicherheit Großbritanniens reagieren zu können. Aber trotz der anstehenden Probleme werden die ausgezeichnet ausgebildeten britischen Berufsstreitkräfte zweifellos auch weiterhin ihren Dienst für die Nation und ihre Alliierten in den vor uns liegenden ungewissen Zeiten leisten.

Hans Rudolf Fuhrer

Neutralität und Milizsystem. Grundlagen des Führungsdenkens der schweizerischen Streitkräfte?

Problemstellung

»Das schweizerische Milizsystem ermöglicht eine vollständige Erfassung der Wehrfähigen unter verhältnismäßig geringen Kosten. Es erhält den im schweizerischen Volke von jeher regen soldatischen Geist und gestattet die Aufstellung eines für das kleine Land sehr starken und zweckmäßig organisierten, schnell verwendungsbereiten Kriegsheeres.

Der schweizerische Soldat zeichnet sich durch Heimatliebe, Härte und Zähigkeit aus. Seine Schießleistungen sind gut. Der Pflege von Waffen, Gerät, Uniformen, Pferden und Tragtieren widmet er sich mit großer Sorgfalt. Besonders der Deutschschweizer und der Soldat der Alpen dürfte ein guter Kämpfer sein. Trotz guter Ausnützung der Ausbildungszeit, häufiger Wiederholungs- und freiwilliger Übungen, war aber der Ausbildungsstand, besonders zu Kriegsbeginn, nicht zufriedenstellend.

Die Führungsgrundsätze stehen unter dem Einfluss sowohl deutscher wie französischer Gedanken. Die mangelnde Kriegserfahrung sowie die vorwiegend theoretische Ausbildung der Führer und die bürokratische Überorganisation der Stäbe werden häufig zu umständlicher Methodik verleiten. Man pflegt auch die Reserven schnell aus der Hand zu geben. Hierzu kommt, daß die Mehrzahl der höheren Führer Milizoffiziere (also nicht Berufsoffiziere) sind, daß im gesamten Milizoffizierskorps sich eine übermäßige Kritiksucht breit macht und daß die Unteroffiziere, obgleich im bürgerlichen Leben bewährte Leute, oft nicht über genügend Dienstkenntnis verfügen. Das große militärische Opfer an Zeit und Geld können den Mangel an Erfahrung und Gründlichkeit in der Ausbildung nur zum geringen Teil ausgleichen[1].«

Diese Einschätzung der schweizerischen Armee lesen wir im »Kleinen Orientierungsheft Schweiz«, einem nachrichtendienstlichen Dossier, das von der Generalstabsabteilung »Fremde Heere West« der deutschen Wehrmacht am 1. September 1942 vorgelegt wurde. Diese Beurteilung diente zu jenem Zeit-

---

[1] Zit. nach: Hans Rudolf Fuhrer, Spionage gegen die Schweiz. Die geheimen deutschen Nachrichtendienste gegen die Schweiz im Zweiten Weltkrieg 1939–1945, Frauenfeld 1982, S. 98 f.

punkt insbesondere dazu, Informationen für einen operativen Eventualfall »Besetzung der Schweiz« bereitzuhalten. Das Dokument bietet Einblick in die Beurteilung der Schweizer Armee durch einen fremden Nachrichtendienst.

Aus der Fülle von Ansätzen, die sich hier anbieten, greifen wir allein den Aspekt der Führung heraus. Es wird einerseits festgestellt, daß es keine eigenständigen schweizerischen Führungsgrundsätze gibt und man sich weitgehend auf Erfahrungen der Nachbarn stützt. Andererseits wird eingeschätzt, daß sich die mangelnde Kriegserfahrung negativ auf die Qualität der Führung auswirke und sich das Milizkader eher durch Kritiksucht und Dilettantismus auszeichne als durch fachliche Kompetenz.

Diese Beurteilung kann als Ausgangspunkt für unsere Überlegungen zum Thema dieses Beitrags genommen werden. Es wäre beispielsweise zu fragen, ob sich seither eine eigene schweizerische Führungskultur entwickelt hat oder ob immer noch mangels eigener Kriegserfahrung die Führungsgrundsätze ausländischer Armeen übernommen werden. Im weiteren gilt es zu untersuchen, ob und inwiefern Neutralität und Milizsystem grundlegende Faktoren des Führungsdenkens in der Schweizer Armee sind. Eine solche Untersuchung ist nicht unproblematisch. Bereits die Begrifflichkeit bietet für Vergleiche einige Schwierigkeiten. »Führung«, »Führungsstil«, »Führungskultur«, »Führungsgrundsätze« werden in der Schweiz sehr unterschiedlich definiert. Der Begriff »Führungsdenken« ist zwar bekannt, doch wird er in der Armee kaum verwendet[2].

Die Analyse soll aus fünf verschiedenen Blickrichtungen vorgenommen werden, um einerseits der äußerst komplexen Fragestellung Rechnung zu tragen und andererseits zu signalisieren, daß die wissenschaftliche Forschung bisher nur Teilgebiete untersucht hat. Aufgrund dieser Ausgangslage stellen die Ergebnisse eher einen Anfang als einen Abschluß dar. Eine Vollständigkeit ist in keinem der fünf Ansätze angestrebt.

Führung in schweizerischen Reglementen – ein erster Ansatz

Welche Führungsgrundsätze[3] und welchen Führungsstil[4] hat der Offizier nach den Reglementen der Schweizerischen Armee anzuwenden? Von welchem phi-

---

2   Stoll hat 1988 festgestellt, daß es zur Zeit mehr als 350 Definitionen von Führung gibt (siehe dazu: Sich und andere führen. Psychologie für Führungskräfte, hrsg. von Karl Kälin, Peter Müri, Thun 1988, S. 7). Es ist anzunehmen, daß seither noch zusätzliche Auffassungen kreiert worden sind.

3   Verwendet werden auch die Begriffe Führungsanweisungen, Führungsrichtlinien, Führungsprinzipien, Verhaltensanweisungen oder Leitsätze. Karrer hat den Begriff so definiert:»Führungsgrundsätze sind ein Bekenntnis nach innen und nach außen zu einem bestimmten Führungsstil« (Sigrid Karrer, Führungsgrundsätze – wie man sie erarbeitet und täglich nutzt, in: IO Management Zeitschrift, 54 [1985], Nr. 6, S. 267).

losophischen Leitbild und von welchem Wertsystem hat er auszugehen? An die Beantwortung dieser Fragen hat sich noch kaum jemand gewagt[5].

Immer wieder ist von der Armeeführung versucht worden, Führungsgrundsätze als verbindlich zu deklarieren und in Truppenkursen zu lehren. Behandelte das Reglement »Felddienst« von 1927 neben anderen Bereichen auch noch im Vorbeigang die Führung, wurde mit dem Reglement »Truppenführung« 1951 erstmals ein eigentliches Führungsreglement vorgelegt. Darin wurden vor allem die Kriterien der Problemlösung für alle Hierarchiestufen festgelegt.

Das Reglement »Truppenführung 82«[6] der Schweizerischen Armee ist bereits viel differenzierter. Es beschreibt einleitend die Besonderheit der militärischen Führung wie folgt: »Militärische Führung bedeutet in vielen Fällen Bewältigung von Krisenlagen. Zeitdruck, Ungewißheit, Gefährdung und psychische Belastung sind wichtigste Merkmale der Truppenführung im Kriegsgeschehen.« In dieser extremen Krisensituation mit Lebensbedrohung wird der wichtigste Unterschied zur zivilen Führung und zum Management gesehen. Unbestritten ist die Wichtigkeit der Menschenführung, die Zwygart in Anlehnung an das Reglement als »bewußte, intentionale und auf konkrete Ziele gerichtete Steuerung des menschlichen Verhaltens im Blick auf die Gesamtheit der Verhaltensweisen« definiert[7].

Betrachten wir die Aspekte Menschenführung und Problemlösung etwas genauer. Zur Persönlichkeit des Führers heißt es: »Der Vorgesetzte prägt mit seiner Haltung und seinem Beispiel, mit seinem Willen und seiner Leistung die ihm unterstellte Truppe. Sein Charakter und seine Persönlichkeit sind ebenso wichtig wie sein Wissen und Können; dabei spielen Entschlossenheit und Verantwortungsfreude eine herausragende Rolle.

Vorgesetzte lassen sich durch Mißerfolge nicht entmutigen. Sie begegnen ihnen mit Tatkraft und durch Aufmunterung der Truppe[8].«

---

[4]   Es werden viele Führungsstiltypologien verwendet: autoritär, konsultativ, partizipativ, kooperativ, situativ usw. Ritschard definiert so: »Führungsstil ist die Art, wie der Führer seine institutionelle Autorität ausübt (Paul Ritschard, Führung im Gefecht und taktische Lehrmethoden, Frauenfeld 1989, S. 9; siehe dazu auch ders., Über den Führungsstil in der Armee, Bern 1978).

[5]   Einen ersten Schritt in dieser Richtung versucht Marcel Probst, Zum Führungsstil in der Truppenführung der Schweizerischen Armee – eine Analyse schriftlicher Führungsgrundsätze für Offiziere, St. Gallen 1990.

[6]   Dieses Reglement »Truppenführung« (TF) ist in einem Reglementsverbund zu sehen. Das Reglement »Ausbildung und Organisation in Truppenkursen« (AOT) bildet die Grundlage für Spezialreglemente wie die »Grundschule« (GS), das »Dienstreglement« (DR), die »Ausbildungsmethodik«. Sie alle fließen ihrerseits in die TF ein. Die technisch-taktischen Reglemente, z.B. »Die Führung der Füsilierkompanie«, stützen sich wiederum auf die TF.

[7]   Ulrich Zwygart, Menschenführung im Spiegel von Kriegserfahrungen, Frauenfeld 1987, S. 16.

[8]   TF 82, Ziffer 84.

Ein verbindlicher Führungsstil wird nicht vorgeschrieben. Propagiert wird jedoch ein »situationsgerechter« oder »situativer« Führungsstil, der in optimaler Weise die Aspekte Vorgesetzter, Untergebener und Situation berücksichtigt und geschickt alle Formen des Führens anwendet. Die Auftragstaktik wird als Synonym zur Führung durch Zielsetzung verstanden (kooperativer Führungsstil im eigentlichen Sinne) und verlangt die stufengerechte Delegation von Verantwortung (partizipativer Führungsstil).

Nur in einem Fall wird eingeschränkt: In absoluten Krisensituationen ist ein autoritärer, d.h. harter, unnachgiebiger und entschlossener Führungsstil zu praktizieren.

Die wohl wichtigste Ziffer der Truppenführung 82 ist die Ziffer 89, welche die Führungstechnik, die Reihenfolge der Führungstätigkeit, festlegt: Analyse des Auftrages oder Ereignisses, das zum Handeln veranlaßt; Anordnung der Sofortmaßnahmen; Erstellen des Zeitplanes; Beurteilung der Lage; Entschlußfassung; Befehlsgebung; Organisation der Kontrolle; Kampfplanung.

Im aktuellen Führungsleitbild der Schweizer Armee, das Grundlage für das Dienstreglement 95 und die Führungsreglemente darstellt (beispielsweise »Taktische Führung«/TF 95, »Operative Führung«/OF 95 sowie »Reglement für die Stabsarbeit«/FSO 95) wird festgestellt, daß die Armee als große, hierarchisch aufgebaute und vielgestaltige Institution die grundlegenden Aufträge »Verteidigen, Schützen, Helfen« nur erfüllen kann, wenn viele Kräfte zusammenwirken. Truppen mit unterschiedlicher Ausbildung und Ausrüstung sowie Spezialisten müßten Teilaufträge erfüllen und auf ein gemeinsames Ziel hin zusammenarbeiten.

So heißt es denn im Dienstreglement (DR 95): »Führen heißt: Das Handeln der Unterstellten auf das Erreichen eines Zieles ausrichten. Die Leistung eines Verbandes entsteht aus dem planvollen Zusammenwirken der einzelnen. Führen im Militär heißt deshalb insbesondere: den einzelnen dazu bringen, seine ganze Kraft für die gemeinsame Erfüllung des Auftrags einzusetzen, im Ernstfall auch unter Einsatz des Lebens[9].«

Das DR 95 fährt fort: »Führung umfaßt aber, auch im Ernstfall, sehr viel mehr als die Befehlsgebung. Wer führt, muß Ziele bestimmen, Entschlüsse fassen und Aufträge erteilen. Führen heißt auch Informationen verarbeiten und sie gezielt weitergeben. Führende müssen die Arbeit der Unterstellten koordinieren und kontrollieren, und sie müssen mit Gleichgestellten zusammenarbeiten. Sie müssen motivieren, Konflikte vermeiden oder schlichten und für das Wohl ihrer Unterstellten sorgen. Auf allen Stufen sind das Recht und die Pflicht zu führen mit Verantwortung gepaart.«

Die Aufgabe des Führers hat somit motivatorische, kommunikative und organisatorische Elemente, eine personale und eine fachliche Dimension. Der

---

[9]   Dienstreglement der Schweizer Armee (DR 95), Ziffer 9, Absatz 1 und 2.; siehe dazu auch Rudolf Steiger, Ulrich Zwygart, Militärpädagogik, Frauenfeld 1994, S. 15 ff.

militärische Chef führt gemäß den schweizerischen Führungsgrundsätzen durch Zielvorgabe und läßt dem Unterstellten bei der Wahl des einzuschlagenden Weges möglichst große Handlungsfreiheit. Er schränkt diese nur dort ein, wo es zur Wahrung des Zusammenhangs nötig ist. Seit dem Ende des Zweiten Weltkrieges ist somit eine stetige Entwicklung hin zum kooperativ-partizipativen bzw. situativen Führungsstil erkennbar, wobei frühere Ansätze in dieser Richtung zunehmend verstärkt wurden.

Befehl und Gehorsam sind zweifellos der deutlichste Ausdruck der militärischen Führung. Große Anforderungen werden ebenso an die Unterstellten aller Stufen gestellt. Auch sie tragen Verantwortung, müssen aktiv mitdenken und die Bereitschaft haben, selbständig und initiativ im Sinne des Auftrags zu handeln. Das Erreichen der gesetzten Ziele setzt deshalb im weitesten Sinne militärische Disziplin voraus. Gehorsam allein genügt nicht. Das DR 95 postuliert: »Der einzelne stellt seine persönlichen Interessen und Wünsche zugunsten des Ganzen zurück und gibt im Sinne des Auftrags sein Bestes[10].«

Die zweite Entwicklungslinie weist hin zur Menschenführung als wichtigste Führungaufgabe. Die Taktische Führung (TF 95) setzt fest: »Entscheidender Träger des Kampfes ist der Mensch, ungeachtet aller hochentwickelten technischen Mittel. Die Führung hat diesem Umstand Rechnung zu tragen[11].« Praktisch unverändert zur TF 82 ist die Betonung der Einzigartigkeit der militärischen Führung. »Ungewißheit, Zeitdruck, psychische und physische Belastung sind die wichtigsten Merkmale der Truppenführung im Kriegsgeschehen und in Krisenlagen[12].«

Gewisse Modifikationen hat die Führungstechnik erfahren. Hier wird die »unité de doctrine« weiterhin als unabdingbar betont: »Einheitlichkeit im Denken und Handeln aller militärischen Führer ist eine wesentliche Voraussetzung für den Erfolg. Sie beruht unter anderem auf:
– gleichen Führungsgrundsätzen
– einheitlicher militärischer Ausbildung und
– einheitlichen sprachlichen Begriffen[13].«
Unverändert ist auch die Privilegierung der Auftragstaktik[14] vor der Befehlstaktik.

Die Begrifflichkeit der Führungstätigkeiten wird leicht modifiziert. Sie wird nun zweigeteilt in Einsatzplanung (Problemerfassung, Beginn des Anordnens

---

10 DR 95, Ziffer 13.
11 Reglement des Generalstabschefs über die Taktische Führung (TF 95) vom 29.8.1994, Ziffer 2111.
12 Ebd., Ziffer 2112.
13 Ebd., Ziffer 2113.
14 »In der Auftragstaktik erhält der Unterstellte ein Maximum an Handlungsfreiheit zur Erfüllung eines Auftrages im Rahmen der Absicht des Vorgesetzten sowie unter Beachtung der Doktrin. Die Aufträge an die Unterstellten beinhalten nur Auflagen, wenn solche zur Koordination verschiedener Kräfte notwendig sind« (TF 95, Ziffer 2117, Absatz 1 und 2).

Vergleich NATO – Schweizer Armee

Abläufe	NATO	Schweiz
Initiation	*Initiation* – Initiation Directive	Auftragserteilung durch den Vorgesetzten
Stufe 2 Problemerfassung	*Orientierung* – Conduit mission analysis – Deliver Strategic – Appreciation Briefing – Issue Commander's Planning Guidance	Problemerfassung – Problementdeckung – Problemklärung – Problembeurteilung
Stufe 3 Erarbeitung von Varianten	Concept development – Develop Courses of action	Beurteilung der Lage – Auftrag – Zeit – Umwelt – Feindliche Möglichkeiten – Eigene Möglichkeiten
Stufe 4 Entschluß	Present Decision Brief – Develop a Concept of operations	Entschlußfassung
Stufe 5 Ausarbeiten eines Operationsplanes	Planungserarbeitung – Develop – Coordinate – Seek approval – Issue plan	Ausarbeiten eines Operationsplanes

von Sofortmaßnahmen, Erstellen einer Zeitplanung, Beurteilung der Lage, Entschlußfassung, Ausarbeiten des Einsatzplanes, Eventualplanungen, vorbehaltene Entschlüsse) und Einsatzführung (Befehlsgebung, Maßnahmen zur Kontrolle und Steuerung des Einsatzes, Folgeplanungen)[15].

Die Arbeitsgruppe Armee XXI hat in einer Studie die Führungsprozesse der NATO und der Schweizer Armee miteinander verglichen, um die Interoperabilität zu überprüfen (siehe obenstehende Tabelle).

Dabei ist folgendes Resultat herausgekommen: Die Führungsprozesse von NATO und Schweiz zeigen keine großen Unterschiede mit Ausnahme des unterschiedlichen Vokabulars.

---

15   TF 95, Ziffer 2331.

Vergleich der Planungsprozesse auf operativer Stufe

Ablauf	Phasen	Genehmigtes Resultat	CH	D	I	F	GB	NATO	A XXI
1 Einleitung Initiation	Erfassung der politischen Ziele und des gewünschten Endstandes (*Receive or Recognize Tasks*)		X			X	X	X	
	Suche nach zusätzlichen Informationen (*Request for Additional Infos*)		X	X	X		X		
		Vorbefehl (*Warning Order*)	X	X	X		X		
		Erste Planungsweisung (*Initial Guidance*)				X			
2 Orientierung (*Orientation*)	Auftragsanalyse (*Mission Analysis*)		X	X	X	X	X	X	
	(Strategischer) Beurteilungsrapport (*Strategic Appreciation Briefing*)		X	X	X	X	X	X	
		Planungsrichtlinien (*Planning Guidance*)		X	X	X	X	X	
3 Bearbeitung des Konzepts (*Concept Development*)	Bearbeitung der Handlungsmöglichkeiten (*Courses of Action Development*)		X	X	X	X	X	X	
	Ablauftabelle (*Synchronization Matrix*)					X	X	X	
	Simulation (Kriegsspiel) (*Wargame*)					X	X		X
	Entschlußrapport (*Decision Briefing*)		X	X	X	X	X	X	
		Einsatzplan (*Concept of Operations*)	X	X	X	X	X	X	
4 Ausarbeitung des Planes (*Plan Development*)	Redaktion und Koordination (*Develop/Coordinate*)		X	X	X	X	X	X	
	Genehmigung (*Approval*)		X				X	X	X
	Herausg./Verteil. (*Issue*)		X	X	X	X	X	X	
		Operationplan (*Operation Plan*)	X	X	X	X	X	X	
5 Überprüfung (*Plan Review*)	Bewertung des Planes (*Plan Evaluation*)						X	X	X
	Kontroll- und Steuerungsmaßnahmen (*Control*)		X		X				
	Lagebedingte/periodische Überprüfung (*Plan Progress/Periodic Review*)		X				X	X	X
	Revisionsrapport (*Revised Decision Briefing*)		X			(X)	X	X	X
		Rev. Operationsplan (*Revised Operation Plan*)	X				X	X	X

Die Differenzen in einer Stärke-Schwäche-Analyse liegen in folgenden Punkten:

Bei der NATO:

- Bessere und gründlichere Information der Unterstellten
- Detaillierte Problemerfassung
- Definition eines Endzieles
- Gründlichere Analyse der Feindmöglichkeiten, die nachher mit allen eigenen Möglichkeiten verglichen werden

Bei der Schweiz:

- Hohe Qualität im formellen Bereich
- Keine Bestätigung der vorgesetzten Kommandostufe im ganzen Führungsprozeß[16].

In den großen Verbänden (Armeekorps, Division) wird zunehmend die moderne, aus der Betriebswirtschaft übernommene Form der Zielvereinbarung[17] anstelle des traditionellen Befehlsverfahrens angewandt.

Als *erstes Zwischenergebnis* kann festgehalten werden, daß:

- in den Reglementen der Schweizerischen Armee seit dem Zweiten Weltkrieg zunehmend die Menschenführung in den Vordergrund gerückt wird,
- sich der Führungsstil weitgehend vom autoritären zum situationsgerechten verändert hat und
- der Rhythmus der Führung weiter perfektioniert worden ist.

---

[16] Übersichtsmäßig ergibt sich für die Schweizer Armee im Fall der Kooperation Handlungsbedarf. Im Sinne der Interoperabilität müßte die Stufe Vorbefehl im Sinne der Initiating Directive (umfassende Informationen über den Feind, feindliche Schwergewichtspunkte, Hypothesen und Grenzen der vorgesetzten Kommandostufe) erweitert werden. Im weiteren wäre zu überprüfen, inwieweit man die Problemerfassung im Brainstorming durch die möglichst vollständige Feststellung der feindlichen und eigenen Möglichkeiten erweitern und den Unterstellten weitergeben müßte. Die Überprüfung des Grundentschlusses mit allen feindlichen Möglichkeiten im Sinne eines Kriegsspiels müßte standardisiert werden. Die Definition des taktisch-operativen Endziels für die Unterstellten (Erfolgskriterien) wäre neu einzuführen.

[17] Die moderne Problemlösung in den großen Verbänden könnte vereinfachend auf die folgende Formel gebracht werden: Problemlösung = Auftragstaktik + Entscheidfindung im Dialog.

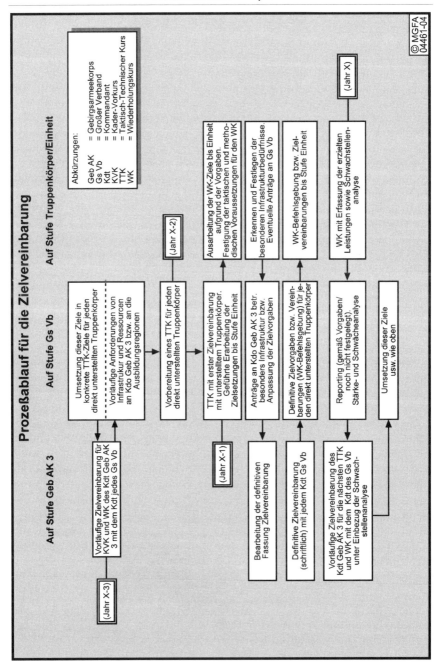

Prozeßablauf für die Zielvereinbarung

Auf Stufe Geb AK 3 **Auf Stufe Gs Vb** **Auf Stufe Truppenkörper/Einheit**

Abkürzungen:

Geb AK = Gebirgsarmeekorps
Gs Vb = Großer Verband
Kdt = Kommandant
KVK = Kader-Vorkurs
TTK = Taktisch-Technischer Kurs
WK = Wiederholungskurs

(Jahr X-3)

Vorläufige Zielvereinbarung für KVK und WK des Kdt Geb AK 3 mit dem Kdt jedes Gs Vb

Umsetzung dieser Ziele in konkrete TTK-Ziele für jeden direkt unterstellten Truppenkörper

Vorläufige Anforderungen von Infrastrukur und Ressourcen an Kdo Geb AK 3 bzw. an die Ausbildungsregionen

(Jahr X-2)

Vorbereitung eines TTK für jeden direkt unterstellten Truppenkörper

Ausarbeitung der WK-Ziele bis Einheit aufgrund der Vorgaben. Festigung der taktischen und methodischen Voraussetzungen für den WK

(Jahr X-1)

TTK mit erster Zielvereinbarung mit unterstelltem Truppenkörper. Geführte Erarbeitung der Zielsetzungen bis Stufe Einheit

Erkennen und Festlegen der besonderen Infrastrukturbedürfnisse. Eventuelle Anträge an Gs Vb

Bearbeitung der definitiven Fassung Zielvereinbarung

Anträge an Kdo Geb AK 3 betr. besonderes Infrastruktur bzw. Anpassung der Zielvorgaben

WK-Befehlsgebung bzw. Zielvereinbarungen bis Stufe Einheit

Definitive Zielvereinbarung (schriftlich) mit jedem Kdt Gs Vb

Definitive Zielvorgaben bzw. Vereinbarungen (WK-Befehlsgebung) für jeden direkt unterstellten Truppenkörper

WK mit Erfassung der erzielten Leistungen sowie Schwachstellenanalyse

Vorläufige Zielvereinbarung des Kdt Geb AK 3 für die nächsten TTK und WK mit dem Kdt des Gs Vb unter Einbezug der Schwachstellenanalyse

Reporting (gemäß Vorgaben/ noch nicht festgelegt). Stärke- und Schwächeanalyse

(Jahr X)

Umsetzung dieser Ziele usw. wie oben

© MGFA
04461-04

Es ist auffällig, daß die menschenorientierte Führung auch reglementarisch prioritär gesetzt wird[18]. Mit diesem Primat der Menschenführung hat die Armeeführung ein Zeichen gesetzt. Dies deutet darauf hin, daß in diesem Bereich die größten Defizite geortet wurden.

Führung aus der Sicht schweizerischer Persönlichkeiten – ein zweiter Ansatz

Praktisch alle höheren Truppenkommandanten haben sich irgendwann einmal über die Problematik der Führung geäußert. Vier sollen hier in chronologischer Reihenfolge genannt werden.

Divisionär Edgar Schumacher sagte es 1957 so: »Führung ist [...] eine eigentümliche Ausprägung des Erziehungsgedankens. Sie hebt die für den reifen Menschen immer etwas schmerzliche Gegenüberstellung von Erzieher und Zögling auf und zeigt dafür zwei in der gleichen Richtung Blickende und Gehende. Es ist damit eine gewisse moralische Gleichwertigkeit verkündet, die nun sofort und bis in die Methodik hinein ihren Einfluß geltend macht. Heben wir als den wichtigsten Punkt nur den heraus, daß von Beginn an beide Teile als mitentscheidend an der Verantwortung und am Resultat beteiligt sind. Aus dem primitiven Verhältnis von Befehlen und Gehorchen entsteht noch lange nicht das, was die wahre Führung ausmacht. Sie schöpft ihre Kraft daraus, daß die Willensbeteiligung bei denen, die mitgehen, nicht geringer ist, als bei dem, der vorangeht und also führt. Diese innere Einstellung, gewissermaßen die Seelenstimmung, welche der echte Führungsgedanke erschafft, bezeichnet man militärisch als Disziplin[19].«

Der unlängst verstorbene frühere Generalstabschef Jörg Zumstein hat »Führung« in den siebziger Jahren so definiert: »Führung ist jener schöpferische Akt, der Menschen, technische Mittel und Verfahren einer einheitlichen Zielsetzung unterordnet und in Raum und Zeit koordiniert zur Wirkung bringt, bis der angestrebte Effekt erreicht ist[20].«

---

[18] Es ist bemerkenswert, daß Rudolf Steigers Gedanken zur »Menschenorientierten Führung« in der Schweizer Armee seit 1990 als Lehrschrift an das Kader abgegeben werden und diese bereits die 11. Auflage erlebt hat. 1992 ist das Buch in französischer und 1998 auch in italienischer Sprache erschienen. Die 10., überarbeitete Auflage wurde 1997 in die estnische und 1998 in die litauische Sprache übersetzt. Es wäre interessant nachzuforschen, warum die Pionierarbeit von Brun (Emil Brun, Menschen führen im militärischen Alltag, 1982) noch weitgehend unbeachtet geblieben ist. Es gab auch den Versuch, einen Führungsbehelf für Leutnants auf Armeestufe verbindlich einzuführen. Alle Versuche blieben auf der Stufe der Regimenter und Divisionen stecken.

[19] Edgar Schumacher, Vom Beruf des Offiziers, Zürich 1957, S. 72.

[20] Jörg Zumstein, Führung heute – eine Standortbestimmung, in: Schweizer Soldat, 1972, S. 597.

Oberstkorpskommandant Jean-Rodolphe Christen, Chef Heer ab 1. Januar 1996, hat auf der Frühjahrstagung der Militärischen Führungsschule 1996 neun Thesen formuliert[21], die für ihn die Besonderheit der militärischen Führung ausmachen:

1. Führen ist nicht managen. Manager managen Geschäfte; Führer führen Menschen.
2. Loyalität von oben nach unten[22].
3. Führung heißt, Verantwortung wahrnehmen.
4. Führen heißt, Macht ausüben durch persönliche und fachliche Autorität und mit den Mitteln der Durchsetzung.
5. Führen heißt, Vertrauen haben: Nach den drei K (Kommandieren, Kontrollieren und Korrigieren) gilt jetzt zusätzlich MMMM (Man muß Menschen mögen).
6. Führen heißt, Normen und Ziele setzen.
7. Führung heißt, vormachen und vorleben.
8. Führen heißt, Fürsorge gegenüber Unterstellten wahrnehmen.
9. Führen heißt, sich exponieren.«

Korpskommandant Simon Küchler, Kommandant des Gebirgsarmeekorps 3 bis zu Beginn des Jahres 2000, definierte: »Führen heißt, eine Idee, eine Absicht mit Hilfe vieler beteiligter Menschen umzusetzen, die Menschen von dieser Absicht zu überzeugen, sie zum Handeln zu bringen, und bei Fehlentwicklungen – korrigierend einzugreifen[23].«

---

21 Jean-Rodolphe Christen, Führung in der Armee, in: Tagungsbericht MFS »Führung in Politik, Wirtschaft und Armee«, Au 1996, S. 10 f.
22 Christen illustrierte seine These mit folgendem Beispiel von Orelli (Eduard von Orelli, Hannibal mein Sohn): »Loyalität von oben nach unten heißt: – Sich mit den Leuten identifizieren und sie deshalb nach außen verteidigen; – sich das alleinige Recht vorbehalten, ihnen nötigenfalls alle Schande zu sagen. Außenstehende dürfen nur mir Vorwürfe machen; – jedem les défauts de ses qualités zubilligen. Freu Dich an den Leutnants, die abends über die Schnur hauen. – keine Zweideutigkeiten stehen lassen. Sie sollen jederzeit wissen, woran sie sind mit mir. Loyalität von oben nach unten heißt nicht: – Alles loben, auch wo es nichts zu loben gibt, nur um sie bei guter Stimmung zu erhalten; – dauernd danke schön sagen. Dank im Dienst beschränkt sich auf Außerordentliches. Kollektiver Dank scheint mir ohnehin so fragwürdig wie kollektive Verantwortung; – auf Ehrfurcht von unten nach oben verzichten oder gar sich anbiedern lassen.« (zit. nach: Christen, Führung [wie Anm. 21], S. 15).
23 Interview vom 15.6.2000.

Diese wenigen Beispiele zeigen, daß militärische Chefs nicht einfach die reglementarischen Formulierungen übernommen haben, sondern eigene Definitionen und Gewichtungen von Elementen gesucht haben[24].

Immer wieder äußern sich in der Schweiz auch erfolgreiche Unternehmer und Politiker zur Problematik der Führung. Wir beschränken uns auf einen Menschen, der beide Personengruppen repräsentiert, den SVP-Nationalrat und Leiter der Ems Chemie Christoph Blocher. Blocher wurde durch einen Journalisten gefragt: »Welches ist ihre Führungsphilosophie?«

Blocher: »Die Menschen direkt führen. Das Ziel, den Auftrag auf die Mitarbeiter übertragen, sie begeistern und mit gutem Vorbild vorangehen. Ich glaube, daß viele Managerschulen nur das Rationale erfassen und nicht das Wesen der Führung. Sie entwickeln Theorien – oft modische Tendenzen –, die kommen und gehen, aber sie erfassen nicht, worauf es wirklich ankommt.«

Journalist: »Worauf kommt es an?«

Blocher: »Die Mitarbeiter müssen spüren, daß es ernst gilt, daß der Chef seiner Aufgabe alles unterordnet. Man muß mit dem Irrationalen rechnen. Ich messe dem Irrationalen – in der Politik wie im Unternehmen – große Bedeutung bei. Je älter ich werde, desto klarer wird mir, daß das Irrationale bei der Menschenführung die Hauptrolle spielt.

[...]

Im Vordergrund steht der Mensch, den man gern haben muß, um erfolgreich zu führen. Wir sind alle unvollkommen. Unvollkommene führen Unvollkommene. Als Führender muß man die Menschen gern haben, so wie sie sind und nicht, wie man sie am liebsten haben möchte. Erst wenn ich ihn gern habe, kann ich ihn verstehen. Erst wenn ich ihn verstehe, kann ich ihn führen. Das kann man eigentlich nicht lernen. Lernen kann man die Führungstechnik[25].«

Wir kommen zu einem zweiten *Zwischenergebnis*.

Als gemeinsamen Nenner all dieser Aussagen wichtiger schweizerischer Militärs, Politiker und Unternehmer können wir feststellen, daß an Führung Menschen, Aufgaben bzw. Aufträge, Problemlösungstechniken bzw. -instrumente bzw. -mechanismen beteiligt sind.

Die drei grundlegenden Dimensionen der Führung können wir schematisch so darstellen:

---

[24] Der Kommandant der Felddivision 7, Divisionär Peter Stutz, hat seinen angehenden Kompaniekommandanten im Führungslehrgang 1/2000 die folgenden sieben Aufgabenfelder nahegebracht: 1. Personal führen: Offenheit – Vertrauen – Auftragstaktik; 2. Gefechtsübungen anlegen und durchführen; 3. Ausbildungsziele festlegen, inspizieren und Fehleranalyse vornehmen; 4. Selber stufengerecht ausbilden (Theorien, Informationen, Kaderausbildung); 5. Ausbildung zielgerichtet überwachen (Material für Kaderrapporte beschaffen); 6. den Dienstbetrieb rechtzeitig und stufengerecht befehlen; 7. den eigenen Gefechtsverband führen.

[25] Roger Köppel, Fragen sie nie ihren Chef! Der Unternehmer Christoph Blocher über die Geheimnisse der Menschenführung, in: Das Magazin, Tagesanzeiger 25/2000, S. 41–51.

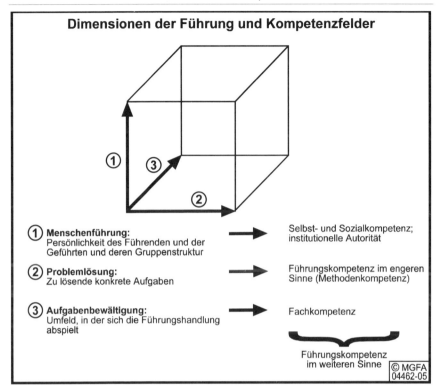

Dimensionen der Führung und Kompetenzfelder

① **Menschenführung:**
Persönlichkeit des Führenden und der
Geführten und deren Gruppenstruktur
→ Selbst- und Sozialkompetenz;
institutionelle Autorität

② **Problemlösung:**
Zu lösende konkrete Aufgaben
→ Führungskompetenz im engeren
Sinne (Methodenkompetenz)

③ **Aufgabenbewältigung:**
Umfeld, in der sich die Führungshandlung
abspielt
→ Fachkompetenz

Führungskompetenz
im weiteren Sinne

© MGFA
04462-05

Je nachdem eine dieser Dimensionen besonders herausgehoben wird, entstehen andere Schwergewichte. Es ist m.E. müßig, die drei Dimensionen gegeneinander auszuspielen. Professor Rudolf Steiger schreibt dazu pointiert: »Wo es nicht um die Auftragserfüllung geht, müßte letztlich auch gar nicht geführt werden[26].«

Ein Vergleich mit ausländischen Führungsgrundsätzen[27] zeigt, daß zwar schweizerische Schwergewichte erkennbar sind, aber grundsätzlich von der Elite im internationalen Kontext identisch gedacht wird.

---

[26] Rudolf Steiger, Menschenorientierte Führung. Anregungen für zivile und militärische Führungskräfte, 11. Aufl., Frauenfeld 1999, S. 18.

[27] Siehe z.B. Operative Führung, hrsg. von Wolfhard-Dietrich Berg, Herford 1975; Fredmund Malik, Führen Leisten Leben. Wirksames Management für eine neue Zeit, Stuttgart, München 2000; Roland Zedler, Planungs- und Führungssystem, Regensburg 1985.

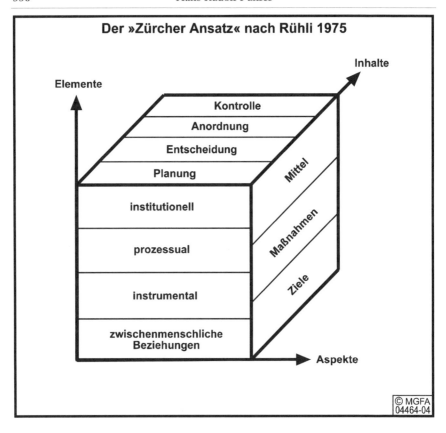

Der »Zürcher Ansatz« nach Rühli 1975

Management und Führungslehre in der Armee – ein dritter Ansatz

Von betriebswirtschaftlicher Seite wird zuweilen eher die Problemlösung zum Zentrum der Betrachtung gemacht[28]. Stellvertretend für eine Reihe verschiedener Modelle sei der »Zürcher Ansatz« von Edwin Rühli kurz skizziert. Das Phänomen der Führung wird als Würfel mit drei Dimensionen (Elemente, Inhalte und Aspekte) systematisiert.

---

[28] Edwin Rühli differenziert so: »Unter Führung verstehen wir die Gesamtheit der Institutionen, Prozesse und Instrumente, welche im Rahmen der Problemlösung durch eine Personengemeinschaft (mit komplexen zwischenmenschlichen Beziehungen) der Willensbildung (Planung und Entscheidung) und der Willensdurchsetzung (Anordnung und Kontrolle) dient« (Edwin Rühli, Unternehmensführung, 3 Bde, Zürich 1975).

– Planung, Entscheidung, Anordnung und Kontrolle bilden die vier *Elemente* der Führung, die man in ihrer Gesamtheit als Rhythmus der Führung bezeichnen könnte.

– Aus dem Grundprinzip der Arbeitsteilung ergeben sich der institutionelle, prozessuale und der instrumentelle *Aspekt* der Führung. Diese unpersönlichen Aspekte werden durch die zwischenmenschlichen Beziehungen ergänzt.

– Als *Inhalt* der Führung wird die Formulierung der Ziele und Maßnahmen sowie die Bestimmung der einzusetzenden Mittel bezeichnet.

Fast endlos ist die Liste der teils sachorientierten, teils personenorientierten Management-by-Prinzipien, die auch in der Schweiz kolportiert werden. »Management by Delegation« (MbD), »Management by Exception« (MbE) und »Management by Objectives« (MbO) sind nur die drei bekanntesten. Weniger ernst zu nehmen ist beispielsweise das Prinzip »Management by Helicopter« (MbH) – von weit oben heranfliegen, viel Staub aufwirbeln und dann wieder in den Olymp des Chefs entschwinden.

Aus den wissenschaftlichen Arbeiten zur Führung in der Schweizer Armee wählen wir allein diejenige aus, welche im Forschungsschwerpunkt dem Tagungsthema am nächsten liegt: Siegfried Hoenles Dissertation »Führungskultur in der Schweizer Armee«[29]. Der Verfasser hat den methodischen Weg des qualitativen Interviews mit zwanzig Berufsoffizieren, vom Hauptmann bis zum Korpskommandanten, gewählt. In seiner Arbeit wird der Begriff so definiert: »Führungskultur in der Schweizer Armee wird verstanden als die manchmal bewußt, meist aber unbewußt kultivierten und tradierten Wertüberzeugungen, Denkmuster und Verhaltensnormen im Bereich der Menschenführung. Es sind dies gemeinsame Grundannahmen zur Führung, die sich im Laufe der Geschichte in der Interaktion der Armeeangehörigen herausgebildet haben. Diese Grundannahmen beinhalten all das, was für den Praktiker selbstverständlicherweise militärische Führung ausmacht. Oft werden sie nicht bewußt reflektiert, sondern lenken das Führungsverhalten sozusagen (vom Hinterkopf aus)[30].«

Seine Forschungsergebnisse hat Hoenle in vier Teile gegliedert:

---

[29] Siegfried Hoenle, Führungskultur in der Schweizer Armee, Frauenfeld 1996 (Hoenle, Jg. 1965, studierte Psychologie und Betriebswirtschaft an der Universität Zürich, war 1993–1996 wissenschaftlicher Mitarbeiter der Militärischen Führungsschule an der Eidgenössischen Technischen Hochschule Zürich. Er ist heute als Spezialist für Assessment Technique in der Privatwirtschaft tätig). Siehe dazu auch Adrian Fopp, Die Bedeutung der schweizerischen Generalstabsausbildung für die Problemlösungsfähigkeit ziviler Führungskräfte, St. Gallen 1992; Marcel Probst, Zum Führungsstil in der Truppenführung der Schweizerischen Armee – eine Analyse schriftlicher Führungsgrundsätze für Offiziere, St. Gallen 1990; Dieter Wicki, Führungsgrundausbildung für Gruppenführer in der Schweizer Armee im Lichte von betriebswirtschaftlichen Konzepten zur Führungskräfteentwicklung, Zürich 1994.

[30] Hoenle, Führungskultur (wie Anm. 29), S. 16.

Er unterscheidet in einem ersten Teil *personengebundene Eigenschaften und Motive* eines militärischen Führers.

Er kommt zu folgenden sechs Aussagen:

Zum Führer wird man früh geprägt;

ein Führer legitimiert sich durch Persönlichkeit und Kompetenz[31];

ein Führer braucht klare Konturen;

als Führer ist man Diener und Karrierist;

als Führer ist man einsam;

als Führer ist man Bewirker und Beweger.

In einem zweiten Teil werden sechs Kompetenzen zum *Führungsprozeß* unterschieden:

– Vormachen und vorleben;

– führen heißt auch erziehen[32];

– hart und konsequent sein – aber menschlich;

– dosierte Nähe herstellen;

– direkt kommunizieren;

– differenzierend führen.

Im dritten Teil werden vier *Führungsbedingungen* beschrieben.

1. Führung braucht Freiräume;

2. Führung braucht Ordnung und Disziplin;

3. Führung ist zeitgeistabhängig;

4. Führung ist praxisbestimmt.

Von allen Gesprächspartnern wird bestätigt, daß nicht mehr wie früher geführt werden kann, daß sich die Führungsbedingungen grundlegend geändert haben. Ein Schulkommandant hat ihm gesagt:»Ich denke manchmal, daß das heute undenkbar wäre. So wie ich damals mit den Leuten umgegangen bin – nicht menschlich unfair, aber einfach pickelknallhart – das würden die Leute heute gar nicht mehr durchstehen. Und dort habe ich das für total normal angeschaut.« Frustrationstoleranz und psychische und physische Robustheit, die

---

[31] Nehmen wir als Beispiel eine Aussage zur zweiten Aussage: »Das war auch ein Einheitskommandant, der menschlich sehr angenehm gewesen ist, und wir sind etwa bis Mitte Rekrutenschule sehr froh gewesen, daß wir nicht den Kompaniekommandanten der Nachbarkompanie gehabt haben. Er war nett, er war offen und man hat ein sehr kameradschaftliches Verhältnis gehabt mit ihm. Wir haben dann aber nach der Mitte der Rekrutenschule bald einmal gemerkt, daß man eben mit dem die Ziele nicht erreicht hat, und daß er daraufhin eben auch nervös geworden ist. Er hat plötzlich seinen Stil ändern müssen, was eigentlich seine Unsicherheit dokumentiert hat.«

[32] Auch hier ein Beispiel: »Für mich ist die Erziehung die wichtigste Basis, damit man jemanden überhaupt führen kann. Ich habe sehr große Mühe, jemanden, der nicht erzogen worden ist, zu führen oder auszubilden. Also muß ich jemanden bis zu einem gewissen Grad erziehen können und ihm zeigen: (Hör zu, so und so ist es, das mußt Du jetzt annehmen können!) Wenn der andere nicht bereit ist, etwas anzunehmen, dann steht jede Führung irgendwo an.« Siehe dazu auch MFS-Frühjahrstagung 2000 »Erziehung – ausgedient oder neu entdeckt?«, Au 2000.

Voraussetzungen für den früheren Führungsstil, »gingen den jungen Soldaten heute ab. Man würde heute mit den Methoden von gestern in der Boulevardpresse angegriffen und hätte bald rechtliche Probleme.«

Im vierten Teil unterscheidet Hoenle vier *Realtypen der Führung*, den Traditionalisten, den Macher, den Vorsichtigen und den Entwickler.

Der *Traditionalist* basiert auf überlieferten Werten und kämpft in restaurativer Absicht gegen unerwünschte Neuerungen an. Er betont Kontroll- und Disziplinierungsmaßnahmen. Zweifellos fehlt heute den Traditionalisten die Klarheit der Situation. Ein Interviewpartner hat dies so ausgedrückt: »Die Klarheit, die früher geherrscht hat, ist größer gewesen als jetzt. Auch wenn man nicht mit allem einverstanden war, man hat gewußt: Es ist befohlen, und darum ist es jetzt so!« Traditionalisten beklagen den fehlenden Mut zu fordern, die zerstörerische Furcht, unpopulär zu sein, schludrig durchgeführte Kontrollen, mangelnde Selbstdisziplin sowohl der Führer als auch der Geführten und geben dem Erfolg der größeren Freiheiten und der Selbstverantwortung wenig Kredit. Der Traditionalist ist von der weitgehenden Unselbständigkeit von Unterstellten überzeugt.

Der *Macher* dagegen begrüßt den Wandel und versteht sich selbst als dessen Triebfeder. Dabei fällt ihm selbst die aktiv-bestimmende, den in seinen Augen weitgehend profilarmen Unterstellten die passiv-reagierende Rolle zu. Macher haben »alles im Griff«.

Der *Vorsichtige* geht von mündigen Unterstellten aus und bezieht sie in seine Entscheidungsfindungsprozesse nach Möglichkeit mit ein. Neuerungen in seinem Umfeld empfindet er dagegen als bedrohlich.

Der *Entwickler* schließlich glaubt, die Herausforderungen des Wandels am besten unter Einbezug seiner Unterstellten bewältigen zu können. Er initiiert Veränderungsprozesse und setzt sie in möglichst enger Zusammenarbeit mit den als Know-how-Trägern geschätzten Mitarbeitern um. Der Entwickler ist dem partnerschaftlichen Führungsmodell verpflichtet[33].

Wir können eine dritte *Zwischenwertung* vornehmen.

Es ist Hoenle mit seiner Untersuchung zweifellos gelungen, eine wissenschaftlich fundierte empirische Bestandsaufnahme der Führungskultur in der Schweizer Armee der frühen neunziger Jahre vorzulegen. Die zitierten Erfahrungen mit dem Phänomen »Führung« sind im besten Sinne ein Zeitdokument. Aber auch diese Forschungsarbeit hat die spezifisch schweizerischen Elemente des Führungsdenkens erst in Ansätzen erkennbar gemacht. Das meiste ist von

---

[33] Hier die Schlüsselaussage eines Schulkommandanten: »Ich gehe eigentlich in allen Bereichen von einer absolut kooperativen Führung aus, bei der man im Team gemeinsam an einem Projekt arbeitet, sich darüber unterhält, darüber diskutiert, gemeinsam Lösungen sucht und sich gegenseitig stimuliert mit Fragen und Ideen, die man einbringt. Und nachher kommt irgendwann eine Phase, das ist klar, in der der Verantwortliche Weichen stellen, Vorentscheidungen fällen [...] und sagen muß: So ist es jetzt, und jetzt ändern wir es nicht mehr, und das ist die Lösung, die ich will!.«

internationaler Gültigkeit, da vor allem die Person des Führers im Zentrum steht.

Führung in der Miliz – ein vierter Versuch einer Annäherung

Ich versuche nun den Weg der persönlichen Erfahrung als Milizregimentskommandant mit fast 2000 Diensttagen zwischen 1960 und 1999[34]. Ich bin mir dabei bewußt, in keiner Weise objektiv zu sein oder wissenschaftlichen Ansprüchen im engeren Sinne zu genügen. Als Erweiterung des eigenen beschränkten Blickwinkels wurden Interviews mit ausgewählten militärischen Persönlichkeiten verarbeitet[35].

Einleitend einige allgemeine Gedanken, die zugleich auch die persönliche Motivation waren, neben der beruflichen Ausbildung und Tätigkeit rund fünf Jahre freiwillig für die Armee einzusetzen.

Zum Wesen des schweizerischen Milizgedankens[36] gehört ein hohes, zumeist freiwilliges Engagement, insbesondere der Elite, für die res publica. Rund ein Fünftel aller Armeeangehörigen leisten in einer Kaderposition mehr Dienst als ihre Pflicht[37]. Das Milizprinzip ist jedoch nichts Armeespezifisches; es gilt für alle Bereiche des gesellschaftlichen Lebens.

Motivationsfördernd für mich war neben verschiedenen persönlichen Gründen auch die Gewißheit, daß allein der Verteidigungsfall, ausgelöst durch die bewußte Verletzung der schweizerischen Neutralität oder bedingt durch existentielle innere Gefährdungen des Staates, zum Einsatz der Armee führen würde. Die schweizerische Sicherheitspolitik ist ein reines Notwehrmodell ohne irgendwelche Bündnisverpflichtung oder Aggressionsabsichten. Das erleichterte die Bereitschaft, mehr zu tun als die Pflicht.

---

34 Diese lange Verweildauer in der Armee ist ein Merkmal für die schweizerische Miliz. Sie ist ein wohl nicht zu unterschätzendes Element der Verwurzelung der Streitkräfte im Volk.

35 Ich danke insbesondere den Herren Korpskommandanten Jean Abt (FAK 1), Adrien Tschumy (GebAK 3), Simon Küchler (GebAK 3), Ulrico Hess (FAK 4), den Divisionskommandanten Hans Gall (TerDiv 4), Peter Stutz (F Div 7) sowie den Brigadekommandanten Marcel Fantoni (Stabschef FAK 4), Alain Rickenbacher (Kdt Generalstabsschulen), Jürg Keller (Projektleiter Ausbildung Armee XXI) und seinen Mitarbeitern Oberstlt i Gst Kaiser und Ten Col Cianferoni für die Bereitschaft, mit mir über die Problematik des Führungsdenkens in der Schweizer Armee zu diskutieren.

36 Miliz heißt gemäß Schweizer Lexikon: temporäre neben- oder ehrenamtliche Tätigkeit zugunsten der Gemeinschaft, wobei die materielle Entschädigung von geringer Bedeutung ist.

37 In der Armee leistet der Korporal zur Zeit das Anderthalbfache, ein Kompaniekommandant das Dreifache und ein Regimentskommandant rund das Sechsfache der vorgeschriebenen minimalen Dienstleistung von rund 300 Tagen.

Allgemeine Wehrpflicht, Milizsystem und bewaffnete Neutralität haben in 150jähriger Tradition ohne fundamentale Brüche das Führungsdenken in der Schweizer Armee zweifellos stark beeinflußt. Eine Milizarmee ist ein integrierter Bestandteil der Gesellschaft und steht in besonderem Maße in einem ständigen Interaktions- und Veränderungsprozeß. Dies gilt auch für die Führungsgrundsätze und den Führungsstil. Die schweizerische Milizarmee war jederzeit repräsentatives Spiegelbild der Gesellschaft. Sie war deshalb nie eine berufliche Negativauswahl oder das Betätigungsfeld einer elitären Gruppe. Der Schweizer Soldat ist immer zugleich beides: Bürger und Soldat. Immer wieder entscheidet er mit seinem Stimmzettel auch über Militärfragen, selbst über konkrete Rüstungsprojekte oder gar über die Abschaffung der Armee. Das ist oft die Erfolgskontrolle des Stimmbürgers über das Führungsverhalten seiner Vorgesetzten.

Das ganze Volk, vor allem die männliche Hälfte, ist in die Führungsprozesse eingebunden. Jeder militärische Führer war einmal Geführter. Das schweizerische Ausbildungsprinzip, wonach alle Hierarchiestufen durchlaufen werden müssen, garantiert dies, tradiert aber oft auch frühere Führungsfehler[38]. Die rund 1800 Berufsunteroffiziere und –offiziere bestimmen wohl das Führungsdenken in den Schulen und Lehrgängen, müssen sich aber in den Wiederholungskursen in ihren Milizverbänden dem Vergleich mit ihren Milizkameraden stellen. Ihre Anzahl ist zu klein, als daß sie in diesem Bereich prägend agieren könnten.

Politik, Privatwirtschaft und Milizarmee haben seit jeher um die gleiche Elite gekämpft. Sie haben sich gegenseitig aufs engste beeinflußt. Umstritten sind die Unterschiede und Gemeinsamkeiten der Führung in zivilen und militärischen Bereichen. Spezialuntersuchungen haben ergeben, daß die Führungsgrundsätze in der Schweiz eine erstaunliche Übereinstimmung in zentralen Punkten aufweisen[39].

---

[38] Alle militärischen Führer durchlaufen die normale Stufenleiter: Rekrutenschule, Grundausbildung; Unteroffiziersschule bzw. Spezialkurse und Abverdienen als Unteroffizier und zusätzliches Abverdienen als Höherer Unteroffizier; Offiziersschule und Abverdienen als Leutnant, Führungslehrgang I und Abverdienen als Kompaniekommandant, Führungslehrgang II als Beförderungsdienst zum Major (das Abverdienen wurde mit der Armee 95 abgeschafft, soll aber wieder eingeführt werden). Erst die höheren Rangstufen kennen nur noch die Ausbildungskurse. In den Wiederholungskursen der Truppenkörper erhalten die Kader die Führungserfahrung und mit der Qualifikation auch die Erfolgsbeurteilung. Das System wird oft despektierlich »Lehrlinge bilden Lehrlinge aus« genannt. Diese Kritik kann sich höchstens auf die fachliche Kompetenz beziehen, beleidigt aber die Miliz mit ihren personengebundenen Kompetenzen, die wohl gefördert, aber nicht eingepflanzt werden können.

[39] Der Militärsoziologe Karl Haltiner hat auf einer Tagung der Militärischen Führungsschule den Sachverhalt so charakterisiert: »Zweifellos entstand im Laufe der Geschichte des schweizerischen Bundesstaates ein erstaunlich hoher Grad an Kongruenz zwischen zivilen und militärischen Führungsgruppen« (Karl W. Haltiner, Privatwirtschaft und Mi-

Militärische Karrieren brachten früher in der Regel dem Einzelnen Vorteile für die berufliche Laufbahn[40]; die Wirtschaft wurde für ihre finanziellen Leistungen bis zu einem gewissen Maße durch praktisch in der Führung ausgebildete Kaderleute entschädigt und das schweizerische Milizheer konnte im Gegenzug die zivilen Kompetenzen nutzen. Es war ein Geben und Nehmen.

Es mehren sich aber die Anzeichen, daß dieses System nicht mehr problemlos funktioniert. Die früher noch gelobte militärische Führungsausbildung wird für moderne internationale Anforderungen als ungenügend bis irrelevant bezeichnet. Wie in den umliegenden Ländern wird die allgemeine Wehrpflicht wohl bald zur Diskussion stehen. Als weitere Folge der veränderten Bedrohungslage wird dann auch an den beiden anderen traditionellen Säulen schweizerischer Sicherheitspolitik, am Milizprinzip und an der bewaffneten Neutralität[41], gerüttelt werden[42]. Das Milizprinzip wird trotz der unlängst beschlossenen politischen Leitlinien zur grundsätzlichen Beibehaltung in der Armee XXI nur überleben, solange die schweizerische Wirtschaft zahlt, der Bürger sich engagiert und dafür die Hochachtung der Gesellschaft erhält. Sonst bleibt das Ganze ein Lippenbekenntnis. Falls dieses Wechselspiel zwischen ziviler und militärischer Führungserfahrung nicht mehr spielt, ist anzunehmen, daß sich die Führungskultur in der Schweizer Armee grundlegend ändern wird.

Und nun noch einige spezifische Bemerkungen. Aufgrund der eigenen Erfahrung gibt es keinen »schweizerischen Führungsstil«, kein einheitliches »Führungsdenken«. Alle Chefs können und dürfen weitestgehend ihren individuellen Führungsstil entwickeln. Jeder bringt in basisdemokratischer Tradition seine persönlichen Kompetenzen ein. Nur das Problemlösen, der Rhythmus der Führung, ist verbindlich geregelt und wird konsequent geschult.

Zwischen den vier Kulturkreisen, ja selbst innerhalb des eigenen Kulturkreises gibt es in jeder Beziehung große Unterschiede. Das Glarner Bataillon 85 ist nicht mit den Bataillonen des Regiments 15 aus dem Emmental zu vergleichen.

---

lizkarriere. Fragen, Probleme, Lösungen, in: Allgemeine Schweizerische Militärzeitschrift, 1997, Nr. 10, Beilage, S. 1).

[40] Peter Hasler, Major der schweizerischen Militärjustiz mit 1200 Diensttagen und Präsident des Arbeitgeberverbandes antwortete auf die Frage, ob er persönlich vom Militär profitiert habe: »Von der Führungsausbildung habe ich sehr viel profitiert. Hier habe ich gelernt, vor Menschen hinzustehen und meine Sache zu vertreten. Dies können Ihnen alle zivilen Führungskurse nicht vermitteln, weil sie letztlich immer theoretisch sind. Führung in dem Sinne, daß man eine Aktion befiehlt, ihre Durchführung kontrolliert und anschließend eine Beurteilung abgibt, ist für junge Menschen fast nur im Militär möglich. Ich hoffe in diesem Sinne, daß die Führungsausbildung in der Armee XXI so erhalten bleibt« (Interview vom 4. Mai 2000, in: Weltwoche, 2000, Nr. 18, S. 14).

[41] Siehe dazu Hans Rudolf Fuhrer, Die Entwicklung der schweizerischen Neutralität nach 1945, in: Schweizerzeit, Nr. 36, Flaach 2000.

[42] Siehe dazu ders., Das Schweizer System. Friedenssicherung und Selbstverteidigung im 19. und 20. Jahrhundert, in: Die Wehrpflicht. Entstehung, Erscheinungsformen und politisch-militärische Wirkung, hrsg. von Roland G. Foerster, München 1994, S. 193–206.

Die Walliser sind keine Waadtländer. Noch am ehesten gleichen sich die Städter. Der Stadt-Land-Gegensatz und die Unterschiede zwischen den Kantonen und Sprachregionen sind im Führungsverhalten der Chefs frappant. Ohne irgendwelche unnötigen kulturellen Gräben aufzuwerfen oder eine Allgemeingültigkeit dieser pauschalisierenden Beobachtungen zu postulieren, führen Welschschweizer in der Regel anders als Deutschschweizer, und die Rätoromanen oder die Tessiner kennen wieder einen eigenständigen je von der Persönlichkeit und dem Kulturkreis geprägten Führungsstil, sind ein Spiegelbild ihrer Verbände und ihrer persönlichen Geschichte.

Auch wenn das multikulturelle System »Schweizerische Milizarmee« nie ohne Probleme funktioniert hat, so war die Führungsschicht bestrebt, eine Synthese zu finden, den anderen in seiner Andersartigkeit zu respektieren. In den gemischten Stäben galt beispielsweise die ungeschriebene Regel, daß jeder seine Muttersprache spricht und die Sprache des anderen mindestens versteht. Wenn alle englisch sprechen müßten, wäre das ein revolutionärer Bruch mit der eidgenössischen Tradition.

Als viertes *Zwischenergebnis* kann festgehalten werden, daß die schweizerische Armee in ihrer Gesamtheit eine Institution war, in der verschiedene Führungsstile und verschiedene Kulturen in gegenseitigem Respekt gepflegt werden durften. In diesem Sinne war sie eine »Schule der Nation« mit allen Mängeln, die Schulen anhaften. Fundamentale Voraussetzungen für die Einbindung großer Teile der männlichen Elite waren die allgemeine Wehrpflicht und das Milizsystem sowie die Legitimierung des Staates zum Aufgebot der Bürger durch den Willen, das eigene Territorium gegen jeden möglichen Angreifer mit ganzer Kraft zu schützen und sonst die Politik der bewaffneten Neutralität zu praktizieren. Durch die vielfältige Verflochtenheit von Armee, Politik, Wirtschaft und Gesellschaft wurden gegenseitig die Führungsgrundsätze und das Führungsverhalten beeinflußt. Kulturelle und personengebundene Faktoren prägten ihrerseits die Führungskultur und hatten eine reiche Vielfalt zur Folge. Der schweizerische Föderalismus und Regionalismus spiegeln sich in der Milizarmee im allgemeinen und in der Führungskultur ihres Kaders auf allen Hierarchiestufen im speziellen. Dies ist wohl eine schweizerische Besonderheit, wenn nicht gar eine Einzigartigkeit.

Die Militärgeschichte – ein fünfter und letzter Ansatz

Die Schweizer Armee hat seit der Gründung des Bundesstaates 1848 keine Kriegserfahrung mehr. In dieser langen Friedenszeit orientierte man sich für die Ausbildung und Erziehung der Truppen immer wieder an im Kriege erfolgreichen ausländischen Vorbildern. Exemplarisch sollen zwei Beispiele untersucht werden.

Ulrich Willes Militärpädagogik[43]

Nach der Habilitationsschrift von Rudolf Jaun, »Preussen vor Augen«, haben zwei Strömungen im »fin de siècle« dominiert. Sie wurden die »neue« und die »nationale« Richtung genannt. Beide prägten mit unterschiedlicher Gewichtung den Bereich der Menschenführung.

Die bekannteste und wohl auch dominierende Gestalt der neuen Richtung war der spätere General Ulrich Wille. Er orientierte sich vor allem an preußisch-deutschen Führungsmodellen, wobei zu beachten ist, daß er nie vorbehaltlos kopierte, sondern grundsätzlich eine den schweizerischen Verhältnissen angepaßte Adaption anstrebte. In über 40 Jahren, von 1877 bis 1921, verkündete Wille unermüdlich seine Botschaft: Die Wehrmänner der Schweizer Armee sind nicht erzogen, sie haben zu wenig Disziplin und zu wenig Respekt vor ihren Offizieren. Die Offiziere haben zu wenig Autorität und treten nicht entschlossen genug auf, um bei den Soldaten absoluten Gehorsam durchzusetzen. Der Führungseinfluß der Offiziere ist zu oft vom Wohlwollen der Truppe abhängig.

Das »Krebsübel der Milizarmee«, die mangelnde Führungskompetenz, ortete Wille einerseits in der Verweichlichung im bürgerlichen Leben und andererseits in der Beschränkung auf eine vorwiegend theoretische Ausbildung des Kaders. »Statt unsere Offiziere für ihre Stellung zu erziehen, bilden wir sie für dieselbe aus. Dies Verfahren kann ja richtig sein, wenn es sich um die Erschaffung der Berufsoffiziere einer stehenden Armee handelt. [...] Aber nimmermehr ist es das richtige Verfahren, wenn es sich darum handelt, in kurzer Ausbildungszeit den Milizoffizier zu erschaffen, der sich durch eigenes Wesen und Auftreten die ihm gebührende Autorität sichern muß. Das hängt gar nicht ab von seinem Wissen und erst an zweiter Stelle von seinem Können; zuerst und entscheidend wirkt sein Auftreten. [...] Deswegen muß bei kurzer Ausbildungszeit der Miliz die Entwicklung des Wesens eines Vorgesetzten, die Erziehung des Charakters obenan stehen[44].«

Das war seine Vision. Wille strebte die »Kriegstüchtigkeit« der eidgenössischen Miliz an. Alle psychischen und physischen Kräfte des Soldaten sollten geweckt werden. Eine spezifisch soldatische Mentalität sollte in diesem Erziehungsprozeß erzeugt werden und die bürgerliche »Schlampigkeit« ersetzen. Das »männliche Wesen« entsprach seinem Soldatenbild.

Wille führte in dieser Sache den Kampf gegen zwei gegnerische Gruppen. Einerseits bekämpfte er ehemalige Solddienstoffiziere, die ohne die notwendige Kompetenz und ohne Anpassung an die Anforderungen des modernen Kriegsbildes und an die Besonderheiten des schweizerischen Umfeldes die Führungs-

---

43 Dieser Aspekt im Lebenswerk Willes ist erst in Ansätzen wissenschaftlich untersucht.
44 Zit. nach: Rudolf Jaun, Preußen vor Augen, Habil.-Schrift, Zürich 1999, S. 194.

methoden stehender Fürstenarmeen früherer Zeiten kopierten. Wille war ein überzeugter Anhänger der Miliz, aber einer durch und durch soldatischen. Zum anderen kämpfte er in der zweiten Phase seiner Tätigkeit gegen die liberalen Republikaner, die »nationale Richtung«. Auch diese strebten wie er zweifellos die Kriegstüchtigkeit an, wollten sich aber an vorwiegend einheimischen Traditionslinien orientieren. Sie waren für die Führungsgrundsätze des bürgerlichen Lebens viel offener als Wille und von ihrer Transferierbarkeit ins Militärische überzeugt. Sie kritisierten Wille: »Von einer speziell militärischen Erziehung wollen und können wir nichts wissen: denn diese führt zu einem Staat im Staate, den wir nicht brauchen können; unser Heer und unser Volk sollen eins sein und sind es auch zum größten Theil[45].« Willes Ansichten schienen ihnen als »preußisch«, als fremd und ausländisch, eines stolzen Schweizers unwürdig. Insbesondere fehlte den Welschschweizern, aber auch vielen Vertretern aus anderen Kulturkreisen einerseits das französische Gegengewicht und andererseits das klare Bekenntnis zu eigenständigen Traditionslinien, die es ihrer Meinung nach für den inneren Ausgleich und die innenpolitische Stabilität brauchte.

Trotzdem konnte sich Willes Konzept nach 1907 in Führung und Ausbildung weitgehend durchsetzen. Insbesondere die jungen Instruktionsoffiziere trugen die neuen Gedanken in die Truppe hinein. Es ist zu bedauern, daß vor allem die geistlosen Soldatenschinder, die den Willen der Soldaten mit schikanösen Methoden zu brechen versuchten, sich als Anhänger der Schule Willes verstanden und als solche wahrgenommen wurden. Hätten sie die Schriften und Ausbildungsweisungen Willes echt studiert, dann wäre ihnen die Diskrepanz mit ihrem Tun sofort aufgefallen.

In der deutschen Schweiz ist die einseitige Ausrichtung auf die deutschen militärischen Führungs- und Ausbildungsmethoden bis nach dem Zweiten Weltkrieg vorherrschend gewesen. Noch in den sechziger Jahren war die geforderte Befehlssprache ein hochdeutsches Staccato. »Der Schritt des Offiziers ist der Laufschritt und seine Sprache das Hochdeutsch«, war ein geflügeltes Wort dieser Schule.

Es fehlt eine Spezialuntersuchung zum Einfluß Willes auf Dienstreglemente, Ausbildungs- und Führungsweisungen[46]. Es müßte spannend sein, der Wirkungsgeschichte der Militärpädagogik des Generals nachzuspüren. Auffällig ist, daß immer wieder Begriffe, die Wille besonders wichtig gewesen sind, auftauchen. Es heißt beispielsweise im Ausbildungsziel des Dienstreglements 1967

---

45 Zit. nach: Ebd., S. 211. Wille spottete, man könne im Ernstfall mangelnde Übung, ungenügende Bewaffnung und largen Dienstbetrieb nicht mit patriotischem Impetus und Erinnerung an die Helden des Mittelalters kompensieren.

46 Eine Studie zum Dienstreglement 1933 kann als erster und wichtiger Anfang betrachtet werden (Gerhard Wyss, Das Dienstreglement von 1933 und sein Einfluß auf die Kriegsbereitschaft der Armee, Lizentiatsarbeit, Bern 1986).

(DR 67): »Das Ziel der Ausbildung ist die Kriegstüchtigkeit. Der Krieg erfordert vom Wehrmann jeden Grades Höchstleistungen, wie sie das Alltagsleben nur selten verlangt; er bedeutet den Einsatz des Lebens. Erziehung und Ausbildung haben sich auf diese Anforderung einzustellen[47].«

Zweifellos muß die Tradition und der Einfluß einzelner Persönlichkeiten auf die schweizerische Führungskultur beachtet werden, um dem spezifisch Schweizerischen nachzuspüren. Ulrich Wille nimmt dabei einen wichtigen Platz ein.

Die Oswald-Reform

Die zunehmende Unvereinbarkeit des militaristischen Denkens mit den übrigen gesellschaftlichen Entwicklungen rief nicht nur im »fin de siècle« Gegenbewegungen hervor. Die wichtigste war die sogenannte Oswald-Reform von 1970, die Reformvorschläge der Kommission für Fragen der militärischen Erziehung und Ausbildung in der Armee beinhaltete[48]. Der Ausbildungschef der Armee, Pierre Hirschy, hatte den Auftrag so formuliert: »L'éducation du soldat devrait consister à ce que celui-ci comprenne ses devoirs et les accepte avec sérénité[49].« Einsicht und Leistungsbereitschaft des Soldaten sollten durch Information und Führungskompetenz der Vorgesetzten gewonnen werden. Alle Formen des militärischen Umgangs sollten hinterfragt werden.

Nun hielt man sich nicht mehr Preußen vor Augen, sondern eher das eben im Sechstagekrieg erfolgreiche Israel. In den israelischen Streitkräften fand man einen tauglichen Ausweg aus der Problematik der zunehmend größer werdenden Schere zwischen den Normen und Werten in der Gesellschaft und im Militärdienst. Die Oswald-Kommission postulierte die Differenzierung zwischen formeller und funktionaler Disziplin[50]. Alle als überholt empfundenen militäri-

---

[47]   DR 67, Ziffer 40, Allgemeines Ausbildungsziel. – Zur Kriegstüchtigkeit heißt es: »Die Kriegstüchtigkeit beruht auf Disziplin und sicherem militärischem Können. Den Entbehrungen und den Strapazen eines Feldzuges und den Schrecken der Schlacht hält nur die Truppe stand, die Disziplin besitzt. Ohne diese ist jede Ausbildung sinnlos. Sichere Beherrschung der militärischen Kenntnisse und Fertigkeiten, über die der Wehrmann je nach Einteilung und Dienststellung verfügen muß, ist die weitere Voraussetzung seiner Eignung für den Kriegseinsatz. Disziplin und militärisches Können vermitteln dem Wehrmanne jenes Vertrauen in die eigene Kraft und die Leistungsfähigkeit seiner Truppe, das über die Entbehrungen, Mühsale und Rückschläge eines Krieges hinweghilft. Der unbeugsame Kampfwille, getragen vom Bewußtsein, für eine gerechte Sache zu kämpfen, schafft die geistig-moralischen Voraussetzungen für die Bewährung des Wehrmannes im Krieg« (ebd., Ziffer 41, S. 29).

[48]   Siehe dazu Stephan Zurfluh, Turn-Arround in der Milizarmee, Dissertation, Zürich 1999.

[49]   Zit. nach: Ebd., S. 64.

[50]   In den Arbeitsthesen der Gruppe 3 ist zu lesen: »Die moderne Sozialstruktur (Mitarbeiterverhältnis in der Wirtschaft) und die militärische Hierarchie mit Befehl und unbedingtem Gehorsam klaffen weiter auseinander als früher. Die technisierte Armee lockert die

schen Formen wurden in der Folge beseitigt, weil sie im Kriegsfall nicht entscheidend seien. Allein die funktionale Disziplin zähle, wichtig sei, ob der Schütze treffe und sein Gerät beherrsche. Ob die Schuhe geputzt und der Haarschnitt reglementarisch seien, sei weniger wichtig. Die kurze Ausbildungszeit sollte in diesem Sinne genützt und die Ausbildung versachlicht werden. Der Umgang zwischen Vorgesetzten und Soldaten sollte natürlicher und informeller werden. Die Armee durfte kein isoliertes Element in der Gesellschaft sein. In der Schweiz war dies wichtig, weil durch das Milizsystem die Bürger während einer längeren Zeit ihres Lebens mit dem Militär eng verbunden sind. Nun setzten sich die Ideen der »nationalen« Richtung des fin de siècle weitgehend durch.

Die Medien nahmen in den zum 1. Januar 1971 vorgenommenen Neuerungen nur die Änderungen in den militärischen Umgangsformen wahr, beispielsweise die Abschaffung des »Herr« vor dem Grad, und Erleichterungen im Dienstbetrieb (z.b. fakultatives Morgenessen für Spätaufsteher). Dabei war die Armeeführung nicht unschuldig. Es wurden nur die Vorschläge der Kommission als Sofortmaßnahmen bezeichnet, welche nichts kosteten und keinen politischen Widerstand erwarten ließen. Die Reformen beschränkten sich auf Äußerlichkeiten. Der Sinn der Reformvorschläge auch im Bereich der menschenorientierten Führung war nicht verstanden worden.

Das Resultat war aus der Sicht der Anhänger einer soldatischen Ordnung katastrophal. In ihren Augen näherte sich die Armee zunehmend einer billigen Bürgerwehr. Sie steuerten dagegen. Korpskommandant Mabillard verlangte 1985 als Ausbildungchef, daß »die letzten Sternschnuppen des Oswaldschen Kometen« verglühen müßten. Führung sei in seiner Aera nicht mehr Bemutterung; Strenge und Realismus müßten die Formen der Bequemlichkeit und Verweichlichung beseitigen. Militärdienst müsse nicht vor allem Spaß machen[51].

Es war der Oswald-Kommission 1970 anscheinend nicht gelungen, die Anpassung an den Zeitgeist zu vollziehen, die weitgehende Kompatibilität von zivilem und militärischem Führungsstil sachgemäß zu kommunizieren. Heinrich Oswald, der Vorsitzende der Reformkommission, hat 1990 selbstkritisch eingesehen, daß diese Entwicklung eigentlich voraussehbar gewesen wäre[52]. Reformen, die nicht durch einen starken Aufwind von unten herauf getragen würden, seien nur mit größter Mühe von oben nach unten durchzusetzen. Der aufsteigende Gedanke sei lebendiger und widerstandsfähiger als der Befehl. Er sagte

---

militärische Führungsstruktur auf. Es zeichnet sich die Entwicklung zu einer den modernen Waffensystemen angepaßten Sachdisziplin ab ([Funktionale Disziplin] in Marine und Luftwaffe ausländischer Armeen). Diese verringert die Kluft zur zivilen Außenwelt« (zit. nach: Ebd., S. 133).

51 Korpskommandant Mabillard, Ausbildungschef von 1982 – 1987, im Instruktorenrapport von 1985 (zit. nach: Beat Rindlibacher, Vom »Oswald-Bericht« zum »Schoch-Bericht«, Militärische Führungsschule, Au 1991.

52 Heinrich Oswald, Schwerpunkte der Führung. Referat an der MFS vom 26.10.1990, Ms.

wörtlich: »Somit muß es vordringliches Anliegen der Führung sein, günstige Voraussetzungen für geistigen Aufwind zu schaffen. Bildlich gesprochen muß von den Organisatoren und Strukturspezialisten eine 'Kaminanlage' gefordert werden, welche den Ideenstrom von unten nach oben sicherstellt. Der erfahrene Kaminbauer weiß allerdings, daß es die Zufuhr frischer Luft ist, welche den angestrebten 'Kamineffekt' bringt.[...] Die oberste Führung hat deshalb dafür zu sorgen, daß an der Spitze nicht 'dicke Luft' herrscht. Dicke Luft gibt es nämlich immer dann, wenn zuoberst Planlosigkeit und Mutlosigkeit erkennbar sind. Dicke Luft herrscht auch dort, wo die eigene Meinung nur gefragt ist, wenn sie sich mit derjenigen des Vorgesetzten deckt. Dicke Luft stellt sich immer dem aufsteigenden Luftzug entgegen, wenn eine Atmosphäre der Verunsicherung entsteht. Und muffig ist es, wenn die nachfolgenden Stufen im falsch verstandenen Sinne 'in der Furcht des Herrn' mit der Hand an der geistigen Hosennaht leben.« Oswald postuliert, daß sich Führung jung erhalten müsse; das sei aber nicht zu verwechseln mit Verjüngung. Die Armee müsse mit dem Zeitgeist im Gleichschritt gehen durch den gezielten Einbezug des Berufmilitärs in die Lebensverhältnisse der zivilen Welt.

Diese Aufgabe wird auch die Planer der Armee XXI herausfordern.

Die bisher vorgeschlagenen Grundsätze der Ausbildung und der Führung sind voll Anglizismen. Voreilige haben bereits auf NATO-Signaturen umgeschwenkt. Damit ist klar, welche Armee nun Vorbildcharakter hat. Ob damit aber die Erfahrungen Oswalds adäquat umgesetzt sind, ist offen. Der Spagat zwischen den politischen Traditionalisten und den modernen sicherheitspolitischen Signalen wird immer größer. Bewaffnete Neutralität, kein NATO-Beitritt, größtmögliche Autonomie, Beibehaltung der Kernkompetenz der Armee zur Verteidigung des Territoriums und Beibehaltung von allgemeiner Wehrpflicht und Milizprinzip sind nicht problemlos deckungsgleich mit der angestrebten Interoperabilität und Kompatibilität mit der NATO und mit dem Schlagwort »Sicherheit durch Kooperation«. Es bleibt noch viel Führungsarbeit zu leisten.

Fazit

Ich fasse thesenartig zusammen:

1. In der Schweizer Armee gibt es kein einheitliches Führungsdenken. Die Führungsgrundsätze sind geprägt durch drei Dimensionen, die menschenorientierte Führung, die sachkompetente Problemlösung und die situationsgerechte Aufgabenbewältigung.
2. Die vier Kulturkreise, die landschaftliche Kleinräumigkeit und die vielschichtige Tradition der Milizarmee mit ihren militärpädagogischen Denkern und Chefs sowie die Strategie der bewaffneten Neutralität prägen vornehmlich die spezifisch schweizerische Führungskultur.

3. Reglementarisch vorgeschrieben ist nur der Rhythmus der Führung, die Problemlösung. Alle anderen Dimensionen der Führung sind weitgehend dem Einzelnen überlassen.

4. Im schweizerischen Milizsystem geht man davon aus, daß die zivil erworbenen Kompetenzen die Mängel der kurzen Ausbildungszeit ausgleichen und das System von außen befruchten. Bisher konnten Gesellschaft, Politik und Wirtschaft im Gegenzug von den im Militärdienst erworbenen praktischen Führungserfahrungen insbesondere des jüngeren Kaders profitieren. Diese Symbiose ist zunehmend gefährdet.

5. Die fehlende Kriegserfahrung und die enge Verflechtung von Armee und Gesellschaft führt einerseits zu einer zunehmenden Dominanz ziviler Führungsstile und einer ständigen Anpassung an den Zeitgeist sowie andererseits zu fachlichen Anleihen bei fremden, aber erfolgreichen Armeen.

6. Die betriebswirtschaftliche Forschung hat die Theorie, wonach der Führungserfolg einzig von der Person, dem Charakter oder gewissen Eigenschaften von Führungspersonen abhängt, längst hinter sich gelassen. Ebenso ist die Reduktion des Phänomens Führung auf das Verhalten des Führenden als überholt zu betrachten. Damit ist auch die Frage nach dem »richtigen« Führungsstil obsolet, weil sich das Verhalten des Führenden gemäß situativem Führungsansatz eben gerade nicht auf einen einzigen, konsequent und unabhängig von der Situation durchgehaltenen Stil reduzieren sollte.

Die Kritik im eingangs angeführten »Kleinen Orientierungsheft Schweiz« über die Besonderheit des schweizerischen Führungsdenkens würde wohl heute bei fremden Nachrichtendiensten wiederum ähnlich ausfallen. Zweifellos orientiert sich die Schweizer Armee an fremden Modellen, um die mangelnde Kriegserfahrung auszugleichen. Dieser Beobachtung müßte jedoch hinzugefügt werden, daß – wie bei den auf dem internationalen Markt gekauften Waffensystemen – eine helvetisierte, d.h. den spezifisch schweizerischen Verhältnissen angepaßte Veränderung die Regel ist.

Für mich persönlich ist folgende Definition von Führung wegleitend: Führen heißt, grundsätzliche Unsicherheit durch fachliche und persönliche Kompetenz allein oder mit andern zusammen in Risiko verwandeln, einen Entschluß fassen, diesen situationsgerecht und menschenorientiert zu kommunizieren und für Entschluß und Realisierung die Verantwortung übernehmen.

Das schweizerische Führungsdenken gibt es nicht, aber dafür eine vielschichtige schweizerische Führungskultur innerhalb der Milizarmee, deren Führungspersonen bereit sind, für die res publica mehr zu tun als die Pflicht.

Sektion IV:

Führung auf dem Gefechtsfeld an ausgewählten Beispielen

André Bach

Einführende Bemerkungen

Die beiden Vorträge, in die ich einführen möchte, sind Beispiele für Joint and Combined Operations, d.h. teilstreitkräfteübergreifende und interalliierte Operationen, die 47 Jahre auseinander liegen.

Die Invasion von 1944 als Joint and Combined Operation zu bezeichnen, ist gewiß anachronistisch, da die im Rahmen dieses Konzepts verwendeten Begriffe erst in jüngster Zeit eingeführt wurden. Die Terminologie ist jedoch mittlerweile so weit verbreitet und wird von jedermann so gut verstanden, daß ihre Verwendung im Zusammenhang mit Operationen, bei denen sie noch nicht benutzt wurde, gestattet sein möge.

Die Begriffe sind zwar neu, aber ist es das Konzept auch? Im Grunde geht es darum, die Schlagkraft aller Teilstreitkräfte in die Angriffsoperation einzubinden, um durch ein gemeinsames Vorgehen ihre Wirkung zu vervielfachen. In Anlehnung an Clausewitz handelt es sich mit anderen Worten um eine Art und Weise, die Mittel im Hinblick auf das angestrebte Ziel so gut wie möglich zu organisieren. Dachte nicht auch schon Napoleon, der eine ungeheure Anzahl von Soldaten und Artillerie beweglich und konzentriert einsetzte und damit die Vorteile des Divisionsprinzips so gut wie möglich nutzte, im Sinne von Joint Operations?

Ist das Joint Combined das Allheilmittel? Folgt man der dreigeteilten Clausewitzschen Definition des Krieges, so kann man diese Frage nur verneinen. Denn gemäß der Clausewitzschen Definition muß man im Krieg zunächst mit dem rechnen, was ihn in der Hauptsache ausmacht: mit Gewalt und dem Ausbruch von Haß und Feindseligkeit. Das Joint Combined bietet hier keine wirkliche Lösung. Freud erinnert daran, daß der Urmensch mit Sicherheit ein sehr leidenschaftliches Wesen war, das gerne tötete und für das das Töten selbstverständlich war. Wir müssen also immer bedenken, daß unsere Vorfahren Mörder waren, denen der Wunsch zu töten im Blut lag.

Das Joint Combined eignet sich hingegen sehr gut für den Bereich, den Clausewitz als das Spiel der Wahrscheinlichkeiten und des Zufalls definiert hat, d.h. den Bereich des Kalküls, in dem der Oberbefehlshaber mit seiner Armee agiert. Hier, im Bereich der Planung und Führung komplexer Operationen, liegt das Hauptanwendungsgebiet von Joint Combined. Angesichts der Komplexität der einzusetzenden Angriffskräfte erfordert diese Planung zunehmend technische Hilfsmittel und Fachpersonal. Nur mit Staunen kann man die Entwicklung der Technik verfolgen, die auch in Zukunft immer wieder neue Hilfsmittel bereitstellen wird.

Um den Herausforderungen von Joint Combined genügen zu können, sind schließlich auch Menschen nötig.

Von jeher sind dazu Soldaten erforderlich, die in der Lage sind, die immer komplizierteren Systeme zu bedienen. Die Führung hegt ihnen gegenüber ein gewisses Mißtrauen, sie wünscht gute Soldaten, die der politischen Macht mit Respekt begegnen, auch wenn ihnen die drohende Bürokratisierung dieser großen Organisationen im Frieden ein wenig die Luft zum Atmen nimmt. Die Geschichte lehrt uns, daß man neben diesen konservativen, besonnenen Soldaten zwangsläufig auch Kämpfer braucht, also unerschrockene Männer, die die Lücken in den feindlichen Reihen im richtigen Moment zu nutzen verstehen und sich im Chaos mit Begeisterung und Enthusiasmus bewegen, Männer mit Charisma, also Soldaten vom Schlage eines Bradley oder Patton.

Auch wenn sie die Theorie des Joint Combined beherrschen, können weder die Planer unter den Militärs Kriege allein gewinnen noch die Kämpfer, die sich selbst überlassen sind. Die zeitgemäße Antwort scheint das Konzept des Berufssoldaten zu sein. Hier stellt sich die Frage, ob dieser die oben genannten Funktionen, die offenbar beide notwendig sind, gut ausfüllt. Tatsächlich werden nach einem Krieg die Kämpfer, die man nun nicht mehr braucht, entlassen und zurück bleiben nur noch die Planer. Dagegen ist man zu Beginn eines Krieges häufig gezwungen, letztere wegen ihrer Unfähigkeit, einen Krieg zu führen, abzulösen, und man bemüht sich intensiv um die Rekrutierung von Kämpfern.

Verfügt man nun mit dem Berufssoldaten über einen Menschen, der inmitten der Entfesselung menschlicher Leidenschaften zugleich planen und eine Operation führen kann?

Neben der extremen Gewalt und der Wahrscheinlichkeitsrechnung, die die Kriegshandlungen kennzeichnen, gibt es laut Clausewitz noch einen dritten Aspekt, nämlich das Primat der Politik und deren Eigenständigkeit bei der Auslösung und Führung eines Konflikts.

Sind diese drei Aspekte beim Joint Combined angemessen berücksichtigt und trifft dies auch für den letzteren wirklich zu? Während es bei den ersten beiden keinen Zweifel zu geben scheint, wirft der dritte hingegen Fragen auf. Ist der Krieg wirklich die Fortsetzung der Politik mit anderen Mitteln?

Diese Formulierung ist offensichtlich falsch und deshalb kritikwürdig, und zwar gerade aufgrund der Tatsache, daß es das erste Merkmal gibt, nämlich die Entfesselung der Leidenschaften, der Gewalt, die in der Folge zu Haß und Verbitterung und später zu folgenschweren Ausbrüchen führt.

Ist das Durchsetzen von politischen Zielen mittels eines offenen Konflikts in der heutigen Zeit ein kluges Vorgehen für einen demokratischen Staat? Diese Frage sollte man genauer betrachten, da die politische Macht als Garant des inneren und sozialen Friedens beispielsweise das Töten für unzulässig erklärt, wohingegen sie das Töten sowie die List, die Täuschung und die Lüge im Krieg gestattet und empfiehlt. Somit werden die Werte, die in normalen Zeiten, d.h. im Frieden, die Grundlage für den politischen Konsens bilden, verletzt und ins Gegenteil verkehrt.

Die Daseinsberechtigung der Politik besteht darin, das Chaos durch die Ordnung zu ersetzen und eine Welt zu errichten, in der Sicherheit und Stabilität herrschen und in der man die Zukunft in einem Rechtsstaat voraussehen und vorbereiten kann. Im Frieden leistet der Soldat hierzu in seinem Bereich einen Beitrag.

Mit dem Krieg brechen jedoch Chaos, Unerwartetes und Barbarei herein. Wenn der Krieg also ein Instrument der Politik ist, dann ist es ein schwer zu handhabendes Instrument, dessen richtiger, d.h. den beabsichtigten Zielen angemessener Gebrauch den Politikern größte Mühe bereiten wird. Die Geschichte zeigt uns im übrigen, daß diejenigen, die den Krieg wollen, häufig die Kontrolle darüber verlieren: Er gewinnt eine eigene Dynamik, ist nicht mehr zu bändigen und nährt sich aus sich selbst: Er kann die politischen Führer – Hitler, Mussolini, Nikolaus II. usw. – ins Nichts führen.

Der Krieg kann auch abflauen, wenn seine Protagonisten mit Erschrecken feststellen, welche Anstrengungen er erfordert und welche Verluste er mit sich bringt. Er wird daraufhin so reduziert, daß er jegliche Wirkung verliert, wenn man nur noch solche Operationen plant, bei denen jegliches Risiko von Verlusten für die eigene Truppe ausgeschlossen ist. Daneben kommt es zu Demoralisierung, wenn die Soldaten in einen Kampf gegen kaum bewaffnete oder unbewaffnete Zivilisten geschickt werden. Die Demoralisierung, die letztendlich diesem ungleichen Kampf folgt, und die dabei auftretenden Gewissensfragen wenden sich gegen die Politiker, die diese Situation verursacht haben, so z.B. bei der Reaktion auf die Intifada.

Der Politiker ist ein gewählter Vertreter des Volkes und interessiert sich deshalb für die Erwartungen seiner Mitbürger. Diese reagieren auf das Kriegsspektakel, das ihnen die Medien tagtäglich ins Haus liefern, mit widersprüchlichen Gefühlen, die das Handeln der Regierung und damit auch der Planer des Joint Combined beeinflussen.

Die materielle und technologische Überlegenheit ist keine Garantie für den Erfolg eines Gewaltstreichs. Manche gehen davon aus, daß der bewaffnete Kampf aufgrund der herausragenden Bedeutung von Technologie und Gerät bereits in den Labors und Fabriken und nicht auf dem Schlachtfeld entschieden wird. So glaubt man, der bewaffnete Einsatz würde nur mehr die Überlegenheit des Forschungs- und Produktionsapparats bestätigen.

Dieses Denken führte uns in das Kosovo. Man kann jedoch nicht wirklich behaupten, daß die politischen Ziele mit dem Krieg erreicht wurden, da die beabsichtigte Wirkung ausblieb und die eigentlichen Probleme nicht endgültig gelöst wurden. Tatsächlich befinden sich die Truppen immer noch vor Ort und warten auf eine wirkliche politische Lösung. Kriege können überall ausbrechen, wenn die Emotionen hoch schlagen, und ihre Beendigung erfordert mehr als das Handeln des Befehlshabers und seiner Stäbe, die die Techniken des Joint Combined ständig verbessern.

Nach Machiavelli sind die Waffen heilig, wenn sie die letzte Hoffnung darstellen; verleiht man den Waffen einen sakralen Charakter, dann sind gnadenlose Kriege nicht mehr weit, und die Wissenschaft und die Kriegskunst können der Politik trotz der Technologie, der materiellen Überlegenheit und des besseren Know-how nicht die Mittel an die Hand geben, die sie benötigt, um die Krise nach ihren Wünschen zu lenken.

Soviel zur entscheidenden Bedeutung der Gewalt. Die Gewalt stellt sowohl für die politische Macht als auch für die militärische Führung, die in der Lösung von internationalen Krisen auf Gedeih und Verderb miteinander verbunden sind, ein Problem dar.

Diejenigen, die das Joint Combined ins Spiel bringen, dürfen sich also nicht nur auf die Planung und die Berücksichtigung von Wahrscheinlichkeiten in der Operation beschränken, sondern müssen auch mit dem freien Spiel der Regierungen rechnen, die durch die Konflikte an Popularität gewinnen können, gleichzeitig jedoch eine Destabilisierung riskieren.

Sie müssen auch mit dem freien Spiel der Meinungen, die von den Medien beeinflußt werden, rechnen. Durch die Beeinflussung der Bevölkerung, die angesichts der ihnen tagtäglich frei Haus gelieferten Bilder von Greueltaten emotional reagiert, üben die Medien einen indirekten Einfluß auf die Politiker aus, die sich diesen Emotionen nicht entziehen können, denn sie wissen sehr gut, daß die Bevölkerung andernfalls – wie schon zuvor erwähnt – Rechenschaft von ihnen fordern würde.

Schließlich muß, zumindest beim westlichen Modell, die Operation systematisch im Rahmen eines Bündnisses und in Zusammenarbeit mit den nichtstaatlichen Organisationen, die an Einfluß gewinnen und deren Handlungsphilosophie in diametralem Gegensatz zu den Clausewitzschen Definitionen steht, durchgeführt werden.

Abschließend sei hier noch erwähnt, daß diejenigen, die das Joint Combined ins Spiel bringen, außerdem bedenken müssen, daß jede Intervention einen Angriff in einem Umfeld darstellt, dessen Kultur sich von der eigenen unterscheidet. Vor diesem Hintergrund können Anthropologen eine wertvolle Hilfe sein, denn trotz der Globalisierung von Wissen und Verhaltensweisen durch den direkten Zugriff auf Informationen über das Internet ist die Existenz lokaler und nationaler Kulturen eine Realität, die sich nicht auf eine mathematische Formel reduzieren läßt.

So sieht sich das Militär heute mit einer zunehmend komplexen Welt konfrontiert, und das künftige Umfeld der kommenden Generationen von Offizieren wird es erforderlich machen, diese mit dem notwendigen intellektuellen Rüstzeug auszustatten, damit sie selbst die Antworten auf die unvermuteten Herausforderungen, die sie in diesem 21. Jahrhundert erwarten, finden können.

Nigel Hamilton

D-Day: Gemeinsame Operationen und die Frage der Führung

Häufig heißt es, die deutschen und französischen Militärhistoriker hätten ein besseres Theorieverständnis als ihre Kollegen in Großbritannien und Amerika; diese These läßt die britischen Historiker kalt und dessenungeachtet ihre Arbeit fortsetzen, während die Amerikaner es mit der Theorie versuchen, ohne jedoch überzeugen zu können.

Dafür gibt es vielfältige Gründe. So haben wir keinen Clausewitz. Vielleicht ist es aber auch die angelsächsische Mentalität, die nicht zur Theorie paßt. Deshalb verläßt sich die Militärgeschichte, wie die Rechtswissenschaft in Großbritannien und Amerika, auf die Fallbeschreibung. In der angelsächsischen Welt ist das Recht zugegebenermaßen ein Narr, der jedoch auf seine komische Art noch als Prüfstein für unsere Demokratien zu wirken scheint; und vielleicht gilt das auch für unser Herangehen an das Studium der Militärgeschichte.

Das sage ich *tout au début* nicht nur, weil ich aus England komme, sondern weil ich nur zur Hälfte Militärhistoriker bin. Mein Hauptgebiet ist die Biographie – tatsächlich bin ich der erste Professor für Biographie in England –, aber ich lehre neben der Geschichte der Biographie des 20. Jahrhunderts auch die Militärbiographie des 20. Jahrhunderts. Deshalb sind meine Ausführungen zum Thema teilstreitkraftübergreifender und gemeinsamer Operationen am Beispiel der Landung in der Normandie im Zusammenhang mit meiner Persönlichkeit und meinem englischen, nichttheoretischen wissenschaftlichen Werdegang zu betrachten.

Dieses englische bzw. anglo-amerikanische Herangehen an die Militärgeschichte birgt sowohl Vorteile als auch gravierende Nachteile in sich. Während meiner Ausführungen wird das sicherlich deutlich werden. Worauf es uns bei unserem Thema ankommt, sind *Lehren* für die Führung. Ob es nun besser ist, aus theoretischem oder nichttheoretischem Studium etwas potentiell Nützliches aus der Vergangenheit zu lernen, weiß ich nicht. Die Lehren, die sich aus der Untersuchung von teilstreitkraftübergreifenden und gemeinsamen Operationen in der modernen Militärgeschichte, insbesondere am Beispiel der alliierten Landung in der Normandie am 6. Juni 1944, hinsichtlich der Führung ergeben, sind meiner Ansicht nach für die Leistungsfähigkeit der modernen alliierten Streitkräfte so wichtig, daß sie weit größere Beachtung als bisher verdienen.

Obwohl man unter »gemeinsam« heute »alliiert« versteht, wurden als »gemeinsame Operationen« seit den zwanziger Jahren *Operationen angesehen, »bei denen See-, Land- und Luftstreitkräfte zusammenwirken, unter Führung ihres jeweiligen Befehlshabers aber selbständig handeln und dabei ein gemeinsames strategisches Ziel verfolgen«.* Diese Begriffsbestimmung wurde mit der britischen Felddienstvorschrift (Field Service Regulations) von 1920 und dem britischen Manual of Combined Operations von 1931 eingeführt[1], kurz vor dem Zweiten Weltkrieg aber auf Landungen an feindlichen Küsten eingeschränkt, unabhängig davon, ob diese gegen Feindwiderstand erfolgen oder nicht.

Wie Oberst Clifford von den US Marines gezeigt hat, wurde das Denken über gemeinsame Operationen in der Zwischenkriegszeit in Großbritannien und Amerika von den Kriegsakademien vorangetrieben, nicht aber von den Teilstreitkräften oder den Verteidigungsministerien, die hinsichtlich einer Zusammenarbeit der Teilstreitkräfte eine auffallende Beschränktheit an den Tag legten. In den USA waren gemeinsame Operationen weitgehend die Domäne der Marines. In Großbritannien beschäftigten sich die Studenten der Kriegsakademien theoretisch mit dem Thema; die Ergebnisse ihrer Untersuchungen wurden dann interessanterweise an Führungsstäbe der Streitkräfte in der ganzen Welt gesandt und die Offiziere, die irgendwo im Empire, sagen wir in Singapur, dienten, wurden um ihre Stellungnahme gebeten.

Das war ein sehr englisches Vorgehen. Man interessierte zwar den ohnehin interessierten Studenten, zog aber kaum Schlußfolgerungen für den größeren Rahmen der militärischen Entwicklung und Modernisierung. Wie Oberst Clifford feststellte, gab es zu Beginn des Zweiten Weltkrieges »weder im Kriegsministerium noch in der Admiralität gültige Pläne für gemeinsame Operationen zur Überwindung feindlichen Widerstands«. Zwar hatte man zwei größere Landungen als gemeinsame Operationen geprobt – eine 1934 vor der Küste von Yorkshire und eine 1938 vor der Küste von Devon[2] – aber bis auf die Feststellung, daß bessere Landungsfahrzeuge benötigt würden, brachten weder die Arbeit der Studenten noch die Übungen nennenswerte Ergebnisse. Der stellvertretende Chef des Luftwaffenstabes, Peirse, hielt es für »sehr zweifelhaft«, daß die britischen Streitkräfte in der Zukunft eine gemeinsame Landungsoperation gegen Feindwiderstand durchführen müßten[3].

---

[1] Kenneth J. Clifford, Amphibious Warfare Development in Britain and America from 1920–1940, London 1981, S. 1.

[2] An der Landung von 1934 nahmen elf Großkampfschiffe und 31 weitere Schiffe teil; an der zweiten Landung waren ein Schlachtschiff und zwei Kreuzer, ein Flugzeugträger und eine Zerstörerflottille beteiligt (ebd., S. 48; L.E.H. Maund, Assault from the Sea, London 1949, S. 6; Bernard Fergusson, The Watery Maze. The Story of Combined Operations, London 1961, S. 39 f.; Nigel Hamilton, Monty. The Making of a General 1887–1942, London 1981; John Connell, Wavell. Scholar and Soldier. To June 1941, London 1964, S. 220 f.; Frederick E. Morgan, Peace and War. A soldier's life, London 1961, S. 129 f.).

[3] Clifford, Amphibious Warfare Development (wie Anm. 1), S. 68.

Erst der Krieg sollte die Studenten und die Generäle eines Besseren belehren.

Nun ein Wort zur Geschichte der gemeinsamen Operationen bzw. ihrer Geschichtsschreibung. Mir kommt es merkwürdig vor, daß die Regale in den Militärbibliotheken, zumindest in der englischsprachigen Welt, übervoll von Schriften über die Panzerkriegführung sind, so als habe der Panzer seit seiner Erfindung 1917 sämtliche Schlachtfelder der Welt beherrscht. In gewisser Hinsicht war das auch der Fall, so in den Schlachten von Kursk bis El Alamein, aber schließlich sind Panzer nichts anderes als bewegliche Artillerieplattformen, und obwohl von ihnen eine Faszination ausgeht, die man mit der der Kavallerie in früheren Jahrhunderten vergleichen könnte, ist es bedauerlich, daß gemeinsame Operationen nicht die gleiche Aufmerksamkeit wie der Panzerkampf bzw. die Panzerkriegführung gefunden haben. In einem typischen Wörterbuch der modernen Kriegführung wird zwar etwas über Panzer und gepanzerte Gefechtsfahrzeuge zu finden sein, nichts aber über gemeinsame Operationen[4]; und dasselbe trifft auch für unsere Bibliotheken zu.

Das ist bedauerlich, denn obwohl auch die zukünftigen Kommandeure und Stäbe noch etwas über Panzer und deren Einsatz auf dem Gefechtsfeld wissen müssen, werden Zweck, Charakter und Probleme von gemeinsamen Operationen in ihrer aktiven Laufbahn wahrscheinlich eine viel bedeutendere Rolle spielen. Für uns ist es heute nahezu selbstverständlich, daß an multinationalen Operationen auf der ganzen Welt nicht nur Truppenkontingente aus zahlreichen Ländern beteiligt sind, sondern daß diese jeweils auch von mehreren Teilstreitkräften – also dem Heer, der Luftwaffe und der Marine – gemeinsam durchgeführt werden. An welchen historischen Werken werden sich die potentiellen Kommandeure und Stäbe orientieren können?

Ehe ich zur historischen Untersuchung der gemeinsamen Operationen und der alliierten Landung in der Normandie während des Zweiten Weltkrieges komme, will ich mich der Literatur zuwenden, die in englischer Sprache erschienen ist.

Für die britischen wie auch amerikanischen Historiker stellt die Tatsache, daß sich die gemeinsamen Operationen in Großbritannien von einer *Konzeption* der Zwischenkriegszeit zu einer speziellen *Institution* mit eigenem Stab gewandelt haben, ein wesentliches Problem dar. Dies sollte für die Entwicklung gemeinsamer Operationen wie auch für die Geschichtsschreibung zu diesem Thema tiefgreifende Folgen haben.

Gewiß wurden Wasserflugzeuge in der Schlußphase des Ersten Weltkrieges zur Aufklärung und sogar zum Bombenwurf eingesetzt, das Konzept einer gemeinsamen Landeoperation von Heer, Marine und Luftwaffe entstand jedoch erst nach dem Krieg, in dem es zumindest auf seiten der Alliierten selbst zwischen Heer und Marine höchst selten zu wirkungsvollem gemeinsamen Han-

---

4 So z.B. Edward Luttwack, A Dictionary of Modern War, London 1971.

deln gekommen war. Tatsächlich haftete Landungen gegen Feindwiderstand als Mittel eines strategischen Durchbruchs seit dem Fiasko in den Dardanellen ein ständiger Makel an.

Auf deutscher Seite wurde, wie Paul Halpern gezeigt hat, der teilstreitkraftübergreifende Einsatz deutscher Truppen in der Operation »Albion«, der Einnahme der Insel Ösel vor Riga, von den Kommentatoren natürlich als großartiger Sieg gewertet. An der Operation waren 24 600 Soldaten der deutschen Heerestruppen und der größte Marineeinsatzverband beteiligt, der jemals in der Ostsee zusammengestellt worden war. Obwohl 20 000 russische Gefangene gemacht und die Insel Ösel genommen werden konnten, kamen die Deutschen nicht ungeschoren davon. Überdies war diese gemeinsame Operation auch nicht von irgendeiner strategischen Bedeutung, sondern sie stellte einen »klassischen Fall von Overkill« dar, der eigentlich die Moral der Mittelmächte heben sollte wie der Vorstoß bei Dieppe im Zweiten Weltkrieg auf seine Art[5].

So weit ich weiß, haben sich weder die britischen noch die amerikanischen Streitkräfte in der Zwischenkriegszeit ernsthaft mit der Operation »Albion« befaßt. In Großbritannien beschränkte sich jede der drei Teilstreitkräfte auf ihre eigenen Probleme, sowohl in der Praxis als auch bei der Aufzeichnung ihrer Geschichte. Man spürte zwar mit einem gewissen Unbehagen, daß gemeinsame Operationen aller drei Teilstreitkräfte in einem kommenden Weltkrieg wohl erforderlich sein könnten, jedoch wurde dieses Thema in Großbritannien weitgehend ausgespart, und so konnten die wenigen Studien – vielleicht aufgrund der nichttheoretischen Veranlagung der angelsächsischen Offiziere – die zwei größten Rätsel nicht lösen. Es ging um folgende Fragen:
1. Worin besteht der Unterschied zwischen einer Landung und einer Invasion?
2. Welche Art der Führung und Kontrolle ist erforderlich?
Diese Rätsel kulminierten zum einen in der Frage, ob gemeinsame Operationen einfach eine Angelegenheit der Royal Marines in Großbritannien (und des US Marine Corps in den USA) seien und zum anderen in der Frage, wer die teilstreitkraftübergreifende Führung ausüben sollte. Welcher Art sollte der Stab zur Führung solcher Operationen sein: ein oberster Befehlshaber, ein Triumvirat von Befehlshabern mit vereinigten, wechselseitig unterstellten Stäben oder drei gesonderten und Verbindung zueinander haltenden Stäben jeder Teilstreitkraft[6]?

Die wenig glückliche britische Militärgeschichte im Zweiten Weltkrieg und die Geschichtsschreibung danach widerspiegelten die häufig tragischen Folgen. Das Versäumnis, diese Fragen nicht gelöst zu haben, wird durch die mündlich überlieferte und die geschriebene Geschichte der Institution bzw. Organisation symbolisiert, die auf typisch britische Weise geschaffen wurde, um mit der Sache der gemeinsamen Operationen im Zweiten Weltkrieg »fertig zu werden«, des Combined Operations Headquarters (COHQ). Diese Institution wurde im

---

5   Paul Halpern, A Naval History of WWI, London 1994, S. 220.
6   Clifford, Amphibious Warfare Development (wie Anm. 1), S. 51 – 56.

Juli 1940 vom 66 Jahre alten Premierminister Winston Churchill ins Leben gerufen und dem 68 Jahre zählenden Admiral Sir Roger Keyes unterstellt.

Keyes übernahm eine kleine Gruppe von Offizieren, die Fachleute auf dem Gebiet der gemeinsamen Operationen und erst wenige Wochen zuvor vom Adjutant General der Royal Marines, Generalleutnant Bourne, zusammengebracht worden waren, der seinerseits das 1939 gegründete Inter-Services Training and Development Centre (ISTDC) genutzt hatte. Wie Paul Halpern, der Herausgeber der Keyes-Papiere, bemerkte, stellte das COHQ eigentlich einen »Deckmantel« für Keyes dar, d.h. Churchills Vorliebe für Raids nach der Methode »Abschlachten und Abhauen« mußte nach Dünkirchen, der Niederlage in Norwegen und dem Fall Frankreichs unter Keyes zu etwas entwickelt werden, das nicht nur eine Sache für die Marines war. Die Piraterie sollte institutionalisiert werden, zuerst dadurch, daß ein Marineinfanterist, nämlich Generalleutnant Bourne, an die Spitze der hierzu neu aufgestellten Institution gestellt wurde (Befehlshaber für Angriffsoperationen gegen vom Feind besetzte Küsten und Berater der Stabschefs für Gemeinsame Operationen), und dann dadurch, daß diesem der legendäre Held des Raids auf Zeebrugge vom Mai 1918, Roger Keyes, übergeordnet wurde.

Die Dummheit, eine Organisation mit geteilten Zielen zu schaffen, die einerseits darin bestanden, nadelstichartige Raids (wie Zeebrugge[7]) zu planen und andererseits die Stabschefs in teilstreitkraftübergreifenden Fragen gemeinsamer Operationen zu beraten, beeinträchtigte das Handeln Großbritanniens in den einsamen Jahren, ehe die Vereinigten Staaten in den Krieg eintraten.

Historiographisch gesehen, ist die Literatur über gemeinsame Operationen dieser Periode wirklich lachhaft. In »Assault from the Sea« behandelt L.E.H. Maund aus der Vogelperspektive des Gründers und ersten Leiters des ISTDC einige der Geistlosigkeiten des britischen Herangehens an gemeinsame Operationen nach der Kriegserklärung vom 3. September 1939, zu denen auch die wundervolle Botschaft der Stabschefs gehörte, daß es in diesem Krieg keine gemeinsamen Operationen geben wird und das ISTDC aufgelöst werden muß[8]. »Diese Antwort war selbst in der Erinnerung noch oft ein Schock für mich«, gestand Maund später[9].

Das ISTDC wurde bis 1940 nicht reformiert. Im April jenes Jahres wurde Maund aus Schottland abberufen, um als Berater für gemeinsame Operationen an den ersten großen alliierten Landungen des Zweiten Weltkrieges in Norwegen teilzunehmen. Er war entsetzt, denn von Anfang an war klar, daß zwischen kleinen Landungsunternehmen und einer Invasion mit strategischen Zielen Welten liegen würden. Die Führung war für eine solche große gemeinsame Operation von Anfang an miserabel ausgelegt, da konnten auch der Rat jünge-

---

[7] Siehe dazu Halpern, A Naval History of WWI (wie Anm. 5), S. 415.
[8] Maund, Assault from the Sea (wie Anm. 2), S. 21.
[9] Ebd.

rer Vertreter des ISTDC oder Erfahrung nicht helfen. »Der Marinebefehlshaber hat nie einen schriftlichen Befehl gegeben«, erinnert sich Maund. »Selbstverständlich hat er auch nie den Befehlshaber von der Army kennengelernt, war aber sowohl bedeutend älter als auch ranghöher als dieser«[10]. Da die Operation nach Maunds Ansicht nicht so umfangreich war, daß sie einen Obersten Befehlshaber erfordert hätte, wäre es Sache des Befehlshabers von der Army gewesen, die Führung zu übernehmen. »Statt dessen wurde ein über sechzig Jahre alter Flottenadmiral eingesetzt, der mit einem jungen Generalmajor zusammenarbeiten mußte. [...] Da wäre es ein Wunder gewesen, wenn es bei einer solchen Führung nicht zu Differenzen gekommen wäre[11].«

Die Querelen blieben dann auch nicht aus. Anstatt sich auf diese wichtige Lehre hinsichtlich der *Führung* zu besinnen, entschied sich Churchill, der bei der Wahl seiner Leute selten eine glückliche Hand hatte, für Keyes und setzte das COHQ ein. Mit diesem von ihm selbst geschaffenen Ungetüm mußte er nun leben. Mit der Doppelfunktion, sowohl Raids vorzubereiten als auch Invasionen zu planen, war von Anfang an ein Widerspruch gegeben. Das war nicht nur der Durchführung gemeinsamer Operationen im Zweiten Weltkrieg sehr abträglich, sondern stellte auch den Ruin für die Geschichtsschreibung über gemeinsame Operationen dar, denn alle, die nach Kriegsende die offizielle, die halboffizielle bzw. die als Augenzeuge erlebte Geschichte der gemeinsamen Operationen schrieben, betrachteten diese Geschichte mit den Scheuklappen des COHQ, das sie nur zu oft mit den gemeinsamen Operationen des Zweiten Weltkrieges verwechselten. So neigten diese Historiker, die sich mit den größten gemeinsamen Operationen des Zweiten Weltkrieges bzw. Invasionen und Evakuierungen in Europa und im Mittelmeer – Norwegen, Dünkirchen, Dieppe, Sizilien, Salerno, Anzio, D-Day, Südfrankreich und Walcheren – befaßten, dazu, diese nicht als entscheidende Meilensteine in der Entwicklung der sogenannten gemeinsamen Operationen, sondern als isolierte Kriegsereignisse zu betrachten.

Zu nennen sind hier Maunds autobiografisches Werk[12], die »History of the Combined Operations Organisation 1940–1945«[13] und Bernard Fergussons im Plauderton verfaßte, autorisierte und deshalb zutiefst verdächtige Darstellung des COHQ[14]. Zwar erzählen sie alle die Geschichte dieses COHQ genannten »Tollhauses« aus unterschiedlicher Sicht, *ohne jedoch näher auf die teilstreitkraftübergreifenden und multinationalen Operationen der Alliierten einzugehen, wie sie sich im Zweiten Weltkrieg herausbildeten.* Obwohl uns ausgezeichnete Berichte über einzelne gemeinsame Operationen im Zweiten Weltkrieg vorliegen, so von Forrest C. Pogue und Carlo d'Este, haben die obengenannten Historiker vom Konzept und

---

[10] Ebd., S. 30.
[11] Ebd.
[12] Ebd.
[13] History of the Combined Operations Organisation 1940–1945, London 1956.
[14] Fergusson, The Watery Maze (wie Anm. 2).

von der Entwicklung jener gemeinsamen Operationen im weiteren Sinne keine Notiz genommen.

Zwar hat Alfred Vagts mit »Landing Operations« 1946 in den USA einen imposanten Überblick veröffentlicht[15], aber seine Darlegungen über den Zweiten Weltkrieg beruhen weitgehend auf Zeitungsmeldungen und Kriegsberichten. Obwohl dieses Werk intellektuell interessant und wirklich bahnbrechend war, fehlte ihm doch der kritisch-historische Einblick eines modernen Geschichtsforschers. Um einen derartigen Ansatz hat sich auch seitdem niemand bemüht. So war Kenneth Cliffords »Amphibious Warfare Development in Britain and America« in den vergangenen Jahren der einzige Versuch eines zusammenhängenden, auf kritischer Forschungsarbeit basierenden Überblicks[16]. In ihm sind die Zwischenkriegsjahre ausgezeichnet dargestellt, aber es wirkt in seiner argwöhnischen Betrachtung der Geschichte der gemeinsamen Operationen nach 1940 unangenehm, da Clifford eindeutig in den Bann von Keyes Nachfolger als Leiter des COHQ, Admiral Lord Mountbatten, geraten war. Als amerikanischer Oberst war Clifford zu naiv, sowohl Keyes als auch Mountbatten in Frage zu stellen.

Wohin wird sich der Historiker oder der aktive Offizier aber nun wenden, um aus der Entwicklung der gemeinsamen Operationen der Alliierten die richtigen Lehren für die Führung zu ziehen? Wird er Werke finden, die mehr bieten als die offizielle, halboffizielle oder apologetische Geschichte des COHQ, einer Organisation, die, um mit Halperns Worten zu sprechen, ein »Deckmantel« für Keyes und Mountbatten war, ehe sie unter Generalmajor Robert Laycock herabgestuft und für den Rest des Zweiten Weltkrieges wieder zu einem Synonym für »nadelstichartige« Kommandounternehmen wurde, wenngleich als Spezialausbildungseinrichtung auch für die Weiterentwicklung amphibischer Verfahren zuständig?

Leider lautet die Antwort: nirgendwohin!

Deshalb sind die Bemerkungen, die ich heute über gemeinsame Operationen der Alliierten und insbesondere den D-Day machen werde, weitgehend als provisorisch zu betrachten. Ich bin kein Fachmann auf dem Gebiet der Geschichte der gemeinsamen Operationen und behaupte auch nicht, dies zu sein. Jedoch aufgrund meiner Tätigkeit als offizieller Biograph von Feldmarschall Montgomery bin ich besonders an gemeinsamen Operationen interessiert. Montgomery war im Zweiten Weltkrieg für die meisten großen Landungen, die als »gemeinsame Operationen« der Alliierten durchgeführt wurden, verantwortlich.

1. Im Juli 1938 leitete er die Übung »Slapton Sands«, in der gemeinsame Operationen geprobt wurden;

---

15 Alfred Vagts, Landing Operations, Strategy, Psychology, Tactics, Politics. From Antiquity to 1945, Harrisburg/PA, Washington D.C. 1946.
16 Clifford, Amphibious Warfare Development (wie Anm. 1).

2. 1940 befehligte er die britische 3. Division und das II. Korps bei der Evakuierung von Dünkirchen;

3. er befehligte 1942 die Südostarmee, die im Operationsplan »Rutter«, dem ursprünglichen Plan zu einer »gewaltsamen Erkundung« bei Dieppe als Reserve vorgesehen war;

4. er befehligte 1943 die 8. Armee bei der Invasion in Sizilien (Operation »Husky«);

5. er befehligte die 8. Armee, die im September 1943 die Straße von Messina überquerte und auf dem Festland Italiens landete;

6. er befehligte die 8. Armee, die im September 1943 während der Landung am Golf von Salerno (Operation »Avalanche«) einen Entlastungsangriff durchführte und erbitterten Widerstand zu überwinden hatte;

7. bei der alliierten Landung in der Normandie 1944 befehligte er die alliierten Armeen;

8. er führte die 21. Heeresgruppe, die im Oktober 1944 auf der Insel Walcheren landete, um den Mündungstrichter der Schelde zu räumen;

9. als Befehlshaber der drei anglo-amerikanischen Armeen führte er im März 1945 die 21. Heeresgruppe bei der Rheinüberquerung (Operation »Plunder«).

Wenn ich aus den genannten Gründen auch nicht über das Wissen und die analytischen Fähigkeiten eines Historikers, der sich auf das Gebiet der gemeinsamen Operationen spezialisiert hat, verfüge, so kann ich doch zumindest diese Lücke in der anglo-amerikanischen Geschichtsschreibung unseres Jahrhunderts zeigen und vielleicht eine weitere Klärung dieser Fragen durch vergleichende Analyse anregen. Hier wird dies notwendigerweise mit Verallgemeinerungen verbunden sein, jedoch halte ich diese Fragen für so wichtig, daß wir darauf antworten sollten, auch wenn das Bild, das wir zeichnen, keinen besonders feinen Pinselstrich tragen wird.

Wie der deutsche Militärhistoriker Professor Wilhelm Treue Mitte der fünfziger Jahre feststellte, nahmen gemeinsame Operationen unter Einbeziehung von Luft-, See- und Landstreitkräften in eine amphibische Invasion 1940 mit der Eroberung Norwegens durch Deutschland und dem fast zeitgleichen Scheitern des Invasionsversuchs der Alliierten ihren Anfang. Mit seinem logischen deutschen Denken und dem erforderlichen Respekt für Clausewitz und die Theorie unterschied Treue Landungen und amphibische Invasionen. Das westliche Konzept einer Invasion sieht nicht nur das Landen von Kräften an einer feindlichen Küste vor, wozu es ja auch bei einem Raid kommen könnte, sondern es beinhaltet das Landen von Kräften mit dem strategischen Ziel, das Ergebnis eines Krieges zu bestimmen bzw. das feindliche Land zu erobern.

Nach Treues Ansicht haben die Alliierten ihre Fähigkeit zu einer amphibischen Invasion nach einem sehr zweifelhaften Beginn in Norwegen in der Zeit von 1940 bis 1944 »zu einer immer größeren Perfektion der Invasionstechnik« entwickelt[17], wobei D-Day die »Perfektion der Kooperation« darstellte[18].

In Anwendung der Definition Treues von Invasion anstelle nadelstichartiger Landungen (die gewöhnlich besser Marineinfanterie- oder speziellen Kommandoeinheiten überlassen bleiben sollten) will ich versuchen, eine kurze vergleichende historische Analyse der Entwicklung zur »kooperativen Perfektion« im Zweiten Weltkrieg vorzunehmen.

Als britischer Historiker sollte ich einleitend sagen, daß ich Treues wohlmeinender Version der Geschichte der alliierten Invasionen nicht zustimme. Diese Entwicklung verlief *nicht* linear und kulminierte – zumindest auf der höheren Führungsebene – nicht in einer ständig zunehmenden »Perfektion der Kooperation«. Der Vorzug der Theorie besteht darin, daß sie dem Historiker ermöglicht, die Ergebnisse der eigenen Forschung und Analyse zu prüfen, sie hat den Nachteil, die Neigung zu fördern, Theoreme aufzustellen und diese dann beweisen zu wollen. In den sechziger Jahren war dieser Ansatz in der Wissenschaft völlig in Verruf geraten, und man kann davon ausgehen, daß die meisten Wissenschaftler zwar strenge Testmethoden anwenden, aber ihrer Intuition folgen und ihre Ergebnisse dadurch nicht vorherzubestimmen sind.

Tatsache ist, daß es sich beim D-Day in gewissem Maße um eine Anomalie in der Entwicklung der gemeinsamen Operationen im Zweiten Weltkrieg, ja um eine entscheidende Anomalie in der Geschichte der demokratischen Welt handelte. Offenbar gab es in den Regeln der Kriegführung, die den Absolventen in Annapolis vermittelt wurden, eine Rubrik, die lautete: »Die Seite mit den meisten Elefanten verliert immer.« Zum Glück für die Demokratien hatten die Kräfte des Dritten Reiches einige wenige Elefanten mehr – einer davon Hitler. Die Landung der Alliierten am D-Day und das Ergebnis der darauffolgenden Schlacht waren bei weitem keine Selbstverständlichkeit. Ein bedeutender Analytiker des Intelligence and Threat Center der US Army in Washington DC ging im Rahmen des modernen Trends einer »counterfactual history« so weit, eine bemerkenswert glaubhafte Version dessen zu schreiben, was leicht hätte geschehen können, wenn die Umstände nur ein wenig anders gewesen wären[19].

Zur gleichen Zeit veröffentlichte Keith Simpson, Professor an der Universität Cranfield, einen Aufsatz, in dem er die Elefanten untersucht, denen zu verdanken ist, daß die deutschen Streitkräfte und nicht die Alliierten die Schlacht verloren[20]. Auch das ein Jahr später erschienene Buch Richard Overys

---

[17] Wilhelm Treue, Invasionen 1066–1944. Eine Studie zur Geschichte des amphibischen Krieges, Darmstadt 1955 (= Wehrwissenschaftliche Rundschau, Beiheft 1), S. 54.

[18] Ebd., S. 60.

[19] Peter Tsouras, Disaster at D Day. The Germans Defeat the Allies, June 1944, London 1994.

[20] Keith Simpson, A Close Run Thing? D-Day, 6 June 1944. The German Perspective, in: The Journal of Royal United Services Institution, 1994, Juni.

bietet eine Neuinterpretation des Gleichgewichts der Kräfte und Risiken, wonach die Entscheidung auf »des Messers Schneide« gestanden habe[21].

Fast ein halbes Jahrhundert nach Wilhelm Treue will ich noch einmal auf das Beispiel des D-Day zurückgreifen, um gemeinsame Operationen sowohl aus der Sicht des Biographen als auch des Militärhistorikers zu betrachten. Dies wiederhole ich, da die Gefahr besteht, daß man militärische Operationen als unmenschlich darstellt, weil sie mit Gewalt und Zerstörung verbunden sind, und Logistik und Führung miteinander verwechselt. Wer das im Zweiten Weltkrieg tat, erlebte oft eine böse Überraschung. Wir müssen die technischen Neuerungen und Entwicklungen berücksichtigen, die dazu beigetragen haben, daß die Landungen am D-Day und die nachfolgende Schlacht in der Normandie zu einem so entscheidenden Erfolg werden konnten: die Ölleitung »Pluto«, die zwei künstlichen Häfen, auch unter der Bezeichnung »Mulberry« bekannt, den Einsatz schwerer Schiffsgeschütze zur Unterstützung der angreifenden alliierten Truppen, die weit auseinandergezogenen Luftlandungen von Fallschirmjägern und Gleitern hinter den feindlichen Linien, die speziellen Landungsfahrzeuge für Infanterie und Fahrzeuge, die Täuschungsmaßnahmen der Nachrichtendienste, die die deutschen Verteidiger des Atlantikwalls glauben machen sollten, daß der Schwerpunkt der Invasion im Raum des Pas de Calais liegen würde, die Zusammenarbeit mit der französischen Widerstandsbewegung, die Erringung der vollständigen Luftüberlegenheit der Alliierten, die Bombardierung von Eisenbahnlinien und Straßen zur Küste der Normandie durch strategische Luftwaffenkommandos, die Unterstützung durch taktische Fliegerkräfte. Viele dieser Entwicklungen waren schon bei früheren amphibischen Angriffen der Alliierten angewandt worden, aber trotz der meist überwältigenden logistischen, maritimen, Luft- bzw. anderweitigen Überlegenheit der Alliierten waren fast alle diese Unternehmen entweder Fehlschläge oder nur zum Teil von Erfolg gekrönt.

Deshalb waren die Landung am D-Day und die Invasion in der Normandie als gemeinsame Operationen alles andere als eine Selbstverständlichkeit. Auf der Blut-und-Mut-Ebene wurden sie schließlich zu einer enormen Bewährungsprobe für menschliche Tapferkeit, Kameradschaft und soldatisches Können sowie die Führungskunst. Das war jedoch auch bei Dieppe, in Nordwestafrika, auf Sizilien, bei Salerno und Anzio der Fall. Wenn die Verteidiger mit Mut und Professionalität kämpfen, so müssen wir nach anderen Faktoren suchen, die entscheidend gewesen sind. Ohne John Ellis[22] zu nahe treten zu wollen, kann man doch sagen, daß logistische Überlegenheit keine Garantie für Erfolg war und ist, wie Norwegen, Kreta, Dieppe, Tobruk, Benghazi und andere britische Fehlschläge zeigen. Rohe Kraft muß in geordneter Weise angewandt werden,

---

21 Richard J. Overy, Why the Allies Won, London 1995.
22 John Ellis, Brute Force. Allied Strategy and Tactics in the Second World War, London 1990.

ganz besonders in gemeinsamen Operationen. Als Historiker müssen wir die technischen und logistischen Faktoren sowie den Mut und die Kampfkraft der Truppe abwägen, dürfen aber nicht versäumen, auch das Wirken von Generalität und Oberkommando in die Analyse einzubeziehen. Allerdings ist die Mischung aus intellektueller und mentaler Energie, die das Handeln bestimmt und von Treue als »Geist« bezeichnet wird, schwerer zu messen.

So erklärte Treue den Erfolg der Deutschen bei der Invasion in Norwegen 1940 angesichts der großen Überlegenheit der alliierten Seemacht folgendermaßen: »Doch bleibt als Ergebnis, daß die [deutsche] Invasion nach Norwegen die bis dahin gültige Lehre vom Zusammenhang zwischen Seeherrschaft und Invasion überholte und wieder zu dem noch älteren und zuverlässigeren Grundsatz zurückführte, daß nicht Tonnage entscheidet, sondern der Geist, der sie bewegt, daß mit Überlegung und Phantasie gepaarte Kühnheit dem normalen militärischen Buchwissen auch einer alten Seemacht überlegen sein kann[23].«

Im Hinblick auf den D-Day will ich mich nun den politischen und militärischen »Geistern der Bewegung«, von Churchill zu Eisenhower und Montgomery, zuwenden. Zuvor soll D-Day allerdings im strategischen Kontext betrachtet werden: Welche Bedeutung hatte dieses Unternehmen für die beteiligten Nationen; wie hoch war das damit verbundene Risiko bzw. die daraus resultierende Gefahr; und welche Bedeutung hatte aus damaliger Sicht die alliierte Landung am D-Day für den gesamten Ausgang des Zweiten Weltkrieges.

»Der erfolgreiche Angriff auf einen verteidigten Strand ist die schwierigste Operation in der Kampfführung«, hatte General Eisenhower einst erklärt[24] – und doch hatten die Alliierten keine strategische Alternative zu den Landungen in Frankreich oder an der belgisch-niederländischen Küste, wenn sie im Zweiten Weltkrieg eine zweite Front eröffnen, Hitlers Armeen im Westen zum Kampf stellen und besiegen wollten. Roosevelt hatte einer Strategie zugestimmt, nach der Deutschland vor Japan an erster Stelle stand. Deshalb war die Invasion für die Alliierten für den Ausgang des Zweiten Weltkrieges im Westen entscheidend, nicht nur, um Hitler zu besiegen, sondern auch um alliierte Kräfte für die nachfolgende Unterwerfung Japans freizusetzen.

Auf Adolf Hitler traf dasselbe zu, jedoch mit umgekehrten Vorzeichen. So hätte Deutschland zwar in Rußland durchhalten, aber nicht lange an zwei Fronten kämpfen können. Am 20. Dezember 1943 bemerkte Hitler im Führerhauptquartier: »Wenn sie im Westen angreifen, [dann ent]scheidet dieser Angriff den Krieg[25].«

---

23 Treue, Invasionen (wie Anm. 17), S. 58.
24 Zit. nach: Theodore L. Gatchel, At the Water's Edge. Defending Against the Modern Amphibious Assault, London 1996, S. 1.
25 Hitlers Lagebesprechungen. Die Protokollfragmente seiner militärischen Konferenzen 1942–1945, hrsg. von Helmut Heiber, Stuttgart 1962, S. 444.

Gerade die ausschlaggebende Bedeutung der Zweiten Front für den Ausgang des Zweiten Weltkrieges hat Churchill lange zögern lassen – zur ständigen Enttäuschung des amerikanischen Oberkommandos. Churchill, seit dem 10. Mai 1940 Premierminister Großbritanniens, war sich nach der Erfahrung von Dünkirchen der Schwierigkeit bewußt, nach einem Mißerfolg je wieder einen Landekopf auf dem Kontinent zu bilden. Bereits am 25. Juni 1940, nur wenige Wochen nach den Katastrophen von Dünkirchen und Norwegen, hatte sein Kriegsminister eine Note formuliert, »in der argumentiert wurde, daß wir, wenn wir erst wieder neu ausgerüstet sind, den Kontinent angreifen müssen, weil Deutschland erst wirklich besiegt sein wird, wenn seine Armeen auf dem Schlachtfeld besiegt sind«, wie der Privatsekretär des Premierministers in seinem Tagebuch festhielt. »Diesen Angriff müssen wir jetzt planen und einen ausgezeichneten jungen General ausfindig machen, dem wir die Vorbereitung unter der Führung der Stabschefs und Winstons selbst anvertrauen können[26].«

Churchill tat nichts für eine solche Planung und suchte auch nicht nach einer Führung für diese Operation, weil er im Herzen nicht vom Erfolg einer derartigen Invasion über den Ärmelkanal hinweg überzeugt war. Wenn es so einfach war, warum hatte Hitler nicht im Juli, August oder September 1940 die Operation »Seelöwe« gestartet, als er sich auf dem Höhepunkt seines militärischen Erfolgs befand und nur an einer Front kämpfte? Natürlich besaß Großbritannien 1940 noch unbesiegte Luft- und Seestreitkräfte, aber sein Heer war schon geschlagen und die wenigen Verteidiger hätten leicht beiseite gefegt werden können, wessen sich Churchill nach Dünkirchen wohl bewußt war.

1942 hatten die Alliierten die Luftüberlegenheit über dem Ärmelkanal errungen. Es gab jedoch noch nicht genügend Landungsfahrzeuge, und die Vorteile einer von Truppen der deutschen Wehrmacht gebildeten Verteidigung waren beachtlich. In der Tat hatte das deutsche Heer damals noch keine Schlacht verloren. Obwohl der Druck der Briten, Amerikaner und Russen zur Eröffnung einer Zweiten Front in der ersten Hälfte des Jahres 1942 zunahm, blieb Churchill in seinem Widerstand unerschütterlich – und der alliierte Mißerfolg am 19. Juli 1942 bei Dieppe zeigte jedem, warum. Trotz der überwältigenden Luft- und Seeüberlegenheit am Ärmelkanal wurde die Hälfte der angreifenden Kanadier verwundet, etwa 1000 Mann fielen und fast 2000 Mann wurden gefangen genommen, von den abgeschossenen Flugzeugen, getöteten Piloten und versenkten Schiffen ganz zu schweigen. Durch ihr sogenanntes lokales Übergewicht – zu Lande, zu Wasser und in der Luft – hatten die deutschen Verteidiger nur sehr geringe Verluste zu beklagen und brauchten nicht einmal Reserven heranzuführen. Als Beispiel für gemeinsame Operationen der Alliierten war Dieppe ein ausgesprochenes Fiasko.

---

[26] John R. Colville, The Fringes of Power. Downing Street Diaries 1939–1945, London 1985, S. 170.

Infolgedessen glaubte zu diesem Zeitpunkt niemand in Großbritannien an den Erfolg einer Invasion auf dem Kontinent, und es arbeitete auch niemand darauf hin – am wenigsten von allen Mountbattens COHQ, das die Operation von Dieppe vorgeschlagen, die Bedingungen erkundet, die vorläufige Operationsplanung und die teilstreitkraftübergreifende Planung geleistet und dann als zentraler Stab für die beteiligten Kräfte fungiert und einen Befehlshaber von der Marine für diese gemeinsame Operation benannt hatte. Was die Führung betraf, war Dieppe ein zweites Norwegen. Die Alliierten schienen aus jener Katastrophe in punkto Führung nichts gelernt zu haben. Außerdem wurde klar, daß Mountbattens sogenannte Combined Operations Organisation nicht geeignet war, eine Landung oder Invasion gegen Feindwiderstand zu planen oder daran teilzunehmen. Wie Mountbatten selbst zugab, handelte es sich beim COHQ um »die einzige Irrenanstalt der Welt, die von ihren Insassen betrieben wurde«[27]. Da Mountbatten alle Insassen selbst ausgewählt hatte, war das eine aufschlußreiche, wenn auch scherzhaft gemeinte Bemerkung. Wie sein militärischer Chefplaner, Oberst Robert Henriques, ein Vorkriegsschriftsteller, später bemerkte, verfügte Mountbatten über Ehrgeiz, einen wachen Verstand und eine noch bessere Intuition. In der Tat hatte er dank des Vermögens seiner Frau und seiner königlichen Abkunft – seine Urgroßmutter war Queen Victoria gewesen – »keinerlei Schwächen bis auf seine totale Unfähigkeit, Menschen richtig einzuschätzen zu können, seien es nun seine alten Freunde oder seine Untergebenen«[28].

Im Interesse der Publicity und aus moralischen Gründen hatte Mountbatten eine Reihe von Raids quer über den Kanal geplant und an deren Durchführung beratend mitgewirkt, aber dies waren, wie es Churchill nannte, Raids nach dem Muster »Abschlachten und Abhauen«, die dazu dienten, die Stimmung in Großbritannien aufrechtzuerhalten sowie zu erreichen, daß die deutschen Truppen weiterhin im Westen stationiert blieben, um so den Russen zu helfen. Nach dem katastrophalen Landungsunternehmen von Dieppe wurde Mountbatten selbst 1942 die Erlaubnis verweigert, Raids durchzuführen. Jeder andere wäre entlassen worden, und aus dem COHQ wäre wieder eine teilstreitkraftübergreifende Schule gemacht geworden. Man hätte eine richtige Akademie für gemeinsame Operationen schaffen sollen, um Stabsoffiziere auszubilden und die Verästelungen der Planung von gemeinsamen Operationen zu erforschen, wie es im Watson-Memorandum von 1937 vorgeschlagen worden war. Inzwischen verkündete Hitler verachtungsvoll im Reichstag: »Ich verspreche, daß die Alliierten genau neun Stunden bleiben werden, wenn sie wieder an der französischen Küste landen[29].«

Die Planung von Invasionsoperationen wurde nun der Kontrolle von Mountbattens COHQ entzogen und der Anglo-American Combined Comman-

---

27 Fergusson, The Watery Maze (wie Anm. 2), S. 15.
28 Zit. nach: Brereton Greenhous, Dieppe, Dieppe, Montreal 1992, S. 150.
29 Zit. nach: Vagts, Landing Operations (wie Anm. 15), S. 753.

ders Group übertragen, dem Vorgänger des COSSAC bzw. des Chief of Staff to the Allied Commander. In Absprache mit Roosevelt und den amerikanischen Stabschefs ließen die Alliierten die Idee einer Überquerung des Kanals bzw. der Errichtung einer Zweiten Front vorerst fallen und konzentrierten sich auf die Operationen im Mittelmeer, bei denen man, wie Churchill es wollte, reichlich Erfahrungen für teilstreitkraftübergreifende und gemeinsame Operationen sammeln konnte. Dementsprechend wurden Landungen in Marokko und Algerien unter General Dwight D. Eisenhower als Oberstem Befehlshaber geplant, aber das Fiasko von Dieppe führte am 19. August 1942 doch dazu, daß die amerikanischen Stabschefs empfahlen, die geplanten Landungen in Algier und Oran, die im Rahmen der Operation »Torch« stattfinden sollten, auf den 14. Oktober 1942 zu verlegen. Daraufhin machte Churchill Roosevelt den Unterschied zwischen den »stahlbewehrten, befestigten Küsten Frankreichs« und dem weichen, gespaltenen [französischen] Widerstand klar, der in Nordwestafrika zu erwarten sein würde[30].

Schließlich landeten die Alliierten am 8. November 1942 von Großbritannien und den USA aus operierend erfolgreich an den Küsten von Marokko und Algerien. Wie Churchill vorhergesagt hatte, kamen die Landungen überraschend und stießen nur auf sporadischen Widerstand, und auch dann nur auf den Widerstand von Truppen Vichys, deren Loyalität jedoch sehr uneinheitlich war. Aber selbst unter diesen Umständen waren die Landungen hinsichtlich der Folgehandlungen strategisch nicht wirkungsvoll. So konnte Hitler deutsche Truppen nach Tunesien schicken und damit die Eroberung Nordwestafrikas durch die Alliierten bis zum Mai 1943 um sechs Monate verzögern. Damit war es für die Alliierten zu spät, in jenem Jahr, wie erhofft, noch eine wirkungsvolle Zweite Front zu eröffnen.

Deshalb entschlossen sich die Alliierten, den Schwung ihrer Operationen im Mittelmeer beizubehalten und die Planungen für eine Zweite Front in England nicht unter der Ägide des COHQ, sondern des COSSAC fortzusetzen. Dieser Stab hatte keinen Befehlshaber, sollte aber Pläne für eine Invasion in Frankreich erarbeiten. Währenddessen waren die Alliierten im Juli 1943 auf Sizilien gelandet. Die Operation »Husky« war die größte gemeinsame Operation bisher. Sie war jedoch erst nach heftigen Auseinandersetzungen zwischen dem Obersten Befehlshaber, seinem Stellvertreter für Landstreitkräfte und Führer des Einsatzverbandes, General Alexander, deren Planungsstäben sowie den Kommandeuren der Heeresverbände, Montgomery und Patton, zustandegekommen. Montgomery weigerte sich sogar, die offiziell bestätigten Pläne für die Operation »Husky« umzusetzen, weil die Pläne weit auseinandergezogene Landungen vorsahen, die, jede für sich, leicht hätten abgewehrt werden können.

---

[30] Fernschreiben vom 27.8.1942, zit. nach: Martin Gilbert, The Road to Victory. Winston S. Churchill 1941–1945, London 1986, S. 219.

Schließlich einigten sich Montgomery und Eisenhowers Stabschef, Generalleutnant Bedell-Smith, auf der Herrentoilette in Algier, und die Alliierten landeten in großer Zahl (mit mehr Soldaten als am D-Day) unter dem Schutz eines alliierten Flugabwehrschirms und mit großer maritimer Unterstützung in der Nähe des Hafens von Syrakus, worauf Hitler sich auf die lokale Verteidigung der Insel beschränkte. Doch selbst bei dem bescheidenen italienisch-deutschen Widerstand wurden die alliierten Flugzeuge in hellen Scharen von alliierten Schiffen abgeschossen, die Fallschirmtruppen landeten auseinandergezogen und weit von ihrem eigentlichen Ziel entfernt, und Pattons Kräfte wären zu Anfang fast von dem amerikanischen Landekopf vertrieben worden. In dem sich anschließenden Landgefecht um Sizilien gingen das britische und das amerikanische Heer in zwei unterschiedlichen Richtungen vor (Palermo und Messina). Der Oberste Befehlshaber, General Eisenhower, und der Befehlshaber der Landstreitkräfte, General Alexander, hatten sich als unfähig erwiesen, einen Plan zu beschließen und die Befehlshaber der Landstreitkräfte dafür einzusetzen; sie waren nicht in der Lage, den Einsatz der Teilstreitkräfte zu koordinieren und die Achsenmächte daran zu hindern, fast 100 000 Soldaten über die Straße von Messina zu evakuieren, als der Feldzug zu Ende ging. Dies kann man kaum als Beispiel für einen »zunehmenden« gemeinsamen Einsatz der Teilstreitkräfte der Alliierten bezeichnen, obwohl noch Jahrzehnte vergehen sollten, ehe die wirklichen Fehler der höheren Führung aufgedeckt wurden.

Als Berater der Stabschefs für gemeinsame Operationen hatte es Mountbatten versäumt, zur Erarbeitung einer Führungsdoktrin beizutragen, die auf alle über das Niveau der Nadelstichkriegführung hinausgehenden Einsätze vor und nach Dieppe anwendbar gewesen wäre. So blieben die Rätsel in der Theorie über gemeinsame Operationen aus den dreißiger Jahren weiterhin ungelöst. Hinzu kam, daß die Rivalitäten zwischen den Teilstreitkräften aufgrund des wachsenden Umfangs der einzelnen Teilstreitkraftkontingente und auch des Egoismus der Befehlshaber von Land-, Luft- und Seestreitkräften zunahmen. Offiziere von drei verschiedenen Teilstreitkräften dazu zu bringen, eine gemeinsame taktische Antwort auf eine bestimmte Herausforderung zu finden, erwies sich als außerordentlich schwierig. Noch komplizierter wurde das Ganze dadurch, daß Alliierte und mit ihnen unterschiedliche Kulturen und nationale Befindlichkeiten involviert waren. Mit anderen Worten, zu den traditionellen Problemen von teilstreitkraftübergreifenden Operationen kamen noch die der Koalitionskriegführung hinzu; Befehlshaber, die am besten geeignet waren, das eine Problem zu lösen, waren nicht unbedingt befähigt, das andere zu meistern.

Infolgedessen wurde nach Sizilien die Aussicht auf gemeinsame Operationen im Mittelmeer nicht besser, sondern sie verschlechterte sich eher. Dieselbe fatale Selbstgefälligkeit überkam auch die Befehlshaber: Eisenhower träumte davon, Rom in einem Handstreich mit Luftlandetruppen nehmen zu können und gleichzeitig anglo-amerikanische Kräfte in einer teilstreitkraftübergreifenden und gemeinsamen Operation bei Salerno anzulanden. Wie in Norwegen und bei Dieppe konnte der unerfahrene amerikanische Heeresgeneral Mark Clark weder den höchsten Rang bekleiden, der diesmal der Luftwaffe zugefallen war, noch konnte er dieser gegenüber seine Argumente geltend machen; selbst bei der Auswahl der nachgeordneten Korpskommandeure hatte er nichts zu sagen. Es wurde kein Versuch unternommen, die Invasion bei Salerno im September 1943 mit der Überquerung der Straße von Messina durch die 8. Armee weiter südlich zu verknüpfen. So wäre die Invasion von Salerno um ein Haar mißlungen: Clark mußte persönlich die Führung über einzelne Infanteriebataillone übernehmen und gleichzeitig eine mögliche Evakuierung vorbereiten.

Anscheinend lernten die Alliierten nichts dazu – bei der Entwicklung gemeinsamer Operationen schienen sie nicht vorwärts, sondern rückwärts zu gehen, wie die nächste große gemeinsame Operation beweisen sollte.

Churchill hatte den amerikanischen Widerstand überwunden und auf einem Feldzug auf dem italienischen Festland bestanden. Wie er anschaulich formulierte, wollte er jedoch nicht, daß die Armeen »wie ein Sandfloh« über Italien kröchen. Deshalb schlug er eine weitere denkwürdige gemeinsame Operation vor, die auf den »weichen Unterleib« Europas gerichtet war: die Landung in Anzio. Sie sollte es den Alliierten erlauben, Rom diesmal nicht aus der Luft, sondern von der See her einzunehmen. Sie endete mit einem Fiasko.

Noch einmal führten die strategische Verschwommenheit einerseits und die mangelnde Kampferfahrung des Alliierten Oberbefehlshabers General Eisenhower andererseits dazu, daß – wie es bei der deutschen Wehrmacht unter Adolf Hitler der Fall war – die militärische Realität der politischen Fiktion geopfert wurde. So wurde die »tolle Idee« der Landung bei Anzio einem zögerlichen General Eisenhower aufgehalst und dann an seine Nachfolger, die Generäle Wilson und Alexander, weitergegeben. Die Invasion von Anzio am 22. Januar 1944 sollte einen noch schlechteren Verlauf nehmen als die von Salerno. Sie wurde, wie es Churchill drastisch ausdrückte, zu einem »gestrandeten Wal«, der viele Monate später durch einen alliierten Vormarsch zu Lande gerettet werden mußte.

So war es denn kein Wunder, daß Churchill den Ärmelkanal »voller Blut« sah, falls die Landungen am D-Day in dieser Weise weitergingen. Dieppe stand ihm deutlich vor Augen.

Nun ergab sich das folgende Bild. Je näher die Alliierten dem deutschen Kernland kamen, desto schwieriger – nicht leichter, wie Professor Treue meinte – wurde es, die teilstreitkraftübergreifende amphibische Invasion der Alliierten zum Erfolg zu führen. Die Alliierten zogen einfach nicht die richtigen Lehren für die Führung, und da der Krieg zu Lande immer blutiger wurde, zeigten sich die Führungsmängel der Alliierten in deutlicher, wahrhaft tragischer Form. Die Verluste der Alliierten bei Anzio waren eine Schande für das Alliierte Oberkommando.

Mit anderen Worten, der Krieg wurde härter. Es standen mehr deutsche Kräfte zur Verteidigung der Küsten Europas zur Verfügung. Sogar dort, wo

man die Alliierten nicht erwartet hätte, wie bei Anzio, konnten die die Küste
verteidigenden Kräfte dank der kürzeren Verbindungswege der Deutschen
schneller verstärkt werden. Für die Alliierten wurde die Aussicht, die »stahlbewehrten, befestigten Küsten« Nordwestfrankreichs – deren Befestigung noch
erheblich verstärkt worden war, nachdem Rommel im Dezember 1943 den
Befehl über die deutsche Heeresgruppe B in Frankreich übernommen hatte –
anzugreifen, immer furchterregender. Die Organisation Todt hatte über 280 000
Kubikmeter Beton für den Bau von Geschützstellungen verbraucht[31]. Dem
Oberbefehlshaber West, Feldmarschall von Rundstedt, standen nominell 58
Divisionen zur Verfügung, darunter zehn Panzer- bzw. Panzergrenadierdivisionen. Im Extremfall konnten Reservedivisionen von der Ostfront herangeführt
werden; tatsächlich wurden drei Panzerdivisionen aus Rußland nach Westeuropa verlegt. 20 Millionen Landminen sollten verlegt werden, bis zum Juni 1944
waren 4,5 Millionen verlegt. Während die Luftflotte 3 der deutschen Luftwaffe
nominell 891 Flugzeuge besaß, standen der deutschen Marinegruppe West 17
U-Boote, 5 Zerstörer, 34 Torpedoschnellboote, 163 Minensuchboote, 57 Pa-
trouillenfahrzeuge, 42 Artillerieboote, Tausende Druckminen und sogar eine
Anzahl von Kleinst-U-Booten zur Verfügung, mit denen sie die Invasionsflotte
angreifen konnte.

Obwohl die Alliierten nun eine noch größere Luft- und Seeüberlegenheit als
zwei Jahre zuvor bei Dieppe hatten, war die Situation bei den Heerestruppen
beunruhigend. Im Januar 1944 standen in Großbritannien nur 34 Divisionen
bereit, deren Zahl sich bis etwa Mai auf 52 erhöhte. Sie alle mußten aber mit
Ausrüstung und Versorgungsgütern über den Kanal übergesetzt werden, ohne
daß auf der anderen Seite ein Hafen zum Ausschiffen zur Verfügung gestanden
hätte. Im Unterschied zum Mittelmeer sind die Wetterbedingungen im Ärmelkanal sehr veränderlich. Schon das ursprüngliche Landungsunternehmen von
Dieppe (»Rutter«) mußte im Juli 1942 vor allem aufgrund des schlechten Wet-
ters aufgegeben werden. Außerdem waren deutsche Reserven in der Nähe von
Amiens zusammengezogen worden, und es gab Hinweise darauf, daß die Flot-
tille von deutschen Aufklärungsflugzeugen entdeckt worden war. Obwohl man
beim zweiten Anlauf äußerste Geheimhaltung hatte walten lassen – selbst die
Joint Intelligence Services, der Stellvertretende Premierminister und der Stellvertretende Chef des Empirestabes waren nicht eingeweiht worden – stand die
deutsche Küstenverteidigung, als die Operation von Dieppe am 19. August
1942 begann, nicht nur in Alarmbereitschaft, sondern hatte auch den Vortag
damit verbracht, für die Abwehr einer Invasion zu üben. Wie hätte dann die
Invasion am D-Day 1944 noch eine Überraschung sein können?

Die Gefahren, die damit verbunden waren, den Ärmelkanal zu überqueren,
auf dem Kontinent Fuß zu fassen und den Landekopf mit genügend Kräften
und Material zu verstärken, um den Gegenaktionen der deutschen Panzerkräfte

---

[31] Gatchel, At the Water's Edge (wie Anm. 24), S. 61.

standhalten zu können, führte dazu, daß das Projekt des D-Day als eine weitaus gefährlichere alliierte Unternehmung angesehen wurde als die Landungen im Mittelmeer, mit denen die westlichen Alliierten in Italien praktisch in eine Sackgasse geraten waren. Ohne eine Invasion konnten sie jedoch nicht darauf hoffen, den Krieg zu gewinnen. Am 20. März 1944 zeichnete Hitler, der mit der V 1 und der V 2 seine geheimen Terrorwaffen schon fast in der Hand hatte, gegenüber seinen Oberbefehlshabern ein optimistisches Bild von der Lage. Falls die Alliierten eine Landung wagen sollten, so meinte Hitler, würden sie vernichtend geschlagen werden. Ihre Moral würde erschüttert und Zeit gewonnen, um die meisten deutschen Divisionen von der Westfront an die Ostfront zu verlegen.

Eine Niederlage der Alliierten würde, wie Hitler behauptete, die Wiederwahl Roosevelts in Amerika verhindern. Das würde auch für die langsamen Briten entscheidend sein. In England würde sich die Kriegsmüdigkeit noch stärker bemerkbar machen als bisher, und Churchill wäre angesichts seines Alters und seiner Krankheit sowie seines schwindenden Einflusses nicht mehr in der Lage, eine neue Landeoperation durchzuführen. »Wir könnten der zahlenmäßigen Stärke des Feindes – etwa 50 bis 60 Divisionen – innerhalb kürzester Zeit Kräfte mit gleicher Stärke entgegenstellen. Die Vereitelung des Landeversuchs des Feindes ist mehr als eine lokale Entscheidung an der Westfront. Sie ist der einzige entscheidende Faktor in der gesamten Führung des Krieges und damit auch in seinem Endergebnis. [...] Deshalb hängt der Ausgang des Krieges und damit das Schicksal des Reiches von jedem einzelnen Mann an der Westfront, der entscheidenden Front des Krieges, ab. Die Erkenntnis, daß die Anstrengungen jedes einzelnen von entscheidender Bedeutung sind, muß um jeden Preis das Denken jedes Offiziers und Soldaten beherrschen[32].«

So war es dann nicht die allmähliche und unumgängliche Verbesserung der Zusammenarbeit bei den gemeinsamen Operationen der Alliierten, sondern genau das Gegenteil, das die Alliierten schließlich veranlaßte, sich zusammenzunehmen und ihren militärischen Anstrengungen eine neue Klarheit und Übereinstimmung, einen neuen Zusammenhalt, man könnte sagen, einen neuen Geist zu verleihen, der nicht nur die Geschichte der gemeinsamen Operationen, sondern auch die Verteidigungsorganisation und die moderne demokratische Kriegführung verändern sollte. Pearl Harbor hatte Senator Harry Truman zu der Erklärung veranlaßt, daß die Nation auf eine Katastrophe zuginge, solange Amerikas verworrene militärische Strukturen nicht geklärt und seine militärischen Kräfte nicht vereint worden seien. Schließlich führte die Tatsache, daß die Invasion von Salerno beinahe fehlgeschlagen wäre und die von Anzio ein totaler Mißerfolg war, in Europa zum Pearl-Harbor-Effekt. So äußerte General Eisenhower am Ende des Zweiten Weltkrieges in Paris: »Wenn man See-, Land- und Luftstreitkräfte zusammenführt, erhält man nicht die Summe der Möglich-

---

[32] The Rommel Papers, hrsg. von Basil Henry Liddell Hart, London 1953, S. 465 f.

keiten jeder einzelnen Teilstreitkraft. Deren Macht wird nicht addiert, sondern multipliziert[33].«

Wie haben die Alliierten nun ihr Werk gemeinsam vollbracht und die Landungen in der Normandie zu einem Erfolg geführt?

Einige Charakteristika des D-Day als teilstreitkraftübergreifender und gemeinsamer Operation habe ich bereits behandelt. Als Biograph und Historiker bin ich jedoch der Ansicht, daß es sich hinsichtlich der höheren Führung lohnt, einen Blick hinter die Kulissen der Ehrbarkeit und der technischen und statistischen Unvermeidlichkeit zu werfen, die so häufig für historische Analyse gehalten werden.

Oft sagt man, »die Niederlage ist eine Waise, der Sieg hat viele Eltern«. Sowohl mir, der ich Anfang der achtziger Jahre das Leben und den Werdegang von Feldmarschall Montgomery erforschte, als auch einem meiner amerikanischen Freunde, Oberstleutnant Carlo d'Este, der zu gleicher Zeit den Feldzug in der Normandie untersuchte, wurde klar, daß die Alliierten ihre Absichten sehr wirkungsvoll geheimgehalten haben und daß die anglo-amerikanischen Planer, die unter General Morgan, dem designierten Chief of Staff to the Supreme Allied Commander (COSSAC), Ende 1943 die Invasion in Frankreich vorbereiteten, sowie jene, die unter General Paget, der die 21. Heeresgruppe kommandierte, dienten, nur sehr bedingt an einen Erfolg der Alliierten glaubten. »Ich war Vorsitzender der Planungsgruppe [beim COSSAC]. [...] Viele bekamen im Zusammenhang mit der Operation kalte Füße. So hielt sie der Leiter der Sektion I für unmöglich,« berichtete Generalmajor McLean dem amerikanischen Historiker Pogue[34]. Der »Defätismus« nahm immer mehr zu. So äußerte General Paget gegenüber dem britischen CIGS: »Wenn der Widerstand nicht bedeutend geringer ist als im Plan ›Overlord‹ angenommen, wird die Operation sehr riskant[35].«

Das Ende 1943 mangelnde Vertrauen in das Unternehmen D-Day wurde von der offiziellen britischen, amerikanischen und kanadischen Geschichtsschreibung überspielt. Eine solche Art des Herangehens ist besonders für ehrgeizige Offiziere pädagogisch wertlos, das Material kann lediglich als offizielles Referenzmaterial genutzt werden. Die Tendenz zur Beschönigung hatte in Großbritannien schon bald nach dem Ersten Weltkrieg eingesetzt, wie Martin Samuels gezeigt hat[36] – eine Kompromißgeschichte, für den Laien unlesbar und »propagandistisch bis zur Sinnlosigkeit«, wie Denis Winter es lakonisch formulierte[37].

---

[33] Zit nach: Vagts, Landing Operations (wie Anm. 15), S. 16.

[34] Zit. nach: Nigel Hamilton, Monty. Master of the Battlefield 1942–1944, London 1986, S. 495.

[35] Zit. nach: Ebd., S. 494.

[36] Martin Samuels, Command or Control? Command, Training and Tactics in the British Armies 1888–1918, London 1995.

[37] Denis Winter, Haig's Command. A Reassessment, London 1991, S. 243.

Ob das auch für offizielle deutsche Studien gilt, weiß ich nicht. Sicherlich unterscheidet sich die offizielle Geschichtsschreibung der Alliierten über den Zweiten Weltkrieg nur unwesentlich von der über den Ersten Weltkrieg, wie die Akten der Staatskanzlei im britischen Public Record Office in Kew beweisen und das amerikanische Projekt, die Greenback-Geschichten mit Fußnoten und früheren Versionen on-line herauszugeben, in den nächsten Jahren zeigen wird. Weder aktiv dienende Historiker noch die aus den Streitkräften ausgeschiedenen Historiker zeigten sich bereit, die Streitkräfte ihres Landes einer kritischen Prüfung zu unterziehen, und wenn einzelne es doch taten, wurden ihre Arbeiten entweder von der Kritik verrissen oder verboten.

In den achtziger Jahren ist mir durch die Auswertung von Dokumenten der damaligen Zeit, von Interviews, die das American Center for Military History nach dem Krieg machte, und durch eigene Interviews mit Offizieren, die dem Planungsstab des COSSAC und der 21. Heeresgruppe angehört hatten, klargeworden, daß sich hinsichtlich des D-Day im Januar 1944 ein tiefgreifender Wandel vollzogen hatte, der eigentlich weniger mit Technik, Landungsfahrzeugen oder alliierten Statistiken zu tun hatte als mit der *Art der Führung und dem Gremium der Führung.*

Wie Wilhelm Treue es ausdrückte, war die Invasion am D-Day eine gewaltige Herausforderung an Technik und Industrie, der sich die Vereinigten Staaten und Großbritannien mit außerordentlichem Erfolg stellten: »Das alles waren technisch-industrielle Probleme, welche die Amerikaner zum Teil schon – man denke an den rationalisierten Schiffbau und an die Entwicklung der Industrien für Massengüter – während des amerikanischen Bürgerkrieges kennengelernt und die sie, man möchte sagen, mit ständig wachsendem Genuß und immer größerer Freude an solchen Aufgaben, zu lösen gelernt hatten.« Jedoch hatten die Alliierten auch bei Dieppe, Salerno und Anzio vor diesen Herausforderungen gestanden und waren ihnen, wie sich zeigte, nicht gewachsen. Das Problem war letzten Endes eine Frage der Führung. Dazu heißt es bei Treue: »Eine ganz andere Aufgabe, und im Grunde die bedeutendste, bildete die Herstellung einer ebenso reibungs- und fehlerlos arbeitenden Kommandostelle, gewissermaßen die Schaffung des Lords für Overlord«, bemerkte er mit einem Anflug von für einen Deutschen ungewöhnlichem Esprit, »des Oberstkommandierenden, der mit Hilfe seiner Stäbe dieses größte Invasionsunternehmen in Bewegung brachte, lenkte und zum Erfolg führte[38].« Es ist nicht möglich, diesen erstaunlichen Wandel hier im einzelnen durchzuspielen. In den achtziger Jahren, als viele Beteiligte noch am Leben waren, habe ich jedoch der Untersuchung dieses Problems viel Zeit gewidmet, und in den letzten 15 Jahren sind immer mehr historische Beweise aufgetaucht, die meine bisherigen Erkenntnisse bestätigen. Ich glaube, auf der Grundlage der historisch-biographischen Beweise kann man mit Fug und Recht sagen, daß der im Zusammenhang mit »Overlord« vor sich

---

38 Treue, Invasion (wie Anm. 17), S. 55.

gehende Wandel von zwei Hauptakteuren getragen wurde, von Eisenhower und Montgomery. Ihrer überraschenden Gemeinschaftsarbeit von Januar 1944 an war es zu verdanken, daß aus einer Operation, von der kaum jemand überzeugt war, innerhalb von fünf Monaten eine Operation wurde, an deren Erfolg nach und nach fast jeder zu glauben begann.

Lassen Sie mich zum Herbst 1943 zurückkehren. Seit über einem Jahr war General Eisenhower Oberbefehlshaber der alliierten Truppen in Nordwestafrika und im Mittelmeer, als er von Präsident Roosevelt im November 1943 zu seinem eigenen Erstaunen gebeten wurde, die Funktion des Obersten Befehlshabers für die Operation »Overlord« zu übernehmen, mit der die Zweite Front eröffnet werden sollte. Es stimmt, daß Eisenhower als Oberbefehlshaber der alliierten Truppen im Mittelmeer nicht sehr erfolgreich gewesen war. In der Tat hatten die Niederlage der Amerikaner bei Kasserine und die schwache Leistung der alliierten Truppen in Nordwestafrika dazu geführt, daß Eisenhower den erfahrenen britischen General, den Ehrenwerten Sir Harold Alexander, als seinen Stellvertreter einsetzte. Dieser war jedoch kaum besser – beide waren nette Herren und Sonntagsmaler mit einem Hang zur Gutmütigkeit. Sie sahen ihre Hauptaufgabe weniger darin, für Klarheit und Zusammenhalt auf dem Gefechtsfeld zu sorgen, als zu gewährleisten, daß die Alliierten weiterhin das gleiche Ziel verfolgten. Angesichts der taktischen Brillanz von Feldmarschall Kesselring sowie der Ausdauer und Kampfkraft der deutschen Verbände im Feld war der Mangel an Vision und Führungsqualitäten bei Eisenhower und Alexander im Herbst und Winter 1943/44 für zahlreiche Schlappen und die praktische Pattsituation in Italien verantwortlich. So war das Erteilen von Befehlen aus dem riesigen Hauptquartier Eisenhowers in Algier eine risikoreiche Art, Krieg in Italien zu führen, die eher zur »Chateau-Strategie« des Ersten Weltkrieges als zu einem modernen Krieg paßte. Kaum besser verhielt es sich mit General Alexanders Hauptquartier in Tunis. Mit anderen Worten, teilstreitkräfteübergreifende und gemeinsame Operationen funktionierten nicht wirklich, wenn die Führungsspitze den Befehlshabern der einzelnen Teilstreitkräfte und ihren eigenen Stäben nicht klar die Richtung wies. Dies geschah jedoch nie. Allzu oft mußten die Truppenkommandeure von Patton bis Montgomery – 1943 das Kriegsglück der Alliierten auf dem Gefechtsfeld retten. Wenn man die Tagebücher Pattons oder Montgomerys aus jener Zeit liest, erkennt man ihre tiefe Enttäuschung über die alliierte Führung. Zwar erfreuten sich die Alliierten einer zunehmenden Überlegenheit ihrer Luft-, See- und Landstreitkräfte, aber ihnen fehlte der Zusammenhalt, der mit jedem Tag, den sie Deutschland näher kamen, wichtiger wurde.

Da vereinbart worden war, daß die USA den Obersten Befehlshaber für die Operation »Overlord« benennen können, oblag die Auswahl des Befehlshabers der Landstreitkräfte der britischen Regierung unter Winston Churchill. Als Enkel eines Herzogs wollte Churchill einen Lord. Sir Harold Alexander war der Sohn eines Earl, hatte dieselbe englische Internatsschule (Harrow) besucht wie

Churchill und war wie dieser Sonntagsmaler. Alexander war für mehrere erfolgreiche Evakuierungen bzw. Absetzbewegungen verantwortlich gewesen, na-
mentlich die letzten zwei Tage von Dünkirchen und die Flucht der Briten aus
Rangun und Birma. Dagegen waren seine Fähigkeiten im Angriff nicht bemerkenswert. Er war ein Mann, der zwar nicht den Kopf verlor, allerdings auch
nicht viel drin hatte, wie selbst seine loyalsten Stabsoffiziere zugaben. Sogar sein
offizieller Biograph, Nigel Nicolson, bemerkte später über Alexander: »Er war
ein englischer Landadeliger, nahezu ungebildet, der nie ein Buch las und keinerlei Interesse an Kunst hatte, außer an seiner Malerei, nicht an der Malerei
anderer[39].«

Beunruhigenderweise bevorzugte auch General Eisenhower Alexander im
gleichen Maße wie Churchill. Am 17. Dezember 1943 bat er General Marshall,
den Befehlshaber der US Army, die Wahl Alexanders als Befehlshaber der
Landstreitkräfte für den D-Day zu unterstützen[40]. Deshalb fühlte sich Churchill
berechtigt, sein Kriegskabinett in London zu drängen, Alexanders Ernennung
zum Befehlshaber der Alliierten Landstreitkräfte zuzustimmen.

Sogar der Befehlshaber des britischen Heeres, Feldmarschall Sir Alan Brooke, hatte am 18. November 1943 in seinem Tagebuch festgehalten, daß Alexander weder die Persönlichkeit wäre noch den Weitblick haben würde, um das
Heer oder die drei Teilstreitkräfte zu führen. Erschöpft von seinen ständigen
Auseinandersetzungen mit dem Premierminister, widersetzte sich Brooke dessen Wunsch jedoch nicht.

Schließlich traf jedoch das Schicksal eine andere Entscheidung. Der Premierminister erkrankte an einer Lungenentzündung, und der stellvertretende
Premierminister in London, Mr. Attlee, stellte nach einer Beratung mit dem
Kriegskabinett fest, daß eine Kombination aus Eisenhower und Alexander für
eine so gefährliche Operation wie die alliierte Landung in der Normandie nicht
robust genug sei. Deshalb lehnten Attlee und das Kriegskabinett den Vorschlag
ab. Churchill in seinem Krankenbett gab nach, und schließlich fiel die Wahl auf
General Sir Bernard Montgomery, den starken, kühlen Helden von El Alamein,
der allerdings eine ziemliche Nervensäge war.

Dies war die wahre Geschichte der Besetzung der entscheidenden Führungspositionen für den D-Day. Montgomery wußte, was er wollte, verfügte
über Erfahrungen im Kampf gegen deutsche Truppen und war hartnäckig bis
zur Sturheit, um zu erreichen, was er wollte. Genau so einen Mann brauchten
die Alliierten Ende 1943, wenn die geplante Landung in Frankreich überhaupt
Hoffnung auf Erfolg haben sollte.

---

[39] Zit. nach: Hamilton, Monty. Master of the Battlefield (wie Anm. 34), S. 472.
[40] Joseph P. Hobbs, Dear General. Eisenhower's Letters to Marshall, Baltimore 1971,
      S. 132.

Seit 1938 hatte Montgomery gemeinsame teilstreitkraftübergreifende amphibische Operationen durchgespielt[41], von 1940 bis zum Sommer 1942 hatte er geprobt, auf eine potentielle deutsche Invasion von Dünkirchen aus zu reagieren und seit 1943 hatte er wirkliche gemeinsame Operationen durchgeführt. Als Gegner der Auflockerung hatte sich Montgomery gegen die von Eisenhower und Alexander im Frühling 1943 vorgeschlagenen weit auseinandergezogenen Landungen in Sizilien (Operation »Husky«) ausgesprochen, und auch am 3. Januar 1944 nahm er die detaillierten Vorschläge der Planer in London für die Zweite Front nicht ohne Zweifel zur Kenntnis. Nach Ansicht Montgomerys war es nicht die Aufgabe von Planern, anstelle der Befehlshaber zu planen, sondern diese zu beraten. Er selbst trat dafür ein, die Kräfte massiert gegen den entscheidenden Punkt mit größtmöglicher Überraschung und Feuerkraft einzusetzen und hielt es für notwendig, sich zumindest in Umrissen vorher eine klare Vorstellung von der zu führenden Schlacht zu machen.

Der vom COSSAC vorgeschlagene Plan für den D-Day sah vor, in der Normandie einen Landekopf zu bilden und diesen dann ständig zu verstärken. Dieser Landungsplatz war jedoch zu klein und zu schmal. Außerdem beinhaltete der Plan das abenteuerliche Projekt, nach der Landung nach Paris vorzustoßen, was von den deutschen Bodentruppen ohne Schwierigkeiten hätte verhindert werden können. Nach einer dreitägigen Diskussion sagte Montgomery, »er wolle eine aus fünf Divisionen bestehende Front, oder es würde sich nichts abspielen. Entweder mein Vorschlag wird angenommen oder Sie müssen sich jemand anderen suchen«, erinnerte sich einer der Chefplaner später. »Uns überkam eine Woge der Erleichterung[42].«

Als Eisenhower zehn Tage später aus den Vereinigten Staaten zurückkehrte, erklärte er sich mit Montgomery einverstanden, und zur Überraschung vieler bildeten sie ein brillantes anglo-amerikanisches Team. Zum erstenmal in der Geschichte der gemeinsamen Operationen der Alliierten war der Befehlshaber der Landstreitkräfte erfahren und verfügte über einen so hohen Dienstgrad, daß er sich nicht von seinen Kollegen von der Luftwaffe und Marine einschüchtern lassen mußte. Außerdem hatte er einen Oberbefehlshaber oder obersten Befehlshaber, der bereit war, ihn voll und ganz zu unterstützen. Eisenhower wiederum stand ein meisterhafter Befehlshaber der Landstreitkräfte zur Verfügung, der den bevorstehenden Feldzug plante und die Truppen gezielt dafür ausbildete, während er selbst den Einsatz der Luft- und Seestreitkräfte auf diesen Plan der Landstreitkräfte zuschnitt.

An dieser Stelle kann nicht näher auf den Plan eingegangen wrden, den Montgomery in den ersten Wochen des Jahres 1944 erarbeitete und allen seinen Stabsoffizieren aushändigte. Im wesentlichen schlug Montgomery vor, einen etwa 100 km breiten Streifen der normannischen Küste mit Boden- und Luft-

---

41 Siehe dazu Hamilton, Monty. The Making of a General (wie Anm. 2), S. 284–286.
42 Zit. nach: Hamilton, Monty. Master of the Battlefield (wie Anm. 34), S. 492.

landetruppen zu nehmen und dann in Richtung Inland vorzudringen und damit die deutschen Hauptkräfte an seiner östlichen Flanke bei Caen hinzuhalten, während die Amerikaner die Halbinsel Cotentin abschneiden, den Hafen von Cherbourg nehmen, bis zur Loire vorgehen und sich dann in östlicher Richtung bewegen sollten. Dadurch würde eine alliierte Dampfwalze entstehen, die sich in 90 Tagen von Le Havre bis Paris und Orleans bewegt haben würde.

Zu diesen Vorstellungen für die Handlungen nach der Landung haben sich viele Historiker geäußert. Sie beschäftigten sich mit solchen Fragen, ob Montgomery seinen Plan rechtzeitig verwirklichen konnte oder nicht, ob er wirksam ausgeführt wurde oder nicht, ob der Umstand, daß Caen nicht schnell genommen werden« konnte, die gesamte Schlacht beeinträchtigte, ob der »Ausbruch« in der Normandie schließlich das Ergebnis von Pattons genialen Fähigkeiten beim Einsatz der Panzerverbände gewesen sei und ob durch den Durchbruch nach Falaise noch mehr deutsche Kräfte hätten eingekesselt und gefangengenommen werden können, ob Montgomery ein großartiger oder schlechter Oberbefehlshaber war, ob die Deutschen ohne Hitler, ohne die Differenzen im deutschen Oberkommando und ohne die Fehleinschätzung, den Schwerpunkt nicht in der Normandie, sondern im Pas de Calais zu sehen, in der Normandie hätten gewinnen können.

Hier sollen jedoch nicht die Fragen des Feldzugs zu Lande erörtert, sondern, wenn möglich, die wichtigsten Lehren aus dem D-Day selbst für die höhere Führung in gemeinsamen Operationen der Alliierten herausgearbeitet werden. Wie bereits dargelegt, war D-Day sowohl in den Augen Hitlers als auch der Alliierten die Eröffnung einer entscheidenden Schlacht; war die ursprüngliche gemeinsame Planung – erarbeitet von den Stabsoffizieren der Alliierten ohne Befehlshaber (COSSAC) – eigentlich aussichtslos, d.h. es gab keinen Anlaß zu wirklicher Hoffnung auf Erfolg; war Hitler als Oberbefehlshaber zwar unberechenbar, hatte aber guten Grund zu der Annahme, wie im Fall Dieppe mit der Invasion am Boden fertig zu werden. So schrieb Keith Simpson: »Im Frühling und Frühsommer 1944 warteten Hitler und mit ihm Rundstedt und Rommel gespannt auf die bevorstehende Invasion der Alliierten im Westen in der Annahme, ihnen eine vernichtende Niederlage bereiten und dadurch wieder die strategische Initiative übernehmen zu können[43].«

Churchills Krankheit hatte zum Glück für die Alliierten, aber nicht für Hitler, den Versuch von Eisenhower und Churchill vereitelt, Alexander als Befehlshaber der Alliierten Landstreitkräfte einzusetzen. Während Alexander 1944 mit der Schande von Anzio leben mußte – die alliierten Truppen mußten an der Küste um ihre nackte Existenz kämpfen und hatten Verluste in Höhe von 20 000 Mann zu beklagen –, konnten Eisenhower und Montgomery die alliierten Truppen in England mit wachsender Zuversicht auf die größte amphibische Invasion in der Geschichte der Menschheit vorbereiten. Als Montgomery im

---

[43]   Simpson, A Close Run Thing? (wie Anm. 20), S. 62.

April und Mai 1944 in seinem Hauptquartier in London seine Pläne präsentierte, hatte selbst Churchill seine Ansicht geändert. »Meine Herren, allmählich
kann ich diesem Unternehmen etwas abgewinnen«, verkündete er zur Überraschung Eisenhowers, dem entgangen war, welch große Zweifel Churchill gehegt
hatte.

Montgomerys Erfahrung, Klarheit und absoluter Durchblick hatten nicht
nur dazu beigetragen, die Zweifler unter den Militärs, sondern auch seinen politischen Vorgesetzten zu überzeugen. »Montgomery strahlte äußerstes Selbstvertrauen und das sehr starke Gefühl aus, daß nichts vergessen oder dem Zufall
überlassen worden war«, erinnerte sich Churchill an den eineinhalbstündigen
Vortrag Montgomerys am 7. April 1944. Es war deutlich, daß Montgomery
nicht nur einen Plan für die Landungen in der Normandie selbst hatte, sondern
auch für die drei Monate der Schlacht danach[44]. »Das herausragendste Merkmal
seiner Konzeption«, hielt der britische Director of Military Operations in seinem Tagebuch fest, »besteht darin, daß die von ihm vorgeschlagenen Operationen wohlerwogen sind. Er beabsichtigt, den Brückenkopf schrittweise zu erweitern, Häfen zu nehmen und schließlich in etwa drei Monaten bis zur Linie
Seine-Paris-Bretagne vorzudringen[45].«

Die Notwendigkeit einer starken Führung an der Spitze, die nicht nur für die
Landung, sondern auch für die sich anschließende Schlacht einen klaren und
realistischen Plan hatte und über ein Team verfügte, das diese Vision in die Tat
umsetzen konnte, war die wichtigste Lehre des D-Day.

Schaltpläne der Hierarchie sind sowohl beim Militär als auch in der Wirtschaft zu einem Bestandteil der Führung geworden, und so möchte ich hier auf
die alliierte und die deutsche Führung eingehen. Derartige Hierarchien können
jedoch nur erfolgreich sein, *wenn die oberste Führung die erforderliche Energie bereitstel-*
len kann, um solche Schaltungen – besonders bei der Bewältigung von Krisen – in Betrieb zu
setzen.

Die Alliierten hatten 1944 nur wenige Monate Zeit dafür. Der Befehlshaber
der Luftstreitkräfte (Sir Trafford Leigh-Mallory) war bestenfalls mittelmäßig,
während der Befehlshaber der Marine (Sir Bertram Ramsay, der die Evakuierung aus Dünkirchen geleitet hatte) zwar erfahren und tüchtig, aber unbeholfen
und eingebildet war. Beide hatten schon zuvor mit Montgomery zusammengearbeitet und seit 1942 auf die Art sachlicher Führung gewartet, die dieser nun
ausübte, obwohl beide von seiner Überheblichkeit wie betäubt waren. Die Veröffentlichung von Ramsays Tagebuch[46] macht deutlich, in welch schwieriger
Lage sich Montgomery befand. Bei einem Treffen am 2. Januar 1944 klagte
Ramsay, daß Montgomerys Ernennung »zwei Monate zu spät käme und sicher-

---

44 Hamilton, Monty. Master of the Battlefield (wie Anm. 34), S. 559.
45 Zit. nach: Ebd.
46 The Year of D Day. The 1944 Diary of Admiral Sir Bertram Ramsay, hrsg. von Robert
    W. Love, John Major, Hull 1994.

lich dazu führen würde, daß der größte Teil des Plans, auf den jetzt hingearbei-
tet würde, wieder umgeworfen werden müsse«. Am folgenden Tag notierte er,
daß Montgomerys erste Eindrücke von diesem Plan, wie er befürchtet hatte,
nicht gut waren[47]. Noch schlimmer war für Ramsay die Mitteilung von Eisenhowers Stabschef, Generalleutnant Bedell Smith, daß Eisenhower entschieden
habe, die britischen und amerikanischen Heeresverbände Montgomery zu unterstellen. »Das war etwas völlig Neues, denn dadurch würde dieser zum Oberbefehlshaber der Landstreitkräfte, wozu er meiner Ansicht die Autorität nicht
hatte[48].« Als Montgomery den Plan des COSSAC zu ändern begann, fand Ramsay Eisenhowers Aufenthalt in Amerika immer ungeheuerlicher. »Genau in
dieser Zeit hätte er hier sein sollen, um den Plan durchzusetzen und mit den
Stabschefs über ihn zu verhandeln[49].«

Ramsey fiel damit in die Zeiten von Dieppe zurück, in denen ein Ausschuß
für einen Ausschuß plante. Montgomery wollte davon nichts wissen und übernahm die gesamte Neuplanung selbst. Bereits am 5. Januar 1944 hatte man
Ramsay dazu gebracht, einem Angriff mit vier anstatt drei Divisionen zuzustimmen, wobei eine weitere Division eingeschifft als Reserve bereitgehalten
werden sollte. Zu seiner Überraschung stellte er fest, daß der Chef des Marine-
stabes keine Schwierigkeiten bereitete, sondern sich zustimmend verhielt. Am
7. Januar klagte er, daß die Änderungen für den überarbeiteten Plan »sehr weitreichend und für den Fortgang der Planung absolut verheerend« seien. Obwohl
er feststellte, daß der »Stab ein wenig verzweifelt darüber sei«[50], war in Wirklichkeit das Gegenteil der Fall. Selbst die am stärksten antibritisch Eingestellten
unter den Angehörigen des Stabes waren erleichtert; endlich hatte ein militärischer Führer die Verantwortung übernommen, der eine Operation zum Erfolg
zu führen vermochte! Am 10. Januar lamentierte Ramsay noch: »Ich trug die
Angelegenheit der Marine in eindringlichen Worten vor, aber wie gewöhnlich
interessierte dies Monty nur insofern, ob ich sagte, ich würde etwas tun bzw.
nicht tun[51].« Und zwei Tage später, als sich die Befehlshaber der Teilstreitkräfte
in Montgomerys Hauptquartier einfanden, platzte Ramsay fast vor Wut: »Das
Treffen war viel zu aufwendig und sehr schlecht angelegt, da man mit ihm an-
deuten wollte, daß Monty der oberste Befehlshaber sei, während L[eigh].
M[allory]. und ich ihm untergeordnet seien, was absurd war, da wir alle gleich-
rangig sind[52].«

Dies sagt viel aus über die Art der Briten, teilstreitkraftübergreifend Krieg zu
führen. Doch indem er dem überarbeiteten Operationsplan und dem danach zu

---

[47] Ebd., S. 1.
[48] Ebd., S. 2.
[49] Ebd.
[50] Ebd., S. 4.
[51] Ebd., S. 5.
[52] Ebd., S. 6.

führenden Gefecht eine klare Aussage verlieh, konnte Montgomery nach der Rückkehr Eisenhowers aus Amerika in der dritten Januarwoche mit dessen Unterstützung als Oberster Befehlshaber ein Unternehmen, an das niemand geglaubt hatte, in einen Angriff mit fünf Divisionen verwandeln, in ein Unternehmen, von dessen Gelingen nun fast jeder überzeugt war. Das Ziel der Invasion bestand darin, die alliierten Armeen in Frankreich zu landen und so zu verstärken, daß sie die deutschen Truppen im Westen schlagen könnten. Hier führten alle Straßen nach Rom (d.h. Paris), sei es die Planung des Seetransports oder der Feuerunterstützung von See her, sei es die Schaffung künstlicher Häfen oder der Schutz der Schiffe vor U-Booten und Minen, sei es der Versuch, die deutsche Luftwaffe in Frankreich niederzuhalten und den deutschen Eisenbahn- und Straßentransport zur Normandie durch strategische Fliegerkäfte zu unterbrechen, sei es das Ersinnen wirksamer Täuschungsmaßnahmen, um die deutschen Streitkräfte hinsichtlich des Orts und der Zeit der Invasion in die Irre zu führen, um sie möglicherweise dazu zu bringen, die Normandie als Ziel eines Scheinangriffs anzusehen und selbst noch Wochen nach den Landungen in der Normandie die eigentliche Invasion im Pas de Calais zu erwarten. Alle diese und weitere Vorbereitungen enthielt der von Montgomery erarbeitete und von Eisenhower unterstützte Plan. Bei jeder teilstreitkraftübergreifenden Maßnahme, die in Vorbereitung auf den D-Day unter Leitung Eisenhowers durchgeführt wurde, konnte er als Oberster Befehlshaber fragen, ob sie Montgomery hilft, die Armeen an Land zu bringen und an Land zu halten sowie sie bei ihrem Feldzug zu schützen und zu unterstützen. Natürlich blieben auch Fehler und Irrtümer nicht aus, auch der Stolz des einen oder anderen wurde verletzt (so z.B. als Montgomery es »für selbstverständlich hielt«, daß Ramsay seine Einwilligung zu dem neuen Plan geben würde[53]). Jedoch machten die Klarheit und Rechtschaffenheit in Montgomerys Auftreten, seine nie nachlassenden Bemühungen um die Vorbereitung seiner Truppen alle Schwächen wett. Der Unterschied zwischen Norwegen und Anzio einerseits und dem D-Day war nahezu unglaublich.

In der neuesten militärhistorischen Forschung, zumindest in der englischen und amerikanischen, wird die Frage der Verteidigung der Deutschen gegen die Invasion am D-Day aufgeworfen. Dabei denke ich besonders an Theodore L. Gatchels »At the Water's Edge«[54] und Keith Simpsons »A Close Run Thing?«[55] Wie viele andere Untersuchungen aus Sicht der Alliierten – wie z.B. Alfred Vagts bereits 1946 erschienene Arbeit »Landing Operations«[56] – können derartige Analysen dazu beitragen, einzelne Aspekte von gemeinsamen Operationen zu untersuchen: den Einsatz von Schwimmpanzern, den Einsatz von Fall-

---

53 Eintragung vom 12.1.44, in: Ebd.
54 Gatchel, At the Waters Edge (wie Anm. 24).
55 Simpson, A Close Run Thing? (wie Anm. 20).
56 Vagts, Landing Operations (wie Anm. 15).

schirmjägern und von Gleitern abgesetzten Luftlandetruppen, die Aufklärung, die geologische Forschung, die Artillerieunterstützung von See, die unmittelbare Luftunterstützung, die vorbereitende Ausbildung der Truppen und das Durchspielen der Operation mit den Truppen usw. Die Lehren daraus gelten für viele andere Landungen auch während des Zweiten Weltkrieges, und chronologisch ist es gerechtfertigt, wie Wilhelm Treue zu sagen, daß der D-Day den höchsten Stand der Verfahren darstellte, die sich die Alliierten bis zum Sommer 1944 angeeignet hatten[57]. Jedoch sollten wir auch nicht die Augen vor den ständigen Mängeln bei der alliierten Zusammenarbeit vor und nach dem D-Day verschließen. Verwiesen sei auf die Schwierigkeiten, die es bereitete, die Luftstreitkräfte zur Bombardierung der Heckenlandschaft zu bewegen; die mangelnde Bereitschaft der RAF zuzugeben, daß ihre Flugzeuge zur unmittelbaren Luftunterstützung die deutschen Panzer in der Normandie nicht außer Gefecht gesetzt hatten, wie sie behaupteten; das völlige Fehlschlagen des gemeinsamen Angriffs der Luft- und Landstreitkräfte auf Arnheim im September 1944; die Tatsache, daß die Vormarschstraßen nach Antwerpen nicht frühzeitig gesichert wurden; die Niederlagen von Kos und Leros; die anfängliche Niederlage der Alliierten in den Ardennen im Dezember 1944; die Tatsache, daß die westlichen Alliierten nicht an der Einnahme Berlins im April 1945 beteiligt waren usw.

Deshalb ist es nach meiner Ansicht als Biograph und Historiker des Zweiten Weltkrieges von größter historischer Wichtigkeit, den Charakter der Führung bei der Invasion am D-Day im Lichte des historischen Wissens zu bestimmen und uns dabei auf den bereits 1955 von Wilhelm Treue beschworenen »Geist der Bewegung« zu konzentrieren. So können wir ihre Bedeutung für den Erfolg der alliierten Landung in der Normandie richtig bewerten können und auch sehen, wie wichtig dieses Beispiel für die Militärgeschichte seit dem Zweiten Weltkrieg gewesen ist.

General Montgomery hat sich sein Leben lang auf die Übernahme eines Oberkommandos vorbereitet. Ihm waren Weitsicht und ein hohes Maß an Willenskraft eigen. Jedoch war er weniger geeignet, in einem Team zu arbeiten, als ein Team zu führen. »Mit der Zusammenarbeit gibt es keine Schwierigkeiten, mein lieber Junge. Sie tun, was ich ihnen sage«, hatte er bereits 1937 in einer Invasionsübung bemerkt[58].

Im Gegensatz zu Montgomery konnte General Eisenhower als brillanter Stabsoffizier und Teamleiter zwar die Zusammenarbeit bei der Organisation der Landungen am D-Day gewährleisten, verfügte aber als Pragmatiker nicht über die Fähigkeit, Visionen zu entwickeln und einen Plan für einen schlagkräftigen Sturmangriff sowie einen Plan für die Kämpfe nach der Landung zu entwickeln. Statt dessen favorisierte er weiterhin Nebenlandungen im Süden Frankreichs

---

[57] Treue, Invasionen (wie Anm. 17), S. 54, 60.
[58] Zit. nach: Hamilton, Monty. Master of the Battlefield (wie Anm. 34), S. 284.

(»Anvil«), die strategisch unnötig waren und von der wirklichen Aufgabe ablenkten.

Außerdem sollten wir nicht nur die Rolle einzelner Personen in der Militärgeschichte, sondern auch das Wirken von Teams sehen. *Nach meiner Ansicht und der vieler anderer Historiker hätte die Kombination von Eisenhower und Alexander als Befehlshaber für den D-Day zu einem Mißerfolg der Alliierten geführt,* sie hätte dazu geführt, daß Eisenhower das berühmte Stück Papier, das er während des D-Day in der Tasche trug und das die Räumung der Strände vorsah, hätte hervorholen müssen.

Montgomery verlieh der Planung der gemeinsamen Landung der Alliierten, der Ausbildung der Truppen für dieses Unternehmen und der Frage des Kommandos absolute Klarheit und übte als Oberbefehlshaber der Landstreitkräfte vom Januar 1944 an die Führung aus, die die Alliierten benötigten, um gegen einen ernstzunehmenden Gegner und erbitterten Widerstand siegreich zu sein – eine Führung, die Eisenhower als Oberster Befehlshaber von ganzem Herzen unterstützte. Später trieb Montgomery Eisenhower mit seiner Insubordination zwar fast zur Resignation; was den D-Day betraf, blieb dieser jedoch bei seiner Meinung: »Ich weiß nicht, ob wir es ohne Monty geschafft hätten«, vertraute er Drew Middleton an. »Es war seine Art von Schlacht. Was immer man über ihn sagen mag, er hat uns so weit gebracht[59].«

In ähnlicher Weise betrachtete Montgomery Eisenhowers Wirken als Oberster Befehlshaber als entscheidenden Faktor, durch den der D-Day, im Gegensatz zum Desaster von Dieppe, zu einem Erfolg werden konnte. »Das Landungsunternehmen von Dieppe«, sinnierte er im Rückblick, »ist ein gutes Beispiel für eine Operation, in der die Regeln einer erfolgreichen Gefechtsführung verletzt wurden. Es war klar, daß die Operation sehr schwierig und gefährlich werden würde; deshalb wäre Einfachheit vonnöten gewesen. Statt dessen war der Plan kompliziert. Die Vereinbarungen für die Übermittlung von Befehlen und Meldungen waren unzulänglich. Die bei der Operation eingesetzten Truppen waren unerfahren und hatten noch nie gegen die Deutschen gekämpft. Auch der General war unerfahren. ›Viele Köche verderben den Brei‹, und hier gab es zu viele ›Köche‹, aber keinen verantwortlichen Chef. Im modernen Krieg sind bestimmte Faktoren von vitaler Bedeutung. Einige wenige davon sind:
– Einfachheit;
– zuverlässige Übermittlung von Befehlen und Meldungen;
– eine klar strukturierte Führung;
– erfahrene Befehlshaber und Truppen.
All das fehlte. [...] Schließlich gab es auch keinen Befehlshaber, der die Verantwortung hatte. In den endlosen Auswertungen, die dem Unternehmen Dieppe folgten, wollte niemand die Schuld auf sich nehmen – so blieb nur der tapfere Generalmajor Roberts, der kanadische Divisionskommandeur, übrig. Unter

---

59 Zit. nach: Nigel Hamilton, Monty. The Field-Marshal, S. 946 f.

solchen Bedingungen ist es nur zu einfach, jemandem den Schwarzen Peter zuzuschieben. Als wir 1944 in der Normandie landeten, war Eisenhower für die gesamte Operation unmittelbar verantwortlich. Er übernahm diese Verantwortung. Bei jedem Einsatz in einem Krieg muß jemand verantwortlich sein. Der bringt an der Tür seines Arbeitszimmers dann einen Hinweis an: ›Den Schwarzen Peter bitte hierher‹[60].«

Obwohl die Alliierten in Italien zu Lande, zu Wasser und in der Luft überlegen waren, erwies sich die Kombination aus Alexander als Oberbefehlshaber und General Lucas als Befehlshaber der Landstreitkräfte für die gemeinsame Landungsoperation von Anzio im Januar 1944 mehr oder weniger als Katastrophe. Im Gegensatz zu diesem Unternehmen konnten die Alliierten bei den erfolgreichen Landungen am D-Day fünf Monate später und in der darauffolgenden Schlacht in der Normandie, in die alliierte Kontingente aus sechs Ländern (USA, Großbritannien, Kanada, Frankreich, Belgien und Polen), einbezogen waren, nicht nur die Summe ihrer Stärken ins Feld führen, sondern, wie es Eisenhower formulierte, ein Vielfaches davon. Obwohl sie nicht auf eine strategische Überraschung hoffen konnten, gelangen ihnen doch, wie bei El Alamein, die taktische Überraschung und die Erschütterung des Feindes. Indem sie dieselben Verfahren der Täuschung und Konzentration auf einen einzelnen Abschnitt wie in der Wüste anwandten, konnten die Alliierten einen Schlag führen, der mit seiner Konzentration der See-, Luft- und Landstreitkräfte so gewaltig und massiert war, daß der Feind wie gelähmt war und die der deutschen Kommandostruktur innewohnenden Differenzen, Überschneidungen, Widersprüche und Nachteile (Rommel hielt sich nicht einmal in Frankreich auf) entschlossen ausgenutzt werden konnten.

Dadurch, daß Eisenhower Montgomerys Plan und sein Kommando über die für die Operation bereitgestellten britischen und amerikanischen Truppen unterstützte, konnte er die ihm unterstellten Luftwaffen- und Marinebefehlshaber mit dem erforderlichen »Geist« erfüllen, an dem es in Sizilien, Salerno und schließlich bei den Planungen für Anzio gefehlt hatte. Für eine kurze Zeit und eine besondere gemeinsame Operation wurde der »Geist der Zusammenarbeit« zur Realität. Die Ergebnisse waren – wie Hitler und die Alliierten wußten – von entscheidender Tragweite.

Aus diesen Gründen wurde der D-Day zu einem Modellfall für eine teilstreitkraftübergreifende und gemeinsame interalliierte Kriegführung, gegen die sich nicht einmal die deutschen Infanterie- und Panzerkräfte mit ihrer offenkundig überlegenen Leistung auf dem Gefechtsfeld behaupten konnten. Gegen das beste Heer der Welt konnten sich die »weichen«, weitgehend aus Reservisten bestehenden Armeen der Alliierten – mit Unterstützung von Bombern und Erdkampfjägern sowie Panzerknackern und Schiffsartillerie, die per Funk vom

---

[60] Imperial War Museum, London, Montgomery Collections, LM Deposit, Note by the Field-Marshal Montgomery on the Dieppe Raid, August 1962.

Kampffeld aus angefordert wurde, und mit Hilfe der Nachrichtendienste, die die deutschen Codes knackten – nach ihrer Landung auf dem Festland »mit roher Gewalt« den Weg bis zur Elbe bahnen. Wie im Amerikanischen Bürgerkrieg verliefen auch die Kämpfe nach dem D-Day nicht makellos oder besonders einfallsreich, aber die Lehren für die Demokratie waren eindeutig: Ein Staat mußte nicht militaristisch oder undemokratisch werden, um einen solchen Staat zu bekämpfen; man mußte sich lediglich zusammenreißen und sowohl durch Kombination und Kooperation als auch durch eine großartige Führung die industrielle und technische Überlegenheit der Demokratien auf dem Schlachtfeld zur Geltung bringen. Dies taten die Alliierten am D-Day.

Während Sizilien, Salerno und Anzio die den gemeinsamen und teilstreitkraftübergreifenden Operationen innewohnenden Risiken zeigten, bewies der D-Day etwas anderes. Er war nicht nur die entscheidende Operation des Zweiten Weltkrieges, sondern wurde auch zum Beispiel für eine erfolgreiche vereinigte alliierte Führung und zur Grundlage für die Schaffung der westlichen Gemeinschaft und der NATO – *in der Tat sollte seine beispielhafte Rolle alle anderen gemeinsamen Operationen der Alliierten im weiteren Verlauf des 20. Jahrhunderts beeinflussen.* Wo die Alliierten einseitig oder ohne politischen und militärischen Zusammenhalt agierten, wie es in Suez oder bei den französischen und amerikanischen Operationen in Vietnam der Fall war, wurden nur sehr dürftige Ergebnisse erzielt. Wo jedoch die Alliierten mit politisch-militärischer Klarheit operierten und das richtige Team von Befehlshabern an die Spitze gestellt hatten, waren die Ergebnisse spektakulär, wie zum Beispiel bei der von Powell und Schwarzkopf geführten Operation »Desert Storm« während des Golfkrieges.

Die Lehren des D-Day und seine Auswirkungen auf die Führung waren Legion. Ein Oberster Alliierter Befehlshaber hatte die Gesamtverantwortung übernommen; zu seinem Team gehörten die Oberbefehlshaber der drei Teilstreitkräfte Heer, Marine und Luftwaffe, die ihm mit ihrem jeweiligen Stab unterstellt waren; aber es waren de facto die Weitsicht, die Energie und Furchtlosigkeit, man könnte auch sagen die unbequeme Führung durch den Oberbefehlshaber des Heeres, die der gemeinsamen Operation die Triebkraft, den »Geist der Bewegung«, verliehen, ohne die der D-Day fehlgeschlagen wäre. Nach dem Erfolg sollte diese Operation jedoch für die nächsten 60 Jahre zum Modell für die teilstreitkraftübergreifende Zusammenarbeit zwischen den Alliierten werden.

Richtig hat Hitler auf die schwache Gesundheit Churchills als Faktor bei der bevorstehenden, entscheidenden Schlacht des Zweiten Weltkrieges verwiesen. Ironischerweise haben wir als Erben der freien Welt Churchills Lungenentzündung das Team zu verdanken, das die Führung übernahm, die Landungen am D-Day zum Erfolg führte und damit ein Beispiel für die militärische Bündnisverteidigung während des gesamten Kalten Krieges gab, das noch heute maßgebend ist.

Edward J. Marolda

Teilstreitkräfteübergreifende und interalliierte Operationen im Golfkrieg

Die amerikanischen und die mit ihnen verbündeten Streitkräfte kämpften im Golfkrieg als ein Team, das eine der außergewöhnlichsten Kampagnen in der Militärgeschichte durchführte. Unter der Führung der Amerikaner konnten die Koalitionsstreitkräfte die kuwaitische Regierung wieder einsetzen und Saddam Husseins Möglichkeiten zur Bedrohung des Friedens in der Region stark einschränken. Die multinationale Streitmacht reduzierte die irakischen Luftstreitkräfte um mehr als die Hälfte, schaltete die irakische Marine als Kampftruppe aus und vernichtete 4200 Panzer und andere gepanzerte Fahrzeuge sowie Mannschaftstransportwagen und Artilleriegeschütze; insgesamt wurden etwa 100 000 irakische Soldaten getötet, verwundet oder gefangengenommen. Dem Kriegsgegner gelang es nicht, ein einziges Kriegsschiff der Koalitionskräfte zu versenken, und es wurde auch nur eine verhältnismäßig kleine Zahl ihrer Luftfahrzeuge abgeschossen[1]. Insgesamt sind 148 amerikanische und 192 nichtamerikanische Soldaten und Soldatinnen der Koalitionstruppen gefallen[2].

Die US Navy, die Coast Guard und das Marine Corps sowie die Marinekräfte der Koalitionsstreitmacht wirkten bei der Überwachung des UN-Embargos präzise zusammen; damit wurde verhindert, daß Saddam Hussein sein Öl exportieren und Ressourcen für seine Kriegführung beschaffen konnte. Die Patrouillenschiffe der Koalitionsstreitmacht stoppten verdächtige Handelsschiffe und entsandten einen Inspektionstrupp an Bord. Dieser Trupp bestand in der Regel aus einem Offizier der US Coast Guard, einem Marineoffizier und drei Soldaten der Coast Guard. Die Angehörigen der US Coast Guard gehörten zu den Law Enforcement Detachments (LEDETs), die für Drogenbekämpfungseinsätze in der Karibik aufgestellt worden waren; die Angehörigen dieser

---

1 Eliot A. Cohen, Gulf War Air Power Survey, Washington 1993, Band 5, Teil 1, S. 41. Sofern in vorliegendem Beitrag kein besonderer Hinweis erfolgt, stammen die Angaben aus der Publikation von Edward J. Marolda, Robert J. Schneller, Shield and Sword. The United States Navy and the Persian Gulf War, Washington 1999.

2 Department of Defense, Conduct of the Persian Gulf War: Final Report to Congress: Pursuant to Title V of the Persian Gulf Conflict Supplemental Authorization and Personal Benefits Act of 1991 (Public Law 102−25), Washington 1992, 27−1.

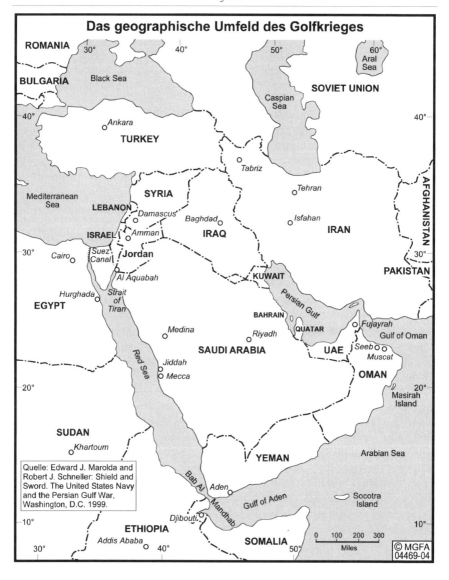

Das geographische Umfeld des Golfkrieges

ROMANIA

BULGARIA

Black Sea

TURKEY

Ankara

SOVIET UNION

Caspian Sea

Aral Sea

Mediterranean Sea

LEBANON

SYRIA

Damascus

Baghdad

Isfahan

Tehran

Tabriz

ISRAEL

Amman

IRAQ

IRAN

AFGHANISTAN

PAKISTAN

Cairo

Suez Canal

Jordan

Al Aquabah

KUWAIT

Hurghada

Strait of Tiran

EGYPT

Medina

Riyadh

BAHRAIN

QUATAR

Persian Gulf

Fujayrah

Gulf of Oman

Jiddah

SAUDI ARABIA

UAE

Seeb

Muscat

Mecca

OMAN

Masirah Island

SUDAN

Khartoum

YEMAN

Arabian Sea

Quelle: Edward J. Marolda and Robert J. Schneller: Shield and Sword. The United States Navy and the Persian Gulf War, Washington, D.C. 1999.

Red Sea

Bab Al Mandhab

Aden

Gulf of Aden

Socotra Island

Djibouti

ETHIOPIA

Addis Ababa

SOMALIA

0   100   200   300
Miles

© MGFA
04469-04

LEDETs waren aufgrund ihrer früheren Erfahrung mit dem Entern von Schiffen, dem Umgang mit Handfeuerwaffen, mit Schmugglertricks sowie mit den umfangreichen und schwierigen Frachtdokumenten und dem Seerecht gut vertraut. Ein australischer Beobachter bezeichnete die LEDET-Einheiten als die »erfahrensten Enter- und Untersuchungstrupps der Welt«[3].

Die US Navy führte zusammen mit amerikanischen und britischen Marineinfanteristen ebenfalls Abfangoperationen auf See durch. Wollte ein Handelsschiff seine Fahrt nicht unterbrechen, setzten die Eingreifkräfte Hubschrauber zur »vertikalen Einschleusung« bewaffneter Trupps ein, die an Bord das Kommando übernahmen. Sobald der Trupp die Brücke besetzt und das Schiff unter Kontrolle gebracht hatte, setzten kleine Boote der in der Nähe befindlichen Kriegsschiffe den Inspektionstrupp über.

Eine typische Operation dieser Art war der Einsatz von US Navy, Coast Guard, Marine Corps und multinationalen Kräften am 28. September 1990. Als die australische Fregatte »Darwin« den irakischen Öltanker »Amuriyah« vor der Küste von Oman in der Nähe der Insel Masirah aufbrachte, weigerte sich die irakische Seite, auf die per Funk abgesetzten Anfragen der »Darwin« zu antworten. Schon bald waren die amerikanischen Schiffe »Reasoner« und »Odgen« und die britische Fregatte »Brazen« am Ort des Geschehens. In der Hoffnung, das Handelsschiff zu stoppen, überquerten ein Jagdflugzeug vom Typ F-14 Tomcat und ein Jagdbomber vom Typ F/A-18 Hornet (beide vom Flugzeugträger »Independence«) das Schiff sechs Mal im Tiefflug. »Reasoner« und »Darwin« feuerten Warnschüsse vor den Bug des Handelsschiffes, was die Iraker jedoch nicht zur Einstellung ihrer Fahrt veranlaßte. Schließlich wurden 21 US-Marineinfanteristen von Hubschraubern aus auf das Deck des Handelsschiffes abgeseilt. Die Marineinfanteristen und die anschließend eintreffenden Marinekräfte hätten die Kontrolle über die »Amuriyah« übernehmen können, da aber die LEDET keine unzulässige Fracht entdeckte, gestattete der Einsatzleiter dem Schiff die Fortsetzung der Fahrt[4]. Bei dieser und bei anderen Operationen haben die alliierten Marinekräfte, insbesondere der NATO, gut zusammengearbeitet, weil sie schon viele Jahre zusammengewirkt hatten. Während des Kalten Krieges haben die Marinekräfte Australiens, Spaniens, Argentiniens und anderer

3   David Horner, The Gulf Commitment. The Australian Defence Force's First War, Melbourne 1992, S. 88.

4   Tom Delery, Away the Boarding Party!, in: Proceedings, 117, Mai 1991, S. 71; Department of Defense, Conduct of the Persian Gulf War: Final Report to Congress, Washington 1992, S. 58–59; Charles M. Herndon Jr., Amphibious Forces and the Gulf War, in: Marine Corps Gazette, 77, Februar 1993, S. 79–80; Naval Historical Center; Operational Archives (OA), HMAS *Darwin*, Report of Proceedings, Oktober 1990, S. 5–6 (im Besitz des Verf.); Horner, The Gulf Commitment (wie Anm. 3), S. 94–96.

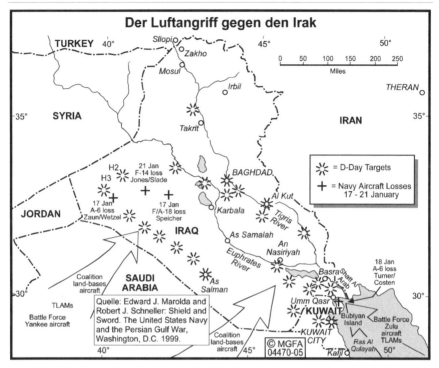

Der Luftangriff gegen den Irak

westlicher Länder gemeinsam mit der US Navy geübt, und diese Erfahrung hat das gegenseitige Verständnis und die Kommunikation gefördert[5].

Die US Navy und US Coast Guard bildeten auch kombinierte Hafensicherheits- und Hafenverteidigungsgruppen, die Ad Damman, Al Jubayl und Manama (Bahrain), die wichtigsten Häfen auf der Arabischen Halbinsel, überwachten und verteidigten, denn in diesen Häfen wurde die Masse der zur Befreiung von Kuwait bestimmten alliierten Bodentruppen angelandet. Die Verantwortlichen der US Navy waren sich bewußt, daß die Schiffe in diesen Häfen und Dockanlagen durch kleine Boote mit Sprengstoff, Kampfschwimmer und Saboteure gefährdet waren. Im November wurden Reservisten der Navy, die mobilen Einheiten für Unterwasserkriegführung in Küstengewässern angehörten, und Reservisten der US Coast Guard mit ihren Booten und ihrer Ausrüstung in den Persischen Golf geflogen.

Diese Einheiten stellten an strategischen Punkten auf den Landungsbrücken der wichtigsten Häfen Lkw mit Radar-, Sonar- und Funk- sowie Tag- und Nachtsichtgeräten auf. Die Angehörigen dieser Einheiten behielten die Schiffe in diesen Häfen rund um die Uhr mit elektronischen Überwachungssystemen

---

5   Operation Damask: RAN Participation in UN Sanctions against Iraq, Anlage des Schreibens HMAS Brisbane, 5/5/60, 26. August 1991, S. 5.

im Auge, um jegliche Bewegung in der Umgebung dieser Schiffe sowie unter ihnen wahrzunehmen. Sobald eine Einheit eine verdächtige Bewegung feststellte, ordnete der verantwortliche Marineoffizier eine Überprüfung durch Patrouillenkräfte der Coast Guard an. Wie auch bei anderen in die Golfregion verlegten Reserve- und regulären Truppen gab es bei den Hafensicherungs- und Hafenverteidigungsgruppen anfänglich operative Mängel. Unzureichende Ausbildung sowie fehlende Vertrautheit mit den Einsatzverfahren der anderen Kräfte verursachten Schwierigkeiten. Auch gab es persönliche Konflikte zwischen Einheitsführern. Nach dem Krieg äußerte ein Offizier der US Coast Guard, daß die Hafensicherungs- und Hafenverteidigungstrupps, die gemeinsam von der Navy und der Coast Guard aufgestellt worden waren, bei Beginn von »Desert Storm« jedoch gut aufeinander eingespielt gewesen seien, wobei die Einheiten die »Augen und Ohren« und die Hafensicherungseinheiten »die Zähne« bei der Operation gewesen seien[6].

In den frühen Morgenstunden des 17. Januar 1991 begannen die Koalitionsstreitkräfte einen massiven, koordinierten und komplex angelegten Luftangriff gegen Ziele im Irak und in Kuwait. An diesem und an den folgenden Tagen feuerten die im Golf, im Roten Meer sowie im östlichen Mittelmeer stationierten Schlachtschiffe, Zerstörer und U-Boote 282 Landzielflugkörper vom Typ Tomahawk auf Ziele in Bagdad ab. Jagd- und Luftangriffsstaffeln von sechs amerikanischen Flugzeugträgern beteiligten sich an diesem blitzartigen Lufteinsatz, der auch von britischen, französischen und italienischen Flugzeugen unterstützt wurde. Niederländische, kanadische und australische Schiffe legten schützende Nebelwände um die amerikanischen Flugzeugträger.

Ein wichtiges Unternehmen im Rahmen von »Desert Storm« waren die teilstreitkräfteübergreifenden und multinationalen Anstrengungen zum Erlangen der Kontrolle über den nördlichen Golfraum. Die Battle Force Zulu des amerikanischen Rear Admiral Daniel March sorgte für einen durchschlagenden, offensiven Einsatz. Alliierte Schiffe mit weitreichenden Radargeräten, Patrouillenflugzeuge und Kampfflugzeuge, Hubschrauber vom Typ OH-58D Kiowa Warrior der US Army, die von Deck der Fregatten eingesetzt wurden, beherrschten die Gewässer vor der kuwaitischen und irakischen Küste. Britische Hubschrauber vom Typ Lynx mit Sea Skua-Flugkörpern operierten von Kriegsschiffen der Royal Navy aus ebenfalls mit vernichtender Wirkung für die gegnerischen Schiffe. Teilstreitkräfteübergreifende und interallierte Hubschrauberstaffeln wendeten eine neuartige Hunter/Killer-Taktik an, wobei sie hochempfindliche Radargeräte, Mastvisiergeräte, Nachtsichtgeräte, Videokameras und Flugkörper vom

---

6   US Coast Guard Historian's Office, Washington D.C., Coast Guard Liaison Officer, Manama, Bahrain, Operation Desert Shield and Storm After Action Report, 10. Juni 1992.

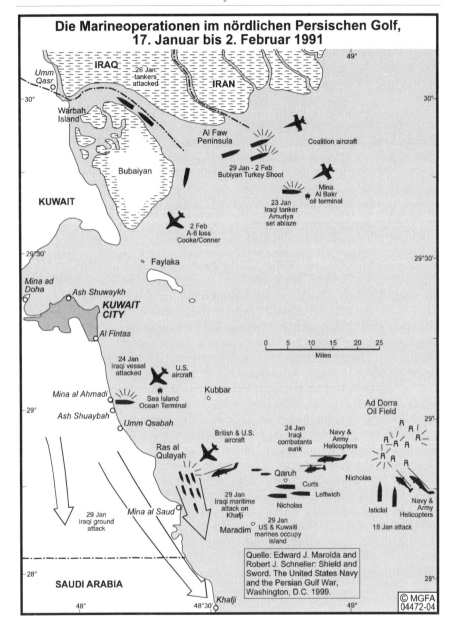

Die Marineoperationen im nördlichen Persischen Golf, 17. Januar bis 2. Februar 1991

Quelle: Edward J. Marolda and Robert J. Schneller: Shield and Sword. The United States Navy and the Persian Gulf War, Washington, D.C. 1999.

© MGFA
04472-04

Typ Hellfire zur Ortung, Identifizierung und Vernichtung gegnerischer Truppen einsetzten.

Am 17. Januar 1991 führte Commander Dennis G. Morral die Fregatte »Nicholas« und die kuwaitischen Patrouillenboote »Istiqlal« und »al-Sanbouk« in den nördlichen Golf. An Bord des amerikanischen Schiffes befanden sich zwei Hubschrauber vom Typ SH-60B LAMPS der Marine, ein SEAL-Kommandotrupp, ein LEDET der Coast Guard und zwei Hubschrauber vom Typ OH-58D der Army (B Troop, 4th Squadron, 17th Aviation Regiment).

Am 18. Januar näherte sich Morrals alliierte Kampfeinheit nach Einbruch der Dunkelheit den von den Irakern besetzten und befestigten Plattformen im ad-Dorra-Ölfeld 40 Meilen vor der kuwaitischen Küste. Die Marinehubschrauber SH-60 und OH-58 erhielten den Startbefehl. Hunter/Killer-Operationen bei Nacht waren die Stärke der von Army und Navy gebildeten Einheit. Lieutenant Colonel Simpson, der Kommandeur der Heereseinheit beschrieb dies treffend: »Die Nacht ist unsere Vertraute ... Sie hüllt uns ein, ist unsere Bodenwelle, unsere Baumreihe«[7]. Der SH-60 nahm routiniert mit seinem weitreichenden Radar Verbindung zur Plattform auf und lenkte dann einen Hubschrauber vom Typ Kiowa Warrior zum Ziel. Der OH-58 näherte sich dem Ziel in so geringer Höhe, daß das Rauschen der Wellen das Motorengeräusch überdeckte. Nachdem die Heeresflieger bei Feindberührung die Identität durch ihr Nachtsicht- und Bordvideogerät bestätigt hatten, holten sie über LAMPS von der vorgesetzten Ebene das Plazet für den Beschuß des Zieles ein. Als sich die Heeresflieger in der Nacht des 18. Januar ihrem Ziel auf Reichweite genähert hatten, gab Commander Morral den Feuerbefehl, worauf die überraschten Iraker mit lasergelenkten Flugkörpern vom Typ Hellfire unter Beschuß genommen wurden. Die Iraker verloren die Kontrolle über die Plattformen, 28 feindliche Soldaten fielen bzw. wurden gefangengenommen[8].

Morral sprach Lieutenant Colonel Simpson später seine Anerkennung für den »gelungenen Einsatz« aus[9]. Er berichtete auch, er und Simpson hätten gut zusammengearbeitet und fügte im Scherz hinzu: »Er hat kein einziges Mal erwähnt, daß in diesem Jahr die Navy das zwischen Heer und Marine ausgetragene [Football-] Spiel verloren hat«[10]. Simpson und seine Männer achteten Morral als echten »Soldaten« und als Marinebefehlshaber, der zu schätzen wußte, »was unsere Luftfahrzeuge dazu beitragen können, ihm Schlagkraft zu verleihen und sich zu verteidigen«[11].

---

7   Center of Military History, Washington, D.C., Bruce Simpson im Gespräch mit Robert K. Wright Jr., Manama, Bahrain, 13. Februar 1991.
8   OA, Bericht über den Angriff auf irakische Ölplattformen durch USS »Nicholas«, Juli 1991 (im Besitz des Verf.).
9   Center of Military History, Bruce Simpson im Gespräch (wie Anm. 7).
10   Ebd.
11   Center of Military History, von Robert K. Wright Jr. am 12. Februar 1991 geführtes Interview mit Major Sam S. Walker III.

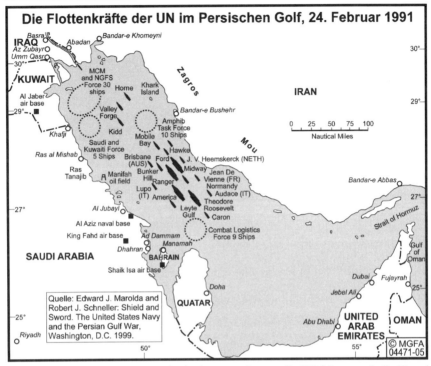

Die Flottenkräfte der UN im Persischen Golf, 24. Februar 1991

Quelle: Edward J. Marolda and Robert J. Schneller: Shield and Sword. The United States Navy and the Persian Gulf War, Washington, D.C. 1999.

Wie so oft in der neueren Zeit demonstrierten die US Navy und die Royal Navy eine enge Verbundenheit. So setzte z.B. am 25. Februar der britische Zerstörer »Gloucester« zwei seiner Boden-Luft-Flugkörper vom Typ Sea Dart ein, um zwei auf das vor der kuwaitischen Küste operierende US-Schlachtschiff »Missouri« gerichtete Seezielflugkörper vom Typ Silkworm abzuschießen.

Die Minenabwehrkräfte der US Navy und der Royal Navy hatten den Auftrag, Gassen durch die feindlichen Minensperren zu räumen. Hierbei kam es zu der einzig nennenswerten Verstimmung zwischen den Verbündeten in diesem Krieg. Für eine mögliche Landeoperation sollten die irakischen Minenfelder vor der kuwaitischen Küste geräumt werden. Commodore Chris Craig, der die Einheiten der Royal Navy im Golf befehligte, war »unangenehm überrascht« als er erfuhr, daß die Amerikaner ohne Hinzuziehung der Briten einen Minenräumplan erarbeitet hatten, den er überdies als so schlecht befand, daß er ihn als »Selbstmordplan« bezeichnete[12]. Craig und sein Stab entwickelten sodann mit ihren amerikanischen Partnern einen neuen, für beide Seiten akzeptablen Plan.

---

12   Chris Craig, Call For Fire. Sea Combat in the Falklands and the Gulf War, London 1995, S. 236–238.

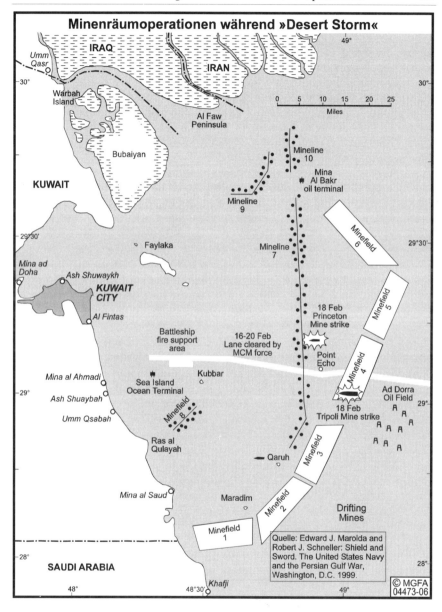

Minenräumoperationen während »Desert Storm«

IRAQ

Umm Qasr

IRAN

Warbah Island

Al Faw Peninsula

0 5 10 15 20 25
Miles

Bubaiyan

KUWAIT

Mineline 10

Mina Al Bakr oil terminal

Mineline 9

Mineline 7

Faylaka

Mineline 7

Mina ad Doha

Ash Shuwaykh

KUWAIT CITY

Al Fintas

Minefield 6

Minefield 5

18 Feb Princeton Mine strike

Battleship fire support area

16-20 Feb Lane cleared by MCM force

Minefield 4

Point Echo

Mina al Ahmadi

Ash Shuaybah

Umm Qsabah

Sea Island Ocean Terminal

Kubbar

Minefield 8

Ad Dorra Oil Field

18 Feb Tripoli Mine strike

Ras al Qulayah

Qaruh

Minefield 3

Mina al Saud

Maradim

Minefield 2

Drifting Mines

Minefield 1

Quelle: Edward J. Marolda and Robert J. Schneller: Shield and Sword. The United States Navy and the Persian Gulf War, Washington, D.C. 1999.

© MGFA 04473-06

SAUDI ARABIA

Khafji

Trotz der guten Planung beschädigte eine Mine mit Berührungszünder das Landungsschiff »Tripoli« und den AEGIS (airborne early warning ground environment interface segment)-Kreuzer »Princeton« ganz erheblich. Ansonsten hatten die Minenabwehrkräfte so gute Arbeit geleistet, daß sich die US-Schlachtschiffe »Missouri« und »Wisconsin« der kuwaitischen Küste nähern und die arabischen Bodentruppen und das US Marine Corps mit Schiffsartilleriefeuer unterstützen konnten. Nach dem Krieg machten alliierte Minenabwehrkräfte, zu denen auch deutsche und japanische Marineeinheiten zählten, den Persischen Golf durch Entschärfung von 1288 Minen wieder für die Handelsschifffahrt befahrbar[13].

Operationen der Navy und des Marine Corps waren sonderbarerweise wirksam, obwohl sich ihre Kommandeure gelegentlich hinsichtlich der Lösung operativer Probleme nicht einig waren. Lieutenant General Walter E. Boomer, der Befehlshaber der Truppen des Marine Corps in Saudi-Arabien und Kuwait, hätte sich beispielsweise gewünscht, daß die Schlachtschiffe »Missouri« und »Wisconsin« ununterbrochen vor der Küste an den Flanken seiner Truppen positioniert geblieben wären, um rechtzeitig mit Schiffsartilleriefeuer unterstützen zu können. Das galt besonders nach dem irakischen Überraschungsangriff auf die saudi-arabische Stadt Khafji am 29. Januar 1991. Vice Admiral Henry H. Mauz Jr. und Vice Admiral Stanley R. Arthur, die sich an der Spitze des Central Command der amerikanischen Flottenkräfte (COMUSNAVCENT) ablösten, hatten Bedenken wegen der Minengefahr für diese Schiffe und deren Besatzungen. Und außerdem hatten diese Schiffe operative Aufgaben, wie die Beschießung feindlicher Truppen und der Silkworm-Seezielflugkörperbatterien in Kuwait und auf der Insel Faylaka. Boomer hätte auch gewünscht, daß die Lazarettschiffe »Mercy« und »Comfort« und die Marinelazarette 5, 6 und 15 in geringem Abstand hinter seinen Kräften stationiert worden wären. Die Befehlshaber der Navy fürchteten aber um die Sicherheit der Lazarettschiffe in den verminten Gewässern im nördlichen Golf und waren überzeugt, daß die Marinelazarette in der Nähe der Marinelogistikbasen in Bahrain die beste medizinische Versorgung gewähren könnten. Letztendlich brachten Boomer, Mauz und Arthur ihre unterschiedlichen Auffassungen auf einen Nenner. Die Marine sorgte dafür, daß Schlachtschiffe für den Beschuß der dem Marine Corps gegenüberstehenden feindlichen Truppen und zur Durchführung von Marineeinsätzen verfügbar waren. Das Kommando der Navy plazierte auch zwei der drei Marinelazarette nicht weit hinter der 1st und 2nd Marine Division.

Die »Missouri« und die »Wisconsin« wechselten sich beim Beschuß ab. Die Kriegsschiffe trafen die vorgewählten und die sich während des Einsatzes ergebenden Ziele und gaben so der Marineinfanterie an Land die geforderte Feuer-

---

13 Tamara Moser Melia, »Damn the Torpedoes« – A Short History of U.S. Naval Mine Countermeasures, 1777–1991, Washington 1991, S. 120–132.

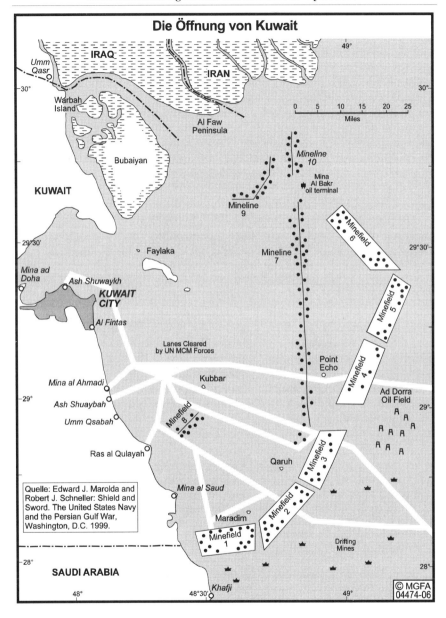

Die Öffnung von Kuwait

unterstützung. Das Aufklärungsflugzeug OV-10 Bronco des Marine Corps sowie unbemannte Flugkörper wurden zur Ortung feindlicher Stellungen und zum Richten des Schiffsartilleriefeuers eingesetzt. Nach Beginn der Bodenoperationen gelang es Captain Douglas Kleinsmith vom Marine Corps, der mit den auf der Küstenstraße nordwärts vorrückenden saudischen Truppen zusammenarbeitete, zur Stärkung des Selbstvertrauens und des Angriffsgeistes der alliierten Einheit beizutragen, indem er von der »Wisconsin«, die außerhalb der Sichtweite der Truppen vor der Küste operierte, wirksame Feuerunterstützung erhalten konnte[14]. Zu einem späteren Zeitpunkt, als sich die 1st Marine Division auf den Angriff gegen die feindlichen Panzerkräfte auf dem Internationalen Flughafen von Kuwait, dem letzten wichtigen Ziel vor Kuwait-Stadt, vorbereitete, vernichtete das Feuer der »Wisconsin« irakische Panzer, Schützenpanzerwagen, Hallen und Terminals[15].

Die beweglichen Baubataillone der Navy, besser bekannt unter dem Namen »Seabees«, leisteten für die an Land operierenden Marineinfanterietruppen rechtzeitige und wirksame Unterstützung, wie sie es in jedem Krieg seit 1942 getan hatten. Die Angehörigen dieser Truppe errichteten Panzersperren, Gefechtsstände und befestigte Straßen, sie bauten Lagereinrichtungen, errichteten Zeltstädte, bohrten Brunnen und installierten elektrische Anlagen. Pioniere der Seabees und des Marine Corps leisteten ihren Beitrag zur Schaffung riesiger Versorgungsbasen in der Wüste und bei der Anlage der dazugehörigen Straßen[16]. Typisch für Boomers Anerkennung der von der Navy geleisteten Unterstützung war sein Lob für den Beitrag der Seabees. Der General des Marine Corps äußerte gegenüber seinem Stab, die Seabees würden »zupacken«. »Sie machen keine großen Worte [...], sondern begeben sich vor Ort und tun, was getan werden muß«[17]. Die Zusammenarbeit zwischen Navy und Marine Corps war meistenteils ausgezeichnet.

---

[14]   Naval Historical Center, von Marolda und Schneller mit Captain Douglas Kleinsmith am 15. September 1992 geführtes Interview sowie Schreiben des Kommandeurs 1st ANGLICO an den Kommandeur 1st SRIG vom 1. Oktober 1991; OA, »Operation Desert Storm: Naval Gunfire Lessons Learned: Communications«, ohne Datum, Dokument der 1st ANGLICO (im Besitz des Verf.).

[15]   Washington Post, 28. Februar 1991, S. 30; Department of Defense, Conduct of the Persian Gulf War (wie Anm. 4), S. 275–276; Charles H. Cureton, U.S. Marines in the Persian Gulf, 1990–1991. With the 1st Marine Division in Desert Shield and Desert Storm, S. 91–103; James Kitfield, Prodigal Soldiers. How the Generation of Officers Born of Vietnam Revolutionized the American Style of War, New York 1995, S. 411; Charles J. Quilter II, U.S. Marines in the Persian Gulf, 1990–1991. With the I Marine Expeditionary Force in Desert Shield and Desert Storm, Washington 1993, S. 91–95.

[16]   OA, Naval Mobile Construction Battalions 5, 7, 40 Command Histories, 1990–1991, Post 1 Jan 1990 Command Files; OA, Seabee Command Historian Informational Sheet, 1. Mai 1991, Post 1 Jan 1990 Command Files.

[17]   Marine Corps Historical Center; I Marine Expeditionary Force Briefing, 19. März 1991.

Über einen Punkt waren sich Offiziere von Navy und Marine Corps zumeist einig, nämlich darüber, daß eine großangelegte amphibische Landung im Süden des Irak oder von Kuwait nicht ratsam wäre. Zu Beginn der Operation »Desert Shield« hatten die Planer einen Angriff über die Insel Bubiyan auf das Festland im Grenzgebiet zwischen Irak und Kuwait ins Auge gefaßt. Besonders Admiral Mauz hatte Bedenken bezüglich der Erfolgsaussichten. Rear Admiral John B. LaPlante, der zusammen mit Major General Harry W. Jenkins Jr. vom Marine Corps den 31 Schiffe umfassenden amphibischen Einsatzverband führte, »hielt nichts von diesem Plan, den er als Blindgänger bezeichnete«[18]. LaPlante und Jenkins waren insbesondere nach dem Aufbau von Küstenverteidigungsanlagen durch die Iraker im November und Dezember 1990 davon überzeugt, daß ein Angriff südlich von Kuwait-Stadt ein Todeskommando bedeuten würde[19]. Weder Mauz noch Arthur hielten eine großangelegte amphibische Landung angesichts der möglichen Verluste an Schiffen und Personal für gerechtfertigt.

Im Marine Corps gingen die Meinungen hinsichtlich der Notwendigkeit einer amphibischen Landung in Kuwait auseinander. General Boomer, der sich auf die Vorbereitung der I Marine Expeditionary Force für die Bodenoperationen konzentrierte, trieb die Vorbereitungen bzw. die Planung für eine amphibische Landung nicht voran. Der entscheidende Anstoß kam aus Washington. General Al Gray, Befehlshaber des US Marine Corps, sprach sich nachdrücklich für eine Landung in Kuwait aus und entsandte Offiziere in den Golf und nach Riad, damit sie sich in den verschiedenen Stäben dafür einsetzten.

Auf jeden Fall war dies nur eine theoretische Debatte. Schon zu einem früheren Zeitpunkt, während der Operation »Desert Shield«, hatte der Oberbefehlshaber des Central Command, General Norman H. Schwarzkopf Jr., eine großangelegte Landung im Persischen Golf ausgeschlossen, und es gibt auch keinerlei Hinweise darauf, daß er seine Meinung je geändert hätte. Schwarzkopf ebenso wie zahlreiche Offiziere der Navy und des Marine Corps waren sich darüber im klaren, daß eine amphibische Landung nur dann sinnvoll wäre, wenn die amerikanischen und die alliierten Truppen an Land in Bedrängnis gerieten.

Man ging vielmehr davon aus, daß die Dislozierung umfangreicher amphibischer und anderer Marinekräfte im nördlichen Golf und die damit verbundene Androhung einer Landung dem UN-Einsatz einigen Vorteil verschaffen würde. Diese Auffassung war richtig. Der Feind verschwendete ungeheure Mittel auf den Bau von Gefechtsständen und anderen Befestigungsanlagen, auf das Anbringen von Drahtverhauen sowie das Anlegen von Minen- und Strandsperren. Die Iraker dislozierten außerdem fünf Seezielflugkörperbatterien und hunderte von Artilleriegeschützen entlang der Küste. Schließlich brachte Saddam Hussein

---

18 OA, Vice Admiral John B. LaPlante, in einem von Marolda und Schneller am 18. März 1996 geführten Interview.
19 Ebd.; OA, Schreiben von Mauz an Marolda, 22. Juli 1999 (im Besitz des Verf.).

noch sieben Kampfdivisionen an dieser letztlich ruhigen Front nördlich und südlich von Kuwait-Stadt in Stellung. Er vernachlässigte die exponierte Wüstenflanke, an der die US Army mit ihrem XVIII Airborne Corps und dem VII Corps angriff. Lieutenant General Frederick M. Franks Jr., Kommandeur des VII Corps, bedankte sich später für die Heereskräfte bei der Navy und dem Marine Corps, indem er feststellte, daß die Operationen auf See »diese irakischen Divisionen wirksam aus dem Geschehen herausgehalten haben«[20].

Das Zusammenwirken von US Navy und US Air Force in den Operationen »Desert Shield« und »Desert Storm« war nur bedingt erfolgreich. Insgesamt gab es zwischen den Teilstreitkräften angesichts der Neuorientierung der militärischen Operationsplanung nach dem Ende des Kalten Krieges viele Differenzen. Das Goldwater-Nichols Department of Defense Reorganization Act (Neuordnungsgesetz) von 1986 und der Niedergang der sowjetischen Marine legten eine weitergehende Integration der Marinekräfte in die an Land oder in den Küstenregionen der Welt geführten teilstreitkräfteübergreifenden Operationen nahe. Die US Navy akzeptierte diese Botschaft vor dem Golfkrieg weder mit Eile noch mit Bereitwilligkeit.

In der Operation »Desert Shield« ordnete General Schwarzkopf schon in den ersten Tagen an, daß Lieutenant General Charles Horner von der US Air Force, sein *Joint Forces Air Component Commander* (JFACC) und dessen Stab in Riad die dem *Central Command* unterstellten Kräfte der Air Force, der Navy und des Marine Corps führen solle. Aufgrund ihrer Vorstellung von Luftmacht waren Horner und zahlreiche andere Offiziere der Luftwaffe mit dieser zentralisierten Kontrolle einverstanden.

Navy und Marine Corps, die traditionell einen dezentralen Einsatz der Luftkomponente betonten, taten sich schwer damit, die Führung durch den JFACC zu akzeptieren. Einige Marineoffiziere glaubten, daß der vorwiegend mit Angehörigen der Air Force besetzte Stab von JFACC nicht wisse, wie man die Hauptangriffssysteme der Marine, die Trägerflugzeuge und die Landzielflugkörper vom Typ Tomahawk, am besten einsetzt. Colonel Brian E. Wages, der Verbindungsoffizier der Air Force in Admiral Arthurs Stab, ließ später verlauten, daß NAVCENT beinahe bis ans Ende der Operation »Desert Shield« versucht habe, den JFACC an der Ausübung seiner Befugnisse zu hindern[21].

Die Beziehungen zwischen den Teilstreitkräften wurden ferner durch voneinander abweichende Denkungsarten beeinflußt. Als Admiral Mauz bei seinem ersten Treffen mit General Horner vorschlug, jede Teilstreitkraft solle wie im

---

[20] Tom Clancy, Frederick Franks Jr., Into the Storm. A Study in Command, New York 1997, S. 213.

[21] OA, Colonel Brian Wages an COMUSNAVCENT, »End of Tour Report«, 5. März 1991 (im Besitz des Verf.).

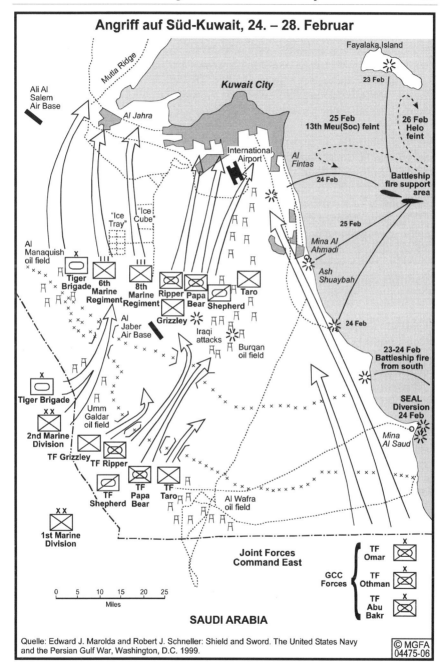

Angriff auf Süd-Kuwait, 24. – 28. Februar

Fayalaka Island

23 Feb

Mutla Ridge

Kuwait City

Ali Al
Salem
Air Base

Al Jahra

25 Feb
13th Meu(Soc) feint

26 Feb
Helo
feint

International
Airport

Al
Fintas

24 Feb

Battleship
fire support
area

"Ice
Tray"

"Ice
Cube"

25 Feb

Mina Al
Ahmadi

Al
Manaquish
oil field

Ash
Shuaybah

Tiger
Brigade

6th
Marine
Regiment

8th
Marine
Regiment

Ripper

Papa
Bear

Shepherd

Taro

24 Feb

Al
Jaber
Air Base

Grizzley

Iraqi
attacks

Burqan
oil field

23-24 Feb
Battleship fire
from south

Tiger Brigade

Umm
Galdar
oil field

SEAL
Diversion
24 Feb

2nd Marine
Division

Mina
Al Saud

TF Grizzley

TF Ripper

TF
Shepherd

TF
Papa
Bear

TF
Taro

Al Wafra
oil field

1st Marine
Division

| 0 | 5 | 10 | 15 | 20 | 25 |

Miles

Joint Forces
Command East

GCC
Forces

TF
Omar

TF
Othman

TF
Abu
Bakr

SAUDI ARABIA

Quelle: Edward J. Marolda and Robert J. Schneller: Shield and Sword. The United States Navy
and the Persian Gulf War, Washington, D.C. 1999.

© MGFA
04475-06

Vietnamkrieg ihren eigenen geografischen Raum für Luftoperationen zugewiesen bekommen, traf er auf dessen entschiedene Ablehnung und die Androhung, eher zurückzutreten als einer solchen Regelung zuzustimmen. Von diesem Zeitpunkt an war das Verhältnis zwischen diesen beiden hohen Militärs distanziert[22]. Persönliche Vorbehalte spielten ebenfalls eine Rolle. Horner beauftragte Brigadier General Buster C. Glosson als Leiter der Special Planning Group mit der Planung der Luftoperationen. Die führenden Vertreter der Navy (und zahlreiche Offiziere der Army und der Air Force), die mit diesem General Kontakt hatten, hielten ihn für autoritär, engstirnig und blind gegenüber den Anforderungen und Stärken der Marine. Admiral March, Befehlshaber der Battle Force Zulu im Persischen Golf, meinte, Glosson habe Scheuklappen getragen und konnte nicht von den Fähigkeiten der Marine überzeugt werden. »Er konnte nicht teilstreitkräfteübergreifend denken«[23].

Dagegen schätzten die meisten führenden Vertreter der Navy General Horner als hervorragenden Offizier, der bei der Planung und Durchführung von Luftoperationen vernünftig verfuhr und beinahe alle Wünsche und Bedürfnisse der Navy berücksichtigte. Der General, der kein Luftwaffenideologe war, gestand Admiral Arthur einen großen Spielraum für die Lenkung der Überwasser-Luft-Operationen besonders beim Sturmangriff auf die irakische Marine und bei der Luftverteidigung der rechten Flanke der UN-Truppen im Golf zu. Seine Herangehensweise an die Lösung des Problems, von der Führungsriege der Navy überaus geschätzt, beschrieb der General später so: »Man muß mit gesundem Menschenverstand an die Sache herangehen und sich nicht zwanghaft an eine Doktrin klammern. Die kann man getrost vergessen[24].«

Rear Admiral Riley Mixsons Battle Force Yankee im Roten Meer, die während der Operation »Desert Shield« ausgiebig mit der Air Force geübt hatte, arbeitete einigermaßen mit dem JFACC zusammen. Die Geschwader auf den Flugzeugträgern »Saratoga« und »John F. Kennedy« hatten 1990 mit Luftwaffeneinheiten trainiert. Die dabei gewonnene Vertrautheit mit der jeweils anderen Teilstreitkraft kam im Krieg beiden Seiten zugute. Admiral Mixson meinte, daß

---

[22] OA, Schreiben von Mauz an Marolda, 12. Juni 1996 und 22. Juli 1999 (im Besitz des Verf.).

[23] OA, Rear Admiral Daniel P. March in einem von Marolda und Schneller am 9. April 1996 geführten Interview. Richard M. Swain berichtet, daß Glosson »für einige militärische Führer der Third Army der vielleicht meistgehaßte Generalstabsoffizier im Einsatzgebiet war« (Lucky War. Third Army in Desert Storm, Fort Leavenworth/KS 1994, S. 182), und Mark D. Mandeles, Thomas C. Hone und Sanford S. Terry berichten, daß sogar Offiziere der Luftstreitkräfte den General als »ehrgeizig, aggressiv, tatkräftig und arrogant« bezeichneten (Managing »Command and Control« in the Persian Gulf War, Westport/CT 1996, S. 133).

[24] OA, Charles Horner in einem von Mason P. Carpenter am 27. Dezember 1993 geführten Interview (im Besitz des Verf.).

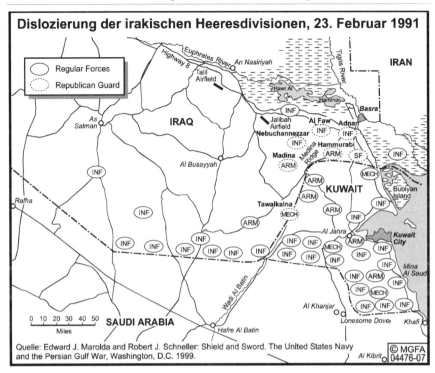

Dislozierung der irakischen Heeresdivisionen, 23. Februar 1991

Quelle: Edward J. Marolda and Robert J. Schneller: Shield and Sword. The United States Navy and the Persian Gulf War, Washington, D.C. 1999.

© MGFA 04476-07

sie »von der Art, wie JFACC den Luftkrieg führte, rasch überzeugt waren«[25]. General Horner berichtete, der Admiral habe »detaillierte Kenntnisse von der Führung [von Luftoperationen]« gehabt und stets bekam er, was er wollte. »Wir harmonierten gut zusammen. Es war wirklich eine sehr, sehr reibungslose Operation[26].«

Die Beziehungen zwischen der Battle Force Zulu und dem Stab von JFACC in Riad dagegen waren von Anfang an gespannt, und Admiral March »hatte wirklich das Gefühl, die Navy wurde hinsichtlich der Einsatzflüge und Ziele unter Druck gesetzt«[27]. Es gab eine Reihe von Gründen für dieses Problem. Zum einen hatten die Stäbe seiner Flugzeugträger während der Operation »Desert Shield« keine umfassenden Luftübungen mit ihren Gegenspielern von der Air Force durchgeführt. Der Flugzeugträger »Ranger« traf erst zwei Tage vor Beginn der Kampfhandlungen im Golf ein und der Flugzeugträger »Theodore Roosevelt« erst vier Tage *nach* Beginn der Operation »*Desert Storm*«. Während

---

25 Center for Naval Analyses. Meldung COMCRUDESGRU 8 an COMUSNAVCENT, 152236Z, March 1991, Vice Admiral Arthurs persönliche Unterlagen aus den Operationen *Desert Shield/Storm*.

26 OA, Horner in einem von Carpenter geführten Interview (im Besitz des Verf.).

27 OA, March in einem von Marolda und Schneller geführten Interview.

der Operation »*Desert Shield*« waren *Midway*-Staffeln meist über dem nördlichen
Arabischen Meer, dem Golf von Oman oder dem Persischen Golf, jedoch nicht
über der Arabischen Halbinsel eingesetzt. Deshalb waren diese Verbände bei
Beginn der Kampfhandlungen noch nicht mit dem JFACC-System vertraut.
Zum anderen hatten sich die Offiziere der Air Force im JFACC-Stab noch kein
umfassendes Bild von den speziellen Möglichkeiten eines trägergestützten
Kampfverbandes und den Zuständigkeiten der Navy verschafft. Admiral March
befürchtete, der Iran könnte in den Krieg eintreten, und diese Befürchtung
»raubte mir den Schlaf«[28]. Engstirnigkeit hatte zuweilen recht nachteilige Folgen. Beispielsweise wurden die Beziehungen zwischen den Teilstreitkräften
nicht besser, als der JFACC eine Überwasserstation für bewaffnete Luftraum-
überwachung nach Colonel Billy Mitchell, einem Offizier des *Army Air Corps*
der zwanziger Jahre benannte, der von der Marine nicht sonderlich viel gehalten
hatte. Ein Offizier der Navy in Riad ließ verlauten, daß die Beziehungen zwischen der Navy und der Air Force während des Krieges zuweilen einem »Gra-
benkampf« nahegekommen seien[29].

Für weitere Verstimmungen bei Angriffsoperationen im Irak und in Kuwait
sorgte die Abhängigkeit der Battle Force Zulu von den Tankerflugzeugen der
US Air Force. Die Navy glaubte nicht, daß die Trägerschiffe der Kampfverbände einen fairen Anteil an Betankungsunterstützung erhielten. Man kann mit
Recht die Frage nach der Zuweisung von Prioritäten stellen, wenn so viele Tan-
kerflugzeuge der US Air Force (40 % ihrer Tankerflotte und 25 % ihrer Aktivitäten im Kriegsgebiet) für die Betankung der B-52-Bomber eingesetzt waren.
Diese nur marginal wirksamen Flugzeuge kamen von Diego Garcia im Indi-
schen Ozean, aus Spanien, Großbritannien und sogar aus den Vereinigten
Staaten[30]. Die beiden Teilstreitkräfte fanden jedoch einen Weg, um die Betan-
kungsoperationen bedarfsgerecht abzustimmen, so daß diese am Ende der Operation »Desert Storm« kein Streitpunkt mehr waren.

Ich möchte nochmals hervorheben, daß es den Planern und den Kommandeuren der Navy und der Air Force trotz aller Reibereien gelang, eine der er-
folgreichsten Luftschlachten in der Militärgeschichte zu schlagen. Sie wollten
den Sieg, wobei der Verlust an Personal und Material der alliierten Streitkräfte
möglichst gering gehalten werden sollte. Deshalb traten sie oftmals leidenschaftlich für ihre Anliegen ein. Aber die meisten Männer und Frauen der verschiedenen Stäbe konnten sich routiniert mit anderen Ansichten und operativen

---

28 Ebd.
29 Center for Naval Analyses, Aktennotiz, *Commander Carrier Strike Force Seventh
    Fleet*/COMCARGRUFIVE an COMUSNAVCENT, 21. Februar 1991, Vice Admiral
    Arthurs persönliche Unterlagen aus den Operationen *Desert Shield/Storm*.
30 Richard G. Davis, Strategic Air Power in Desert Storm, Washington o.J., S. 29; Michael
    R. Gordon, Bernard E. Trainor, The General's War. The Inside Story of the Conflict in
    the Gulf, New York 1995, S. 201, 318; Perry D. Jamieson, Lucrative Targets. The U.S. Air
    Force in the Kuwaiti Theater of Operations, Washington 1995, S. 104 – 106.

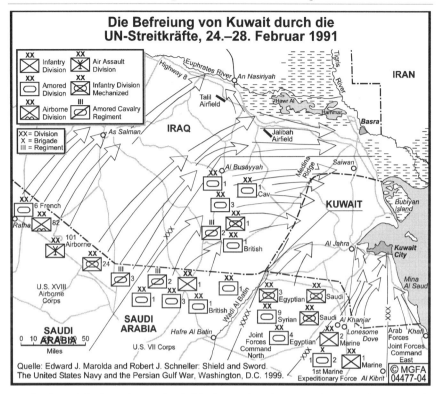

Die Befreiung von Kuwait durch die UN-Streitkräfte, 24.–28. Februar 1991

Quelle: Edward J. Marolda and Robert J. Schneller: Shield and Sword.
The United States Navy and the Persian Gulf War, Washington, D.C. 1999.

Methoden abfinden. Sogar der kritische Colonel Wages kam zu dem Schluß, daß es trotz der Meinungsverschiedenheiten zwischen den Stäben von Navy und Air Force »keine Spielverderber gab, und die teilstreitkräfteübergreifende Operation« eine außergewöhnliche Wirkung erzielte«[31].

Abschließend kann festgestellt werden, daß sich die Navy in den Operationen »Desert Shield« und »Desert Storm« erfolgreich an teilstreitkräfteübergreifenden und interalliierten Operationen mit nichtamerikanischen Kräften sowie mit Verbänden der US Air Force, des Marine Corps, der Coast Guard und der US Army beteiligt und mit Kommandeuren und Stabsoffizieren dieser Formationen zusammengewirkt hat, damit ein glänzender Sieg über die Truppen von Saddam Hussein errungen werden konnte. Diese Operationen umfaßten Luftangriffe im Irak und in Kuwait, die Überwachung des Embargos, die Hafenverteidigung, Aktionen zur See sowie eine Vielzahl anderer entscheidender Missionen.

---

31 OA, Wages an COMUSNAVCENT, »End of Tour Report«, 5. März 1991 (im Besitz des Verf.).

Zwischen der Navy und den anderen amerikanischen Teilstreitkräften, besonders der Air Force, gab es Meinungsverschiedenheiten über die Durchführung des Krieges. Wie jedoch schon früher erwähnt, gab es im Golfkrieg keine »Spielverderber«. Das unermüdliche Streben der Amerikaner nach hervorragenden Leistungen im Kampf, das oft die Ursache für Reibereien zwischen den Teilstreitkräften war, verhalf den Streitkräften der Vereinigten Staaten und der Verbündeten letztlich zum Sieg im Golfkrieg.

Die Autoren

Kurt *Arlt*, Diplomhistoriker, Militärgeschichtliches Forschungsamt, Potsdam
André *Bach*, General a.d., Paris
Horst *Boog*, Dr., Leitender Wissenschaftlicher Direktor a.D., Stegen
Richard S. *Cohen* B.A., Colonel (ret.), George C. Marshall European Center for Security Studies, Garmisch
Sebastian *Cox*, Dr., Head of Air Historical Branch of the Ministry of Defence, London
Martin *van Creveld*, Professor Dr., Hebrew University, Jerusalem
Hans Rudolf *Fuhrer*, Dr. habil., Privatdozent, Militärische Führungsschule-Eidgenössische Technische Hochschule, Zürich
Manfred *Görtemaker*, Professor Dr., Universität Potsdam
Gerhard P. *Groß*, Oberstleutnant i.G., Militärgeschichtliches Forschungsamt, Potsdam
Frédéric *Guelton*, Lieutnant-colonel, Service historique de l'Armée de Terre, Château de Vincennes
Nigel *Hamilton*, Professor Dr., British Institute of Biography, London
Walter *Jertz*, Generalleutnant, Kommandierender General Luftwaffenkommando Nord
Sevo *Javašćev*, Dr., Oberst, Dozent, Militärakademie, Sofia
Friedhelm *Klein* M.A., Oberst i.G., Amtschef Militärgeschichtliches Forschungsamt, Potsdam
Stephan *Leistenschneider*, Major, Führungsakademie der Bundeswehr, Hamburg
Michail G. *Lešin*, Oberst, Institut für Militärgeschichte, Moskau
Edward J. *Marolda*, Dr., Naval Historical Center, Washington
Marc *Milner*, Professor Dr., University of New Brunswick, Fredericton/NB
Eckhard *Opitz*, Professor Dr., Universität der Bundeswehr, Hamburg
Pascal *Le Pautremat*, Dr., Centre d Études d' Histoire de la Défense, Château de Vincennes
Manfried *Rauchensteiner*, Hofrat Professor Dr., Heeresgeschichtliches Museum/Militärhistorisches Institut, Wien
Kalev I. *Sepp*, Dr., Lieutenant Colonel (ret.), Eliot House, Cambridge/Ma.
Henryk *Stańczyk*, Dr., Oberst, Professor, Militärhistorisches Institut, Warschau
Dieter *Storz*, Dr., Bayerisches Armeemuseum, Ingolstadt
Erich *Vad*, Dr., Oberstleutnant i.G., Auswärtiges Amt, Berlin
Bernd Jürgen *Wendt*, Professor em. Dr., Universität Hamburg